KB205559

로마서 주해

An Exposition of the Letter to the Romans

by Rev. Hyung Yong Park, Th.M., S.T.D.
Emeritus Professor of New Testament
Hapdong Theological Seminary.

Published by Hapdong Theological Seminary Press
50 Gwanggyo Joongang-Ro, Yeongtong-Gu, Suwon, Korea 16517

로마서 주해

초판 1쇄 2022년 5월 29일

발 행 인 김학유
지 은 이 박형용
펴 낸 곳 합동신학대학원출판부
주 소 16517 수원시 영통구 광교중앙로 50 (원천동)
전 화 (031)217-0629
팩 스 (031)212-6204
홈페이지 www.hapdong.ac.kr
출판등록번호 제22-1-2호
인 쇄 처 예원프린팅 (031)902-6550
총 판 (주)기독교출판유통 (031)906-9191

ISBN 979-11-978944-0-4 (93230)
값은 뒷표지에 있습니다.

로마서 주해

An Exposition of the Letter to the Romans

HS PRESS
합신대학원출판부

저자의 말

로마서는 바울의 13 서신 중 기독교의 복음의 내용을 가장 잘 설명해준 서신이다. 그래서 로마서를 가리켜 "진주 중의 진주"라고 부르기도 한다. 로마서가 없었더라면 우리는 하나님의 구속계획과 그 성취를 이해하는 데 훨씬 더 어려움을 느꼈을 것이다. 이런 문제를 해소시켜 주시려고 하나님은 그의 교회를 위해 특별하게 바울을 회심시키시고 그를 이방인의 사도로 부르실 뿐만 아니라(행 9:1-19) 로마서를 쓰게 하신 것이다. 바울은 가말리엘(Gamaliel) 문하에서 랍비 교육을 철저하게 받은 유대인이기에(행 22:3) 하나님이 예수 그리스도의 죽음과 부활을 통해 마련하신 하나님의 구속계획을 구약의 말씀에 비추어 이해하는데 누구보다 더 적합한 인물이었다고 사료된다. 하나님은 이처럼 학식이 풍부하고 확실하게 회심한 바울을 준비시켜 하나님의 계획을 이루어 나가신다.

필자는 바울이 순교 직전에 쓴 디모데후서를 읽으면서 "모든 성경은 하나님의 감동으로 기록된 것으로"(딤후 3:16)라는 성경영감에 관한 중요한 교훈을 담고 있는 이 구절을 접할 때마다 이런 생각을 하곤 한다. 하나님은 바울로 하여금 이 구절의 말씀을 쓰게 하시지 않고는 바울을 그의 품으로 데려 가실 수 없어서 순교 직전에라도 기어코 이 말씀을 쓰게 하시지 않았나 하고 생각하는 것이다. 로마서의 경우도 하나님이 그의 구속계획의 전모를 가장 잘 전달할 수 있는 사람으로 바울을 선택하셨다고 생각된다. 바울은 유대주의 교육을 가장 철저하게 받은 사람으로서 구약에 비추어 그리스도의 생애와 사역을 가장 잘 풀어 설명할 수 있는 학자이다. 이 말씀은 로마서의 내용이 중요하고 심오하며 성도라면 반드시 깊이 묵상해야할 서신이라는 뜻이다.

필자는 평소에 로마서의 내용을 가르치기도 하고 논문과 책을 쓸 때도 많이 활용하기도 했다. 그런데 금번에 COVID-19 사태로 인해 외부의 활동보다는 집에 머무는 시간이 훨씬 더 많아지게 된 관계로 "시간을 사라"(엡 5:16)는 성경말씀을 기억하면서 본 "로마서 주해"를 마칠 수 있게 되었다. 우선 건강을 지켜주신 하나님께 감사한다. 바라기는 본 "로마서 주해"를 통해 하나님의 넓으신 사랑에 감사하며 또한 성도들이 어떤 존재인지 그 정체성을 확인하고 정정당당하면서도 항상 겸손해야 함을 배울 수 있기를 소원한다. 그리고 본 "로마서 주해"가 한국교회를 조금이라도 더 든든하게 세우는데 기여할 수 있기를 소원한다. 본 "로마서 주해"는 개역개정 번역에 근거했음을 밝혀둔다.

끝으로 본서의 교정을 맡아 정성을 다해 수고해 주신 강승주 목사와 책을 아름답게 디자인해 주신 김민정 선생에게 감사의 마음을 전한다.

2022년 5월

하늘을 받들며 사는 동네(奉天洞)에서

관악산을 바라보면서

박형용

로마서 주해

I

서론

1. 로마서의 저자

바울이 로마서의 저자라는 사실을 의심하는 사람은 별로 없다. 바울은 하나님께서 이방인들에게 복음을 전파하기 위해 특별하게 선택한 사도이다. 예수를 만나기 전 사울(바울)은 신실한 스데반(Stephen) 집사의 죽음을 "마땅히 여겼던"(행 8:1) 사람으로 철저한 유대주의적 사고를 가지고 있었으나 주의 제자들을 박해하기 위해 다메섹(Damascus)으로 가던 중 부활하신 예수님을 만나 회심한 예수님의 제자요 사도였다(행 9:1–19). 바울은 어떤 인간의 수단을 통해 회심한 것이 아니요 순전히 하나님의 계시에 의해 특별하게 회심한 사도였다. 누가는 주님께서 아나니아(Ananias)에게 "가라 이 사람은 내 이름을 이방인과 임금들과 이스라엘 자손들에게 전하기 위하여 택한 나의 그릇이라"(행 9:15; 참조, 행 22:21)라고 말씀하신 내용을 전함으로 바울이 이방인의 사도로 특별히 선택받았음을 명시한다(갈 2:7–8). 하나님은 유대주의에 박식하고 철저한 바울을 특별히 선택하여 예수 그리스도의 구속의 복음에 철저한 사도로 만드신 것이다. 보스(Vos)는 바울이 기독교 자료를 건설적인 정신으로 심오하게 연구한 사람으로 조직적인 성향과 조직적인 마음을 가지고 해당 자료들을 조직적으로 연구 분석하는데 천재적인 소질을 가졌다고 평가한다.[1] 율법에 능통한 바울은 유대주의적 사고에 빠져있는 유대인들에게 율법의 기능과 복음의 탁월성을 더 능숙하게 전

1 G. Vos, *The Pauline Eschatology* (Grand Rapids: Eerdmans, 1966), pp. 60, 149.

달할 수 있는 준비된 사람이었다. 핫지(Hodge)는 "사도는 그의 이른 시기의 교육, 그의 기적적인 회심과 영감, 그의 자연적인 기질 그리고 하나님의 충만한 은혜에 의해 그의 사역에 적합한 사람이 되었고 그리고 그의 다양하고 열성적인 노력으로 유지되게 되었다."[2]라고 설명한다. 이와 같이 준비된 바울이기에 로마서와 같은 서신을 쓸 수 있었던 것이다. 바울은 로마서에서 자신이 로마서의 저자임을 확실하게 밝힌다(롬 1:1, 13, 15; 9:3). 바울은 그 당시 관례에 따라 더디오(Tertius)를 대필자로 세워 로마서를 기록했다(롬 16:22). 고대의 저자들은 대필자에게 어느 정도 자유를 허락하는 것이 상례였으나 로마서의 경우는 더디오가 바울의 말을 직접 받아 쓴 것으로 사료된다.

2. 로마서의 기록 연대

로마서의 기록연대는 바울의 회심 이후의 삶의 일정을 살펴보면 대략 정리할 수 있다. 바울은 대략 AD 33년 경 회심했을 것으로 추정된다(행 9:1–19). 그 후 다메섹에서의 복음 전파(행 9:20–22), 아라비아(Arabia)에서의 생활(갈 1:17), 3년 후에 예루살렘 방문(갈 1:18; 행 9:26–29),[3] 그리고 증명할 자료가 없는 다소(Tarsus)에서의 8년이나 9년 동안의 생활(행 9:30; 11:25–26)[4]에 해당되는 기간을 합산하면 바울(사울)이 바나바와 함

2 Charles Hodge, *A Commentary on Romans* (Carlisle: The Banner of Truth Trust, 1975), p. 5.

3 Herman N. Ridderbos, *The Epistle of Paul to the Churches of Galatia* (NICNT) (Grand Rapids: Eerdmans, 1970), p. 67.

4 박형용 『사도행전 주해』 (수원: 합신대학원출판부, 2017), pp. 177-178. 누가는 예루살렘 유대인들이 바울을 죽이려고 하자 그를 가이사랴를 거쳐 다소(Tarsus)로 보냈다고 기록하고(행 9:29-30), 사도들이 안디옥(Antioch)에 교회가 설립된 것을 알고 바나바(Barnabas)를 안디옥

께 안디옥 교회의 파송을 받은 때는 대략 AD 45년경이었을 것으로 추정되며, 따라서 제 1차 전도여행은 AD 45-50년 사이에 실행되었을 것으로 생각된다(행 13:1–14:28).[5] 제 1차 전도여행 후에 AD 50년 예루살렘 공회가 모였다(행 15:1–29).[6] 그리고 제 2차 전도여행 기간은 대략 AD 50–53년 정도로 추정되며(행 15:36–18:22), 제 3차 전도여행은 대략 AD 53–57년 정도로 추정되는데(행 18:23–21:16) 이 기간 중 에베소에서 3년간 에베소 교회를 섬긴 기간도 포함된다(행 20:31). 바울은 에베소교회에서 사역하는 동안 고린도전서를 기록했고(대략 AD 57), 고린도로 가는 중 마게도냐의 빌립보에서 고린도후서를 기록했으며(대략 AD 57), 그 후 고린도를 향해 선교여행을 계속한다. 그런데 로마서는 바울 사도가 제 3차 전도여행 기간 중 아가야 지역, 아마 고린도에서 석 달 동안 머물 때 기록한 것으로 추정되며(행 20:2–3), 이 시기는 제 3차 전도여행의 끝 부분에 해당하기 때문에 바울은 대략 AD 57년 후반부나 AD 58년 전반부에 고린도를 떠나 예루살렘을 향한 것으로 추정된다. 그러므로 로마서의 기록연대도 AD 57년 후반부에서 AD 58년 전반부의 기간으로 추정하는 것이 타당하다.

에 보내 안디옥 교회를 섬기도록 했는데 바나바가 다소에 가서 바울(사울)을 찾아 함께 안디옥 교회를 섬긴 사실을 기록한다(행 11:22, 25-26). 기록이 없는 8, 9년의 기간은 행 9장의 사건과 행 11장의 사건 사이의 기간을 참조하여 계산하면 타당성을 찾을 수 있다.

5 Ramsay (W. M. Ramsay, *Pauline and Other Studies*, 3rd ed. London: Hodden and Stoughton, n.d., p. 365)는 바울의 제 1차 전도여행이 주후 46년 3월부터 48년 8월까지 대략 2년 4개월 걸렸을 것으로 추정한다.

6 Kistemaker (Simon J. Kistemaker, *Exposition of the Acts of the Apostles* (Grand Rapids: Baker, 1990, p. 533)는 예루살렘 공회가 AD 49에 열린 것으로 추정한다. 하지만 대부분의 학자들은 예루살렘 공회가 대략 AD 50에 열린 것으로 추정한다. Cf. The New Encyclopaedia Britannica, Vol. 6 (Micropaedia) (London: Encyclopaedia Britannica, Inc., 1994), p. 538.

3. 로마교회의 설립

로마교회는 바울이 설립한 교회가 아니다. 바울은 아직 로마를 방문한 적이 없다. 로마서는 그 당시의 역사적 형편을 약간 제시해 준다. 로마서의 내용은 바울의 복음전파 활동 없이도 기독교가 그 당시 세계의 수도 로마까지 전파된 것을 가르쳐 준다. 이 사실은 바울의 선교활동이 초대교회의 유일한 선교활동이 아니었다는 것을 증거한다. 누가는 오순절(Pentecost)을 지키기 위해 예루살렘을 찾은 여러 지역의 사람들을 언급하는 가운데 "로마로부터 온 나그네 곧 유대인과 유대교에 들어온 사람들"(행 2:10)이라는 언급을 한다. 이는 오순절 성령강림 사건을 경험하고 베드로의 설교(행 2:14-36)를 들은 사람들 중에 로마에서부터 온 사람들이 있었음을 증거한다. 성경은 이들이 예수를 영접하고 세례를 받은 "삼천"의 신도 중 일부인지는 확실하게 밝히지 않지만 그럴 가능성은 충분히 있다(행 2:41). 하지만 중요한 것은 스데반(Stephen)의 순교 사건이후 많은 성도들이 "모든 땅으로 흩어진 것"(행 8:1, 4)은 분명한 사실이다. 이 때에 "모든 길은 로마로"라는 말이 의미하는 것처럼 유대에 있던 성도들이 박해를 피해서 로마에 까지 흩어졌을 개연성은 충분히 있는 것이다. 또한 로마가 그 당시 세계의 중심 역할을 했기 때문에 사람들이 모여들게 되었으며 그 중에 예수를 믿는 성도들도 상당수 포함되었을 것임은 충분히 짐작할 수 있는 일이다. 이처럼 아시아에서 그리스도의 복음을 받은 사람들이 로마에 삶의 터전을 마련하자 결국 교회로 모이게 된 것이다. 로마교회는 유대인으로 예수를 영접한 성도들과 이방인으로 예수를 영접한 성도들로 구성된 교회였다. 바울이 로마서에서 유대인들을 직접적으로 언급한 것(롬 2:17)과 유대인인 브리스가와 아굴라의 이름이 로마교회 교인으로 안부 받는 명단에 포함되어 있다는 사실(롬 16:3; 참조, 행 18:2)과 또한 이방인들을 향한 언급을 구체적으로 하고 있다는 사실(롬 11:13, 19–31)이 이를 확인한다.

바울이 로마서를 쓸 당시 로마교회는 비교적 튼튼하게 서갔고 계속적으로 발전하여 온 로마제국에 널리 알려졌다(롬 1:8; 16:19). 바울이 "내가 예수 그리스도로 말미암아 너희 모든 사람에 관하여 내 하나님께 감사함은 너희 믿음이 온 세상에 전파됨이로다"(롬 1:8)라고 쓴 말씀이 이를 증거한다. 로마교회는 이처럼 바울의 도움 없이 설립되었으며 바울이 로마서를 쓰기 꽤 오래 전에 설립된 것으로 추정된다.

4. 로마서의 기록 배경

바울은 제2차 전도여행 기간 중 고린도에서 데살로니가전서와 데살로니가후서 그리고 갈라디아서를 기록했고, 제3차 전도여행 중 에베소에서 고린도전서를 기록했으며, 빌립보에서 고린도후서를 기록했다. 고린도전서와 고린도후서는 바울이 제2차 전도여행 기간 중 고린도교회를 설립하고 고린도를 떠난 후 고린도교회에 여러 가지 많은 문제가 발생했음을 전한다(고전 1:11–12; 5:1; 7:1; 11:17–26; 14:1–19; 15:1–58). 이 소식을 접한 바울은 제3차 전도여행 중 에베소에 있으면서 고린도교회의 잘못을 교정하기 위해 많은 노력을 기울인다. 바울은 고린도교회의 문제를 해결하기 위해 디모데를 보내기도 했고(고전 16:10), 음행에 관한 편지를 쓰기도 했고(고전 5:9), 기록에는 없으나 자신이 직접 방문하여 권면하기도 했고(참조, 고후 12:14; 13:1), 디도를 보내기도 했다(고후 2:12). 그리고 바울은 에베소를 떠나 마게도냐 쪽으로 가면서 고린도교회에 관한 디도의 소식을 드로아(Troas)에서 듣기 원했지만 디도를 만나지 못하고(고후 2:13) 마게도냐에 이르러 디도를 만나 고린도교회가 바로 서게 되었음을 전해 듣고 위로를 받고 기뻐했다(고후 7:7, 13). 바울은 에베소에서 고린도전서를 쓰면서 고린도교회를 방문할 소망을 전달하기도 했고(고전 16:2-7), 마게도냐 지역 빌립보에서 고린도후서를 쓰면서도 고린도교회를 방문하기를 원한다는 말(고후 1:15-16; 12:4, 20; 13:1-2, 10)을 기록한다. 그러므로 바울이 마게도냐를 지나 고린도교회를 방문할 것임은 너무도 명백한 것이다. 결국 바울은 아가야 지역 즉 고린도를 방문한다(행 20:2-3). 바로 이곳 고린도에서 과거의 전도여행을 회상하고 하나님이 그에게 맡기신 사명이 무엇인지를 묵상하면서 로마서를 쓴 것이다.

바울사도는 제1차, 제2차 선교 여행을 마치고 이제 제3차 선교여행 중 여러 도시를 방문하면서 교회를 든든히 하고 또 새로운 교회를 설립했다. 바울이 제3차 선교여행도중 아가야 지역의 고린도(Corinth)에 도착하여 약 3개월을 거기서 머문다(행 20:2-3). 바울은 고린도에서 자신의 선교여행들을 회고하면서 더 넓은 선교비전(vision)을 갖게 된다. 바울은 자신이 설립하지 않은 로마교회에 진정한 복음이 무엇인지를 확실하게 전하기 원했다(롬 1:1-4). 진정한 복음은 예수 그리스도의 죽음과 부활을 통해 죄 문제가 해결되고 구속이 성취되었다는 것이다. 로마서는 그리스도의 희생적 죽음과 부활의 의미가 무엇인지를 밝힌다. 루터(Luther)는 로마서가 우리의 생각에 아주 작은 죄이든지 큰 죄이든지에 관계없이 죄의 감각을 심어주고, 깊게 하고, 확대시키는 역할을 한다고 말한다.[7]

바울이 로마서를 쓰면서 "예루살렘으로부터 두루 행하여 일루리

7 Martin Luther, *Commentary on the Epistle to the Romans* (Grand Rapids: Zondervan, 1962), p. 12.

곤(Illyricum)까지 그리스도의 복음을 편만하게 전하였노라"(롬 15:19, 개역개정)라고 말한 것은 그가 얼마나 넓은 지역에 복음을 선포하고 교회를 설립했는지 증거해준다. "두루 행하여"(κύκλῳ)는 예루살렘으로부터 시작하여 여러 넓은 지역을 원을 그리며 여행했다는 뜻이다.[8] 바울은 이제 더 넓은 지역을 바라다본다. 바울의 마음은 로마를 거쳐 서바나(Spain)까지 가 있다(롬 15:23-24, 28). 그러나 바울은 로마로 가기 전 해야 할 일이 한 가지 남아 있다. 그것은 바울이 "성도를 섬기는 일로 예루살렘"(롬 15:25-26)에 먼저 가야한다는 것이다. 이제 그는 예루살렘을 향해 가는 길인데 그의 장래가 어떻게 될지 알 수 없는 형편에 처해 있었다(롬 15:30,31; 참조. 행 20:22,23). 이렇게 장래가 불확실한 형편 가운데 있었기 때문에 바울은 그가 로마를 방문했다면 전파했을 복음의 내용을 자세하게 기록하여 로마에 있는 성도들에게 보낸 것이다.[9] 바울은 오랫동안 로마에서 복음 전하기를 갈망했다(롬 1:9,10,13,15; 15:22-24,28; 행 19:21). 그러므로 로마서는 가르치는 형식으로 복음을 진술하고 있다. 이런 상황 속에서 바울은 고린도 체재 3개월의 거의 마지막에 로마서를 기록했다. 바울은 고린도에서 로마서를 써서 뵈뵈(Phoebe)를 통해 로마교회에 전달한 것 같다(롬 16:1 참조).[10] 바울은 로마교회에 대해

---

8 J. A. Fitzmyer, "κύκλῳ," *Exegetical Dictionary of the New Testament,* Vol.2 (Grand Rapids: Eerdmans, 1991), p. 327.: "In Rom. 15:19 the meaning is probably *beginning from Jerusalem and traveling around* (*describing a circle*) rather than (*beginning*) *from Jerusalem and its environs.*" Italics original.

9 서신 초두부터 복음에 대한 자세한 설명이 있는 것에 주의하라(롬 1:2-4). 바울은 복음이 아들에 관한 것으로 그 아들이 육신으로는 다윗의 혈통에서 나셨고, 성결의 영으로는 죽은 가운데서 부활하여 능력으로 하나님의 아들로 인정되신 우리 주 예수 그리스도시라고 설명한다. 바울은 여기서 성육신 하여 수난 당하시고 십자가를 지시기까지 비하하셨다가(롬 1:3), 부활 승천하심으로 승귀하신(롬 1:4) 예수 그리스도의 인격과 사역 전체가 복음의 내용이라고 천명한다. cf. John Murray, *The Epistle to the Romans,* Vol. 1 (*NICNT*) (Grand Rapids: Eerdmans, 1968), pp. 5-12.

항상 관심을 가지고 있었다. 그의 로마서 제16장에 언급된 수많은 로마교회 성도들의 이름이 이를 증거한다. 누가가 기록한 사도행전과 바울이 기록한 옥중서신의 내용은 로마에 가기를 원하는 바울의 소망이 성취되고 서바나 여행도 실현되었을 가능성을 제시해 준다.

5. 로마서를 쓸 당시 로마의 정치적 상황

누가(Luke)는 "바울이 아덴을 떠나 고린도에 이르러 아굴라라 하는 본도에서 난 유대인 한 사람을 만나니 글라우디오가 모든 유대인을 명하여 로마에서 떠나라 한 고로 그가 그의 아내 브리스길라와 함께 아달리야로부터 새로 온지라"(행 18:1-2)라고 기록한다. 누가는 바울이 고린도에서 로마 황제 글라우디오(Caesar Claudius: AD 41-54)에 의해 로마에서 추방당한 아굴라와 브리스길라 부부를 만난 사실을 확인한 것이다. 수에토니우스(Suetonius)는 "한 크레스투스(Chrestus)의 선동으로" 일어난 폭동을 이유로 글라우디오 황제가 유대인들을 로마에서 추방했다고 전한다. 크레스투스(Chrestus)는 크리스투스(Christus) 즉 그리스도의 오기일 가능성이 크다. 바울은 글라우디오(Claudius: AD 41년 1월 25일-54년 10월 13일) 황제에 의해 로마에서 축출된 브리스길라와 아굴라를 고린도에서 처음 만난다.[11] 브리스길라와 아굴라는 그들의 생업이 천막 만드

---

10 William Hendriksen, *Exposition of Paul's Epistle to the Romans (New Testament Commentary)* (Grand Rapids: Baker, 1981), p. 499; James Denney, *St. Paul's Epistle to the Romans (The Expositor's Greek Testament,* Vol. Ⅱ, Grand Rapids: Eerdmans, 1980), p. 718; John Calvin, *The Epistles of Paul the Apostle to the Romans and to the Thessalonians* (Grand Rapids: Eerdmans, 1973), p. 320.; F.F. Bruce, *The Letter of Paul to the Romans (The Tyndale New Testament Commentaries)* (Grand Rapids: Eerdmans, 1990), p. 252.

는 일로 바울의 생업과 같았기 때문에 바울과 함께 살면서 일을 했다(행 18:3).

그런데 글라우디오 황제는 그의 조카이자 네 번째 아내인 아그립피나(Agrippina)의 정치적인 욕망을 채워주기 위해 자신의 아들 브리타니쿠스(Britannicus)를 제쳐두고 아그립피나와 그녀의 전 남편과의 사이에서 태어난 루시우스 도미티우스 아헤노바르부스(Lucius Domitius Ahenobarbus)를 그의 후계자로 세운다.[12] 이처럼 글라우디오 황제는 로마제국을 정상적인 방법으로 통치하지 않았는데 결국 AD 54년 10월 독살 당해 생애를 마감한다. 글라우디오 황제의 독살은 아그립피나의 소행일 것으로 회자되나 확실하지는 않다. 그리고 후계자로 세움을 받은 루시우스 도미티우스가 바로 로마의 다음 황제인 네로(Caesar Nero: AD 54–68)이다. 바울이 로마서를 쓴 시기가 AD 57–58년으로 추정되기 때문에 확실하게 네로 황제의 통치기간 동안에 기록한 것이다. 바울이 로마교회의 성도들에게 안부를 전하면서 "그리스도 예수 안에서 나의 동역자들인 브리스가와 아굴라에게 문안하라"(롬 16:3)라고 기록한 것으로 보아 브리스가(브리스길라)와 아굴라는 글라우디오 황제가 AD 54년에 사망한 이후 바울이 로마서를 쓰기 전 어느 시기에 다시 로마로 돌아갔을 것으로 추정된다. 네로 황제는 통치 초기에는 비교적 합리적

---

11 Claudius 황제는 집권 초기에는 유대인들에게 융화정책을 폈으나 통치 8년째 쯤 되었을 때 유대인을 로마에서 쫓아내는 칙령을 발표한 것으로 사료된다. Cf. Josephus, *Antiquities of the Jews*, 19, 5, 2f.; F. F. Bruce, *The Book of the Acts* (*NICNT*) (Grand Rapids: Eerdmans, 1970), p. 368.; Merrill C. Tenney, *New Testament Survey* (Grand Rapids: Eerdmans, 1961), pp. 6-7.; Suetonius, *Life of Claudius*, XXV. 4.: "As the Jews were indulging in constant riots at the instigation of Chrestus, he banished them from Rome." 여기 Chrestus는 Christus (Christ)를 잘못 표기한 것으로 사료된다.

12 *The New Encyclopaedia Britannica*, Vol. 3 (Chicago: Encyclopaedia Britannica, Inc., 1994), pp. 359-360.

으로 로마제국을 다스렸으나 AD 64년 7월에 로마 시에 있었던 화재 사건을 기독교인의 소행으로 돌리고 기독교를 핍박할 뿐만 아니라 로마제국을 과격하게 다스렸다.[13] 바울이 로마서를 쓸 당시(AD 58)는 물론 로마에 일차로 감금되었을 때도 네로가 비교적 합리적으로 로마제국을 다스릴 때였다(행 28:16–31). 바울이 일차 감금에서 풀려날 수 있었던 이유도 이와 같은 정치적인 상황에 비추어 이해할 수 있다. 네로 황제는 AD 68년 폭동이 발발하자 자살로 생을 마감했다.

유대 땅에서는 헤롯 아그립바 1세(Herod Agrippa 1: AD 37–44)에 이어 헤롯 아그립바 2세(Herod Agrippa 2: AD 48–100)가 유대인의 왕으로 유대인들을 다스렸다. 헤롯 아그립바 1세와 2세 사이의 약 4년의 간격이 발생하게 된 이유는 아그립바 1세가 죽을 당시 후계자가 될 아그립바 2세의 나이가 너무 어렸기 때문에 로마 황제 글라우디오(Claudius)가 즉시 그에게 왕위를 계승시키지 않고 그의 삼촌(King of Chalcis)으로 하여금 대리 통치하게 하다가 그의 삼촌이 죽자 아그립바 2세를 유대인의 왕으로 임명했기 때문이다. 바울은 아그립바 2세를 가리켜 "유대인의 모든 풍속과 문제를 아는"(행 26:3) "왕"으로 불렀다(행 25:13; 26:27). 아그립바 2세는 바울이 죄가 없음을 알면서도 바울이 황제에게 상고했기 때문에 석방시키지 않고 바울을 로마로 보냈다(행 26:30–32). 결국 바울은 자유인의 몸으로 로마를 방문한 것이 아니요 죄수의 몸으로 로마를 방문하게 된 것이다.

13 Derek Williams (ed.) "Nero," *New Concise Bible Dictionary* (Wheaton: Tyndale House Publishers, 1990), p. 377.

6. 로마서의 내용 개관

첫째 단락 롬 1장–8장 바울은 하나님의 복음(εὐαγγέλιον θεοῦ)을 로마교회에 소개하기 원한다(롬 1:1). 하나님의 복음은 아들에 관한 것이요 그 아들은 다윗의 혈통으로 태어나심으로 비하의 상태에 들어오셨고, 부활하시어 승귀의 상태로 진입하셨다(롬 1:3–4). 하나님의 아들이신 예수님이 왜 인간의 몸을 입고 성육신하셔야 했는가? 그 이유는 모든 인간이 죄인이기 때문이요 그래서 의가 필요하기 때문이다. 유대인이나 이방인이나 할 것 없이 누구나 죄 아래 있다(롬 1:18–3:20). 아무도 율법을 완벽하게 지킬 수가 없다. 따라서 복음이 필요하다. 인간은 죄로 인해 하나님 앞에 정죄 받았으므로 자신의 순종을 통한 방법이 아닌 다른 방법으로 의롭게 되어야만 한다. 그래서 바울은 "이제는 율법 외에 하나님의 한 의가 나타났으니"(롬 3:21)라고 말한다. 인간의 방법이 아닌 하나님의 방법으로 칭의를 이루게 하신 것이다. 하나님의 방법은 믿음의 방법이다. 율법을 통해서나 인간의 공로를 통해서가 아니요 "예수 그리스도를 믿음으로 말미암아 모든 믿는 자에게 미치는 하나님의 의"(롬 3:22)를 통해서 죄 문제를 해결하신 것이다.[14] 그리고 바울은 아브라함(Abraham)을 예로 들어 행위로써가 아니라 믿음으로 칭의를 얻을 수 있음을 증거한다. 바울은 "아브라함이 하나님을 믿으매 그것이 그에게 의로 여겨진 바 되었다"(롬 4:3)라고 말한다. 아브라함은 백세가 되었지만 믿음이 약하여지지 않고 오히려 견고하여져서 아들을 주시겠다는 하나님의 약속을 믿

14 빌립보서 3:9의 "내가 가진 의는 율법에서 난 것이 아니요 오직 그리스도를 믿음으로 말미암은 것이니 곧 믿음으로 하나님께로부터 난 의라"(개역개정)는 말씀은 바울의 이런 사상을 지지해 준다.

었고 그것이 그에게 의로 여겨졌다(롬 4:19-23).

바울은 로마서 5장에서 죄인이 자신을 위해 할 수 없는 일을 예수 그리스도가 대신 해주신 사실을 설명한다. 예수 그리스도는 완전한 의를 성취하셨기 때문에 죄인이 그리스도를 믿는 순간 그 의를 전가 받게 된다(롬 5:12-17). 바울은 한 사람으로 말미암아 죄와 사망이 세상에 들어 왔는데 이제 한 사람 예수 그리스도를 통하여 생명 안에서 왕 노릇 하게 되었다고 말한다(롬 5:17). 그리스도의 의(義)를 근거로 죄인이 하나님 앞에 설 수 있게 되고 의롭다 칭함을 받게 되었다. 사도 바울은 의롭게 된 후에 참으로 하나님께 순종할 수 있다고 말한다. 율법 아래 있지 않고 은혜 아래 있는 자들만이 진정으로 하나님을 사랑하게 되고 기쁨으로 하나님을 섬길 수 있게 된다. 바울은 이제 로마서 6장에서 예수님이 이루신 의가 어떻게 우리의 것이 되는지를 설명한다. 그 방법은 우리가 예수님을 믿을 때 예수님과 우리가 연합되기 때문이다. 그래서 바울은 우리가 예수님과 함께 장사되었고(롬 6:4), 예수님과 함께 부활하였고(롬 6:5), 예수님과 함께 십자가에 못 박히고(롬 6:6), 예수 그리스도와 함께 살게 되었다(롬 6:8)라고 말한다.

바울사도는 성도들이 예수님을 믿음으로 예수 그리스도와 성도들이 연합된 것을 다른 여러 곳에서 밝힌다. 바울 사도는 성도들이 "그리스도와 함께 장사되고"(골 2:12) "그리스도와 함께 다시 살리심을 받았고"(골 2:12; 3:1; 엡 2:5), 예수님과 함께 고난을 받고(롬 8:17), 예수님과 함께 죽고(고후 7:3), 예수님과 함께 부활하고(골 2:12; 3:1), 예수님과 함께 영광에 이르고(롬 8:17), 예수님과 함께 후계자가 되었고(롬 8:17), 그리고 예수님과 함께 통치한다(딤후 2:12)라고 말함으로 성도들이 그리스도의 모든 생애의 단계에서 그리고 경험적으로 그리스도와 연합되었음을 증거하고 있다. 그러므로 예수 그리스도가 그의 죽음과 부활을 통해 성취하신 모든 것이 우리들의 것이 되고, 그리스도가 이루신 의가 우리가 예수님을 믿을 때 우리의 의가 된다.

이렇게 성도들의 의의 확실함과 그에 따른 구원의 확실함을 설명한 바울 사도는 로마서 7장에서 율법의 기능에 대해 설명한다. 율법은 죄를 나타내고 정죄하는 역할을 한다(롬 7:9). 하나님의 율법은 거룩하고 선하지만(롬 7:12, 14) 죄인을 의롭게 할 수는 없다. 죄는 계속해서 이 세상에 존재하고 성도들이 현재의 몸을 가지고 사는 한 범죄를 할 수 밖에 없다(롬 7:21-25). 그래서 바울은 자신 안에 "하나님의 법"이 아닌 "한 다른 법"이 존재한다고 고백하고(롬 7:22-23), "오호라 나는 곤고한 사람이로다 이 사망의 몸에서 누가 나를 건져내랴"(롬 7:24)라고 탄식하고 있다. 그러나 바울은 로마서 8장에서 기독교인이 비록 이 땅 위에서 죄의 영향을 받지만 그럼에도 불구하고 그리스도 안에 있으면 결코 정죄함이 없다고 확언한다(롬 8:1). 성령은 성도 안에 내주하시므로 신자를 도우신다. 바울은 하나님이 성도 안에 내주하신 성령을 사용하시어 성도들을 부활시키실 것을 설명한다(롬 8:11). 성도들은 하나님의 구원 계획에 의해 영화롭게 될 사람들이며(롬 8:30) 그리스도 안에서(In Christ) 영원히 선택받은 사람들이기 때문에 세상의 어떤 것도 그리스도 안에 있는 성도들을 하나님의 사랑에서 끊을 수 없다(롬 8:38-39).

둘째 단락 롬 9장-11장 로마서의 둘째 단락은 바울 시대에 심각하게 대두된 문제를 다룬다. 즉 이스라엘 백성의 불신과 이방인들의 구원에 관해서이다. 유대인들은 예수님을 배척하지만 이방인들은 예수님을 구주로 믿고 예수님에게 나아간다. 만약 나사렛 예수가 진정으로 그리스도이시요, 하나님의 아들이라면 하나님의 언약의 백성인 이스라엘이 왜 그를 배척하고 믿지 않을 수 있는가? 바울은 유대인의 배척과 이방인의 구원 문제를 하나님의 선택 원리로 해결한다(롬 9:7-13). 바울은 이삭(Isaac)과 이스마엘(Ishmael), 야곱(Jacob)과 에서(Esau)를 예로 들어 하나님의 선택 원리를 설명한다. 누가 하나님의 자비를 받고 구원을 받을 것인지 그리고 누가 배척받아 죄 가운데 버려질 것인지를 하나님께서 결정하실 것이다. 그리고 유대인들의 구원과 배척이 이미 구약 선지자들에 의해 예언되었다(롬 9:25-29).

바울은 하나님의 주권적 선택을 영원하고 궁극적인 이유로 설명하고 나서, 개인이 구원받을 수 있는 유일한 길은 예수 그리스도를 믿음으로 의롭게 되는 길 밖에 없다고 말한다. 바울은 "네가 만일 네 입으로 예수를 주로 시인하며 또 하나님께서 그를 죽은 자 가운데서 살리신 것을 네 마음에 믿으면 구원을 받으리라. 사람이 마음으로 믿어 의에 이르고 입으로 시인하여 구원에 이르느니라."(롬 10:9-10)라고 구원의 방법을 명백하게 제시한다. 이 구절에서 명백한 것은 구원의 요건은 예수님이 주님이신 사실과 예수 그리스도의 죽음과 부활을 믿는 것이다. 유대인이나 이방인이나 구원 받을 수 있는 유일한 방법은 믿음을 통해서만 가능하다(롬 11:11, 14, 25). 구원을 받는 방법은 종족의 구분, 남녀의 구분, 빈부의 구분에 차별을 두지 않고 오직 예수 그리스도를 믿음으로 구원받고, 믿지 않으면 멸망 받는다는 유일한 방법이다. 바울 사도는 로마서 11장의 마지막 부분에서 이스라엘의 배척이 전체적인 것도 아니요 종국적인 것도 아님을 밝힌다(롬 11:25-32).

셋째 단락 롬 12장-16장 로마서의 세 번째 단락에서 바울 사도는 성도들의 삶이 "하나님이 기뻐하시는 거룩한 산 제물"이 되어야 한다고 말한다. 하나님이 받으시기 원하는 제물은 "하나님이 기뻐하시는" 제물이어야 하며, "거룩한" 제물이어야 하고, "살아 있는" 제물이어야 한다(롬 12:1). 바울은 계속해서 성도들의 삶을 위한 실제적인 교훈을 준다(롬 12:14-21). 성도들의 삶의 방식은 사랑의 방법이다. 그래서 바울은 "피차 사랑의 빚 외에는 아무에게든지 아무 빚도 지지 말라 남을 사랑하는 자는 율법을 다 이루었느니라"(롬 12:8-10)라고 가르친다. 바울사도는 하나님과 교회에 대한 의무, 동료 성도들과 세상 권력을 가진 자에 대한 의무를 말한다(롬 13:1-7). 그리고 바울 사도는 서로 사랑하고 권면하고 처음 믿을 때보다 구원이 가까웠으므로 빛 안에서 살라고 권고한다(롬 13:11).

바울 사도는 기독교인의 자유에 대한 원리를 말한다. 즉, 자기 자신에게는 죄가 되지 않을지라도 그것을 행함으로써 다른 사람의 마음을 상하게 만들고 믿음을 연약하게 만드는 일은 하지 않는 것이 더 좋다고 가르친다(롬 14:1-12). 바울은 간결하면서도 정확하게 "하나님의 나라는 먹는 것과 마시는 것이 아니요 오직 성령 안에 있는 의와 평강과 희락이라"(롬 14:17)라고 확신을 가지고 하나님 나라를 정의한다.

바울 사도는 로마서 15장에서 그의 선교적 포부를 밝힌다. 바울은 하나님이 자신을 이방인의 사도로 부르신 사실을 확신하면서(갈 2:8) "이방인을 위하여 그리스도 예수의 일꾼이 되어 하나님의 복음의 제사장 직분"(롬 15:16)을 감당하고 있음을 확인한다. 그래서 바울은 로마에 가서 복음을 전하기 원한다고 말한다(롬 15:20-24). 그는 당장 성도를 섬기는 일 때문에 예루살렘에 가야 하지만(롬 15:25) 그 후에 로마에 가기를 소망하며 또 그들의 도움으로 서바나까지 가서 복음을 전하기 원한다(롬 15:28).

마지막으로 바울은 로마에 있는 많은 개인 성도들에게(28명) 안부를 전한 다음 영원하시고 전지하사 그리스도 예수의 복음을 우리에게 알려 주신 하나님을 찬양함으로써 로마서를 끝맺는다(롬 16:1-27).

로마서 1장
주해

1장 요약

로마서 1장에서 바울은 죄인들에게 복된 소식이 무엇인지를 밝힌다. 바울은 서신의 서문에서부터 복음의 내용을 명백하게 밝힌다. 바울은 "복음"이 "아들에 관한" 것으로 그 아들은 "육신으로는" 다윗의 혈통에서 나셨고 "성결의 영으로는" 죽은 자들 가운데서 부활하사 능력으로 하나님의 아들로 선포되신 그리스도에 관한 것(롬 1:3-4)이라고 말한다. 바울은 "육신으로는"(according to the flesh)과 "성결의 영으로는"(according to the Spirit of holiness)을 대칭시켜 복음을 설명하면서 예수님이 성육신하심으로 비하하신 상태로 들어오신 사실과 부활하심으로 승귀하신 상태로 복귀하신 사실을 포함시킨다. 복음을 정의하면서 예수님의 십자가상의 죽음과 사흘 만에 부활하신 사실을 포함시키는 것은 구원의 요건과 연계되기 때문에 너무도 당연하다(롬 10:9-10; 행 17:31).[15] 그러므로 복음의 내용은 예수님의 죽음을 통한 죄의 용서와 예수님의 부활을 통한 새로운 생명을 포함하지 않으면 안 된다.

바울은 1장의 나머지 부분에서 복음이 필요한 것은 인간들이 모두 죄인들이요, 구원을 받기 위해서는 의롭다고 인정받아야 하기 때문이라고 설명한다. 바울은 예수님이 그의 죽음과 부활을 통해 죄인들에게 필요한 의와 생명을 이루셨고 죄인이 예수님을 믿기만 하면 하나님께서 예수님이 이루신 의와 생명을 우리의 것으로 인정해 주신다고 선포한다. 그래서 바울은 "복음에는 하나님의 의가 나타나서 믿음으로 믿음에 이르게 한다"(롬 1:17)라고 천명한다. 바울은 하나님의 의가 필요한 것은 인간이 유대인(Jews)이나 이방인(Gentiles)이나 모두 죄인들이기 때문이라고 설명한다. 바울은 인간이 죄 가운데 있을 때에 하나님의 진노를 받아야만

할 만큼 타락한 상태에 있었음을 여러 가지 예를 들어 설명한다. 죄인들은 하나님의 진리를 거짓과 바꾸고(롬 1:25), 인간 삶의 모든 분야에서 악독한 일을 행했다(롬 1:23-32).

15 박형용, 『바울신학』, (수원: 합신대학원출판부, 2016), pp. 163-171.

1. 복음 선포를 위해 택정함 받은 바울(롬 1:1-15)

(1) 복음의 내용과 인사(롬 1:1-7)

1 예수 그리스도의 종 바울은 사도로 부르심을 받아 하나님의 복음을 위하여
택정함을 입었으니 2 이 복음은 하나님이 선지자들을 통하여 그의 아들에 관
하여 성경에 미리 약속하신 것이라 3 그의 아들에 관하여 말하면 육신으로는
다윗의 혈통에서 나셨고 4 성결의 영으로는 죽은 자들 가운데서 부활하사 능
력으로 하나님의 아들로 선포되셨으니 곧 우리 주 예수 그리스도시니라 5 그
로 말미암아 우리가 은혜와 사도의 직분을 받아 그의 이름을 위하여 모든 이방
인 중에서 믿어 순종하게 하나니 6 너희도 그들 중에서 예수 그리스도의 것으
로 부르심을 받은 자니라 7 로마에서 하나님의 사랑하심을 받고 성도로 부르
심을 받은 모든 자에게 하나님 우리 아버지와 주 예수 그리스도로부터 은혜와
평강이 있기를 원하노라(롬 1:1-7, 개역개정)

롬 1:1-4 바울 사도는 로마서의 서론적인 부분에서 하나님의 복음의 내용이 무엇인지를 심도있게 설명하고 자신이 로마를 방문하여 그 복음을 전하기를 원한다고 서술한다. 바울은 항상 자신이 복음에 빚진 자로 생각하고 있었으며(롬 1:14), 부활하신 그리스도가 그를 특별히 택하여 예수님의 이름을 "이방인과 임금들과 이스라엘 자손들에게 전하라"(행 9:15)라고 하신 명령을 잊지 않고 순종한 사도였다. 특별히 바울은 부활하신 예수님이 그를 이방인들을 위해 파송한 사도임을 명심하고 있었다(행 22:21). 바울은 이처럼 자신이 "이방인을 위한 사도"임을 명심하면서 로마서를 쓰고 있다.

바울은 일반적으로 그의 서신들의 서문에서 발신자와 수신자, 그

리고 인사의 말을 적는다(고전 1:1-3; 고후 1:1-2; 갈 1:1-3; 엡 1:1-2; 빌 1:1-2; 골 1:1-2; 살전 1:1; 살후 1:1-2). 그런데 바울은 로마서의 서문을 다른 서신들보다 더 길게 처리할 뿐만 아니라(롬 1:1-7) 발신자와 수신자와 인사의 말과 함께 복음의 내용이 무엇인지를 밝히고 있다(롬 1:2-4). 바울은 자신을 가리켜 "예수 그리스도의 종"이라고 부른다(롬 1:1). 일반적으로 "종"(δοῦλος)은 노예와 같은 신분으로 그의 생애 전체가 주인에게 속해 있고 자신에게는 아무런 권리도 없는 존재이다. 스피크(Spicq)는 둘로스(δοῦλος)를 "종이나 하인"(servant)으로 번역하는 것은 1세기의 용법에 맞지 않는다고 말하고 둘로스는 자유함이 없는 노예(slave)의 뜻에 더 가깝다고 말한다. 그는 계속해서 노예는 주인이 사고, 팔고, 선물로 줄 수 있는 재산이나 다름 없었으며 동물과 함께 취급되는 존재였다고 말한다.[16] 바울은 자신이 "예수 그리스도의 노예"이지만 복음을 위해 부르심을 받은 사도임을 천명한다. 그런데 바울은 로마서의 서문에서 자신을 "예수 그리스도의 종(노예)"(롬 1:1; 빌 1:1)이라고 부르고, 디도서에서 자신을 "하나님의 종(노예)"(딛 1:1, δοῦλος θεοῦ)이라고 부른다. 이는 바울의 심중 깊은 곳에 감추어진 그의 겸손을 드러내고 있다. 바울이 믿는 자를 "성도"라고 부르고(롬 1:7) 자신을 "노예"라고 부른 사실은 그의 진정한 겸손을 드러내고 있다.[17] 바울이 자신을 "예수 그리스도의 노예"라고 표현한 것은 봉사의 관계를 설명할 뿐만 아니라 자신의 노예의 직분이 영예로운 것임을 밝히는 것이다.[18] 박윤선 박사

---

16 Ceslas Spicq, "δοῦλος," *Theological Lexicon of the New Testament*, Vol. 1 (Peabody: Hendrickson Publishers, 1994), pp. 380-381.

17 Cf. H. A. A. Kennedy, "The Epistle to the Philippians," *The Expositor's Greek Testament*, Vol. III (Grand Rapids: Eerdmans, 1980), p. 415.: "There is genuine humility in the contrast between δοῦλοι and ἁγίοις."

는 "예수 그리스도의 종 바울"을 해석하면서 "바울이 예수 그리스도의 권위(權威)를 대리한 점에서는 그 직위의 장엄한 방면이고, 종으로 사역하는 것으로 보아서는 그 겸비이다"[19]라고 바울의 표현에서 장엄함과 겸손함을 볼 수 있다고 바로 설명한다. 바울은 그리스도의 노예인 동시에 복음을 위해 부름 받은 사도임을 확실하게 인식하고 있었다.

바울은 그의 13 서신 중 빌립보서, 데살로니가전서, 데살로니가후서, 빌레몬서의 서문에서 자신이 사도임을 언급하지 않는다. 바울이 이 네 서신에서 자신을 사도로 언급하지 않은 것은 그리스도 안에서의 삶이 기쁨의 삶이라는 것을 강조하는 빌립보서에서 사도적인 권위를 강조할 필요가 없었고, 믿음 때문에 고난을 받고 있는 성도들을 위로하고 그리스도의 재림이 모든 고난과 고통을 해결할 것임을 강조한 데살로니가전후서에서 구태여 자신이 사도임을 강조할 필요가 없었으며, 노예인 오네시모를 "사랑받는 형제"(몬 1:16)로 받으라고 빌레몬에게 권면하면서 사도적 권위의 강압에 의해서가 아니요 빌레몬 스스로 즐거운 마음으로 오네시모를 받아드리도록 하기 위해 사도성을 강조하지 않았다.

바울은 자신이 "예수 그리스도의 종이요 사도로 부르심을" 받았음을 소개한 직후 곧바로 "하나님의 복음"을 언급한다(롬 1:1). 넓은 의미로 사도는 특별한 목적을 위해 "보냄을 받은 자"라는 뜻이다. 그런 의미에서 신약성경은 바나바(Barnabas), 에바브로디도(Epaphroditus), 아볼로(Apollos), 실라(Silvanus), 디모데(Timothy)를 사도라고 칭한다. 그들은 그들을 파송한 교회를 대표해서 맡은 책임을 수행함으로 교회의 사도로 칭

18 A. Weiser, "δοῦλος," *Exegetical Dictionary of the New Testament*, Vol. I (Grand Rapids: Eerdmans, 1990), p. 352. pp. 349-352.

19 박윤선, 『성경주석 로마서』 (서울: 영음사, 1969), p. 21.

함 받을 수 있다(행 13:1-2; 14:14; 고전 4:9; 빌 2:25; 살전 2:7). 하지만 바울의 경우는 특별하다. 바울은 부활하신 예수 그리스도께서 특별한 목적을 위해 부르신 사도인 것이다. 부활하신 주님께서 "이 사람은 내 이름을 이방인과 임금들과 이스라엘 자손들에게 전하기 위하여 택한 나의 그릇이라"(행 9:15)라고 특별하게 부르셨다. 바울은 그를 사도로 부르신 부활하신 주님의 권위로 덧입혀진 사도로 그의 사도직은 열두 사도와 마찬가지로 가장 정당한 의미의 사도직을 부여받은 것이다. 바울은 자신이 하나님의 부르심을 받았다는 것을 근거로 자신의 사도직을 정당화 한다(롬 1:1).[20]

바울은 "하나님의 복음"을 구약 선지자들을 통해 예언된 아들과 연계시킨다(롬 1:2). 바울은 복음이 갑자기 나타난 것이 아니요 하나님께서 오래 전부터 약속하신 아들이 바로 복음이라고 설명한다. 하나님은 인간이 죄를 범하자 하나님의 방법으로 죄 문제를 해결하시기 위해 "여자의 후손"(창 3:15)을 주시겠다고 약속하시고 결국 인간의 몸을 입으신 예수 그리스도를 보내셔서 그를 십자가에서 죽게 하시고(사 53:4-9) 삼일 만에 부활시키심으로(시 16:10) 구속을 성취하신다. 바울은 본디오 빌라도(Pontius Pilate)의 심판을 받아 십자가에서 죽으신 예수가 바로 하나님이 약속하신 아들이라고 말하고 바로 그 아들이 구약에서 약속하신 아들임을 분명히 한다. 바울은 여기서 구약과 신약의 일관성을 천명하고 하나님의 구속역사 진행이 실수 없이 성취되고 있음을 증거한다.

그런데 바울은 로마서 1:2에서 구약에서 약속된 아들을 언급한 직후 로마서 1:3에서 "그의 아들에 관하여"(περὶ τοῦ υἱοῦ αὐτοῦ)라고 시작

20 Ceslas Spicq, "ἀπόστολος," *Theological Lexicon of the New Testament*, Vol. 1 (Peabody: Hendrickson Publishers, 1996), p. 190.

함으로 성육신하신 예수 그리스도가 구약에서 약속된 하나님의 아들임을 확실히 한다(롬 1:4 참조).[21] 문법적인 관계로 본 구절을 관찰하면 "그 아들에 관하여"가 로마서 1:1의 "하나님의 복음"(εὐαγγέλιον θεοῦ)과 연관된 것으로 생각할 수 있다. "그 아들에 관하여"가 "복음"과 연관되었다는 사상은 "미리 약속하신"의 목적이 이미 "것"(ὅ)(롬 1:2) 안에 나타났고 그리고 하나님의 복음의 내용이 때가 차서 나타난 아들이기 때문에 "그 아들에 관하여"와 "복음"이 연관되었다고 주장하는 것이다. 그러므로 리델보스(Ridderbos)는 "그 아들에 관하여"가 약속의 내용이라기보다는 오히려 복음의 내용으로 이해되어야 한다고 주장한다.[22] 캐제만(Käsemann)도 로마서 1:3의 "아들에 관하여"가 로마서 1:1의 "하나님의 복음"을 가리킨다고 주장하면서 "그리스도는 복음의 저자가 아니요, 그는 복음의 결정적인 내용이다"라고 설명한다.[23] 물론 "그 아들에 관하여"가 "하나님의 복음"과 연관되었다고 생각해도 큰 문제는 없다.

하지만 더 자연스러운 문법적인 관계는 "그 아들에 관하여"(롬 1:3)를 "미리 약속하신"(προεπηγγείλατο)과 연관시켜 생각하는 것이다.[24] 만

---

21 이 부분의 주해는 본인의 저서인 박형용 『바울신학』, (수원: 합신대학원출판부, 2016), pp. 157-171을 참고했음을 밝혀둔다.

22 H. Ridderbos, *Aan de Romeinen* (*Commentaar op het Nieuwe Testament*, Kampen: J.H. Kok, 1959), pp. 24f. cf. R.C.H. Lenski, *The Interpretation of Paul's Epistle to the Romans* (Minneapolis: Augsburg Publishing House, 1961), pp. 33f; 여기서 Lenski는 περὶ τοῦ υἱοῦ를 하나님의 복음과 연관하여 생각해야 할 이유로 두 가지를 든다. 첫째로는 τοῦ γενομένου가 역사적인 시상(The historical tense)이요, 둘째로는 τοῦ ὁρισθέντος의 시간이 "죽은 가운데서 부활하여"라는 구절에 의해 확정지어져 있기 때문이다. 그리고 περὶ τοῦ υἱοῦ를 προεπηγγείλατο와 연관된 것으로 생각하는 사람들은 "그의 아들"을 구약의 약속 안에 남겨두고 두개의 수식하는 분사들은 신약의 성취 안에 두는 잘못을 범한다고 말한다.

23 E. Käsemann, *Commentary on Romans* (Grand Rapids: Eerdmans, 1980), p. 10: "Christ is not the author of the gospel; he is its decisive content."

24 C. Hodge, *A Commentary on Romans* (1975), p. 17; cf. Frederic L. Godet, *Commentary on Romans* (Grand Rapids: Kregel Publications, 1979), p. 76.

약 "그 아들에 관하여"를 "하나님의 복음"과 연관시켜 생각하면 로마서 1:2에 나타난 중요한 사상이 고립되는 것을 면치 못한다.[25] 여기서 로마서 1:2을 괄호 안에 넣어 생각해야 할 하등의 이유도 없다. 그리고 비록 "그 아들에 관하여"를 로마서 1:1의 "하나님의 복음"과 연관시켜 형용적으로 취급하기보다 로마서 1:2의 동사 "미리 약속하신"과 연관시켜 부사적으로 취급할지라도 "그 아들에 관하여"는 역시 복음의 주제를 명백히 설명하고 있다.[26] 그러므로 여기서 "그 아들에 관하여"를 "미리 약속하신 것"과 연관시켜 생각할지라도 그 풍요한 뜻을 감소시키지 않는다. 오히려 그 뜻을 풍요하게 하는데 그 이유는 약속된 것이 복음의 주제가 되는 바로 "그 아들"이라는 사실을 명확히 하기 때문이다. 그러므로 어느 문법적인 관계를 택할지라도 그 뜻은 비슷하지만 여기서는 "그 아들에 관하여"가 "미리 약속하신 것"과 연관된 것으로 정리한다.

바울은 성육신하신 아들을 소개하면서 "육신으로는 다윗의 혈통에서 나셨고 성결의 영으로는 죽은 자들 가운데서 부활하사 능력으로 하나님의 아들로 선포되셨으니 곧 우리 주 예수 그리스도시니라"(롬 1:3-4)라고 설명한다. 본 구절에서 두드러지게 나타나는 대칭은 "육신으로는"(κατὰ σάρκα)과 "성결의 영으로는"(κατὰ πνεῦμα ἁγιωσύνης)이다. 바울이 아들의 성육신을 설명하면서 "육신으로는"이라는 표현을 쓰고, 아들의 부활을 설명하면서 "성결의 영으로는"이라는 표현을 쓴 이유는 무엇인가? 본 문맥에 나타나는 "육신으로는"과 "성결의 영으로는"의 대칭의 뜻을 해석하는데 견해의 차이가 세 가지로 나타난다.

25 H.A.W. Meyer, *Critical and Exegetical Handbook to the Epistle to the Romans* (New York: Funk and Wagnalls, 1884), p. 31.

26 J. Murray, *The Epistle to the Romans*, Vol. I (1968), p. 5.

첫 번째 견해는 "육신으로는"과 "성결의 영으로"를 인간 예수님의 "몸"(body)과 "영"(spirit)의 대칭으로 해석하는 견해이다. 마이어(Meyer)는 "'육신'과 대칭이 된 이 '성결의 영'은 지상에서 하나님의 아들의 존재의 다른 쪽 면을 가리킨다. 마치 '육신'이 감각에 의해 인지될 수 있는 외적 요소인 것처럼 '영'은 내적 마음의 요소를 가리킨다."[27]라고 해석함으로 이 대칭이 인성을 가지신 예수님의 "몸"과 "영"의 대칭으로 설명한다. 샌디(Sanday)와 헤드람(Headlam)도 같은 어조로 "'육신으로는'과 '성결의 영으로는'의 대칭은 '인성'(human nature)과 '신성'(divine nature)의 대칭이 아니다. 비록 그의 성령의 영속하는 자산인 성결이 인간 이상의 것임에는 틀림없지만 여기의 대칭은 인간인 그리스도 안에 있는 '몸'과 '영'의 대칭이다"[28]라고 주장한다.

"육신으로는"과 "성결의 영으로"를 성육하신 예수님의 "몸"과 "영"으로 해석하는 것은 문맥이 강조하는 복음의 내용을 충족시킬 수 없다는 점에서 문제가 있다. 예수님이 "몸"을 가지셨고, 또한 "영"을 가지셨다는 내용이 복음의 핵심이 될 수 없다. 이와 같은 주장은 예수님의 신성(divine nature)에 대비된 예수님의 인성(human nature)을 강조하는데 일조를 한 것임은 확실하지만 복음의 내용이라고 할 수 없다. 바울 사도는 복음을 설명하면서 복음을 아들과 연계시키고 그 아들이 어떻게 태어났고 어떻게 부활했는지를 설명하고 있다. 바울은 하나님의 복음과 아들을 동일선상에 두고 그 아들이 "육신으로는 다윗의 혈통에서 나셨고 성결의 영으로는 죽은 자들 가운데서 부활하사 능력으로 하나님의 아들로 선포"(롬 1:3-4)되셨다고 말한다. 바울은 여기서 복음의 주제 즉

27 Meyer, *Critical and Exegetical Handbook to the Epistle to the Romans*, p. 34.

28 W. Sanday and A.C. Headlam, *A Critical and Exegetical Commentary on the Epistle to the Romans* (*ICC*). Edinburgh: T & T Clark, 1975, p. 7.

복음의 내용을 설명하고자 이런 대칭을 사용하고 있다. 그런데 복음의 내용이 인간 예수님의 외적인 요소와 내적인 마음이라고 설명할 수는 없다. 물론 예수님이 100% 완전한 하나님, 100% 완전한 인간으로 오셨기 때문에 인간의 구성 요소와 같은 몸(body)과 영(spirit)으로 오셨음에는 틀림없다. 하지만 예수님의 몸과 영이 복음의 핵심은 아니다. 로마서 전체를 검토해 보아도 이 두 요소들이 복음의 내용이라는 사실을 확증하고 있는 구절은 한 구절도 없다. 그리고 바울은 "그의 아들에 관하여 말하면 육신으로는 다윗의 혈통에서 나셨고"(롬 1:3)라고 설명했는데 이는 분명히 예수님이 육신으로 다윗의 혈통에서 태어나셨을 때 외적인 요소인 몸과 내적인 요소인 영을 소유한 완전한 인간으로 태어나신 것을 추정하게 한다.[29] 바울은 로마서 1:4에 이르기도 전에 로마서 1:3에서 예수님이 몸과 영을 가지신 완전한 분이셨음을 확인하고 있다. 그러므로 "육신으로는"과 "성결의 영으로는"의 대칭이 인간 예수님의 몸과 영의 대칭을 뜻한다고 생각할 수 없다.

두 번째 견해는 "육신으로는"과 "성결의 영으로"를 예수님의 인성(human nature)과 신성(divine nature)으로 해석하는 견해이다. 이 견해는 전통적으로 대부분의 유명한 개혁주의 주석가들에 의해 받아들여진 견해라는 점에서 주목의 대상이 된다. 칼빈(Calvin)은 "신성과 인성은 우리들이 그리스도 안에서 구원을 받기 위하여 그 안에서 마땅히 찾아야 할 두 필수 조건이다. 그의 신성은 그의 인성에 의하여 우리에게 전달되는 능력과 의와 생명을 포함하고 있다. 이런 이유로 사도는 그리스도가 육체로 나타나셨고 그리고 그 육체 안에서 그가 스스로 하나님의 아들 되심을 선포하셨다고 진술함으로 두 요소를 복음의 요약으로 분

29 Lenski, *Romans*, p. 42.

명하게 언급하고 있다"[30]라고 설명함으로 "육신으로는"과 "성결의 영으로는"의 대칭이 예수님의 "인성"과 "신성"을 가리키는 것으로 정리한다. 같은 입장에서 핫지(Hodge)도 "육신이 그의 인성을 뜻하는 것처럼 영은 그리스도의 더 높은 성질인 신성을 뜻하지 않고 다른 것을 뜻한다고 생각할 수 없다"[31]라고 해석한다. 크랜필드(Cranfield)는 로마서 1:3-4을 해석하면서 다음과 같이 요약한다. "우리들은 두 번째 관계사 구절(the second relative clause)의 전체를 바울이 항상 하나님의 아들이셨던 그 분(3절 시작에 언급된 그의 아들)이 그의 인성에 관한한 다윗의 계통으로 인간으로 태어나셨는데, 그의 부활의 시간으로부터 능력 있는 영광스러운 하나님의 아들로(이 사실은 성령이 현재 성도 안에서 거룩하게 하시는 사역을 통해 확증된다) 임명되셨다는 뜻으로 요약해서 이해할 수 있다."[32]라고 정리한다. 크랜필드도 로마서 1:3-4에 언급된 "육신으로는"과 "성결의 영으로는"을 예수님의 인성(human nature)과 신성(divine nature)의 관

---

30 John Calvin, *The Epistles of Paul The Apostle to the Romans and to the Thessalonians* (Grand Rapids: Eerdmans, 1973), pp. 15-16.

31 Hodge, *A Commentary on Romans*, p. 20; "As σάρξ means his human nature, πνεῦμα can hardly mean anything else than the higher or divine nature of Christ." 다음의 주석가들은 같은 입장을 취한다.: W.G.T. Shedd, *A Critical and Doctrinal Commentary on the Epistle of St. Paul to the Romans* (Grand Rapids: Zondervan, 1967), pp. 8f.; R. Haldane, *Exposition of the Epistle to the Romans* (London: The Banner of Truth Trust, 1960), pp. 22-30.; A. Philippi, *Commentary on St. Paul's Epistle to the Romans*, I (Edinburgh: T & T Clark, 1878), p. 22ff. Philippi는 "σάρξ는 낮은 인성을 가리키고 πνεῦμα는 그리스도 안에 있는 높은 신적 원리(divine principle)를 가리키는 것으로 사용되었다."(p.23)라고 말한다. 그런데 흥미 있는 사실은 Wilson이 "육신으로는"이란 표현은 "우리 주님의 완전한 인성"(perfect human nature of our Lord)을 가리키는 것으로 해석하고, "성결의 영으로는"이란 표현은 예수님의 신성을 가리키지 않고 "그의 부활 후에 전개되는 성령의 세대"(the dispensation of the Spirit after His resurrection)를 가리키는 것으로 해석한다는 점이다. Cf. Geoffrey B. Wilson, *Romans: A Digest of Reformed Comment* (London: The Banner of Truth Trust, 1969), pp. 14, 15.

32 C.E.B. Cranfield, *Romans: A Shorter Commentary* (Grand Rapids: Eerdmans, 1992), p. 7.

점에서 해석하고 있다. 아놀드(Arnold)도 "육신으로는"이란 표현은 예수님의 인성(human nature)을 뜻하고, "성결의 영으로는"이란 표현은 예수님의 신성(divine nature)을 뜻하는 것으로 해석한다.[33] 박윤선은 특이하게 "육신으로는"은 예수님의 인성을 가리키는 것으로 해석하고, "성결의 영으로는"은 "예수님이 받으시고 그와 함께 계시는 성령을 가리킨다"라고 해석한다.[34] 바레트(Barrett)는 "그리스도는 각각 육신과 성령으로 설명되는 존재의 두 질서에 속해 있다. 이 두 질서 안에서 그는 다윗의 아들과 하나님의 아들로 묘사되고 있다."[35]라고 해석한다. 여기서 바레트의 해석은 예수님의 존재의 관점에서 해석했는지 예수님이 겪으신 두 여정의 관점에서 해석했는지 확실하지 않지만 존재의 관점에서 해석한 것으로 판단된다.

이처럼 "육신으로는"과 "성결의 영으로는"의 대칭을 예수님의 인성과 신성으로 해석해도 큰 문제는 없으나 바울이 문맥에서 "하나님의 복음"을 설명하면서 이미 인성과 신성을 가지신 성육하신 아들(롬 1:3)을 설명하면서 그 아들이 "육신으로는 다윗의 혈통에서 나셨고 성결의 영으로는 죽은 자들 가운데서 부활하사 능력으로 하나님의 아들로 선포되셨으니 곧 우리 주 예수 그리스도시니라"(롬 1:3-4)라고 묘사한 것은 바울 사도가 "육신으로는"과 "성결의 영으로는"이라는 대칭을 사용하여 예수님의 생애의 전 여정을 설명하려는 뜻이 있음을 나타내려는 것이다. "인성"과 "신성"의 증명은 성육신 기간으로도 충분히 설

---

33 Albert N. Arnold, *Commentary on the Epistle to the Romans* (Valley Forge: Judson Press, 1889), pp. 25, 27.

34 박윤선, 『성경주석. 로마서』, pp. 24, 26.

35 C. K. Barrett, *The Epistle to the Romans* (New York: Harper and Row, 1957), p. 19.; Colin G. Kruse, *Paul's Letter to the Romans* (*The Pillar New Testament Commentary*) (Grand Rapids: Eerdmans, 2012), p. 44.

명할 수 있다. 그러나 바울은 여기서 예수님의 부활 이후를 설명하면서 그 이전의 삶과 비교하고 있다. 그러므로 "육신으로는"과 "성결의 영으로는"의 대칭을 "인성"과 "신성"으로 해석하는 것은 비록 예수님의 "인성"과 "신성"이 대단히 중요한 교리이기는 하지만 문맥에 비추어 볼 때 예수님의 사역의 종말론적이고 구속역사적인 요소를 간과한 해석으로 바울의 뜻을 바로 전달한 해석으로 볼 수 없다. 개핀(Gaffin)은 인성과 신성이 "간결한 말로 복음이 될 수 없다"[36]라고 지적한다. 예수님의 인성과 신성은 중요한 교리이긴 하지만 구원을 이루는 하나님의 능력이 될 수 없다. 본 구절에서 "신성"으로 해석되는 "성결의 영으로는"(κατὰ πνεῦμα ἁγιωσύνης) 이라는 표현은 신약전체 중에서 이 구절에서만 사용되는 표현(hapax legomenon)일 뿐만 아니라 바울 사도가 "영"과 "육"의 대칭을 인간론의 범주 내에서 자주 사용하지 않는 것을 감안할 때 본 구절의 대칭을 "인성"과 "신성"으로 해석하는 것은 바람직하지 않다. 바울은 "육신"과 "영"의 대칭에서 "영"은 대부분 성령을 가리키는 것으로 사용한다(롬 8:4f; 갈 5:16f; 빌 3:3f).[37] 본 구절을 예수님의 "인성과 신성"으로 해석하는 학자들은 로마서 1:3의 "육신"이 예수님의 인성을 가리키는 것으로 간주하기 때문에 로마서 1:4의 "영"이 예수님의 신성을 가리키는 것으로 자연스럽게 간주해 버린다.[38]

---

36 R.B. Gaffin, Jr., *Resurrection and Redemption* (Ann Arbor: University Microfilms, 1970), p. 156. "But it is not the gospel in a nutshell."

37 R.B. Gaffin, Jr., *Resurrection and Redemption* (1970), p. 152.; 영/육의 대칭이 **인간론적으로 적용되는 예외로는 고전 5:5과 고후 7:1의 두 곳을** 말할 수 있다. 그러나 본 문맥은 이 예외의 범주에 넣을 수 없다.

38 Geoffrey B. Wilson, *Romans* (1969), pp. 14-15. Wilson은 특이하게 "육신으로는"은 완전하고 완벽한 우리 주님의 인성(the complete and perfect human nature of our Lord)을 의미하고(p. 14), "성결의 영으로는"은 예수님의 부활 후의 성령의 시대(the dispensation of the Spirit after His resurrection)를 의미한다(p. 15)고 해석한다.

세 번째 견해는 "육신으로는"과 "성결의 영으로"를 예수님의 비하 상태의 여정과 승귀 상태의 여정으로 해석하는 견해이다. 이 견해는 예수님의 전체 생애를 복음의 내용과 연계하여 설명하는 견해이다. 이 견해는 본문을 바울 사도가 예수님의 본체론적인 특성을 생각하면서 "육신으로는"과 "성결의 영으로는"의 표현을 사용했다고 이해하기보다 예수님의 구속사역의 관점에서 두 표현을 사용한 것으로 이해하는 것이다. 복음은 단순히 "예수님이 누구이시냐"로 정의되지 않고, "예수님이 누구이시며 무슨 일을 하셨느냐"로 정의된다. 바울은 예수님이 하나님의 아들이시면서도 성육신하셨고, 고난을 당하셨고, 죽으셨고, 그리고 부활하셨음을 분명히 밝히고 있다. 그러므로 바울은 구약에서 예고되신 아들(롬 1:2)이 성육신하셨고(롬 1:3), 성육신하신 아들이 고난과 죽음으로부터 승리하셔서 죽은 자들 가운데서 부활하심으로(롬 1:4) 공개적으로 하나님의 아들로 선포되셨음을 선언하고 있는 것이다.

스미톤(Smeaton)은 본문의 "육신으로는"과 "성결의 영으로"의 대칭(롬 1:3-4)을 예수님의 생애에 있어서 연속되는 두 여정(two stages)으로 해석한다. 그는 "주석가들이 일반적으로 해석하는 대로 바울 사도는 (본문의 대칭을) 명백하게 우리 주님의 두 성품을 언급하고 있지 않고 비하(卑下)와 승귀(昇貴)의 두 상태를 언급하고 있다. 그리고 성결의 영이라는 표현은 신성을 가리키지 않고 우리 주님이 하나님의 아들 되심을 가장 결정적으로 증명하는 그의 부활 후의 성령의 시대를 가리킨다"[39]

---

39 G. Smeaton, *The Doctrine of the Holy Spirit* (2nd ed.; Edinburgh: T & T Clark, 1889), p. 77.; cf. Lenski, *Romans*, pp. 38-39.; F.F. Bruce, *The Letter of Paul to the Romans* (*The Tyndale New Testament Commentaries*) (Grand Rapids: Eerdmans, 1990), p. 69.; W. Manson, "Notes on the Argument of Romans," *New Testament Essays* in memory of T.W. Manson, ed. A.J.B. Higgins (Manchester: The University Press, 1959), p. 153.; John Murray, *The Epistle to the Romans* (*NICNT*), Vol. 1 (Grand Rapids: Eerdmans, 1968), p. 7.; Douglas Moo, *The Epistle to the Romans* (*NICNT*) (Grand Rapids: Eerdmans,

라고 해석한다. 브루스(Bruce)는 "바울은 여기 '육'과 '영'의 대칭을 주님의 두 성품(인성과 신성)을 가리키는 것으로 사용하지 않았고, 주님의 비하와 승귀의 두 단계(two stages)를 가리키는 것으로 사용하고 있다. 한 분이시며 같은 하나님의 아들이 지상의 예수로 나타나시고 하늘의 그리스도로 나타나신다. 예수님이 다윗의 혈통으로 후손되심이 '육신을 따라' 영광스러운 일이지만, 그럼에도 불구하고 이제는 비하의 상태에 속한 것으로 나타나셨는데, 그가 성령의 시대를 시작하심으로 무엇과도 비교할 수 없는 그의 승귀의 영광으로 진입하시고 초월화 되셨다"[40] 라고 해석한다. 같은 입장에서 보스(Vos)도 "본문의 언급은 구세주의 구성체 안에 있는 병존하는 두개의 면을 가리키지 않고 그의 생애의 연속되는 두 여정을 가리킨다. 먼저 '육신을 따라 나셨고'(γενέσθαι)가 있었고 그리고 나서 '성결의 영을 따라 선포되셨다'(ὁρισθῆναι)가 있었다. 두 개의 전치사가 이끄는 구절은 부사적 역할을 하고 있지만 최초의 동작에 강조를 두지 않고 오히려 결과에 강조를 두기 위한 것이다. 그리스도는 그의 육체적인 존재로 오셨다. 그리고 호리스모스(ὁρισμός)에 의해 영적인 존재로 들어가신 것이다"[41]라고 해석한다. 루터(Luther)

Eerdmans, 1996), p. 50.; A. Nygren, *Commentary on Romans*, trans. C.C. Rasmussen (Philadelphia: Muhlenburg Press, 1975), pp. 53-54.; G.B. Wilson, *Romans, A Digest of Reformed Comment* (London: The Banner of Truth Trust, 1969), pp. 14f.; James D. G. Dunn, *Romans 1-8: Word Biblical Commentary*, Vol. 38A (Dallas: Word Books, 1988), p. 15.: "All he says here is that the new phase of Christ's existence and role was characterized by holy Spirit, just as the previous phase was characterized by flesh."

40 F. F. Bruce, *The Letter of Paul to the Romans* (*Tyndale*), p. 69. "By the antithesis of 'flesh' and 'Spirit' here he 'plainly... does not allude to the two natures of our Lord, but to *the two states* of humiliation and exaltation'. It is one and the same Son of God who appears as the earthly Jesus and as the heavenly Christ; but his Davidic descent, a matter of glory, 'according to the flesh', is now seen nevertheless to belong to the phase of his humiliation, and to be absorbed and transcended by the surpassing glory of his exaltation, by which he has inaugurated the age of the Spirit." (italics original)

는 로마서 1:3-4을 해석하면서 "그러나 복음은 예수님이 그 자신을 비우심으로 진입하게 된 하나님의 아들의 비하(humiliation)를 다룰 뿐만 아니라, 인성에 따라 그가 비하 상태에서 하나님으로부터 받으신 존엄(majesty)과 주권(sovereignty)을 다룬다. 마치 하나님의 아들이 그의 비하와 스스로를 비우심으로 육체의 연약성 안에서 다윗의 자손이 된 것처럼 이제 반대로 그는 전능과 영광을 소유하신 하나님의 아들로 임명되고 정해지셨다."[42]라고 해석한다. 루터(Luther)는 계속해서 "복음은 자신을 먼저 겸손하게 하시고 그 후 성령을 통해 영화롭게 되신 하나님의 아들이신 그리스도의 기쁜 메시지이다"[43]라고 설명한다. 무(Moo)는 "그래서 바울이 주장하는 것은 약속된 메시아로서 인간의 경험 안으로 들어오신 선재하신 아들이 부활을 근거로(아마 부활하신 시간에) 세상을 향해서 새롭고 더 강력한 위치에로 임명되신 것이다."[44]라고 해석한다. 루터(Luther)와 무(Moo)의 해석은 예수님의 생애의 두 여정을 선명하게 제시하지는 않지만 예수님의 부활을 기점으로 하여 그 이전의 시기와 그 이후의 시기를 구분한 것만은 틀림없다.

이상과 같이 본문의 "육신으로는"과 "성결의 영으로"의 대칭을 예수님의 생애의 연속되는 두 여정, 즉 그의 비하 상태의 여정과 승귀 상태의 여정으로 해석을 하는 것이 본문의 문맥의 뜻에 가장 적합한 해석이라고 할 수 있다. 머레이(Murray)는 "3절의 '육신으로는'이라는 표

---

41 G. Vos, "The Eschatological Aspect of the Pauline Conception of the Spirit," *Biblical and Theological Studies* (by the members of the faculty of Princeton Theological Seminary) (New York: Scribner's Sons, 1927), p. 229.; R.B. Gaffin, *Resurrection and Redemption* (*A Study in Pauline Soteriology*) (Ann Arbor: University Microfilms, 1970), pp. 146ff.

42 Martin Luther, *Commentary on the Epistle to the Romans,* pp. 19-20.

43 Luther, *Commentary on the Epistle to the Romans,* p. 21.

44 Douglas Moo, *The Epistle to the Romans* (*NICNT*) (1996), pp. 48-49.

현이 다윗의 씨로 태어나심을 통해 만들어진 단계를 정의하는 것처럼, '성결의 영으로는'이란 표현은 부활을 통해 만들어진 단계를 특징하고 있다."[45]라고 문맥에 비추어 잘 정리하고 있다. 그리고 바울이 로마서를 시작하면서 "하나님의 복음"을 강조하고 복음이 바로 비하 상태의 삶을 사신 예수 그리스도임을 밝히고, 비하의 상태로 오신 예수님이 부활로 승귀의 상태로 진입하셨다고 선언하는 것은 바울이 다른 곳에서 설명하는 복음의 핵심과 일치한다. 바울 사도는 "네가 만일 네 입으로 예수를 주로 시인하며 또 하나님께서 그를 죽은 자 가운데서 살리신 것을 네 마음에 믿으면 구원을 받으리라"(롬 10:9, 개역개정)라고 예수님의 비하 상태의 여정에서 발생한 죽음과 예수님의 승귀 상태의 여정의 시작을 알리는 예수님의 부활이 복음의 핵심임을 확실히 한다.[46] 따라서 바울은 예수님이 부활을 통해 "살려주는 영"(the life-giving Spirit)이 되셨다고 말하고(고전 15:45), 그의 경륜과 사역에 있어서 "주는 영이시니"(Now the Lord is the Spirit.)라고 말함으로(고후 3:17) 주님이 부활 후에 새로운 삶의 여정에 진입하셨음을 밝히고 있다. 바울은 삼위일체의 2위와 3위의 존재론적인 일치를 말하는 것이 아니요, 단지 부활 이후의 예수님의 활동이 성령의 활동과 비슷함을 말하고 있는 것이다.

이제 다시 로마서 1:3-4로 돌아가서 본문의 뜻을 정리해 보자. 바울은 예수님이 다윗의 혈통을 통해 태어나심으로 육신의 상태의 삶을 시작하셨고, 죽은 자들 가운데서 부활하심으로 구속주로서의 능력을 행사할 수 있는 주권적인 하나님의 아들로 선포되셨음을 분명히 한다.

---

45 John Murray, *The Epistle to the Romans* (*NICNT*), Vol. 1 (1968), p.11. "Just as 'according to the flesh' in verse 3 defines the phase which came to be through being born of the seed of David, so 'according to the Spirit of holiness' characterizes the phase which came to be through the resurrection."

46 박형용,『바울신학』. (수원: 합신대학원출판부, 2016), pp. 157-171.

바울이 여기서 "선포되었다"(ὁρίζειν)를 사용한 것은 예수님의 생애의 어떤 한 새로운 단계가 시작되었다는 사실이 효과적으로 공표되었다는 것을 뜻한다(눅 22:22; 행 2:23; 11:29; 히 4:7).[47] 여기서 바울 사도가 전하기 원하는 것은 예수님이 부활로 말미암아 하나님의 아들로 되셨다(became)는 것이 아니고 처음부터 하나님의 아들이셨던 예수님이 부활로 말미암아 능력 안에 있는 하나님의 아들로 공표 되셨다는 것이다.[48] 같은 사상이 오순절 날에 있었던 베드로의 설교 마지막 부분에서도 나타난다. "그런즉 이스라엘 온 집은 확실히 알지니 너희가 십자가에 못 박은 이 예수를 하나님이 주와 그리스도가 되게 하셨느니라"(행 2:36, 개역개정).[49] 토마스(Thomas)는 "부활은 증명(demonstration)하는 것이 아니요, 명시(designation)하는 것이다. 그리고 명시의 정확한 요점은 '능력으로'라는 말에서 발견된다. 지금까지도 그는 스스로 '하나님의 아들'이셨지만 이제 그는 부활을 통해 능력을 소유하신 하나님의 아들이 되셔서 그를 영접하는 모든 자에게 능력을 주실 수 있도록 준비되셨다."[50]라고 설명한다. 이처럼 바울은 하나님의 아들이 육신으로는 다윗의 혈통해서

---

47 Murray, *The Epistle to the Romans* (*NICNT*), Vol. 1 (1968) p. 9. 여기서 ὁρίζω의 뜻이 하나님의 선포(declaration)를 뜻하느냐 아니면 작정(decree)을 뜻하느냐 하는 문제와 또한 그리스도를 인정하신 그 사실이 기능적(function)인 것이냐 아니면 관계적(relation)인 것이냐는 것은 절박한 문제라고는 생각할 수 없다. 왜냐하면 하나님의 선포는 하나님의 임명과 동등한 것이기 때문이다. 그러나 하나님이 예수를 임명하신 사실은 그를 창세전부터 작정된 대로 이미 존재하셨던 영원한 성자와 동등하게 선포하신 것이다.

48 A. Nygren, *Commentary on Romans*, p. 48; Bruce *The Letter of Paul to the Romans* (*Tyndale*), p. 69. 전치사구 ἐν δυνάμει는 부사적인 자격을 뜻하지 않고 하나님의 아들의 속성(attribute)을 가리키는 것이다 (Cf. K.L. Schmidt, "ὁρίζω," *Theological Dictionary of the New Testament*, Vol. V (Grand Rapids: Eerdmans, 1973), p. 453.

49 본문은 ἐποίησεν (ποιέω)을 썼다.

50 W.H. Griffith Thomas, *St. Paul's Epistle to the Romans: A Devotional Commentary* (Grand Rapids: Eerdmans, 1974), p. 45.; Douglas Moo, *The Epistle to the Romans* (*NICNT*) (1996), p. 49.

나심으로 비하의 길을 걸으셨고, 능력으로 죽은 자들 가운데서 부활하심으로 승귀의 길에 진입하셨음을 천명하고 있는 것이다.

바울은 "죽은 자들 가운데서 부활하사"(롬 1:4)를 사용할 때 양적인 의미로 부활을 설명하고 있다.[51] 바울 사도는 여기서 부활을 하나의 독립된 사건으로 생각하지 않고 오히려 하나의 과정으로서 출생과 비교하여 사용하고 있다. 바울은 "죽은 자들"(νεκρῶν)을 복수로 사용하여 일반화시킴으로 예수님의 부활을 죽은 자들의 부활의 첫 열매 혹은 첫 분납(分納)으로 소개하고 있는 것이다(고전 15:20).[52] 여기서 예수님의 부활과 신자들의 부활의 연합개념을 찾을 수 있다. 라이트푸트(Lightfoot)는 "죽은 자들 가운데서 부활하사"(롬 1:4)를 해석하면서 "부활은 그의 아들직을 표명하는 최고의 결정적인 행위였다"라고 설명하고, 계속해서 "이 표현은 인간의 부활의 진리가 그리스도의 부활의 진리와 함께 생사를 같이한다는 바울의 개념에 의해 설명되어야 한다(고전 15:12-20)."[53]라고 함으로 그리스도의 부활과 성도들의 부활을 분리해서 생각할 수 없다고 설명한다. 바울은 예수 그리스도가 그의 부활을 기점으로 승귀의 상태로 들어 가셨음을 밝힌다. 바울은 이처럼 약속된 복음의 내용인 예수님을 구속역사의 과정가운데서 겸손으로 나타나신 아들과 영광 중에 계신 아들을 소개하고 나서 복음의 내용인 아들의 이름을 모두 소유격을 사용하여 "우리 주 예수 그리스도"(Ἰησοῦ Χριστοῦ τοῦ κυρίου ἡμῶν)라고 정리한다. 여기 나타난 소유격의 용법은 3절에 나

---

51 Vos, "The Eschatological Aspect of the Pauline Conception of the Spirit," p. 230; Cf. A. Nygren, *Commentary on Romans* (1975), pp. 48ff.: When he says that "we should have expected ἐξ ἀναστάσεως αὐτοῦ ἐκ νεκρῶν; but he (Paul) says ἐξ ἀναστάσεως νεκρῶν" (p. 49); Cf. Gaffin, *Resurrection and Redemption,* p. 169.

52 F. F. Bruce, *The Letter of Paul to the Romans* (Tyndale), p. 69.

53 J. B. Lightfoot, *Notes on the Epistles of St. Paul* (Grand Rapids: Baker, 1980), p. 246.

타난 "그 아들"(τοῦ υἱοῦ)과 동격으로 사용하여 바로 '그 아들'이 '우리 주 예수 그리스도'임을 밝히기 위한 것으로 생각할 수 있다. 바울 사도는 여러 가지의 명칭을 사용하여 여러 가지 종류의 논리를 함께 묶어 복음 자체이신 "예수 그리스도 우리의 주"와 동일시하고 있는 것이다.[54] 바울은 선재하신 영원한 아들이 구질서 안으로 성육신하신 후 그의 부활로 말미암아 새로운 시대인 성령의 시대로 들어가신 것을 표현하고자 했다.[55] 헨드릭센(Hendriksen)은 "'우리 주 예수 그리스도'로 말미암아 진정한 복음이 그 절정에 도달한다. 그를 떠나서는 구원이 불가능하다."[56]라고 정리한다.

롬 1:5-7 바울 사도는 이처럼 예수 그리스도의 생애를 통해, 특히 그의 죽음과 부활을 통해 구속의 복음이 성취된 것을 설명하고, 바로 그 구속을 성취하신 예수 그리스도를 통해 은혜와 사도의 직분을 받았음을 분명히 한다. 바울이 사도의 직분을 받은 것 자체가 하나님의 은혜로 말미암은 것이다(롬 1:5). 그래서 바울은 "은혜와 사도의 직분"(χάριν καὶ ἀποστολήν)을 묶어서 표현하고 있다(행 9:3-9; 22:6-15; 26:12-18). 바울은 부활하신 주님으로부터 특별히 선택받은 사도이다. 부활하신 주님이 다메섹 도상에서 바울을 만난 후 아나니아(Ananias)에게 "이 사람은 내 이름을 이방인과 임금들과 이스라엘 자손들에게 전하기 위하여 택한 나의 그릇이라"(행 9:15)라고 말씀한 내용이 이를 증거한다. 그런데 바울은 "우리가 은혜와 사도의 직분을 받아"(롬 1:5)라고 함

54 Murray, *The Epistle to the Romans* (*NICNT*), Vol. 1 (1968), p. 12.

55 Gaffin, *Resurrection and Redemption*, p. 166.

56 Hendriksen, *Exposition of Paul's Epistle to the Romans* (*NTC*), p. 44.

으로 "우리"를 복수형으로 사용한다. 문맥과 역사적 상황에 비추어 볼 때 바울이 여기서 사용한 "우리" 속에 12사도는 포함시켰다고 생각할 수 없고, 디모데와 실라와 같은 동역자들은 포함시켰다고 생각된다(빌 1:1; 살전 1:1; 살후 1:1 참조). 비록 바울 자신은 특별한 목적을 위해 세움을 받은 특별한 사도이지만, 디모데와 실라는 "어떤 목적을 위해 보냄을 받은 자"라는 의미에서 사도로 부름을 받을 수 있기 때문에 바울은 여기서 자신을 포함하여 "우리"라는 표현을 사용한 것이다. "우리" 속에 바울의 겸손한 마음이 담겨 있다.

바울은 자신이 사도로 부름 받은 목적을 모든 이방인들이 예수의 이름을 믿고 순종하게 하는 것이라고 분명히 밝힌다(롬 1:5). 바울은 사도로 부름 받은 목적을 설명하면서 모든 이방인들에게 복음을 전하여 "믿음의 순종"(ὑπακοὴν πίστεως)을 하도록 하기 위한 것이라고 하는 특별한 표현을 사용한다.[57] 본문에 사용된 믿음은 소유격으로 동격적 소유격(genitive of apposition)이라 할 수 있다. 따라서 본 구절은 그리스도의 복음을 믿은 자는 마땅히 순종해야한다는 의미가 있다. 바울은 "순종"을 믿음의 내용이나 믿음의 열매로 생각하고 "복음"과 "믿음"과 "순종"은 떼려야 뗄 수 없는 관계임을 확실히 한다(참조, 롬 10:16; 살후 1:8; 3:14). 머레이(Murray)는 "사도직이 증진해야만 할 믿음은 사라지게 될 감정의 행위가 아니요, 그리스도와 그의 복음의 진리를 위해 온 마음을 바쳐 헌신하는 것이다. 바로 이런 믿음에로 모든 민족이 부르심을 받았다."[58]라고 믿음을 정의한다. 바울은 로마교회의 성도들도 바로 이런

---

57 한글 개역개정판은 "믿어 순종하게 하나니"(롬 1:5)라고 번역했고, 표준새번역판은 "믿어서 순종하게 하려고"로 처리했고, 표준새번역개정판은 "믿고 순종하게 하려는"으로 처리했으며, 바른성경은 "믿어 순종하게 하려는"으로 처리했다. 대한성서번역회에서 번역한 신약원어번역성경은 "믿음에 순종하도록 하기 위함"으로 처리했다. 모든 번역이 거의 비슷하지만 그중에서 신약원어번역성경의 번역이 원문의 뜻에 조금은 더 가깝게 번역했다고 할 수 있다.

믿음에로 부르심을 받았다고 강조하고 있다. 그래서 바울은 "너희도 그들 중에서 예수 그리스도의 것으로 부르심을 받은 자니라"(롬 1:6)라고 강조하는 것이다.

바울 사도는 다른 편지에서와 마찬가지로 로마서의 서두에서도 역시 "은혜"와 "평강"을 언급한다. 바울은 로마교회 교인들을 향해 "하나님의 사랑하심을 받고 성도로 부르심을 받은 모든 자"라고 부른다(롬 1:7). 바울은 로마교회 교인들이 성도가 되었다는 흔들릴 수 없는 정체성을 확인하는 것이다(참조, 롬 8:39). 그들이 "성도"로 부름을 받을 수 있는 것은 그들 자신이 실존적으로 모두 의인이 되었기 때문이 아니요, 그리스도가 이루신 의를 전가 받았기 때문이다. 그들은 스스로 의인이 아니요, 의인으로 칭함을 받은 것이다. 바울은 로마교회 교인들이 하나님 아버지와 예수 그리스도로부터 은혜와 평강을 풍성히 받기를 소원한다. 은혜(grace)는 하나님의 조건 없는 호의로서 그리스도 안에서 나타난 하나님의 무한한 사랑을 뜻하는 것으로 한 마디로 요약해서 "복음"이라고 할 수 있다(롬 5:8). 평강(peace)은 은혜를 받은 자만이 누릴 수 있는 상태로 하나님과 화목의 관계를 이룩함으로 하나님과 함께 누리는 평강을 뜻한다(고후 5:17-21). 바울은 편지의 서두에서 로마교회 교인들이 이와 같은 은혜와 평강을 누리기를 기원한다.

58 Murray, *The Epistle to the Romans* (*NICNT*), Vol. 1 (1968), p. 14.

(2) 바울의 로마교회 방문 계획과 목적(롬 1:8-15)

[8] 먼저 내가 예수 그리스도로 말미암아 너희 모든 사람에 관하여 내 하나님께
감사함은 너희 믿음이 온 세상에 전파됨이로다 [9] 내가 그의 아들의 복음 안에
서 내 심령으로 섬기는 하나님이 나의 증인이 되시거니와 항상 내 기도에 쉬지
않고 너희를 말하며 [10] 어떻게 하든지 이제 하나님의 뜻 안에서 너희에게로 나
아갈 좋은 길 얻기를 구하노라 [11] 내가 너희 보기를 간절히 원하는 것은 어떤
신령한 은사를 너희에게 나누어 주어 너희를 견고하게 하려 함이니 [12] 이는 곧
내가 너희 가운데서 너희와 나의 믿음으로 말미암아 피차 안위함을 얻으려 함
이라 [13] 형제들아 내가 여러 번 너희에게 가고자 한 것을 너희가 모르기를 원하
지 아니하노니 이는 너희 중에서도 다른 이방인 중에서와 같이 열매를 맺게 하
려 함이로되 지금까지 길이 막혔도다 [14] 헬라인이나 야만인이나 지혜 있는 자
나 어리석은 자에게 다 내가 빚진 자라 [15] 그러므로 나는 할 수 있는 대로 로마
에 있는 너희에게도 복음 전하기를 원하노라(롬 1:8-15, 개역개정)

롬 1:8–15 바울은 먼저 로마교회 교인들의 믿음이 온 세상에 전파된 사실을 듣고 하나님께 감사하고 있다. 로마 성도들의 "믿음이 온 세상에 전파"(롬 1:8)되었다는 말은 로마교회에 대한 좋은 소식이 널리 퍼졌다는 뜻이다. 복음이 온 세상에 전파되는 것은 하나님의 계획이요 뜻이다(마 24:14; 28:18–20; 눅 4:43; 행 1:8). 바울은 문장 처음에 "먼저"를 넣고 "내 하나님께" 감사한다고 말함으로 로마교회 교인들의 믿음이 온 세상에 전파된 것이 얼마나 그의 마음을 기쁘게 했는지를 표현하고자 했다. 바울이 "내 하나님"(롬 1:8)이라고 표현한 것은 바울의 하나님에 대한 지식이 추상적이거나 사변적인 것이 아니요 실제적이요 인격적인 것임을 말한다. 바울은 다메섹 도상에서 부활하신 예수님을 만난 후부터(행 9:1–9) 살아계신 하나님과의 관계를 유지해 왔다. 그래서 바

울은 "내 심령으로 섬기는 하나님"이라고 말할 수 있었고 곧바로 "하나님이 나의 증인이시다"(롬 1:9)라고 말할 수 있었던 것이다. 하나님이 자신의 증인이라고 주장하는 바울의 말은 그가 말하고 있는 것이 진실임을 강조하고 있다. 이는 마치 하나님의 이름을 걸고 하는 맹세와 비슷한 것이다. 한글 번역이 언어의 특성상 "하나님이 나의 증인이시다"(μάρτυς γάρ μού ἐστιν ὁ θεός)라는 표현을 문장 중간에 사용한 것과 달리, 헬라 원어 성경은 이 표현을 로마서 1:9의 첫 부분에 위치시킬 뿐만 아니라, 특별히 "증인"(μάρτυς)이라는 단어를 맨 처음에 위치시켜 사용함으로 바울이 로마교회를 위해 기도하고 감사하고 있는 자신의 마음이 진실임을 강조하고 있는 것을 보여주고 있다. 바울은 자주 그의 생각, 의도, 그리고 기도에 대해 하나님을 증인으로 세울 만큼 순수하고 당당하다(롬 1:9; 고후 1:23; 빌 1:8; 살전 2:5). 그리고 바울은 자신이 예수 믿는 성도들에 대해 거룩하고 옳고 흠 없이 행동했는지에 대해서도 하나님을 증인으로 세운다(살전 2:10). 유대인들은 십계명의 제 3계명이 "너는 네 하나님 여호와의 이름을 망령되게 부르지 말라"(출 20:7)이기 때문에 하나님의 이름을 함부로 사용하지 않는다.[59] 유대인인 바울이 하나님을 증인으로 삼은 것은 바울이 믿는 복음과 그가 전심으로 전파하는 사역이 하나님을 기쁘시게 하고 하나님께 영광을 돌리는 일임을 확신하기 때문이다.

바울이 간절히 기도하는 이유 중의 하나는 그에게 좋은 길이 열려 로마교회 교인들을 얼굴과 얼굴을 맞대고 보기를 원하는 것이다(롬 1:10-11). 그래서 바울은 "어떻게 하든지 이제 하나님의 뜻 안에서 너희에게 나아갈 좋은 길 얻기를 구하노라"(롬 1:10)라고 소망하는 것이

59 J. Beutler, "μάρτυς," *Exegetical Dictionary of the New Testament*, Vol. 2 (Grand Rapids: Eerdmans, 1991), p. 394.

다. 바울은 로마교회 교인들을 만나서 자신이 알고 있고 확신하고 있는 "신령한 은사"를 그들에게 나누어 주기를 원한다. 바울이 경험하고 있는 "신령한 은사"는 하나님이 예수 그리스도를 통해 성취하신 영생의 복음, 화목의 복음, 평강의 복음을 가리킨다. 이 복음은 유대인이나 헬라인이나 부자나 가난한 자나 남자나 여자를 가리지 않고 누구든지 차별하지 않는 "그의 아들의 복음"(롬 1:9, 14; 갈 3:28)이다.

우리는 바울이 로마서 1:11과 12을 진술하는 논리에서 바울이 가르치고자 하는 교훈을 묵상할 필요가 있다. 바울은 "어떤 신령한 은사를 너희에게 나누어 주어 너희를 견고하게 하려 함이니"(롬 1:11)라고 말한 후에 곧 바로 "너희와 나의 믿음으로 말미암아 피차 안위함을 얻으려 함이라"(롬 1:12, 개역개정)라고 그의 논리를 발전시킨다. "신령한 은사"는 성령께서 제공하시는 은사를 가리킨다. 하지만 바울은 "신령한 은사" 앞에 "어떤"을 사용하여 구체적인 성령의 특별한 은사만을 생각하지 않고 일반적인 모든 성령의 은사를 생각한 것을 나타내고자 했다. 로마교회 성도들이 성령께서 제공하는 "신령한 은사"를 받아 견고하게 되면 로마교회의 믿음과 바울의 믿음은 같은 종류의 믿음이 된다. 그래서 바울은 "너희와 나의 믿음으로 말미암아" 피차 격려를 받기 원한다고 말한 것이다. 바울은 "피차 안위함을 얻으려 함이라"(롬 1:12)를 표현하면서 수동태(συμπαρακληθῆναι)로 표현하여[60] 자신이 로마교회 성도들을 안위하고 위로하는 자리에 있음을 강조하지 않고, 서로 서로 격려와 위로를 받기 원한다고 말함으로 그의 겸손의 마음을 표현하고 있다. 같은 믿음을 가진 성도들은 그리스도의 사랑으로 서로의

60 "피차 안위함을 얻는다"(συμπαρακληθῆναι)는 συμπαρακαλέω의 단순과거, 수동태, 부정사로 신약 성경 중 롬 1:12에 유일하게 사용된 용어로서 "서로 격려를 얻는다" 혹은 "서로 안위를 얻는다"는 뜻으로 서로가 강조된 용어이다.

마음을 하나로 묶을 수 있지만, 단순한 교제의 관계는 같은 믿음을 유발하게 할 수 없는 것이다.

바울이 로마교회를 방문하여 그곳의 성도들을 만나기 원하는 이유 중의 하나는 로마교회 성도들로 하여금 다른 이방인들과 마찬가지로 열매를 맺게 하기 위해서이다(롬 1:13). 바울이 여기서 언급하는 "열매"는 어떤 열매를 가리키는가? 우리는 여기서 다른 열매도 생각할 수 있지만 바울이 여기서 성령의 열매와 사랑의 특성을 기억했을 것으로 추정할 수 있다. 바울은 갈라디아서를 그의 제 2차 전도여행 기간 중이었던 대략 AD 52년경에 고린도(Corinth)에서 기록했다. 바울은 갈라디아서에서 성령의 열매가 "사랑과 희락과 화평과 오래 참음과 자비와 양선과 충성과 온유와 절제니 이 같은 것을 금지할 법이 없느니라"(갈 5:22-23)라고 가르친다. 그리고 바울은 고린도전서를 그의 제 3차 전도여행 기간 중인 대략 AD 57년에 에베소(Ephesus)에서 기록했다. 그런데 바울은 고린도전서에서 성령의 열매 중 가장 소중한 열매인 사랑을 구체적으로 설명하면서 사랑은 "오래 참고 사랑은 온유하며 시기하지 아니하며 사랑은 자랑하지 아니하며 교만하지 아니하며 무례히 행하지 아니하며 자기의 유익을 구하지 아니하며 성내지 아니하며 악한 것을 생각하지 아니하며 불의를 기뻐하지 아니하며 진리와 함께 기뻐하고"(고전 13:4-6, 개역개정)라고 정리한다. 그런데 바울은 대략 AD 58년인 그의 제 3차 전도여행 말미에 아가야 지역인 고린도(Corinth)에서 3개월 동안 머무르는 기간(행 20:2-3)에 로마서를 기록한다. 이와 같은 로마서의 기록 시기와 기록 장소를 생각할 때 바울은 고린도교회와 갈라디아 교회에서처럼 로마 교회에서도 성령의 열매를 확인하기 원했다고 생각할 수 있다. 지상에 존재하는 어떤 교회이든지 그리스도의 교회는 성령의 열매를 산출하며 사랑의 특성을 실천하는 삶을 이어가야 한다.

바울은 로마에 가서 그들에게 복음을 전하기를 간절히 원한다. 바울은 처음 소명을 받을 때 그리스도의 복음을 이방인들에게 전파해야 할 선교사로 부름을 받았다(행 9:15; 갈 2:8). 그래서 바울은 로마에 가서도 그들에게 복음을 전하기 원한 것이요 "내가 빚진 자라"(롬 1:14)라고 고백하고 있는 것이다. 바울이 "헬라인이나 야만인이나 지혜 있는 자나 어리석은 자"(롬 1:14)라고 말한 것은 모든 민족과 모든 종류의 사람들을 지칭한 것이다. 헬라인이나 야만인은 모든 민족을 총괄하는 것이요, 지혜 있는 자나 어리석은 자는 모든 문화를 총괄한 표현이다.[61] 바울은 항상 복음에 대해 빚진 자의 심정으로 모든 사람들에게 복음을 전하고자 했다. 바울은 이제 "로마에 있는 너희에게도 복음을 전하기를 원하노라"(롬 1:15, 개역개정)라는 말로 로마교회를 방문하기 원하는 이유가 복음을 전하는 것임을 밝힌다. 바울은 자신의 전도의 소망을 밝히면서도 함부로 말하지 않고 "나는 할 수 있는 대로"(롬 1:15)라고 말함으로 주님의 허락과 인도가 있을 때에만 이 일이 가능한 것임을 함축하고 있다. 칼빈(Calvin)은 "그(바울)는 자신이 로마(Rome)에 가는 소망이 지금까지 말한 것이라고 결론짓는다. 그리고 주님께 열매를 바치기 위해 복음을 그들 가운데 전파하는 것이 그의 의무의 한 부분이기 때문에, 그는 주님이 허락하시는 한 하나님의 부르심을 성취하기 위해 간절히 소원했다."[62]라고 설명한다. 바울의 겸손의 태도는 여기서도 나타난다.

---

61 C. Hodge, *A Commentary on Romans*, p. 27.

62 John Calvin, *The Epistles of Paul The Apostle to the Romans and to the Thessalonians* (1973), p 26.

2. 의인은 믿음으로 말미암아 살리라(롬 1:16-17)

[16] 내가 복음을 부끄러워하지 아니하노니 이 복음은 모든 믿는 자에게 구원을 주시는 하나님의 능력이 됨이라 먼저는 유대인에게요 그리고 헬라인에게로다 [17] 복음에는 하나님의 의가 나타나서 믿음으로 믿음에 이르게 하나니 기록된 바 오직 의인은 믿음으로 말미암아 살리라 함과 같으니라(롬 1:16-17, 개역개정)

롬 1:16-17 바울이 왜 "내가 복음을 부끄러워하지 아니하노니"(롬 1:16)라고 말했을까? 그 이유는 두 방면으로 고찰해 볼 수 있다. 한 가지는 바울이 곧바로 언급한 것처럼 "복음은 모든 믿는 자에게 구원을 주시는 하나님의 능력이 되기"(롬 1:16) 때문이다. 인간이 죄로부터 자유함을 누리고 구원을 받을 수 있는 길은 오로지 하나님의 아들 예수 그리스도가 성취하신 복음을 통해서만 가능하다(롬 1:9, 16). 그래서 바울은 유대인이나 헬라인이나 누구든지 모든 사람에게 복음을 전하기 원했고 "로마에 있는 너희에게도 복음 전하기를 원하노라"(롬 1:15)라고 말하고 있다. 바울은 이 복음이 사람을 살리는 복음이기에 자랑하고 전파해야할 복음이지 부끄러워할 복음이 아니라고 선언한다(롬 1:16; 16:25-27). 바울은 이 복음을 전파하는데 전혀 주저하지 않았다. 또 다른 한 가지는 복음의 특성상 인간의 구원을 위해 복음이 능력과 권세의 방법으로 사람을 구원하지 않고, 연약하고 미련하게 보이는 방법으로 사람을 구원할 것임으로 세상은 복음이 부끄러운 것인 것처럼 성도들을 시험할 것이지만 자신은 결코 복음을 부끄러워하지 않는다고 말하는 것이다.[63] 바울은 복음 즉 "십자가의 도가 멸망하는 자들에게는 미련한 것이요 구원을 받는 우리에게는 하나님의 능력이라"(고전

1:18)라고 선포한다. "십자가의 도"(ὁ λόγος ὁ τοῦ σταυροῦ)는 바로 "복음"(τὸ εὐαγγέλιον)이라고 할 수 있다. 그래서 바울은 "내가 달려갈 길과 주 예수께 받은 사명 곧 하나님의 은혜의 복음을 증언하는 일을 마치려 함에는 나의 생명조차 조금도 귀한 것으로 여기지 아니하노라"(행 20:24)라고 고백한다. 세상은 복음을 하찮은 것으로 치부(置簿)하겠지만 복음이야 말로 생명을 보장하는 길이기에 바울은 부끄러워하지 않겠다고 다짐한다(롬 1:16).

바울은 이제 자신이 부끄러워하지 않는 복음을 설명한다. 바울은 "복음에는 하나님의 의가 나타나서 믿음으로 믿음에 이르게 하나니 기록된바 오직 의인은 믿음으로 말미암아 살리라 함과 같으니라"(롬 1:17)라고 하박국(Habakkuk) 선지자의 말을 인용하여 설명한다(합 2:4). 바울이 여기서 언급하는 "하나님의 의"는 하나님이 그 의의 근원이시며 저자이시라는 것이다. 그 의는 인간이 하나님께 바칠 수 있는 의가 아니요 하나님이 우리에게 나타내 보여주신 것이다. "하나님의 의"는 죄인의 존재 자체를 의롭게 만드는 것이 아니요, 우리가 예수님을 구주로 믿을 때 하나님께서 예수 그리스도의 죽음과 부활을 통해 성취하신 의를 우리의 것으로 인정하셔서 우리를 의롭다고 선언하시는 법정적인 성격의 의이다. 그러므로 "하나님의 의"는 하나님께서 우리에게 주신 선물이다(엡 2:8).

로마서에서 "하나님의 의"가 구체적으로 설명된 구절로는 로마서 1:17; 3:21-22; 10:3 등을 들 수 있다. 이상의 세 로마서 구절에서 바울 사도는 "하나님의 의"를 인간의 공로를 통해 형성될 수 있는 의가 아니요, 율법과는 무관한 예수 그리스도의 죽음과 부활을 통해 성

63 Cranfield, *Romans: A Shorter Commentary*, p. 17.

취하신 하나님의 특별한 의라고 가르친다. 그러므로 성도들이 받는 "하나님의 의"는 예수 그리스도를 믿음으로만 가능하다. 루터(Luther)는 "하나님의 의"(the righteousness of God)는 "인간의 의"(human righteousness)와 날카로운 대칭을 이룬다고 말한다. 그는 하나님의 의는 믿음으로부터 오고 인간의 의는 행위로부터 오는 의라고 정리한다.[64] 루터는 "하나님의 의"는 하나님 자신의 본성(nature)을 가리키지 않고(동격적 소유격), 하나님이 우리에게 주시는 의를 가리킨다고(주격적 소유격) 주장한다. 루터의 이와 같은 주장은 어거스틴(Augustine)의 지지를 받는다.[65] "하나님의 의"에 대한 루터의 해석은 하나님께서 인간에게 주신 의라는 부분을 강조 한다. 칼빈(Calvin)은 "하나님의 의"가 구원의 맥락에서 이해되어야 하는데 그 이유는 복음의 뜻과 같은 효과를 가져 오기 때문이라고 설명한다. 우리가 의를 구하는 것은 구원을 받기 위해서이며 이 길만이 우리가 하나님과 화목하고 영생을 즐길 수 있기 때문이다. 칼빈은 "만약 우리가 구원 즉 하나님과 함께하는 생명을 구한다면, 우리는 먼저 우리를 하나님께 화해될 수 있게 하는 의를 구해야만 한다."[66]라고 해석한다. 칼빈은 "하나님의 의"를 하나님께서 우리를 심판하실 때 우리를 인정하는 것으로 정의한다. 칼빈은 분명하게 "하나님의 의"는 우리를 실존적으로 의롭게 만드는 의가 아니요 하나님께서 우리를 위

64 Martin Luther, *Commentary on the Epistle to the Romans,* trans. J. Theodore Mueller (1962), pp. 24-25. "God's righteousness is that by which we become worthy of His great salvation, or through which alone we are (*accounted*) righteous before Him. Human teachers set forth and inculcate the righteousness of men, that is, who is righteous, or how a person becomes righteous, both in his own eyes and those of others."

65 St. Augustine, *On the Spirit and the Letter,* 11, 18.: "It is called the righteousness of God because by imparting it he makes righteous people."

66 John Calvin, *The Epistles of Paul the Apostle to the Romans and to the Thessalonians* (1973), p. 27.

한 그리스도의 공로 때문에 하나님의 심판정에서 우리를 의롭다고 선언하시고 따라서 우리는 하나님과의 화목의 관계에 들어가게 되었다고 이해해야 한다고 해석한다.[67]

머레이(Murray)는 하나님의 의를 해석하면서 "유일한 답은 행위와 반대되는 믿음의 특별한 성질에 있다. 행위로 의롭게 되는 것은 항상 사람이 누구요 어떤 일을 했느냐에 근거를 둔다. 그것은 항상 의롭게 된 사람과 연관된 미덕을 생각하는 방향으로 흐른다. 믿음의 특별한 성질은 다른 사람을 믿고 의탁하는 것이다. 그것은 본질적으로 타향성(extraspective)이며 그 점에서 행위와 정반대가 된다. 믿음은 자기를 부인한다. 행위는 자기를 칭찬한다. 믿음은 하나님이 하신 것을 바라본다. 행위는 우리들에게 경의를 표한다. 이 대칭적인 원리가 사도로 하여금 믿음의 원리에서 행위를 완전히 배제하도록 근거를 제공한다."[68]라고 바로 설명한다. 박윤선은 "하나님의 의가 나타나서"(롬 1:17)를 해석하면서 "이 의는, 본래 우리의 것이 아니고 다만 그리스도의 것을 우리의 것으로 인정하여 주는 것뿐이다."[69]라고 설명한다. 루터와 칼빈 그리고 머레이와 박윤선 모두 "하나님의 의"는 죄인인 우리를 실존적으로 의롭게 만드는 의가 아니요, 하나님께서 예수 그리스도가 우리를 대신해서 죽으시고 부활하심으로 성취하신 의를 우리의 것으로 인정해 주시는 법정적인 의라고 분명히 한다.

---

67 Calvin, *The Epistles of Paul the Apostle to the Romans and to the Thessalonians,* p. 28. "By *the righteousness of God* I understand that which is approved at His tribunal." "Some commentators explain the meaning to be 'what is given to us by God.' I certainly grant that the words will bear this meaning, because God justifies us by His Gospel, and thus saves us. And yet the former sense seems to me more suitable." (italics original).

68 John Murray, *The Epistle to the Romans,* Vol. 1 (*NICNT*) (1968), p. 123.

69 박윤선,『성경주석. 로마서』, p. 34.

그런데 바울의 새 관점 주의자(New Perspective on Paul)들의 "하나님의 의"에 대한 이해는 특이하다. 그들은 "하나님의 의"를 관계적인 용어로, 언약적인 용어로 이해하려 한다. 그래서 "하나님의 의"는 약속과 언약에 대한 하나님 자신의 성실성을 뜻한다고 해석한다.[70] 새 관점 주창자들은 '하나님의 의'가 하나님의 도덕적 성품과는 상관이 없으며 하나님이 약속하신 언약을 성취하시는 하나님의 신실성으로 이해한다. 그리고 새 관점 주창자들은 '하나님의 의'가 언약 공동체 안으로 들어가는 하나의 '인식표'(badge)와 같다고 주장한다. 그들이 주장하는 "언약적 율법주의(covenantal nomism)는 우리들이 하나님의 은혜로 언약의 관계 안으로 들어가는(get in)것이며 또한 우리들이 행위로 그 언약의 관계 안에 머물러 있어야(stay in) 한다는 것이다."[71] 이와 같이 새 관점 주창자들은 "하나님의 의"를 은혜의 범주와 행위의 범주에 동시에 포함시키는 주장을 한다. 하지만 바울이 설명하는 "하나님의 의"는 하나님과 그의 백성 간의 바른 관계 회복에 그치지 않는다. "하나님의 의"는 하나님께서 자신의 도덕적 거룩성에 근거하여 질서와 공의를 유지하시며 예수를 믿는 백성은 의롭다고 선언하시고 그의 백성의 대적은 불의하다고 선언하시는 기준이 된다.[72] 바울이 가르치는 "하나님의 의"는 인간이 행위를 통해 이루는 의가 아니요 예수 그리스도가 죽음에 이르기까

70 N. T. Wright, *What Saint Paul Really Said. Was Paul of Tarsus the Real Founder of Christianity?* (Grand Rapids: Eerdmans, 1997), p. 96.

71 Cornelis P. Venema, *The Gospel of Free Acceptance in Christ* (Carlisle: The Banner of Truth Trust, 2006), p. 105.: "Palestinian Judaism exhibited a pattern of religion best described as 'covenantal nomism'. One becomes a member of God's covenant community *by grace*, and remains a member *by works* performed in obedience to the law. 'Getting in' the covenant is by grace; 'staying in' (and being vindicated at the last judgment) is by works."

72 Cornelis P. Venema, *The Gospel of Free Acceptance in Christ* (2006), pp. 215-217.

지의 순종을 통해 이룬 의로 성도들이 예수를 믿을 때 하나님이 그리스도의 의를 성도의 의로 선언해 주시는 의이다(롬 1:17; 3:21-26; 10:3).

크랜필드(Cranfield)는 "복음에는 하나님의 의가 나타나서 믿음으로 믿음에 이르게 하나니"(롬 1:17)를 해석하면서 본 구절의 "하나님의 의"(δικαιοσύνη θεοῦ)라는 표현에서 "하나님 의"를 "기원의 소유격"(genitive of origin)으로 이해하여 의가 어떤 행동의 결과로 얻을 수 있는 의를 뜻하지 않고, 오히려 "하나님 의"를 주격적 소유격(subjective genitive)으로 이해하여 의가 하나님의 특별한 행위를 뜻하는 것으로 이해해야 한다고 해석한다. 크랜필드는 본 구절의 "하나님의 의"는 "하나님이 자신과의 관계에서 사람을 의롭게 하시고, 죄 없다고 사면하시고, 의로운 신분을 부여하시는 하나님의 행위를 뜻한다."[73]라고 해석한다. 크랜필드의 해석을 쉽게 정리하면 사람이 의롭게 되는 것은 사람이 어떤 의로운 행위를 했기 때문에 의로운 존재로 된다는 뜻이 아니요, 하나님께서 사람의 행위와는 관계없이 의롭다고 인정해 주신다는 뜻이다. 하나님께서 죄인을 의롭다고 인정하시는 것은 사람의 행위에 근거한 것이 아니요, 죄인이 예수 그리스도를 믿을 때 예수님이 우리를 대신해서 성취하신 의를 우리의 것으로 인정하셔서 우리를 의롭다고 선언하시는 것이다. 그래서 성도는 예수를 믿은 이후에도 죄를 지을 수밖에 없는 존재이다. 하지만 성도는 예수님 때문에 하나님 앞에서 의인으로 인정받을 수 있는 것이다. 그래서 성도는 죄인이면서 또한 의인이라고 말할 수 있다. 구원은 "믿음으로만" 받을 수 있는 하나님의 선물이다(엡 2:8).

바울이 "하나님의 의가 나타나서 믿음으로 믿음에 이르게 하나니"(롬 1:17)라고 말한 의미는 무엇인가. 칼빈(Calvin)은 "믿음으로 믿음에

73 Cranfield, *Romans: A Shorter Commentary*, p. 21.

이르게 하나니"를 해석하면서 "의는 복음에 의해서 제공되었고 믿음으로만 받아드려질 수 있다. 그(바울)는 '믿음에'를 첨가한다. 왜냐하면 우리들의 믿음의 진보의 비례와 지식의 발전의 비례에 따라 하나님의 의는 우리 안에서 증가하고 그 소유가 어느 정도 확증되기 때문이다. 우리가 처음으로 복음을 맛볼 때 우리는 진실로 하나님의 얼굴이 은혜롭게 우리를 향하신 것을 보지만 약간의 거리를 둔 하나님의 얼굴을 본다. 참다운 종교의 지식이 증가하면 할수록 우리는 마치 그가 우리에게 더 가까이 오시는 것처럼 더욱 더 명료하고 친밀한 하나님의 은혜를 보게 된다."[74]라고 해석함으로 "믿음으로 믿음에"를 우리들의 믿음의 진보를 뜻하는 것으로 설명한다. 그리고 루터 역시 "그러므로 '믿음으로 믿음에'라는 말씀은 성도가 믿음 안에서 점점 더 자라기 때문에 의롭게 된 자는 (그의 생애에서) 더욱 더 의로워진다는 뜻을 의미 한다"[75]라고 설명한다. "믿음으로 믿음에"를 칼빈이나 루터처럼 믿음의 진보를 뜻하는 것으로 해석하는 경우 "하나님의 의"를 받은 결과로 우리의 믿음의 진보가 있을 수 있기 때문에 어느 정도 수용 가능하지만 바울이 곧 바로 "의인은 믿음으로 말미암아 살리라"(롬 1:17; 합 2:4)라는 하박국의 말씀을 인용한 것으로 보아 "하나님의 의"는 믿음으로만 받을 수 있음을 강조하기 위해 "믿음으로 믿음에"를 사용했다고 이해하는 것이 더 본문의 뜻에 가깝다고 할 수 있다.

핫지(Hodge)는 "'죽음에서 죽음으로'와 '삶에서 삶으로'가 강조를 뜻하는 것처럼, '믿음에서 믿음으로"도 전적으로 믿음으로만이라는 뜻

---

74 Calvin, *The Epistles of Paul the Apostle to the Romans and to the Thessalonians*, p. 28.

75 Luther, *Commentary on the Epistle to the Romans*, p. 25.: "The words 'from faith to faith' therefore signify that the believer grows in faith more and more, so that he who is justified becomes more and more righteous (*in his life*)." italics original

이라 할 수 있다. 우리들의 칭의는 오로지 믿음으로만이다. 행위는 우리가 하나님의 심판대 앞에 설 수 있도록 하는 그 의에는 어떤 역할도 하지 못한다."[76]라고 성도들이 의롭다 인정함을 받는 데는 믿음으로만 가능함을 강조하는 표현이라고 설명한다. 크랜필드도 "믿음으로 믿음에"(from faith for faith, ESV)라는 표현을 "믿음으로," 혹은 "믿음에 의해"의 뜻을 강조하기 위한 표현이라고 해석한다. 그는 "믿음으로 믿음에"는 "믿음으로만"(by faith only)과 같은 뜻이라고 해석한다.[77] 본 구절의 "믿음으로 믿음에"는 하나님의 의를 받는 방법은 오로지 시작서부터 끝까지 믿음으로만 가능함을 뜻한다. 바울은 성도들의 구원이 오로지 믿음으로만 가능함을 강조하기 위해 "믿음으로 믿음에"라고 믿음을 중복해서 표현하고 있다.

바울은 하박국서 2:4을 인용하여 자신의 논의를 입증한다. 칼빈은 바울이 "하나님의 의"에 관한 교리를 하박국서에 의존하고 있음을 언급한다. 반면 루터는 이 사실을 언급하지 않는다. 칼빈은 하박국서의 의도가 믿음은 경건한 자들을 위한 영생의 기초라고 생각하고, 바울이 하박국서를 인용한 것(합 2:4)은 그의 목적에 적합했기 때문이라고 주장한다.[78] 그런데 바울은 "복음에는 하나님의 의가 나타나서 믿음으로 믿음에 이르게 하나니"(롬 1:17)라고 표현할 때 사용한 "나타나서"(ἀποκαλύπτεται)를 로마서 1:18 서두에서도 사용한다. 여기서 바울은 "하나님의 의의 나타남"(롬 1:17)과 "하나님의 진노의 나타남"(롬 1:18)

76 C. Hodge, *A Commentary on Romans*, p. 32.

77 Cranfield, *Romans: A Shorter Commentary*, p. 23.; W.H. Griffith Thomas, *St. Paul's Epistle to the Romans: A Devotional Commentary*, p. 63.: "The phrase 'from faith to faith' must be taken as a whole and not separated into two parts."

78 Calvin, *The Epistles of Paul the Apostle to the Romans and to the Thessalonians*, p. 29.

을 대비시켜 설명하고 있다. 이와 같은 대칭은 "하나님의 의"가 단순히 하나님의 의로운 속성을 가리키지 않고 그리스도를 통해 성취하신 역사적이고 객관적인 의의 사건을 가리키고 있다는 뜻이다. "하나님의 의"는 "하나님의 진노"를 피할 수 있게 할 수 있는 유일한 길이다. 베네마(Venema)는 복음은 주님께서 그의 약속을 지키시기 위해 그의 백성과 맺은 언약의 진실성을 드러내며 하나님의 의는 하나님이 그의 언약을 지키는 특성과 그의 백성의 구속을 확실히 하는 그의 성취를 표명하는 것이다.[79]라고 설명한다. 하나님은 그의 아들 예수 그리스도의 십자가와 부활의 사건을 통해 복음을 마련하시고 그 복음을 받아들이고 믿는 자들에게 의롭게 인정받을 수 있는 길을 허락하셨다. 그러므로 의인은 오직 믿음으로만 그 생존이 가능한 것이다.

3. 하나님의 진노 아래에 있는 이방인(롬 1:18-32)

(1) 타락한 인간의 모습(롬 1:18-23)

18 하나님의 진노가 불의로 진리를 막는 사람들의 모든 경건하지 않음과
불의에 대하여 하늘로부터 나타나나니 19 이는 하나님을 알 만한 것이 그
들 속에 보임이라 하나님께서 이를 그들에게 보이셨느니라 20 창세로부
터 그의 보이지 아니하는 것들 곧 그의 영원하신 능력과 신성이 그가 만드
신 만물에 분명히 보여 알려졌나니 그러므로 그들이 핑계하지 못할지니라

79 Cornelis P. Venema, *The Gospel of Free Acceptance in Christ* (2006), p. 214.

[21] 하나님을 알되 하나님을 영화롭게도 아니하며 감사하지도 아니하고 오히려 그 생각이 허망하여지며 미련한 마음이 어두워졌나니 [22] 스스로 지혜 있다 하나 어리석게 되어 [23] 썩어지지 아니하는 하나님의 영광을 썩어질 사람과 새와 짐승과 기어다니는 동물 모양의 우상으로 바꾸었느니라(롬 1:18-23, 개역개정)

롬 1:18-23 바울은 로마서 1:17에서 의는 복음에 의해서만 제공되고 그 의를 받기 위해서는 오로지 믿음으로만 가능함을 강조했다. 그래서 바울은 로마서 1:18을 시작하면서 "왜냐하면"(γάρ: because)을 사용하여 전절(롬 1:16-17)에서 논의한 진리가 확실함을 설명하고 있다. 바울은 이제 의의 길을 따르지 않고 죄에 길에 빠져있는 사람들에 대한 하나님의 진노의 확실성을 강조한다(롬 1:18). 의롭고 거룩하신 하나님은 불의를 기뻐하시지 않는다. 바울이 "불의로 진리를 막는"(롬 1:18)이라는 표현에서 "막는"(κατεχόντων)이라는 용어는 "반대하다," "억누르다"라는 뜻을 가진 용어이다. 바울은 불의로 진리를 막는 사람들의 특징을 "경건하지 않음과 불의"라고 설명한다. 본 구절의 "경건하지 않음"을 하나님께 드리는 예배를 모독하는 죄로 정의하고, "불의"를 사람들에 대한 공의를 실천하지 않는 죄로 정의하여 두 표현을 다른 종류의 죄악으로 이해하기도 하지만 오히려 "경건하지 않음과 불의"는 같은 죄악으로 해석하는 것이 타당하다.[80] 바울은 이와 같은 죄악으로 진리를 반대하는 사람들을 심판하기 위해 하나님의 공의로운 진노가 하늘로부터 나타날 것을 천명한다(롬 1:18). 바울은 "불의로 진리를 막는 사람들"이 누구인지는 밝히지 않는다. 본 구절은 모든 사람이 죄인

---

80 Calvin, *The Epistles of Paul the Apostle to the Romans and to the Thessalonians*, p. 30.

인 것을 추정할 수 있는 근거를 제공하지만 그 죄인 그룹이 유대인인지 이방인인지에 관해서는 밝히지 않는다. 헨드릭센(Hendriksen)은 바울이 여기서 언급한 죄는 단순히 이방인들의 죄를 가리키지 않고 일반적으로 중생하지 못한 사람들의 죄를 가리킨다고 해석한다.[81] 하지만 바울이 뒤따라오는 구절(롬 2:17-3:8)에서 유대인을 의식하고 그의 교훈을 설명하는 것으로 보아 본 구절(롬 1:18-32)에서는 이방인들을 중점적으로 의식하면서 그의 논리를 전개하는 것으로 볼 수 있다.

바울은 하나님의 진노가 임할 수밖에 없는 이유를 로마서 1:19에서 설명한다. 바울은 "이는 하나님을 알 만한 것이 그들 속에 보임이라 하나님께서 이를 그들에게 보이셨느니라"(롬 1:19)라고 그 근거를 제시한다. 인간의 노력으로는 하나님을 알 수 없다. 우리가 하나님을 알기 위해서는 하나님이 먼저 자신을 계시해 주셔야만 한다. 그래서 바울은 "하나님께서 이를 그들에게 보이셨느니라"(롬 1:19)라고 말하는 것이다. 하나님은 자연과 역사와 양심을 통해 자신을 인간에게 알리셨다. 그의 특별계시인 성경이 기록되기 이전에도 하나님은 여러 가지 모양으로 자신을 계시해 주셨다. 하나님을 아는 지식은 그의 창조 세계와 인간의 본성 안에 표명되어 있다. 물론 인간이 하나님을 완전하게 알 수는 없다. 바울은 "창세로부터 그의 보이지 아니하는 것들"(롬 1:20)이 알려졌다고 진술한다. 원래 하나님은 보이지 아니한다. 하지만 하나님의 존엄과 능력은 그의 피조 세계에 명백하게 드러나 있다. 그래서 바울은 "그의 보이지 아니하는 것들"인 곧 하나님의 "영원하신 능력과 신성"이 그가 창조하신 만물에 나타나 보여졌다고 천명하는 것이다. 우리는 창조된 만물을 통해서 하나님의 존재와 그의 거룩성, 그리고 그

81 William Hendriksen, *Exposition of Paul's Epistle to the Romans (NTC)*, p. 67.

의 능력을 알 수 있다. 그러므로 바울은 "그들이 핑계하지 못할지니라"(롬 1:20)라고 말하는 것이다. 인간은 하나님이 창조하신 창조세계에 하나님의 속성들이 명백히 드러나 있기 때문에 하나님의 특별계시의 도움을 받지 않고서도 하나님이 존재하고 계심을 알아야만 한다. 그래서 인간은 어떻게 하나님을 알 수 있느냐고 핑계할 수 없는 것이다. 여기서 한 가지 주목할 부분은 바울이 로마서 1:20에서 언급하는 사람이 핑계할 수 없는 하나님의 지식은 우리들의 구원을 이루는 하나님의 지식과 큰 차이가 있다는 사실이다.[82] 왜냐하면 우리의 구원을 이루는 지식은 예수님이 우리를 위해 십자가상에서 죽으시고 사흘 만에 부활하셨다는 내용을 포함하는 지식(롬 10:9-10)이어야 하기 때문이다.

바울은 로마서 1:21을 시작하면서 "하나님을 알되"라고 표현함으로 하나님께서 모든 사람들의 마음에 하나님 자신의 지식을 드러내 알게 해 주셨음을 확인한다. 바울은 바로 전절에서 언급한 "그러므로 그들이 핑계하지 못할지니라"(롬 1:20)라는 말씀의 이유를 여기서 밝힌다. 바울은 "하나님을 알되"(γνόντες τὸν θεόν)를 과거시상(aorist)으로 처리함으로[83] 그들이 하나님에 관한 지식을 알고 있었음에도 불구하고 하나님을 인정하지도 않고 하나님께 영광도 돌리지 않았다고 말하고 있다. 하나님에 대한 지식은 보이는 창조 세계를 통해 알 수 있도록 표명되어 있다. 데니(Denney)는 "자연은 하나님이 영광을 받으셔야 하고 감사를 받으셔야 함을 우리에게 보여준다. 즉, 자연은 위대하시고 선

---

82 Calvin, *The Epistles of Paul the Apostle to the Romans and to the Thessalonians*, p. 32.

83 한글 개역개정은 διότι γνόντες τὸν θεόν (although they knew God)을 "하나님을 알되"라고 번역함으로 διότι의 뜻을 온전히 드러내지 못했다. 본 구절을 "하나님을 알았을지라도"라고 번역하면 그 번역이 본문의 뜻에 더 가깝다고 사료된다. 바울이 γνόντες를 과거시상(aorist)으로 처리한 것은 그들이 먼저 하나님을 알았지만 그럼에도 불구하고 하나님을 거절했다는 사실을 강조하기 위해서이다.

하신 하나님을 나타내 보여준다."[84]라고 설명한다. 바울은 이처럼 사람들이 하나님의 지식을 알 수 있었음에도 불구하고 그들이 "하나님을 영화롭게도 아니하며 감사하지도 아니하고 오히려 그 생각이 허망하여지며 미련한 마음이 어두워졌다"(롬 1:21)라고 진술한다. 그들은 하나님을 알면서도 하나님께 영광을 돌리지도 아니하고 하나님께 감사하지도 아니했다(롬 1:21). 칼빈(Calvin)은 하나님의 영원성, 하나님의 능력, 하나님의 지혜, 하나님의 선함, 하나님의 진리, 하나님의 의, 그리고 하나님의 자비를 포함시키지 않고는 하나님의 개념을 말할 수 없다고 설명한다. 하나님의 영원성(eternity)은 그가 그 자신 안에 모든 것이 내재할 수 있도록 하신 사실에서 확인되며, 하나님의 능력(power)은 그의 손안에 모든 것을 붙들고 계신 사실에서 증명되고, 하나님의 지혜(wisdom)는 모든 것을 온전한 질서로 유지시키시는 데서 나타나며, 하나님의 선함(goodness)은 그가 모든 것들을 창조하시는데 그의 선하심 이외에 다른 이유가 없으며, 하나님의 의(justice)는 그가 세상을 다스리시면서 죄 있는 자에게는 벌을 주시고 무죄한 자는 보호해 주시는 사실에서 확인되며, 하나님의 자비(mercy)는 그가 인간의 사악한 행위를 인내하심으로 참으시는 데서 나타나며, 하나님의 진리(truth)는 그가 변하시지 않은 사실에서 나타난다고 하나님의 속성을 설명한다.[85] 하나님의 이런 속성을 아는 사람은 당연히 하나님께 영광을 돌리고 감사해야 하는데 이를 실천하지 않은 것이다. 인간은 종교성을 가지고 있다. 그래서 인간의 마음은 결코 종교적으로 중립상태에 머물러 있을 수 없

84 James Denney, "St. Paul's Epistle to the Romans," *The Expositor's Greek Testament*, Vol. II (1980), p. 592.

85 Calvin, *The Epistles of Paul the Apostle to the Romans and to the Thessalonians*, p. 32. 칼빈의 주석에는 "하나님의 능력"이 앞에서는 언급되고, 뒤 따라 나오는 설명에는 빠져 있기 때문에 필자가 문맥을 참조하여 그 설명을 첨가했음을 밝혀둔다.

다. 진리가 부재(absence)하는 곳에는 항상 거짓이 현존(presence)하게 되어 있다. 그래서 바울은 "그 생각이 허망하여지며 미련한 마음이 어두워졌나니"(롬 1:21)라고 설명하는 것이다. 바울이 여기서 사용한 "그들의 생각"(διαλογισμοῖς αὐτῶν)은 일반적으로 부정적인 의미로 사용되는데 "악한 생각이나 악한 상상"을 뜻한다(눅 5:22; 6:8; 24:38; 롬 14:1; 고전 3:20; 빌 2:14; 딤전 2:8).[86] 그들은 하나님의 지식을 알고 있으면서도 그들의 악한 생각과 미련한 마음으로 하나님이 받으셔야 할 영광을 돌리지 아니하고 하나님께 감사하지도 않았다. 바울은 계속해서 그들의 타락한 상태를 "스스로 지혜 있다 하나 어리석게 되어"(롬 1:22)라고 설명한다. 사람은 자신의 위치를 알고 겸손한 마음으로 하나님께 영광을 돌려야 함에도 불구하고 스스로 현명하다고 생각하여 하나님을 자신들의 낮은 상태로 끌어내려 마치 동등한 대상인 것처럼 취급하는 어리석음을 나타내고 있다.[87] 사실상 그들은 현명한 척하지만 스스로 어리석음에 빠진 상태이다. 이와 같은 현상은 인간이 얼마나 심각하게 타락했는지를 밝히고 있다. 그들은 어리석은 자들이면서도 자신의 어리석음을 보지 못하고 스스로 지혜로운 척하는 것이다.

바울은 인간의 어리석음을 "썩어지지 아니하는 하나님의 영광을 썩어질 사람과 새와 짐승과 기어 다니는 동물 모양의 우상으로 바꾸었느니라"(롬 1:23)라고 묘사하고 있다. 바울은 이방인들이 하나님의 영광을 썩어질 우상으로 바꾸었다고 말하고 있다. 그들은 진실하신 하나님을 떠나 인간의 상상으로 만든 우상과 하나님을 바꿔치기 한 것이다.

86 G. Petzke, "διαλογισμός," *Exegetical Dictionary of the New Testament*, Vol. 1 (Grand Rapids: Eerdmans, 1990), p. 308.: "In the NT these concepts are employed almost exclusively with a negative connotation."

87 Calvin, *The Epistles of Paul the Apostle to the Romans and to the Thessalonians*, p. 33.

그들은 창조주를 피조물과 비교하는 엄청난 잘못을 범한 것이다. 그들은 단순히 하나님과 사람을 비교한 것이 아니라 창조주이신 하나님과 여러 피조물들의 형상을 비교한 것이다. 그들은 "너를 위하여 새긴 우상을 만들지 말고 또 위로 하늘에 있는 것이나 아래로 땅에 있는 것이나 땅 아래 물 속에 있는 것의 어떤 형상도 만들지 말며 그것들에게 절하지 말며 그것들을 섬기지 말라"(출 20:4-5)라는 하나님의 명령을 범한 것이다. 바울은 이제 이어지는 구절(롬 1:24-32)에서 하나님을 떠난 사람이 얼마나 악한 일을 하는지를 극명하게 보여준다.

(2) 인간의 부패와 하나님의 심판(롬 1:24-32)

[24] 그러므로 하나님께서 그들을 마음의 정욕대로 더러움에 내버려 두사 그들
의 몸을 서로 욕되게 하셨으니 [25] 이는 그들이 하나님의 진리를 거짓 것으로 바
꾸어 피조물을 조물주보다 더 경배하고 섬김이라 주는 곧 영원히 찬송할 이시
로다 아멘 [26] 이 때문에 하나님께서 그들을 부끄러운 욕심에 내버려 두셨으니
곧 그들의 여자들도 순리대로 쓸 것을 바꾸어 역리로 쓰며 [27] 그와 같이 남자들
도 순리대로 여자 쓰기를 버리고 서로 향하여 음욕이 불 일듯 하매 남자가 남
자와 더불어 부끄러운 일을 행하여 그들의 그릇됨에 상당한 보응을 그들 자신
이 받았느니라 [28] 또한 그들이 마음에 하나님 두기를 싫어하매 하나님께서 그
들을 그 상실한 마음대로 내버려 두사 합당하지 못한 일을 하게 하셨으니 [29] 곧
모든 불의, 추악, 탐욕, 악의가 가득한 자요 시기, 살인, 분쟁, 사기, 악독이 가
득한 자요 수군수군하는 자요 [30] 비방하는 자요 하나님께서 미워하시는 자요
능욕하는 자요 교만한 자요 자랑하는 자요 악을 도모하는 자요 부모를 거역하는
자요 [31] 우매한 자요 배약하는 자요 무정한 자요 무자비한 자라 [32] 그들이 이같은
일을 행하는 자는 사형에 해당한다고 하나님께서 정하심을 알고도 자기들만 행
할 뿐 아니라 또한 그런 일을 행하는 자들을 옳다 하느니라(롬 1:24-32, 개역개정)

롬 1:24-32 바울은 이방인들이 하나님의 영광을 썩어질 피조물들의 형상과 바꿔치기 하여 하나님을 모독하는 잘못을 범했음을 지적하고(롬 1:23), 로마서 1:24을 "그러므로"(Διό)로 시작하여 그들의 부도덕한 일을 열거한다. 하나님을 하나님의 자리에 모시지 못하고 피조물을 우상으로 섬기는 그들의 불경건은 그들의 삶의 부도덕한 생활과 떼려야 뗄 수 없는 관계에 있으며 따라서 그들은 하나님의 진노를 결코 피할 수 없다.[88] 하나님께서 이들에게 합당한 진노를 내리신 것이다. 바울은 "하나님께서 그들을 마음의 정욕대로 더러움에 내버려 두사"(롬 1:24; 참고, 롬 1:26, 28)라고 말함으로 이들에 대한 하나님의 조치를 설명한다. 여기서 바울이 강조한 것은 하나님이 어떤 더러움을 만들어 그들을 그곳에 내버려두신 것이 아니요, 그들이 이미 더러운 상태에 있었는데 하나님이 그 더러움에 그들을 내버려 두셨다는 것이다. 하나님의 진노는 불의하게 실행되지도 않고 아무런 이유 없이 임의로 내려지지도 않는다. 하나님은 이방인들의 마음의 정욕을 더러움에 내벼려 두심으로 그들은 그들의 몸을 서로 욕되게 사용하게 되었다(롬 1:24). 바울이 사용한 용어 "정욕"(ἐπιθυμία)은 용기, 소망, 열정 등의 뜻으로 선과 악의 구분 없이 중립적으로 사용되기도 하지만(눅 22:15; 빌 1:23; 살전 2:17), 본 구절 로마서 1:24에서는 악을 열거하는데 사용되기 때문에 부정적인 뜻을 가지고 있다.[89] 그들은 그들의 정욕으로 "그들의 몸을

88 참고로 솔로몬의 지혜(Σοφια Σαλωμων) 14:12는 우상숭배와 삶의 부도덕을 직접적으로 연계시킨다. "Ἀρχὴ γὰρ πορνείας ἐπίνοια εἰδώλων, εὕρεσις δὲ αὐτῶν φθορὰ ζωῆς."(For the devising of idols was the beginning of *spiritual* fornication, and the invention of them the corruption of life.)(Wisdom of Solomon 14:12). Cf. *The Septuagint Version of the Old Testament and Apocrypha with an English Translation* (Grand Rapids: Zondervan, 1972), (The Apocrypha Greek and English, p. 67).

89 H. Schönweiss, "ἐπιθυμία," *The International Dictionary of New Testament Theology*, Vol. 1 (Grand Rapids: Zondervan, 1975), p. 457.; H. Hübner, "ἐπιθυμία," *Exegetical*

서로 욕되게"(롬 1:24) 사용하는 죄를 범한 것이다. 바울은 사람의 마음의 정욕을 더러움과 연계시킴으로 성령의 도움 없는 마음의 열매는 악한 것일 수밖에 없음을 확인한다.

바울은 이제 그들의 마음의 정욕대로 행한 것이 얼마나 잘못된 것이었는지를 밝힌다(롬 1:25). 바울은 "그들이 하나님의 진리를 거짓 것으로 바꾸어 피조물을 조물주보다 더 경배하고 섬김이라"(롬 1:25)라고 설명한다. 바울은 이미 로마서 1:23에서 언급한 그들의 악행을 여기서 다시 한 번 확인한다. 그들의 악행은 하나님의 진리 자리에 거짓 것을 채워 넣은 것이며 피조물을 창조주보다 더 경배하고 섬긴 것이다(롬 1:25). "하나님의 진리"는 하나님께서 계시해 주신 진리를 가리킨다. 그런데 이방인들은 이 진리의 자리에 거짓 것을 채워 넣은 것이다. 이렇게 이해할 때 "진리"와 "거짓"의 대칭이 잘 어울리는 논리이다. 바울은 같은 논리로 뒤 따라오는 구절에서 피조물과 창조주를 대칭시키고 있다. 그들은 진리의 자리에 거짓을 채웠고, 창조주의 자리에 피조물을 세워서 우상숭배를 한 것이다. 바울은 이방인들이 창조주 대신 피조물을 경배하고 섬기고 하나님의 진리를 거짓 것으로 바꾸는 악행을 함으로 로마서 1:24에서 언급한 하나님의 심판을 받는 것이 너무나 당연하다고 말하고 있다. 그리고 바울은 조금 갑작스런 면이 있는 "주는 곧 영원히 찬송할 이시로다 아멘"(롬 1:25)이라는 찬송시를 덧붙인다. 하나님은 인간들의 찬송을 받으시기에 합당한 분이시다. 이 찬송시는 어떤 관습에 의한 것이라기보다 바울이 이 시점에서 "하나님의 영광"(롬 1:23)을 소홀히 하고 "하나님의 진리"(롬 1:25)를 감히 거짓과 바꾸는 이방인들의 악행을 생각하면서 "주는 영원히 찬송을 받으실 분이다"라고

Dictionary of the New Testament, Vol. 2 (Grand Rapids: Eerdmans, 1991), p. 28.

천명하는 것이다. 그리고 바울은 이 말씀에 동의한다는 뜻을 가진 "아멘"으로 로마서 1:25을 마무리한다.

이제 바울은 로마서 1:26-32까지 마지막 부분에서 이방인들의 악행을 구체적으로 열거하고 하나님의 징계를 언급한다. 바울은 "하나님께서 그들을 부끄러운 욕심에 내버려 두셨으니"(롬 1:26; 참고, 롬 1:24, 28)라고 진술한다. "부끄러운 욕심"은 하나님이 새로운 것을 만들어 그들을 거기에 내버려 둔 것이 아니요, 타락한 그들에게 이미 존재한 악한 성향을 표현한 것이다. 그들은 이 악한 성향 때문에 여자들은 "순리대로 쓸 것을 바꾸어 역리로 쓰며 그와 같이 남자들도 순리대로 여자 쓰기를 버리고 서로 향하여 음욕이 불 일듯 하매 남자가 남자와 더불어 부끄러운 일을 행"(롬 1:26-27)한다고 설명한다. 칼빈(Calvin)은 "이는 사람들이 그들 스스로를 짐승의 욕망에 빠지게 했을 뿐만 아니라 짐승보다도 더 악하게 되었다. 왜냐하면 그들은 자연의 전체 질서를 뒤바꾸어 놓았기 때문이다."[90]라고 그들이 창조의 질서를 파괴한 악행을 범했다고 지적한다. 바울은 여기서 어느 시대를 막론하고 그리고 어느 나라에서나 팽배하게 나타나고 있는 이 악행을 다루고 있다. 바울은 남성 간 동성애를 하는 사람들(homosexual)과 여자들 사이의 동성애자들(Lesbian)의 죄를 지적하고 그들이 하나님의 진리를 역행하며 창조 질서를 파괴하고 있다고 지적하고 있다. 요즈음 많은 사람들의 의식 속에 남자와 여자가 평등하다고 생각하여 남자와 여자의 역할과 기능까지도 부인하려는 움직임이 사회의 여러 곳에 잠복해 있음을 볼 수 있다. 심지어 동성애를 옹호하는 내용으로 법안을 발의하기까지 한다. 물론 남자와 여자는 인격적으로 평등하다. 그러나 하나님은 남자와 여자를

90 Calvin, *The Epistles of Paul the Apostle to the Romans and to the Thessalonians*, p. 36.

창조하시고 그들의 고유한 기능과 역할을 주셨다. 바울은 하나님의 창조 질서를 파괴하는 잘못된 행위는 "상당한 보응을 그들 자신이 받았다"(롬 1:27)라고 설명한다. 그러면 그들이 받은 보응은 어떤 것들인가? 남성 간의 동성애자들이나 여성 간의 동성애자들은 씁쓸한 생각을 지우지 못하며, 죄의식, 불면증, 정신적 억압(스트레스), 우울증 등을 경험하게 된다. 비진리는 진리가 될 수 없고 비정상은 정상이 될 수 없다.

바울은 이제 로마서 1:28에서 왜 악행이 존재하게 되었는지 서론적으로 간단히 설명하고 악행의 목록을 열거한다. 바울은 먼저 "그들이 마음에 하나님 두기를 싫어하매 하나님께서 그들을 그 상실한 마음대로 내버려 두사 합당하지 못한 일을 하게 하셨으니"(롬 1:28)라고 진술한다. 바울은 다시 한 번 하나님을 배척한 사람들과 합당한 일을 하지 않은 사람들을 그들의 부패한 마음의 상태로 내버려 두신(롬 1:28, 참고, 롬 1:24, 26) 하나님에 대해 설명한다. 사람들은 "마음에 하나님을 두기를 싫어"(롬 1:28)했고, 하나님은 "그들을 그 상실한 마음대로 내버려 두셨다"(롬 1:28). 여기에 사용된 "상실한 마음"(ἀδόκιμον νοῦν)은 "시험을 통과하지 못한 마음," "쓸모없는 마음," "부패한 마음" "인정받지 못한 마음"을 뜻한다.[91] 하나님은 그들을 "부패한 마음" 그대로 내버려 두신 것이다. 인간의 부패한 마음은 "하나님의 진리"를 추구하지 않으며(롬 1:25), "하나님의 영광"에 관심이 없고, 오로지 자기 자신의 정욕대로 살도록 부추기는 역할을 한다. 이런 삶을 추구하는 사람은 불을 보듯 너무도 명확한 악한 특징을 드러낸다. 바울은 자신의 정욕대로 사

91 바울은 롬 1:28에서 "καθὼς οὐκ ἐδοκίμασαν"과 "εἰς ἀδόκιμον νοῦν"을 비교하는 언어유희(word play)를 통해 효과를 극대화 시킨다. Cf. Walter Grundmann, "δόκιμος, ἀδόκιμος," *Theological Dictionary of the New Testament,* Vol. II (Grand Rapids: Eerdmans, 1971), p. 259.

는 사람들의 특징인 악행의 목록을 구체적으로 열거한다. 바울은 악행의 목록을 네 가지와 여섯 가지로 나누어 정리한다. 네 가지 악행들은 모든 불의, 추악, 탐욕, 악의가 가득함이며, 여섯 가지는 시기, 살인, 분쟁, 사기, 악독이 가득함, 수군수군함이다(롬 1:29). 그리고 바울은 계속해서 악행의 목록으로 비방하는 자, 하나님이 미워하시는 자, 능욕하는 자, 교만한 자, 자랑하는 자, 악을 도모하는 자, 부모를 거역하는 자(롬 1:30), 우매한 자, 배약하는 자, 무정한 자, 무자비한 자(롬 1:31) 등 **열한 가지**를 열거한다. 바울이 제공한 악행의 목록은 인간의 타락이 얼마나 심각한 것인지를 증거하며 타락한 인간의 삶이 얼마나 추악한 것인지를 극명하게 보여준다. 바울은 여기서 21가지의 악행만 언급했다. 물론 타락한 인간의 악행이 21가지로 국한된 것은 아니다. 바울은 그의 서신 다른 곳에서 여기에 언급된 악행 목록에 포함되지 않은 다른 악행이 있음을 지적했다(갈 5:19–21; 엡 5:3–5; 골 3:5–9; 딤후 3:2–5). 성(sex)과 관련된 악행에 대해서는 바로 전 구절들인 로마서 1:26–27에서 언급했기 때문에 여기서는 더 이상 언급하지 않은 것 같다.

여기서 악행의 목록의 의미를 간략히 정리해보도록 한다. 모든 불의(unrighteousness)는 사람들에 대해 불공정하게 대하는 행동이요, 추악(evil)은 잘못된 것을 즐겨 행하는 것이요, 탐욕(greed)은 자기의 필요 이상으로 가지면 가질수록 더 많이 갖기를 원하는 심성이요, 악의가 가득함(depravity)은 어떤 일을 처리할 때 악한 마음으로 행동하는 것이요, 시기(envy)는 다른 사람이 잘 되는 것을 못 마땅하게 생각하는 마음이요, 살인(murder)은 다른 사람의 생명을 뺏는 잔악한 행동이요, 분쟁(strife)은 다투기를 좋아하는 성품을 가리키며, 사기(deceit)는 교활하고 간교한 마음으로 다른 사람에게 해를 입히는 행동이요, 악독이 가득함(malice)은 악의를 가진 마음으로 다른 사람에게 해를 끼치는 것을 즐겨하는 마음이요, 수군수군함(gossips)은 근거 없이 다른 사람을 모함하는 행동이요, 비방하는 자(slanderers)는 수군수군함의 반대의 뜻인데 수군수군함이 비밀리에 다른 사람을 모함한다면 비방하는 자는 공개적으로 다른 사람을 모함하는 자를 가리키며, 하나님을 미워하는 자(God–haters)는 하나님이 미워하시는 자라기보다 하나님을 미워하는 자(θεοστυγεῖς)이며, 능욕하는 자(insolent)는 자신들만이 옳은 것처럼 다른 사람을 경멸하는 자이며, 교만한 자(arrogant)는 다른 사람들보다 자신이 높다고 생각하여 다른 사람을 경멸하는 태도를 보이는 사람이요, 자랑하는 자(boastful)는 너무 스스로를 믿는 나머지 공허한 자신감에 빠져있는 사람을 가리키며, 악을 도모하는 자(inventors of evil)는 악한 방법을 창안하여 다른 사람을 해치는 일에 즐거움을 느끼는 사람을 가리키고, 부모를 거역하는 자(disobedient to parents)는 십계명 중 제5계명을 실천하지 않는 자이며(참조, 출 20:12; 잠 20:20; 마 19:19; 엡 6:2), 우매한 자(foolish)는 정신적으로 이해가 부족한 사람이며 도덕적으로도 어리석은 짓을 많이 하는 자이며, 배약하는 자(faithless)는 신뢰하기 어려운 대상의 사람이며 약속을 쉽게 파기하는 자이며, 무정한 자(heartless)는 사랑을 베푸는데 인색한 자이며 누구에게나 기대할 수 있는 자연적인 애정이 결핍된 자이며, 무자비한 자(ruthless)는 잔인한 사람들을 가리키는데 이런 사람들은 위험에 처한 사람들을 보살필 생각을 전혀 하지 않고 또한 어느 누구도 그들의 안중에 없는 그런 사람들을 가리킨다.[92]

바울은 "그들이 이 같은 일을 행하는 자는 사형에 해당한다고 하나

92 William Hendriksen, *Exposition of Paul's Epistle to the Romans* (NTC), pp. 80-82; Calvin, *The Epistles of Paul the Apostle to the Romans and to the Thessalonians,* pp. 37-38; Hodge, *A Commentary on Romans,* p. 43.; Murray, *The Epistle to the Romans* (NICNT), Vol. 1 (1968), p. 50.

님께서 정하심을 알고도 자기들만 행할 뿐 아니라 또한 그런 일을 행하는 자들을 옳다 하느니라"(롬 1:32)라고 타락한 인간의 가장 낮은 위치의 추악한 모습을 설명한다. 그들은 선과 악을 구분할 수 없을 정도로 무식한 사람들이 아니다. 오히려 그들은 이런 악한 행위를 하는 사람은 사형에 해당한다고 하나님이 정해 놓으신 사실을 알면서도 자신들도 이런 악한 행위를 자행할 뿐만 아니라 이런 일을 행하는 사람들을 지원하기까지 한다(롬 1:32). 칼빈(Calvin)은 "죄인이 완전히 수치심마저 잃어버려서 그 자신의 악행들을 기뻐할 뿐만 아니라... 그의 동의와 승인을 통해 다른 사람들의 삶 속에 이런 악행들이 나타나도록 격려한다는 것은 악의 최고의 절정이다."[93]라고 설명한다. 우리는 인간의 타락의 결과가 얼마나 심각한 것인지를 깨닫게 된다. 타락한 인간은 하나님의 진리에는 무관심하며 옳고 그른 것을 구별하려는 시도를 저버리고 오히려 악행의 편에 서는 잘못을 범한다.

93 Calvin, *The Epistles of Paul the Apostle to the Romans and to the Thessalonians*, p. 38.

로마서 2장
주해

2장 요약

로마서 2장은 인간이 핑계할 수 없는 죄인임을 설명한다. 바울은 모든 인간이 하나님의 의로우신 심판에서 벗어날 수 없는 죄인이라고 천명한다(롬 2:5). 하나님은 진정한 선을 행하는 사람에게는 영생의 복을 주시고, 진리를 부인하고 불의를 행하는 사람에게는 하나님의 진노와 분노를 내리실 것이다(롬 2:1-11). 문제는 영생의 복을 누릴 사람이 한 사람도 없다는 것이다. 바울은 "하나님께서 외모로 사람을 취하지 아니하시기"(롬 2:11) 때문에 인간의 감추어진 죄까지도 철저하게 심판하실 것이라고 말한다. 유대인도 하나님의 공의의 심판을 벗어날 수 없는 죄인이요, 마찬가지로 이방인도 하나님의 심판을 피할 수 없는 죄인이다. 바울은 율법이 없는 이방인은 물론 율법을 자랑하는 유대인들도 모두 죄인이라고 천명한다(롬 2:12-13). 바울은 "나의 복음"이란 표현을 통해 은밀한 죄 까지도 알고 계시는 하나님의 심판을 피할 수 있는 길은 오직 예수 그리스도를 통해서만 가능함을 분명히 한다(롬 2:16). 바울은 유대인들도 율법을 자랑하지만 율법을 범하는 죄인들이라고 선언한다(롬 2:17-29). 바울은 하나님의 공의로운 심판을 피할 수 있는 사람이 한 사람도 없기 때문에 인간의 방법과 행위로는 구원 문제를 해결할 수 없음을 분명히 한다.

1. 하나님의 의로운 심판(롬 2:1-11)

1 그러므로 남을 판단하는 사람아, 누구를 막론하고 네가 핑계하지 못할 것은
남을 판단하는 것으로 네가 너를 정죄함이니 판단하는 네가 같은 일을 행함이
니라 2 이런 일을 행하는 자에게 하나님의 심판이 진리대로 되는 줄 우리가 아
노라 3 이런 일을 행하는 자를 판단하고도 같은 일을 행하는 사람아, 네가 하나
님의 심판을 피할 줄로 생각하느냐 4 혹 네가 하나님의 인자하심이 너를 인도
하여 회개하게 하심을 알지 못하여 그의 인자하심과 용납하심과 길이 참으심
이 풍성함을 멸시하느냐 5 다만 네 고집과 회개하지 아니한 마음을 따라 진노
의 날 곧 하나님의 의로우신 심판이 나타나는 그 날에 임할 진노를 네게 쌓는
도다 6 하나님께서 각 사람에게 그 행한 대로 보응하시되 7 참고 선을 행하여
영광과 존귀와 썩지 아니함을 구하는 자에게는 영생으로 하시고 8 오직 당을
지어 진리를 따르지 아니하고 불의를 따르는 자에게는 진노와 분노로 하시리
라 9 악을 행하는 각 사람의 영에는 환난과 곤고가 있으리니 먼저는 유대인에
게요 그리고 헬라인에게며 10 선을 행하는 사람에게는 영광과 존귀와 평강이
있으리니 먼저는 유대인에게요 그리고 헬라인에게라 11 이는 하나님께서 외모
로 사람을 취하지 아니하심이라(롬 2:1-11, 개역개정)

롬 2:1-5 바울은 "그러므로"(Διό)라는 말로 로마서 2장을 시작한다(롬 2:1). 여기 사용된 "그러므로"가 문장 가운데서 어떤 역할을 하는 것인지 약간 불분명한 것은 사실이다. 문맥에 비추어 볼 때 다음의 해석이 가장 합당한 해석이라고 할 수 있다. 바울은 바로 전 구절인 로마서 1:18-32에서 이방인들의 부도덕한 악행은 하나님이 증오하시는 것이라는 사실을 명확히 했다. 그리고 바울이 "그러므로 남을 판단하는 사람아, 누구를 막론하고 네가 핑계하지 못할 것은 남을 판단하는 것으로 네가 너를 정죄함이니 판단하는 네가 같은 일을 행함이니라"(롬

2:1)라고 말했기 때문에 바울이 사용한 "그러므로"는 누구든지 자신은 의로운 것처럼 남을 판단하고 이방인들이 범한 똑같은 악행을 범한 사람은 하나님의 진노를 결코 피할 수 없을 것임을 확인하는 역할을 하고 있는 것이다. 바울은 이방인들이 하나님의 영광을 훼손하고 하나님의 진리를 떠나 용납될 수 없는 악행을 저질러서 그에 합당한 하나님의 심판을 받았기 때문에 똑같은 원리로 너희들도 그와 같은 악한 길로 간다면 당연히 하나님의 진노가 기다리고 있을 수밖에 없다고 설명한다. 바울은 유대인들을 의식하면서 "남을 판단하는 사람아"(롬 2:1)라고 표현하고 있다. 유대인들은 이방인들을 근거 없이 판단하는 기질을 가지고 있다(롬 2:17–23). 바울은 다메섹(Damascus) 도상에서 부활하신 예수님을 만나 회심하기 이전의 자기 자신의 모습(행 8:1, 3; 9:1–9)을 연상했을 가능성이 크다. 바울은 유대인이나 이방인이나 똑같은 원칙으로 대하시는 하나님을 알고 있었기에 "남을 판단하는 것으로 네가 너를 정죄함이니"(롬 2:1)라고 확인하면서 같은 악한 일을 행하면서 어떻게 핑계할 수 있겠느냐고 말하는 것이다. 그래서 바울은 "이런 일을 행하는 자에게 하나님의 심판이 진리대로 되는 줄 우리가 아노라"(롬 2:2)라고 천명하는 것이다. 하나님은 공평하셔서 유대인이나 이방인이나 그들이 행한 대로 심판하시는 분이시다. 하나님이 "진리대로"(κατὰ ἀλήθειαν) 심판하신다는 말은 하나님이 어떤 진리를 적용하여 심판하신다는 뜻이 아니요, 하나님의 심판은 "사실에 근거해서" 공정하게 실행된다는 뜻이다. 사람은 항상 자신을 평가할 때는 자기 자신에게 유리한 규칙을 적용하고 다른 사람을 평가할 때는 더 엄격한 규칙을 적용한다. 하지만 하나님은 사람의 외모를 보시지 않고 사실에 근거해서만 판단하신다(롬 2:11). 바울은 "우리가 아노라"(롬 2:2)를 문장의 맨 처음에 위치시킴으로 안다는 사실을 강조하고 있다. "우리가 아노라"의

표현 중 "우리"는 바울 자신을 포함한 유대인을 가리키는 표현이다. 바울은 하나님의 율법을 맡은 유대인들이라면 자신을 포함해서 누구나 하나님이 사실에 근거해서 공평하게 심판하신다는 것을 잘 안다고 말하는 것이다. 바울은 로마서 2:2의 기본적인 원리를 로마서 2:3에서도 선명하게 설명한다. 바울은 "이런 일을 행하는 자를 판단하고도 같은 일을 행하는 사람아, 네가 하나님의 심판을 피할 줄로 생각하느냐"(롬 2:3)라고 책망한다. 본문의 "네가"(σύ)는 강세형으로 사용되었다. 바울은 네가 이방인의 악행을 판단하면서 같은 악행을 행하는 그런 "네가 하나님의 심판을 피할 줄로 생각하느냐"(롬 2:3)라고 강세형으로 하나님의 심판이 필연적임을 확실히 하고 있다. 라이트푸트(Lightfoot)는 "유대인들은 심판이 이방인들을 위해서만 존재하고 메시아의 진정한 종들인 이스라엘 사람들을 위해서는 존재하지 않는 것으로 생각했다."[94]라고 해석한다.

바울은 "혹 네가 하나님의 인자하심이 너를 인도하여 회개하게 하심을 알지 못하여 그의 인자하심과 용납하심과 길이 참으심이 풍성함을 멸시하느냐"(롬 2:4, 개역개정)라고 약간 이해하기 어려운 진술을 한다. 표준 새번역은 "더구나 하나님께서 인자하심을 베푸셔서 사람을 인도하여 회개하게 하신다는 것을 알지 못하고, 오히려 하나님의 풍성하신 인자하심과 관용하심과 오래 참으심을 업신여기기까지 한다니, 될 말입니까?"(롬 2:4, 표준새번역)라고 번역하여 본문을 더 쉽게 이해하도록 돕는다. 개역개정의 "혹"이나 표준새번역의 "더구나"는 유대인의 태도를 다른 방법으로 설명하고 있음을 지지한다. 바울은 로마서 2:3에서는 유대인이 하나님의 공정한 심판을 알면서도 심판의 대상이 되

94 J. B. Lightfoot, *Notes on the Epistles of St. Paul* (1980), p. 258.

는 악행을 범하며 하나님의 심판을 피할 수 있다고 잘못 생각한 것을 지적한 것이요(롬 2:3), 로마서 2:4에서는 유대인이 자기가 하나님의 거룩한 율법을 소유한 사람이요 아브라함(Abraham)이 나의 조상이기 때문에 하나님은 아직도 나를 기뻐하신 관계로 나는 심판의 대상일 수 없다고 잘못 생각하는 것을 지적하는 것이다(롬 2:4). 유대인들은 그동안 하나님이 그들에게 특별한 특권을 주신 것을 근거로 하나님이 마치 그들에게 죄를 지을 수 있는 허가를 해 준 것처럼 하나님의 선하심을 남용했다. 그들은 오만한 생각으로 가득 차 있는 것이다. 그래서 바울은 네가 "그의 인자하심과 용납하심과 길이 참으심이 풍성함을 멸시하느냐"(롬 2:4)라고 책망하고 있다. "인자하심"과 "용납하심"과 "참으심"은 하나님의 선하심의 다른 국면을 표현한 것이다. "인자하심"(χρηστότης)은 하나님의 일반적인 친절을 뜻하고, "용납하심"(ἀνοχή)은 인간의 잘못에도 불구하고 하나님께서 징계를 미루시고 자제하심으로 인간의 교만을 드러내고 그들이 회개에 이르도록 기다리시는 하나님의 성품을 뜻하고,[95] "참으심"(μακροθυμία)은 하나님이 적극적으로 간섭하시기 전에 오래 동안 인내하시는 성품을 뜻한다. 바울은 유대인들이 하나님의 인자하심과 용납하심과 참으심의 깊은 뜻을 이해하지 못하여 유대인들이 교만한 마음으로 하나님의 행동을 멸시한다고 밝히고, 하나님이 이런 태도로 그들을 대하는 것은 이렇게 함으로 그들을 인도하여 회개하게 하기 위해서임을 밝힌다(롬 2:4). 유대인들은 하나님의 이런 깊은 뜻을 깨닫지 못하고 교만에 빠지게 된 것이다.

---

95 A. Sand, "ἀνοχή," *Exegetical Dictionary of the New Testament*, Vol. 1 (Grand Rapids: Eerdmans, 1990), p. 107.; "In Rom. 2:4 it appears between χρηστότης and μακροθυμία and refers to the *forbearance* or *self-restraint* of God in the face of human error, by means of which God desires to lead human beings to repentance and at the same time expose their arrogance in the judgment."(italics original)

바울은 이렇게 잘못된 착각 속에서 다른 사람을 계속 정죄하고 판단하면서 회개하지 않는 유대인들에게 진정한 그림을 그들에게 보여준다. 바울은 "다만 네 고집과 회개하지 아니한 마음을 따라 진노의 날 곧 하나님의 의로우신 심판이 나타나는 그날에 임할 진노를 네게 쌓는도다"(롬 2:5)라고 경고 한다. 바울은 영적인 교만에 빠져 다른 사람의 악행을 판단하면서도 자기 자신도 같은 악행을 범하고 회개하지 않는 유대인들과 그런 행위를 하는 사람들을 하나님이 예수님의 재림 때에 있을 하나님의 의로운 심판 때에 그들을 판단하실 것임을 분명히 한다. 바울은 이런 상태로 계속 살면 하나님의 의로운 심판 때에 그들의 죄의 목록을 쌓는 것이라고 경고한다(롬 2:5).

롬 2:6-11 바울은 진노의 날 심판 때에 "하나님께서 각 사람에게 그 행한 대로 보응하실 것"(롬 2:6)임을 분명히 한다. 이 말씀은 하나님께서 이방인보다 유대인들을 더 후하게 대하신다는 뜻이 아니요 각 사람에게 그 행한 대로 공평하게 대하신다는 뜻이다. 머레이(Murray)는 로마서 2:6이 "각 사람"이라는 표현을 통해 나타난 "하나님의 심판의 보편성"과 "그 행한 대로"라는 표현을 통해 나타난 "하나님의 심판의 기준"과 "보응하시되"라는 표현을 통해 나타난 "하나님의 심판의 효과적이고 정확한 결정"이라는 세 가지 특징을 드러낸다고 설명한다.[96] 바울은 하나님의 보응의 내용을 로마서 2:7-11에서 구체적으로 설명한다.

바울은 이제 로마서 2:7-11에서 하나님의 의로우신 심판 때에 드러날 두 그룹의 사람들과 그들의 행위를 열거한다. 바울은 로마

96 John Murray, *The Epistle to the Romans*, Vol. 1 (1968), p. 62.

서 2:7-8에서 하나님의 의로운 심판 때에 경건한 자와 불경건한 자에게 나타날 하나님의 보응을 열거하고, 로마서 2:9-10에서는 로마서 2:7-8의 반대의 순서로 역시 악을 행하는 자와 선을 행하는 자에게 나타날 하나님의 보응을 열거한다.[97] 바울은 여기서 하나님의 심판을 받을 대상을 두 그룹으로 나누어 설명한다. 첫째 그룹은 선을 행하는 사람들이 속한 그룹을 가리킨다. 바울은 첫째 그룹에 속한 사람들이 받을 하나님의 복을 설명한다. 선을 행하는 그룹의 사람들은 예수님의 부활을 통해 제공되는 썩어지지 아니할 영광을 추구하고, 하나님이 승인하시는 존귀를 추구하며, 그리고 썩지 아니할 하나님의 백성의 부활 소망을 추구한다(롬 2:7). 여기 언급된 "영광과 존귀와 썩지 아니함"은 성도들의 종말론적인 소망으로 하나님께서 구속역사가 완성되는 때에 성도들에게 주실 복이다. 이런 것을 추구하는 성도들에게는 하나님께서 "영생"을 주실 것이다(롬 2:7). 또한 하나님께서 "선을 행하는 각 사람에게는 영광과 존귀와 평강"을 주실 것인데(롬 5:2; 8:18, 21; 고전 2:7; 고후 4:17; 골 3:4) "먼저는 유대인에게요 그리고 헬라인에게"(롬 2:10) 주실 것이다. 바울은 하나님께서 이미 "영광과 존귀와 썩지 아니함을 구하는 자에게는 영생"(롬 2:7)을 주시겠다고 약속하셨음을 천명했는데, 로마서 2:10에서는 "영광과 존귀와 평강"(롬 2:10)을 주실 것이라고 말함으로 "썩지 아니함" 대신 "평강"을 주실 것이라고 말한다. 여기 사용된 "평강"은 화목의 결과로 따라오는 하나님과의 평강과 영생을 소유한 사람으로 마음과 생각의 평강을 누리는 것을 뜻한다. "평강"은 구원받은 자가 하나님을 즐거워하면서 사는 마음 상태를 가리킨다. 그러므로 "썩지 아니함"(롬 2:7)과 "평강"(롬 2:10)은 성도의 생활

97 롬 2:7-8은 각각 τοῖς로 시작하여 서로 대칭적으로 표현되었음을 확인하고, 롬 2:9-10은 "ἐπὶ πᾶσαν"(9절)과 "παντί"(10절)를 사용하여 대칭적인 효과를 나타내고 있다.

에 적용할 때 거의 같은 의미로 사용된다고 말할 수 있다. 그리고 "먼저는 유대인에게요 그리고 헬라인에게"라는 순서는 유대인들이 율법의 약속과 경고를 먼저 받은 사람들임으로 자연적인 순서를 지적할 뿐 다른 큰 의미는 없다. 하나님의 마지막 심판은 유대인으로부터 시작될 것이요 전 세계를 포함하게 될 것이다.[98] 둘째 그룹은 진리를 따르지 아니하고 불의를 따르는 사람들이 속하는 그룹을 가리킨다. 바울은 둘째 그룹에 속한 사람들은 파당을 일삼고 진리를 따르지 아니하고 불의를 따른다고 설명한다(롬 2:8). 파당을 일삼는다는 뜻은 반항심과 고집을 내세워 화합할 줄 모른다는 뜻이다. 진리는 하나님의 뜻이 담긴 규칙을 가리키는데 이를 따르지 아니한다는 뜻이요, 불의를 따른다는 뜻은 주님의 법을 거부함으로 결국 죄의 속박에 매여 산다는 뜻이다. 하나님은 이와 같은 삶을 사는 둘째 그룹의 사람들에게 "진노와 분노"(롬 2:8)를 내리실 것이다. "진노"(ὀργή: wrath)는 하나님이 종말론적인 최종 심판을 하실 때 나타내는 감정을 표현하는데 사용될 뿐만 아니라 불의에 대한 의로운 감정을 표현할 때도 사용된다(롬 3:5).[99] 성도들은 예수 그리스도를 통해 하나님의 진노의 심판에서 구원받았지만(롬 5:9; 살전 1:10) 진리를 따르지 않고 불의를 행하는 사람은 하나님의 영속적인 진노를 피할 수 없을 것이다. "분노"(θυμός: anger)는 악행을 일삼는 사람들에게 대한 일시적인 충동으로 일어나는 의분을 가리키며 "진노"와 함

98 Calvin, *The Epistles of Paul the Apostle to the Romans and to the Thessalonians*, p. 45.

99 W. Pesch, "ὀργή," *Exegetical Dictionary of the New Testament*, Vol. 2 (Grand Rapids: Eerdmans, 1991), p. 530.: "In his theology of the ὀργή of God, Paul takes a twofold position: on the one hand he holds to the future character of the eschatological wrath and to the expectation of the judgment of God 'according to works' (Rom. 2:5ff.); on the other hand he can speak of the present revelation of wrath, which is contrasted with the revelation of δικαιοσύνη."

께 최종 심판에 나타나는 하나님의 감정을 표현하는 것이다.[100] 자신의 야망에 빠져 하나님의 진리를 순종하지 않은 사람들은 마지막 심판의 날에 하나님의 진노와 분노의 대상이 될 것이다. 둘째 그룹에 속한 사람들을 위해서는 하나님의 의로운 마지막 심판 때에 환난(θλῖψις)과 곤고(στενοχωρία)가 기다리고 있을 것이다(롬 2:9). "환난"(마 13:21; 롬 8:35; 고후 1:8; 빌 4:14; 살전 3:7)이란 용어는 박해와 고통을 뜻하고,[101] "곤고"라는 용어는 바울 서신에서만 나타나는데(롬 2:9; 8:35; 고후 6:4; 12:10) 원래의 의미는 좁은 장소에서 겪는 고통과 불안을 뜻한다. 머레이(Murray)는 "진노와 분노가 하나님이 기뻐하시지 않는 불경건한 자들에게 내리는 보복을 묘사한다면, 환난과 곤고는 불경건한 자들이 경험적으로 느끼는 그들의 징벌을 묘사하는 것이다."...."그래서 환난과 곤고는 인간이 하나님의 진노와 분노를 경험함으로 따라오는 결과로 해석되어야만 한다."[102]라고 설명한다. 로마서 2:9이 "각 사람의 영"이라는 표현을 사용했지만 사람 자신을 뜻하는 것이다(참고, 행 2:41, 43; 3:23; 롬 13:1). 그러므로 "악을 행하는 사람"의 "영"만 환난과 곤고를 받게 되는 것이 아니요, 악을 행하는 사람 자체가 환난과 곤고를 받게 될 것이다(롬 2:9). 바울은 은혜를 베푸는 문제에 있어서도 "먼저는 유대인에게요 그리고 헬라인에게라"(롬 2:10)라고 말한 것처럼, 징벌을 실행하는 문제에 있어서도 "먼저는 유대인에게요 그리고 헬라인에게라"(롬 2:9)라고 정당한

100 H. W. Hollander, "θυμός," *Exegetical Dictionary of the New Testament*, Vol. 2 (Grand Rapids: Eerdmans, 1991), p. 160.: "In Rom 2:8 θυμός refers, together with ὀργή, to the divine wrath of the final judgment. The combination as a designation of God's wrath is certainly taken from the OT (cf. e.g., Deut 9:19; Ps 2:5; Hos 13:11)."

101 W. Bieder, "θλῖψις," *Exegetical Dictionary of the New Testament*, Vol. 2 (Grand Rapids: Eerdmans, 1991), p. 152.

102 John Murray, *The Epistle to the Romans*, Vol. 1 (1968), p. 66.

질서를 언급한다. 하나님은 공평하시고 질서의 하나님이시다.

바울은 이제 "이는 하나님께서 외모로 사람을 취하지 아니하심이라"(롬 2:11)라고 말함으로 하나님의 심판의 공정성과 정당성을 확인한다. 인간은 드러난 것을 통해서만 상대방을 판단할 수 있다. 그러나 하나님은 중심을 보신다. 하나님이 사무엘(Samuel)을 이새(Jesse)의 집에 보내 사울(Saul) 왕의 후계자로 다윗(David)을 세우려 하실 때 사무엘이 엘리압(Eliab)을 보고 그를 사울 왕의 후계자로 생각한다. 그때 여호와 하나님께서 "그의 용모와 키를 보지 말라" "사람은 외모를 보거니와 나 여호와는 중심을 보느니라"[103](삼상 16:7; 참고, 삼상 16:6, 12)라고 말씀하신다. 바울은 지금 외모로 사람을 취하지 않고 중심을 보시는 하나님께서 유대인에게 더 호의를 베푼다거나 이방인에게 차별 대우를 하시지 않고 그들이 행한 대로 공평하게 보응 하실 것을 명확히 하는 것이다. 로마서 2:11은 이전 구절들(롬 2:6-10)에서 언급된 악을 행하는 자와 선을 행하는 자가 각각 행한 대로 공평한 심판을 받게 될 것을 확인하기도 하지만, 뒤따라오는 구절들(롬 2:12-16)의 타당성을 제공하는 역할도 한다.

103 삼상 16:7의 NIV 번역이 본문 이해에 도움을 준다. "The Lord does not look at the things man looks at. Man looks at the outward appearance, but the Lord looks at the heart."(NIV)

2. 범죄를 노출시키는 율법의 기능(롬 2:12-16)

> [12] **무릇 율법 없이 범죄한 자는 또한 율법 없이 망하고 무릇 율법이 있고 범죄한 자는 율법으로 말미암아 심판을 받으리라** [13] **하나님 앞에서는 율법을 듣는 자가 의인이 아니요 오직 율법을 행하는 자라야 의롭다 하심을 얻으리니** [14] (율법 없는 이방인이 본성으로 율법의 일을 행할 때에는 이 사람은 율법이 없어도 자기가 자기에게 율법이 되나니 [15] 이런 이들은 그 양심이 증거가 되어 그 생각들이 서로 혹은 고발하며 혹은 변명하여 그 마음에 새긴 율법의 행위를 나타내느니라) [16] **곧 나의 복음에 이른 바와 같이 하나님이 예수 그리스도로 말미암아 사람들의 은밀한 것을 심판하시는 그 날이라**(롬 2:12-16, 개역개정)

롬 2:12-13 바울은 이전 단락(롬 2:6-11)에서 하나님께서 유대인이나 이방인이나 그들의 행한 대로 공정하게 심판하실 것을 다루었다. 바울은 이제 하나님의 판단의 원리를 더욱 명쾌하게 설명한다. 바울은 "율법 없이 범죄한 자"는 "율법 없이 망하고" "율법을 가진 자가 범죄하면" "율법으로 말미암아 심판을 받으리라"(롬 2:12)라고 말씀함으로 하나님은 인간을 차별하시지 않는다는 사실을 분명히 한다. 바울은 하나님의 심판을 받을 대상은 율법이 있고 없고의 문제로 판단되는 것이 아니요, 그들이 선을 행하였느냐 혹은 악을 행하였느냐에 달려있다는 것을 분명히 하고 있다. 바울은 이전 단락(롬 2:6-11)에서 "악을 행하는 그룹"과 "선을 행하는 그룹"을 나누어 두 그룹의 사람들로 구별한 것처럼, 본 구절에서도 "율법이 없는 그룹"과 "율법이 있는 그룹"을 나누어 두 그룹으로 만든다. 본 구절의 "율법 없이"(ἀνόμως)와 "율법이 있고"(ἐν νόμῳ)의 표현에서 사용된 "율법"은 십계명을 포함한 모세오경(the Pentateuch)을 가리킨다고 해석하는 것이 타당하다(참고, 롬 2:21-22; 13:8-

10). 루터(Luther)는 본 구절(롬 2:12-14)의 율법을 해석하면서 "우리는 본 장 전체에서 사용된 율법은 하나님을 사랑하고 이웃을 사랑하라는 명령으로 십계명에 요약된 모세 율법의 전체라고 마땅히 이해해야만 한다."[104]라고 설명한다. 유대인들은 하나님의 율법을 받은 그룹의 사람들이다(출 20:3-17). 그러므로 "율법이 있는 그룹"의 사람들은 유대인들(Jews)을 가리킨다고 생각하는 것이 타당하다. 그리고 "율법이 없는 그룹"의 사람들은 이방인들(Gentiles)을 가리킴이 확실하다. 바울은 다른 곳에서 "율법 아래에 있는 자들"은 유대인을 지칭하고 "율법 없는 자들"은 이방인을 가리킨다고 설명한 바 있다. 바울이 여기서 유대인들과 이방인들을 구별하는 것은 도덕적인 함의 없이 구별하는 예이다(고전 9:20-21). 바울은 하나님께서 "율법 있는 자"나 "율법 없는 자"나 할 것 없이 공평하게 그들의 행한 대로 판단하시겠다는 의미의 구별을 언급하는 것이다. 바울은 하나님의 심판 기준(롬 2:12)이 단순히 율법을 소유하고 율법을 들었다는 사실에 근거하지 않고, 율법을 행하느냐 행하지 않느냐에 근거한다고 말한다. 율법을 소유하고 율법에 대한 지식이 있다고 해서 하나님의 심판을 받을 때 유익할 것이 없다는 설명이다. 그래서 바울은 "하나님 앞에서는 율법을 듣는 자가 의인이 아니요 오직 율법을 행하는 자라야 의롭다 하심을 얻으리니"(롬 2:13)라고 말하는 것이다.

바울이 여기서 왜 "율법을 듣는 자"와 "율법을 행하는 자"를 대칭시켜 설명하고 있는가? 그 당시 유대인들이 성경의 말씀을 알 수 있게 되는 과정이 한 사람이 율법을 읽으면 많은 백성들이 그 말씀을 듣고 율법을 알게 되고 율법을 가진 것처럼 인정을 받기 때문이다(참고,

104 Luther, *Commentary on the Epistle to the Romans*, p. 42.

눅 4:16; 요 12:34; 행 15:21; 고후 3:14; 약 1:22). 바울은 유대인들이 율법을 듣고 가진 자로 인정받아도 하나님의 공정한 심판에서 유리할 것이 없다고 말하는 것이다. 바울은 유대인들이 자신들은 율법을 들어서 알고 있기 때문에 하나님의 심판에서 의롭게 인정받을 수 있을 것이라고 생각하는 잘못을 고쳐주면서 "오직 율법을 행하는 자라야 의롭다 하심을 얻으리니"(롬 2:13)라고 설명함으로 율법을 듣고 알고 있는 것이 율법의 목적이 아니요, 율법의 내용을 행하는 것이 하나님의 뜻이라고 가르치고 있다. 율법은 심판의 기준으로 그 내용의 실천을 요구한다. 율법의 원리는 율법을 듣는 자들이 하나님과 의로운 관계를 회복하는 것이 아니요 율법을 행하는 자들이 의롭게 된다는 것이다.[105] 바울은 여기서 율법이 존재하는 목적이 무엇인지를 설명하는 것이지 "행위로 의롭게 될 수 있다는 교리"를 가르치는 것이 아니다. 죄인이 율법을 완벽하게 순종하고 실천하는 것은 불가능하다. 칼빈(Calvin)은 "그러므로 이 구절의 의미는 만약 의가 율법에 의해 추구된다면 율법은 마땅히 성취되어야 한다. 왜냐하면 율법의 의는 행위의 완성으로 구성되어있기 때문이다. 행위로 의롭게 된다는 이론을 세우기 위한 목적으로 이 구절을 잘못 해석하는 사람들은 우주적인 경멸을 받게 될 것이다."라고 설명하고 계속해서 "우리는 절대적인 의가 율법에 규정되어있음을 부인하지 않지만 모든 사람이 죄를 범한 자들이기 때문에 우리는 다른 의를 추구해야 할 필요가 있음을 주장한다. 진정으로 우리는 이 구절에서 아무도 행위로 의롭게 될 수 없다는 것을 증명할 수 있다."[106]라고 해석한다. 바울은 하나님께서 율법을 소유한 유대인이나 율법 없이 살아온 이

105 James Denney, "St. Paul's Epistle to the Romans," *The Expositor's Greek Testament*, Vol. II (1980), p. 597. 참고로, 구약의 말씀인 "너희는 내 규례와 법도를 지키라 사람이 이를 행하면 그로 말미암아 살리라 나는 여호와이니라"(레 18:4)의 말씀이 이를 확인한다.

방인을 차별하시지 않고 동등하게 대하신다는 사실을 확인하면서 중요한 것은 유대인과 이방인 모두 하나님의 뜻인 율법을 행하는 것인데 문제는 아무도 율법을 완벽하게 실천할 수 없다고 설명하는 것이다.

롬 2:14-16 바울은 유대인들에게 율법을 행해야 의롭게 된다고 말함으로 율법의 원래 목적을 설명했는데 그렇다면 율법을 듣지도 못하고 율법을 알지도 못한 이방인들의 경우는 어떻게 판단할 수 있는지에 대해 설명한다. 그래서 바울은 "율법 없는 이방인이 본성으로 율법의 일을 행할 때에는 이 사람은 율법이 없어도 자기가 자기에게 율법이 되나니 이런 이들은 그 양심이 증거가 되어 그 생각들이 서로 혹은 고발하며 혹은 변명하여 그 마음에 새긴 율법의 행위를 나타내느니라"(롬 2:14-15)라고 설명함으로 이방인들도 하나님의 최종 심판을 피할 수 없음을 분명히 한다. 물론 이방인들은 율법을 소유하는 특권을 누리지 못했다. 그렇다고 이방인들이 옳고 그름을 판단할 수 있는 기능이 전혀 없는가? 바울은 그들의 본성(φύσις : nature)이 율법의 역할을 하기 때문에 그들 자신이 자기에게 율법이 된다(롬 2:14)라고 설명한다. 이방인들은 기록된 율법으로가 아니요 본성으로 도덕적인 행위를 하도록 인도받는다. 이방인들의 양심은 잘못된 악한 것은 고발하고 좋은 선한 것은 변증함으로 마음에 새긴 율법의 행위를 나타낸다(롬 2:15). 박윤선은 "그 양심이 증거가 되어"(롬 2:15)를 해석하면서 "양심은, 하나님의 음성 자체는 아니다. 그러면 양심은 무엇인가? 하나님의 형상으로 지음 받은 인간은, 하나님 앞에 서서 하나님의 말씀에 응종(應從)하

---

106 Calvin, *The Epistles of Paul the Apostle to the Romans and to the Thessalonians*, p. 47.; William Hendriksen, *Exposition of Paul's Epistle to the Romans* (*NTC*), p. 95.

려는 심리 작용을 가진다. 그것이 양심이다."[107]라고 양심을 정의한다. 라이트푸트(Lightfoot)도 "이런 이들은 그 양심이 증거가 되어"(롬 2:15)를 해석하면서 "그들의 마음은 그들의 법령집이며, 그들의 양심은 그들의 증거이며, 그들의 반향(reflection)은 그들의 고소인이거나 변호인이다. 하나님 자신이 그들의 심판자이시다."[108]라고 설명한다. 유대인들이 율법으로 선과 악을 구별하듯이 이방인들은 그들의 양심이 율법의 역할을 감당함으로 정직과 부정직을 분간하고 선과 악을 구별할 수 있다. 그러므로 유대인들은 물론 이방인들도 하나님의 심판 때에 핑계할 수는 없다. 그래서 바울은 "나의 복음에 의하면 그 날에 하나님께서 예수 그리스도를 통해 사람들의 은밀한 것을 심판하실 것이다"(롬 2:16; 사역) 라고 설명하는 것이다. "나의 복음"(τὸ εὐάγγέλιόν μου)은 하나님께서 바울에게 선포하도록 주신 그리스도의 복음을 뜻한다. 그리스도의 복음은 예수 그리스도가 십자가에서 죽으시고 사흘 만에 부활하심으로 인간의 죄 문제를 해결하시고 영생을 마련해 주셨음을 포함하는 기쁜 소식이다. 복음에서 가르치신 대로 하나님이 최종 심판하시는 그 날 유대인이나 이방인이나 모든 사람의 감추어진 생각, 행동, 동기, 언어뿐만 아니라 공개된 행위 등 모든 것이 하나님의 평가를 받게 된다(마 6:6; 눅 12:3; 고전 3:13). 예수님의 최종적인 심판에서는 사람의 마음속에 감추어진 어떤 은밀한 것일지라도 모두 드러나게 되어 있다(행 17:31; 고전 4:5; 고후 5:10; 딤후 4:1).

107 박윤선, 『성경주석. 로마서』, p. 76.

108 J. B. Lightfoot, *Notes on the Epistles of St. Paul* (1980), p. 261.

3. 유대인과 율법의 한계(롬 2:17-29)

17 유대인이라 불리는 네가 율법을 의지하며 하나님을 자랑하며 18 율법의 교
훈을 받아 하나님의 뜻을 알고 지극히 선한 것을 분간하며 19 맹인의 길을 인도
하는 자요 어둠에 있는 자의 빛이요 20 율법에 있는 지식과 진리의 모본을 가진
자로서 어리석은 자의 교사요 어린 아이의 선생이라고 스스로 믿으니 21 그러
면 다른 사람을 가르치는 네가 네 자신은 가르치지 아니하느냐 도둑질하지 말
라 선포하는 네가 도둑질하느냐 22 간음하지 말라 말하는 네가 간음하느냐 우
상을 가증히 여기는 네가 신전 물건을 도둑질하느냐 23 율법을 자랑하는 네가
율법을 범함으로 하나님을 욕되게 하느냐 24 기록된 바와 같이 하나님의 이름
이 너희 때문에 이방인 중에서 모독을 받는도다 25 네가 율법을 행하면 할례가
유익하나 만일 율법을 범하면 네 할례는 무할례가 되느니라 26 그런즉 무할례
자가 율법의 규례를 지키면 그 무할례를 할례와 같이 여길 것이 아니냐 27 또한
본래 무할례자가 율법을 온전히 지키면 율법 조문과 할례를 가지고 율법을 범
하는 너를 정죄하지 아니하겠느냐 28 무릇 표면적 유대인이 유대인이 아니요
표면적 육신의 할례가 할례가 아니니라 29 오직 이면적 유대인이 유대인이며
할례는 마음에 할지니 영에 있고 율법 조문에 있지 아니한 것이라 그 칭찬이
사람에게서가 아니요 다만 하나님에게서니라(롬 2:17-29, 개역개정)

롬 2:17-20 바울은 로마서 2:17-20에서 유대인들이 내세우는 유대인들의 특권을 열거한다. 유대인들은 이방인들에 비해 많은 특권을 누리고 살았다. 바울은 이미 그가 언급한 것처럼 "오직 율법을 행하는 자라야 의롭다 하심을 얻는다"(롬 2:13)는 말씀에 근거하여 유대인들의 잘못을 열거하고 그들을 신랄하게 책망하고 있다. 유대인들은 자신들이 유대인의 혈통으로 태어났기 때문에 다른 사람들보다 더 월등한 존재인 것처럼 교만한 생각을 가지고 있었다. 이제 바울이 유대인들의

잘못된 교만을 어떻게 정리했는지 살피도록 한다.

바울은 "만약"(Εἰ δέ)을 강조해서 "만약 유대인이라 불리는 네가 율법을 의지하며"(롬 2:17)[109]라고 유대인의 잘못을 지적한다. "유대인이라 불리는"이라는 표현에서 "불리는"(ἐπονομάζω)이란 용어는 신약성경에서 이 구절(롬 2:17)에서만 사용되는 특이한 용어이다. 이 용어의 의미 속에는 "유대인"이라는 이름 자체에 영예를 돌린다는 뜻을 함축하고 있다.[110] 그리고 "율법을 의지하며"의 표현에서 "의지하며"(ἐπαναπαύομαι)라는 용어는 신약에서 두 번만 나타나는데(눅 10:6; 롬 2:17) 본 구절에서의 의미는 율법을 형식적으로 의존한다는 뜻을 함축하고 있다(참조 미 3:11-12).[111] "율법을 의지하는 것"은 그 자체로 잘못이 아니다. 인간은 하나님의 율법에 의해 조종을 받아야 한다. 그런데 왜 바울이 "율법을 의지하며"를 부정적인 의미로 사용했는가? 바울은 비꼬는 언어로 유대인의 잘못을 지적하고 있다. 유대인들은 단순히 율법을 소유하고 율법을 배우는 그 자체가 그들을 안전하게 보호하고 그들을 탁월하게 만들어 준다고 생각하면서 율법을 지키려고 노력만하면 구원을 받을 수

---

109 한글 개역, 개역개정, 바른성경은 "만약"을 번역하지 않았고, 표준새번역과 표준새번역개정판은 "그런데"로 처리했으며, 영어 번역의 경우 "Now you, if"(NIV), "But if"(RSV, ESV, NASB), "Behold"(AV), "Indeed"(NKJV)등으로 "만약"을 살려서 번역했다. "만약"을 살려서 번역하는 것이 본문 이해에 도움을 준다.

110 H. Bietenhard, "Name/ὄνομα, ἐπονομάζω," *The International Dictionary of New Testament Theology*, Vol. 2 (Grand Rapids: Zondervan, 1977), p. 655.

111 H. Hensel and C. Brown, "Rest/ἀνάπαυσις, ἐπαναπαύομαι," *The New International Dictionary of New Testament Theology*, Vol. 3 (Grand Rapids: Zondervan, 1979), p. 258. 참고로, 미가서 3:11(LXX)은 "여호와를 의뢰하여"를 같은 동사인 ἐπαναπαύομαι로 표현한다. 이스라엘 백성의 리더들은 "여호와를 의뢰하여 이르기를 여호와께서 우리 중에 계시지 아니하냐 재앙이 우리에게 임하지 아니하리라 하는도다"(미 3:11)라고 생각한다. 하지만 그들의 여호와를 의뢰하는 것이 형식적인 것이요 올바른 의뢰가 아니기 때문에 여호와는 "시온은 갈아엎은 밭이 되고 예루살렘은 무더기가 되고 성전의 산은 수풀의 높은 곳이 되리라"(미 3:12)라고 응답하신다. 로마서 2:17의 "율법을 의지하며"도 같은 결과를 불러 올 수밖에 없다.

있는 것으로 생각했기 때문이다.[112] 바울이 여기서 사용한 "유대인"이 라는 명칭은 스스로 특권의식과 자만에 빠져있는 사람들을 가리키는 명칭이다(참조, 롬 2:17, 28, 29; 갈 2:15; 계 2:9; 3:9). 유대인들은 율법을 듣고 알기만 했지 율법을 실천하지는 않은 언행불일치의 길을 걷고 있었다(롬 2:13). 바울은 유대인들이 "하나님을 자랑하는"(롬 2:17) 사람들이라고 비판한다. 하나님을 자랑하는 것이 왜 비판받아야 하는가? 바울은 "자랑한다"(καυχάομαι)라는 용어를 로마서의 이 구절에서 처음으로 사용한다(롬 2:17, 23).[113] 바울은 "자랑한다"는 용어의 부정적인 의미인 "허풍 떤다"는 의미로 유대인들을 묘사하고 있는 것이다.

또한 유대인들은 "율법의 교훈을 받아 하나님의 뜻을 알고 지극히 선한 것을 분간"(롬 2:18) 한다고 자만한다. 유대인들이 어려서부터 율법을 배우는 것은 확실하다. 대부분의 유대인들은 어려서부터 문답식(catechism)으로 율법을 배운다. 하지만 그들은 율법을 배워서 알고 있긴 하지만 율법을 실천하지 않는다. 따라서 유대인들은 온전한 자격이 없으면서 "맹인의 길을 인도하는 자"(롬 2:19)의 역할을 자임하는 것이다. 이 경우 예수님께서 "너희가 맹인이 되었더라면 죄가 없으려니와 본다고 하니 너희 죄가 그대로 있느니라"(요 9:41)라고 하신 말씀이 그대로 적용된다. 그리고 유대인들은 자신들이 "어둠에 있는 자의 빛"(롬 2:19) 역할을 하고 있다고 생각한다. 물론 하나님의 백성인 유대인들은

112 William Hendriksen, *Exposition of Paul's Epistle to the Romans* (*NTC*), p. 101.

113 바울은 동사형인 καυχάομαι를 롬 2:17, 23에서는 "자랑한다"(brag about)라는 의미로 사용하고, 롬 5:2, 3에서는 "즐거워한다"(rejoice)라는 의미로 사용한다. καυχάομαι가 자동사(intransitive) 형으로 사용될 때는 문맥에 따라 긍정적인 의미인 "자부심을 갖는다"(taking pride)라는 의미로 사용되기도 하고, 부정적인 의미인 "허풍떨다"(bragging)라는 의미로 사용되기도 한다. Cf. J. Zmijewski, "καυχάομαι," *Exegetical Dictionary of the New Testament*, Vol. 2 (Grand Rapids: Eerdmans, 1991), p. 276.

이방인의 빛 역할을 하도록 명령받았다. 이사야(Isaiah) 선지자가 "나 여호와가 의로 너를 불렀은즉 내가 네 손을 잡아 너를 보호하며 너를 세워 백성의 언약과 이방의 빛이 되게 하리니"(사 42:6)라고 하신 말씀의 내용이나 "내가 또 너를 이방의 빛으로 삼아 나의 구원을 베풀어서 땅 끝까지 이르게 하리라"(사 49:6)라고 말씀한 내용이 이를 증거한다. 바울은 지금 그들이 이방의 빛 역할을 해야함에도 불구하고 그들 스스로 빛 역할을 할 수 없는 상황에 있다고 확인하는 것이다. 바울은 유대인들이 스스로 어리석은 행동을 하면서도 "어리석은 자의 교사요 어린 아이의 선생"(롬 2:20)이 되는 것처럼 자만심에 빠져있다고 선언하고 있다. 바울은 "율법에 있는 지식과 진리의 모본"(롬 2:20)이라는 표현에서 "모본"(μόρφωσιν)을 사용하는데 그 이유는 유대인들이 실제 지식은 없으면서 외형적인 형태만 강조하기 때문이다(참조, 딤후 3:5). 칼빈(Calvin)은 "모양(form)이란 단어는 패턴(본: pattern)을 뜻하는 것으로 사용되지 않았다. 왜냐하면 바울이 '표상'(τυπόν: type)을 사용하지 않고, '모본'(μόρφωσιν: embodiment)을 사용했기 때문이다. 그러나 내 생각으로 그가 의도한 것은 보통으로 '쇼'(show)라고 불리는 그들의 교육의 허풍떠는 외적인 모습을 가리키기 위한 것이다. 그들은 그들이 뽐내는 지식을 전혀 가지고 있지 않은 것이 확실하게 드러났다."[114]라고 말함으로 율법을 악한 마음으로 남용하는 유대인들을 간접적으로 조롱하고 있다고 해석한다. 바울은 유대인들이 실제적인 자격은 없으면서 "어리석은 자의 교사요 어린 아이의 선생"(롬 2:20)이 되는 것처럼 뽐내고 있다고 지적한다.

---

114 Calvin, *The Epistles of Paul the Apostle to the Romans and to the Thessalonians*, p. 52.

롬 2:21-25 바울은 로마서 2:21-25에서 바로 이전 구절(롬 2:17-20)에서 언급한 특권을 가진 유대인들이 그 특권을 잘못 사용했다고 조목조목 지적한다. 로마서 2:21의 "그러면"(οὖν)은 이전 구절들과의 연계가 분명함을 드러낸다. 바울은 유대인에게 "다른 사람을 가르치는 네가 네 자신은 가르치지 아니하느냐"(롬 2:21)라고 반문한다. 사람들이 하나님을 기쁘시게 하려면 스스로 하나님을 경배하고 다른 사람들이 하나님을 바로 경배하도록 인도해야 한다. 바울은 유대인들이 율법을 소유하고 있을 뿐만 아니라 율법을 들어서 안다고 하면서 율법을 실천하지 않음으로 사실상 먼저 교육을 받아야 할 사람은 유대인 자신이라고 지적하고 있다. 유대인들은 자만심과 위선에 빠져 공의의 하나님을 더 분노하시게 만들었다. 핫지(Hodge)는 "그러므로 이방인들을 큰 소리로 정죄한 그 죄악들을 범한 유대인들은 하나님 앞에서 이방인들보다 더 죄가 크다."[115]라고 설명한다. 바울은 "도둑질하지 말라 선포하는 네가 도둑질하느냐"(롬 2:21)라고 질책하고, "간음하지 말라 말하는 네가 간음하느냐"(롬 2:22)라고 구체적으로 유대인의 위선과 교만을 지적한다(시 50:18). 그리고 바울은 "우상을 가증히 여기는 네가 신전 물건을 도둑질하느냐"(롬 2:22)라고 유대인으로서는 받아들이기 힘든 책망을 한다. 유대인들은 성전 중심의 생활을 한다. 그런데 "신전 물건을 도둑질한다"는 것은 어느 유대인에게나 납득하기 어려운 범죄이다. 따라서 이 구절을 해석하는 해석자들의 견해가 나누인다. 핫지(Hodge)는 유대인들이 우상을 싫어한 것은 잘 알려진 사실이요, 그들이 신전의 물건을 도둑질한 것은 잘 알려지지 않았다고 주장한다. 그러므로 여기서 바울이 질책한 것은 신전의 물건을 직접 도둑질한 것이 아니요 우상숭

115 Hodge, *A Commentary on Romans*, p. 62.

배를 가리킨다고 생각하는 것이 타당하다고 말한다. 유대인들은 도둑질하지 말라고 가르치면서 스스로 도둑질을 했고, 간음하지 말라고 가르치면서 자기들은 그 죄를 범했으며, 그들은 우상을 미워하면서도 우상숭배를 감행했다고 주장한다. 우상숭배의 본질은 하나님을 모독하는 것이다. 이 일에 관해 유대인들은 가장 심각한 죄를 범한 자들이라고 주장한다. 따라서 핫지는 바울이 여기서 책망한 것은 신전 물건을 도둑질한 것을 가리키지 않고 우상숭배한 것을 책망한 것으로 해석한다.[116]

그러나 머레이(Murray)와 헨드릭센(Hendriksen)은 "네가 신전 물건을 도둑질하느냐"(롬 2:22)를 문자적으로 해석해야 한다고 하며 다음의 근거를 제시한다. 하나님께서 모세(Moses)를 통해 이스라엘 백성에게 "너는 그들이 조각한 신상들을 불사르고 그것에 입힌 은이나 금을 탐내지 말며 취하지 말라"(신 7:25)라고 명령하신 것은 그런 일들이 있을 것을 내다보시고 금하신 것이다. 그리고 에베소(Ephesus) 시의 서기장이 에베소 사람들이 바울과 일행들을 붙들고 소란을 피우자 무리를 진정시키면서 하는 말이 "신전의 물건을 도둑질하지도 아니하였고 우리 여신을 비방하지도 아니한 이 사람들을 너희가 붙잡아 왔으니"(행 19:37)라고 말한 사실은 그 당시 신전 물건을 도둑질한 범죄가 있었음을 암시하고 있다. 또한 요세푸스(Josephus)의 기록에 보면 "아무도 다른 도시들이 숭배하는 그런 신들을 모독하지 말라. 아무도 미지의 신전들에게 속한 것을 도둑질하지 못하게 하라. 어떤 신에게 봉헌된 선물들을 가져가지 말라."[117]라고 명령으로 금지하는 내용이 나온다. 이와 같은 기록은 그

116 Hodge, *A Commentary on Romans*, p. 62.

117 Flavius Josephus, *The Works of Flavius Josephus*, Vol. II (Grand Rapids: Baker, 1974), p. 266 (Books IV, Chap. viii, verse 10).; "Let no one blaspheme those gods which other cities esteem such; nor may any one steal what belongs to strange temples; nor take away the gifts that are dedicated to any god."

당시 신전 물건을 도둑질하는 범죄가 있었음을 방증하는 것이다. 또한 유대인들이 이 일에 대해 무죄한데 왜 바울이 "우상을 가증히 여기는 네가 신전 물건을 도둑질하느냐"(롬 2:22)라는 말을 했겠는가? 이는 유대인들이 실제로 신전 물건을 도둑질 했다고 생각하는 문자적 해석을 지지한다.[118] 필자도 본 구절을 문자적으로 해석하여 바울이 "신전 물건을 도둑질하는 것"을 책망하고 있다고 해석하는 것이 더 본문의 뜻에 가깝다고 생각한다. 왜냐하면 유대인들은 이방인들이 간음과 우상 숭배를 일상처럼 행하는 것을 매우 못마땅하게 생각하는데 간음의 경우는 "네가 간음하느냐"라고 직설적으로 언급한 반면, 우상 숭배의 경우는 "우상 숭배하지 말라" 대신 "네가 신전 물건을 도둑질하느냐"라는 다른 표현을 쓸 필요가 없었다고 생각하기 때문이다. 만약 바울이 우상 숭배를 생각했다면 "우상을 가증히 여기는 네가 우상 숭배를 하느냐"라고 표현했을 것이다.

바울은 "율법을 자랑하는 네가 율법을 범함으로 하나님을 욕되게 하느냐"(롬 2:23)라고 진술함으로 유대인들의 신에 대한 인식과 실천이 서로 합일되지 못하며 그들의 교리와 생활이 날카롭게 상반되는 사실을 확인한다. 유대인들은 하나님이 그들에게 율법을 주신 분으로 선포는 하면서도 그들의 삶은 하나님의 법칙대로 살지 않음으로 하나님의 존엄을 무시하는 죄를 범한다. 로마서 2:23은 지금까지 로마서 2:17-22에서 논의한 내용을 요약한 설명이라 할 수 있다. 바울은 이제 "하나님의 이름이 너희 때문에 이방인 중에서 모독을 받는도다"(롬 2:24)라고 강조함으로 유대인들의 악행 때문에 이방인들까지 하나님을 모독하게 되었다고 지적한다. 바울이 "기록된 바와 같이"라고 말한 것

118 William Hendriksen, *Exposition of Paul's Epistle to the Romans* (*NTC*), p. 105.; John Murray, *The Epistle to the Romans*, Vol. 1 (1968), p. 84.

은 이 말씀이 이사야 52:5에서 인용한 것이기 때문이다.[119] 유대인들의 악행은 이방인들에게 하나님의 이름을 모독하게 하는 계기를 제공한다. 이방인들은 유대인들의 삶을 지켜보면서 유대인들이 저렇게 악독을 행하면서 사는 것은 저들이 믿는 하나님도 같은 성격을 가지고 있음에 틀림없다고 생각한 것이다. 유대인들이 이방인들에게 하나님을 모독할 수 있는 빌미를 제공하는 것은 바울이 신약교회가 "그리스도의 몸"(고전 12:27)이라고 말한 사실과 궤를 같이한다. 인간의 몸은 인격체인 사람을 외적으로 대표하는 역할을 한다. 내 몸이 움직이면 내가 움직이고 내 몸이 일하면 내가 일하게 된다. 따라서 내 몸이 선한 일을 하면 내가 선한 일을 하는 것이요, 내 몸이 악한 일을 하면 내가 악한 일을 하는 것이다. 그러므로 그리스도의 몸인 교회가 선한 일을 하면 그리스도가 영광을 받고, 교회가 악행을 행하면 그리스도가 모독을 당하게 된다. 마찬가지로 하나님의 백성이라고 자처하는 유대인들이 악행을 행하므로 이방인들은 유대인의 하나님을 모독하게 되는 것이다.

유대인들은 자신들이 율법을 소유하고 할례(περιτομή)를 받았기 때문에 율법이 없고 할례를 받지 아니한 이방인들보다 더 안전하고 더 탁월한 위치에 있다고 자부하면서 살았다. 유대인들은 할례 자체만으로도 의로움을 획득하는데 충분하다고 생각했다. 바울은 이와 같은 잘못된 생각을 하는 유대인에게 "네가 율법을 행하면 할례가 유익하나 만일 율법을 범하면 네 할례는 무할례가 되느니라"(롬 2:25)라고 설명함으로 율법을 소유하거나 할례를 받는 것이 중요한 것이 아니요, 율법을 행하는 것이 중요하다고 가르친다. 할례를 받은 사람은 할례를 인정하는 바로 그 율법을 통해서 진정으로 하나님의 뜻이 무엇인지를 찾

119 사 52:5 (LXX)은 다음과 같다. "δι' ὑμᾶς διαπαντὸς τὸ ὄνομά μου βλασφημεῖται ἐν τοῖς ἔθνεσι." (On account of you my name is continually blasphemed among the Gentiles.)

아내어 실천해야 한다. 그러므로 할례는 하나님의 거룩한 율법에 대한 순종을 근거로 그 가치가 인정되는 것이다. 그래서 바울은 "네가 율법을 행하면 할례가 유익하나"(롬 2:25) 율법을 행하지 않으면 할례의 가치는 없다고 가르치는 것이다.

롬 2:26-29 바울은 로마서 2:26-29에서 유대인들이 가진 특권이 그들을 구원할 수 있는 것이 아니요 하나님의 방법만이 그들을 구원할 수 있다고 가르친다. 바울은 "그런즉 무할례자가 율법의 규례를 지키면 그 무할례를 할례와 같이 여길 것이 아니냐"(롬 2:26)라고 강조함으로 무할례자인 이방인이 율법을 지키면 그 사실이 바로 할례를 받은 것이나 다름없다고 말한다. 바울은 지금 유대인들이 그렇게 중요하게 여기는 유대인 됨의 자격을 결정하는 할례의식(창 34:14-17, 22)과 유대인들이 그렇게 멸시하는 이방인들의 무할례(수 5:7-9)를 동일선상에 두고 할례를 받고 할례를 받지 못하고가 중요하지 않고 율법의 규례를 지키는 것이 중요하다고 천명한다. 칼빈(Calvin)은 "바울의 의도는 만약 어떤 이방인이 율법을 지키는 것으로 발견된다면, 의 없는(without righteousness) 유대인의 할례보다 할례 없는(without circumcision) 이방인의 의가 더 가치 있게 될 것이라는 가설을 제안한 것이다."[120]라고 설명한다. 바울은 할례와 무할례의 방법이 아닌 다른 방법으로 하나님의 백성이 될 수 있을 것임을 암시하고 있다. 바울은 로마서 2:27에서도 바로 전 구절인 로마서 2:26에서 논의한 내용을 계속 이어나간다. 바울은 "본래 무할례자가 율법을 온전히 지키면 율법 조문과 할례를 가지고 율법을 범하는 너를 정죄하지 아니하겠느냐"(롬 2:27)라고 말함으로

120 Calvin, *The Epistles of Paul the Apostle to the Romans and to the Thessalonians*, p. 56.

유대인들을 향해 율법을 지키는 것이 중요함을 강조하고 있다. 로마서 2:27이 전절인 로마서 2:26에 이어 질문형이냐 서술형이냐에 대한 의문이 제기된다. 질문형으로 받으나 서술형으로 받으나 율법을 지키는 이방인인 무할례자가 율법을 지키지 않는 유대인을 정죄할 것이라는 결과는 같다. 하지만 로마서 2:27은 서술형으로 "너를 정죄하리라"로 번역하는 것이 더 타당하다.[121] 바울이 사용한 "율법을 온전히 지키면"(롬 2:27)이라는 표현은 "율법을 행하는 자라야"(롬 2:13), "율법을 행하면"(롬 2:25), "율법의 규례를 지키면"(롬 2:26)이라는 표현과 같은 뜻이다.

바울은 이제 진정한 유대인이 누구인지 그리고 진정한 할례가 어떤 것인지를 밝힌다. 바울은 "표면적 유대인이 유대인이 아니요 표면적 육신의 할례가 할례가 아니니라"(롬 2:28)라고 말함으로 유대인이 될 수 없는 기준과 할례가 될 수 없는 기준을 먼저 제시한다. 유대인들은 자신들이 율법을 소유했고 하나님과 언약을 맺었으므로 자신들이 진정한 유대인이라고 생각하고 항상 이방인들보다 우월한 위치에 있는 것처럼 자만했다. 그러나 바울은 아브라함(Abraham)의 후손으로 율법을 소유했다고 해서 모두 진정한 유대인이 될 수 없다고 말하고 있다. 바울은 육신의 포피를 베어내는 할례를 받았다고 해서 그 할례가 진정한 할례라고 말할 수 없다고 천명하는 것이다(참고, 창 17:9-14). "표면적 유대인"이라는 표현에서 "표면적"(φανερῷ: outwardly)이라는 용어는 유대인들의 구원문제와 관련하여 할례와 같은 유대인들의 신체적 표식과 유대인됨의 외형적인 요소나 공개적인 요소는 그렇게 중요하지 않다는

121 롬 2:26은 부정사(negative) οὐχ로 시작하여 "그의 무할례를 할례와 같이 여길 것이 아니냐"(Will not his circumcision be regarded as circumcision?)로 번역하는 것이 타당하나, 롬 2:27은 부정사가 없을 뿐만 아니라 문장의 구조가 καὶ κρινεῖ로 시작하기 때문에 질문형이라고 할 수 없다.

의미를 함축하고 있다(롬 2:28).[122] "표면적"(φανερῷ: outwardly)이라는 표현의 반대개념인 "이면적"(κρυπτῷ: inwardly)이라는 용어는 내적인 요소를 가리키는 것으로 그 표식이 마음과 성령에 있고 율법 조문에 있지 않은 것을 뜻한다(롬 2:29). 바울은 유대인들의 구원과 관련하여 언약으로 행해진 외형적인 할례의 표식과 마음의 변화와 성령의 역사를 대칭시킴으로 이면적 유대인이 진정한 유대인임을 강조하고 있다.[123] 본 절의 "영에 있고 율법 조문에 있지 아니한 것이라"(롬 2:29)[124]를 해석하는데 바울이 인간의 영과 율법 조문을 비교한 것으로 해석할 수도 있고, 성령과 율법 조문을 비교한 것으로 해석할 수도 있다. 물론 바울이 남자의 육체의 일부를 베어내는 외형적인 할례(창 17:10-14; 레 12:3)와 마음에서 악이 제거된 새롭게 된 마음(신 10:16; 30:6; 렘 4:4; 겔 44:7)을 비교한 것으로 이해할 수 있다. 하지만 마음에서 악을 제거하고 새롭게 변화된 마음을 만드는 일은 성령의 사역으로만 가능하다(롬 7:6; 고후 3:6, 18; 갈 5:16-26). 본 절의 "영에 있고"는 성령을 가리키는 것으로 이해하는 것이 더 합당하다.

바울은 고린도에서 로마서를 기록(대략 AD 58)하기 전 갈라디아서를 기록(AD 52)하고 고린도후서를 기록(AD 57)했다. 바울은 갈라디아서에서 성령과 율법을 생생하게 비교하고(갈 3:2-5) 고린도후서에서도 성령과 율법을 날카롭게 비교하면서(고후 3:3-8) 성령의 사역을 강조한다.[125] 바울은 로마서 2:28-29의 말씀을 기록하면서 자신의 삶을 반추했을

122 Paul-Gerd Müller, "φανερός," *Exegetical Dictionary of the New Testament,* Vol. 3 (Grand Rapids: Eerdmans, 1993), pp. 412-413.

123 Hans-Joachim Ritz, "κρυπτός," *Exegetical Dictionary of the New Testament,* Vol. 2 (Grand Rapids: Eerdmans, 1991), p. 324.

124 헬라어 본문은 "ἐν πνεύματι οὐ γράμματι"이다.

125 참조, 박형용, 『바울신학』 (수원: 합신대학원출판부, 2016), pp. 145-148.

것이다. 바울은 “나는 팔일 만에 할례를 받고 이스라엘 족속이요 베냐민 지파요 히브리인 중의 히브리인이요 율법으로는 바리새인이요 열심으로는 교회를 박해하고 율법의 의로는 흠이 없는 자라”(빌 3:5–6)라고 소개함으로 자신이 정통 유대인임을 강조한다. 바울은 회심 이전에 자신도 유대인이라는 외형적인 특권에 매료되어 살았지만 율법을 진정으로 실행하면서 살지 못했음을 알고 있었다. 그래서 바울은 그리스도를 얻기 위해서는 이 모든 것을 배설물로 생각한다고 고백한다(빌 3:8). 사람이 의롭다 함을 인정받으려면 율법의 모든 내용을 완벽하게 실행해야 한다. 그러나 율법을 100% 완벽하게 지킬 수 있는 사람은 아무도 없다. 따라서 우리의 안전과 구원을 위해서는 우리의 눈을 다른 곳으로 돌려야 한다. 바로 그 다른 곳이 율법이 예언하고 제시하는 예수 그리스도이시며 성령의 사역이시다. 그래서 바울은 “표면적 육신의 할례가 할례가 아니니라”(롬 2:28)라고 말하고, “할례는 마음에 할지니 영에 있고 율법 조문에 있지 아니한 것이라”(롬 2:29)라고 가르친다. 바울은 “그 칭찬이 사람에게서가 아니요 다만 하나님에게서니라”(롬 2:29)라는 말로 로마서 2장을 마무리한다. 이 말씀은 유대인들이 자랑하는 할례는 사람의 칭찬을 받을 수 있지만 그것은 오히려 사람을 위험에 빠뜨리는 역할을 하고, 중요한 것은 은밀한 것까지도 밝히 보시는 하나님의 인정과 칭찬이라고 설명한다. 인간의 칭찬은 허풍과 속임수가 포함될 수 있지만 하나님의 칭찬은 거짓이 자리를 잡을 수 없는 진정한 것이다.

로마서 3장
주해

3장 요약

로마서 3장은 유대인들이 하나님의 말씀을 맡았기 때문에 이방인보다 낫다고 생각할 수 있지만 결코 그렇지 않다고 설명한다. 유대인들도 하나님의 율법을 지키지 못했기 때문에 모두 죄인들이다. 그래서 바울은 "의인은 없나니 하나도 없기"(롬 3:10) 때문에 모든 사람이 율법 아래서 죄인이라고 말한다. 바울은 인간이 죄 가운데 빠져 절망적인 상태에 빠지게 되었다고 선언한다. 인간의 능력으로는 구원받을 가능성이 전혀 없다. 하지만 바울은 하나님의 방법에서 소망을 찾는다. 바울은 "이제는 율법 외에 하나님의 한 의가 나타났으니"(롬 3:21)라고 증언함으로 죄인들에게 소망이 있음을 확인한다. "이제는"이란 시간성은 갈라디아서의 "때가 차매"(갈 4:4)와 같은 시간이다. 하나님은 인간의 죄 문제를 해결하기 위해 정한 때에 예수 그리스도를 보내신 것이다. 인간의 소망은 "예수 그리스도를 믿음으로 말미암아 모든 믿는 자에게 미치는 하나님의 의니 차별이 없느니라"(롬 3:22)의 말씀에서 찾을 수 있다. 바울은 "하나님의 의"가 바로 화목제물이 되신 예수 그리스도라고 설명한다(롬 3:25). 그러므로 사람이 의롭게 될 수 있는 길은 율법을 지킴으로가 아니요 예수를 믿음으로 라고 가르친다(롬 3:28). 바울은 율법을 지킨다는 것 자체도 행위의 범주에 속함을 확실히 하고 하나님의 방법인 "믿음"으로만 구원받을 수 있다고 가르친다(롬 3:27-28). 바울은 이제 유대인이나 이방인이나 같은 믿음의 방법으로 죄 문제를 해결할 수 있게 되었다고 설명한다(롬 3:30-31).

1. 유대인과 하나님의 의로운 판단(롬 3:1-8)

[1] 그런즉 유대인의 나음이 무엇이며 할례의 유익이 무엇이냐 [2] 범사에 많으니
우선은 그들이 하나님의 말씀을 맡았음이니라 [3] 어떤 자들이 믿지 아니하였으
면 어찌하리요 그 믿지 아니함이 하나님의 미쁘심을 폐하겠느냐 [4] 그럴 수 없
느니라 사람은 다 거짓되되 오직 하나님은 참되시다 할지어다 기록된 바 주께
서 주의 말씀에 의롭다 함을 얻으시고 판단 받으실 때에 이기려 하심이라 함
과 같으니라 [5] 그러나 우리 불의가 하나님의 의를 드러나게 하면 무슨 말 하리
요 [내가 사람의 말하는 대로 말하노니] 진노를 내리시는 하나님이 불의하시냐
[6] 결코 그렇지 아니하니라 만일 그러하면 하나님께서 어찌 세상을 심판하시리
요 [7] 그러나 나의 거짓말로 하나님의 참되심이 더 풍성하여 그의 영광이 되었
다면 어찌 내가 죄인처럼 심판을 받으리요 [8] 또는 그러면 선을 이루기 위하여
악을 행하자 하지 않겠느냐 어떤 이들이 이렇게 비방하여 우리가 이런 말을 한
다고 하니 그들은 정죄 받는 것이 마땅하니라(롬 3:1-8, 개역개정)

롬 3:1-4 따라서 바울은 유대인으로 태어난 유익과 유대인들이 할례를 받은 유익에 대해 설명한다. 그래서 바울은 질문형식으로 "그런즉 유대인의 나음이 무엇이며 할례의 유익이 무엇이냐"(롬 3:1)라고 말한다. 바울은 유대인의 나음에 대한 일반적인 질문을 한 다음 유대인들에게 중요한 할례의식을 등장시켜 구체적으로 유대인들의 유리함에 대해 질문을 던진다. 할례는 유대인들을 다른 사람들로부터 구별하는 의식이다. 하지만 바울은 유대인들이 할례의식으로 하나님의 백성이라는 인정을 받았지만 그리스도 안에서는 그 할례의식이 그들을 이방인과 비교하여 탁월하게 만드는 것은 아니라고 강조한다(롬 2:25-29). 특이한 것은 바울이 "범사에 많으니"라고 유대인 됨의 유익이 많

다고 말한 다음 오로지 한 가지만 언급한다. 그것은 "우선은 그들이 하나님의 말씀을 맡았음이니라"(롬 3:2)라는 말씀처럼 유대인들의 유익은 하나님의 계명 즉 구약의 계시를 맡았다는 사실이다(행 7:38; 히 5:12). 하나님의 은혜로 유대인들은 하나님의 계시의 말씀을 보존하고 지켜야할 책임을 맡은 것이다. 여기서 우리는 바울이 "할례의 유익"(롬 3:1)을 언급한 후 곧 바로 유대인들이 "하나님의 말씀을 맡은 사실"(롬 3:2)과 연계시킨 사실을 주목해야 한다. 그 이유는 바로 할례의식 자체가 큰 유익을 가져다주는 것이 아니요, 그 가치가 하나님의 말씀으로부터 기인하기 때문이다.[126] 하나님의 말씀 없는 할례는 성도들에게 전혀 유익하지 않다. 칼빈(Calvin)은 "말씀을 떠나서는 할례의 탁월성이 남아있지 않는다. 하나님의 말씀(oracles)은 하나님께서 먼저 아브라함과 그의 후손에게 계시해 주시고, 그리고 그 후에 율법과 선지자들을 통해 인을 쳐주시고 해석해 주신 언약(covenant)을 뜻한다."[127]라고 설명함으로 할례의 가치는 하나님의 말씀에 근거하고 있음을 확실히 한다. 바울이 언급한 유대인들이 맡은 하나님의 말씀은 구약을 가리킴이 확실하다.

바울은 "어떤 자들이 믿지 아니하였으면 어찌하리요"(롬 3:3)라는 절제된 표현으로 유대인을 자극하지 않는다. 사실상 하나님이 유대인들에게 맡기신 말씀을 대부분의 유대인들이 믿지 아니했다. 그들은 구약에서 줄기차게 계시된 메시아(Messiah)에 대해 믿으려 하지 않았다(창 3:15; 사 53:2-9; 시 22:16-18; 단 7:13-14; 미 5:2). 바울 자신도 부활하신 예수님을 다메섹 도상에서 만나기 전에는 메시아로 인정하지 않고 오히려 박해를 했던 사람이다(행 8:1; 9:1-2). 이와 같은 역사적 사실을 잘 알

126 Calvin, *The Epistles of Paul the Apostle to the Romans and to the Thessalonians,* p. 58.

127 Calvin, *The Epistles of Paul the Apostle to the Romans and to the Thessalonians,* p. 59.

고 있는 바울이 하나님의 말씀을 믿지 않는 유대인들을 가리켜 "어떤 자들"(τινες)이라고 표현한 것(롬 3:3)은 유대인들을 자극하지 않으려는 절제된 표현으로 이해된다. 그리고 "어떤 자들"이란 표현 속에는 다른 유대인들이 있는데 그들은 하나님의 약속을 믿고 언약의 특권을 누리는 사람들도 있다는 의미가 포함되어 있다. 바울은 "그 믿지 아니함이 하나님의 미쁘심을 폐하겠느냐"(롬 3:3)라고 강조함으로 하나님의 말씀을 책임 맡은 유대인들이 하나님의 말씀을 믿지 아니하였다고 해서 하나님의 말씀의 신실성이 파괴되지 않는다고 분명히 밝힌다. 유대인들이 하나님의 말씀을 믿지 않고 순종하지 않은 것은 그들의 잘못이고 죄악이지 그와 같은 불신의 행동이 하나님의 말씀의 진정성과 신실성을 파괴할 수는 없기 때문이다.

그래서 바울은 "그럴 수 없느니라"(롬 3:4)라고 하나님의 말씀의 진실성이 파괴될 수 없음을 분명히 한다. 바울은 이 주장을 확인하기 위해 "모든 사람은 거짓말쟁이이다"(πᾶς δὲ ἄνθρωπος ψεύστης)라는 표현과 "하나님은 진실하시다"(ὁ θεὸς ἀληθής)의 표현을 대칭시켜 설명한다.[128] 바울은 이 대칭을 통해 사람의 거짓말이 하나님의 진실성을 훼손하거나 파기할 수 없음을 분명히 한다. 칼빈(Calvin)은 "만약 하나님은 참되시고 그리고 사람은 거짓말쟁이라는 두 명제가 함께 배치되어 있고 그리고 진정으로 타당한 배치라면, 하나님의 진리는 인간의 거짓에 의해 무효화되지 않는다는 것이다."[129]라고 설명한다. 바울은 모든 인간이 죄인이기 때문에 모두 다 거짓되고 오로지 하나님만 참되시다고 선언한다(롬 3:4). 하나님의 말씀은 그 자체적으로 진실한 말씀이지 사람

128 롬 3:4: "γινέσθω δὲ ὁ θεὸς ἀληθής, πᾶς δὲ ἄνθρωπος ψεύστης." 본 구절을 "모든 사람은 거짓말쟁이이되 오직 하나님은 참되시다"로 번역하는 것이 원문에 더 가깝다.

129 Calvin, *The Epistles of Paul the Apostle to the Romans and to the Thessalonians*, p. 60.

의 어떤 조건에 의해 변경되는 말씀이 아니다. 그래서 바울은 시편의 말씀을 인용하여 이를 확증한다. 바울은 시편의 "주께서 말씀하실 때에 의로우시다 하고 주께서 심판하실 때에 순전하시다 하리이다"(시 51:4)[130]라는 말씀을 칠십인경(LXX)에서 거의 자구 수정 없이 인용한다. 바울은 유대인들이 어제나 오늘이나 영원토록 신실한 하나님의 말씀을 맡았음에도 불구하고 그들은 그 말씀대로 살지 못한 죄인들이라고 분명히 밝힌다. 그리고 그들이 죄를 지었다고 해서 그들이 맡은 하나님의 말씀이 변하거나 신실성이 무효화되는 것은 아니라고 천명한다.

롬 3:5–8 바울은 "우리 불의가 하나님의 의를 드러나게 하면 무슨 말 하리요 [내가 사람의 말하는 대로 말하노니] 진노를 내리시는 하나님이 불의하시냐"(롬 3:5)라고 죄의 존재가 하나님의 율법을 더 선명하게 드러나게 한다는 의미의 질문을 제기한다.[131] 바울은 "우리의 불의"(ἡ ἀδικία ἡμῶν) 때문에 "하나님의 의"(θεοῦ δικαιοσύνην)가 더 드러나도 우리 편에 대한 책임과 결과는 변하지 않음으로 "결코 그렇지 아니하니라"(롬 3:6)라는 말로 답을 한다. 유대인들은 거짓과 진리를 비교하여 거짓의 정도가 깊어지면 진리가 더 돋보이게 된다는 논리를 사용한다. 대낮은 별을 감추지만 어두움은 별을 더 밝게 보이게 한다는 원리

---

130 시 51:4 (LXX 50:4): "ὅπως ἂν δικαιωθῇς ἐν τοῖς λόγοις σου, καὶ νικήσῃς ἐν τῷ κρίνεσθαί σε." 바울의 인용은 오로지 νικήσῃς를 νικήσεις (νικάω의 2s, fut, act, ind)로 바꾼 차이만 있다. Cf. Ernest De Witt Burton, *Syntax of the Moods and Tenses in New Testament Greek* (Edinburgh: T. and T. Clark, 1966), p. 86(section 198-199).

131 롬 3:5이 유대인들의 질문에 대한 답의 형식으로 말한 것이냐 아니면 바울이 그가 제시한 교리에 대한 추론(inference)으로 질문한 것이냐에 대한 견해가 나누인다. Murray(*The Epistle to the Romans,* Vol. 1 (*NICNT*), p. 96)는 추론으로 정리하며, Hodge (*A Commentary on Romans*, p. 72: "That this verse is an answer to an objection is obvious.")는 유대인들의 반대 질문에 대한 답으로 정리한다. 그러나 추론으로 생각하든 유대인들의 질문에 대한 답으로 생각하든 결과적으로 큰 차이가 없기 때문에 크게 문제될 것 없다.

와 같다. 바울은 불의한 자들이 하나님의 의를 드러나게 하는데 기여를 했는데 하나님이 불의한 자들을 심판하시는 것은 오히려 하나님을 불의하게 만드는 것이 아니냐는 질문에 답을 하는 것이다. 바울은 하나님이 우리의 불의를 심판하시는 것은 너무도 당연한 것임을 분명히 한다. "우리의 불의"가 "하나님의 의"를 더 분명하게 드러나게 했을지라도, 우리의 불의가 선으로 바꾸어진 것은 아니다. 어두움이 별을 더 밝게 보이게 했을지라도 어두움 자체가 빛으로 변한 것은 아니다. 그러므로 우리의 불의, 우리의 죄악은 하나님의 공정한 심판을 받아야만 한다. 바울이 본 절에서 사용한 "내가 사람의 말하는 대로 말하노니"(κατὰ ἄνθρωπον λέγω)의 뜻은 "내가 사람의 말하는 관습대로 말하노니"와 같은 말이다(롬 3:5). 핫지(Hodge)는 바울이 이 구절에서 그의 감정을 나타내지 않고, '내가 사람의 말하는 대로 말하노니'라고 말함으로 바울 자신이 한 사도의 신분으로나 그리스도인의 신분으로 말하는 것이 아니요, 다른 사람들이 자신의 생각들을 표현하며 말하는 것처럼 말하는 것으로 바울 자신의 생각을 말하는 것은 아니다.[132]라고 정리한다. 바울은 사람이 하는 관례대로 말할지라도 하나님의 진노는 불의할 수 없음을 확실히 한다. 그래서 바울은 "결코 그렇지 아니하니라 만일 그러하면 하나님께서 어찌 세상을 심판 하시리요"(롬 3:6)라고 반문하고 있다. 하나님은 세상을 심판하실 분이요 세상을 심판할 자격이 있는 분이시다. 온 세상을 심판하실 심판자가 의롭게 심판하실 것은 너무도 당연한 것이다(창 18:25; 욥 34:17). 렌스키(Lenski)는 "하나님이 세상을 심판하실 것인데 그가 의 자체이시기 때문에 세상을 심판하실 것은 절대적인 격언과 같은 자명한 이치이다."[133]라고 설명한다.

---

132 Hodge, *A Commentary on Romans*, pp. 72-73.

바울은 로마서 3:5에서 "우리의 불의가 하나님의 의를 드러나게 하면 무슨 말 하리요"라고 "우리"를 사용한 반면, 로마서 3:7에서는 "나의 거짓말로 하나님의 참되심이 더 풍성하여 그의 영광이 되었다면"(롬 3:7)이라고 "우리"를 "나의"로 대치시킨다. 바울이 "나의"를 사용한 것은 자신의 과거의 삶 속에 있었던 거짓말이나 불신을 가리키는 것이 아니요 수사학적 방법을 따른 것이다.[134] 바울은 어떤 사람이 나의 거짓말이 하나님의 영광을 드러내는 일을 했는데 어찌 내가 죄인처럼 심판을 받으리요(롬 3:7)라고 말한다면 그것은 대단히 잘못된 생각이라고 논박한다. 바울은 만약 그런 논리라면 "선을 이루기 위하여 악을 행하자 하지 않겠느냐"(롬 3:8)라고 답변한다. "나의 거짓말"이 선을 이루니 계속 더 많이 거짓말을 하자라는 논리는 결코 받아들일 수 없는 궤변이다. 칼빈(Calvin)은 "하나님의 의가 더 분명히 드러나는 것은 불의의 본질로부터 온 것이 아니다. 오히려 하나님의 선하심은 우리들의 사악함을 정복하셔서 우리의 사악함에 다른 방향을 제시하시는 것이다."[135]라고 정리한다. 바울은 어떤 사람들이 "우리의 불의가 하나님의 의를 드러내고," "나의 거짓말이 하나님을 더 참되게 만든다"라고 우리가 말하는 것처럼 희한한 궤변을 사용하여 우리를 비방하지만 이는 진실도 아니요, 논리에도 부합하지 않으며, 하나님의 율법의 특성과 전혀 일치하지 않는 것이라고 말한다. 그리고 바울은 그들이 불의를 행했고, 거짓말을 했으면 죄 값으로 "그들은 정죄 받는 것이 마땅하다"(롬 3:8)라고 결론을 내린다.

---

133 Lenski, *The Interpretation of Paul's Epistle to the Romans* (1961), p. 221.

134 Murray, *The Epistle to the Romans,* Vol. 1 (1968), p. 97.

135 Calvin, *The Epistles of Paul the Apostle to the Romans and to the Thessalonians,* p. 63.

2. 의인은 없나니 하나도 없다(롬 3:9–18)

9 그러면 어떠하냐 우리는 나으냐 결코 아니라 유대인이나 헬라인이나 다 죄
아래에 있다고 우리가 이미 선언하였느니라 10 기록된 바 의인은 없나니 하나
도 없으며 11 깨닫는 자도 없고 하나님을 찾는 자도 없고 12 다 치우쳐 함께 무
익하게 되고 선을 행하는 자는 없나니 하나도 없도다 13 그들의 목구멍은 열린
무덤이요 그 혀로는 속임을 일삼으며 그 입술에는 독사의 독이 있고 14 그 입에
는 저주와 악독이 가득하고 15 그 발은 피 흘리는데 빠른지라 16 파멸과 고생이
그 길에 있어 17 평강의 길을 알지 못하였고 18 그들의 눈 앞에 하나님을 두려워
함이 없느니라 함과 같으니라(롬 3:9–18, 개역개정)

롬 3:9–18 바울은 유대인도 죄인이요 이방인도 죄인이라고 분명히 밝힌다. 유대인들이 비록 이방인들에 비해 하나님의 말씀을 맡은 자들로서 유리한 형편에 있지만 그럼에도 불구하고 그들은 하나님 앞에서 이방인들보다 나을 것이 없으며 그들 모두 "죄 아래에 있는"(롬 3:9) 상태이다. 이방인들도 비록 그들이 율법에 언급된 선을 행할지라도 그것은 부분적이요 외형적일뿐 온전하고 영구한 하나님의 의는 오직 그리스도 안에서 믿음으로만 얻을 수 있기 때문에 이방인들도 "죄 아래에 있는"(롬 3:9) 상태이다. 유대인이나 이방인이나 모두 하나님 앞에서 죄인이다. 바울은 "우리는 나으냐"(롬 3:9)라고 "우리"를 사용함으로 자신을 유대인들과 동일시하면서 "결코 아니라"라고 단언한다. 유대인들이 믿는 성경은 그들이 모두 죄인임을 분명히 한다.

신약 성경 저자 중에서 "죄"(ἁμαρτία)라는 용어를 가장 많이 사용한 저자는 바울 사도로 그의 서신 전체에서 66회 사용하였고, 두 번째로 자주 사용한 저자는 히브리서 저자인데 그의 서신에서 25회 사용하였다. 바울은 로마서에서만 "죄"라는 용어를 무려 48회 사용하고 있다.[136] 이 사실은 바울이 얼마만큼 인간의 죄 문제에 대해 민감한 의식을 가지고 있었고 또한 이 죄 문제를 해결해 주신 하나님의 사랑과 예수 그리스도의 구속 성취에 대해 얼마나 감격해 하고 있는지를 증거하고 있다. 그래서 바울은 세상에 존재하는 모든 사람이 죄인임을 확인하고(롬 3:9–10) 예수 그리스도를 통해 하나님의 한 의가 나타나서 인간의 죄 문제를 해결했기 때문에(롬 3:21; 4:25; 5:17–18; 7:25; 8:1) 감격해 하고 있는 것이다. 귄터(Günther)는 "예수님은 사망을 견디셨고(롬 5:8; 6:3이하; 고전 15:3), 그리고 죄를 짊어지심으로 죄 문제를 해결하셨다(롬 8:1이하). 예수님은 하나님의 의를 이루시기 위해 스스로 죄가 되셨다(고후 5:21). 그러나 이 모든 것을 통해 바울은 죄에 대한 조직적인 교훈을 우리에게 제공하지 않는다; 그는 율법과 죄와 사망의 권능을 의와 생명으로 대치시키시는 그리스도의 승리를 묘사하고 있다."....."그리스도의 화목하게 하시는 죽음은 우리를 위해 단번에 이루어졌다(롬 3:25이하; 5:8). 평강은 믿는 자에게 수여되었다(롬 5:1이하). 세례는 믿는 자를 그리스도 사건에 연결시키는 것을 상징한다. 성도는 그리스도와 함께 죽고 함께 부활함으로 사망의 지배에서 떨어져 나와 그리스도의 새로운 생명에 참여하게 되었다(롬 6:1–11)"[137]라고 설명한다. 바울은 유대인이나 이방인이나 인간이면 누구든지 죄인이기 때문에(롬 3:9) 하나님께서 그리스도의 사건을 통해 죄 문제를 해결하시고 의의 길을 마련해

---

136 J. B. Smith, *Greek-English Concordance to the New Testament* (Scottdale: Herald Press, 1974), p. 16(section 266)

137 W. Günther, "Sin/ἁμαρτία," *The New International Dictionary of New Testament Theology*, Vol. 3 (Grand Rapids: Zondervan, 1979), p. 581.

주셨음을 분명히 한다.

바울은 구약성경 시편(시 14:3; 53:1-3)을 인용하여 "의인은 없나니 하나도 없으며"(롬 3:10)라고 말한다. 루터(Luther)는 "인간의 부패가 너무 깊기 때문에 성도들까지도 그것을 완전하게 이해하지 못한다. 이런 이유 때문에 진정으로 의롭게 된 성도들도 자신들의 의지도 악할 뿐만 아니라 자신들의 타락이 말로 표현할 수 없을 정도로 깊다는 것을 충분히 이해할 수 없기 때문에 하나님께 열정적으로 그리고 간절한 마음으로 하나님의 은혜를 위해 기도한다."[138]라고 말함으로 인간이 스스로 의롭게 될 수 없을 정도로 철저하게 타락했음을 분명히 한다. 사람은 본성적으로 자기에게 유익한 것만 추구하고 자신을 가장 중심에 두고 자기를 가장 사랑한다. 사람은 자기가 좋아하는 것만 추구하고 칭찬 받기를 원한다. 사람이 칭찬 받기를 원하는 것도 자기중심적인 사고에서 나온 것이다. 어쩌면 죄의 모든 본질이 자기중심적인 사고에서 나온 것이라 할 수 있을 것이다. 아담(Adam)과 하와(Eve)도 하나님 중심적으로 생각하지 않고 자기중심적으로 생각한 결과로 인류를 멸망의 급행열차에 태우고 만 것이다(창 3:1-7; 12-13).

머레이(Murray)는 바울이 인간이면 누구든지 죄인이라고 선언하고 "유대인이나 헬라인이나 다 죄 아래에 있다"(롬 3:9)라고 언급한 것을 확인하고 구약성경을 인용하여 "의인은 없나니 하나도 없으며"(롬 3:10)라고 말한 것을 강조하고 있다. 머레이는 모든 인간이 죄인이라는 사실을 가장 직접적으로 명시하는 구절이 바로 이 구절이라고 말하고 "의는 죄를 판단하는 기준이며 의가 없는 것은 죄가 있다는 것을 뜻한다."[139]라고 설명한다. 바울 사도는 모든 인간이 죄인임을 분명

138 Martin Luther, *Commentary on the Epistle to the Romans* (1962), pp. 53-54.

히 밝히고 이 사실을 증명하기 위해 구약의 시편을 인용한다(시 14:1–3; 5:9; 140:3; 10:7; 36:1). 칼빈(Calvin)은 바울이 성경을 의지하여 모든 사람이 죄인임을 밝히는 것은 다른 어떤 방법보다도 가장 강력한 증거라고 설명한다. 칼빈은 계속해서 바울이 교리를 사용하지 않고 성경을 의지하여 자신의 주장을 확증하는 것을 보면서 바울과 다른 사람들을 통해 전수받은 복음을 전파해야할 책임을 맡은 사람들도 같은 방법을 사용하는 것이 마땅하다고 강조한다.[140] 성경 말씀의 증거가 다른 어느 증거보다도 더 강력한 증거가 된다. 바울은 "의인은 없나니 하나도 없으며"(롬 3:10)라는 구절로 시작하여 시편 14:1–3의 내용을 인용한다. 시편의 말씀도 의인은 하나도 없음을 확인한다. 류폴드(Leupold)는 시편 14편을 해석하면서 "전능하신 인류의 심판자는 모든 사람이 같은 죄의 바이러스(virus)에 전념된 것을 발견한다."[141]라고 모든 사람이 죄인임을 인정한다. 그런데 "의인은 없나니 하나도 없다"라는 표현은 시편 14편에 나오지 않는다. 이런 이유를 근거로 데니(Denney)는 이 구절을 바울이 시편 14:1–3에서 인용한 것이 아니요 바울 자신의 논제(Paul's thesis)라고 주장하기도 한다.[142] 물론 데니의 주장에 전혀 근거가 없는 것은 아니나 로마서의 문맥을 살펴보면 바울은 로마서 3:10을 시작하면서 "기록된 바"(γέγραπται)를 사용한다. 이는 그가 앞으로 기록하고자 하는 내용이 구약의 내용임을 밝히고 있는 것이다. 물론 "의인은 없나니 하나도 없다"라는 직접적인 말씀은 시편 14편에 나타나지 아

139 Murray, *The Epistle to the Romans*, Vo. 1 (*NICNT*), p. 103.

140 Calvin, *The Epistles of Paul the Apostle to the Romans and to the Thessalonians*, p. 66.

141 H. C. Leupold, *Exposition of the Psalms* (Welwyn: Evangelical Press, 1977), p. 139.:

142 James Denney, "St. Paul's Epistle to the Romans," *The Expositor's Greek Testament*, Vol. II (1980), p. 606.

니한다. 하지만 우리는 신약 저자들이 구약을 인용할 때 변경없이 구약의 내용을 있는 그대로 인용하기도 하지만, 많은 경우에 구약의 내용을 해석적으로 인용하여 구약의 내용에 첨가하기도 하고 구약의 내용에서 빼기도 하는 실례를 신약에서 흔히 찾을 수 있다(행 2:17-21). 이는 구속 계시가 점진적으로 드러나는 구속역사의 특성을 고려할 때 당연한 방법이기도 하다. 그러므로 본 구절인 로마서 3:10의 경우도 바울이 구약의 본문을 해석적으로 인용했다고 보는 것이 더 타당하다.

바울은 시편 14:1-3의 내용을 해석적으로 인용하면서 하나님을 찾는 자도 없고, 모두 무익하게 되고, 선을 행하는 자가 하나도 없다고 말함으로 진정으로 의인이 하나도 없다고 천명한다(롬 3:10-12).[143] 바울은 여기서 어떤 특정한 민족을 생각한 것이 아니요 인류 전체를 생각하면서 의인이 하나도 없다고 말하고 있다. 바울은 이미 "유대인이나 헬라인이나 다 죄 아래에 있다"(롬 3:9)라고 말함으로 이 세상의 모든 사람을 포함시켜 모두 죄인임을 강조한 바 있다.

바울은 이제 좀 더 구체적으로 인간이 어떻게 죄를 짓는지를 밝힌다. 바울은 "목구멍"(음성)으로 짓는 죄, "혀"로 짓는 죄, "입술"로 짓는 죄, "입"으로 짓는 죄를 설명한다. 여기서 우리가 주목해야할 것은 "목구멍," "혀," "입술," 그리고 "입"이 모두 말로써 죄를 짓는 우리 몸의 기관이라는 사실이다(롬 3:13-14). 바울은 시편을 인용하여 "그들의 목구멍은 열린 무덤"(시 5:9; 롬 3:13)이라고 말한다. "열린 무덤"은 사람을 매몰시켜 멸망하게 하는 역할을 하는데 목구멍을 통해 나오는 잘못된 언어 역시 사람을 멸망시키는 역할을 한다는 뜻이다. 바울이 사용한

143 참고로 여기서 시편 14:2-3을 인용한다. "여호와께서 하늘에서 인생을 굽어살피사 지각이 있어 하나님을 찾는 자가 있는가 보려 하신즉 다 치우쳐 함께 더러운 자가 되고 선을 행하는 자가 없으니 하나도 없도다."(개역개정)

혀(tongues)는 속임수를 일삼으며, 입술에는 독사의 독이 있고, 입에는 저주와 악독이 가득하다(롬 3:13–14)라는 표현은 모두 사람을 멸망의 구렁텅이로 빠지게 하는 말의 잘못된 기능을 강조하는 것이다. 말은 사람을 살리기도 하고 죽이기도 한다. 여기서 바울은 말을 통해 짓는 죄가 얼마나 흔하고 중한지를 강조한 것이다. 야고보서(James)는 "혀는 곧 불이요 불의의 세계라 혀는 우리 지체 중에서 온 몸을 더럽히고 삶의 수레바퀴를 불사르나니 그 사르는 것이 지옥 불에서 나느니라"(약 3:6)라고 가르치고, "우리가 다 실수가 많으니 만일 말에 실수가 없는 자라면 곧 온전한 사람이라"(약 3:2)라고 함으로 말로써 짓는 죄가 대단히 심각하다는 것을 지적한다.

바울은 계속해서 모든 사람이 죄 아래 있다는 사실을 인간의 발(feet)의 기능을 통해 설명한다(사 59:7–8; 롬 3:15). 바울은 발과 연계된 악행을 설명하기 위해 이사야 59장의 말씀을 인용한다. "그 발은 행악하기에 빠르고 무죄한 피를 흘리기에 신속하며 그 생각은 악한 생각이라 황폐와 파멸이 그 길에 있으며 그들은 평강의 길을 알지 못하며 그들이 행하는 곳에는 정의가 없으며 굽은 길을 스스로 만드나니 무릇 이 길을 밟는 자는 평강을 알지 못하느니라"(사 59: 7–8). 바울은 로마서에서 발이 저지르는 악행을 "피 흘리는데 빠르고"(롬 3:15), 발이 가는 곳에 "파멸과 고생"이 있고(롬 3:16), 발은 "평강의 길을 알지 못하였다"(롬 3:17)라고 요약 정리한다. 이처럼 바울은 의인은 없나니 하나도 없는데 모든 악한 죄인들이 "하나님을 찾지도 않고"(롬 3:11), "선을 행하지도 않고"(롬 3:12), 말로는 온갖 저주와 악독이 가득한 죄를 짓고(롬 3:13–14), 발로는 피 흘리는 악행을 저지르고(롬 3:15–17) 있다고 한탄한다. 그리고 바울은 지금까지 악인들이 행하는 행태를 요약하는 말로 "그들의 눈 앞에 하나님을 두려워함이 없느니라"(롬 3:18)라고 정리한다. 하나님을 두려워하지 않으면 악인은 그의 소견대로 어떤 죄이건 편안한 마음으로 짓게 된다. 따라서 성도들은 항상 "하나님 앞에서"(Coram Deo) 산다는 마음으로 삶을 이어나가야 한다.

3. 오직 믿음의 법(롬 3:19-26)

> 19 우리가 알거니와 무릇 율법이 말하는 바는 율법 아래에 있는 자들에게 말하
> 는 것이니 이는 모든 입을 막고 온 세상으로 하나님의 심판 아래에 있게 하려
> 함이라 20 그러므로 율법의 행위로 그의 앞에 의롭다 하심을 얻을 육체가 없나
> 니 율법으로는 죄를 깨달음이니라 21 이제는 율법 외에 하나님의 한 의가 나타
> 났으니 율법과 선지자들에게 증거를 받은 것이라 22 곧 예수 그리스도를 믿음
> 으로 말미암아 모든 믿는 자에게 미치는 하나님의 의니 차별이 없느니라 23 모
> 든 사람이 죄를 범하였으매 하나님의 영광에 이르지 못하더니 24 그리스도 예
> 수 안에 있는 속량으로 말미암아 하나님의 은혜로 값없이 의롭다 하심을 얻은
> 자 되었느니라 25 이 예수를 하나님이 그의 피로써 믿음으로 말미암아 화목제
> 물로 세우셨으니 이는 하나님께서 길이 참으시는 중에 전에 지은 죄를 간과하
> 심으로 자기의 의로우심을 나타내려 하심이니 26 곧 이 때에 자기의 의로우심
> 을 나타내사 자기도 의로우시며 또한 예수를 믿는 자를 의롭다 하려 하심이라
> (롬 3:19-26, 개역개정)

롬 3:19-20 바울은 "그의 아들의 복음"(롬 1:9)이 왜 필요하고, "하나님의 의"(롬 1:17)가 왜 필요한지를 로마서 1:18부터 시작하여 로마서 3:18까지 자세하게 설명했다. "하나님의 의"가 필요한 것은 인간이 모

두 죄인으로서 스스로 의를 이룰 수 없는 죄인들이기 때문이다. 바울은 로마서 1:18-3:18 사이에서 유대인들도 죄인이요 이방인들도 죄인으로 인간은 누구나 할 것 없이 모두 죄인이라는 사실을 분명히 했다. 그래서 바울은 "의인은 없나니 하나도 없으며"(롬 3:10)라고 선언한 것이다. 이제 바울은 로마서 3:19을 시작하면서 인간에게 아직도 소망이 있음을 분명히 한다.

바울은 인간이 죄인이라는 것을 아는 것은 율법의 기능을 통해서라고 설명한다. 바울은 "율법 아래에 있는 자들"(롬 3:19)이란 표현을 통해 그런 자들은 율법을 완벽하게 순종해야 할 사람들이란 뜻을 함축하고 있다. 바울은 율법이 율법 아래에 있는 자들에게 말하는 것은 그들이 입이 열 개 있어도 자신들이 율법을 완벽하게 실천했다고 말할 수 없는 형편에 놓였다는 것을 드러내고 있다는 것이다. 바울은 여기서 "율법"이라는 표현으로 단순히 십계명만을 가리키지 않고 구약성경 전체를 지칭하고 있다. 바울이 바로 전에 인용한 구약성경이 시편과 이사야서를 포함하고 있다는 사실이 이를 증거한다(시 5:9; 10:7; 14:1-3; 140:3; 사 59:7-8). 사실상 구약성경의 모든 내용이 십계명에 요약되어 있다. 그래서 바울은 구약성경 전체를 생각하면서 "율법이 말하는 바"(롬 3:19)라고 기록하고 있는 것이다. 바울은 "율법이 말하는 바는 율법 아래에 있는 자들에게 말하는 것이니"(롬 3:19)라는 표현에서 "말하는"이라는 용어를 두 번 사용한다. 하지만 여기 사용되는 "말하는"이란 용어는 같은 용어가 아니요 다른 용어이다. "율법이 말하는"의 구절에서는 "레게인"(λέγειν)이 사용되고, "율법 아래에 있는 자들에게 말하는"의 구절에서는 "랄레인"(λαλεῖν)이 사용된다. "율법이 말한다"(λέγειν)는 뜻은 율법의 의미를 강조해서 말한다는 뜻이며, "율법 아래에 있는 자들에게 말한다"(λαλεῖν)는 뜻은 발언의 방식을 강조하는 표현이다.[144] 그러므로 "율법이 말한다"는 표현은 성경이 죽어 있는 말이 아니요, 살아 있는 말씀이라는 뜻이다. 성경 말씀은 과거에나 현재에나 살아 있는 말씀으로 역사하신다. 성경 말씀은 구약시대에는 물론, 바울시대에도 그리고 현재 우리에게도 살아 있는 말씀으로 역사하신다.[145] 본 구절의 "율법 아래에 있는 자들에게 말한다"(롬 3:19)라는 표현은 얼핏 보기에 율법을 위탁받은 백성으로 살았던 유대인에게만 말한 것으로 이해할 수 있다. 본문의 "율법 아래에 있는 자들"이란 표현이 이런 견해를 지지해 준다. 하지만 바울이 "율법이 말하는 바는 율법 아래에 있는 자들에게 말하는 것이니"라고 쓴 이유를 상고해 볼 때 이 말씀을 유대인에게만 하는 것으로 국한시킬 수 없음을 알 수 있다. 바울이 이어서 사용한 "이는"(ἵνα)이 그 이유를 설명하는데, 그 이유는 "이는 모든 입을 막고 온 세상으로 하나님의 심판 아래에 있게 하려 함이라"(롬 3:19)라는 말씀에서 찾을 수 있다. "모든 입을 막는 것"은 아무도 "나는 죄인이 아니다"라고 말할 수 없다는 뜻이요, "온 세상이 하나님의 심판 아래에 있다"는 것은 유대인이나 헬라인이나 세상의 모든 사람들이 죄인이므로 하나님의 심판을 받게 되어 있다는 뜻이다. 바울은 "율법 아래에 있는 자들"이 그들의 입을 열어 자신들이 무죄함을 밝히려고 할지라도 그것은 불가능함을 지적하고 있는 것이다. 그러므로 "율법 아래에 있는 자들에게 말하는 것"(롬 3:19)을 유대인에게만 말하는 것으로 국한시킬 수 없다. 그래서 바울은 온 세상이 "하나님의 심판 아래"(롬 3:19)에 놓이게 된 것을 확인하고 있다. 의인이 하나도 없고 모

---

144 J. B. Lightfoot, *Notes on the Epistles of St. Paul* (1980), p. 269.: "Thus lalei'n here (com. Heb. i. 1) has a closer connexion with th hearer than λέγειν, and the distinction between the two verbs is evident when we consider that to interchange them would be intolerable."

145 Murray, *The Epistle to the Romans,* Vo. 1 (*NICNT*), p. 106.

든 사람이 죄인이기에 온 세상이 하나님의 심판을 받을 수밖에 없다. 바울은 "그러므로 율법의 행위로 그의 앞에 의롭다 하심을 얻을 육체가 없나니 율법으로는 죄를 깨달음이니라"(롬 3:20)라고 강조함으로 율법은 죄인을 구원하는 역할을 하는 것이 아니요, 오히려 율법은 우리들이 죄인이라는 사실을 온 천하에 드러내는 역할을 한다고 설명한다.

롬 3:21-22 바울은 율법의 방법과는 전혀 다른 방법으로 죄 문제를 해결할 수 있게 되었다고 선언한다. 그 방법은 하나님의 방법이요 믿음의 방법이다. 율법은 모든 율법의 내용을 완벽하게 지키는 마음과 행동을 요구한다. 하지만 믿음은 믿어야 할 대상을 신뢰하는 것이다. 율법은 행위를 요구하고 믿음은 신뢰를 요구한다. 여기서 율법과 믿음의 차이가 나타난다. 그래서 바울은 "이제는"(νυνί)이라는 말로 율법의 방법이 아닌 다른 방법이 작동하게 되었다고 선언하는 것이다. "이제는"이란 표현은 역사성을 함축하고 있고, 바울은 다른 곳에서 "이제는"의 의미를 "때가 차매"(갈 4:4)라고 설명한 바 있다. 바울은 이제는 "율법 외에 하나님의 한 의가 나타났다"(롬 3:21)고 선포하는 것이다. 바울은 이미 "하나님의 의"(롬 1:17)의 필요를 제시한 바 있다. 바울은 "하나님의 한 의가 나타난 것"(롬 3:21)이 갑자기 된 것이 아니요, 이미 오래 전부터 율법과 선지자들에게 증거를 받은 것이라고 설명한다. 이 말씀은 하나님의 구속 계획의 일환으로 "하나님의 의"가 나타난 것임을 분명히 한다. 그래서 바울은 "율법 외에" 나타난 방법이 "율법과 선지자들에게 증거를 받은 것이라"(롬 3:21)라고 말하는 것이다. 박윤선은 "율법 외에 하나님의 한 의"(롬 3:21)의 해석에서 "'율법'이란 말이 헬라 원어에서 관사(冠詞)없이 씌었으니, 구약 율법뿐 아니라, 기타 이방인의 모든 도덕률까지를 포함하는 일반 율법을 통칭함이 분명하다."[146]

라고 본 구절의 율법이 구약의 율법뿐만 아니라 세상의 모든 도덕률을 포함하는 광범위한 의미라고 정리한다. 따라서 "율법 외에 하나님의 한 의"는 구약의 율법을 포함한 세상의 어떤 도덕률을 실행하더라도 결코 얻을 수 없고 하나님만이 제공하실 수 있는 의로서 바로 예수 그리스도를 가리키고 있는 것이다. 그래서 바울은 바로 다음 절에서(롬 3:22) 예수 그리스도를 등장시키고 있다. 예수 그리스도는 성도들이 하나님의 심판대 앞에서 당당하게 서 있을 수 있도록 그의 완전한 의의 옷을 성도들에게 입혀주셨다. 핼대인(Haldane)은 "성도는 그 의를 향해 시선을 돌려야 하고, 성도는 그 의를 의존해야만 하고, 성도는 그 의를 의존해서 살아야 하고, 성도는 그 의로 죽어야 하고, 성도는 그 의안에서 심판대 앞에 서야만 하고, 성도는 그 의안에서 항상 의로우신 하나님의 면전에 서 있어야만 한다."[147]라고 말함으로 예수 그리스도께서 성도들에게 마련하신 의의 옷이 완벽한 것임을 분명히 한다. 박윤선은 "하나님의 한 의"(롬 3:21)를 해석하면서 "그것은 '의'(義)의 심판적 내림(審判的 來臨)이면서 죄인을 정죄하지 않고 도리어 사죄하고 또 영생시키는 별개의 의(義)이다. 그것은 그리스도 자신이시다."[148]라고 해석한다.

바울은 "의인은 없나니 하나도 없기"(롬 3:10) 때문에 모든 사람이 율법아래서 죄인이라고 천명했었다. 그런데 바울은 이제 "율법 외에 하나님의 의가 나타났다"(롬 3:21)고 증언한다. 바울은 하나님이 율법을 통해 사람의 눈을 밝히셔서 사람이 무능함을 보게 하시고 믿음으로만 하나님의 의를 덧입을 수 있다고 가르친다. 우리는 여기서 바울이 "율

---

146 박윤선, 『성경주석. 로마서』 (서울: 영음사, 1969), p. 106.

147 R. Haldane, *Exposition of the Epistle to the Romans* (London: The Banner of Truth Trust, 1960), p. 132.

148 박윤선, 『성경주석. 로마서』 (1969), p. 107.

법 외에 하나님의 한 의"라고 말한 의도를 주목하여야 한다. 율법은 우리의 행동을 요구한다. 율법의 요구는 우리가 율법을 온전하게 실천함으로 우리가 의롭게 된다고 가르치고 있다. 그런데 성경은 이 세상에 율법을 온전하게 지킬 사람은 한 사람도 없다고 천명한다(롬 3:10). "하나님의 의"는 율법의 요구를 완전하게 성취하는 것임으로 다른 어떤 의나 순종도 필요하지 않다. 오직 예수 그리스도께서 십자가상에서 "다 이루었다"(요 19:30)라고 하신 말씀으로 "하나님의 의"는 성취된 것이다. 그러므로 율법으로 말하자면 모든 사람은 하나님의 정죄아래 놓여 있는데 율법과 관계없는 "하나님의 한 의"가 나타난 것이다. 이 말씀은 행위나 공로의 방법이 아닌 다른 방법이 나타났다는 뜻이다. 율법을 지키는 것과는 아무런 관계가 없는 "하나님의 의"의 방법이 나타난 것이다. 우리가 의롭게 될 수 있는 것은 우리의 공로의 방법이 아닌 하나님의 방법으로 가능하게 되었다는 뜻이다. 핫지(Hodge)는 "율법 외에 하나님의 한 의가 나타났으니"(롬 3:21) 구절을 "그러므로 사람들이 율법의 행위들로는 그러한 의를 얻을 수 없기 때문에 하나님께서 복음 안에서 다른 의를 계시해 주셨는데 그 의는 율법이 아닌 믿음으로만 얻을 수 있는 의요 유대인이나 이방인이나 할 것 없이 모든 사람들에게 값없이 선물로 제공되었다."[149]라고 해석한다.

바울은 하나님이 마련하신 그 방법이 "예수 그리스도를 믿음으로 말미암아 모든 믿는 자에게 미치는 하나님의 의니 차별이 없느니라"(롬 3:22)라고 말함으로 누구에게나 차별이 없는 믿음의 방법을 설명한다. "율법 외에" 나타난 "하나님의 의"는 유대인이나 이방인이나 할 것 없이 전혀 차별이 없다. 율법의 방법은 자신이 그 율법을 실천해야 하는

149 C. Hodge, *A Commentary on Romans* (1975), p. 88.

것이지만 믿음의 방법은 예수 그리스도를 신뢰하는 것이다. 여기서 믿음으로 말미암은 방법은 의의 전가 개념을 포함하고 있다. 우리가 의롭게 되는 것은 우리가 율법을 완벽하게 실천함으로 우리 스스로 의로운 인격자가 되는 것이 아니요 하나님이 예수 그리스도의 의를 우리에게 전가시켜 주셔서 우리를 의롭다고 선언하신 의인 것이다. 그러므로 우리가 의롭게 되는 것은 우리의 공로가 아니요 전적으로 예수님의 공로요 우리가 그것을 믿음으로 받아들이기 때문에 되는 것이다. 루터(Luther)는 "그러므로 사도는 사람이 본질적으로 의롭게 되었다는 의미로 하나님의 의를 묘사한 것이 아니요, 그리스도 안에서 오직 믿음으로만 의를 획득했음을(죄인이 그 의로 의롭다고 선언됨) 묘사하고 있다."[150]라고 바르게 정리한다. 행위와 믿음의 차이는 행위는 자신을 중심에 두고 믿음은 믿음의 대상에 중심을 둔다는 것이다. 행위는 자신이 누구요 어떤 일을 행했다고 자랑하지만 믿음은 믿음의 대상이 누구요 믿음의 대상이 한 일을 자랑한다. 그러므로 행위와 믿음은 같은 궤도에 서 있을 수 없다. 하나님은 행위의 방법으로가 아니요 믿음의 방법으로 우리를 구원하셨다. 하나님의 구원하시는 방법은 차별이 없고, 인간의 공로가 배제되며, 그리스도의 공로가 높임을 받고, 오직 하나님만을 의지하도록 하는 방법이다.

롬 3:23-24 바울은 지금까지 주장한 "의인은 없나니 하나도 없다"(롬 3:10)는 말씀을 다시 한 번 확인하기 위해 "모든 사람이 죄를 범하였으매"(롬 3:23)라고 천명한다. 유대인이나 이방인이나 남자나 여자나 할 것 없이 모든 사람이 죄인이다. 그런데 인간의 능력으로는 죄 문

150 Luther, *Commentary on the Epistle to the Romans*, p. 61.

제를 해결할 수 없으므로 하나님께서 예수 그리스도를 믿는 믿음의 방법으로 값없이 죄의 문제를 해결하시고 의롭다고 칭해 주신 것이다. 베네마(Venema)는 "하나님은 죄를 너그럽게 봐 주거나 그에게 불순종한 사람들의 죄를 영구히 간과하는 방법으로가 아니요, 믿음으로 그와 연합된 모든 사람들을 대신해서 죄의 결과로 고통을 받으신 분이신 그리스도를 보내 주심으로 그리스도의 십자가에서 그의 의를 실증해 주셨다."[151]라고 설명한다. 죄에서부터 구원을 받는데 필요한 유일한 요구조건은 십자가상에서 죽으심으로 우리의 죄 문제를 해결하신 예수 그리스도를 믿는 것 이외에 다른 것은 있을 수 없다.

"그리스도 예수 안에 있는 속량"(롬 3:24)이라는 말은 죄인들을 위해 필요한 의에 관한한 예수 그리스도께서 그의 십자가와 부활을 통해 성취하신 구속을 통해서만 그 효과가 드러난다는 뜻이다. 바울은 이미 "율법 외에 하나님의 한 의가 나타났다"(롬 3:21)라고 언급했고, 그리고 그 의는 그리스도를 믿음으로만 얻을 수 있다고 확인한 바 있다(롬 3:22). 바울은 "하나님의 의"를 얻는 길은 율법의 행위를 통해서가 아니요, 믿음의 방법으로만 가능함을 분명히 한다. 그래서 바울 사도는 "하나님의 은혜로 값없이 의롭다 하심을 얻은 자 되었느니라"(롬 3:24)라는 표현으로 "은혜로"와 "값없이"를 함께 사용하여 하나님의 의롭게 하시는 행위가 공로를 통해 받을 수 있는 것이 아님을 확실히 한 것이다. 인간은 어떤 노력이나 공로를 통해서도 하나님의 의를 얻을 수가 없다. 하나님의 의를 얻을 수 있는 유일한 길은 오로지 예수 그리스도를 믿는 것뿐이다.

하나님이 인간의 죄 문제를 해결하시고 인간을 구원하신 목적은

151 Cornelis P. Venema, *The Gospel of Free Acceptance in Christ* (2006), p. 43.

하나님의 영광을 위해서이다. 바울은 에베소서 서두에서 인간 구원을 위한 성부, 성자, 성령의 구원 사역을 설명하고 그 목적이 "그의 은혜의 영광을 찬송하게 하려는 것이라"(엡 1:6, 12, 14)라고 설명한다. 웨스트민스터 표준문서 대소요리 문답의 제 일문이 "사람의 제일 되고 가장 지고한 목적이 무엇인가?"인데, 제 일문에 대한 답은 "사람의 제일 되고 가장 지고한 목적은 하나님을 영화롭게 하는 것과 영원토록 그만을 충분히 즐거워하는 것이다."[152]이다. 그런데 바울은 본 구절을 기록하면서 "모든 사람이 죄를 범하였으매 하나님의 영광에 이르지 못하더니"(롬 3:23)라고 말한 다음에 곧바로 "그리스도 예수 안에 있는 속량"(롬 3:24)을 언급하고, 죄인들이 의롭다 인정을 받게 되었음을 천명하다. 바울이 여기서 사용한 "속량"(ἀπολύτρωσις: redemption)은 다음 절의 "화목제물"(ἱλαστήριον: propitiation)을 근거로 성취된 것이다. "속량"은 우리들의 속박을 생각하게 한다. 속량은 그 속박으로부터 우리를 자유하게 하시기 위해 하나님의 은혜로 준비해 주신 것이다. 그러므로 속량은 예수님의 십자가 죽음과 직결되어 있다. 칼빈(Calvin)은 "그리스도 예수 안에 있는 속량"을 설명하면서 그리스도가 그의 순종으로 아버지의 심판을 만족시킨 역사적 사실을 강조하며 그리스도가 제공한 대속적 희생을 통해 우리들의 죄책이 없어졌다고 설명한다.[153] 성경은 성도들이 받은 속량이 그리스도께서 십자가에서 죽기까지 순종하신 사실에 근거함을 분명히 한다(빌 2:8). 커텔지(Kertelge)는 속량(구속)과 관계된 "지정된 사건은 속량을 필요로 하는 사람들을 위한 하나님의 구원하시

152 James Benjamin Green, *A Harmony of the Westminster Presbyterian Standards* (Collins World, 1976), p. 15.: "Man's chief and highest end is to glorify God, and fully to enjoy him forever."

153 Calvin, *The Epistles of Paul the Apostle to the Romans and to the Thessalonians*, p. 75.

는 행위에 결정적으로 근거한다."라고 말하고 계속해서 "속량은 속량을 필요로 하는 인류에게 하나님의 은혜로우신 방향전환(gracious turning)이며 이 은혜는 그리스도를 믿는 믿음으로 죄를 용서받는 경험을 하는 것이다."[154]라고 설명한다. 이 말씀은 속량은 인간의 공로를 통해서가 아니요 하나님의 은혜로우신 방법으로만 성취가능하며 바로 예수 그리스도를 믿는 믿음을 통해서만 성도들이 혜택을 받을 수 있다고 가르친다. 브라운(Brown)은 "바울의 기록에서 속량은 대부분 그리스도의 화해적인 죽음으로 죄와 그 죄책으로부터의 구원을 명시하는 것으로 나타난다. 이런 의미에서 속량은 그리스도 안에 철저하게 근거한 현재의 실재이다."[155]라고 말함으로 성도들이 현재의 실재로 속량을 받았다고 설명한다. 속량은 죄 자체로부터의 구원을 뜻할 뿐만 아니라 죄의 결과 즉 죄책으로부터의 구원도 뜻한다. 브라운은 계속해서 "그러나 속량은 미래적인 국면이 있다. 왜냐하면 속량의 완전한 실현은 재림으로 이루어질 것이기 때문이다: '피조물뿐만 아니라 또한 우리 곧 성령의 처음 익은 열매를 받은 우리까지도 속으로 탄식하여 양자될 것 곧 우리 몸의 속량을 기다리느니라'(롬 8:23; 참조, 빌 3:21)."[156]라고 말함으로 속량의 완성은 예수님의 재림 때에 성도들의 몸이 부활체로 변화될 때임을 확실히 한다(고전 15:23, 42-45, 51-53; 살전 4:13-17; 요일 3:2). 바울은 성도들이 그리스도가 성취하신 속량으로 말미암아 성도들이 "하나님의 은혜로 값 없이 의롭다 하심을 얻은 자"(롬 3:24) 되었다고 선언한다.

---

154 K. Kertelge, "ἀπολύτρωσις," *Exegetical Dictionary of the New Testament*, Vol. 1 (Grand Rapids: Eerdmans, 1990), p. 138.

155 C. Brown, "λύτρον; ἀπολύτρωσις," *The New International Dictionary of New Testament Theology*, Vol. 3 (Grand Rapids: Zondervan, 1979), p. 199.

156 C. Brown, "λύτρον; ἀπολύτρωσις," *The New International Dictionary of New Testament Theology*, Vol. 3 (1979), p. 199,

"의롭다 하심을 얻은"(being justified)이라는 의미는 칭의 되었다는 뜻인데 그 말은 죄인이 의롭다고 칭함을 받았다는 뜻이지, 죄인이 본질적으로 의인으로 변했다는 뜻은 아니다. 그러므로 "칭의"(justification)의 개념은 법정적인 의미로 이해해야 하며, 전가(imputation)의 뜻을 함의하고 있다. 하나님이 예수 그리스도를 믿는 성도들을 보시고 예수 그리스도의 의를 성도들의 의로 인정하셔서 성도들을 의롭다고 선언하시는 것이다. 헨드릭센(Hendriksen)은 "칭의는 전가의 문제이다(인정하는, 선언하는): 죄인의 죄책이 그리스도에게 전가되었고; 그리스도의 의가 죄인에게 전가되었다(창 15:6; 시 32:1, 2; 사 53:4-6; 렘 23:6; 롬 5:18, 19). 칭의는 전가의 문제이지만 성화(sanctification)는 변화(transformation)의 문제이다. 칭의는 아버지가 이끄시지만(롬 8:33); 성화는 성령이 이끄신다(살후 2:13). 칭의는 '단 한 번'의 평결이지만, 성화는 삶 전 과정의 인도이다. 둘은 결코 동일시 될 수 없지만 그럼에도 불구하고 분리해서도 안 된다. 둘은 구별은 되지만 분리는 되지 않는다."[157]라고 바르게 설명한다. 칭의는 사람의 행위가 아니요 하나님의 행위이기 때문에 성경은 칭의를 "하나님의 선물"(롬 5:15)이라고 표현하고, "하나님의 은혜로 받은 것"(롬 3:24)이라고 규정하며, 따라서 행위나 율법의 준수를 통해서가 아니요, 그리스도를 "믿음으로만"(엡 2:8) 받을 수 있다고 가르친다.

롬 3:25-26 바울은 하나님이 성도들의 칭의를 위해 마련하신 구속 사역을 언급한다. 바울은 "이 예수를 하나님이 그의 피로써 믿음으로 말미암는 화목제물로 세우셨다"(롬 3:25)라고 설명한다. 바울은 여기서 예수의 피를 언급하고 이를 화목제물과 연관시킨다. 이는 하나님

157 Hendriksen, *Exposition of Paul's Epistle to the Romans* (*NTC*), p. 130.

이 예수님의 죽음으로 예수님을 믿는 자들과 화목의 관계를 회복하셨다는 의미이다. 바울이 사용한 "화목제물"(hilasterion: ἱλαστήριον)은 "하나님의 진노에 대한 우리의 책임을 숙고하게 하고, 화목제물은 우리가 그 진노로부터 자유할 수 있도록 하나님이 은혜로 준비해 주신 것이다."[158] 죄인은 하나님이 그리스도의 죽음을 통해 준비하신 바로 이 화목제물(propitiation) 때문에 하나님의 진노를 면할 수 있게 되었다. 죄 없으신 예수님이 피를 흘려 화목제물이 되신 것은 인간의 죄가 얼마나 잔혹한 것인지를 드러내며(롬 4:25), 성도들을 향한 하나님의 사랑의 극치를 보여준다(롬 5:8).

우선 "화목제물"이라는 용어는 신약에서 2회(롬 3:25; 히 9:5) 나타나는데[159] 구약의 의식과 연관하여 이해하여야 한다(레 1:3–9; 4:22–26; 6:24–30). 하나님은 구약의 하나님의 백성이 죄를 지으면 그들을 대신해서 짐승을 잡아 하나님께 번제로 바치므로 그들의 죄를 용서받고 하나님의 진노에서 피할 수 있는 길을 마련해 주셨다. 그래서 히브리서 저자는 죽음을 설명하면서 "그는 저 대제사장들이 먼저 자기 죄를 위하고 다음에 백성의 죄를 위하여 날마다 제사 드리는 것과 같이 할 필요가 없으니 이는 그가 단번에 자기를 드려 이루셨음이라"(히 7:27)라고 가르치고, 계속해서 "이제 자기를 단번에 제물로 드려 죄를 없이하시려고 세상 끝에 나타나셨느니라"(히 9:26)라고 설명한다. 예수 그리스도의 죽음은 구약의 하나님의 백성이 죄를 지을 때마다 계속적으로 드려야 하는 속죄제를 단번에 완성한 화목제물이었다. 그러므로 예수를 믿는 성도들은 예수님의 죽음 때문에 하나님과 화목의 관계를 유지할 수 있

158 Murray, *The Epistle to the Romans,* Vo. 1 (*NICNT*), p. 116.

159 J. B. Smith, *Greek-English Concordance to the New Testament* (1974), p. 180 (No. 2435).

게 된 것이다(고후 5:18-19). 롤로프(Roloff)는 "그리스도의 죽음은 속죄의 의식(ritual)을 근거로 모형적으로 해석되어야 한다. 그의 죽음은 하나님이 설립하신 종말론적인 속죄 사건으로 이 사건은 의식에 있어서 속죄의 이전 형식을 초월하고 동시에 그것들을 폐기시킨다."[160]라고 설명함으로 구약의 속죄제사가 모형이요 그리스도의 죽음이 실재임을 분명히 한다. 이 말씀은 예수님이 그의 죽음을 통해 구약의 모든 제사의식을 완성하시고 성취하신 것을 뜻한다. 그래서 예수님은 친히 "내가 율법이나 선지자를 폐하러 온 줄로 생각하지 말라 폐하러 온 것이 아니요 완전하게 하려 함이라"(마 5:17)라고 가르치신 것이다. 바울은 하나님이 그리스도의 피를 화목제물로 삼으시기까지 "오래 참으셨다"(롬 3:25)고 설명한다. 스탠리(Stanley)는 하나님의 "길이 참으심"(롬 3:25)을 설명하면서 "말하자면 하나님은 구원역사의 중심 행위(the central act)인 그리스도의 죽음의 효과들을 예상하면서 스스로 만족해 하셨다."[161]라고 해석한다. 아담(Adam)의 범죄로 인하여 하나님과 인간 사이의 화목이 깨어지고 나서 참으로 많은 시간이 흘렀다. 하지만 하나님은 깨어진 화목을 회복할 메시아(Messiah)를 계획 없이 보내실 수 없었다. 하나님은 오로지 "때가 차야만" 메시아를 "여자에게서 나게 하시고 율법 아래에 나게 하신"(갈 4:4) 계획된 방법으로 보내실 수 있으셨던 것이다. 이 방법이 죄인들을 속량하는데 가장 효과적인 방법이요 하나님의 지혜가 드러난 방법인 것이다. 그래서 바울은 "이는 하나님께서 길이 참으시는 중에 전에 지은 죄를 간과하심으로 자기의 의로우심을 나

160 J. Roloff, "ἱλαστήριον," *Exegetical Dictionary of the New Testament*, Vol. 2 (Grand Rapids: Eerdmans, 1991), p. 186.

161 David M. Stanley, *Christ's Resurrection in Pauline Soteriology* (Romae: E Pontificio Instituto Biblico, 1961), p. 170.

타내려 하심이니"(롬 3:25)라고 말한다. 하나님은 예수님이 오실 때까지 백성들이 전에 지은 죄를 간과하심으로 정죄하시지 않았다.

우리는 여기서 그리스도의 죽음을 통해 성취하신 하나님의 의와 "하나님은 참되시다"(롬 3:4)라는 의미의 하나님의 속성과 관계있는 "하나님의 의"를 구분해야 한다. 그리스도의 죽음을 통해 성취하신 하나님의 의는 우리에게 전가하시는 의이지만, 하나님의 속성과 관계있는 하나님의 의는 하나님께만 속해 있는 의를 가리킨다. 그러므로 "자기의 의로우심을 나타내려 하심"(롬 3:25)의 뜻은 "율법 외에 하나님의 한 의가 나타났으니"(롬 3:21)에서 언급된 "하나님의 의"나 "믿는 자에게 미치는 하나님의 의"(롬 3:22)에서 언급된 "하나님의 의"와 같은 의미라고 볼 수 없고, 오히려 "우리의 불의가 하나님의 의를 드러나게 하면"(롬 3:5)에서 언급된 "하나님의 의"와 같은 뜻으로 이해된다. 바울은 예수 그리스도의 역사적인 죽음과 부활을 통해 이루신 의와 하나님 자신의 속성의 한 부분에 속한 의를 구별하여 설명하고 있다. 하나님은 의로우신 분이시기에 인간의 죄에 대해 진노하실 수밖에 없다. 하나님의 진노를 풀어드릴 수 있는 길은 인간의 죄가 하나님 앞에 나타나지 않아야 한다. 그런데 예수님께서 그의 십자가의 죽음을 통해 성취하신 의를 그를 믿는 자에게 덧입혀 주심으로 하나님이 우리를 보실 때 그리스도의 의로 옷 입은 우리를 보시게 되는 것이다. 바울은 그리스도가 이루신 의를 나타내기 위해 "화목제물"(propitiation)을 언급하고, 하나님은 항상 의로우시다는 사실을 나타내기 위해 "자기의 의로우심을 나타내려 하심"(롬 3:25)이라고 묘사하고 있다.

바울은 하나님께서 "길이 참으시는 중에 전에 지은 죄를 간과하셨다"(롬 3:25)라고 설명한다. "간과"(τὴν πάρεσιν)[162]는 죄 용서와 차이가 있다. 머레이(Murray)는 간과하심을 설명하면서 "지나간 세대에는 하나님이 그들의 죄에 상응하는 진노로 그들을 만나시지 않았다. 이런 의미로 그들의 죄를 우회하시고 간과하신 것이다. 이 간과는 죄 용서와 동등하지 않다. 일시적인 정지는 용서와 동일하지 않다. 이와 같은 고려는 지난 세대에 하나님이 사람들에게 그의 온전한 불만을 행사하시지 않고 인내를 행사하셨으며 또한 사도가 여기서 왜 하나님이 화목제물로서 그리스도 안에서 그의 의를 나타내셨는지 그 이유를 설명하는 것이다."[163]라고 해석한다. 모리스(Morris)는 "일관된 성경의 견해는 사람의 죄가 하나님의 진노를 불러 일으켰다는 것이다. 그 진노는 그리스도의 속죄 제물로만 피할 수 있다. 이 관점에서 볼 때 그리스도의 구원하는 사역은 정당하게 '화목제물'(propitiation)이라 불릴 수 있다."[164]라고 설명한다.

바울은 "곧 이때에 자기의 의로우심을 나타내사 자기도 의로우시며"(롬 3:26)라고 말함으로 그의 논의를 계속해서 강조한다. 바울이 사용한 "이때에"(ἐν τῷ νῦν καιρῷ)는 "지금 이 시간"(at the present time)으로 번역할 수 있고 그 의미는 하나님이 그리스도 안에서 자신의 의를 나타내신 때를 가리킨다. 바울은 이전의 불분명하고 그림자 속에 감추어진 모든 시대와 대비하여 그리스도께서 오셔서 만천하에 공개하신 바로 "이 때"를 생각하고 있는 것이다. 칼빈(Calvin)은 "이처럼 그리스도의 오

---

162 우리는 바울이 "전에 지은 죄를 간과하셨다" (διὰ τὴν πάρεσιν τῶν προγεγονότων ἁμαρτημάτων)라고 한 표현에 주목해야 한다. 바울은 "용서했다"(ἄφεσιν)라는 용어를 사용하지 않고 "간과했다"(πάρεσιν)라는 용어를 택했다. 하나님은 성도들의 죄를 완전히 지우시고 성도들을 존재적으로 "의인"으로 만드신 것이 아니요, 화목제물로 삼으신 그리스도의 의를 우리의 것으로 전가시켜 주셔서 그리스도의 의 때문에 우리를 의인으로 인정해 주시는 것이다. 우리는 바울의 용어 선택에 경탄하며 하나님께 감사할 수밖에 없다.

163 Murray, *The Epistle to the Romans,* Vo. 1 (*NICNT*), p. 119.

164 Leon Morris, "Propitiation," *Baker's Dictionary of Theology*, ed. Everett F. Harrison (Gram Rapids: Baker Book House, 1975), p. 425.

심은 하나님의 선하신 기쁨의 시간이었고 구원의 날이었다. 하나님은 모든 세대에 걸쳐서 그의 의의 어떤 증거를 주셨지만, 의의 태양이 떠오를 때 그의 의는 더욱 더 빛나게 나타났다."[165]라고 설명한다. 바울은 의의 태양이신 그리스도가 나타나심으로 하나님의 의로우심이 나타났고 또한 의의 태양을 믿는 자도 의롭다 인정함을 받게 되었다고 가르친다(롬 3:26). 그리스도의 사건은 하나님의 의로우심을 드러내는 사건이요 그를 믿는 죄인들이 의인으로 인정받을 수 있는 사건이다.

4. 설 자리가 없는 율법의 행위(롬 3:27-31)

[27] 그런즉 자랑할 데가 어디냐 있을 수가 없느니라 무슨 법으로냐 행위로냐 아니라 오직 믿음의 법으로니라 [28] 그러므로 사람이 의롭다 하심을 얻는 것은 율법의 행위에 있지 않고 믿음으로 되는 줄 우리가 인정하노라 [29] 하나님은 다만 유대인의 하나님이시냐 또한 이방인의 하나님은 아니시냐 진실로 이방인의 하나님도 되시느니라 [30] 할례자도 믿음으로 말미암아 또한 무할례자도 믿음으로 말미암아 의롭다 하실 하나님은 한 분이시니라 [31] 그런즉 우리가 믿음으로 말미암아 율법을 파기하느냐 그럴 수 없느니라 도리어 율법을 굳게 세우느니라(롬 3:27-31, 개역개정)

롬 3:27-28 바울은 성도들이 의롭다 인정함을 받고 구원을 얻는 것은 인간의 공로에 근거한 것이 아니요, 순전히 하나님의 계획에 따

165 Calvin, *The Epistles of Paul the Apostle to the Romans and to the Thessalonians*, p. 77.

른 하나님의 행위에 근거한 것이기 때문에 우리가 자랑할 것이 아무 것도 없다고 천명한다(롬 3:27). 바울은 특히 유대인들로 기독교인이 된 성도들을 생각하면서 성도들은 자랑할 것이 없다고 가르치고 있다(참고, 마 3:9; 롬 2:17, 23; 4:2; 고전 1:29). 조상을 자랑하거나 율법을 자랑하는 것은 의미 없는 일이요 오히려 죄에 해당하는 행동이다. 바울은 이미 "의인은 없나니 하나도 없다"(롬 3:10)라고 가르쳤고, "모든 사람이 죄를 범하였으매 하나님의 영광에 이르지 못했다"(롬 3:23)라고 말한 바 있다. 기독교의 칭의 교리 안에는 자랑이 설 자리가 없다. 그래서 인간은 우리의 구원문제에 있어서 공헌한 바가 없기 때문에 자랑할 근거도 없고 자랑할 이유도 없다. 왜냐하면 우리가 의롭게 되고 구원을 받는 것은 "무슨 법이나 어떤 행위로가 아니라 오직 믿음의 법으로만"(롬 3:27) 가능하기 때문이다. 그런데 바울은 다른 곳에서 우리의 구원뿐만 아니라 믿음까지도 하나님의 선물이라고 가르친다(엡 2:8).

바울은 "율법의 행위"와 "믿음"을 날카롭게 대칭시킴으로 "사람이 의롭다 하심을 얻는 것"(롬 3:28)은 오로지 믿음의 방법으로만 가능함을 강조하고 있다. 믿음은 율법을 지키고 싶은 마음과도 상관이 없다. 믿음은 행위와는 관계가 없고 대상을 신뢰하는 것이다. 바울이 왜 사람이 의롭게 되는 문제와 관련하여 믿음을 율법의 행위와 날카롭게 대칭시키고 있는가? 머레이(Murray)는 "유일한 답은 행위와 반대되는 믿음의 특별한 성질에 있다. 행위로 의롭게 되는 것은 항상 사람이 누구요 어떤 일을 했느냐에 근거를 둔다. 그것은 항상 의롭게 된 사람과 연관된 미덕을 생각하는 방향으로 흐른다. 믿음의 특별한 성질은 다른 사람을 믿고 의탁하는 것이다. 그것은 본질적으로 의타적(extraspective)이며 그 점에서 행위와 정반대가 된다. 믿음은 자기를 부인한다. 행위는 자기를 칭찬한다. 믿음은 하나님이 하신 것을 바라본다. 행위는 우리들에게 경의를 표한다. 이 대칭적인 원리가 사도로 하여금 믿음의 원리에서 행위를 완전히 배제하도록 근거를 제공한다."[166]라고 바르게 설명한다. 율법은 거룩하고 선하다. 모든 율법을 100% 완전하게 지키면 의롭게 될 수 있다. 그런데 이와 같은 구원의 방법을 고찰하면 의롭게 되는 것 자체가 인간 편의 행위에 근거한 것이 된다. 내가 율법의 요구를 100% 지켰다는 조건이 나를 의롭게 만들었기 때문이다. 하나님은 인간이 모든 율법을 100% 지킬 수 없음을 알고 계셨다. 바로 아담(Adam)과 하와(Eve)가 그 예이다. 그래서 하나님은 믿음으로 구원을 얻는 은혜의 방법으로 우리의 의의 문제를 해결해 주셨다. 우리는 오로지 예수 그리스도께서 우리의 구주이시며 우리를 위해 그의 십자가의 죽음을 통해 의를 이루시고 그의 부활을 통해 영원한 생명을 마련하셨음을 믿기만 하면 하나님 나라에 속하게 되는 것이다. 믿음과 율법을 지키는 행위는 서로 상충되는 종교적 체계임으로 같은 선상에서 공존할 수 없다. 믿음의 특성은 타인을 의존하는 체계이지만 율법을 지키는 행위는 자신의 공로를 내세우는 체계이다. 하나님은 인간의 연약성을 아시고 우리를 믿음의 방법으로 구원해 주셨다.

롬 3:29–31 바울은 믿음의 원리는 유대인이나 이방인이나 할 것 없이 모든 사람에게 공평하고 차별이 없다는 것을 확실히 한다. 바울은 전절인 로마서 3:28에서 사람이 하나님 앞에서 의롭다 함을 인정받는 것은 "율법의 행위에 있지 않고 믿음으로 되는 줄 우리가 인정"한다고 천명하고, 곧 이어서 하나님은 유대인의 하나님도 되시고 이방인의 하나님도 되신다고 말함으로 믿음의 방법은 하나님이 모든 사람을

166 John Murray, *The Epistle to the Romans* (*NICNT*), Vol. I (1968), p. 123.

동일하게 대하신다는 것을 확실히 한다(롬 3:29). 하나님이 한 분이시라는 대전제는 변할 수 없는 진리이다. 그러므로 하나님은 모든 사람의 하나님이시다. 만약 죄인이 구원을 받는데 율법을 지켜야 하는 조건이 붙는다면, 그 방법은 하나님을 오직 유대인의 하나님으로 국한시키는 것이 된다. 그래서 바울은 "하나님은 다만 유대인의 하나님이시냐 또한 이방인의 하나님은 아니시냐"(롬 3:29)라고 반문하고 그 답으로 "진실로 이방인의 하나님도 되시느니라"(롬 3:29)라고 말하는 것이다. 바울이 하나님은 유대인과 이방인 모든 사람의 하나님이시라고 가르친 교훈은 하나님 나라(Kingdom of God) 안에는 종족의 구별이 없다는 예수님의 교훈과도 일치하는 내용이다(마 8:10-12; 눅 13:28-30; 요 3:16; 행 8:14; 13:46-48; 18:6; 22:21; 26:20; 28:28; 롬 4:9-12; 참조, 사 42:6; 49:6). 예수님은 하나님 나라가 모든 사람의 나라임을 가르치셨고, 그를 따르는 백성들이 연합하고 일치할 것을 가르치셨다(요 17:21-23). 바울은 하나님의 교회 내에 파벌이 있을 수 없고 그리스도를 중심으로 일치하고 연합해야 한다고 가르친다(고전 1:12-13, 17). 머레이(Murray)는 "바울이 '하나님은 한 분이시라'는 주제를 칭의로 획득한 연합의 원리를 설명하기 위해 사용한다. 만약 하나님이 한 분이시라면 그분은 유대인들과 이방인들의 하나님이시다(롬 3:29). 그리고 그분의 의롭게 하시는 심판에서 작동하는 방법(*modus operandi*)에 다양성이 있을 수 없다."[167]라고 설명한다. 그러므로 할례자도 믿음으로 말미암아 의롭다 함을 인정받고 무할례자도 똑같은 방법인 믿음으로 말미암아 의롭다 함을 인정받는다(롬 3:30). 그래서 바울은 "할례자도 믿음으로 말미암아 또한 무할례자도 믿음으로 말미암아 의롭다하실 하나님은 한 분이시니라"(롬 3:30)라고 정리하

---

167 Murray, *The Epistle to the Romans* (*NICNT*), Vol. I (1968), p. 123.

는 것이다. 그런데 "믿음으로 말미암아"라는 표현이 할례자와 무할례자에게 적용할 때 약간의 차이가 있다.[168] 라이트푸트(Lightfoot)는 이 차이를 근거로 바울이 유대인들에게 "믿음에 의해"(by faith)를 적용한 것은 유대인 성도들의 출발점이 거짓으로부터였기 때문이요, 이방인들에게 "믿음을 통하여"(through faith)를 적용한 것은 새로운 수단을 강조하기 위해서라고 주장한다.[169] 하지만 바울은 그의 서신에서 "믿음에 의해"(by faith: ἐκ πίστεως) (롬 1:17; 3:20; 4:16; 5:1; 10:30; 갈 3:7, 8)와 "믿음을 통하여"(through faith: διὰ τῆς πίστεως) (롬 3:22, 25; 갈 2:16)를 교대로 사용한다. 그리고 "믿음에 의해"라는 표현이 유대인에게도 적용되고(롬 4:16; 갈 3:7), 이방인에게도 적용된다(롬 9:30; 갈 3:8). 또한 "믿음을 통하여"라는 표현 역시 유대인에게도 적용되고(롬 3:25), 이방인에게도 적용된다(롬 3:22; 갈 2:16). 그러므로 바울이 로마서 3:30에서 두 전치사(preposition)를 사용한 것은 중복을 피하고 문장을 매끄럽게 하기 위한 것이지 의미상 큰 차이가 없다.[170] 바울은 이제 믿음으로 구원을 받았지만 율법은 파기되지 않는다고 천명한다. 바울은 "그런즉 우리가 믿음으로 말미암아 율법을 파기하느냐 그럴 수 없느니라 도리어 율법을

168 바울은 할례자가 의롭게 되는 것을 묘사할 때는 "믿음에 의해"(by faith: ἐκ πίστεως)를 사용하고, 무할례자가 의롭게 되는 것을 묘사할 때는 "믿음을 통하여"(through faith: διὰ τῆς πίστεως)를 사용했다. 한글 번역들은 양쪽 모두 "믿음으로 말미암아" 혹은 "믿음으로"라는 표현으로 처리했다.

169 Lightfoot, *Notes on Epistles of St. Paul,* p. 274.; Cf. James Denney, "St. Paul's Epistle to the Romans," *The Expositor's Greek Testament*, Vol. II (1980), p. 614.

170 C. Hodge, *A Commentary on Romans* (1975), p. 101.; James Denney, "St. Paul's Epistle to the Romans," *The Expositor's Greek Testament*, Vol. II (1980), p. 614.: "The ἐκ πίστεως and διὰ τῆς πίστεως serve no purpose but to vary the expression."; Murray, *The Epistle to the Romans* (*NICNT*), Vol. I (1968), p. 124.; "The variation of prepositions 'by faith' and 'through faith' are not to be interpreted as indicating any difference respecting the faith intended or its relationships."; Calvin, *The Epistles of Paul the Apostle to the Romans and to the Thessalonians,* p. 80.

굳게 세우느니라"(롬 3:31)라고 말한다. 바울은 지금 율법을 지켜야 한다는 유대주의 신봉자들의 변증을 생각하면서 이 질문을 하고 있다. 바울은 믿음이 율법을 파기하지 않고 오히려 율법의 튼튼한 터전이 된다고 강조한다. 바울이 언급한 율법은 어떤 율법을 가리키는가? 의식적 율법(ceremonial law)을 가리키는가? 도덕적 율법(moral law)을 가리키는가? 시민적 율법(civil law)을 가리키는가? 아니면 구약에서 언급되는 모든 율법(the whole law in general)을 가리키는가? 여기서 바울이 사용한 율법은 "일반적인 모든 율법"을 가리킨다고 생각하는 것이 바르다.[171] 왜냐하면 믿음으로 구원받는 방법은 하나님의 율법의 유용성과 깊은 관계를 가지고 있기 때문이다. 성경은 율법의 방법으로는 죄인이 의롭게 될 수 없을 뿐만 아니라 또한 구원을 받을 수 없다고 명확하게 가르친다. 만약 율법의 방법으로 구원을 받을 수 있었다면 예수 그리스도가 필요 없었을 것이요, 예수님이 죽으시고 부활하실 필요도 없었을 것이다(참조, 고전 15:12-16). 그러므로 하나님이 예수 그리스도를 믿는 믿음의 방법으로 구원을 받도록 구원의 길을 마련하신 것이다. 그러면 이제 율법은 그 필요가 없어졌고 그 가치를 상실했는가? 그렇지 않다. 왜냐하면 사람이 자신이 죄인임을 깨달을 수 있는 길은 율법을 통해서이기 때문이다. 율법은 죄를 드러나게 한다. 사람이 성령(the Holy Spirit)의 도움으로 자기가 죄인이라는 사실을 양심적으로 깨달으면 죄인의 상태에서 벗어나기를 간절히 원하게 된다. 그리고 사람은 그를 위해 십자가상에서 죽으시고 삼일 만에 부활하셔서 그의 의를 대신 성취하시고 구원의 길을 열어주신 예수님을 그의 주님으로 영접하게 된다. 그러므로 율법은 믿음으로 구원받는 방법과 긴밀하게 연계되어 있

---

171 Calvin, *The Epistles of Paul the Apostle to the Romans and to the Thessalonians*, p. 81.

다. 그래서 예수님은 "내가 율법이나 선지자를 폐하러 온 줄로 생각하지 말라 폐하러 온 것이 아니요 완전하게 하려 함이라"(마 5:17; 참조, 롬 10:4; 13:8; 갈 3:24)라고 가르치신다. 바울은 로마서 3장에서 율법의 요구대로 하면 의인은 한 사람도 없다고 말하고(롬 3:10), 그러기에 율법 외에 하나님의 한 의가 나타났으며(롬 3:21), 하나님의 한 의 되신 그리스도를 믿음으로 의롭게 되고 구원을 받게 된다고(롬 3:24) 가르친다. 그러므로 바울은 믿음의 방법은 유대인에게나 헬라인에게나 모두에게 공평하다고 천명한다. 바울은 이렇게 누구에게나 공평한 믿음의 길을 설명한 후 로마서 3:31에서 믿음의 방법은 율법을 파기하지 않고 오히려 믿음은 율법의 토대가 된다고 가르치는 것이다.

그리고 율법이 파기되어서는 안 되는 이유는, 율법이 예수 그리스도가 우리를 위해 성취하신 모든 내용을 드러내는 역할을 하기 때문이다. 예수님이 율법을 완성하셨으므로 구약이 필요 없다고 생각하여 구약을 파기하고 우리는 오로지 신약만을 성경으로 가지고 있다고 상상해보자. 그렇게 되면 우리는 세상이 어떻게 시작되었으며, 죄가 어떻게 들어왔으며, 하나님이 죄인들에게 어떤 긍휼과 자비를 베푸셨는지에 대한 내용을 전혀 알지 못하게 된다. 우리는 하나님이 진행해 오신 구속역사의 큰 부분을 알 수 없게 된다. 그러므로 구약의 율법이 살아 있어야만 우리는 하나님의 구속역사의 전모를 알 수 있게 되고 그리스도께서 우리를 위해 성취하신 사역이 얼마나 놀라운 것인지를 깨닫게 된다. 그러므로 하나님은 믿음의 방법으로 우리를 구원하시지만 율법을 파기하시지 않고 계속 그 역할을 하게 하신 것이다(롬 3:31).

어떤 학자는 로마서 3:31이 사실상 로마서 4:1이 되어야 한다고 주장한다. 의미상으로 볼 때 로마서 3:31을 로마서 4장과 연계시키는 것은 그럴듯한 시도이고 어느 정도 이해가 가는 생각이다. 왜냐하면 로마서 4장이 구약의 아브라함(Abraham)도 믿음으로 의롭다함을 인정받았다고 설명하고 있기 때문이다. 이 문제에 관해 헨드릭센(Hendriksen)의 설명이 옳다고 사료된다. 헨드릭센은 첫째, 로마서 3:31과 4:1의 명확한 연결이 없다고 주장한다. 둘째, 로마서 3:31은 "그런즉"(therefore: οὖν)이라는 표현을 사용하여 그 이전의 내용을 이어받아 설명한 것이 확실함으로 로마서 3:31을 4장으로 넘길 이유가 없다고 설명한다.[172] 그러므로 로마서 3:31은 지금까지 논의해온 결론으로 생각하는 것이 더 타당하다. 바울은 반율법주의자들의 주장을 충분히 이해하면서 본 절에서 믿음의 방법이 율법을 파기시키지 않는다고 답변하고 있다.

---

172 Hendriksen, *Exposition of Paul's Epistle to the Romans (NTC)*, p. 137.; Cf. C. Hodge, *A Commentary on Romans* (1975), p. 102.; Murray, *The Epistle to the Romans* (*NICNT*), Vol. I (1968), p. 125.

로마서 4장
주해

4장 요약

로마서 4장은 3장에서 "율법 외에 나타난 하나님의 한 의"(롬 3:21)이신 예수 그리스도를 믿음으로 구원함을 받을 수 있다고 소개한 방법을 아브라함을 예로 들어 설명한다. 바울이 여기서 유대인들이 믿음의 조상이라고 여기는 구약의 아브라함을 예로 든 것은 의미심장하다. 이 말씀은 믿음으로 구원받는 방법이 구약시대나 신약시대나 똑같이 적용된다는 것을 증거한다. 바울은 아브라함(Abraham)을 예로 들어 의롭게 되는 것은 행위로가 아니요 믿음으로라고 가르친다(롬 4:2–3). 그래서 바울은 "성경이 무엇을 말하느냐 아브라함이 하나님을 믿으매 그것이 그에게 의로 여겨진바 되었느니라"(롬 4:3, 개역개정)라고 가르친다. 아브라함은 "백세나 되어 자기 몸이 죽은 것 같고 사라의 태가 죽은 것 같음을 알고도"(롬 4:19) 사라(Sarah)를 통해 아들을 주시겠다는 하나님의 약속을 견고하게 믿어 의롭다 인정함을 받았다. 아브라함은 인간적으로 불가능한 상태에서 아들을 주실 것을 믿었고(창 15:6; 롬 4:18), 하나님의 명령대로 이삭(Isaac)을 번제로 바칠 때에도 하나님이 이삭을 다시 살리실 것을 믿었다(창 22:1–19; 롬 4:17). 아브라함은 믿음으로 오실 메시아(Messiah)를 믿은 것이다. 그래서 바울은 "예수는 우리가 범죄한 것 때문에 내줌이 되고 또한 우리를 의롭다 하시기 위하여 살아나셨느니라"(롬 4:25)라고 강조함으로 메시아로 오신 예수님이 죄인들의 구원문제를 해결하시기 위해 죽으시고 부활하신 사실을 분명히 한다.

1. 이신칭의의 모본이 되는 아브라함(롬 4:1-12)

1 그런즉 육신으로 우리 조상인 아브라함이 무엇을 얻었다 하리요 2 만일 아브
라함이 행위로써 의롭다 하심을 받았으면 자랑할 것이 있으려니와 하나님 앞
에서는 없느니라 3 성경이 무엇을 말하느냐 아브라함이 하나님을 믿으매 그것
이 그에게 의로 여겨진바 되었느니라 4 일하는 자에게는 그 삯이 은혜로 여겨
지지 아니하고 보수로 여겨지거니와 5 일을 아니할지라도 경건하지 아니한 자
를 의롭다 하시는 이를 믿는 자에게는 그의 믿음을 의로 여기시나니 6 일한 것
이 없이 하나님께 의로 여기심을 받는 사람의 복에 대하여 다윗이 말한 바 7 불
법이 사함을 받고 죄가 가리어짐을 받는 사람들은 복이 있고 8 주께서 그 죄를
인정하지 아니하실 사람은 복이 있도다 9 그런즉 이 복이 할례자에게냐 혹은
무할례자에게도냐 무릇 우리가 말하기를 아브라함에게는 그 믿음이 의로 여
겨졌다 하노라 10 그런즉 그것이 어떻게 여겨졌느냐 할례시냐 무할례시냐 할
례시가 아니요 무할례시니라 11 그가 할례의 표를 받은 것은 무할례시에 믿음
으로 된 의를 인친 것이니 이는 무할례자로서 믿는 모든 자의 조상이 되어 그
들도 의로 여기심을 얻게 하려 하심이라 12 또한 할례자의 조상이 되었나니 곧
할례 받을 자에게뿐 아니라 우리 조상 아브라함이 무할례시에 가졌던 믿음의
자취를 따르는 자들에게도 그러하니라(롬 4:1-12, 개역개정)

롬 4:1-3 바울은 로마서 4:1을 시작하면서 "그런즉"(οὖν)을 사용함으로 믿음의 법으로만 하나님의 의를 얻을 수 있다고 설명한 바로 전 구절(롬 3:21-31)의 논리를 이어 받아 아브라함(Abraham)의 경우를 예로 들고자 한다. 바울은 자신을 유대인과 동일시하면서 "육신으로 우리 조상인 아브라함"(롬 4:1)이라고 표현한다.[173] 바울은 신약성경에서 유일하게 이 구절에서만 나타나는 "조상"(προπάτορα)이라는 용어를 사용하여 아브라함이 유대인의 조상임을 강조하고 바로 유대인의 조상

인 아브라함도 믿음으로 의롭다 인정함을 받았다는 사실을 강조하고 있다. 아브라함이 의롭다 인정함을 받은 것은 주지의 사실이다. 문제는 아브라함이 어떻게 의롭다 함을 인정받았는가라는 점이다. 그리고 바울은 아브라함이 행위로써 의롭다 하심을 받지 않은 사실을 분명히 한다. 바울은 "만일 아브라함이 행위로써 의롭다 하심을 받았으면 자랑할 것이 있으려니와 하나님 앞에서는 없느니라"(롬 4:2)라고 설명한다. 칼빈(Calvin)은 로마서 4:2의 "논리가 불완전하며 다음과 같이 읽어야 한다: 만약 아브라함이 행위로써 의롭게 되었다면 그는 그 자신의 공적을 자랑할 수 있지만 그는 하나님 앞에서 자랑할 이유가 전혀 없다. 그러므로 그는 행위로써 의롭게 되지 않았다."[174]라고 정리한다. 아브라함이 의롭게 되는 것은 행위로가 아니요 믿음에 의한 것이었음을 천명한다(롬 4:2-3). 그래서 "아브람이 여호와를 믿으니 여호와께서 이를 그의 의로 여기시고"(창 15:6)라는 창세기의 말씀[175]에 근거하여 바울은 "성경이 무엇을 말하느냐 아브라함이 하나님을 믿으매 그것이 그에게 의로 여겨진 바 되었느니라"(롬 4:3, 개역개정)라고 가르친다. 아브

173 롬 4:1에 본문비평의 문제가 존재한다. 일반적으로 받아들여진 본문은 "Tί οὖν ἐροῦμεν εὑρηκέναι 'Αβραὰμ τὸν προπάτορα ἡμῶν κατὰ σάρκα;"이다. 그런데 어떤 사본은 εὑρηκέναι를 'Αβραὰμ 앞에 위치시키지만(ℵ*, A, C*, 81, 330, 2127, etc.) 또 어떤 사본은 εὑρηκέναι를 ἡμῶν과 κατὰ σάρκα 사이에 위치시킨다(K, P, 33, 88, 614, etc.). 전자의 경우 번역은 "그런즉 육신으로 우리 조상인 아브라함이 무엇을 얻었다 말하리요"라고 해야 하며, 후자의 경우 번역은 "그런즉 우리 조상인 아브라함이 육신으로 얻은 것이 무엇이라고 말하리요"라고 해야 한다. 본문은 내적인 증거나 외적인 사본들의 증거로 볼 때 εὑρηκέναι를 'Αβραὰμ 앞에 위치시키는 것이 더 타당하다. Cf. Bruce M. Metzger, *A Textual Commentary on the Greek New Testament* (London. New York: United Bible Societies, 1971), p. 509.; John Murray, *The Epistle to the Romans (NICNT)*, Vol. I (1968), pp. 127-129.

174 John Calvin, *The Epistles of Paul the Apostle to the Romans and to the Thessalonians*, p. 83.

175 H. C. Leupold, *Exposition of Genesis*, Vol. I (Grand Rapids: Baker, 1977). 476.: Leupold는 창세기 15:6은 "이 장에서 가장 큰 단어, 구약 성경에서 가장 위대한 것 중의 하나가 나타난다. 여기에 성경에서 가장 처음으로 '믿는다'(believe)라는 단어가 등장한다."라고 설명한다.

라함은 무엇을 하든지 하나님을 믿는 믿음으로 행했다. 류폴드(Leupold)는 창세기의 저자인 모세(Moses)가 아브라함의 믿음의 태도의 불변성을 강조했다고 해석한다. 류폴드는 "단지 아브람이 이번 한번만 믿은 것이 아니요, 그의 믿음을 계속적으로 증명했다."[176]라고 설명한다. 알더스(Aalders)도 "히브리어 성경에 사용된 동사는 아브라함이 하나님을 절대적으로 믿었음을 함축한다. 더구나 동사의 형태는 하나님을 믿는 이 믿음이 그 때 한 번만을 가리키는 순간적인 태도였음을 가리키지 않는다. 아브람의 태도는 전혀 동요하지 않는 지속적이고 한결같은 믿음이었다."[177]라고 해석한다. 히브리서 저자는 아브라함이 무슨 일을 하든지 어디에서든지 하나님을 믿음으로 하나님의 명령을 따랐다고 기술한다(히 11:8-10). 아브라함은 믿음으로 그의 고향을 떠났고(창 12:1-5), 아브라함은 나이가 많아 출산할 수 없는 상태였지만 하나님이 "네 몸에서 날 자가 네 상속자가 되리라"(창 15:4)라고 하신 말씀을 믿음으로 받아들였고(창 15:6), 아브라함은 믿음으로 이삭을 번제로 바치라는 하나님의 명령에 순종했다(창 22:1-14). 박윤선은 "신앙이란 것은, 그 대상의 불가사의(不可思議)함에도 불구하고 온 인격을 들여서 신뢰하는 것이다."[178]라고 바르게 설명한다.

인간은 하나님을 온전히 이해할 수 없다. 하지만 하나님이 계시해 주신 말씀을 근거로 그가 계신 것과 그가 선하신 하나님이심을 전폭적으로 신뢰해야 한다(히 11:6). 고데(Godet)는 바울이 "아브라함이 하나님의 약속(promise)을 믿으매 라고 말하지 않고, 하나님(God)을 믿으매 라

176 Leupold, *Exposition of Genesis*, Vol. I, p. 477.

177 G. Ch. Aalders, *Genesis* (*Bible Student's Commentary*), Vol. I (Grand Rapids: Zondervan, 1981), p. 293.

178 박윤선, 『성경주석. 로마서』, p. 129.

고 말한다. 그가 약속을 받아들일 때 그의 믿음의 대상은 하나님 자신으로, 즉 그의 진리, 그의 신실성, 그의 거룩성, 그의 선하심, 그의 지혜, 그의 능력, 그의 영원성을 받아 들였다."[179]라고 정리한다.

롬 4:4-8 바울은 로마서 4:4-5에서 지금까지 로마서 4:1-3에서 아브라함이 믿음으로 의롭다 인정함을 받았다고 언급한 논의를 일반적인 원리를 이용하여 더 분명히 하고자 한다. 바울은 "일하는 자에게는 그 삯이 은혜로 여겨지지 아니하고 보수로 여겨지거니와 일을 아니할지라도 경건하지 아니한 자를 의롭다 하시는 이를 믿는 자에게는 그의 믿음을 의로 여기시나니"(롬 4:4-5)라고 일반적인 행위의 원리와 은혜의 원리를 대비시켜 설명한다. 바울은 일 즉 행위를 통해 얻는 보상과 은혜의 방법을 대칭시킴으로 믿음의 방법은 은혜의 범주에 속한다고 설명하고 있다. 일하는 자에게 주어지는 삯은 보수라고 말하지 은혜라고 말하지 않는다. 본 구절은 일도 하지 않고 경건하지도 아니한 자(τὸν ἀσεβῆ: godless)가 자신을 의롭다고 인정해 주시는 그 분을 믿을 때 그 믿음을 의로 여긴다는 논조로 믿음의 방법을 강조하고 있다(롬 4:5). 이 말씀은 죄인이 아무것도 하지 않고 예수 그리스도를 믿기만 하면 의롭게 되고 구원을 받을 수 있다는 뜻이다.

마태복음 20장에 기록된 포도원의 주인과 품꾼들의 관계에서 노동의 삯과 은혜의 개념이 드러난다. 아침 9시에 포도원에서 일을 시작하여 하루 종일 일하고 한 데나리온을 받은 종은 노동의 대가로 보상을 받은 것이요(마 20:2-3), 오후 5시에 포도원에 들어가서 잠시 일하고 역시 한 데나리온을 받은 종은 노동의 대가보다는 은혜의 선물을 더 많

179 Godet, *Commentary on Romans* (1979), p. 170.

이 받았다고 할 수 있다(마 20:9). 그리스도를 믿음으로 의롭게 되고 구원을 받는 것은 행위로 얻을 수 있는 것이 아니요, 은혜로 주어진 것이다. 그래서 바울은 "너희는 그 은혜에 의하여 믿음으로 말미암아 구원을 받았으니 이것은 너희에게서 난 것이 아니요 하나님의 선물이라"(엡 2:8)라고 말함으로 이것을 분명히 한다. 바울은 다윗(David)의 시인 시편 32:1-2을 인용하면서 "일한 것이 없이 하나님께 의로 여기심을 받는 사람의 복"(롬 4:6)을 시편이 이미 진술해 두었다고 설명한다. 구약도 이미 행위가 아닌 다른 방법으로 하나님께 의로 여김을 받을 수 있는 길이 있다고 가르친다는 뜻이다. 바울이 시편 32:1-2 (LXX 31:1-2)에서 인용한 로마서 4:7-8은 한 단어(LXX의 ᾧ를 οὗ로)만 교체하고, 다른 모든 내용은 자구하나 변경하지 않고 그대로 인용했다.[180] 바울은 다윗의 시편을 인용하여 아브라함도 믿음으로 의롭게 되었음을 증명하기 원한 것이다(롬 4:7-9). 다윗은 복된 사람을 설명하면서 "허물의 사함을 받고 자신의 죄가 가려진 자"(시 32:1; 참조, 롬 4:7)와 "여호와께 정죄를 당하지 아니하는 자"(시 32:2; 참조, 롬 4:8)를 동일시하면서 이런 사람은 복이 있다고 선언한다. 다윗은 단순히 불법이 있는데도 처벌받지 않고 죄가 가려져서 없는 것처럼 인정받는 사람이 복이 있고, 죄가 있는데도 주께서 그 죄를 죄라고 하지 아니하는 그 사람은 복이 있다고 선언한다(롬 4:7-8). 바울은 이 말씀을 근거로 죄의 전가 개념을 설명하기 원한다. 루터(Luther)는 로마서 4:7을 해석하면서 "우리는 우리들의 의가 우리들의 행위로부터 오지 아니하고, 신적인 전가(divine imputation)에 의해서이기 때문에 '우리들 밖에서' 의롭게 된 것이다."[181]라고 설명

180 시편 32:1-2(LXX 31:1-2)은 "Μάκαριοι ὧν ἀφέθησαν αἱ ἀνομίαι, καὶ ὧν ἐπεκαλύφθησαν αἱ ἁμαρτίαι. Μακάριος ἀνὴρ ᾧ οὐ μὴ λογίσηται Κύριος ἁμαρτίαν."으로 읽는다. 로마서는 단지 ἀνὴρ ᾧ를 ἀνὴρ οὗ로 바꾸어 인용했을 뿐이다.

한다. 이 말씀은 예수 그리스도께서 그의 죽음과 부활을 통해 성취하신 의(롬 4:25)가 우리에게 전가되어 우리가 그리스도의 의의 옷을 입었음으로 우리의 죄가 가리어졌고 하나님께서 우리의 죄를 없는 것으로 인정해 주셨다는 뜻이다. 그러므로 성도들은 그리스도의 의의 전가로 인해 의롭다 인정을 받은 것이다.

롬 4:9–12 그래서 바울은 다윗의 말을 인용한 직후에 아브라함의 믿음과 연계시키고 있는 것이다(롬 4:9). 바울은 아브라함에게 불법이 있었고 죄가 있었지만 죄가 가려졌고 주께서 그의 죄를 죄로 인정하지 않은 복 받은 사람이었다고 말하고 있다. 그러면 이것이 어떻게 가능했는가? 창세기(Genesis)의 기록을 살펴보면 아브람은 나이 많아 자식을 가질 수 없는 형편에 있을 때 여호와께서 "네 몸에서 날 자가 네 상속자가 되리라"(창 15:4)라고 하신 말씀을 믿었다. 이어서 성경은 "아브람이 여호와를 믿으니 여호와께서 이를 그의 의로 여기시고"(창 15:6)라고 기록한다. 이 때는 아브람과 사래가 이삭(Isaac)을 잉태하기 이전의 시기이다. 그리고 여호와께서 아브람(Abram)을 아브라함(Abraham)으로 이름을 고쳐주시고(창 17:5) "너희 중 남자는 다 할례를 받으라 이것이 나와 너희와 너희 후손 사이에 지킬 내 언약이라"(창 17:10)라고 명령하신다. 그러므로 아브라함이 믿음으로 의롭다 인정을 받은 것은 그가 할례 받기 이전의 시기에 해당한다. 바울은 아브라함의 생애의 과정에 나타난 "믿음으로 의롭게 되는 시기"와 "할례의 제도가 설립되는 시기"를 비교하면서 "그런즉 이 복이 할례자에게냐 혹은 무할례자에게도냐 무릇 우리가 말하기를 아브라함에게는 그 믿음이 의로 여겨졌다 하

181 Luther, *Commentary on the Epistle to the Romans*, p. 67.

노라"(롬 4:9)라고 설명함으로 믿음으로 의롭게 되는 것은 할례나 무할례와 전혀 관계가 없다고 천명하고 있다. 머레이(Murray)는 "우리는 할례 제도의 설립은 창세기 17:10-13에서 발견하지만 아브라함이 믿음으로 의롭게 되는 언급은 창세기 15:6에 나온다. 그리고 적어도 14년의 시간이 전자의 사건과 후자의 사건 사이에 경과된 것이다."[182]라고 정리한다. 하나님의 계획은 아브라함의 생애를 사용하셔서 할례자이거나 무할례자이거나를 막론하고 아브라함을 모든 믿는 자의 대표자로 만드시는 것이었다. 아브라함은 그가 할례를 행하기 전에 믿음으로 의롭게 되고 죄의 용서를 받았다.

바울은 아브라함이 믿음으로 의롭다 함을 받게 된 것은 무할례시라고 분명히 밝힘으로 공로의 개념이 끼어들 수 없게 만든다. 바울은 "그런즉 그것이 어떻게 여겨졌느냐 할례시냐 무할례시냐 할례시가 아니요 무할례시니라(롬 4:10)라고 분명하게 밝힌다. 그리스도 안에서 할례와 무할례가 제거되었다. 김진옥은 "아브라함의 의에 대해서 가장 먼저 생각해야 할 부분은, 이것이 '간주된 의'라는 점이다. 아브라함은 실제적으로는 의인이 아닌데, 단지 의인으로 간주된 것이다. 아브라함의 의를 묘사하기 위해서 로마서는 연속적으로 '간주되었다; 여겨졌다(λογίζομαι)'는 동사를 사용하고 있다(롬 4:3,4,5,6,8,9.10,11,22,23,24). 하나님으로부터 칭의를 얻었다고 해서 아브라함이 본질적으로 의인이 된 것은 아니다."[183]라고 바르게 정리한다.

바울은 계속해서 아브라함이 할례의 표를 받은 것과 무할례시에 믿음으로 의롭게 된 사실을 연계하여 할례가 "믿음으로 된 의를 인친

---

182 Murray, *The Epistle to the Romans* (*NICNT*), Vol. I (1968), p. 136.

183 김진옥, 『함께 오르는 로마서』 (서울: 킹덤북스, 2015), p. 135.

것"(롬 4:11)이라고 가르친다.우리는 여기서 할례의 기능을 이해할 수 있다. 할례는 하나님의 백성됨을 외적으로 인친 것이다. 하나님의 백성 됨이 먼저요, 할례는 그 사실을 외적으로 확인하는 의식이다. 신약의 세례의 경우도 마찬가지이다. 세례는 그 자체로 죄인을 의롭다고 인정하는 의식이 아니요, 이미 믿음으로 의롭다 인정함을 받은 성도를 외적으로 보이는 세례의식을 통해 하나님의 백성 됨을 확인하는 것이다. 구약의 할례의식이 구속역사 진행의 과정에서 신약의 세례의식으로 전환되었다. 벧츠(Betz)는 "세례는 믿음으로 의롭게 되었음을 보이는 모양으로 확증하는 것이며 그러므로 '손으로 하지 아니한 그리스도의 할례'(골 2:11)로 불리는 것이다. 그리고 이방인 기독교인들은 (영적인) 할례파가 된 것이다(빌 3:3)."[184]라고 설명함으로 믿음으로만 하나님의 백성이 될 수 있다는 원리를 분명히 한다. 할례나 세례가 구원을 보장하지 못한다. 오직 믿음만이 구원을 보장할 수 있다. 박윤선은 아브라함이 받은 "할례의 표"(롬 4:11)를 해석하면서 "'할례'는 아브라함의 칭의된 표요, 그 얻는 의의 본질은 아니다. '표'(σημεῖον)는, 그 자체에 목적을 가지는 것이 아니다. 우리가 표를 보고 표를 위하고 또 표에 머물면, 그것은 어리석다. 표는 표로 보아져야 하고, 그 지시하는 본체(本體)로 간주되어서는 안 된다. 그러나 많은 유대인들이 이런 표에 불과한 할례를 오해하여 본체로 알고 그것을 과중시하였다. 따라서 그것은, 그들에게 표(標)로서의 효과도 내지 못하고 도리어 본체를 아는 일에 장애물이 되고 말았다. '표'를 본체시(本體視)하는데 관습이 된 그들은, 구약의 예표(豫表)가 가리킨 그리스도 예수를 모르게 되었다."[185]라

184 O. Betz, "περιτομή," *Exegetical Dictionary of the New Testament*, Vol. 3 (Grand Rapids: Eerdmans, 1993), p. 80.

185 박윤선,『성경주석. 로마서』, p. 133.

고 바르게 해석한다. "할례의 표"의 표현에서 할례는 동격적 소유격(genitive of apposition)으로 할례가 표 자체이다.

바울은 아브라함이 할례 받기 전에 믿음으로 의롭게 되었으므로 믿는 모든 자의 조상이 되었고(롬 4:11) 또한 할례를 받아 하나님과 언약의 관계에 들어갔으므로 할례자의 조상도 되었다(롬 4:12). 바울은 의롭게 되고 구원을 받는 것은 율법을 지키거나 할례를 받음으로 되는 것이 아니요, 오로지 은혜의 방법인 믿음의 방법으로라야만 가능함을 분명히 한다.

2. 믿음으로 실현된 약속(롬 4:13-25)

**13 아브라함이나 그 후손에게 세상의 상속자가 되리라고 하신 언약은 율법으
로 말미암은 것이 아니요 오직 믿음의 의로 말미암은 것이니라 14 만일 율법에
속한 자들이 상속자이면 믿음은 헛것이 되고 약속은 파기되었느니라 15 율법
은 진노를 이루게 하나니 율법이 없는 곳에는 범법도 없느니라 16 그러므로 상
속자가 되는 그것이 은혜에 속하기 위하여 믿음으로 되나니 이는 그 약속을 그
모든 후손에게 굳게 하려 하심이라 율법에 속한 자에게뿐만 아니라 아브라함
의 믿음에 속한 자에게도 그러하니 아브라함은 우리 모든 사람의 조상이라 17
기록된 바 내가 너를 많은 민족의 조상으로 세웠다 하심과 같으니 그가 믿은
바 하나님은 죽은 자를 살리시며 없는 것을 있는 것으로 부르시는 이시니라 18
아브라함이 바랄 수 없는 중에 바라고 믿었으니 이는 네 후손이 이같으리라 하
신 말씀대로 많은 민족의 조상이 되게 하려 하심이라 19 그가 백 세나 되어 자
기 몸이 죽은 것 같고 사라의 태가 죽은 것 같음을 알고도 믿음이 약하여지지**

아니하고 [20] 믿음이 없어 하나님의 약속을 의심하지 않고 믿음으로 견고하여 져서 하나님께 영광을 돌리며 [21] 약속하신 그것을 또한 능히 이루실 줄을 확신 하였으니 [22] 그러므로 그것이 그에게 의로 여겨졌느니라 [23] 그에게 의로 여겨 졌다 기록된 것은 아브라함만 위한 것이 아니요 [24] 의로 여기심을 받을 우리도 위함이니 곧 예수 우리 주를 죽은 자 가운데서 살리신 이를 믿는 자니라 [25] 예수는 우리가 범죄한 것 때문에 내줌이 되고 또한 우리를 의롭다 하시기 위하여 살아나셨느니라(롬 4:13-25, 개역개정)

롬 4:13-15 유대인의 관점에서 보면 "아브라함이나 그 후손에게 세상의 상속자가 되리라고 하신 언약"(참조, 창 15:4-6; 롬 4:13)은 아브라함이 율법을 지킴으로 성취될 수 있다고 생각하는 것이다. 그러나 바울은 지금까지의 논의를 계속 유지하면서 "아브라함이나 그 후손에게 세상의 상속자가 되리라고 하신 언약은 율법으로 말미암은 것이 아니요 오직 믿음의 의로 말미암은 것이니라"(롬 4:13)라고 설명한다. 바울은 아브라함이 세상의 상속자가 되는 언약도 믿음의 방법으로 되는 것임을 다시 한 번 확인하고 있다. 하나님이 아브라함에게 주신 언약의 약속은 율법이행이나 행위와 전혀 관계가 없는 것이다. 왜냐하면 아브라함이 믿음으로 의롭게 된 시기가 율법이 선포되기 오래 전 사건이기 때문이다(창 15:6; 참조, 갈 3:15-18). 그런데 바울이 여기서 사용한 "아브라함이나 그 후손"이라는 표현은 "아브라함이나 그의 씨"를 뜻한다.[186] 결국 아브라함이나 그의 씨가 세상의 상속자가 될 것이라는 언약인 것이다. 바울은 성도들을 가리켜 "하나님의 상속자요 그리스도와 함께 한 상속자"(롬 8:17; 참조, 갈 3:29; 4:1, 7; 딛 3:7)라는 표현을 자주 사용한다. 그런데 바울은 로마서 4:13에서 조금 갑작스럽게 "세상의 상속

186 롬 4:13의 "아브라함이나 그 씨"(τῷ 'Αβραὰμ ἢ τῷ σπέρματι)의 표현에서 "그 씨"가 단수(singular)라는 사실에 주목해야 한다.

자"(κληρονόμον κόσμου)라는 표현을 등장시킨다. 이는 바울이 신약의 성도들을 아브라함의 후손으로 직접 연결시키기를 원하지 않고, 아브라함과 성도들 사이에 그리스도를 위치시키기를 원하기 때문이다. 그래서 바울은 "아브라함과 그 씨"라는 표현에서 "씨"를 단수로 처리하여 그 씨가 그리스도를 가리키도록 한 것이다. 바울은 다른 곳에서 "이 약속들은 아브라함과 그 자손에게 말씀하신 것인데 여럿을 가리켜 그 자손들이라 하지 아니하시고 오직 한 사람을 가리켜 네 자손이라 하셨으니 곧 그리스도라"(갈 3:16)라고 확인하는 것이다.

그러면 본 절의 "세상의 상속자"(롬 3:13)라는 표현을 어떻게 이해해야 하는가? 예수님의 십자가상에서의 죽음과 사흘 만에 부활하신 사건은 단순히 죄인을 의롭게 하고 개인을 구원하는 효과에만 그치지 않고 에덴(Eden) 동산에서 훼손된 하나님의 통치의 질서를 예수님이 설립하신 하나님의 나라(the Kingdom of God) 안에서 회복시키시는 능력을 발휘할 수 있다. 예수님의 죽음과 부활은 "새로운 창조"(New Creation)를 만드실 수 있고 불목의 관계에 있는 세상을 화목의 관계로 승화시키는 능력이 있다(고후 5:17-19). 그래서 바울은 로마서에서 "피조물이 고대하는 바는 하나님의 아들들이 나타나는 것이니 피조물이 허무한 데 굴복하는 것은 자기 뜻이 아니요 오직 굴복하게 하시는 이로 말미암음이라 그 바라는 것은 피조물도 썩어짐의 종 노릇 한데서 해방되어 하나님의 자녀들의 영광의 자유에 이르는 것이니라"(롬 8:19-21; 참조, 골 1:14-20)라고 가르친다. 바울은 지금 창세기 3장에 기록된 아담과 하와의 범죄 때문에 창조 세계도 스스로 잘못함이 없음에도 불구하고 하나님의 저주를 받았는데(창 3:17-18) 저주의 원인을 제공한 인간이 완전하게 구원받고 하나님과 화목하는 관계에 들어가면 창조물도 원래의 상태로 회복될 것이라고 가르치는 것이다(롬 8:23). 프리드리히(Friedrich)는

"땅을 소유하는 약속은 족장들 특히 아브라함으로부터 기인한다(참조, 신 6:10). 이 약속의 계속적인 기억은 그 사건을 가리키는 신약의 참고 구절에서 나타나는데 특히 바울 서신에서 발견된다(갈 3:18; 4:1, 7, 30; 롬 4:13이하)."[187]라고 설명한다. 그런데 창조물이 원래 상태로 회복되는 때는 예수님의 재림의 때가 될 것이며 그 때는 예수님이 완성된 하나님 나라를 아버지께 바칠 때가 될 것이다(고전 15:21-24). 그러므로 아브라함의 씨로 태어나신 예수님이 "세상의 상속자"가 될 것이며 예수님을 믿는 성도들은 당연히 예수님과 함께 회복된 세상을 유산으로 받아 "세상의 상속자"가 될 것이다. 헨드릭센(Hendriksen)은 "그러므로 바로 해석을 한다면 '그리스도의 의'가 전가된 아브라함은 '세상의 상속자' 였다. 같은 방법이 예전에도 진실하고 그리고 지금도 물론 아브라함의 믿음을 공유하는 모든 사람들에게 진실하다. 만약 주님이 은혜언약의 가장 본질이 되는 그들의 하나님이시라면(창 17:7), 모든 것은 잘 되는 것이다."[188]라고 해석한다. 바울은 성도들이 "세상의 상속자"로 되는 길이 율법을 지키는 행위의 방법이 아니요 오직 믿음으로 의롭게 되는 방법을 통해서만 가능함을 천명하는 것이다(롬 4:13). 바울은 "아브라함과 그의 씨"가 믿음으로 "세상의 상속자"가 된다고 말하므로 초림과 재림을 잇는 종말론적인 구조를 함축하고 있다. 프리드리히는 "'이미'와 '아직'이라는 병치(竝置)는 상속이라는 용어의 사용에서 이미 인지되고 있다."[189]라고 설명함으로 상속의 개념에서 종말론적인 구조를 찾는다.

---

187 J. H. Friedrich, "κληρονόμος," *Exegetical Dictionary of the New Testament,* Vol. 2 (Grand Rapids: Eerdmans, 1991), p. 298.

188 Hendriksen, *Exposition of Paul's Epistle to the Romans* (*NTC*), p. 155.

189 Friedrich, "κληρονόμος," *Exegetical Dictionary of the New Testament,* p. 299.

바울은 계속해서 믿음의 방법이 아니라 율법을 행함으로 상속자가 된다면 믿음은 헛것이 되고 하나님의 언약은 파기되는 것이라고 설명한다(롬 4:14). 율법의 방법으로는 예수님께서 성취하신 완전한 하나님 나라를 유업으로 받을 수 없고(고전 15:50) 오로지 구속을 완성하신 예수님을 구주로 믿을 때 가능한 것이다. 바울이 "그리스도께서 만일 다시 살아나지 못하셨으면 우리가 전파하는 것도 헛것이요 또 너희 믿음도 헛것이며"(고전 15:14)라고 말한 내용이 이를 증거하고 있다. 바울은 이제 율법이 죄를 드러나게 하는 역할을 가지고 있음을 "율법은 진노를 이루게 하나니 율법이 없는 곳에는 범법도 없느니라"(롬 4:15)라고 설명한다. 율법은 죄를 드러나게 하는 기능이 있다. 율법은 사람을 정죄 아래 둔다. 율법은 생명을 제공하기보다 오히려 죽음을 바라보게 한다. 그러므로 율법으로 하나님의 유업을 이을 상속자가 되는 것은 불가능하다. 바울은 분명히 율법을 행하여 의를 이루려고 하는 사람은 저주 아래 있다고 가르쳤다(갈 3:10). 그리고 그 결론으로 "하나님 앞에서 아무도 율법으로 말미암아 의롭게 되지 못할 것이 분명하니 이는 의인은 믿음으로 살리라"(갈 3:11; 참고, 롬 1:17; 합 2:4)라고 정리한다. 칼빈(Calvin)은 "율법은 복수심 이외에 아무것도 이룰 수 없기 때문에 은혜를 불러올 수는 결코 없다. 진정으로 율법은 사람들에게 덕스럽고 온전한 삶의 방식을 제시하지만 율법은 죄 많고 부패한 사람들에게 온전한 삶을 살 수 있는 능력은 제공하지 않으면서 그들의 의무를 행하라고 명령을 하기 때문에 율법은 하나님의 심판석에 그들의 죄책만을 가져올 뿐이다. 그것이 인간 본성의 부패이기에 우리가 바른 것이 무엇이고 의로운 것이 무엇인지를 더 많이 배우면 배울수록 우리들의 죄악 특히 우리들의 완고함이 공개적으로 드러나게 되고 따라서 하나님의 심판은 더 무겁게 내려지는 것이다."[190]라고 율법의 기능을 설명한다. 바울이

"율법이 없는 곳에는 범법도 없느니라"(롬 4:15)라고 말한 것은 이 세상에 죄가 없다는 뜻이 아니요, 율법을 알면 알수록 우리가 더 많은 죄를 짓고 있다는 사실을 깨닫게 된다는 뜻이다. 따라서 바울은 죄인이 의롭게 되고 하나님의 상속자가 될 수 있는 길은 오로지 은혜의 방법인 믿음으로 의롭게 되는 길 밖에 없음을 강조하고 있는 것이다.

롬 4:16–17 바울은 계속해서 의롭게 되고 "세상의 상속자"가 되는 길은 은혜의 길이요 믿음의 방법임을 분명히 하고 이 방법은 유대인이나 이방인이나 차별 없이 누구에게나 공평하게 적용된다고 가르친다(롬 4:16). 그래서 바울은 "그러므로 상속자가 되는 그것이 은혜에 속하기 위하여 믿음으로 되나니 이는 그 약속을 그 모든 후손에게 굳게 하려 하심이라 율법에 속한 자에게 뿐만 아니라 아브라함의 믿음에 속한 자에게도 그러하니 아브라함은 우리 모든 사람의 조상이라"(롬 4:16)라고 말한 것이다. 바울은 "그러므로"(διὰ τοῦτο)라는 표현을 통해 바로 이전 구절에서 다루었던 주제인 율법의 본질이 진노를 일으키는 일 외에는 아무것도 할 수 없다는 것을 확인하고 있다. "상속자가 되는 그것이 은혜에 속하기 위하여 믿음으로 되나니"(롬 4:16)라는 표현은 성도들의 구원과 구속역사의 완성을 위해서는 하나님 편에서의 은혜(grace)와 인간 편에서의 믿음(faith)의 반응이 필요함을 가르친다. 구속역사의 진행에 있어서 이 은혜와 믿음의 원리가 기독교 안에서 보편적으로 적용되는 방법이다. 하나님이 은혜를 베푸실 때 인간은 믿음의 반응을 할 수 밖에 없다. 왜냐하면 믿음도 하나님의 선물이기 때문이다(엡 2:8). 하지만 하나님은 인간이 믿음의 반응을 할 때 억지로 강

---

190 Calvin, *The Epistles of Paul the Apostle to the Romans and to the Thessalonians*, p. 93.

요받는다는 느낌을 갖지 않도록 역사하신다. 바울은 은혜와 믿음의 원리의 보편성을 설명하기 위해 "율법에 속한 자"와 "아브라함의 믿음에 속한 자"라는 표현을 함께 사용한다. "율법에 속한 자"는 유대인을 가리키며, "아브라함의 믿음에 속한 자"는 이방인을 가리킴에 틀림없다. 그러므로 바울은 유대인이나 이방인이나 하나님의 은혜에 따라 믿음으로 의롭게 되고 "세상의 상속자"가 된다고 설명한다(롬 4:11-12 참조). 핫지(Hodge)는 "바울은 아브라함의 영적인 자녀들, 즉 유업이 그들에게 약속된 상속자들에 관해 말하고 있다. 이들 중 믿는 유대인들과 믿는 이방인들의 두 부류가 있다. 유대인들은 율법으로(ἐκ νόμου) 구별되었고, 이방인들은 아브라함의 믿음으로 구별된 것이다. 왜냐하면 이방인 기독교인들은 아브라함과의 관계가 순전히 영적인 관계로 연결되었기 때문이요, 반면 유대인 기독교인들은 두 가지 결속 즉 자연적인 관계와 영적인 관계로 아브라함과 연관되어 있었기 때문이다."[191]라고 해석한다. 아브라함은 혈연관계로 유대인들의 조상이기 때문에 율법준수와 상관없이 믿는 유대인들의 조상이 되고 또한 믿는 이방인들의 믿음의 조상이 되기 때문에 바울이 "아브라함은 우리 모든 사람의 조상이라"(롬 4:16)라고 말할 수 있었다. 아브라함의 믿음에 동참한 구약의 유대인들은 하나님이 아브라함에게 약속하신 유업을 상속받을 성도들이요, 신약의 성도들의 최고의 특권은 하나님이 아브라함에게 약속하신 유업에 참여자가 되는 것이다. 박윤선은 "아브라함이 우리 모든 사람(유대인 기독자나 이방인 기독자를 물론하고)의 조상이 됨은, 육신으로 그러함이 아니요 하나님의 표준에 의하여 영적으로 그러하다는 말이다."[192]라

191 C. Hodge, *A Commentary on Romans* (1975), p. 123.

192 박윤선, 『성경주석. 로마서』, p. 137.

고 정리한다.

바울은 이제 구약을 인용하여 아브라함이 우리 모든 성도들의 조상이 됨을 증명한다(롬 4:17). 바울은 창세기에서 "내가 너를 여러 민족의 아버지가 되게 함이니라"(창 17:5)라는 말씀을 칠십인경(LXX)에서 단어 하나 바꾸지 않고 그대로 인용한다. 비록 창세기 17:5과 로마서 4:17의 헬라어는 전혀 차이가 없는데 한글 번역은 약간의 변화가 있음을 볼 수 있다.[193] 하나님은 아브라함을 예수를 믿는 많은 민족의 조상으로 세우신 것이다. 유대인들도 많은 민족 중 한 민족에 해당한다. 루터(Luther)는 "내가 너를 많은 민족의 조상으로 세웠다"(롬 4:17)라는 말씀을 "유대인들은 이 말씀을 육체적인 의미로 이해하여 그들의 조상들이 가나안을 점령한 것처럼 아브라함의 후손들은 전 세계를 소유할 것으로 생각했다. 그러나 사도는 여기서 믿음으로 받게 되는 영적 유산을 말하고 있다. 사도는 온 세상(유대인들뿐만 아니라 이방인들도 포함한)이 아브라함의 믿음을 따를 것이며, 그를 영적인 아버지로 고백하고, 그의 씨(그리스도)를 그들의 주님으로 영접한다는 의미로 말하고 있다."[194]라고 해석한다. 바울은 "내가 너를 많은 민족의 조상으로 세웠다."(롬 4:17상)를 아브라함이 믿었던 "죽은 자를 살리시고 없는 것을 있는 것으로 부르시는 이"(롬 4:17하)이신 하나님과 연결시킨다. 하나님이 아브라함을 많은 민족의 조상으로 세우시고 인정하신 것이다. 만약 아브라함에게 믿음이 없었다면 하나님이 그를 "많은 민족의 조상"으로 세우실 수 있었겠는가? 그 답은 그럴 수 없다는 것이다. 왜냐하면 아브라함에게 믿

193 창 17:5(LXX)은 "ὅτι πατέρα πολλῶν ἐθνῶν τέθεικά σε."로 읽는다. 개역개정은 "내가 너를 많은 민족의 조상으로 세웠다 하심과 같으니"(롬 4:17)로 번역했고, NIV, NKJV는 "for I have made you a father of many nations."(창 17:5과 롬 4:17 동일함)라고 일관성 있게 번역했다.

194 Luther, *Commentary on the Epistle to the Romans*, p. 70.

음이 없었으면 그는 "믿음에 속한 자"(롬 4:16)의 조상이 될 수 없었기 때문이다. 아브라함이 많은 민족의 조상으로 인정받는데 필요한 그의 믿음은 하나님의 면전에서 실행되었기 때문에 하나님이 직접적으로 인정한 확실한 믿음이었다(창 15:6; 롬 4:3, 9, 22; 갈 3:6; 약 2:23).

바울은 믿음과 관련하여 하나님의 전능하신 속성을 언급한다. 그것은 "하나님은 죽은 자를 살리시는 분"이시며, "없는 것을 있는 것으로 부르시는 이"(롬 4:17)시라는 것이다. 아브라함은 하나님이 그의 능력으로 죽은 자를 살리실 수 있다고 믿었다. 히브리서 저자는 아브라함의 믿음에 대해 설명하면서 "그가 하나님이 능히 이삭을 죽은 자 가운데서 다시 살리실 줄로 생각한지라"(히 11:19)라고 확인한 바 있다. 아브라함은 하나님이 그와 맺은 언약의 약속을 성취하시며, 그를 많은 민족의 조상으로 만드시겠다(창 17:4)는 언약을 성취하시고, 죽은 자를 살리시는 일을 하시는 하나님의 능력을 추호도 의심하지 않고 믿었다(롬 4:19-22). 헨드릭센(Hendriksen)은 바울이 "하나님은 죽은 자를 살리시는 분"(롬 4:17)이라고 말하는 뜻은 "아들을 잉태시킬 수 있는 아브라함의 능력과 임신할 수 있는 사라의 능력을 소생시키는 분임을 가리킨다."라고 해석한다. 아브라함은 죽은 자에게 생명을 주실 수 있는 하나님을 믿었다.

그리고 아브라함은 하나님이 "없는 것을 있는 것으로 부르시는 이"(롬 4:17)[195]시라는 사실을 믿었다. 본문의 정확한 뜻을 이해하기 위해서는 "부르시는"(καλοῦντος)이라는 용어가 어떻게 사용되었는지를 알아야 한다. 본문에서 "부르시는" 행위를 하시는 분은 하나님이시다. 본문의 "부르신다"의 뜻을 이해하는 견해가 나누인다. 첫째, 어떤 이

195 롬 4:17은 "καὶ καλοῦντος τὰ μὴ ὄντα ὡς ὄντα."(RSV: and calls into existence the things that do not exist.)라고 읽는다.

는 "부르신다"는 용어가 하나님께서 성도들을 구원하실 때 그의 성령으로 효과적인 부름을 통해 구원하신다는 의미로 사용되기 때문에 본문의 의미는 "하나님이 그의 자녀들이 아닌 자들을 그의 자녀로 부르신다."로 해석해야 한다고 주장한다. 하지만 이 주장은 문맥에 비추어 볼 때 받아들일 수 없다. 본 문맥은 성도의 구원 문제를 다루는 맥락이 아니요, 아브라함의 믿음이 전능하신 하나님을 의지했기 때문에 가능했음을 밝히는 문맥이다.[196] 둘째, 머레이(Murray)는 "'부르신다'(call)는 용어는 하나님의 효과적인 말씀과 결심의 뜻으로 사용된다. 아브라함에게 주어진 약속들이 그와 같은 범주에 속한다. 약속된 것들은 아직 존재하지 않은 것이다. 그것들은 실현의 관점에서 볼 때 존재하지 않은 것이다. 그러나 하나님께서 그것들을 약속하셨고 그리고 그것들이 존재하게 될 것이라고 결단하셨기 때문에 그것들의 실현의 확실성은 확고한 것이었다. 다시 말하면 이 진리는 하나님이 결단하시고 약속하신 것은, 비록 아직 성취되지 않았지만, 그것들이 이미 성취된 것처럼 언급되고 그러므로 하나님의 결단의 목적 안에서 존재하며 아브라함의 믿음이 그와 같이 지도된다는 것이다. 그리고 이런 성격을 소유하신 하나님을 아브라함은 의존하고 있다. 아브라함에게 주신 하나님의 약속은 이미 성취된 것과 똑같다."라고 "없는 것을 있는 것으로 부르시는 이시니라"(롬 4:17)의 구절을 해석한다. 머레이의 해석이 본 구절의 맥락에 더 일치하는 해석이다. 아브라함이 믿은 하나님은 죽은 자를 살리실 능력이 있을 뿐만 아니라 그가 계획하시고 부르신 것은 반드시 실현시키시는 권능을 가지고 계신다. 그러므로 하나님의 약속은 실재(reality)나 다름없다.

---

196 C. Hodge, *A Commentary on Romans* (1975), p. 124 참조.

롬 4:18-22 바울은 계속해서 아브라함의 믿음의 특성을 설명한다. 바울은 "아브라함이 바랄 수 없는 중에 바라고 믿었다"(롬 4:18; 참조, 창 15:4-6)라고 설명한다. 아브라함은 인간의 이성이나 자연적인 원리로 볼 때 전혀 불가능한 약속이지만 하나님이 말씀하셨으므로 그 말씀을 철저하게 믿었다. 바울은 "바랄 수 없는 중에 바라고"(παρ' ἐλπίδα ἐπ' ἐλπίδι: against hope in hope)라는 표현을 사용하여 아브라함이 처한 불가능한 상황과 아브라함의 철저한 믿음을 설명하고 있다. 아브라함은 "백세나 되어 자기 몸이 죽은 것 같고 사라의 태가 죽은 것 같음을 알았기"(롬 4:19) 때문에 "많은 민족의 조상"(롬 4:18)이 되게 하시려는 하나님의 약속을 바랄 수 없는 상태에 있었다(against hope). 인간적으로 볼 때 아브라함은 소망을 가질 수 있는 형편에 있지 않았다. 그럼에도 불구하고 아브라함은 그의 "믿음이 약하여지지 아니하여"(롬 4:19) 불가능한 것처럼 보이는 하나님의 약속을 소망 중에 철저하게 믿었다(in hope). 칼빈(Calvin)은 "바울이 소망이라는 단어를 같은 한 문장에서 두 번 사용한다. 첫 번째 경우는 자연과 육체적 이유에서 기인될 수 있는 소망에 대한 논의요, 두 번째 경우는 하나님이 주신 믿음을 가리키는 것이다. 그 의미는 아브라함이 소망할 수 있는 근거가 없을 때 그는 소망 중에 여전히 하나님의 약속에 의존했다는 것이다. 비록 현실은 그 자체로 믿기 어려울지라도 주님이 약속하셨다는 사실 자체가 소망의 근거로 충분했다."[197]라고 해석한다. 바울은 아브라함이 인간적으로는 믿을 수 없는 하나님의 약속인 "네 씨가 이같이 될 것이다"(롬 4:18: 사역, 참조, 창 15:4-6; 17:5-7, 16)라는 말씀을 철저하게 믿었음을 다시 한 번 밝힌다. 본 구절 로마서 4:18에서 주목할 사항은 본 구절이 로마서 4:11과 비

197 Calvin, *The Epistles of Paul the Apostle to the Romans and to the Thessalonians*, p. 96.

슷한 내용을 전하고 있으나 로마서 4:11은 아브라함의 후손으로 태어난 그리스도를 통해 하나님께서 의의 역사를 이룩하실 하나님의 계획에 강조를 두는 반면, 로마서 4:18은 하나님이 그리스도를 통해 이룩하신 하나님의 계획을 믿는 아브라함의 믿음에 더 강조를 두고 있다는 것이다.

바울은 로마서 4:19-22에서 아브라함이 어떤 불가능한 상황에 처해 있었는지를 밝히고 그럼에도 불구하고 아브라함이 하나님의 약속을 철저하게 믿음으로 의롭다고 인정을 받은 사실을 설명한다(롬 4:19-22). 아브라함은 "백 세나 되어 자기 몸이 죽은 것 같고 사라의 태가 죽은 것 같음"(롬 4:19)을 알고 있었기에 후손을 생각할 수 없는 상태에 있었다.[198] 그래서 아브라함은 하나님께서 상급을 주시겠다는 말씀에 대한 대답으로 "나의 상속자는 이 다메섹 사람 엘리에셀이니이다"(창 15:2)라고 답을 한 것이다. 모세(Moses)는 "아브라함과 사라는 나이가 많아 늙었고 사라에게는 여성의 생리가 끊어졌는지라"(창 18:11)라고 설명함으로 아브라함과 사라가 상속자를 얻을 수 없는 형편에 있었다는 것을 확인한다. 이와 같이 인간적인 전망으로 불가능한 형편에 있었지만 바울은 아브라함의 "믿음이 약하여지지 아니했다"(롬 4:19)라고 설명한다. 그리고 이어서 바울은 "믿음이 없어 하나님의 약속을 의심하지 않고 믿음으로 견고하여져서 하나님께 영광을 돌리며"(롬 4:20)라고 아브

198 창세기에 언급된 아브라함의 나이와 관련하여 약간의 정리가 필요하다. 창세기는 아브람(Abram)이 하갈(Hagar)을 통해 이스마엘(Ishmael)을 낳았을 때 나이가 86세였다고 전한다(창 16:16). 그리고 아브람이 99세일 때 하나님이 이삭을 주시겠다고 약속하시고(창 17:1) 아브람(아브라함)이 100세일 때 사라를 통해 이삭을 얻었다(창 21:5). 그런데 창세기의 기록은 아브라함이 이삭을 얻기 전인데도 불구하고 "아브라함이 엎드려 웃으며 마음속으로 이르되 백 세(100) 된 사람이 어찌 자식을 낳을까"(창 17:17)라고 기록함으로 아브라함의 의구심을 전한다. 따라서 창세기 17:1과 17 사이에 차이가 발생한다. 그러나 이는 큰 문제가 아니다. 창세기 17:17은 아브라함이 자신의 늙은 나이를 자연적으로 과장해서 표현했기 때문이다. Cf. J. B. Lightfoot, *Notes on the Epistles of St. Paul* (1980), p. 282.

라함의 믿음을 치하한다. 아브라함이 백세 된 자신과 구십 세 된 사라 사이에서 아들을 얻을 것이라는 하나님의 약속에 대해 놀라움을 금치 못했지만(창 17:17-18), 아브라함은 하나님의 약속을 결단코 의심하지 않았다. 아브라함의 믿음은 하나님이 그의 약속을 성취하실 전지전능하신 분이시라는 사실에 의존되어 있었다(롬 4:21). 바울은 아브라함이 처한 상황은 하나님의 약속 성취와 비교할 때 정반대의 위치에 있었다. 아브라함은 늙어서 아들을 가질 수 없고 죄인이기 때문에 의롭게 될 수 없는 반면, 하나님은 전지전능하셔서 아브라함에게 아들을 주실 수 있고 그를 의롭다고 인정하실 수 있었다. 이런 현실 앞에 처해 있을 때 아브라함은 자신을 믿지 않고 하나님의 능력과 하나님의 말씀을 믿은 것이다. 그래서 바울은 아브라함이 하나님께서 "약속하신 그것을 또한 능히 이루실 줄을 확신하였다"(롬 4:21)라고 설명하는 것이다. 성도는 일반적으로 하나님의 전능을 믿는다고 고백한다. 그러나 우리 앞에 큰 장애물이 등장하면 하나님의 전능을 낮게 평가하고 의존할 생각을 하지 않는다. 바울은 아브라함이 그런 연약한 믿음을 갖고 있지 않았다고 천명하는 것이다. 아브라함은 하나님의 전능을 확고하게 믿었으며 하나님은 이런 아브라함의 믿음 때문에 그를 의롭다고 여기신 것이다(롬 4:22). 바울은 아브라함의 믿음과 의롭게 됨을 연결시켜 설명한다. 그런데 창세기는 "아브람이 여호와를 믿으니 여호와께서 이를 그의 의로 여기시고"(창 15:6)라고 함으로 아브람의 의와 믿음을 연결시켜 진술한다. 이 구절이 성경에서 믿음(faith)과 의(justification)를 연결시켜 설명한 최초의 예이다. 여기에서 아브라함이 믿음으로 의롭게 되었다는 개념이 역사적 실재(historical reality)로 제시된 것이다.[199] 바울은 구약의

199 G. Ch. Aalders, *Genesis: Bible Student's Commentary,* Vol. 1 (1981), p. 293.

역사적 사실을 근거로 믿음과 의의 관계를 설명하고 있다. 핫지(Hodge)는 "아브라함은 그의 믿음 때문에 의롭다고 인정받았다. 믿음 자체가 근거(ground)가 된 것이 아니요, 믿음이 그의 의의 조건(condition)이 되었다. 마치 우리가 지금 믿으면, 우리의 믿음의 어떤 공적 때문이 아니라, 우리가 믿을 때 우리에게 전가되는 그리스도의 의를 근거(ground)로 우리가 의롭다고 받아들여진 것처럼, 아브라함은 믿었고 그리고 하나님은 그를 의롭다고 받아들이셨다."[200]라고 설명함으로 믿음과 칭의의 관계를 잘 정리한다. 우리의 믿음은 결코 우리의 칭의의 근거가 될 수 없다. 만약 우리의 믿음이 우리의 칭의의 근거가 된다면 믿음도 하나의 공로로 인정되기 때문이다. 하나님은 우리가 예수 그리스도를 믿는 것을 보시고 그리스도의 의를 우리에게 전가시켜 주신 것이다. 칼빈(Calvin)은 "그러므로 믿음은 우리들의 연약성, 절망, 결함들을 바라 볼 것이 아니요, 전체 믿음의 주의력을 하나님의 능력에만 고정시켜야 한다."[201]라고 가르친다. 데니(Denney)는 "사람이 스스로는 힘도 없고, 미래에 대한 소망도 없고, 그리고 그럼에도 불구하고 그에게 미래에 대한 확신을 주시는 하나님의 말씀에 자신을 맡기고, 살아가야 한다는 의식을 가진 그 사람의 영적인 태도는 모든 사람들이 하나님께 대해 반드시 그리고 영원히 가져야 할 태도이다." "복음은 아브라함이 살았던 당시의 종교적 질서를 전복시키지 않는다. 복음은 그 질서를 설명하고, 확장하고, 확증한다."[202]라고 해석한다. 아브라함은 하나님이 약속하신 것을 이루실 줄을 확실하게 믿었고(롬 4:21) 하나님은 아브라함

---

200 C. Hodge, *A Commentary on Romans* (1975), p. 128.

201 Calvin, *The Epistles of Paul the Apostle to the Romans and to the Thessalonians*, p. 100.

202 James Denney, "St. Paul's Epistle to the Romans," *The Expositor's Greek Testament*, Vol. II (1980), p. 621.

의 믿음을 보시고 그를 의롭다고 여기신 것이다.

롬 4:23-25 바울은 이제 아브라함이 의롭다 함을 인정받은 사실과 우리 성도들이 의롭다 함을 인정받은 사실을 연계시킨다(롬 4:23-24). 바울은 로마서 4:23에서 "그에게 의로 여겨졌다 기록된 것은 아브라함만 위한 것이 아니요"(롬 4:23)라고 말한 다음 "의로 여기심을 받을 우리도 위함이니"(롬 4:24)라고 말함으로 의롭게 되는 문제에 있어서 아브라함과 우리 성도들을 동일 선상에 두고 설명한다. 아브라함이 믿음으로 의롭다 함을 인정받았다면 우리 성도들도 믿음으로 의롭다 함을 인정받게 되는 것이다. 아브라함을 포함하여 모든 인간은 죄인이기 때문에 아브라함이 의롭다 함을 인정받은 방법은 다른 모든 사람들에게도 적용되는 것이다. 바로 그 방법은 하나님의 은혜로 마련된 믿음의 방법인 것이다. 그러면 아브라함과 우리 성도들의 믿음의 대상이 누구인가? 바울은 우리의 믿음의 대상이 "곧 예수 우리 주를 죽은 자 가운데서 살리신 이"(롬 4:24)라고 분명히 밝힌다. 그리스도의 부활은 죄인들을 의롭게 하고 구속하는데 가장 중요한 하나님의 구속계획의 한 부분이다. 그리스도의 부활이 없으면 하나님의 구속계획이 완성되지 못한다. 예수님의 부활은 앞으로 성도들이 누릴 영원한 생명의 근거이기도 하다. 예수님의 부활이 없으면 성도들은 어떤 방법으로 의의 전가를 받을 수 있는지 알 수가 없다. 그러므로 바울은 여기서 하나님이 우리의 믿음의 대상임을 밝히고 바로 그 하나님이 그의 능력으로 잉태시킬 수 있는 능력을 상실한 아브라함에게 잉태시킬 수 있는 능력을 소생시켜 주시고(롬 4:19-20), 우리의 죄 문제를 해결하시기 위해 십자가상에서 죽으신 예수 그리스도를 살리신 하나님이 성도들의 믿음의 대상임을 강조하고 있는 것이다.

그래서 바울은 계속해서 "예수는 우리가 범죄한 것 때문에 내줌이 되고 또한 우리를 의롭다 하시기 위하여 살아나셨느니라"(롬 4:25)라고 천명하는 것이다.[203] 바울은 이전 구절에서 강조한 예수님의 부활을 본 절에서도 특별하게 강조하고 있다. 바울은 일반적으로 성도들의 칭의와 예수님의 구속 사건과 연계시킬 때는 성도들의 칭의(justification)와 예수님의 죽음(death)을 연계한다(롬 3:25; 6:2-4; 고전 1:18; 갈 3:13; 엡 1:7; 2:11-18; 골 1:20, 22). 그런데 본 절 로마서 4:25에서는 "우리를 의롭다 하시기 위하여 살아나셨느니라"라고 함으로 성도들의 칭의(justification)와 예수님의 부활(resurrection)을 연계시킨다. 예수님의 죽음은 구원받은 성도들을 위해 대리적 역할도 하고 대표적 역할도 한다. 마찬가지로 예수님의 부활도 성도들을 위해 대리적이요 대표적이다. 예수님의 부활은 그리스도의 대속사역에서 예수님의 죽음과 분리해서 생각할 수 없다. 성도들의 칭의와 구원받는 일에 있어서 예수님의 죽음과 부활은 동전의 양면과 같은 역할을 한다.[204] 머레이(Murray)는 성도들의 "그리스도와의 연합은 전체 구원교리의 중심 진리이다."[205]라고 설명한다. 성도들이 의롭게 되고 구원받을 수 있는 것은 성도들이 예수님을 믿을 때 예수님의 생애의 모든 부분과 연합되었기 때문이다(롬 6:3-8; 8:17; 엡 2:4-6; 골 3:1-4; 딤후 2:11-12). 그리스도와 성도들은 "함께 살고"(롬 6:8), "함께 고난 받고"(롬 8:17), "함께 십자가에 못 박히고"(롬 6:6), "함께

---

203 롬 4:25의 "내줌이 되고"(παρεδόθη)와 "살아나셨다"(ἠγέρθη)의 표현은 수동태(aorist, passive)로 신적인 수동태(divine passive)라고 할 수 있다. 하나님이 행위의 주체로 내어 주시기도 하고 살리시기도 한 것이다. 참고로, 롬 3:25의 "이 예수를 하나님이 그의 피로써 믿음으로 말미암는 화목제물로 세우셨으니"라는 말씀에서 "세우셨으니"(προέθετο)가 비록 중간태(aorist, middle)이긴 하지만 하나님이 행위의 주체가 되신다는 개념은 동일하다.

204 박형용, 『바울신학』(2016), p. 74.

205 John Murray, *Redemption Accomplished and Applied* (Grand Rapids: Eerdmans, 1968), p. 170.

죽고"(롬 6:8; 고후 7:3), "함께 장사지내고"(롬 6:4), "함께 부활하고"(골 2:12; 3:1), "함께 살림을 받고"(골 2:13; 엡 2:5), "함께 영광에 이르고"(롬 8:17), "함께 후계자가 되고"(롬 8:17), "함께 통치한다"(딤후 2:12; 롬 5:17). 베네마(Venema)는 로마서 4:25을 해석하면서 "위대하고 복합적인 그리스도의 죽음과 부활의 사건은 믿음으로 그와 연합된 모든 사람을 위한 의의 긍정적인 선언의 근거를 형성한다. 그리스도의 죽음으로 그의 백성들의 죄가 형벌을 받았고, 그리스도의 부활로 그의 백성들의 의가 선언되었다. 성도들의 의는 그들을 대신해서 죽고 부활하신 그리스도의 죽음과 부활의 실재에 참여함으로 발생한 것이다."[206]라고 바르게 설명한다. 로마서 4장에서의 바울의 논의는 예수님의 부활을 근거로 진행되고 있음을 확인할 수 있다(롬 4:17, 19, 24, 25). 예수님의 부활은 성도들이 의롭게 여김을 받을 수 있는 근거가 된다(롬 4:25).

206 Venema, *The Gospel of Free Acceptance in Christ* (2006), p. 44.

로마서 5장
주해

5장 요약

로마서 5장은 구원받은 성도들의 삶이 얼마나 복된 열매를 맺는 삶인지를 설명한다. 아담(Adam)의 범죄로 모든 인간은 죄에 빠지게 되었으며 하나님과 불목의 관계에 들어가게 되었다. 바울은 지금까지 이전 구절들에서 하나님의 은혜의 방법과 믿음의 법으로 성도들이 의롭게 되었음을 확인하였다(롬 3:21-4:25). 바울은 로마서 5장을 시작하면서 "그러므로"를 사용하여 이를 분명히 하고, 의롭게 된 성도들이 "우리 주 예수 그리스도로 말미암아 하나님과 화평을 누린다"(롬 5:1)라고 함으로 5장을 시작한다. 바울은 죄인들을 구원하시는 하나님의 계획은 죄인들을 향한 하나님의 무조건적인 사랑에서부터 시작되었음을 분명히 밝힌다(롬 5:5, 8). 하나님은 인간이 죄인으로 있을 때 그의 사랑을 베풀어 주셨다. 요한(John) 사도는 하나님의 사랑을 "하나님이 세상을 이처럼 사랑하사 독생자를 주셨으니 이는 그를 믿는 자마다 멸망하지 않고 영생을 얻게 하려 하심이라"(요 3:16)라고 표현했다. 바울은 로마서 5장에서 아담(Adam)의 범죄로 인해 모든 사람이 정죄 받는 상태에 빠졌고 사망의 굴레에서 벗어날 수 없게 되었음을 확실히 한다(롬 5:12-17). 그리고 바울은 아담과 그리스도를 대칭시켜 인간이 하나님과의 불목의 관계에서 화목의 관계로 들어 갈수 있는 길이 있음을 명시한다(롬 5:14-15, 17-19). 바울은 죄가 이 세상에 들어온 것은 아담의 한 범죄로 말미암은 것이므로 또한 예수 그리스도가 성취한 "한 의로운 행위로 말미암아 많은 사람이 의롭다 하심을 받아 생명에 이르렀다"(롬 5:18, 개역개정)라고 설명한다. 한 사람이 순종하지 않으므로 모든 인류가 사망의 굴레를 쓰고 소망 없이 살게 되었는데, 한 사람이 순종하심으로 그를 믿는 모든 사람이 의인이 되어 영생을 누리며 살게 되었다(롬 5:18-21).

1. 의롭게 된 성도들의 삶(롬 5:1-11)

1 그러므로 우리가 믿음으로 의롭다 하심을 받았으니 우리 주 예수 그리스도
로 말미암아 하나님과 화평을 누리자 2 또한 그로 말미암아 우리가 믿음으로
서 있는 이 은혜에 들어감을 얻었으며 하나님의 영광을 바라고 즐거워하느니
라 3 다만 이뿐 아니라 우리가 환난 중에도 즐거워하나니 이는 환난은 인내를,
4 인내는 연단을, 연단은 소망을 이루는 줄 앎이로다 5 소망이 우리를 부끄럽게
하지 아니함은 우리에게 주신 성령으로 말미암아 하나님의 사랑이 우리 마음
에 부은 바 됨이니 6 우리가 아직 연약한 때에 기약대로 그리스도께서 경건하
지 않은 자를 위하여 죽으셨도다 7 의인을 위하여 죽는 자가 쉽지 않고 선인을
위하여 용감히 죽는 자가 혹 있거니와 8 우리가 아직 죄인 되었을 때에 그리스
도께서 우리를 위하여 죽으심으로 하나님께서 우리에 대한 자기의 사랑을 확
증하셨느니라 9 그러면 이제 우리가 그의 피로 말미암아 의롭다 하심을 받았
으니 더욱 그로 말미암아 진노하심에서 구원을 받을 것이니 10 곧 우리가 원수
되었을 때에 그의 아들의 죽으심으로 말미암아 하나님과 화목하게 되었은즉
화목하게 된 자로서는 더욱 그의 살아나심으로 말미암아 구원을 받을 것이니
라 11 그뿐 아니라 이제 우리로 화목하게 하신 우리 주 예수 그리스도로 말미암
아 하나님 안에서 또한 즐거워하느니라(롬 5:1-11, 개역개정)

롬 5:1-2 바울은 로마서 5:1에서 "그러므로"(οὖν)를 사용함으로 이전 구절들을 통해 설명한 내용의 결과로 성도들의 삶이 복된 삶인 것을 설명한다. 그래서 바울은 "그러므로 우리가 믿음으로 의롭다 하심을 받았으니 우리 주 예수 그리스도로 말미암아 하나님과 화평을 누린다"(롬 5:1)라고 선언한다. 로마서 5:1에 사용된 헬라어의 사본 때문에 한글 번역이 "하나님과 화평을 누리자"와 "하나님과 화평을 누린다"로 차이를 보인다.[207] 성경 원어의 사본에 "가진다/누린다"의 동사

를 직설법(indicative)으로 받느냐, 아니면 가정법(subjunctive)으로 받느냐에 따라 번역에 차이가 나타난다. 사본 상으로 볼 때 가정법(ἔχωμεν)을 지지하는 사본들이 직설법(ἔχομεν)을 지지하는 사본보다 약간 더 우월한 것임은 확실하다.[208] 비록 사본 상으로는 가정법이 약간 우월하지만, 필자는 직설법을 더 선호한다. 그 이유는 바울이 로마서 5:1을 성도들에게 권면을 하기 위해 쓴 것이 아니요, 오히려 의롭게 된 성도들이 소유한 것이 무엇인지를 진술하고 있기 때문이다.[209] 그러므로 로마서 5:1은 "그러므로 우리가 믿음으로 의롭다 하심을 받았으니 우리 주 예수 그리스도로 말미암아 하나님과 화평을 누린다"(롬 5:1)라고 번역하는 것이 더 타당하다. 이렇게 바울이 그리스도 안에서 누리는 성도들의 복(blessing)을 설명하고 있다고 받는 것이 뒤따라오는 바울의 어조와도 잘 어울린다. 바울은 계속해서 "하나님의 영광을 바라고 즐거워하느니라"(롬 5:2), "성령으로 말미암아 하나님의 사랑이 우리 마음에 부은 바 됨이니"(롬 5:5), "그리스도께서 경건하지 않은 자를 위하여 죽으셨도다"(롬 5:6), "하나님께서 우리에 대한 자기의 사랑을 확증하셨느니라"(롬 5:8), "한 분 예수 그리스도를 통하여 생명 안에서 왕 노릇 하

207 한글 번역에서 "누리자"를 택한 번역은 한글 개역, 개역개정이요, "누린다"를 택한 번역은 쉬운성경(아가페), 바른성경, 표준신약전서, 신약원어번역성경, 표준새번역, 표준새번역개정판, 우리말성경(두란노), 공동번역, 신약전서(새번역) 등이다. 영어 번역은 NIV, ESV, NKJV, NASB, AV, RSV 등 대다수가 "누린다"(We have peace with God.)를 택한다.

208 가정법(ἔχωμεν)을 지지하는 사본들은 ℵ*, A, B*, C, D, K. L 등이며, 직설법(ἔχομεν)을 지지하는 사본들은 ℵ^{a}, B^{3}, G^{gr}, P, y 등이다. 가정법과 직설법의 차이는 헬라어 알파벳 한 자의 차이이다. 이와 같은 차이의 가능성은 바울이 ἔχομεν이라고 불렀는데, 그의 대필자 더디오(Tertius)가 ἔχωμεν으로 기록했을 가능성이 크다(롬 16:22).; Denney는 직설법(ἔχομεν)을 지지하고 (Cf. James Denney, "St. Paul's Epistle to the Romans," *The Expositor's Greek Testament,* 1980, p. 623), Lightfoot는 가정법(ἔχωμεν)을 지지한다(Cf. J.B. Lightfoot, *Notes on Epistles of St. Paul,* 1980, p. 284).

209 Bruce M. Metzger, *A Textual Commentary on the Greek New Testament* (1971), p. 511.

리로다"(롬 5:17)와 같이 성도들이 구원받은 상태를 진술하고 있다. 바울은 성도들이 예수 그리스도로 말미암아 하나님과 화평(peace)을 누릴 수 있게 되었다고 설명한다. 예수 그리스도께서 죽으시고 부활하신 구속의 사건은 객관적인 계시이지만 이 구속사건을 근거로 성도들이 누리는 평강은 주관적으로 매일 누리는 경험인 것이다. 머레이(Murray)는 "마음과 생각의 화평은 '하나님과의 화평'으로부터 유래하고, 칭의로 설립된 관계에 대한 우리들의 양심의 반영이다. 그러나 바울이 '하나님과의 화평'을 말할 때 그것은 객관적 관계를 뜻한다. 우리는 '우리 주 예수 그리스도를 통하여' 화평을 누린다."[210]라고 설명한다. 성도들이 누리는 화평은 단순히 가벼운 표현의 인사말이 아니요 우리를 향한 하나님의 사랑과 호의가 있었기 때문에 가능한 것이다. 화평은 예수 그리스도의 죽음과 부활을 통해 성취하신 우리를 향한 하나님의 은혜와 사랑의 결과로 성도가 누릴 수 있게 된 것이다(롬 5:8).

바울은 이제 하나님과 화평의 관계가 이룩된 성도들의 삶의 모습을 설명한다(롬 5:2-4). 바울은 로마서 5:2에서도 "우리 주 예수 그리스도로 말미암아"(롬 5:1)를 이어받는 "또한 그로 말미암아"(δι' οὗ καὶ)를 사용한다. 이는 예수 그리스도를 통해서만 우리가 의롭게 되고, 은혜의 자리에 들어갈 수 있으며, 하나님의 영광을 바라고 즐거워할 수 있다(롬 5:2)는 뜻이다. 본 절의 개역개정 번역은 그 뜻을 전달하는데 약간 미흡한 점이 있다. 표준새번역이 본문의 뜻을 좀 더 잘 전달한다고 사료된다. "우리는 또한, 그리스도로 말미암아 지금 서 있는 이 은혜의 자리에 믿음으로 나아왔고, 하나님의 영광의 자리에 참여할 소망을 품고 자랑을 합니다"(롬 5:2, 표준새번역).[211] 바울이 로마서 5:2을 통해

---

210 John Murray, *The Epistle to the Romans* (*NICNT*), Vol. I (1968), p. 159.

전달하기를 원하는 내용은 "서 있다"(ἑστήκαμεν)와 "나아왔다 혹은 얻었다"(ἐσχήκαμεν)를 완료시상으로 표현하여 성도들이 그리스도 때문에 은혜의 자리에 이미 들어와 있는데 이는 믿음으로 가능했음을 밝히고, "자랑한다 혹은 즐거워한다"(καυχώμεθα)는 현재시상으로 표현하여 성도들이 현재 하나님의 영광을 소망하면서 자랑하고 있다는 뜻을 전하기 원한 것이다.[212] 머레이(Murray)는 "로마서 5:2의 주요 사상은 그리스도의 중재를 통해 우리가 칭의의 은혜 안에 소속될 수 있었다는 사실을 강조하는 것이다." "그 은혜는 과거의 행위에서 발생한 지속적이고 움직일 수 없는 신분을 뜻한다."[213]라고 설명한다. 바울은 "서 있는 상태"와 "얻은 상태"는 이미 성도들이 그리스도의 은혜로 확실하게 소유한 상태임을 천명하는 것이다. 케네디(Kennedy)는 "바울에게 있어서 은혜(χάρις)는 그리스도께서 가치 없는 죄인들을 위해 완성하신 구속 안에 나타난 하나님의 부성적(父性的) 마음을 표현하는 중요한 계시이다."[214]라고 설명한다. 바울은 성도들이 현재 그리스도의 죽음과 부활을 통해 의롭게 되고 은혜의 자리에 들어간 복된 삶을 살아가고 있으면서 앞으로 완성될 하나님의 영광을 소망하면서 사는 존재임을 확인하고 있다. 바울은 성도들의 현재 상태를 "우리의 시민권은 하늘에 있는지라"(빌

---

211 참고로, 롬 5:2의 번역은 "또한 그로 말미암아 우리가 믿음으로 서 있는 이 은혜에 들어감을 얻었으며 하나님의 영광을 바라고 즐거워하느니라"(개역개정)이며, "through whom we have gained access by faith into this grace in which we now stand. And we rejoice in the hope of the glory of God.(NIV)"이다.

212 롬 5:2의 "서 있다"(ἑστήκαμεν)는 ἵστημι의 1인칭, 완료, 능동태, 직설법이고, "나아왔다 혹은 얻었다"(ἐσχήκαμεν)는 ἔχω의 1인칭, 완료, 능동태, 직설법이며, "자랑한다 혹은 즐거워한다"(καυχώμεθα)는 καυχάομαι의 1인칭, 복수, 현재, 직설법이다.

213 John Murray, *The Epistle to the Romans* (*NICNT*), Vol. I (1968), p. 160.

214 H. A. A. Kennedy, "The Epistle to the Philippians," *The Expositor's Greek Testament*, Vol. III (1980), p. 417.

3:20), "그가 우리를 그의 사랑의 아들의 나라로 옮기셨으니"(골 1:13)와 같은 표현으로 성도들이 하나님의 나라에 속한 백성임을 확실히 하면서도 성도들은 "장차 우리에게 나타날 영광"(롬 8:18)을 기다리고, "하나님의 자녀들의 영광의 자유"(롬 8:21)에 이르며, "우리의 낮은 몸을 자기 영광의 몸의 형체와 같이 변하게 하실"(빌 3:21) 그 때를 고대하고 있다고 설명한다. 우리 성도들은 하나님의 영광이 드러날 그 때를 소망하면서 살고 있다. 구속의 완성은 하나님의 영광의 표명과 함께 실현될 것이다(참조, 마 16:27; 24:30; 25:31; 눅 24:26; 고후 3:18; 엡 1:18; 골 3:4; 딛 2:13). 그래서 성도들은 "하나님의 영광이 그들의 주요 목적이요 그리고 그들은 흐려지지 않은 시력으로 하나님의 영광이 온전하게 전시되고 확증되는 그날을 간절히 기다리며 빨리 오기를 원하는 것이다."[215]

롬 5:3-5 바울은 성도들이 "하나님의 영광을 바라고 즐거워할"(롬 5:2) 뿐만 아니라, 또한 "환난 중에도 즐거워한다"(롬 5:3)라고 설명한다. 성도들은 미래에 있을 하나님의 영광을 즐거워할 뿐만 아니라 현재 나그네의 삶을 이어가면서 여러 가지 환난들도 즐거워하면서 사는 사람들이다. 바울은 다메섹(Damascus) 도상에서 부활하신 그리스도를 만나서 구원을 받은 후(행 9:1-19) 수많은 환난을 경험했다(고전 15:32; 고후 7:5; 11:23-28; 갈 4:19; 빌 1:13, 17, 29-30; 4:12; 골 1:24; 딤후 3:12). 바울은 자신이 나그네의 삶을 살아갈 때에 많은 환난과 박해를 받게 될 것을 알고 있었지만 또한 다른 성도들의 삶의 과정에도 똑같은 고난의 길이 기다리고 있음을 알고 있었다. 환난과 박해는 누구에게나 힘든 경험이다. 하지만 성도가 경험하는 환난은 특별한 의미를 창출한

---

215 John Murray, *The Epistle to the Romans* (*NICNT*), Vol. I (1968), p. 162.

다. 성도들이 경험하는 환난은 우리가 하나님의 자녀임을 확인하는 역할을 한다. 따라서 성도가 경험하는 환난은 성도로 하여금 인내할 수 있도록 동기를 부여한다. 이런 이유로 성도가 경험하는 환난과 박해는 성도가 하나님의 영광을 바라고 즐기는데 전혀 장애가 되지 않는다. 박윤선은 "새가 날아가는데 필요한 것이 공기인 것처럼, 그리스도인의 신앙생활에 있어서 필요한 것은 환난이다."[216]라고 함으로 환난이 성도를 성도되게 하는데 필요한 요소라고 설명한다. 그리고 성도들은 성령 하나님이 성도가 환난과 박해를 이길 수 있도록 능력을 제공해 주신다는 사실을 믿어야 한다. 바울은 "하나님은 미쁘사 너희가 감당하지 못할 시험 당함을 허락하지 아니하시고 시험 당할 즈음에 또한 피할 길을 내사 너희로 능히 감당하게 하시느니라"(고전 10:13)라고 가르친 바 있다. 바울은 다른 곳에서 "우리가 사방으로 욱여쌈을 당하여도 싸이지 아니하며 답답한 일을 당하여도 낙심하지 아니하며 박해를 받아도 버린 바 되지 아니하며 거꾸러뜨림을 당하여도 망하지 아니하고 우리가 항상 예수의 죽음을 몸에 짊어짐은 예수의 생명이 또한 우리 몸에 나타나게 하려 함이라"(고후 4:8-10)라고 설명한다. 그래서 바울은 "이는 환난은 인내를, 인내는 연단을, 연단은 소망을 이루는 줄 앎이로다"(롬 5:3-4)라고 말한다. 바울은 여기서 환난은 인내를 산출하고, 인내는 연단을 산출하며, 연단은 소망을 산출한다고 말하고 있다.

그러면 환난이 인내를 산출한다는 뜻을 어떻게 이해해야 하는가? 예수 그리스도의 공로로 의롭다 칭함 받고 구원을 받은 성도일지라도 첫 사람 아담(Adam)의 질서에 따른 몸을 소유하고 있는 동안은 이 세상에서 살면서 환난과 고난을 받을 수 밖에 없다. 성도는 몸과 영 모

216 박윤선, 『성경주석. 로마서』, p. 165.

두 구원은 받았지만 예수님 재림 때에 부활체를 입을 때까지는 환난에서 면제되지 않는다. 박윤선은 "인내는 인간을 인간답게 만드는 귀한 힘이고, 환난은 인내를 생산하는 고마운 어미이다. 환난이 우리에게 보배로운 인내를 낳아 준다면 환난은 우리의 생활에 있어서 승리에 이르게 하는 돌다리이다. 우리의 파괴를 위협하는 듯이 찾아온 환난은, 어느덧 우리에게 건설의 열쇠가 된다."[217]라는 말로 환난이 성도들의 삶에 유익한 윤활유 역할을 한다고 설명한다. 래들(Radl)은 "기독교인은 인내(ὑπομονή)하면서 이미 발생한 칭의와 아직 예고된 완성 사이에 있는 이 긴장을 경험한다. 기독교인들은 '첫 열매'(롬 8:23)와 '보증'(고후 1:22; 5:5)이신 성령을 소유한 경험과 믿음을 가지고 인내하면서 스스로를 가다듬을 수 있고 그리고 인내하는 기대(롬 8:25)를 가지고 참을 수 있다. 현재의 고난은 이 궁극적 견인 때문에 기독교인들을 더욱 강하게 만들고, 그들을 지킬 수 있는 것이다(롬 5:3-4).[218]"라고 설명한다. 성도들의 삶은 하나님의 구속역사 진행 안에 감추어진 삶이기 때문에 구원받은 이후 인내로 시작하지만 결국은 소망의 성취로 끝나게 된다(롬 5:4).

그래서 바울은 "소망이 우리를 부끄럽게 하지 아니한다"(롬 5:5)라고 자신 있게 확인하고 있다. 성도들의 소망은 실패할 수 없는 실현이 보장된 소망이다. 왜냐하면 하나님이 성령으로 그의 사랑을 우리에게 퍼부어 주셨기 때문이다. 하나님의 사랑은 변할 수 없고 성도들을 향한 주도면밀한 사랑으로 그의 아들 예수 그리스도를 십자가상에서 죽게 만든 사랑이다. 루터(Luther)는 "하나님의 사랑"(롬 5:5)을 해석하면서 사

---

217 박윤선, 『성경주석. 로마서』, p. 166.

218 Walter Radl, "ὑπομονη," *Exegetical Dictionary of the New Testament,* Vol. 3 (Grand Rapids: Eerdmans, 1993), p. 406.

람이 하나님을 잘못된 방법으로 사랑할 수 있다고 경계한다. 그는 "하나님을 사랑하는 사람이 단순히 그가 주신 선물 때문이나 어떤 이익 때문에 하나님을 사랑하면 그는 사랑의 가장 낮은 형태, 즉 죄로 가득 찬 욕망으로 하나님을 사랑하는 것이다. 그런(세상적인) 사랑은 하나님을 이용하는 것이요 하나님을 즐거워하는 것이 아니다."[219]라고 설명한다. 하나님의 사랑은 그 방향성이 '하나님에게서 사람에게로' 이지 '사람에게서 하나님에게로' 가 아니다. 성도들은 항상 "사랑은 여기 있으니 우리가 하나님을 사랑한 것이 아니요 하나님이 우리를 사랑하사 우리 죄를 속하기 위하여 화목제물로 그 아들을 보내셨음이라"(요일 4:10) 라는 말씀과 "우리가 사랑함은 그가 먼저 우리를 사랑하셨음이라"(요일 4:19)라는 말씀을 기억해야 한다. 성도들의 소망이 확실하게 성취될 수 밖에 없는 이유는 변할 수 없는 하나님의 사랑이 보증하고 있기 때문이다(롬 5:5). 세상의 어떤 장애물도 "우리를 우리 주 그리스도 예수 안에 있는 하나님의 사랑에서 끊을 수 없"(롬 8:39)기 때문이다.

롬 5:6–11 바울은 로마서 5:5에서 언급한 "하나님의 사랑"이 어떤 사랑인지를 설명한다. 바울은 "우리가 아직 연약할 때에 기약대로 그리스도께서 경건하지 않은 자를 위하여 죽으셨도다"(롬 5:6)라고 설명한다. "우리가 아직 연약할 때에"는 우리가 아직 구원받지 못했을 때, 우리의 죄 문제를 해결할 수 없었을 때, 우리에게 전혀 소망이 보이지 않을 때를 가리킨다. 우리는 "아직 연약할 때"에 허물과 죄로 죽었고, 공중의 권세 잡은 자를 따랐으며, 본질상 진노의 자녀였다(엡 2:1–3). 그런데 하나님께서 "기약대로"(κατὰ καιρόν) 그리스도를 보내주

---

219 Luther, *Commentary on the Epistle to the Romans*, p. 77.

셨다(롬 5:6). "기약대로"라는 표현은 바울이 "때가 차매"(갈 4:4)라고 표현한 같은 때를 가리킨다.[220] 하나님은 기약대로 "그리스도께서 경건하지 않은 자를"(롬 5:6) 위해 죽게 만드셨다. 머레이(Murray)는 "하나님의 사랑의 경이로움은 그 사랑이 경건하지 않은 자를 사랑하신 것이다."[221]라고 해석한다. 하나님의 사랑은 우리가 연약할 때 사랑한 것이요, 우리가 경건하지 않은 자일 때 사랑한 것이다. 하나님의 사랑은 우리의 가능성을 보고 사랑한 것이 아니요, 앞으로 선할 일을 할 것을 미리 내다보고 사랑한 것이 아니다. 하나님의 사랑은 우리가 철저하게 죄인으로 있을 때 사랑한 것이다. 라이트푸트(Lightfoot)는 예수님이 오신 때를 "최고의 시대"(the crowning dispensation)라고 설명한다.[222] 우리를 향한 하나님의 사랑은 기약대로 최고의 시대에 그의 아들을 보내 주셔서 경건하지 않은 자들을 위하여 죽게 만드셨다(롬 5:6).

바울은 계속해서 로마서 5:6에서 논의된 "불경건한 자를 사랑하신" 특이한 하나님의 사랑을 확대시켜 설명한다. 바울은 "의인을 위하여 죽는 자가 쉽지 않고 선인을 위하여 용감히 죽는 자가 혹 있거니와"(롬 5:7)라고 약간 이해하기 힘든 설명을 한다. 바울이 여기서 "의인"(the righteous man)과 "선인"(the good man)을 구별하여 "의인"을 위해 죽는 자는 거의 존재하지 않고, "선인"을 위해 죽는 자는 혹 있을 수 있다는 뜻으로 말하고 있는가?[223] "의인"과 "선인"을 일반적인 의미로 고

---

220 롬 5:6의 "기약대로"는 "말세"(고전 10:11; 행 2:17), "기약이 이르러"(딤전 2:6), "자기 때"(딛 1:3), "이 모든 날 마지막"(히 1:2)이라는 표현과 같은 뜻이다.

221 John Murray, *The Epistle to the Romans* (*NICNT*), Vol. I (1968), p. 166.

222 J.B. Lightfoot, *Notes on the Epistles of St. Paul* (1980), p. 321.

223 C.F.D. Moule, *An Idiom-Book of New Testament Greek* (Cambridge: Cambridge University Press, 1968), p. 111. Moule은 "선인"(τοῦ ἀγαθοῦ) 앞에 정관사가 있는 것을 근거로 "선한 종류의 사람을 위하여"(for the good type of man), "당신의 선한 사람을 위하

찰하면, "의인"은 법에 따라 행동하고, 공의에 따라 행동하는 사람을 가리킬 수 있고, "선인"은 사랑의 규범에 따라 좋은 행동을 하는 사람이라고 할 수 있다. "의인"과 "선인"의 이런 일반적인 구별에 비추어 볼 때 바울의 의도가 어떤 사람이 자신의 생명을 희생할 대상을 생각하면서 "의인"을 위해서는 죽는 자가 쉽지 않고, "선인"을 위해서는 죽는 자가 혹 있다고 말하는 것이라고 이해하는 것은 타당하지 않은 해석이다. 바울은 지금 "의인"과 "선인"을 위해서도 죽는 자가 그렇게 흔하지 않은데(롬 5:7) 그리스도께서 경건하지 않은 죄인을 위해 죽으셨음을 강조하고 있는 것이다(롬 5:6).

바울은 계속해서 "우리가 아직 죄인 되었을 때에 그리스도께서 우리를 위하여 죽으심으로 하나님께서 우리에 대한 자기의 사랑을 확증하셨느니라"(롬 5:8)라고 다시 한 번 "하나님의 사랑"을 확인하고 있는 것이다(롬 5:5). "우리가 아직 죄인 되었을 때에"(롬 5:8)라는 표현은 "우리가 아직 연약할 때에"(롬 5:6)라는 표현과 거의 같은 의미이다. 우리들은 아직 죄 문제를 해결받지 못한 상태에 있을 때였다. 그리스도가 죽으신 것은 우리가 아직 죄인으로 있을 때이다. 그리스도는 "의인"이나 "선인"을 위해 죽으신 것이 아니요 나쁜 사람들을 위해 죽으셨다. 칼빈(Calvin)은 이 구절에서 강조한 바울의 목적은 우리들을 자극시켜 감사하게 하기 위한 것이 아니요, 우리들의 영혼이 안전함을 확신시키기 위해서라고 해석한다.[224] 바울은 하나님이 죄인을 위해 죽은 그의 아들의 죽음을 통해 "우리에 대한 자기의 사랑을 확증하셨느니라"(롬 5:8)라고 확인하고 있다. 이 말씀은 죄인인 우리를 위해 베풀어

여"(for your good man)로 번역한다.

224 Calvin, *The Epistles of Paul the Apostle to the Romans and to the Thessalonians*, p. 109.

주신 하나님의 사랑의 극치를 나타내 보이고 있는 것이다. 우리가 선함도 없고 의로움도 없는 상태에 있을 때 하나님의 구속 계획은 흔들림 없이 진행되고 그 계획에 따라 독생자이신 예수 그리스도가 경건하지 않은 우리들을 위해 십자가상에서 우리를 대신해서 죽으셨다. 이와 같은 하나님의 사랑은 무엇과도 비교할 수 없을 정도로 크고도 또한 귀한 것이다. 백스터(Baxter)의 다음 말은 그리스도의 희생적 사랑과 우리들의 책임을 통감하게 한다. 백스터는 "우리들은 우리들이 둔해지고 부주의해지는 것을 느낄 때는 언제든지 그리스도의 하신 이 말씀을 상기하자. '나는 그들을 위해 피 흘려주었는데 너희들은 그들을 돌보지 아니하느냐? 내 보혈을 주고 그들을 샀는데 그들이 너희들의 수고를 받을 가치도 없단 말인가. 나는 잃어버린 그들을 찾아서 구원하기 위해 하늘에서부터 땅에까지 내려 왔는데 너희들은 그들을 찾기 위해 다음 문전, 다음 거리, 다음 마을, 그리고 다음 나라로 갈 수 없단 말인가?'"[225]라고 성도들이 항상 유념해야할 도전의 말씀을 한다.

바울은 로마서 5:9과 5:10을 병행적으로 대비시켜 본질적으로 같은 진리를 설명한다. 바울은 로마서 5:9에서 성도들이 그리스도의 피로 의롭다 하심을 받았다는 표현은 과거시상(aorist)을 사용하고 "진노하심에서 구원을 받을 것이니"(롬 5:9)는 미래시상(future)을 사용하여 표현함으로[226] 성도들이 의롭게 된 것은 이미 성취된 것이요, 구원을 받게 될 것은 예수님 재림 때 하나님의 진노를 면제받은 완전한 구원을 받

---

225 리챠드 백스터,『참 목자상』, 박형용 역 (서울: 생명의 말씀사, 1970), p. 80.

226 바울은 로마서 5:9에서 "의롭다 하심을 받았다"(δικαιωθέντες)는 δικαιόω의 부정과거, 분사, 수동태를 사용하고, "구원을 받을 것이니"(σωθησόμεθα)는 σῴζω의 미래, 수동태, 직설법을 사용한다. 그리고 바울은 로마서 5:10에서 "화목하게 되었다"(κατηλλάγημεν)는 καταλλάσσω의 부정과거, 수동태, 직설법을 사용하고, "구원을 받을 것이니라"(σωθησόμεθα)는 롬 5:9과 똑같은 σῴζω의 미래, 수동태, 직설법을 사용한다.

는 것임을 분명히 한다.그리고 바울은 "더욱"을 사용하여 우리가 그리스도의 피로 의롭게 되었으니 "더욱"(πολλῷ μᾶλλον) "구원을 받게 될 것"이라고 설명한다. 예수 그리스도의 죽음과 부활을 마음으로 믿고 입으로 시인하여(롬 10:9-10) 의롭게 된 성도들은 종말론적인 구원을 받게 될 것이다. 바울은 로마서 5:10에서도 거의 같은 진리를 비슷한 방법으로 제시한다. 성도들은 예수 그리스도의 죽으심으로 말미암아 하나님과 화목하게 되었다(고후 5:18-19). 바울은 성도들이 하나님과 화목하게 된 사실을 표현할 때는 과거시상(aorist)을 사용하여 화목하게 된 상태가 이미 성취되었음을 강조하고, "그의 살아나심으로 말미암아 구원을 받을 것이니라"의 표현은 미래시상(future)을 사용하여 종말론적 성취로 실현될 것임을 분명히 한다. 그리고 바울은 로마서 5:9에서와 똑같은 방법으로 "더욱"을 사용하여 성도들은 "그의 아들의 죽으심으로 말미암아 하나님과 화목하게 되었은즉"(롬 5:10) "더욱"(πολλῷ μᾶλλον) 예수 그리스도의 부활로 말미암아 구원을 받게 될 것이라고 확인한다. 바울은 로마서 5:9에서는 의롭게 됨과 구원을 연계시키고, 로마서 5:10에서는 하나님과 화목하게 됨과 구원을 연계시킨다. 성도들은 의롭게 되는 것과 하나님과 화목하게 되는 것 모두 그리스도의 죽음 때문에 가능하다는 사실에 주목해야 한다. 바울은 "우리가 그의 피로 말미암아 의롭다 하심을 받았다"(롬 5:9)라고 말하고, 또한 "그의 아들의 죽으심으로 말미암아 하나님과 화목하게 되었다"(롬 5:10)라고 말함으로 의롭게 된 것도 그리스도의 죽음 때문이요, 하나님과 화목하게 된 것도 그리스도의 죽음 때문인 것을 확실하게 천명한다.

바울은 이제 성도들의 복된 정체성에 대한 논의를 "그뿐 아니라 이제 우리로 화목하게 하신 우리 주 예수 그리스도로 말미암아 하나님 안에서 또한 즐거워하느니라"(롬 5:11)라고 말함으로 마무리한다. 성도들은 그리스도로 말미암아 확실하게 하나님과 화목을 이루었다. 성도가 받은 모든 복은 그리스도의 죽음과 부활 때문에 가능한 것이다. 성도들은 하나님께서 그리스도를 통해 우리에게 제공해 주신 최고의 모든 복을 누리고 산다. 바울이 언급하는 "화목"은 우리들의 성품의 변화로 가능하게 된 것이 아니요, 하나님께서 그리스도의 죽으심과 부활 때문에 우리들에 대한 하나님의 태도가 변화된 것이다. 아담(Adam)은 범죄함으로 하나님과 불목의 관계로 들어갔다. 아담의 질서에 따라 존재하는 우리들도 하나님과 불목의 관계에 있었다. 그런데 하나님이 예수 그리스도를 우리 대신 희생시키심으로 죄 문제를 해결하시고 우리와 화목의 관계로 들어오셨다. 그래서 바울은 그리스도로 말미암아 하나님과 화목하게 된 성도들은 즐거워하는 삶을 살아야 한다고 가르치고 있다. 진정한 기쁨과 즐거움은 그리스도 안에서만 가능하다. 하나님은 성도들이 기뻐하며 즐거워하고 감사하는 삶을 이어가기를 원하신다. 그래서 바울은 "항상 기뻐하라 쉬지 말고 기도하라 범사에 감사하라 이것이 그리스도 예수 안에서 너희를 향하신 하나님의 뜻이니라"(살전 5:16-18)라고 강조하는 것이다.

2. 아담과 그리스도(롬 5:12-21)

12 그러므로 한 사람으로 말미암아 죄가 세상에 들어오고 죄로 말미암아 사망이 들어왔나니 이와 같이 모든 사람이 죄를 지었으므로 사망이 모든 사람에게 이르렀느니라 13 죄가 율법 있기 전에도 세상에 있었으나 율법이 없었을 때

에는 죄를 죄로 여기지 아니하였느니라 14 그러나 아담으로부터 모세까지 아
담의 범죄와 같은 죄를 짓지 아니한 자들까지도 사망이 왕노릇 하였나니 아담
은 오실 자의 모형이라 15 그러나 이 은사는 그 범죄와 같지 아니하니 곧 한 사
람의 범죄를 인하여 많은 사람이 죽었은즉 더욱 하나님의 은혜와 또한 한 사
람 예수 그리스도의 은혜로 말미암은 선물은 많은 사람에게 넘쳤느니라 16 또
이 선물은 범죄한 한 사람으로 말미암은 것과 같지 아니하니 심판은 한 사람으
로 말미암아 정죄에 이르렀으나 은사는 많은 범죄로 말미암아 의롭다 하심에
이름이니라 17 한 사람의 범죄로 말미암아 사망이 그 한 사람을 통하여 왕 노릇
하였은즉 더욱 은혜와 의의 선물을 넘치게 받는 자들은 한 분 예수 그리스도를
통하여 생명 안에서 왕노릇 하리로다 18 그런즉 한 범죄로 많은 사람이 정죄에
이른 것 같이 한 의로운 행위로 말미암아 많은 사람이 의롭다 하심을 받아 생
명에 이르렀느니라 19 한 사람이 순종하지 아니함으로 많은 사람이 죄인 된 것
같이 한 사람이 순종하심으로 많은 사람이 의인이 되리라 20 율법이 들어온 것
은 범죄를 더하게 하려 함이라 그러나 죄가 더한 곳에 은혜가 더욱 넘쳤나니 21
이는 죄가 사망 안에서 왕 노릇 한 것 같이 은혜도 또한 의로 말미암아 왕 노릇
하여 우리 주 예수 그리스도로 말미암아 영생에 이르게 하려 함이라(롬 5:12-21, 개역개정)

롬 5:12-15 바울의 서신에서 아담(Adam)과 그리스도(Christ)의 대칭은 바울사상의 뼈대를 이룬다(롬 5:12-17; 고전 15:45-49). 바울은 예수님이 이 땅에 오셔야만 했던 것은 바로 아담이 하나님 앞에서 범죄했기 때문인 것을 분명히 한다. 아담은 범죄 함으로 하나님께서 세워놓으신 모든 화목의 관계를 파괴했고 하나님 나라의 원리를 훼손시켰다. 아담의 범죄로 인해 모든 사람이 죄인이 되었고 죄의 결과로 오는 모든 고통과 고난을 이어받게 되었다. 예수 그리스도는 바로 아담이 훼손시킨 하나님과의 화목의 질서를 회복시키시기 위해 오셔서 그의 목적을 성취하셨다(고후 5:18-19).

바울은 아담의 잘못을 "그러므로 한 사람으로 말미암아 죄가 세상에 들어오고 죄로 말미암아 사망이 들어왔나니 이와 같이 모든 사람이 죄를 지었으므로 사망이 모든 사람에게 이르렀느니라"(롬 5:12)라고 분명하게 죄의 근원이 아담에게 있음을 천명한다. 바울은 로마서 5:12을 "그러므로"라는 말로 시작한다. 바울은 로마서 5:1-11에서 그리스도의 무조건적인 사랑을 받은 죄인들이 믿음으로 의롭게 되어 이제는 하나님과 화목의 관계에 들어가게 되었다고 진술한 후 로마서 5:12-21에서 그 결과적인 내용을 진술하기 위해 "그러므로"를 사용한다. 로마서 5:12의 "그러므로"(Διὰ τοῦτο)는 로마서 5:1의 "그러므로"(οὖν)와는 다른 용어로 강세적인 의미를 가지고 있다. 로마서 5:12의 "그러므로"는 사실상 이유와 근거를 제시하는 표현으로 "이런 이유 때문에," "이런 까닭으로"의 뜻을 가지고 있다. 바울은 로마서 5:1-11에서 진술한 내용 때문에 어떤 결과가 창출되게 되었는지를 설명하고자 한다.

바울은 "한 사람" 즉 아담(Adam)으로 말미암아 죄가 세상에 들어 왔다고 말함으로 아담이 역사적인 존재임을 확인하고 있다. 어떤 사람들이 아담을 허구적인 인물로 취급하거나 신화적인 인물로 취급하는 주장이 잘못된 것임을 바울은 확실하게 논박하고 있다(롬 5:12, 14-15; 고전 15:22, 45-49). 윌슨(Wilson)은 "로마서 5장에서 바울은 예수가 역사적인 인물인 것처럼 아담도 역사적인 인물이라는 사실에 그의 논의의 타당성을 절대적으로 의존하고 있다. 신화적인 아담과 역사적인 예수 사이에 정당한 비교는 존재할 수 없다. 예수 그리스도가 기독교 신학의 체계에 본질적인 것처럼 아담도 본질적인 존재이다. 그리스도는 성경에서 진정으로 '둘째 아담' 혹은 '마지막 아담'으로 불렸다."[227]라고 설명

---

227 Geoffrey B. Wilson, *Romans. A Digest of Reformed Comment* (1969), p. 88.

한다.

그리고 바울은 아담의 범죄가 하와(Eve)의 범죄 후에 발생했을지라도(창 3:1-6) 인류를 대표하는 사람은 하와가 아니요 아담임을 확실히 하고 있다(참조, 고후 11:3; 딤전 2:14). 그래서 바울은 한 사람 아담과 한 사람 예수 그리스도를 대칭시켜 비교하고 있다(롬 5:15). 바울이 "아담은 오실 자의 모형이라"(롬 5:14)라고 말한 것은 아담과 예수 그리스도를 유추하여 아담을 모든 인류의 머리로 묘사하고 그리스도를 모든 새 인류의 머리로 묘사하고 있다는 뜻이다.[228] 박윤선은 "아담은 오실 자의 모형"(롬 5:14)을 해석하면서 "하나님께서 벌써 오래전에 첫 사람 아담에게서 그리스도의 속죄 원칙을 예표하셨다. 그러므로 대표 원리는 우연한 것이 아니고 구원사적(救援史的)인 진리이다. 따라서 절대로 믿을 만하다."[229]라고 해석한다. 로마서 5:12은 사람이 죄인이 되어 사망에 이르는 이유가 아담의 죄로 인한 원죄 때문인지, 각 사람이 범한 자범죄 때문인지를 밝히는데 도움을 준다. 바울은 이제 모든 문제의 근원인 원죄(original sin)에 대해서 확실하게 밝히고 원죄가 가져온 모든 질병과 그 질병에 대한 처방이 무엇인지 설명한다. 그래서 바울은 아담 한 사람으로 말미암아 죄가 세상에 들어왔다고 말함으로 아담이 지은 죄가 원죄임을 밝히고 아담의 죄로 말미암아 사망이 들어와서 아담의 뒤를 이은 모든 사람이 죄를 짓게 되었으므로 사망이 모든 사람에게 이르렀다(참조, 롬 5:12, 17)라고 설명함으로 아담의 범죄가 가져온 결과가 무엇인지를 밝힌다. 바울은 "한 사람"으로 말미암아 "죄가 세상에 들어오고" 죄의 결과로 "사망이 들어왔다"(롬 5:12)라고 분명하게 선언

228 John Murray, *The Epistle to the Romans* (*NICNT*), Vol. I (1968), pp. 178-179.

229 박윤선,『성경주석. 로마서』, p. 175.

하고, 그 한 사람이 죄를 지음으로 모든 사람이 죄인이 되었고 사망을 두려워하며 살게 되었다고 말한다.

루터(Luther)는 원죄(original sin)와 자범죄(actual sins) 사이에 근본적인 차이가 있는 것을 인정한다. 루터는 "'죄를 통해 죽음이 왔고'라는 말은 바울이 원죄를 말하고 있음을 명백하게 보여준다. 왜냐하면 만약 죽음이 죄에 의해 왔다면 그렇다면 어린이들이 죽는 것도 죄를 지었기 때문이다. 그래서 이 구절은 자범죄의 의미로 이해될 수 없다."[230] 라고 해석한다. 루터는 아담의 죄는 유일하고 우주적인 의의를 가진 죄이기 때문에 우리가 범하는 실제적인 자범죄와는 같지 않다고 말한다.[231] 그러므로 루터는 펠라기우스(Pelagius)[232]가 주장하는 것처럼 우리들의 죄가 아담의 죄를 닮은 것이라고 말하는 것은 잘못이라고 한다. 루터는 원죄를 "몸과 영혼의 모든 능력의 상실"(the loss of all his powers of body and soul), "외적인 완전과 내적인 완전의 전체적인 상실," "악을 향

230 Martin Luther, *Commentary on the Epistle to the Romans* (1962), p. 77.

231 루터(Luther)는 롬 5:12을 "Therefore as through one man sin came into this world, and through sin death, and so death spread to all men, in which all men sinned."(이러므로 한 사람을 통해 죄가 이 세상에 들어 왔고 죄를 통해 죽음이 왔고 그래서 죽음이 모든 사람들에게 퍼졌고 그 안에서 모든 사람이 죄를 지었다.)로 번역한다. 칼빈(Calvin)도 롬 5:12을 "Therefore, as through one man sin entered into the world, and death through sin, and so death passed to all men, for all have sinned."(이러므로 한 사람을 통해 죄가 세상에 들어 왔고 죽음이 죄를 통해 들어 왔으며 그래서 죽음이 모든 사람에게 전달되었다. 왜냐하면 모든 사람이 죄를 지었기 때문이다.)로 번역한다.

232 Pelagius(c.360-c.420)는 원죄를 부인한다. 그는 하나님께서 인간이 할 수 없는 것을 강요하시지 않는다고 주장한다. 펠라기우스는 인간의 의지(will)로 선과 악을 자유롭게 선택할 수 있다고 말한다. 그는 죄를 이해할 때 행위의 질(the quality of an action)을 근거로 이해하고, 영혼의 상태(the condition of the soul)로 이해하지 않는다. 따라서 그는 원죄를 인정하지 않고, 아담이 죽은 것은 아담 자신의 죄로 죽었다고 주장한다. Pelagius의 제자인 Julian이 말한 "인간은 그의 자유 의지로 하나님으로부터 해방되었다." ("By his free will man is emancipated from God.")라는 표현은 펠라기안 주의의 핵심을 보여주는 것이다. See, David B. Knox, "Pelagianism," *Baker's Dictionary of Theology* (Grand Rapids: Baker, 1975), pp. 399-400.

한 내재적인 경향과 소원," "선에 대한 혐오감," "빛과 지혜에 대한 반감," "잘못과 어두움에 대한 사랑," 그리고 "선한 일로부터는 도피하고 악한 일은 찾아 나서는 성향"등을 합친 것이라고 정의한다.[233] 루터는 원죄를 선의 부재(the absence of good)의 관점에서가 아니라 악의 현존(the presence of evil)의 관점에서 이해한다. 루터는 로마서 5:12에서 아담의 범죄로 인한 원죄를 분명하게 인정하며 따라서 사람이 사망에 이르는 것은 원죄 때문임을 분명히 한다.

칼빈(Calvin) 역시 루터처럼 펠라기우스의 입장을 배격하고 "우리가 우리의 어머니의 태로부터 가지고 온 자연적인 타락은 비록 즉각적으로 결과를 산출하는 것은 아니지만 하나님 앞에서 죄이고 하나님의 형벌을 받아 마땅하다. 이것이 우리가 말하는 원죄이다"[234]라고 해석한다. 그리고 칼빈은 아담이 그의 원래 의를 잃었기 때문에 우리 모두가 이 전적 타락을 유산으로 받았음을(all inherited this depravity) 명확히 한다. 그것이 아담이 그의 후손에게 전해줄 수 있는 모든 것이었다. 칼빈은 우리가 "깊이 자리 잡은 이 원래의 타락"(this deep-seated original corruption)을 받았기 때문에 우리 모두는 죄를 지었다고 말한다.[235] 아담을 통해 들어 온 원죄 때문에 우리들도 죄를 지을 수밖에 없는 상태에 이르게

233 Martin Luther, *Commentary on the Epistle to the Romans,* p. 79.: "But what, then, is original sin? According to the Apostle it is not only the lack of a good quality in the will, nor merely the loss of man's righteousness and ability (*to do good*). It is rather the loss of all his powers of body and soul, of his whole outward and inward perfections. In addition to this, it is his inclination to all that is evil, his aversion against that which is good, his antipathy against (*spiritual*) light and wisdom, his love for error and darkness, his flight from and his loathing of good works, and his seeking after that which is sinful." (italics original).

234 Calvin, *The Epistles of Paul the Apostle to the Romans and to the Thessalonians,* p. 111.

235 Gerald Bray, *Biblical Interpretation: Past and Present* (Downers Grove: IVP, 1996), pp. 216-217.

되었다. 다윗(David)은 우리아의 아내 밧세바와 동침한 죄를 생각하면서 "내가 죄악 중에서 출생하였음이여 어머니가 죄 중에서 나를 잉태하셨나이다"(시 51:5; 참조, 삼하 11:2-27)라고 고백한다. 칼빈은 "만약 모든 사람이 자신의 죄책에 대해 책임이 있는 것을 지적하기 원했다면 왜 바울이 아담과 그리스도를 비교했겠는가?"라고 논증함으로 로마서 5:12이 명백하게 원죄를 가리키고 있음을 주장한다. 칼빈은 로마서 5:12이 우리들의 내재적이요 유전적인 타락을 가리킨다고 설명한다.[236] 바울은 확실하게 원죄의 실체를 인정하고 그로 인해 모든 사람이 죄의 영향을 받게 되었다고 말한다. 종교 개혁자들이 성도들의 구원 문제를 설명할 때 "그리스도로만"(Christ only), "은혜로만"(grace only), "믿음으로만"(faith only)의 교리를 강조하는 이유는 인간이 원래 타락한 죄인이므로 스스로 구원할 수 없기 때문이다.

청교도 신학자 구드윈(Thomas Goodwin)은 "하나님의 면전에서는 두 사람만 있다. –아담과 예수 그리스도– 그리고 이 두 사람은 모든 다른 사람들을 그들의 허리끈에 메달고 있다"[237]라고 말함으로 원죄를 인정하고 있다. 그리고 바울은 아담이 훼손시킨 세상의 질서를 "한 분 예수 그리스도"께서 죄 문제를 해결하심으로 바로잡으시고 그를 믿는 자들에게 의와 생명이 넘쳐나는(롬 5:17) 더 좋은 세상을 마련하셨다고 천명한다. 베네마(Venema)는 "아담의 죄(모든 사람의 죄가 아닌)가 정죄와 죽음의 법정적 선언으로 모든 사람을 죄인들로 만드는 것처럼, 그리스도의 순종(많은 사람의 순종이 아닌)이 의와 생명의 법정적 선언으로 모든 사람

236 Calvin, *The Epistles of Paul the Apostle to the Romans and to the Thessalonians*, p. 112.

237 Geoffrey B. Wilson, *Romans. A Digest of Reformed Comment* (1969), p. 87.: "In God's sight there are two men - Adam and Jesus Christ - and these two men have all other men hanging at their girdle strings."

을 의롭게 만든다."[238]라고 말함으로 원죄를 인정한다. 쿨만(Cullmann)은 "비록 바울이 우리들의 죄에 대한 우리들의 책임도 주장하지만, 그럼에도 불구하고 우리들의 죄짓는 것에 대한 그의 견해는 우리들의 인류의 조상들의 죄악된 행위, 다른 말로 표현해서, 한 사건(an *event*)에 의존되어 있다. 그것이 로마서 5:12이하의 말씀의 뜻이다. 마치 우리의 죄와 그 결과 문제에 대해 우리는 우리가 존재하기 이전에 범한 죄에 의존되어 있고, 그리고 우리가 죄악된 인류의 역사와 그 결과인 사망과 결속되어 있는 것처럼, 또한 우리들은 우리를 생명으로 인도하는 우리의 칭의를 위해서도 다른 사람의 은혜의 행위에 의존되어 있는 것이다."[239]라고 아담과 그리스도를 대칭적으로 설명함으로 원죄를 인정하고 있다.

바울은 한 사람 아담(Adam)과 한 사람 예수 그리스도(Christ)를 대칭시켜 하나님이 어떻게 죄 문제를 해결하셨는지를 설명하기 위해 율법이 있기 전에 죄가 세상에 존재했음을 밝힌다. 바울은 "죄가 율법 있기 전에도 세상에 있었으나 율법이 없었을 때에는 죄를 죄로 여기지 아니하였느니라"(롬 5:13)라고 설명한다. 율법이 있기 전에 아담이 있었고 아담의 범죄로 죄의 존재가 시작되었다는 것이다. 바울은 이와 같은 역사적 사실을 좀 더 구체적으로 설명한다. 율법 중에 중심이 되는 십계명은 출애굽 과정에서 모세(Moses)를 통해 주어졌다(출 20:1-17; 참고, 신 5:1-21). 바울은 지금 모세가 율법을 받기 전에도 죄가 존재했음을 밝히고 있는 것이다. 그래서 바울은 "아담으로부터 모세까지 아담의 범죄와 같은 죄를 짓지 아니한 자들까지도 사망이 왕 노릇 하였나

238 Venema, *The Gospel of Free Acceptance in Christ* (2006), p. 239.

239 Oscar Cullmann, *Salvation in History* (New York and Evanston: Harper and Row, 1967), p. 324.

니"(롬 5:14)라고 확인하는 것이다. 여기서 우리가 주목해야 할 것은 "아담으로부터 모세까지"라는 말씀과 "아담의 범죄와 같은 죄를 짓지 아니한 자들"(롬 5:14)이라는 말씀에 담긴 뜻이다. 바울은 "아담으로부터 모세까지"라는 표현을 통해 모세가 하나님으로부터 율법을 받기 전에도 사람들이 죽었고 그 이유는 그들이 모두 죄인들이었기 때문임을 밝히기 원해서이다. "죄의 삯은 사망이요"(롬 6:23)의 말씀처럼 사망이 왕노릇한 것은 죄가 있었기 때문이다. 그러므로 죄는 율법이 있기 전에도 존재했으며 그 이유는 아담이 모든 사람의 모형 역할을 했기 때문이다. 바울은 이미 "그러면 어떠하냐 우리는 나으냐 결코 아니라 유대인이나 헬라인이나 다 죄 아래에 있다고 우리가 이미 선언하였느니라"(롬 3:9)라고 율법과 상관없이 유대인이나 헬라인이나 모든 사람이 죄인임을 선언한 바 있다. 그리고 바울은 "아담의 범죄와 같은 죄를 짓지 아니한 자들"(롬 5:14)이라는 표현을 통해 아담 이후의 사람들이 모두 죽었는데 그들이 죽은 것은 죄 때문에 죽은 것이지만 아담이 지은 죄와 똑같은 죄 때문에 죽은 것이 아니요 아담의 죄로 그들도 죄인이 되었기 때문이라고 말하고 있는 것이다. 바울은 여기서 암시적이지만 확실하게 원죄를 인정하고 있는 것이다. 그리고 "아담은 오실 자의 표상이라"(롬 5:14)라는 말씀이 원죄의 존재를 더욱 확실하게 천명하는 것이다. 본 구절의 "오실 자"는 예수 그리스도를 가리킨다(롬 5:15 참조). 바울은 아담이 그의 백성의 머리요 대표자인 것처럼 그리스도 역시 그의 백성의 머리요 대표자임을 분명히 한다(고전 15:45). 칼빈(Calvin)은 "아담이 그리스도의 모형이라는 바울의 주장은 우리들을 놀라게 할 필요가 없다. 왜냐하면 어떤 비슷한 점은 항상 확실하고 서로 반대되는 점도 확실하기 때문이다. 그러므로 우리 모두가 아담의 죄로 타락한 것처럼 그리스도의 의로 회복되었다. 아담은 그리스도의 모형으로 정확하게 불린다. 그러나 우리가 주목할 것은 마치 그들이 우리 앞서 살았던 사람의 선례인 것처럼 아담이 죄의 모형이요 그리스도가 의의 모형이라고 불리지 않는다는 점이다."[240]라고 설명한다. 바울은 아담이 죄인이었던 것처럼 우리도 죄인이라는 모형의 개념으로 아담을 묘사하고 있는 것이 아니다. 오히려 바울은 원죄를 시작한 아담을 그리스도와 비교하고 있다.

바울은 로마서 5:12에서 "한 사람으로 말미암아 죄가 세상에 들어오고 죄로 말미암아 사망이 들어 왔나니"(롬 5:12)라고 말한 후에 로마서 5:13과 5:14에서 그 한 사람이 아담이요 따라서 모세의 율법이 있기 전에 죄가 있었고 그 한 사람의 죄 때문에 모든 사람이 사망에 이르게 되었음을 설명했다. 그러므로 로마서 5:13과 5:14은 로마서 5:12을 확대 설명한 것으로 보아야 한다. 이제 바울은 그가 로마서 5:14 하반절에서 "아담은 오실 자의 모형이라"(롬 5:14)라고 설명한 말씀을 좀 더 구체적으로 로마서 5:15에서 밝히고 있다. 바울은 "이 은사는 그 범죄와 같지 아니하니"(롬 5:15)라고 말함으로 은사는 예수 그리스도와 연결시키고, 범죄는 아담과 연결시킨다. 바울은 예수 그리스도의 은사와 아담의 범죄를 대비시키면서 강조는 그리스도의 은사 쪽에 둔다. 그리고 바울은 "한 사람의 범죄를 인하여 많은 사람이 죽었은즉 더욱 하나님의 은혜와 또한 한 사람 예수 그리스도의 은혜로 말미암은 선물은 많은 사람에게 넘쳤느니라"(롬 5:15)라고 함으로 명백한 대칭을 한다. "한 사람의 범죄"는 아담의 타락을 가리킨다(참고 롬 5:12, 14). 아담 한 사람의 범죄 때문에 많은 사람이 죽었다. 아담의 죄와 많은 사람이 죽은 것은 원인과 결과의 관계이다. 그러므로 아담의 죄를 가리

240 Calvin, *The Epistles of Paul the Apostle to the Romans and to the Thessalonians*, p. 114.

켜 원죄(the original sin)라고 칭한다. 우리는 같은 교훈을 본 문맥에서 발견한다(롬 5:12, 16-19). 바울은 "한 사람의 범죄"와 대칭이 될 "하나님의 은혜와 또한 한 사람 예수 그리스도의 은혜로 말미암은 선물"(롬 5:15)을 끌어들인다. 바울은 대칭을 확실하게 하기 위해 "한 사람의 범죄"가 "많은 사람"(πολλοί)을 죽게 만들었다고 말하고, "한 사람 예수 그리스도의 은혜로 말미암은 선물"이 "많은 사람"(πολλούς)에게 넘쳤다고 말한다. 바울은 "많은 사람"이라는 표현을 아담에게도 연결시키고 그리스도에게도 연결시킴으로 아담과 예수 그리스도를 대칭시키고 있음을 분명히 한다. 그리고 바울은 "더욱"(πολλῷ μᾶλλον)이라는 표현을 사용하여 "하나님의 은혜와 또한 한 사람 예수 그리스도의 은혜로 말미암은 선물"(롬 5:15)에 무게 중심을 둔다. 바울은 대칭을 표현하면서 자신이 강조하고 있는 내용이 어느 쪽인지를 나타내기 위해 "더욱"을 이미 사용한 바 있다(롬 5:9, 10). 그러나 우리가 주목할 것은 로마서 5:9과 5:10의 대칭에서 사용된 "더욱"은 같은 범주의 대칭 안에서 사용된 것으로 "그의 피로 의롭다 인정을 받았으니" "더욱" "진노하심에서 구원을 받게 된다"(롬 5:9)라고 표현되었으며, 또한 "하나님과 화목하게 된 자"는 "더욱" "그의 부활로 구원을 받을 것"(롬 5:10)이라고 표현한 것이다. "의롭게 된 것"과 "진노에서 구원 받는 것"은 같은 범주이며, 또한 "화목"과 "부활로 말미암은 구원"도 같은 범주이다. 그러나 로마서 5:15의 "더욱"은 완전히 다른 범주의 대칭 안에서 사용된 것으로 "한 사람의 범죄로 인한 사망"과 "한 사람 예수 그리스도로 말미암은 선물"은 완전히 상반된 대칭이다. 바울이 "하나님의 은혜"(롬 5:15)를 강조한 것은 아담과 예수 그리스도가 대칭되도록 역사를 인도하신 분이 바로 하나님이심을 강조하고 이는 구속역사의 진행으로 성취된 것임을 밝히고 있는 것이다. 그리고 바울이 아담과 대칭되는 상대를 표현하면서 "예수"를 명시적으로 밝혀서 "예수 그리스도"라고 표현한 것은 기독교 복음의 역사성을 증거 하는 것임을 방증하는 것이다. 우리는 아담과 그리스도의 명확한 대칭을 고린도전서 15:45–49에서도 발견한다. 바울은 "첫 사람 아담은 생령이 되었다 함과 같이 마지막 아담은 살려 주는 영이 되었나니"(고전 15:45)라고 함으로 아담과 그리스도를 대칭시킨다. 머레이(Murray)는 고린도전서 15:45–49을 설명하면서 로마서 5:12–15을 이해하는데 도움이 되는 해석을 제공한다. 머레이는 "바울은 여기서 성경 전체를 통해 가장 뚜렷하고 중요한 사상 구조를 제공한다. 두 아담을 머리로 한 체계에서 하나님이 인간을 취급하시는 사실을 설명한다. 아담 이전에는 아무도 없었다. 왜냐하면 그가 첫 사람이기 때문이다. 아담과 그리스도 사이에도 아무도 없다. 왜냐하면 그리스도가 둘째 사람이기 때문이다. 그리스도 이후에도 아무도 없다. 왜냐하면 그가 마지막 아담이기 때문이다."[241]라고 설명한다. 그리스도의 복음은 상상으로 만들어진 것이 아니다. 구속역사는 역사를 주관하시는 하나님이 첫 사람 아담의 범죄를 마지막 아담이신 예수 그리스도의 죽음과 부활을 통해 회복하시고 완성하신 복된 역사이다.

롬 5:16–19 바울은 계속해서 로마서 5:15의 논의를 로마서 5:16에서도 이어나간다. 바울은 "하나님의 은혜와 또한 한 사람 예수 그리스도의 은혜로 말미암은 선물"(롬 5:15)은 "범죄한 한 사람으로 말미암은 것과 같지 아니하니"(롬 5:16)라고 말함으로 아담과 예수 그리스도의 역할이 다르다는 사실을 분명하게 설명하고 있다. 바울은 이미 로마서 5:15에서 아담과 그리스도의 다름을 강조한 바 있다. 우선 바울은

241 John Murray, *The Imputation of Adam's Sin* (Grand Rapids: Eerdmans, 1959), p. 39.

"범죄한 한 사람"이란 표현을 통해 아담과 죄의 관계가 긴밀한 관계임을 밝히고, 바로 아담의 범죄 때문에 정죄에 이르는 심판이 내려졌음을 설명한다. 바울은 여기서 그가 자주 사용하지 않은 특별한 용어인 "정죄"(κατάκριμα)를 처음으로 소개한다(롬 5:16, 18; 8:1).[242] "정죄"는 우리가 모두 죄인이라고 법정적으로 선언하는 것이다. 바울은 "심판은 한 사람으로 말미암아 정죄에 이르렀으나"(롬 5:16)라고 표현했으나 그 뜻은 "한 사람 아담의 범죄로 말미암아 정죄에 이르렀으나"와 같은 뜻이다. 바울은 이전 구절에서 "한 사람의 범죄"(롬 5:12, 15)를 언급했기 때문에 "한 사람으로 말미암아"라는 말씀은 결국 "한 사람의 범죄로 말미암아"라는 뜻임이 확실하다. 그런데 바울은 이어지는 말씀에서 "은사는 많은 범죄로 말미암아 의롭다 하심에 이름이니라"(롬 5:16)[243]라는 다소 이해하기 힘든 말을 한다. 바울은 "심판은 한 사람으로 말미암아 정죄에 이르렀으나 은사는 한 사람으로 말미암아 의롭다 하심에 이름이니라"라고 아담과 그리스도의 역할을 비교해서 말할 수도 있었다. 그러나 바울은 그렇게 말하지 않았다. 오히려 바울은 "심판"과 "은사"를 대칭시키고, "한 사람(의 범죄)으로 말미암아"와 "많은 범죄로 말미암아"를 대칭시키며, "정죄"(condemnation)와 "칭의"(justification)를 대칭시켜 설명한다. 바울은 한 사람의 범죄로 심판을 받아 모든 사람이 정죄에 이르렀다고 말하고(롬 5:15, 18), 은사의 경우는 다른 관점에서 설명한다. 바울은 여기서 한 사람의 의로운 행위로 말미암아 모든 사람이 은사를 받아 의롭게 되었다는 보편구원설을 말하지 않는다. 오히려 바

242 J. B. Smith, *Greek-English Concordance to the New Testament* (1974), p. 196 (§ 2631).

243 본 구절의 이해를 돕기 위해 영어 번역을 여기에 소개한다. "for on the one hand the judgment *arose* from one *transgression* resulting in condemnation, but on the other hand the free gift *arose* from many transgressions resulting in justification."(NASB)

울은 은사가 사람이 예수를 믿기 이전의 많은 범죄들뿐만 아니라 예수 믿은 이후의 많은 잘못된 범죄들까지 포함하여 모든 범죄들의 문제를 해결함으로 성도들이 의롭다 하심에 이른다고 설명하는 것이다.[244] 핫지(Hodge)는 "그리스도는 아담의 한 죄 때문에 우리에게 선언된 저주를 제거하는 것보다 훨씬 많은 것을 성취하셨다. 그는 우리 자신의 셀 수 없이 많은 죄로부터 우리들의 의를 획득하셨다. 이것이 이 구절이 제시하는 주된 사상이다."[245]라고 설명한다.

바울은 그리스도의 속죄가 아담이 지은 원죄에서부터 사람을 자유롭게 해 주셨을 뿐만 아니라 그 사람이 범하는 계속되는 범죄에서부터도 해방시켜 주셨음을 확인하고 이런 은사를 받은 자들은 선택된 자들에게 국한된 것이라고 함으로 제한속죄(Limited Atonement)를 암묵적으로 설명하고 있는 것이다.

바울은 이제 로마서 5:17에서 이전 구절들의 논의를 계속한다. 로마서 5:17의 내용은 로마서 5:15의 내용과 비슷하다. 바울은 "한 사람의 범죄로 말미암아 사망이"....."왕 노릇 하였다"는 사실과 "한 분 예수 그리스도를 통하여" "은혜와 의의 선물을 넘치게 받은 자들은" "생명 안에서 왕 노릇한다"(롬 5:17)라는 사실을 대칭시키면서 "더욱"(πολλῷ μᾶλλον)을 사용하여 그리스도의 은혜의 사역을 강조한다(롬 5:10, 15, 17). "더욱"은 "더욱 강력한 이유로" 혹은 "더더구나"와 같은 강세의 의미를 가지고 있다. 바울은 아담 한 사람의 범죄로 사망이 왕 노릇하였다고 설명할 때는 과거시상(aorist)을 사용하여 "사망"이 직접 왕 노릇하는 것으로 묘사하고, 그와 대비되는 한 분 예수 그리스도를 통하여 은혜

---

244 John Calvin, *The Epistles of Paul the Apostle to the Romans and to the Thessalonians*, p. 116.; John Murray, *The Epistle to the Romans* (*NICNT*), Vol. I, p. 196.

245 C. Hodge, *A Commentary on Romans* (1975), p. 167.

와 의의 선물을 넘치게 받는 자들이 생명 안에서 왕 노릇하는 것을 묘사할 때는 미래시상(future)을 사용하여 그리스도의 은혜와 의의 선물을 넘치게 받은 성도들이 생명 안에서 왕 노릇 할 것이라고 설명한다. 머레이(Murray)는 "'왕 노릇 할 것이다'라는 미래 시상은 통치를 미래에만 국한시킬 필요는 없다. 이는 미래에 국한시키기보다 생명 안에서의 통치의 확실성과 안전성을 설명하는 것으로 해석될 수 있다. 그러나 확실성과 안전성은 영원히 계속될 것이며, 사도의 교훈과 일치되어 미래에 그 충만한 실현이 이루어지게 될 것이다."[246]라고 정리한다. 예수 그리스도께서 그의 죽음을 통해 아담의 죄 문제와 모든 종류의 죄 문제를 해결하시고 사망을 정복해 주셨을 뿐만 아니라(고전 15:54-56) 그의 부활을 통해 영원한 생명을 확보하셨기 때문에(고전 15:20-26) 예수님을 믿음으로 그와 연합된 성도들은 생명 안에서 영원히 왕 노릇 하는 것이다. 성도들은 하늘의 "시민권"을 현재 소유한 존재요(빌 3:20), "썩지 아니할 씨"(벧전 1:23) 즉 "하나님의 씨"(요일 3:9)를 소유한 존재요, "영생"을 이미 소유한 사람들이요(요 5:24), "택하신 족속이요 왕 같은 제사장들이요 거룩한 나라요 그의 소유가 된 백성"(벧전 2:9)들이다.

바울은 계속해서 로마서 5:18에서도 아담과 그리스도를 비교하면서 지금까지의 논의를 요약 정리한다. 바울은 "그런즉 한 범죄로 많은 사람이 정죄에 이른 것같이 한 의로운 행위로 말미암아 많은 사람이 의롭다 하심을 받아 생명에 이르렀느니라"(롬 5:18)라고 대칭시킴으로 이전 구절들(롬 5:12-17)에서 지금까지 논의된 내용을 간결하게 설명하고 있다. "한 범죄"는 "여호와 하나님이 그 사람에게 명하여 이르시되 동산 각종 나무의 열매는 네가 임의로 먹되 선악을 알게 하는 나무

246 John Murray, *The Epistle to the Romans* (*NICNT*), Vol. I (1968), p. 198.

의 열매는 먹지 말라 네가 먹는 날에는 반드시 죽으리라"(창 2:16-17)라고 말씀하신 하나님의 명령을 아담이 불순종한 죄를 가리킨다. "한 범죄"는 아담의 불순종(disobedience)으로 시작된 죄이다. "한 의로운 행위"는 "한 범죄"와 대칭되는 개념으로 예수 그리스도의 십자가의 죽음을 통해 성취하신 한 의로운 행위를 가리킨다. "한 의로운 행위"는 예수 그리스도의 순종(obedience)으로 성취된 의이다. 예수님은 "사람의 모양으로 나타나사 자기를 낮추시고 죽기까지 복종하셨으니 곧 십자가에 죽으심이라"(빌 2:8)라는 말씀처럼 하나님의 명령을 철저하게 순종하고 의를 성취하셨다. 바울은 아담의 "불순종"과 예수 그리스도의 "순종"을 극명하게 대비시켜 예수님의 순종을 돋보이게 만든다. 바울은 아담의 불순종으로 "많은 사람이 정죄에 이른 것같이"와 예수 그리스도의 순종으로 "많은 사람이 의롭다 하심을 받아 생명에 이르렀다"(롬 5:18)라고 설명함으로 아담의 불순종의 결과와 예수 그리스도의 순종의 결과를 대칭시킨다. 머레이(Murray)는 "아담의 죄의 전가에 대한 병행은 그리스도의 의의 전가이다. 혹은, 바울의 용어를 사용한다면, 아담의 불순종을 통해 '구성된 죄인들'(constituted sinners)이 되는 것은 그리스도의 순종을 통해 '구성된 의롭게'(constituted righteous)되는 것과 병행되어 있다."[247]라고 설명한다. 우리는 여기서 질문을 할 수밖에 없다. 아담의 불순종으로 정죄에 이른 "많은 사람"과 예수 그리스도의 순종으로 생명에 이른 "많은 사람"이 같은 사람들인가? 조건절(protasis)에 언급된 "많은 사람"과 귀결절(apodosis)에 언급된 "많은 사람"을 반드시 동일시하는 것이 바울 사도의 교훈인가? 바울은 그의 서신 여러 곳에서 선택받은 자만이 구원을 받을 수 있고 영생에 이를 수 있다고 가르친다(롬

247 John Murray, *The Imputation of Adam's Sin* (1959), p. 76.

8:1, 11, 23, 29-30; 9:7-8; 11:14, 25; 15:23; 갈 4:31; 엡 1:3-14). 바울은 그의 교훈에서 그리스도 안에 있는 사람과 그리스도 밖에 있는 사람을 확실하게 구별하고 오직 그리스도 안에 있는 사람에게만 구원이 있고 영생이 있음을 가르친다. 바울은 보편 구원설을 지지하지 않는다. 그러므로 로마서 5:18에서 바울이 아담의 범죄로 타락한 "많은 사람"과 예수 그리스도의 십자가의 대속적 죽음으로 구원받은 "많은 사람"이 똑같은 사람들을 가리키는 것으로 생각할 수 없다. 바울은 "아담 안에서 모든 사람이 죽은 것같이 그리스도 안에서 모든 사람이 삶을 얻으리라"(고전 15:22)라는 그의 교훈에서도 아담 안에서 죽은 모든 사람과 그리스도 안에서 삶을 얻은 모든 사람이 동일한 사람일 수 없다고 설명한다. 왜냐하면 그리스도 안에서 산 사람은 그리스도의 부활과 연계되어 삶을 얻은 사람들이요, 바로 그 사람들만 예수님의 재림 때에 영생을 얻을 수 있기 때문이다(고전 15:21-26). 머레이(Murray)는 로마서 5:18의 대칭을 "바울이 보여주기를 원하는 것은 의롭게 된 사람들의 숫자적 범위와 정죄 받은 사람들의 숫자적 범위가 동일하다는 것이 아니요, 정죄 받은 방법과 칭의 받은 방법을 대칭시켜 보여주는 것이다."[248]라고 설명한다.

로마서 5:19은 문법적인 구조나 그 내용으로 보아 로마서 5:18을 좀 더 구체적으로 설명하고 있음이 확실하다. 바울은 로마서 5:19을 "왜냐하면"으로 시작한다.[249] 바울은 왜냐하면 "한 사람이 순종하지 아니함으로 많은 사람이 죄인된 것같이 한 사람이 순종하심으로 많은 사람이 의인이 되리라"(롬 5:19)라고 함으로 로마서 5:18과 같은 완전한

248 John Murray, *The Epistle to the Romans* (*NICNT*), Vol. I (1968), p. 203.

249 한글 개역개정은 "왜냐하면"을 생략했다. 롬 5:19의 헬라어 원문은 "ὥσπερ γὰρ"(For just as)로 시작하고 "οὕτως καὶ"(so also)로 연결시켜 롬 5:18과의 관계를 선명하게 밝히고 있다.

대칭을 제시한다. "한 사람의 불순종"은 아담의 범죄를 가리키고 그리고 아담의 범죄는 후손들을 죄인으로 만들었다. 우리는 여기서 아담과 그의 후손 사이의 결속이 죄의 결속도 배제(排除)하지 않는다는 것을 알 수 있다. 아담의 범죄는 많은 사람을 죄인으로 만들었다. 그리고 "한 사람의 순종"은 예수 그리스도의 죽기까지의 순종을 가리키고 그의 순종으로 그를 따르는 많은 사람들이 의인으로 인정하심을 받았다. 아담의 범죄도 그의 후손들에게 전가 되었고, 그리스도의 의도 그에게 속한 사람들에게 전가되었다. 칼빈(Calvin)은 "바울이 후에 우리가 그리스도의 순종으로 의롭게 되었다고 진술할 때 우리는 그리스도께서, 아버지를 만족하게 하심으로, 우리들을 위해 의를 확보하신 것으로 추론한다. 이 의가 하나의 특성(property)으로 그리스도 안에 존재함으로 정당하게 그리스도에게 속한 것이 우리들에게 전가 되었다고 말할 수 있다."[250]라고 설명한다. 그런데 바울은 로마서 5:17에서와 마찬가지로 아담의 불순종으로 많은 사람이 죄인이 된 사실을 묘사할 때는 과거시상(aorist)을 사용하고, 예수님의 순종으로 많은 사람이 의인이 되는 사실은 미래시상(future)을 사용하여 묘사했다.[251] 바울이 예수님의 순종으로 많은 사람이 의인이 될 시기가 미래이기 때문이 미래시상을 사용한 것은 아니다. 만약 그런 뜻으로 본문을 이해한다면 이는 칭의의 개념과 상충이 되는 것이다. 성도는 예수 그리스도를 구주로 받는 즉시 100% 칭의를 받는다. 그러므로 바울 사도가 본 절에서 미래시상을 사용한 것은 그리스도의 순종을 통한 구속의 사역이 계속적으로 진행될 것이며 결국에는 예수님 재림 때에 완벽하게 성취될 것을 함의하고 있

250 Calvin, *The Epistles of Paul the Apostle to the Romans and to the Thessalonians*, p. 118.

251 바울은 롬 5:19에서 "죄인된 것"(κατεστάθησαν)은 과거시상, 3인칭, 복수로 표현하고, "의인이 되리라"(κατασταθήσονται)는 미래시상, 3인칭, 복수로 표현했다.

는 것이다.

롬 5:20-21 이전 구절인 로마서 5:12-19에서 바울은 아담과 그리스도를 대칭시키고 아담의 범죄 즉, 불순종으로 죄가 세상에 들어오게 되었고, 따라서 그의 모든 후손들이 정죄를 받게 되었으며, 결국은 죽음에 이르게 되었으나, 예수 그리스도의 순종으로 의를 이루게 되었고, 하나님의 은혜로 예수를 믿는 백성들은 의롭게 되고 영생에 이르게 되었음을 밝혔다. 바울은 이제 "율법이 들어온 것은 범죄를 더하게 하려 함이라 그러나 죄가 더한 곳에 은혜가 더욱 넘쳤나니"(롬 5:20)라고 율법의 역할을 설명한다. 타락한 인간의 자연적인 성향은 금지된 것을 더 추구하는 특성을 가지고 있다. 율법은 죄에 대한 사람들의 지식을 더 증가하게 만든다. 따라서 바울은 "율법이 들어온 것은 범죄를 더하게 하려 함이라"(롬 5:20)라고 가르치는 것이다. 박윤선은 "율법이 들어온 것은"(롬 5:20)을 해석하면서 "가입"(들어온 것)이란 "이미 있는 것보다 후에 측림(側臨)한 것을 가리킨다. 곧, 모세의 율법이, 재래(在來)의 아브라함 계약(은혜 계약)을 돕기 위하여 후에 측림하였다는 것이다"라고 설명하고, 계속해서 "일설에는 '율법의 가입'이란 말이, 율법이 죄보다 후에 온 것을 가리킨다고 하나(Luther, Calvin), 옳지 않은 해석이다. 그것(율법)이 측림하였다고 할 때에는, 그것이 영구한 제도로서 임재(臨在)함이 아닌 것을 암시한다."[252]라고 설명한다. 박윤선의 해석은 율법의 일시적인 기능을 강조하기 위한 설명이다. 하지만 본 맥락을 살펴보면 바울은 죄 문제와 연계하여 율법의 문제를 다루고 있다. 바울은 "죄가 율법 있기 전에도 세상에 있었으나"(롬 5:13), "한 사람의 범죄를

252 박윤선, 『성경주석. 로마서』, p. 178.

인하여"(롬 5:15), "한 사람의 범죄로 말미암아"(롬 5:17), "한 범죄로 많은 사람이 정죄에 이른 것같이"(롬 5:18)라고 말한 후에 "율법이 들어 온 것은 범죄를 더하게 하려 함이라"(롬 5:20)라고 말하고 있다. 따라서 율법이 있기 전에 죄가 있었다고 해석하는 칼빈(Calvin)의 해석이나[253] 루터(Luther)의 해석이 잘못이라고 말할 수 없다.[254] 바울은 율법이 있기 전에 죄가 있었으나 율법이 등장함으로 죄가 더 많이 드러나게 되었고 따라서 하나님의 은혜야말로 그 너비와 높이와 길이와 깊이가 한없이 크다는 것을 설명하기 원한 것이다. 바울은 이미 "죄가 율법 있기 전에도 세상에 있었다"(롬 5:13)라고 천명한 바 있다. 율법은 아담과 그리스도 사이인 모세시대에 들어 왔다(롬 5:14 참고). 율법이 들어옴으로 범죄가 감소한 것이 아니요 오히려 범죄가 증가하게 되었다. 그 이유는 율법이 죄를 드러내는 역할을 하기 때문이다. 바울은 율법의 등장으로 그 이전에는 죄로 여기지 아니한 행위도 죄로 드러나기 때문에(롬 5:13) "율법이 들어온 것은 범죄를 더하게 하려 함이라"(롬 5:20)라고 설명하는 것이다. 바울은 이어서 "그러나 죄가 더한 곳에 은혜가 더욱 넘쳤나니"(롬 5:20)라고 설명함으로 특이한 논리를 전개한다. 바울은 이미 "선을 이루기 위하여 악을 행하자 하지 않겠느냐"(롬 3:8)라고 비슷한 논리를 제시했다. 바울이 여기서 악을 장려하거나 죄를 장려한 것이 아님은 확실하다. 바울은 여기서 하나님의 은혜를 찬양하기 위하여 죄와

253 John Calvin, *The Epistles of Paul the Apostle to the Romans and to the Thessalonians,* p. 119.: "What he states here is dependent on his previous observation that **sin existed before the law** was published."

254 Martin Luther, *Commentary on the Epistle to the Romans* (1962), p. 82.: "The statement 'the law entered' shows that sin remained, indeed, that it was increased (*by the Law*); **for the Law followed sin,** in order to make it abound by commanding the opposite of man's sinful desires, and by forbidding his (*sinful*) passions."

은혜를 대비시키고 있다.

비록 율법이 그 명령들을 지키는 모든 이에게 생명을 약속하지만(롬 10:5) 사실상 율법의 모든 계명을 지킬 수 있는 사람은 없다. 따라서 실제적으로 율법의 기능은 아무도 율법의 요구를 성취할 수 없다는 인간의 무능과 죄성을 드러나게 만드는 것이다. 그래서 바울은 "율법의 행위로 그의 앞에 의롭다 하심을 얻을 육체가 없나니 율법으로는 죄를 깨달음이니라"(롬 3:20)라고 말하는 것이다. 바울은 율법을 통해 죄가 더 많이 드러나면 드러날수록 그 죄 문제를 해결하신 하나님의 은혜가 더욱 돋보이고 인간의 지혜로 가늠할 수 없을 정도로 하나님의 은혜의 풍성함을 강조하고 있는 것이다.

바울은 "죄가 더한 곳에 은혜가 더욱 넘쳐난"(롬 5:20) 이유를 로마서 5:21에서 계속 설명한다. 그 이유는 "죄가 사망 안에서 왕 노릇 한 것같이 은혜도 또한 의로 말미암아 왕 노릇"(롬 5:21)하게 하기 위해서이다. 바울은 이미 비슷한 내용의 교훈을 설명한 바 있다(롬 5:17). 그런데 주목할 것은 바울이 로마서 5:17에서는 "사망이 왕 노릇 하는 것"으로 묘사하고, 로마서 5:21에서는 "죄가 왕 노릇 하는 것"으로 묘사했다는 것이다. 그러나 이는 큰 문제가 되지 않는다. 왜냐하면 죄가 있는 곳에 사망이 있을 수밖에 없고, 사망이 있는 곳에는 죄의 역할이 확실하기 때문이다. 죄와 사망은 떼려야 뗄 수 없는 관계 안에 있다. 그리고 바울은 로마서 5:17에서는 "은혜와 의의 선물을 받은 자들이 생명 안에서 왕 노릇 할 것"이라고 묘사하고, 로마서 5:21에서는 "은혜가 의로 말미암아 왕 노릇 하는 것"으로 묘사한다. 이 또한 큰 문제가 되지 않은 이유는 하나님의 은혜와 예수 그리스도의 은혜가 있었기에 생명 안에서 왕 노릇 할 수 있는 사람들이 존재할 수 있기 때문이다. 은혜, 의, 왕 노릇은 역시 떼려야 뗄 수 없는 관계에 있다. 바울은 지금까지 논의한 아담의 범죄와 예수 그리스도의 은혜의 대칭을 로마서 5:21에서 선명하게 요약한다. 아담의 범죄는 죄와 사망의 통치를 가져왔고, 그리스도의 은혜는 의와 생명의 통치를 가져왔다. 바울은 아담(Adam)으로 인해 이 세상에 죄가 들어왔고, 정죄가 선언되었고, 사망이 이르렀다고 말하고, 예수 그리스도(Jesus Christ)를 통해서 의가 성취되었고, 영생이 확보되었음을 강조하고 있다. 하나님의 은혜는 우리를 대신해서 죽고 부활하신 예수 그리스도의 죽음과 부활을 떠나서 이해할 수 없다. 예수님은 그의 죽음을 통해 성도들의 죄 문제, 사망의 문제를 해결해 주셨고, 그의 부활을 통해 성도들의 영생을 확보해 주셨다. 그래서 바울은 로마서 5장의 마지막 절인 로마서 5:21을 "우리 주 예수 그리스도로 말미암아 영생에 이르게 하려 함이라"(롬 5:21)라고 선언하는 것이다.

로마서 6장 주해

6장 요약

로마서 6장은 바로 전장인 로마서 5장의 내용과 밀접하게 연관되어 있다. 바울은 로마서 5장에서 죄인들이 한 사람 예수 그리스도의 은혜로 말미암아 의롭게 되어 영생을 누리게 되었다고 말한 후 로마서 제 6장에서 예수님과 성도들의 연합개념을 사용하여 죄인이 어떻게 의롭게 될 수 있는지를 설명한다. 바울은 역사상에 딱 한 번 발생한 예수님의 사건, 즉 그의 죽음과 부활이 어떻게 온 세상의 모든 사람에게 시간을 초월해서 그 효과를 나타낼 수 있는지를 설명한다. 바울은 연합개념을 사용하여 예수님이 성취한 모든 것이 성도들의 것이 될 수 있다고 설명한다. 성도들은 예수님의 죽으심과 연합되었고(롬 6:4-5), 옛 사람이 예수님과 함께 십자가에 못 박혔고(롬 6:6), 예수님의 부활과 연합되었기 때문에(롬 6:5, 8) 바울은 예수님이 그의 죽음과 부활을 통해 이루신 모든 것이 성도들의 몫이 된다고 증언한다. 따라서 그리스도가 현재 살아계신 것처럼 성도들도 부활하여 살아 있다고 말한다(롬 6:8). 바울은 성도들이 예수님과 연합됨으로 죄로부터 해방되었고, 영생을 소유한 사람들이기 때문에 죄에 대해서는 죽은 자들이요, 하나님께 대해서는 살아 있는 자들이라고 확인한다(롬 6:10-11). 따라서 바울은 담대히 "죄의 삯은 사망이요 하나님의 은사는 그리스도 예수 우리 주 안에 있는 영생이니라"(롬 6:23, 개역개정)라고 고백하는 것이다.

1. 그리스도와 연합된 성도(롬 6:1-14)

1 그런즉 우리가 무슨 말을 하리요 은혜를 더하게 하려고 죄에 거하겠느냐 2 그
럴 수 없느니라 죄에 대하여 죽은 우리가 어찌 그 가운데 더 살리요 3 무릇 그
리스도 예수와 합하여 세례를 받은 우리는 그의 죽으심과 합하여 세례를 받은
줄을 알지 못하느냐 4 그러므로 우리가 그의 죽으심과 합하여 세례를 받음으
로 그와 함께 장사되었나니 이는 아버지의 영광으로 말미암아 그리스도를 죽
은 자 가운데서 살리심과 같이 우리로 또한 생명 가운데서 행하게 하려 함이라
5 만일 우리가 그의 죽으심과 같은 모양으로 연합한 자가 되었으면 또한 그의
부활과 같은 모양으로 연합한 자도 되리라 6 우리가 알거니와 우리의 옛 사람
이 예수와 함께 십자가에 못 박힌 것은 죄의 몸이 죽어 다시는 우리가 죄에게
종 노릇 하지 아니하려 함이니 7 이는 죽은 자가 죄에서 벗어나 의롭다 하심을
얻었음이라 8 만일 우리가 그리스도와 함께 죽었으면 또한 그와 함께 살 줄을
믿노니 9 이는 그리스도께서 죽은 자 가운데서 살아나셨으매 다시 죽지 아니
하시고 사망이 다시 그를 주장하지 못할 줄을 앎이로라 10 그가 죽으심은 죄에
대하여 단번에 죽으심이요 그가 살아 계심은 하나님께 대하여 살아 계심이니
11 이와 같이 너희도 너희 자신을 죄에 대하여는 죽은 자요 그리스도 예수 안에
서 하나님께 대하여는 살아 있는 자로 여길지어다 12 그러므로 너희는 죄가 너
희 죽을 몸을 지배하지 못하게 하여 몸의 사욕에 순종하지 말고 13 또한 너희
지체를 불의의 무기로 죄에게 내주지 말고 오직 너희 자신을 죽은 자 가운데서
다시 살아난 자 같이 하나님께 드리며 너희 지체를 의의 무기로 하나님께 드리
라 14 죄가 너희를 주장하지 못하리니 이는 너희가 법 아래에 있지 아니하고 은
혜 아래에 있음이라(롬 6:1-14, 개역개정)

롬 6:1-3 바울은 로마서 6장을 "그런즉 우리가 무슨 말을 하리요 은혜를 더하게 하려고 죄에 거하겠느냐"(롬 6:1)라는 질문으로 시작한다. 질문의 논리는 하나님이 그의 은혜로 우리의 모든 죄를 용서해

주셨다고 생각하면 죄를 적게 지은 사람과 죄를 많이 지은 사람을 비교할 때 죄를 많이 지은 사람이 하나님의 은혜를 더 많이 받은 것이라는 이론에 근거한 것이다. 그래서 질문은 은혜를 더 많이 받기 위해 죄를 더 많이 지어야 하는 것 아닌가라는 것이다. 바울은 이 질문에 대해 "그럴 수 없느니라"(μὴ γένοιτο)라고 대답하고, 그와 같은 일은 불가능한 것이라고 단호하게 응답한다. 은혜와 죄는 동시에 공존할 수 없으며 생명과 죽음이 같은 시간대에 공존할 수 없다. 그러므로 하나님의 은혜로 의롭다 함을 받은 사람이 죄 가운데 거할 수는 없다. 물론 하나님의 은혜로 의롭게 되고 구원받은 성도일지라도 아담(Adam)의 질서로 받은 몸을 소유하고 있는 동안은 죄에서부터 완전히 자유할 수 없다. 예수를 구주로 영접한 성도들도 때때로 실족할 수 있다. 성도들이 하나님께서 성도들을 위해 준비하신 부활체를 입을 때까지는 죄와 싸우면서 살아가야 한다(고전 15:23, 50–58). 바울은 하나님의 구속역사 진행과정을 잘 알고 있었다. 그래서 바울은 질문 자체 속에 "거하겠느냐"(ἐπιμένωμεν)라는 특별한 용어를 가정법(subjunctive)의 형태로 사용하여 비유적인 표현을 했다. "거하겠느냐"[255]라는 뜻은 계속 그 속에 남아 있겠느냐는 뜻이다. 구원받은 성도는 잠시 실족할 수는 있지만 계속적으로 죄 가운데 남아 있을 수는 없다. 그래서 바울의 답은 당연히 "그럴 수 없느니라"이며, 그 이유를 "죄에 대하여 죽은 우리가 어찌 그 가운데 더 살리요"(롬 6:2)라고 설명한다. 바울은 성도들이 이미 그리스도

255 "거한다"(ἐπιμένω)라는 용어는 신약성경에 18회 나타난다. Cf. J. B. Smith, *Greek-English Concordance to the New Testament* (1974), p. 144 (section 1961).; Cf. C. Müller, "ἐπιμένω," *Exegetical Dictionary of the New Testament,* Vol. 2 (Grand Rapids: Eerdmans, 1991), p. 31.: "In half of the references ἐπιμένω is used in the literal sense of *remain* (at a specific place), normally with an indication of the duration of the stay (Acts 10:48; 21:4, 10; 28:12, 14; 1 Cor 16:7, 8; Gal 1:18)." italics original.

안에서 은혜로 구원받아 영생을 약속 받은 사람들인데 어떻게 계속해서 죄를 지으며 살아갈 수 있는가라고 질문하는 것이다. 우리는 바울이 "죄에 대하여 죽은"(롬 6:2)이라는 표현 중 "죽은"(ἀπεθάνομεν)이라는 용어에 대해서는 과거시상(aorist)을 사용하고, "그 가운데 더 살리요"(롬 6:2)의 표현 중 "살리요"(ζήσομεν)에 대해서는 미래시상(future)으로 처리한 것[256]은 이미 그리스도의 은혜로 죄 문제를 해결 받은 성도들이 앞으로 어떻게 살아가야 할 것을 권고하기 위한 것임을 주목해야 한다. 바울은 지금 하나님의 은혜로 의롭게 되어 하나님과 화목의 관계에 들어간 성도는 거룩한 삶을 살아야 한다고 강조하고 있다. 바울은 법정적으로 의롭다고 인정을 받은 성도들은 새로운 생명을 누려야 하고 성결한 삶을 구현해야 하며 하나님의 영광을 위해 사는 삶을 살아야 한다고 권면하는 것이다. 크랜필드(Cranfield)는 성도들이 그리스도의 죽으심과 연합되고 그의 부활과 연합되었다는 의미를 바로 이해하지 못하면 로마서 6장에서의 바울의 사상을 깨달을 수 없다고 말하고 성도들의 그리스도와의 연합을 네 가지로 정리한다. 첫째, 법정적인 의미이다. 이 말씀은 그리스도께서 성도들을 위해 십자가에서 죽으셨을 때 그들은 하나님의 면전에서 죽었다는 뜻이다. 하나님은 그리스도의 죽음을 성도들을 대신해서 죽으신 것으로 인정하셔서 결국 성도들은 그리스도와 함께 죽은 것이다. 마찬가지로 성도들은 그리스도가 부활하심으로 그리스도와 함께 부활한 것이다. 둘째, 세례의식적인 의미이다. 성도들은 그들이 세례를 받을 때 죄에 대하여 죽었고, 영생을 위해 부활하였다. 성도들의 세례는 예수님의 죽음이 그들의 죄에 대한 죽음이요, 예수님의 부활이 그들의 영생에 대한 부활임을 인준하는 의식이

256 롬 6:2의 "죽은" (ἀπεθάνομεν)은 ἀποθνῄσκω의 단순과거, 1인칭, 복수, 능동태, 직설법이며, "살리요"(ζήσομεν)는 ζάω의 미래시상, 1인칭, 복수, 능동태, 직설법이다.

다. 셋째, 도덕적 의미이다. 예수님이 성도들을 대신해서 죽으신 것은 그들로 하여금 매일 그들의 죄된 성품을 죽이면서 살아야 한다는 뜻이요, 예수님이 죽은 자 가운데서 부활하신 것은 이미 의롭다 인정받은 삶을 계속 추구하라는 뜻이다. 넷째, 종말론적 의미이다. 성도들은 그들이 사망할 때 종국적으로 죄에 대하여 죽게 될 것이요, 예수님께서 재림하실 때 부활생명으로 부활하게 될 것이다.[257] 크랜필드가 네 가지의 의미로 구분해서 설명한 것은 전반적인 바울의 교훈의 이해를 위해 고려해 볼만한 구분이지만 바울은 본 구절(롬 6:3–5)에서 그리스도와의 연합개념을 법정적인 의미로 사용하고 있다고 사료된다. 바울은 성도들이 그리스도의 죽음과 연합되고 그리스도의 부활과 연합되어 의롭게 되었고, 새로운 부활생명을 소유한 사람들이므로 성결하고 거룩한 삶을 살아야 한다고 강조하고 있는 것이다. 칼빈(Calvin)은 "우리는 더욱이 내가 이미 지적한 요점을 고려하여야만 한다. 그것은 하나님이 우리를 그의 아들과 함께 누리는 교제 안으로 부르실 때 하나님이 발견한 우리의 상태(state)를 다루는 것이 아니요, 하나님이 우리에게 자비를 베풀어 주시고 우리를 자유롭게 입양해 주셨을 때 우리가 어떻게 되어야 할 상태(state)를 다루고 있는 것이다."[258]라고 잘 정리해 준다. "우리가 어찌 그 가운데 더 살리요"(롬 6:2)의 뜻은 성도들은 죄에 머물러 있을 것이 아니요 하나님의 영광에 걸맞는 거룩한 삶을 이어가야 한다는 뜻이다. 성도들이 예수 그리스도를 구주로 영접한 행위는 죄로부터 분리되었다는 뜻일 뿐만 아니라 죄에 대하여 죽었다는 뜻이다. 그래서 바울은 죄에 대하여 죽은 성도가 죄 가운데 더 살 수 없다고 가

257 C. E. B. Cranfield, *Romans: A Shorter Commentary* (1992), pp. 128-129.

258 Calvin, *The Epistles of Paul the Apostle to the Romans and to the Thessalonians*, p. 122.

르치는 것이다(롬 6:2).

바울은 이제 왜 성도들이 죄 가운데 더 살 수 없는지 그 이유를 설명한다. 사람이 죄를 회개하고 성부와 성자와 성령의 이름으로 세례를 받는 것은 성삼위 하나님과 교제 관계에 들어간 것을 의미한다(롬 6:3). 머레이(Murray)는 "예수 그리스도는 그의 사역을 떠나서 생각될 수 없고 그의 사역은 그를 떠나서 생각될 수 없다. 또한 그의 구속 성취의 한 국면은 다른 국면으로부터 분리될 수 없다. 그러므로 세례가 상징하는 그리스도와의 연합은 그의 죽음에서 그와 연합된 것을 뜻한다."[259]라고 설명함으로 성도들이 세례를 받은 것은 그리스도의 죽으심과 연합된 것을 확인하는 것이라고 해석한다. 성도들은 그리스도가 그들을 대신해서 죽으셨으므로 죄에 대하여 죽은 것이다. 주님의 이름으로 세례를 받는 것은 주님의 생애의 전 부분과 연합되었다는 뜻이다. 바울은 예수님과 성도들의 연합 개념을 사용하여 성도들의 신분이 죄 안에 거할 수 없는 존재임을 확실하게 가르친다(롬 6:3-5). 그래서 바울은 "그리스도 예수와 합하여 세례를 받은 우리는 그의 죽으심과 합하여 세례를 받은 줄을 알지 못하느냐"(롬 6:3)라고 반문하는 것이다. 핫지(Hodge)는 "사람이 그리스도를 향해 세례를 받으면 그는 그리스도의 죽음에 대해 세례를 받은 것이다. 그 사람은 그 자신을 그리스도에게 연합된 사람으로 생각하고, 그리스도가 죽었을 때 죽은 것으로 생각하며, 죄의 형벌을 그리스도가 짊어진 것으로 생각한다. 세례를 받는 목적은 그가 하나님과 화목할 수 있도록 하고 거룩하게 살 수 있도록 하기 위한 것이다."[260]라고 설명한다. 바울은 성도들이 그리스도와 연합됨으로 특

---

259 John Murray, *The Epistle to the Romans* (*NICNT*), Vol. I (1968), p. 214.

260 C. Hodge, *A Commentary on Romans* (1975), p. 194.

별한 신분을 가진 복된 존재들임을 천명하고 있다. 성도들은 하나님의 걸작품들이다(엡 2:10).

롬 6:4-5 그래서 바울은 "우리가 그의 죽으심과 합하여 세례를 받음으로 그와 함께 장사되었나니"(롬 6:4)라고 말함으로 다시 한 번 바로 이전 구절의 의미를 확인하고 있다. 바울은 성도들이 그리스도의 이름으로 세례를 받아 그리스도와 연합되었으므로 성도들은 그리스도와 함께 장사된 것이라고 말한다. 바울이 여기서 성도들이 그리스도와 함께 장사되었다는 사실을 강조한 것은 뒤따라 언급되는 그리스도의 부활과 성도들의 부활의 연합을 강조하기 위해서이다. 예수님이 장사된 것은 예수님의 죽음의 확실성을 증거하고 있다. 무덤에 묻힌 사람은 죽은 사람이지 산 사람이 아니다. 바울은 이렇게 확실하게 죽은 예수 그리스도를 하나님이 "죽은 자 가운데서 살리셨다"(롬 6:4)라고 천명한다. 바울은 그의 서신들에서 그리스도의 부활을 언급할 때 항상 하나님이 능동적인 역할을 하시고, 예수님은 수동적 역할을 하시는 것으로 묘사한다. 예수님의 부활에 있어서 하나님은 동작의 주인으로 묘사되고, 예수님은 동작을 받는 대상으로 묘사된다(롬 4:24; 8:11; 10:9; 고전 15:15; 고후 4:14; 갈 1:1; 골 2:12; 살전 1:9-10).[261] 그러면 바울은 무슨 이유로 예수님이 자신의 부활에서 수동적 역할을 한 것으로 묘사하는가? 바울은 부활에 있어서 예수님의 수동적 역할을 강조함으로 예수님의 부활과 신자들의 부활의 연합개념을 강조하기 원한다(고전 15:20; 롬 8:29). 핫지(Hodge)는 로마서 6:4에서 언급한 세례에 대한 "참고 구절

261 박형용, 『바울신학』, (2016), pp. 115-128. 바울서신 가운데 예수님이 그의 부활에서 능동적 역할을 한 것으로 묘사된 유일한 구절은 살전 4:14이다. 하지만 그 구절은 인용문의 형태이기에 바울의 일관된 사상에 크게 문제가 되지 않는다.

은 세례 의식(mode)에 대한 것이 아니요 세례의 효과(effect)에 대한 것이다. 우리의 세례는 우리가 그와 함께 죽었고 그와 함께 살아난 것처럼 우리를 그리스도와 연합시킨다. 그리스도가 죄에 대하여 죽으면 우리들도 죄에 대하여 죽는다. 그리스도가 의와 영광으로 부활하시면 우리들도 의와 영광으로 부활한다."[262]라고 설명한다(갈 3:27).

우리는 여기서 성도가 진정으로 그리스도와 연합되었음을 뜻하는 세례와 구원받았음을 외형적으로 인치는 물세례와의 차이에 주목하여야 한다. 다른 말로 표현하면 "성령의 세례"(baptism in the Holy Spirit)와 의식으로의 "물세례"(water baptism)의 의미를 이해하여야 한다. 보이는 교회(visible church)안에서 목사는 그리스도에 대한 신앙을 고백하고 기본적인 기독교 교리를 아는 성도에게 물세례를 베풂으로 교회의 구성원으로 공적으로 받아들인다(행 2:41; 8:12; 10:47-48; 16:14-15, 33; 19:5).[263] 이와 같은 물세례를 받은 성도는 일단 성만찬에 참여할 수 있고 교회의 행사에 선거권과 피선거권을 가질 수 있다. 그런데 물세례의 의식을 통해 믿음의 공동체인 보이는 교회의 구성원을 확정하는 것은 옳은 방식이지만 실제적으로 그 방식에 한 가지 허점이 있다는 사실을 인식할 필요는 있다. 그것은 목사가 인간이기에 세례 받은 사람의 중심(heart)을 정확하게 읽을 수 없고 단지 질문에 대한 답을 가지고 세례 받는 사람이 진정한 신앙인인지 불신앙인인지를 판단하여 세례를 베풀기 때문이다(참조, 삼상 16:6-7).[264] 그러나 이런 인간적인 허점은 하나님께서 보완해 주신다. 만약 불신앙인이 거짓으로 신앙을 고백하고 물세례를

262 C. Hodge, *A Commentary on Romans* (1975), p. 195.

263 신약교회의 "세례의식"(the mode of baptism)은 구약시대의 "할례"(circumcision)와 거의 같은 역할을 한다. 구약의 할례의식이 이방인들을 하나님의 백성으로 받아들이는 의식으로 사용된 것처럼 신약교회의 세례의식은 교회의 정식 구성원으로 확정하는 의식이다.

받고 교회의 정식 교인이 되었다면 그 사람은 계속적으로 하나님의 말씀을 들을 수밖에 없고 말씀과 함께 역사하시는 성령의 활동에 반응하여 진정한 신앙인이 되든지 아니면 교회 공동체를 떠나든지 할 것이다(롬 10:9-10, 17; 고전 12:3; 엡 2:8). 우리는 인간의 허점까지도 보완하시는 구원 계획을 세우신 하나님의 지혜에 놀랄 뿐이다.

그러나 물세례를 베풀 때에 발생할 수 있는 인간의 허점은 크게 문제가 되지 않는다. 왜냐하면 물세례 자체가 진정으로 신앙을 고백하는 것을 전제하고 있기 때문이다. 그루뎀(Grudem)은 "물세례는 예수 그리스도를 믿는 믿음의 고백을 하는 사람에게만 적당히 시행되어야 한다."[265]라고 설명하고, 칼빈(Calvin)도 "바울의 뜻은 우리의 씻음과 구원이 물로 이루어진다거나 물 자체가 우리를 깨끗하게 하고, 중생시키며, 새롭게 만드는 능력을 지니고 있다거나 물이 구원의 원인이라는 뜻이 아니다."[266]라고 설명한다. 바울이 성도들은 "예수님의 죽으심과 합하여 세례를 받았다"(롬 6:3-4)라고 말했을 때의 세례는 단순한 "물세례"를 뜻하지 않고, "성령의 세례"를 뜻한다. 또한 칼빈은 "우리의 믿음이 세례로부터 얻는 유익은 우리가 그리스도의 죽음과 생명에 접붙임 받았다는 것에 대한 확실한 증거일 뿐 아니라, 우리가 그리스도 자

---

264 사울(Saul) 왕이 아직 이스라엘 왕으로 활동하고 있을 때에 여호와 하나님이 사무엘(Samuel)에게 명하여 이새(Jesse)의 아들 중 한 사람에게 기름을 부어 이스라엘의 차기 왕으로 세우라고 명령한다. 이 하나님의 명령에 따라 사무엘이 이새의 집을 방문하고 차기 왕으로 세울 자를 찾는 과정에 엘리압(Eliab)이 사무엘 앞을 지나갈 때 사무엘이 엘리압의 용모와 키를 보면서 엘리압을 기름 부을 대상으로 생각하자, 여호와 하나님이 "내가 보는 것은 사람과 같지 아니하니 사람은 외모를 보거니와 나 여호와는 중심을 보느니라"(삼상 16:7)라고 말씀하셨고, 결국 사무엘은 다윗(David)을 차기 이스라엘 왕으로 기름 부어 세운다.

265 Wayne Grudem, *Systematic Theology: An Introduction to Biblical Doctrine* (Grand Rapids: Zondervan, 1994), p. 967.

266 John Calvin, *Institutes of the Christian Religion*, Vol. 2 (Philadelphia: The Westminster Press, 1967), p. 1304 (Bk. IV, Ch. XV, verse 2 참조)

신과 연합되어 그의 모든 복들을 함께 누리는 자들이 된다는 증거도 얻게 된다는 것이다."[267]라고 가르친다. 물세례 자체가 우리를 중생시켜 구원을 받게 할 수는 없지만 물세례를 베푸는 것은 우리가 그리스도와 연합된 존재요 그리스도가 이루신 모든 복을 함께 누리는 복된 자들임을 확인하는 것이다. 바울은 로마서 6장에서 물세례의 의미를 적용하는 것이 아니요, 성도들이 그리스도와 실제적으로 연합된 것을 증거하는 성령의 세례를 설명하는 것이다.

바울은 부활에 있어서 예수님과 성도들의 수동적 역할을 강조함으로 예수님의 부활과 그의 백성들의 부활 사이의 차이점에 관심을 두지 않고 그 둘 사이의 공통점에 관심을 쏟았다고 생각할 수 있다.[268] 바울은 로마서 6:4에서도 "살린다"(ἠγέρθη)라는 동사를 수동태로 취급함으로 예수님을 수동적인 위치에 둔다.[269] 바울은 성도들이 그리스도와 함께 장사되고 그리스도의 부활에 연합된 사람들이 된 목적을 밝힌다. 바울은 그 목적이 "우리로 또한 새 생명 가운데서 행하게 하려 함이라"(롬 6:4)라고 말한다. 머레이(Murray)는 "그리스도는 죽은 자들로부터 일어나셨다. 그리고 그리스도의 부활이 성도들의 부활과 유사한 것이기 때문에 성도들이 새로운 삶을 사는 것은 필연적인 결과인 것이

267 John Calvin, *Institutes of the Christian Religion*, Vol. 2 (1967), p. 1307 (Bk. IV, Ch. XV, verse 6 참조).

268 박형용, 『바울신학』, (2016), pp. 126-127.

269 한글 번역 개역개정은 "그리스도를 죽은 자 가운데서 살리심과 같이"(롬 6:4)로 번역하고, 표준새번역개정은 "그리스도께서 아버지의 영광으로 말미암아 죽은 사람들 가운데서 살아나신 것과 같이"로 번역함으로 예수님의 수동적인 역할이 선명하게 처리되지 못했다. 하지만 표준새번역은 "그리스도께서 죽은 사람들 가운데서 아버지의 영광으로 살리심을 받은 것과 같이"로 번역하고, 대부분의 영어 번역이 "as Christ was raised from the dead."(NIV, ESV, RSV, NASB, AV, NKJV)로 일관되게 번역하여 그리스도가 수동적인 역할을 한 것을 분명히 밝힌다. 다만 AV가 "raised" 대신 "raised up"으로 처리했음을 밝혀둔다.

다. 그리스도께서 죽은 자들로부터 확실하게 부활하신 것처럼 우리들도 확실하게 새로운 삶을 살게 될 것이다."[270]라고 설명함으로 성도들이 예수님의 부활과 연합되어 부활할 것이므로 당연히 새로운 삶을 살게 될 것임을 확인한다.

바울은 로마서 6:5에서 다시 한 번 로마서 6:4에서 논의한 예수님의 죽음과 부활에 연합된 성도들의 신분을 확인한다. 예수님의 죽음과 부활은 떼려야 뗄 수 없는 관계에 있다. 죽음을 생각하지 않고 부활을 말할 수 없으며, 부활 없는 죽음은 아무런 의미가 없다. 그래서 바울은 "그리스도께서 만일 다시 살아나지 못하셨으면 우리가 전파하는 것도 헛것이요 또 너희 믿음도 헛것이며 또 우리가 하나님의 거짓 증인으로 발견되리니"(고전 15:14–15)라고 고백하는 것이다. 예수님의 죽음과 부활은 결코 분리해서 다룰 수 없다. 따라서 바울이 "만일 우리가 그의 죽으심과 같은 모양으로 연합한 자가 되었으면 또한 그의 부활과 같은 모양으로 연합한 자도 되리라"(롬 6:5)라고 말한 것은 너무도 당연한 귀결이다. 박윤선 박사는 "그의 죽으심과 같은 모양으로 연합한 자가 되었으면"(롬 6:5)을 해석하면서 "그리스도께서 우리를 대신하여 죽으셨으니, 우리도 그 죽으심과 연합하였다고 할 이유는, 예수 그리스도께서 우리의 죄 값으로 대신 죽으신 때에, 죄 값을 지불하는 의미의 우리의 죽음은 없어진 까닭이다."[271]라고 해석한다. 바울은 로마서 6:5에서 "그의 죽으심과 같은 모양으로"(τῷ ὁμοιώματι τοῦ θανάτου αὐτου)라는 표현과 "그의 부활과 같은 모양으로"(롬 6:5)라는 특이한 표현을 사용한다. 이 말씀은 성도들이 그리스도의 죽으심과 같은 모양으로 그리스도와

---

270 John Murray, *The Epistle to the Romans* (*NICNT*), Vol. I (1968), p. 216.

271 박윤선,『성경주석. 로마서』(서울: 영음사, 1969), p. 195.

연합되었고, 또한 그리스도의 부활과 같은 모양으로 그리스도와 연합되었다는 뜻이다. 성도들이 그리스도의 죽으심과 같은 모양으로 연합된 것은 죄에 대해 장사된 것과 같고, 성도들이 그리스도의 부활과 같은 모양으로 연합된 것은 새 생명 가운데서 행하도록 하시기 위해서이다. 본문을 자세히 관찰하면 바울은 본 절(롬 6:5)에서 그리스도의 부활을 근거로 성도들의 부활을 전제하면서 그리스도와 연합되어 부활한 성도들이 예수님께서 부활하신 이후에 보여주신 새 생명을 누리는 삶을 살아야 할 것을 함축하고 있다. 머레이(Murray)는 "사도는 여기서 우리들의 육체적 죽음과 부활을 다루고 있지 않다. 그는 이전 맥락에서 명백해지고 뒤따라오는 구절들에서 더욱 더 명백해질 내용인 죄에 대한 우리의 죽음과 영적 생명에 대한 우리의 부활을 다루고 있다."[272]라고 해석한다. 바울은 예수님과 연합된 성도들이 도덕적이고 성령이 이끄는 삶을 살도록 지음 받았다고 천명하고 있다.

롬 6:6 바울은 그리스도의 부활과 "같은 모양"으로 연합한 성도들은 과격한 변화를 맛보게 되어 있다고 전한다, 성도들은 예수님의 부활체와 같은 부활체를 입게 될 것이다(고전 15:20, 49; 빌 3:21; 요일 3:2). 바울은 "우리가 알거니와"(롬 6:6)를 사용하여 로마교회 교인들이 알아야 할 진리를 소개한다. 본 구절의 "우리가 알거니와"에 대한 견해에 차이가 있다. 핫지(Hodge)는 이 표현을 성도들이 경험을 통해 아는 것이라는 견해를 가지고 있다. 그는 "이 아는 것은 즉 이것을 경험하는 것이다. 우리들의 내적 경험은 이 교리적 진술과 일치한다."[273]라

272 John Murray, *The Epistle to the Romans* (*NICNT*), Vol. I (1968), p. 218.

273 C. Hodge, *A Commentary on Romans* (1975), p. 197.

고 정리한다. 반면 헨드릭센(Hendriksen)은 바울이 "우리가 알거니와"라는 표현을 통해 성도들이라면 일반적으로 누구나 알아야 지식, 즉 "우리의 옛 사람이 예수와 함께 십자가에 못 박힌 것은 죄의 몸이 죽어 다시는 우리가 죄에게 종 노릇 하지 아니하려 함"(롬 6:6)이라는 지식을 갖도록 호소하고 있다고 해석한다.[274] 머레이(Murray)도 "우리가 알거니와"는 성도들의 경험을 통해서 아는 것을 뜻하지 않고 바울이 자기의 논의에 직접적으로 관계가 있고 또 성도들이 반드시 알아야만 할 진리를 소개하는 바울의 방법이라고 설명한다.[275] 바울이 제시하는 진리는 "우리의 옛 사람이 예수와 함께 십자가에 못 박힌 것은 죄의 몸이 죽어 다시는 우리가 죄에게 종 노릇 하지 아니하려 함이니"(롬 6:6)이다.

바울은 성도를 묘사할 때 특별한 표현을 사용한다. 바울은 "'우리의 옛 사람'(ὁ παλαιὸς ἡμῶν ἄνθρωπος)이 예수와 함께 십자가에 못 박힌 것은"(롬 6:6)이라고 말한다. 바울은 여기서 "옛 사람"과 대칭이 되는 "새 사람"(τὸν νέον ἄνθρωπον)은 언급하지 않았으나 "옛 사람"을 "새 사람"에 대칭되는 개념으로 사용한 것임은 확실하다(참조, 골 3:9-10). 바울은 에베소서에서도 "옛 사람"(τὸν παλαιὸν ἄνθρωπον)과 "새 사람"(τὸν καινὸν ἄνθρωπον)을 대칭시켜 사용하는데 "새 사람"을 표현하는 헬라어가 골로새서의 경우와는 다르다는 사실을 주목하여야 한다(엡 4:22-24). 또한 바울은 에베소서에서는 같은 용어인 "새 사람"(καινὸν ἄνθρωπον)을 두 번 사용하는데 각각 다른 의미로 사용하고 있다(엡 2:15; 4:24). 바울은 에베소서 2:15에서는 "새 사람"을 기독론적(Christological)인 의미로 사용하여 그리스도를 믿음으로 새롭게 형성된 교회를 가리키는 것으로 사

274 Hendriksen, *Exposition of Paul's Epistle to the Romans (NTC)*, p. 197.

275 John Murray, *The Epistle to the Romans* (*NICNT*), Vol. I (1968), p. 219.

용하고, 에베소서 4:24에서는 인간론적(anthropological)인 의미로 사용하여 그리스도를 믿음으로 질적으로 새롭게 된 성도를 가리키는 뜻으로 사용한다.[276] 그러면 바울이 로마서 6:6에서 사용한 "옛 사람"(ὁ παλαιὸς ἄνθρωπος)을 골로새서에 사용된 "새 사람"(τὸν νέον ἄνθρωπον)과 대칭시켰는지(골 3:10), 아니면 에베소서에 사용된 '새 사람"(καινὸν ἄνθρωπον)과 대칭시켰는지(엡 4:24)에 대한 질문이 뒤따른다. 따라서 "네오스"와 "카이노스"의 개념 정리가 필요하다.

슈나이더(G. Schneider)는 "네오스는 카이노스와 같이 새롭다는 의미이다. 후자인 카이노스와 대조적으로 네오스는 새롭게 된 존재의 질을 가리키기보다는 싱싱한 혹은 아직 늙지 않았음을 가리킨다. 네오스는 자주 젊음의 의미로 사용되곤 한다."[277]라고 설명한다. 라이트푸트(Lightfoot)도 "네오스"(νέος)와 "카이노스"(καινός)를 비교 설명하면서 "네오스는 오로지 시간과 연계하여 새로움을 가리키고, 카이노스는 시간성과 함께 질(quality)을 가리킨다. 네오스는 젊다는 의미의 새로움이고, 카이노스는 신선하다는 의미의 새로움이다. 네오스는 긴 기간에 대한 반대의 의미로 새로움을 가리키고, 카이노스는 무력함의 반대의미로 새로움을 가리킨다."[278]라고 설명한다. 해리스(Harris) 역시 "바울의 옛

276 박형용, 『골로새서. 빌레몬서 주해』, (수원: 합신대학원출판부, 2020), p. 139. Cf. J. Baumgarten, "καινός, ἀνακαινόω, καινότης," *Exegetical Dictionary of the New Testament*, Vol. 2 (Grand Rapids: Eerdmans, 1991), p. 231.

277 G. Schneider, "παλαιός," *Exegetical Dictionary of the New Testament*, Vol. 3 (Grand Rapids: Eerdmans, 1993), p. 7. "It (παλαιός) indicates that which is *old*, in the sense of *having been in existence for a long time* (in contrast to νέος) or in a somewhat derived sense *obsolete* (in contrast to καινός)."(italics original). G. Schneider, "νέος, ἀνανεόω, νεότης," *Exegetical Dictionary of the New Testament*, Vol. 2 (Grand Rapids: Eerdmans, 1991), pp. 462.: "νέος, like → καινός, means *new*. In contrast to the latter, νέος designates not so much the quality of being new as (in a temporal sense) being fresh or not yet old. It is often used in the sense of *young*."(italics original).

사람(골 3:9)과 새 사람(골 3:10) 대칭은 '옛 자신'과 '새로운 자신'의 대칭이요 '옛 본성'과 '새로운 본성'의 대칭일 뿐만 아니라, 아담 안에서의 인류와 그리스도 안에서의 새로운 인류의 대칭이다."[279]라고 설명한다. 정리하면 "네오스"(νέος)는 오래되지 않았다는 시간적 의미와 싱싱하다는 의미의 "새 사람"을 뜻하고, "팔라이오스"(παλαιός)는 오래토록 존재해 왔다는 의미의 "옛 사람"을 의미한다. 반면 "카이노스"(καινός)는 새롭게 된 존재의 질을 염두에 두고 말하는 "새 사람"의 의미이다.[280]

우리는 여기서 "네오스"와 "카이노스"의 용도에 약간의 차이가 있긴 하지만 아담(Adam)의 질서에 따른 타락한 "옛 사람"과 대칭되는 "새 사람"은 본질적으로 "그리스도 안에서 새로운 인류"로 태어나 질(quality)적으로 새롭게 된 존재이기 때문에 바울이 "옛 사람"을 카이노스적 "새 사람"과도 대칭시킬 수 있고, 네오스적 "새 사람"과도 대칭시킬 수 있음을 추정할 수 있다. 그러나 분명한 것은 "옛 사람"과 "새 사람"의 대칭은 도덕적 개념이 함의되어 있어서 "옛 사람"은 죄의 영향을 받는 상태에 있는 사람을 가리키고, "새 사람"은 예수 그리스도 안에서 새롭게 태어난 존재이지만 아직도 아담의 질서로 받은 몸을 소유하고 있어서 죄의 영향에 노출될 수 있기 때문에 바울은 "우리의 옛 사람이 예수와 함께 십자가에 못 박힌 것은 죄의 몸이 죽어 다시는 우리가 죄에게 종 노릇 하지 아니하려 함이라"(롬 6:6)라고 권면하고 있는 것이다. 머레이(Murray)는 "성도는 새 사람이요, 새로운 창조물이지만 아직도 완전하지 않은 새 사람이다. 죄가 아직도 그 안에 거하며 그

---

278 J. B. Lightfoot, *St. Paul's Epistles to the Colossians and to Philemon* (Lynn, MA: Hendrickson Publishers, Inc., 1981), p. 215.

279 Murray J. Harris, *Colossians and Philemon* (Grand Rapids: Eerdmans, 1991), p. 151.

280 박형용, 『골로새서. 빌레몬서 주해』 (수원: 합신대학원출판부, 2020), pp. 134-143 참조.

는 아직도 죄를 짓는다. 그는 반드시 점진적으로 새롭게 되어야 할 대상이며 주님의 영광에서 영광에 이르는 형상으로 변모되어야 할 필요가 있다(참조, 고후 3:18)."[281]라고 정리한다. 성도들은 "새 사람"들이 되었기 때문에 "옛 사람"의 삶의 특징인 "불의, 추악, 탐욕, 악의, 시기, 살인, 분쟁, 사기, 악독, 수군수군하는 것, 비방, 능욕, 교만, 자랑, 악을 도모하는 것, 부모를 거역하는 것, 우매, 배약, 부정, 무자비"(롬 1:29-32) 등의 죄를 멀리해야 한다. 이와 같은 악들은 하나님 나라 안에서는 용납될 수 없는 것들이다(살전 4:3-7; 딤전 3:1-13; 딛 1:5-9 참조). 왜냐하면 "하나님의 나라는 먹는 것과 마시는 것이 아니요 오직 성령 안에 있는 의와 평강과 희락"(롬 14:17)이기 때문이다.

여기서 한 가지 정리하고 지나갈 문제는 바울이 그의 서신에서 "옛 사람"과 "새 사람"의 대칭만 사용한 것이 아니요, "겉사람"(ὁ ἔξω ἄνθρωπος)과 "속사람"(ὁ ἔσω ἄνθρωπος)의 대칭도 사용했다는 사실이다(롬 7:22; 고후 4:16; 엡 3:16). 바울은 고린도후서 4:16에서는 "겉사람"과 "속사람"을 대칭시키고, 로마서 7:22과 에베소서 3:16에서는 "속사람"만 사용하지만 결국 "속사람"은 "겉사람"과 대칭되는 표현으로 사용되고 있다는 사실은 명확하다. "속사람"(inner man)과 "겉사람"(outer man)은 성도를 이원론적으로 접근하는 것이 아니요, 구원받은 관점에서는 인격체인 성도의 전체 존재를 가리켜 "속사람"이라고 명명하고, 구원은 받았지만 아직도 세상 안에서 외형적인 몸을 가지고 활동하고 있는 성도의 전체 존재를 가리킬 때는 "겉사람"이라고 명명한다. 성도들은 영혼만 구원받은 것이 아니요 몸도 구원받았기 때문에 마치 영혼은 구원받았고, 몸은 아직 구원받지 못한 것처럼 이원론적으로 접근하는 것은

281 John Murray, *Principles of Conduct* (Grand Rapids: Eerdmans, 1968), p. 219.

잘못이다. "속사람"과 "겉사람"의 대칭은 "옛 사람"과 "새 사람"의 대칭과는 달리 도덕적 함의 없이 성도를 보는 관점에 따라 묘사하는 표현이다.[282] 성도들은 예수님과 연합되어 십자가에 못 박히므로 죄 문제를 해결 받은 새 사람들이기에 더 이상 죄에게 종 노릇 해서는 안 된다(롬 6:6).

롬 6:7–9 바울은 계속해서 성도가 그리스도와 연합되어 의롭게 된 사실을 다시 한 번 확인한다. 바울은 "이는 죽은 자가 죄에서 벗어나 의롭다 하심을 얻었음이라"(롬 6:7, 개역개정)라고 말한다. 본 구절을 좀 더 이해하기 쉽게 번역한다면 "왜냐하면 죽은 자는 죄로부터 의롭게 된 상태로 남아 있게 되었다"[283]라고 할 수 있다. 바울은 성도가 죄와 상관이 없도록 예수님과 함께 죽은 것은 단번에 성취된 것으로 과거시상(aorist)을 사용하여 표현했고(히 7:27; 8:26), 성도들이 의롭다 함을 얻은 것을 설명할 때는 완료시상(perfect)을 의도적으로 사용하여 의롭다 인정함을 받은 상태가 지속적임을 분명히 했다. 바울이 여기서 언급한 "죽음"은 신비적인 의미(mystical sense)의 죽음을 뜻한다. 왜냐하면 바울은 성도들의 자연적인 죽음을 말하는 것이 아니요 그리스도와

---

282 박형용, 『골로새서. 빌레몬서 주해』, (2020), p. 138.; G. Vos, *The Pauline Eschatology* (Grand Rapids: Eerdmans, 1961), p. 204.; Murray, *The Epistle to the Romans* (*NICNT*), Vol. I (1968), p. 221.: "The body of the believer is no longer a body conditioned and controlled by sin. The body that is his now is one conditioned and controlled by what has come to be the ruling principle of the believer in his totality, namely, 'obedience unto righteousness'(vs 16)." 반면 Calvin은 "속사람"을 영혼(soul)으로, "겉사람"을 몸(body)으로 해석한다. Cf. John Calvin, *The Epistles of Paul the Apostle to the Galatians, Ephesians, Philippians and Colossians* (Grand Rapids: Eerdmans, 1974), p. 167.

283 헬라어 원문은 "ὁ γὰρ ἀποθανὼν δεδικαίωται ἀπὸ τῆς ἁμαρτίας."인데 "죽은 자"를 설명할 때는 단순과거 시상을 사용하고, "의롭게 된 것"을 설명할 때는 완료시상을 사용했다. ESV는 "For one who has died has been set free from sin."으로 번역하였다.

함께 죽은 사실을 말하고 있기 때문이다.[284] 죽음은 모든 책임을 무효화 시키고, 모든 관계를 끊게 만들고, 모든 옛날 기록들을 지워버린다. 따라서 성도는 그리스도와 함께 죽음으로 죄의 속박으로부터 자유하게 되고 옛 주인의 통치 관할에서 벗어나게 된다. 성도들은 그리스도의 죽음과 부활로 의롭게 된 상태로 계속적으로 의로운 삶을 살기 위해 우리의 육체적 사욕을 계속적으로 죽여야 한다. 성도들은 성령의 통치 관할에 속한 하나님의 백성들이다. 바울 사도는 "죄에서 벗어나 의롭다 하심을 얻었다"(롬 6:7)라는 표현을 통해 예수님의 의가 성도들에게 전가되는 의의 전가를 가르치고 있다. 커텔지(Kertelge)는 "칭의 개념은 바울 선포의 본질적인 요소이다. 바울은 이 개념을 사용하여 그리스도의 사건을 근거로 종말론적-구원론적 차원에서 사람들을 향한 하나님의 구원역사를 설명한다."[285]라고 칭의 개념을 설명한다. 성도들이 그리스도의 의를 전가 받았다는 사실은 성도 자신이 실존적으로 의인으로 변화된 것이 아니요, 하나님이 우리를 대신해서 죽으신 예수님의 의를 보시고 우리를 법정적으로 의롭다고 인정하신 것이다. 이 말은 성도들이 의롭다 인정함을 받았지만 아직도 죄에 노출될 수 있는 상태에 있다는 뜻이다. 그러므로 성도들은 육체의 소욕을 날마다 죽이고 성령의 인도를 받으면서 살아야 한다. 우리는 여기서 칭의를 받은 성도는 그의 삶 속에서 성화의 과정이 반드시 뒤따르도록 해야 함을 볼 수 있다.

바울은 성도들이 그리스도와 함께 죽고 그리스도와 함께 산 사실을 강조한다. 로마서 6:8의 말씀은 로마서 6:3, 5에서 이미 언급한 내

284 C. Hodge, *A Commentary on Romans* (1975), p. 198.

285 K. Kertelge, "δικαιόω," *Exegetical Dictionary of the New Testament*, Vol. 1 (Grand Rapids: Eerdmans, 1990), p. 333.

용을 다시 한 번 확인한다. 본문은 "만일 우리가 그리스도와 함께 죽었으면 또한 그와 함께 살 줄을 믿노니"(롬 6:8)라고 읽는다. 바울은 "우리가 그리스도와 함께 죽었으면"을 설명하면서 특별한 문법적 구조를 통해 성도들이 이미 그리스도와 함께 단번에 죽은 실재(reality)를 강조하고 있다.[286] 바울은 그리스도와 함께 확실하게 죽은 성도는 믿음으로 그리스도와 함께 살게 된다고 확인한다. 이는 단순히 추측의 문제가 아니라 믿음의 확실성의 문제임을 밝히고 있다. 그래서 바울은 "우리가 믿는다"(πιστεύομεν)라는 표현을 현재시상으로 처리하여 믿음의 확실성을 확인하고 있다. 성도들의 삶은 추측의 삶도 아니요 가능성의 삶도 아니며, 믿음의 확신 속에서 사는 삶이다. 그런데 본 구절은 성도들이 그리스도와 함께 죽었기 때문에 "그와 함께 살 줄을 믿노라"(롬 6:8)라고 미래시상을 사용하여 표현한다. 얼핏 보면 바울이 마치 성도들이 예수님 재림 때에 그리스도와 함께 살 것을 말하고 있다고 이해할 수 있다. 하지만 뒤따라오는 구절들이 증거하듯 바울은 성도들의 현재의 삶을 배제하지 않고 그리스도와 함께 살 것이라고 가르치고 있다. 바울은 "사망이 다시 그(그리스도)를 주장하지 못할 줄을 안다"(롬 6:9), "그리스도가 살아 계심은 하나님께 대하여 살아 계신 것이다"(롬 6:10)라고 함으로 그리스도가 현재 살아 계심을 확실히 하고, 성도들에 대하여 너희는 "그리스도 예수 안에서 하나님께 대하여는 살아있는 자다"(롬 6:11), "너희는 죄가 너희 죽을 몸을 지배하지 못하게 하라"(롬 6:12), "너

---

286 바울은 "εἰ δὲ ἀπεθάνομεν σὺν Χριστῷ,"라는 표현을 사용하여 성도들이 이미 그리스도와 함께 죽은 실재를 강조하고 있다. Cf. F. Blass and A. Debrunner, *A Greek Grammar of the New Testament and other Early Christian Literature* (Chicago and London: The University of Chicago Press, 1970), p. 188 (§ 371).: "Εἰ with the indicative of all tenses denotes a simple conditional assumption with emphasis on the reality of the assumption (not of what is being assumed): the condition is considered 'a real case.'"

희 지체를 의의 무기로 하나님께 드리라"(롬 6:13)라고 표현한 것은 성도들의 현재의 삶을 포함시켜 설명하고 있음을 확실히 한다. 그러므로 바울은 그리스도와 함께 살아난 성도들이 예수님 재림 때에 죄를 지으려 해도 지을 수 없는 부활체의 모습으로 영생에 들어갈 것이지만(롬 8:11, 30; 고전 15:48-53; 빌 3:21; 요일 3:2) 현재에도 부활생명을 살면서 죄의 올무에 빠져 살아서는 안 된다고 교훈하는 것이다(빌 2:12; 골 3:1-4).

바울은 이제 성도들이 부활생명을 살 수 있는 근거를 제시한다(롬 6:9). 그 근거는 "그리스도께서 죽은 자 가운데서 살아나셨으매 다시 죽지 아니하신다는 것"(롬 6:9)이다. 그리스도는 "잠자는 자들의 첫 열매"(고전 15:20)로 부활하셔서 사망을 정복하셨다. 그래서 성도들은 그리스도의 부활과 연합된 존재들이기에 "사망아 너의 승리가 어디 있느냐 사망아 네가 쏘는 것이 어디 있느냐"(고전 15:55)라고 당당하게 말하면서 "이제 그리스도 예수 안에 있는 자에게는 결코 정죄함이 없나니"(롬 8:1)라는 확신으로 살 수 있는 것이다. 메시아이신 예수님의 삶은 부활 이전과 부활 이후의 삶으로 구별할 수 있다. 예수님의 부활 이전의 삶은 예수님이 우리와 같은 성정을 가진 몸으로 "성육신"(Incarnation)하셨기 때문에 죽음의 원리가 그를 괴롭히고 있었다. 데니(Denney)는 "예수님의 부활 이후의 삶은 그의 옛 삶을 다시 사는 것이 아니었다. 그 옛 삶에서는 죽음이 그를 지배(dominion)하고 있었다. 왜냐하면 그는 죄의 모든 결과에서 스스로를 우리와 동등하게 만드셨기 때문이다. 그러나 부활 후 지금은 죄의 지배가 끝났다."[287]라고 해석한다. 물론 예수님이 "죄의 지배"를 받는다는 의미와 성도들이 "죄의 지배"를 받는다는 의미는 큰 차이가 있다. 예수님은 출생에서 죽음까지

287 James Denney, "St. Paul's Epistle to the Romans," *The Expositor's Greek Testament*, Vol. II (1980), pp. 633-634.

어느 한 순간도 죄를 짓지 않으셨지만 인간은 죄를 지으면서 살아가고 항상 죄에 노출되어 있다. 그래서 예수님을 믿기 이전의 성도들의 삶은 죄의 지배를 받고 살았다고 표현해서 잘못이 없다. 그러나 부활 이전의 예수님의 삶에 죄의 지배가 있었던 것은 그가 대속적으로 우리를 대신하여 죽으심으로 죄 문제를 해결해 주시기 위해 오셨기 때문이다. 예수님은 인간의 죄 문제 해결을 위해 오셨고, 또 사셨으며, 그리고 또 죽으셨다(마 16:21–24; 17:22–23; 20:18–19; 눅 9:22; 18:32–34). 그래서 바울은 예수님이 부활 이전에는 죄의 지배하에 있었지만 부활 이후의 예수님의 생애에서는 사망이 다시 그를 주장하지 못할 것이라고 천명하는 것이다(롬 6:9). 그런데 놀랄만한 일은 예수님의 부활과 연합된 성도들은 예수님 때문에 더 이상 죄의 지배를 받지 않고 부활생명을 살 수 있게 되었다는 진리이다. 성도들은 영생을 보장받고 의로운 삶을 구현하는 존재들이다.

롬 6:10–11 바울은 계속해서 예수님의 죽음과 부활이라는 논제를 설명한다. 바울은 "그가 죽으심은 죄에 대하여 단번에 죽으심이요 그가 살아 계심은 하나님께 대하여 살아 계심이니 이와 같이 너희도 너희 자신을 죄에 대하여는 죽은 자요 그리스도 예수 안에서 하나님께 대하여는 살아 있는 자로 여길지어다"(롬 6:10–11)라고 함으로 예수님이 우리를 위해 죄에 대하여 단번에(ἐφάπαξ: once–for–allness) 죽으심으로 성도들도 죄 문제를 완전히 해결 받았음을 강조하고(히 7:27; 9:12, 26; 10:10), 예수님은 죽은 상태로 머물러 있는 것이 아니요 현재 살아 계신 것처럼 성도들도 예수 그리스도 안에서 살아 있는 자들임을 강조하고 있다. 바울은 로마서 6:10에서 예수님이 성도들의 죄 문제를 해결하기 위해 "단번에" 죽으신 사실을 강조하고 있다. 예수님은 그의 죽으심으로 죄의 능력을 파괴하셨고, 그의 부활을 통해 죄의 영향력에서 완전히 벗어나셨다. 바울이 로마서 6:10에서 강조하기를 원하는 것은 예수님이 지금 하나님께 대하여 살아계신다는 사실이요, 이와 같은 사실을 근거로 로마서 6:11에서 예수님과 연합된 성도들도 "그리스도 예수 안에서 하나님께 대하여는 살아 있는 자"(롬 6:11)라는 사실을 강조하기 원한 것이다. 그래서 바울은 로마서 6:11을 시작하면서 "이와 같이 너희도"(οὕτως καὶ ὑμεῖς)라는 표현으로 로마서 6:10과 11절을 연결하고 있다. 바울은 로마서 6:10에서 그리스도의 죽으심과 그리스도의 부활을 대칭적으로 설명한다. 그리스도는 죄에 대하여 단번에 죽으셨고, 하나님께 대하여는 부활하여 살아 계신다(롬 6:10). 이 말씀은 마치 예수님이 자신의 죄에 대하여 단번에 죽으셨는데 하나님께서 예수님을 살리셔서 지금은 예수님이 하나님께 대하여 살아계신 것으로 잘못 이해할 수 있다. 이와 같은 해석은 본 구절을 맥락에 비추어 볼 때 잘못된 것이다. 바울은 로마서 6:10에서 예수님의 죽으심과 부활을 언급하고, 로마서 6:11에서 예수님의 그런 대속적 죽음과 부활 때문에 성도들도 죄에 대하여는 죽었고 하나님께 대하여는 살아 있음을 가르치기 원한 것이다. 머레이(Murray)는 "그 뜻은 예수님의 부활 전 상태와 부활 후 상태의 비교에서 기인된다. 부활 전 상태는 예수님이 대속적으로 감당해야할 죄에 의해 제약을 받는 기간이었고, 그리고 죄는 하나님의 뜻에 역행된 것이다. 그러나 예수님이 그의 죽음으로 죄의 종말을 고하셨기 때문에 그의 부활생명은 결코 하나님의 뜻과 정반대되는 조건으로 나타나지 않는다. 어떤 요소도 하나님의 완전과 영광에 반하는 것이 부활생명에 참가하지 않는다."[288]라고 설명한다. 성도들은 그리스도와 연합되어 죄에 대하여는 죽었고, 하나님께 대하여는 살아 있는 자라는 정체성을 명확하게 이해하고, 그리스도 안에서 자유함을 누리고 세상을 향해서 복음의 진리를 선포해야 한다.

롬 6:12–14 바울은 지금까지 논의된 진리를 근거로 성도들이 어떻게 살아야 할 것을 권면한다(롬 6:12–14). 바울은 여기서 성도들의 현재의 상태가 어떤 상태인지를 제시하는 몇 가지 표현을 사용한다. 바울은 "너희 죽을 몸," "지배하지 못하게 하라," "몸의 사욕"이라는 표현을 통해 구원 받은 이후의 성도들의 상태를 잘 묘사하고 있다. "너희 죽을 몸"은 성도들이 구원을 받아 영원한 생명은 보장받았지만 부활체를 입기 전까지는 죽어 썩어질 수밖에 없는 몸을 입고 사는 상태를 뜻한다. 바울이 여기서 "몸"(σῶμα)이라는 용어를 사용했지만 "영"(spirit)과 대칭되는 의미의 "몸"(body)의 뜻으로만 사용했다고 볼 수 없다. 왜냐하면 "몸의 사욕"에 순종하지 않는 것이 단지 "몸"에만 해당된다고 생각할 수 없고(롬 6:12), "너희 지체를 의의 무기로 하나님께 드리라"(롬 6:13)의 말씀이 "몸"만 하나님께 드리고 "영"은 드리지 않아도 된다고 생각할 수 없으며, "너희가 법 아래에 있지 아니하고 은혜 아래에 있음이라"(롬 6:14)의 뜻이 "몸"은 법 아래에 있지 아니하나 "영"은 법 아래에 있다고 말할 수 없으며, 또한 "몸"은 은혜 아래에 있으나 "영"은 은혜 아래에 있지 않다고 말할 수 없기 때문이다. 칼빈(Calvin)과 크랜필드(Cranfield)는 본 구절의 "죽을 몸," "몸의 사욕" 등의 표현에서 사용된 "몸"은 인간의 타락한 상태의 전인(the whole man)을 가리킨다고 해석한다.[289] 바울이 다른 곳에서 "너희 몸을 하나님이 기뻐하시는 거룩한

288 John Murray, *The Epistle to the Romans* (*NICNT*), Vol. I (1968), p. 225.

289 Calvin, *The Epistles of Paul the Apostle to the Romans and to the Thessalonians*, p. 128.: "The word *body*, as I have already maintained, is not to be taken in the sense of flesh, skin, and bones, but for the whole body of man's existence." ; C. E. B. Cranfield, *Romans: A Shorter Commentary* (1992), p. 138. 반면 Murray나 Hodge는 바울이 여기서 "육체적인

산 제물로 드리라 이는 너희가 드릴 영적 예배니라"(롬 12:1)라고 권면할 때 사용된 "몸"이 "영"과 대칭적인 "몸"만을 가리킨다고 생각할 수 없는 것이다. 바울은 로마서 12:1에서 몸이 사람의 전체 인격을 가리키며 특히 성도는 그 전체 인격으로 세상과 접하는 모든 부분에서 헌신하는 것이 영적 예배라고 강조하고 있다. 그러므로 바울은 로마서 12:1에서와 마찬가지로 로마서 6:12에서도 "몸"을 인간의 전인을 가리키는 것으로 사용했다고 이해하는 것이 타당하다. 성도들은 죄에서 구원해 주신 하나님의 은혜를 생각하면서 몸과 마음과 뜻을 모아 하나님께 드리는 삶을 이어나가야 한다. 하나님께 드리는 헌신과 봉사는 항상 인격적인 것이 되어야 하며 전인(全人)적인 것이 되어야 한다. 하나님이 성도들을 그리스도 안에서 구속해 주신 것은 원래 인간 창조의 목적대로 살게 하시기 위해서이다. 바로 그 목적은 인간이 하나님을 영원히 즐거워하며 하나님께 영광을 돌리면서 사는 것이다(엡 1:3–14). 스틸과 토마스(Steele and Thomas)는 "비록 모든 하나님의 백성, 즉 모든 세대의 신자들은 구원과 관계되어서는 율법으로부터 자유하게 되었지만, 그들은 의무의 법칙으로서의 하나님의 율법으로부터는 결코 자유함을 받지 못했다."[290]라고 함으로 성도들의 구원과 행위에 대한 율법의 기능을 잘 설명해 준다. 성도들은 "항상 복종하여 두렵고 떨림으로 너희 구원을 이루라"(빌 2:12)라는 바울의 권면처럼 성도답게 예수님을 닮는 삶을 이어가야 한다.

그러므로 바울은 죄가 성도의 삶을 지배하지 못하도록 성도는 하

몸"을 가리키는 것으로 해석한다. Cf. John Murray, *The Epistle to the Romans* (*NICNT*), Vol. I (1968), pp. 227-228.; C. Hodge, *A Commentary on Romans* (1975), p. 204.

290 David N. Steele and Curtis C. Thomas, *Romans: An Interpretive Outline* (Philadelphia: The Presbyterian and Reformed Publ. Com., 1974), p. 55.

나님의 구원 목적에 따라 거룩한 삶을 살도록 노력하여야 한다고 권면하고 있다(롬 6:12). "몸의 사욕에 순종하지 말고"의 뜻은 "몸의 욕망"이 성도를 주관하지 못하게 하라는 의미이다. 핼대인(Haldane)은 "욕망(사욕)이라는 용어는 죄를 짓고자 하는 내적 부패의 성향을 의미하는데 거기로부터 죄의 행위들이 진행된다. 그리고 사도가 특별히 다음 장(롬 7장)에서 계명이 능력으로 자신에게 다가온 이후 까지도 자신은 부패한 성향이 죄가 된다는 것을 알지 못했다고 말하고 있는 것이다."[291]라고 설명한다. 이처럼 우리의 "몸의 욕망"은 교묘하게 우리를 지배하려 한다. 여기서 바울은 성도들이 죄를 짓지 않는다고 말하는 것이 아니요, 죄가 성도를 지배하지 못하게 해야 한다고 말하고 있다. 죄에 대해서는 죽고 하나님에 대해서는 살아있는 삶이 "몸의 욕망"을 따르지 않는 성도의 삶이라고 할 수 있다(롬 6:11). 로마서 6:13은 로마서 6:12을 좀 더 구체적으로 설명하고 있다. 바울은 "너희 죽을 몸"(롬 6:12)을 죄가 지배하지 못하게 하라고 권면했는데 이제는 "너희 지체"(롬 6:13)가 불의의 무기 역할을 하도록 죄에게 내어주지 말라고 권면하고 있다. 여기 사용된 "지체"는 우리의 "죽을 몸"의 각 부분들로서 팔이나 눈이나 입과 같은 몸의 지체들을 가리킨다. 성도들의 몸이 그리스도와 함께 부활한 것처럼 당연히 성도들의 몸의 지체들도 부활의 축복을 누리게 되어 있다(롬 6:13; 참조, 고전 15:44, 51-54). "몸"과 "지체"를 분리할 수 없기 때문이다. 그래서 바울은 우리 몸에 속한 모든 지체들도 부활한 지체들이므로 "의의 무기로 하나님께 드리라"(롬 6:13)라고 권면하고 있는 것이다. 몸의 욕망이 발현하여 죄를 짓게 되면 자연히 우리들의 몸의 지체들을 통해 죄를 짓게 됨으로 바울은 "죽을 몸"도 언급하고 "몸의

291 Robert Haldane, *Exposition of the Epistle to the Romans* (1960), p. 255.

지체"도 함께 언급함으로 철저하게 죄의 지배에서부터 벗어나야 함을 강조하고 있다. 바울은 "불의의 무기"(ὅπλα ἀδικίας)와 "의의 무기"(ὅπλα δικαιοσύνης)를 대칭적으로 사용함으로(롬 6:13) 성도들이 어떤 무기로 쓰임을 받아야 할 것인지를 명확하게 제시하고 있다.

바울은 로마서 6:14에서 성도가 의의 무기로 하나님께 드려야 할 근거를 제시하고 있다. 바울은 "죄가 너희를 주장하지 못하리니 이는 너희가 법 아래에 있지 아니하고 은혜 아래에 있음이라"(롬 6:13)라고 설명함으로 성도들은 법으로 판단 받지 않을 것임을 분명히 하면서 성도들은 현재 은혜 아래에 존재하는 사람들임을 확인하다. 바울은 로마서 6:14을 시작하면서 "왜냐하면"(γάρ)을 사용하여 이전 구절과의 논리적 연결을 하고 있다. 성도들이 그들의 지체를 의의 무기로 하나님께 드려야 하는(롬 6:13) 이유는 "죄가 너희를 주장하지 못할"(롬 6:14) 것이기 때문이다. 바울은 "주장하지 못할 것이다"를 미래시상으로 사용하여 죄가 그리스도와 연합된 성도들을 주장할 수 없음을 강조하고 있다. 그리고 바울은 계속해서 죄가 성도들을 주장하지 못하는 이유는 성도들이 "법 아래에 있지 아니하고 은혜 아래에 있기"(롬 6:14) 때문이라고 말한다. 바울이 여기서 사용한 "법"은 모세(Moses)의 법만을 가리키지 않고, 명령이라는 의미로 일반적인 개념의 모든 법을 의미하는 것으로 이해하는 것이 바르다.[292] 모세의 법은 자연히 모든 법 개념 안에 속하게 된다. 성도들은 그리스도와 함께 죽었고 그리스도와 함께 부활했기 때문에(롬 6:5-8) 성도들의 현재의 삶은 부활생명을 구현하는 삶이기에 죄가 결단코 성도들을 주장할 수 없는 것이다.

---

292 John Murray, *The Epistle to the Romans* (*NICNT*), Vol. I (1968), pp. 228-229.

2. 하나님을 주인으로 모신 성도(롬 6:15-23)

[15] 그런즉 어찌하리요 우리가 법 아래에 있지 아니하고 은혜 아래에 있으니 죄
를 지으리요 그럴 수 없느니라 [16] 너희 자신을 종으로 내주어 누구에게 순종하
든지 그 순종함을 받는 자의 종이 되는 줄을 너희가 알지 못하느냐 혹은 죄의
종으로 사망에 이르고 혹은 순종의 종으로 의에 이르느니라 [17] 하나님께 감사
하리로다 너희가 본래 죄의 종이더니 너희에게 전하여 준 바 교훈의 본을 마음
으로 순종하여 [18] 죄로부터 해방되어 의에게 종이 되었느니라 [19] 너희 육신이
연약하므로 내가 사람의 예대로 말하노니 전에 너희가 너희 지체를 부정과 불
법에 내주어 불법에 이른 것 같이 이제는 너희 지체를 의에게 종으로 내주어
거룩함에 이르라 [20] 너희가 죄의 종이 되었을 때에는 의에 대하여 자유로웠느
니라 [21] 너희가 그 때에 무슨 열매를 얻었느냐 이제는 너희가 그 일을 부끄러워
하나니 이는 그 마지막이 사망임이라 [22] 그러나 이제는 너희가 죄로부터 해방
되고 하나님께 종이 되어 거룩함에 이르는 열매를 맺었으니 그 마지막은 영생
이라 [23] 죄의 삯은 사망이요 하나님의 은사는 그리스도 예수 우리 주 안에 있는
영생이니라(롬 6:15-23, 개역개정)

롬 6:15-16 바울은 로마서 6:15에서 6:1과 비슷한 질문을 한다. 바울은 "그런즉 어찌하리요 우리가 법 아래에 있지 아니하고 은혜 아래에 있으니 죄를 지으리요"(롬 6:15)라고 질문을 한다. 로마서 6:15의 질문과 로마서 6:1의 질문은 그 성격에 있어서 서로 다르다. 로마서 6:1은 은혜와 죄가 같은 시간에 공존할 수 없음을 전제로 제기하는 질문이지만, 로마서 6:15은 우리의 소속이 은혜 아래에 있는 존재들이기 때문에 죄를 지을 수 없다는 전제로 질문을 하는 것이다. 만약 성도들이 죄를 지으면 죄의 노예가 되기 때문에 죄를 지을 수 없다. 성도일지라도 죄를 지으면 죄의 형벌을 책임져야 하는 것이다. 성도들은 은

혜에 속한 사람들이기 때문에 죄를 지을 수 없다. 그래서 바울은 질문의 대답으로 "그럴 수 없느니라"(μὴ γένοιτο)라고 분명하게 말하고 있는 것이다.

바울은 계속해서 성도들이 왜 죄를 지을 수 없는지를 설명한다. 바울은 "너희 자신을 종으로 내주어 누구에게 순종하든지 그 순종함을 받는 자의 종이 되는 줄을 너희가 알지 못하느냐 혹은 죄의 종으로 사망에 이르고 혹은 순종의 종으로 의에 이르느니라"(롬 6:16)라고 설명함으로 "죄의 종"과 "순종의 종"의 대칭을 통해 성도들이 "순종의 종"임을 분명히 한다. 바울은 종(slave)이라는 개념을 사용하여 성도들이 죄를 지을 수 없는 이유를 설명한다. 예수님은 "한 사람이 두 주인을 섬기지 못할 것이니 혹 이를 미워하고 저를 사랑하거나 혹 이를 중히 여기고 저를 경히 여김이라 너희가 하나님과 재물을 겸하여 섬기지 못하느니라"(마 6:24; 참조, 눅 16:13)라고 가르치셨다. 성도들은 "순종의 종"들이기 때문에 계속해서 죄를 지을 수 없다. 바울은 "죄의 종"과 "순종의 종"을 대칭적으로 사용하고(롬 6:16), "죄의 종"과 "의의 종"을 대칭적으로 사용하여(롬 6:17, 19-20) 성도가 "순종의 종"이며 "의의 종"임을 분명히 한다. 칼빈(Calvin)은 "그리스도의 멍에와 죄의 멍에 사이에는 아무도 그 둘을 동시에 짊어질 수 없는 굉장한 차이가 있다. 만약 우리가 죄를 지으면, 우리는 죄를 위한 봉사에 우리 스스로를 맡기는 것이다. 그와는 반대로, 성도들은 그리스도를 섬기기 위해 죄의 횡포에서부터 구속함을 이미 받았다. 그러므로 성도들은 죄에 묶인 상태로 남아있는 것은 불가능하다."[293]라고 설명한다. 성도들은 구원받기 전에는 "죄의 종"이었지만 "예수님과 합하여 세례를 받음"(롬 6:3)으로 "의의 종"이 되

293 Calvin, *The Epistles of Paul the Apostle to the Romans and to the Thessalonians*, p. 131.

었고, "순종의 종"(롬 6:16, 18-19)이 되었다.

롬 6:17-19 그러므로 성도들은 "하나님께 감사"하는 삶을 이어가야 한다(롬 6:17). 여기서 사용된 "감사"(χάρις)는 바울이 편지를 시작하고 마치면서 즐겨 사용하는 "은혜"(χάρις)와 같은 용어이다(롬 1:7; 16:20; 고전 1:3; 16:23; 고후 1:2; 13:13; 갈 1:3; 6:18; 엡 1:2; 6:24; 빌 1:2; 4:23; 골 1:2; 4:18; 살전 1:1; 5:28; 살후 1:2; 3:18; 딤전 1:2; 6:21; 딤후 1:2; 4:22; 딛 1:4; 3:15; 몬 3, 25). 바울이 여기서 "하나님께 감사하리로다"라고 말한 이유는 편지의 시작과 말미에 축복의 말을 한 것처럼 구원이 이미 성도들에게 현존하고 있다는 사실을 표현하기를 원해서라고 사료된다.[294] 바울은 "너희가 본래 죄의 종이더니"(롬 6:17)라는 말씀을 통해 원래 성도들은 죄의 종이었었다는 사실을 확인하고 있다. 죄의 종이란 말은 죄의 다스림을 받는 형편에 처해 있었다는 뜻이다. 성도들이 예수 그리스도를 알기 전에는 "죄의 종"이었다. 그러나 성도들은 그들에게 전파된 "교훈의 본을 마음으로 순종하여"(롬 6:17) 의의 종이 된 것이다. 바울은 "너희에게 전하여 준 바 교훈"이라는 표현을 통해 로마교회 교인들이 어떻게 예수 그리스도를 구주로 받았는지를 함축하고 있다. 믿음은 그리스도의 말씀을 들음으로 생긴다(롬 10:17). 그리고 누구든지 이 믿음으로 예수 그리스도를 구주로 시인하고 예수님의 죽음과 부활을 마음으로 믿고 입으로 시인하여 구원함을 받는다(롬 10:9-10). 바울은 로마교회 교인들이 이와 같이 그들에게 전파된 그리스도의 죽음과 부활의 복음을 듣고 마음으로 순종하여 하나님의 백성이 되었다고 확인한다(롬 6:17). 그들이 기독교인이 된 시점은 바로 복음을 들은 때이다.[295] 따

294 K. Berger, "χάρις," *Exegetical Dictionary of the New Testament*, Vol. 3 (Grand Rapids: Eerdmans, 1993), p. 459.

라서 로마교회 교인들은 원래 죄의 종이었지만 그리스도의 은혜로 "죄로부터 해방되어 의의 종이 된 것이다"(롬 6:18). 바울은 로마서 6:18에서 6:17의 교훈을 다시 한 번 확인하고 있다. "죄로부터 해방되어"(롬 6:18)라는 표현은 "너희가 본래 죄의 종이더니"(롬 6:17)라는 표현에 상응되는 표현이며, "의에게 종이 되었느니라"(롬 6:18)라는 표현은 "너희에게 전하여 준 바 교훈의 본을 마음으로 순종하여"(롬 6:17)라는 표현에 상응되는 표현이다. 그들은 "죄의 종"이었는데 복음의 말씀을 듣고 "의의 종"이 된 것이다. 성도들은 죄 가운데 머물러 있을 수 없다. 왜냐하면 성도들은 죄와 상관없는 새로운 주인을 모시고 사는 사람들이기 때문이다. 따라서 "의의 종"이 된 성도들은 죄로부터 해방되어 거룩한 삶을 추구해야 한다(롬 6:18). 핫지(Hodge)는 "칭의를 위해 예수님께 나아오는 자는 성화를 위해서도 그에게 나아온다. 그러므로 그리스도를 우리들의 의로서 신뢰해야 한다는 소명에 대한 순종은 그의 계시된 전체 뜻에 대한 순종의 뜻을 함축하고 있다."[296]라고 해석한다. 성도들은 죄의 지배에서 벗어나 그리스도에 의해 자유함을 누릴 수 있게 되었다.

바울은 "너희 육신이 연약하므로 내가 사람의 예대로 말하노니"(롬 6:19)라는 말로 본 절을 시작한다. 바울이 여기서 "육신이 연약하므로"라는 표현을 사용한 것은 인간의 육신이 도덕적으로 연약한 것을 강조하기 위한 것이 아니다. 물론 인간의 육신은 연약하여 죄에 노출되기 쉽다. 바울은 "육신의 연약"이라는 표현을 통해 육신이 본질적으로 약하다는 것을 증거하기 위해 사용한 것이 아니요,[297] "너희 육신이 연약

295 바울은 "전하여 준"(παρεδόθητε)을 παραδίδωμι의 과거시상(aorist)으로 처리하여 이를 함축하고 있다.

296 C. Hodge, *A Commentary on Romans* (1975), p. 208.

297 John Calvin, *The Epistles of Paul the Apostle to the Romans and to the Thessalonians*, p. 133.

하므로"라는 표현을 "내가 사람의 예대로 말하노니"(롬 6:19)와 함께 사용함으로 로마교회 교인들의 이해를 돕기 위해 이 표현을 사용한 것이다. 바울이 그렇게 말하는 것은 그 당시 로마에 거주하는 사람이라면 누구나 쉽게 알아들을 수 있는 방법으로 말하겠다는 뜻이다. 바울은 바로 전 구절들(롬 6:16-18)과 본 구절(롬 6:19) 그리고 또 뒤따라오는 구절(롬 6:20)에서 그 당시 로마제국에서 널리 경험할 수 있는 종 혹은 노예(slave)의 예를 들어 영적인 진리를 설명하고 있다. 바울이 이런 방법을 사용한 것은 로마교회 교인들의 영적 분별력에 한계가 있었음을 증거한다. 그러므로 바울이 사용한 "너희 육신이 연약하므로"라는 표현은 바울이 성도들의 이해 능력을 생각하면서 사람의 예대로 영적인 진리를 말하고 있음을 함축하고 있는 것이다. 머레이(Murray)는 "우리의 우둔한 이해력은 우리의 인간관계의 영역으로부터 끌어온 비유를 통해 진리를 배워야 할 필요성을 갖게 한다."[298]라고 설명한다.

바울은 이제 자신이 가르치기를 원하는 영적인 진리를 설명한다. 바울은 성도들이 구원받기 이전의 상태와 구원받은 이후의 상태를 "전에"와 "이제는"을 대칭시켜 설명하고 있다(롬 6:19).[299] 바울은 성도들이 "전에는" 죄의 종이었는데, "이제는" 의의 종이 되었다고 말한다. 바울은 로마교회 교인들이 죄의 종이었을 때인 "전에"의 기간을 설명할 때는 "내주어"(paresthvsate)라는 동사의 과거시상(aorist)과 직설법(indicative)

298 John Murray, *The Epistle to the Romans (NICNT)*, Vol. I (1968), p. 233.; Hendriksen, *Exposition of Paul's Epistle to the Romans (NTC)*, p. 206.

299 한글 표준새번역이 원문의 내용을 더 정확하게 전달하고 있다. "여러분의 이해력이 약하므로, 내가 사람의 방식으로 말을 합니다. 여러분이 전에는 자기 지체를 더러움과 불법의 종으로 내맡겨서 불법에 빠져있었지만, 이제는 여러분의 지체를 의의 종으로 바쳐서 거룩함에 이르도록 하십시오"(롬 6:19). 표준새번역은 "전에는"과 "이제는"을 대칭시키고, "불법의 종"과 "의의 종"을 확실하게 대칭시킨다. 개역개정은 헬라어 원문에 있는 "불법의 종"을 단순히 "불법"으로 표현했고, 표준새번역은 헬라어 원문 그대로 "불법의 종"과 "의의 종"을 살려서 번역했다.

을 사용하여 함축적으로 제시하고, 의의 종이 된 기간을 설명할 때는 "이제는"(νῦν)과 함께 과거시상(aorist)이며 명령형(imperative)인 "내주어"(parasthvsate)를 사용함으로 명시적으로 밝히고 있다. 헬라 원문에는 "전에는"이란 용어는 나타나지 않으며 "이제는"이란 용어를 통해 대칭적으로 이해될 뿐이다. 바울이 "의의 종"이 된 성도들을 묘사할 때 "이제는"과 과거시상 명령형인 "내주어"를 함께 사용한 이유는 성도들이 "의의 종"이 된 사실이 명명백백함을 강조하기 원할 뿐만 아니라, 의의 종이 된 성도는 철저하게 의의 종의 삶을 살아야 함을 권면하기 위해서이다. 바울은 지금 성도들이 구원받기 이전에는 자기 지체를 더러움과 불법의 종으로 내맡겨서 불법에 빠져있었다고 말하고, 이제 구원을 받았으니 자기 자신의 지체를 의의 종으로 바쳐서 거룩함에 이르라고 권면하고 있다(롬 6:19). 헨드릭센(Hendriksen)은 "그러므로 바울이 원하는 것은 이전에는 그들의 주인인 죄(Sin)에 예속되었던 이 로마 교인들이 전적인 헌신을 통해 그들의 새로운 주인 즉 죄의 반대인 의(Righteousness)를 섬기는 것이다."[300]라고 설명한다. 바울은 로마서 6:19 하반절에서도 "너희 지체를 부정과 불법의 종으로 내주어"라는 표현과 "너희 지체를 의에게 종으로 내주어"(롬 6:19)라는 표현을 대칭적으로 사용함으로 성도들의 구원받은 이전과 이후의 삶의 특징을 분명히 한다. 바울은 성도들이 구원받기 이전의 잘못된 삶을 벗어나서 이제 성도답게 거룩하게 살아야 할 것을 강조하고 있다. 그런데 "부정과 불법"의 대칭으로 표현된 "거룩함"(ἁγιασμός)이 거룩하게 되는 과정을 뜻하느냐 아니면 성도들의 새로운 행위의 목적에 해당하는 최종적인 구원을 뜻하느냐로 견해가 나누어진다. 물론 바울이 "너희 지체를 의에

300 Hendriksen, *Exposition of Paul's Epistle to the Romans (NTC)*, p. 206.

게 종으로 내주어 거룩함에 이르라"(롬 6:19)라고 명령을 할 때에 거룩한 삶의 과정을 전혀 고려하지 않았다고 말할 수는 없고 또한 바울은 그의 서신 여러 곳에서 "거룩함"을 삶의 과정과 연관하여 사용하였다(살전 4:3, 4, 7; 살후 2:13; 딤전 2:15; 참고, 히 12:14; 벧전 1:2). 하지만 바울이 로마서 6:19에서 사용한 "거룩함"은 거룩하게 되는 과정을 강조했다기보다는 그리스도 안에서 구원받아 확보한 온전한 거룩을 강조했다고 생각하는 것이 본문의 뜻에 더 가깝다고 사료된다.[301] 온전한 거룩은 인간의 노력을 통해 완성되는 것이 아니요 그리스도의 죽음과 부활을 통해서만 완성이 가능하기 때문이다. 그리고 바울은 "거룩함"에 대칭이 되는 "부정과 불법"의 상태를 생각하며 "너희 지체를 부정과 불법에 내주어"라고 말한 것으로 이해하는 것이 타당함으로 그와 대칭관계에 있는 "거룩함"도 거룩하게 되는 과정이 아니라 "거룩"의 상태, 즉 그리스도 안에서 성취된 거룩을 뜻한다고 생각하는 것이 바르다. 성도들은 예수님이 성취하신 그 거룩을 향해 우리의 지체를 내주어야 한다.

롬 6:20–23 바울은 계속해서 "죄의 종"의 삶과 "의의 종"의 삶을 비교하고 있다. 바울은 "너희가 죄의 종이 되었을 때에는 의에 대하여 자유로웠느니라"(롬 6:20)라고 죄의 종의 상태로 있을 때의 형편을 묘사하고 있다. 본 구절의 표현이 약간 어색하게 읽히긴 하지만 그 뜻은 "너희가 죄의 종으로 있을 때에는 의에 대하여 전혀 관심이 없었느니라."라는 내용과 같다. 이 말은 그들은 "의의 종"이 아니었고, 의의 원리가 그들을 지배하지 않았다는 것이다. 이는 마치 부활하신 예수님께서 사울(Saul)에게 "사울아 사울아 네가 어찌하여 나를 박해하느냐 가시

301 H. Balz, "ἅγιος, ἁγιασμός," *Exegetical Dictionary of the New Testament*, Vol. 1 (Grand Rapids: Eerdmans, 1990), pp. 17-19.

채를 뒷발질하기가 네게 고생이니라"(행 26:14)라고 말씀하실 때의 사울의 형편과 비슷하다. 사울은 마치 미련한 황소가 가시채를 뒷발질하면서 고통을 느끼지만 자기가 가는 길 이외에 다른 길이 있음을 알지 못하고 계속 가는 것처럼 사울도 기독교를 박해하는 것이 그가 가야할 유일한 길인 것처럼 계속해서 예수님과 기독교를 박해했다.[302] 마찬가지로 로마교회 교인들도 "죄의 종"의 신분으로 남아 있을 때에는 의의 길이 있는지 알 수 없는 상태였다.

바울은 이제 로마서 6:21과 6:22을 대칭시켜서 로마서 6:21은 "의의 종"의 관점에서 "죄의 종"의 상태가 얼마나 무력하고 부끄러운 상태인지를 설명하고, 로마서 6:22은 "의의 종"의 상태가 얼마나 유익하고 복된 상태인지를 설명한다. 로마서 6:21의 경우 의문부호(question mark)를 어느 곳에 찍느냐에 따라 번역이 달라지고 또 그 의미가 달라진다. 첫 번째 가능성은 한글 개역개정의 번역처럼 "너희가 그때에 무슨 열매를 얻었느냐?"라고 질문하는 구조이다.[303] 그리고 그 질문에 대한 답은 "너희가 그 일을 부끄러워하나니"이다. "죄의 종"으로 살면서 얻은 열매는 오직 부끄러움으로 가득 찬 상태이다. 여기서 한 가지 주목할 부분은 "무슨 열매를 얻었느냐"라고 질문했는데 그 답이 "부끄러움"이라는 점이다. 이는 논리적으로 잘 어울리지 않는 답이다. 두 번째 가능성은 "너희들이 지금은 부끄럽게 여기는 그 일에서 그때에 무슨 열매를 얻었느냐?"라고 표현함으로 두 문장을 합쳐서 질문의 형식으로 만드는 구조이다.[304] 이 질문에 대한 답은 "죄의 종"으로 사는 동

302 W. J. Sparrow-Simpson, *The Resurrection and Modern Thought* (London: Longmans, Green & Co., 1911), p. 145.; 박형용, 『사도행전 주해』 (수원: 합신대학원출판부, 2017), pp. 167-168, 259-260.

303 이 구조를 따르는 성경은 Bover (4th edition), BF^2 (British and Foreign Bible Society edition of Nestle Greek text), NEB, Luther (*Das Neue Testament*) 등이다.

안 좋은 열매를 생산할 수 없었던 이유는 바로 "그 마지막이 사망이기 때문이다"라고 설명함으로 좋은 열매를 맺지 못한 삶을 확증하는 구조이다. 어느 쪽을 택해도 크게 문제될 것은 없다. 하지만 두 번째 구조가 본문의 뜻을 이해하는데 더 합당한 구조라고 사료된다. 어느 구조를 택하든지 본문은 성도들이 "죄의 종"으로 살던 과거의 생애에 대해 부끄럽게 여긴다고 확증한다.[305] 성도가 복음 선포를 통해 "의의 종"이 되어 그리스도의 성령으로 충만하게 되면 그의 과거의 "죄의 종"으로 산 사실을 부끄러워할 수밖에 없다. 칼빈(Calvin)은 성도가 자신의 과거의 삶을 부끄러워하면 할수록 하나님 앞에서 더 진심으로 겸손하게 된다고 말한다.[306] 바울은 "죄의 종"의 삶의 결국이 사망이라고 천명한다.

바울은 이제 로마서 6:22에서 "의의 종"의 상태를 설명한다. 바울은 그가 로마서 6:18에서 사용한 같은 용어인 "죄로부터 해방되어"(ἐλευθερωθέντες ἀπὸ τῆς ἁμαρτίας)를 본 구절에서 수동태로 사용하여 성도들이 죄로부터 해방 받은 사실을 확인한다. 그런데 로마서 6:18과 로마서 6:22이 다른 것은 로마서 6:18은 "죄로부터 해방되어 의에게(τῇ δικαιοσύνῃ) 종"이 되었지만, 로마서 6:22은 "죄로부터 해방되어 하나님께(τῷ θεῷ) 종"이 되었다는 것이다. 하지만 "의에게 종"이 되었다는 의미는 그리스도의 구속 사역을 통해서 성취하신 완전한 "의"를 뜻하기 때문에 하나님과의 완전한 관계를 회복한 상태를 뜻한다. 따라서 "의에게 종"이 되었다는 의미와 "하나님께 종"이 되었다는 의미는

---

304 이 구조를 따르는 성경은 AV, Textus Receptus (Oxford, 1889), Westcott and Hort (1881), RV, ASV, RSV, ESV, NASB, NKJV, Jerusalem Bible 등이다. 여기서 참고로 NKJV의 번역을 소개하면 "What fruit did you have then in the things of which you are now ashamed?"이다.

305 John Murray, *The Epistle to the Romans* (*NICNT*), Vol. I (1968), pp. 235-236.

306 Calvin, *The Epistles of Paul the Apostle to the Romans and to the Thessalonians,* p. 135.

본질상 큰 차이가 없다. 하지만 로마서 6:22의 강조는 "하나님께 종"이 된 성도가 결과적으로 "거룩함에 이르는 열매를 맺었다"(롬 6:22)는 사실이다. 사람이 "죄의 종"으로 있을 때에는 열매를 맺지 못했다(롬 6:20-21). 죄를 섬길 때는 열매가 없었다(롬 6:21). 그러나 그들이 "하나님께 종"이 된 후에는 거룩함에 이르는 열매를 맺는다. 헨드릭센(Hendriksen)은 구원받은 시점을 기준으로 과거의 삶과 현재의 삶을 비교한다. "이전에는 속박이었는데 이제는 자유를 누린다. 이전에는 '죄의 종'이었는데 이제는 '하나님의 종'이다. 이전에는 악을 행했는데 이제는 거룩함을 행한다. 이전에는 부끄러움의 삶이었는데 이제는 마음에 평강을 누린다. 이전에는 사망이었는데 이제는 영생을 소유한 사람들이다."[307]라고 정리한다. 바울은 "하나님께 종"이 된 성도의 결국은 영생이라고 확인한다. "죄의 종"의 결국은 사망인 반면 "하나님께 종"이 된 성도의 결국은 영생이다.

바울은 이제 대단히 아름다운 표현으로 로마서 6장을 마무리한다. 바울은 "죄의 삯은 사망이요 하나님의 은사는 그리스도 예수 우리 주 안에 있는 영생이니라"(롬 6:23)라고 선언한다. 우리는 이 구절을 이해하기 위해 이 구절의 구조에 주목할 필요가 있다. "삯"은 "은사"와 나란히 놓여있고, "죄"는 "하나님"과 나란히 놓여있으며, "사망"은 "영생"과 나란히 놓여있다. "사망"은 "그리스도 예수 우리 주 안에 있는 영생"과 나란히 배치되어 있다고 할 수도 있다. 하지만 "그리스도 예수 우리 주 안에 있는"이라는 표현은 "영생"이 어떻게 가능하게 되었는지를 한정하는 근거로 결국 "사망"은 "영생"과 나란히 배치되었다고 보는 것이 타당하다. 하나님은 영생을 주시는 분으로 영생은 그리스도

307 Hendriksen, *Exposition of Paul's Epistle to the Romans (NTC)*, pp. 207-208.

의 사역을 통해 성취되었다.[308] 죄의 삯은 행동의 결과로 받아 마땅한 것이지만 은사는 행동에 대한 보상이 아니라 하나님의 은혜의 선물이다. 죄의 삯은 사망으로 귀결되지만 하나님의 은혜는 영생을 보장하신다. 바울은 성도들의 복된 정체성을 확인하면서 로마서 6장을 마무리한다.

---

308 Constantine R. Campbell, *Paul and Union with Christ* (Grand Rapids: Zondervan, 2012), p. 75.

로마서 7장
주해

7장 요약

로마서 7장은 인간을 제약하는 율법과 죄의 문제를 설명하고 성도는 율법의 제약에서 벗어났으므로 더 이상 율법의 조문으로 판단 받지 않는다고 가르친다(롬 7:1, 4–6). 그러나 바울은 성도들에게 율법이 폐하여진 것이 아니요, 오히려 성도들은 율법을 통해 죄가 어떤 것인지 알 수 있다고 설명한다(롬 7:7–9). 바울은 예수 그리스도 안에서 의롭게 되어 구원받은 성도들일지라도 현재의 몸을 가지고 살고 있는 한 율법이 규정하는 죄를 지을 수밖에 없는 형편이라고 설명한다. 바울은 "오호라 나는 곤고한 사람이로다. 이 사망의 몸에서 누가 나를 건져내랴. 우리 주 예수 그리스도로 말미암아 하나님께 감사하리로다. 그런즉 내 자신이 마음으로는 하나님의 법을 육신으로는 죄의 법을 섬기노라"(롬 7:24–25, 개역개정)라고 고백한다. 바울은 성도가 비록 그리스도 안에서 의롭게 되었지만 성도들의 삶 속에서 "하나님의 법"과 "죄의 법"이 병존하고 있다고 천명한다(롬 7:21–25). 루터(Luther)는 "성도가 의인이면서 동시에 죄인이다"(*simul iustus et peccator*)라고 구원받은 성도의 현재 상태를 설명한다.[309] 사람이 예수님을 믿음으로 의롭게 되는 것은 의가 사람 안에 주입되어 그 사람 자신을 실존적인 의인으로 만드는 것이 아니요, 그 사람은 계속 죄성을 가지고 있지만 하나님의 면전에서 그리스도의 의 때문에 의롭다고 선언 받은 것뿐이다. 멀러

309 Martin Luther, *Commentary on the Epistle to the Romans* (1962), pp 98-99: "This is the clearest passage of all, and from it we learn that one and the same (*believing*) person serves at the same time the Law of God and the Law of sin. *He is at the same time justified and yet a sinner* (*simul iustus est et peccator*)." The italics are original.

(Muller)는 "성도가 의인인 동시에 죄인"이라는 루터의 견해를 "행위가 아니라 믿음이 우리들의 칭의의 근거이며, 칭의가 죄인 자신을 의롭게 만드는 의의 주입이 아니기 때문에, 죄인은 그리스도 때문에 하나님 면전에서 의로울 뿐만 아니라 동시에 자기 스스로의 행위에 따라 판단할 때 죄인이다"[310]라고 성도의 현재의 상태를 잘 묘사한다. 바울은 성도가 예수님을 믿음으로 "속사람"(ὁ ἔσω ἄνθρωπος)이 되었지만(롬 7:22; 고후 4:16; 엡 3:16) "겉사람"(ὁ ἔξω ἄνθρωπος)을 벗지 않는 이상 죄를 지을 수밖에 없음을 한탄한다. 성도가 겉사람을 벗을 때는 바로 예수님의 재림 때에 부활체를 입는 순간부터이다. 로마서 7장은 로마서 6장과 대비되는 사실을 확인할 때 더 분명히 이해할 수 있다. 로마서 6장의 "죄"와 로마서 7장의 "율법"이 대비되고 있다. "법"(롬 7:1)은 "죄"(롬 6:1)와 대비되며, "율법에 대하여 죽임을 당하였다"(롬 7:4)는 "죄에 대하여 죽은 우리"(롬 6:2)와 대비되며, "우리가 영의 새로운 것으로 섬길 것이요"(롬 7:6)는 "우리로 또한 새 생명 가운데서 행하게 하려 함이라"(롬 6:4)와 대비되고, "우리가 얽매였던 것에 대하여 죽었으므로 율법에서 벗어났으니"(롬 7:6)는 "이는 죽은 자가 죄에서 벗어나"(롬 6:7)와 대비되며, "그 법에서 자유롭게 되나니"(롬 7:3)는 "죄로부터 해방되어"(롬 6:18)와 대비된다.[311]

---

310 Richard A. Muller, *Dictionary of Latin and Greek Theological Terms* (Grand Rapids: Baker, 1986), p. 283. "Luther's characterization of the believer justified by grace through faith. Since faith, not works, is the ground of our justification (*iustificatio*, q.v.), and since justification is not an infusion of righteousness that makes a sinner righteous in and of himself, the sinner is both righteous in God's sight because of Christ and a sinner as measured according to his own merits."

311 A. Nygren, *Commentary on Romans*, trans. C.C. Rasmussen (1975), pp. 268.

1. 율법으로부터 자유함을 받은 성도(롬 7:1-6)

[1] 형제들아 내가 법 아는 자들에게 말하노니 너희는 그 법이 사람이 살 동안만
그를 주관하는 줄 알지 못하느냐 [2] 남편 있는 여인이 그 남편 생전에는 법으로
그에게 매인 바 되나 만일 그 남편이 죽으면 남편의 법에서 벗어나느니라 [3] 그
러므로 만일 그 남편 생전에 다른 남자에게 가면 음녀라 그러나 만일 남편이
죽으면 그 법에서 자유롭게 되나니 다른 남자에게 갈지라도 음녀가 되지 아니
하느니라 [4] 그러므로 내 형제들아 너희도 그리스도의 몸으로 말미암아 율법에
대하여 죽임을 당하였으니 이는 다른 이 곧 죽은 자 가운데서 살아나신 이에게
가서 우리가 하나님을 위하여 열매를 맺게 하려 함이라 [5] 우리가 육신에 있을
때에는 율법으로 말미암는 죄의 정욕이 우리 지체 중에 역사하여 우리로 사망
을 위하여 열매를 맺게 하였더니 [6] 이제는 우리가 얽매였던 것에 대하여 죽었
으므로 율법에서 벗어났으니 이러므로 우리가 영의 새로운 것으로 섬길 것이
요 율법 조문의 묵은 것으로 아니할지니라(롬 7:1-6, 개역개정)

롬 7:1-3 바울은 이제 율법의 한계를 지적하고 있다. 성도들이 예수를 구주로 믿고 구원을 받아 하나님의 백성으로 살아가기 때문에 율법은 구원에 관한 한 그 효과를 성도들에게 미칠 수 없게 되었다. 그래서 바울은 "형제들아 내가 법 아는 자들에게 말하노니 너희는 그 법이 사람이 살 동안만 그를 주관하는 줄 알지 못하느냐"(롬 7:1)라고 말한다. 바울은 유대인들을 생각하면서 그들이 모세의 율법을 알고 있는 것을 근거로 "법 아는 자들"이라고 말했다고 생각할 수 있다. 바울이 "율법"(νόμος)을 사용할 때는 일반적으로 모세의 율법을 가리킨다(롬 3:19, 20; 5:13; 고전 9:8, 9; 14:21; 갈 3:10, 19). 하지만 로마교회의 교인들의 분포가 유대인과 이방인들로 섞여 있었기 때문에 바울은 법의 일반

적인 원리를 제시하고 있다고 사료된다. 어떤 법이든 사람이 살아있을 때에 한해서 그 효력을 가질 수 있다. 바울은 사람이 살아있을 동안만 법의 지배를 받지 사람이 죽으면 그 법의 효력이 죽은 자에게는 미치지 못한다는 일반적인 원리를 설명하고 있다. 이와 같은 법의 일반적인 원리는 유대인들은 물론 이방인들도 잘 알고 있는 원리이다. 그래서 바울은 "내가 법 아는 자들에게 말하노니"(롬 7:1)라고 말하는 것이다. 그런데 바울은 "형제들아"라고 부름으로 로마교회 교인들이 그리스도 안에서 한 형제가 되었음을 확인한다. 바울은 "형제들아"라는 표현을 로마서에서 두 번째로 사용한다(롬 1:13; 7:1). 바울이 "형제들아"라고 표현했을 때는 일반적으로 상대방에 대한 사랑의 감정을 실어서 말한 것이다(롬 1:13; 7:1, 4; 8:12; 10:1; 11:25; 12:1; 15:14, 30; 16:17). 바울이 이렇게 예수를 믿는 성도들을 "형제"라고 부르는 것은 예수님의 교훈과 일치한다. 예수님은 "누구든지 하늘에 계신 내 아버지의 뜻대로 하는 자가 내 형제요 자매요 어머니이니라"(마 12:50)라고 가르치셨다. 성도들은 성만찬에 참여할 때도 한 형제요 한 자매인 것을 확인한다(고전 11:23-26). 성만찬은 예수님의 구속행위인 그의 죽음을 기념하면서 식구들만이 참여하는 의식이기 때문이다. 바울은 로마교회 성도들을 한 형제로 생각하고 감정을 실어서 "형제들아"라고 부른 것이다. 바울은 예수 그리스도 안에서 "형제"가 된 성도들에게 성도들은 "법 아래 있지 아니하고 은혜 아래에 있음"(롬 6:14)을 다시 한 번 확인하고 있다. 그리스도와 함께 죽은 자들은 더 이상 법의 주관을 받지 아니하고 하나님의 은혜 가운데 거하는 것이다(롬 7:1).

바울은 이제 로마서 7:2-3에서 결혼 관계를 예로 들어 이 원리를 확증한다. 바울은 성도들이 법으로부터 자유롭게 된 존재들이기에 법의 지배를 받지 아니한다고 강조하며 이것을 결혼 관계의 원리를 사용하여 설명한다. 일반적인 원리는 남편과 아내가 결혼 관계에 있을 때 아내는 남편에게 매여 있고, 남편은 아내에게 매여 있다(롬 7:2). 남편이 살아 있는데 아내가 다른 남자와 결혼하면 그녀는 음행한 여인이 되고, 아내가 살아 있는데 남편이 다른 여자와 결혼하면 그 남자는 역시 음행한 남자가 된다. 이처럼 결혼 관계에 있는 남편과 아내는 상대방이 살아 있을 때는 상대방에게 매여 있는 상태이다. 하지만 남편이 죽으면 아내는 자유의 몸이 되고, 아내가 죽으면 역시 남편도 자유의 몸이 된다. 그래서 바울은 "만일 그 남편 생전에 다른 남자에게 가면 음녀라 그러나 만일 남편이 죽으면 그 법에서 자유롭게 되나니 다른 남자에게 갈지라도 음녀가 되지 아니하느니라"(롬 7:3)라고 설명하는 것이다. 성경은 결혼 서약의 중요성을 가르친다. 그러나 결혼 서약이 상대방의 죽음 이후까지 적용되는 것은 아니다. 칼빈(Calvin)은 본 구절에서 바울이 아내가 자유롭게 될 수 있는 길은 결혼 관계의 법이 죽으면 자유롭게 된다고 말하지 않고, 남편이 죽으면 아내가 자유의 몸이 된다고 말한 것은 유대인들의 감정을 상하게 하지 않기 위해서라고 설명한다. 만약 결혼의 법이 죽으면, 아내가 남편으로부터 자유하게 된다고 말하면, 율법을 귀중하게 생각하는 유대인들이 상처를 받을 수 있기 때문이라고 설명한다.[312] 그래서 바울은 섬세한 배려로 "그 남편이 죽으면 남편의 법에서 벗어나느니라"(롬 7:2)라고 말하고, "만일 남편이 죽으면 그 법에서 자유롭게 되나니"(롬 7:3)라고 설명하는 것이다. 바울은 그의 서신 어느 곳에서도 "율법이 죽었다"라고 가르치지 않는다. 오히려 바울은 "우리"가 율법에 대하여 죽었다고 가르친다(롬 7:4; 갈 2:19). 결혼 관계의 결속은 결혼의 법이 죽어야 결혼 관계의 효력이

312 Calvin, *The Epistles of Paul the Apostle to the Romans and to the Thessalonians*, p. 138.

사라지는 것이 아니요, 결혼 상대방이 죽어야 결혼 관계의 효력이 상실되는 것이다. 마찬가지로 성도들은 그리스도와 함께 율법에 대하여 죽었기 때문에 더 이상 율법이 우리를 다스리지 못한다. 바울은 예수 그리스도께서 죽은 자들로부터 부활하심으로 사망을 정복하셨기 때문에 성도들은 더 이상 율법의 지배를 받을 필요가 없게 되었다고 가르친다. 그래서 바울은 "사망아 너의 승리가 어디 있느냐 사망아 네가 쏘는 것이 어디 있느냐 사망이 쏘는 것은 죄요 죄의 권능은 율법이라"(고전 15:55–56)라고 담대하게 선포하는 것이다.

롬 7:4–6 바울은 로마서 7:1에서 사용한 "내 형제들아"를 로마서 7:4에서도 사용한다. 바울은 바로 전 구절에서 언급한 결혼 관계의 법에서 아내가 자유하게 되려면 남편이 죽어야만 가능하다는 원리를 말함으로 그리스도가 성도들을 대신하여 율법에 대하여 죽었으므로 율법의 속박에 매여 있던 성도들은 이제 율법의 속박에서 풀려난 상태라는 사실을 명백히 한다(롬 7:4). 바울은 그의 서신에서 "율법이 죽었다"라는 표현 대신 "우리가 율법에 대하여 죽임을 당하였다"(롬 7:4), "우리가 얽매였던 것에 대하여 죽었으므로 율법에서 벗어났으니"(롬 7:6), "내가 율법으로 말미암아 율법에 대하여 죽었나니"(갈 2:19)와 같은 표현을 사용한다. 율법은 거룩한 하나님의 법이므로 죽을 수가 없다(롬 7:14). 바울은 결혼 관계의 법이 죽어야 아내가 남편으로부터 자유하게 된다고 말하지 않고, 남편이 죽어야 아내가 결혼 관계의 법에서 자유하게 된다고 말한다. 바울은 남편이 죽음으로 아내가 결혼의 법칙에서 자유하게 된 것같이 그리스도가 죽음으로 그리스도와 연합된 성도들은 율법에 대해서 죽었고 따라서 율법의 속박에서 자유하게 되었다고 말하는 것이다. 데니(Denney)는 "'죽임을 당하였으니'(ἐθανατώθητε)의 뜻은 로마서 6:3-6의 구절에 의해 잘 설명된다. 단순과거(aorist)는 그들의 세례로 옛 삶(모든 법적 책임과 함께)이 그 끝에 다다른 결정적인 시간을 뜻한다."[313]라고 함으로 성도들이 율법의 속박에서 자유하게 된 시기를 예수님과 함께 장사된 때라고 설명한다. 이 말씀은 예수님이 율법에 대하여 죽으심으로 예수님과 연합된 성도들은 율법으로부터 해방되었다는 뜻이다. 그러면 하나님이 성도들을 율법으로부터 자유롭게 만들어 주신 이유가 무엇인가? 그 이유는 율법의 지배 아래에서 "죄의 종"(롬 6:16, 20) 역할을 하던 사람에게 새로운 주인을 섬길 수 있게 하기 위해서이다. 바울은 그 새로운 주인이 바로 "죽은 자 가운데서 살아나신 이"(롬 7:4) 즉, 예수 그리스도라고 밝힌다. 예수님은 우리들의 죄를 대속해 주시기 위해 죽으심으로 우리의 새로운 주인이 되셨다. 새로운 주인이신 예수 그리스도를 모신 성도들의 삶의 목적은 "하나님을 위하여 열매를 맺게 하려 함이다"(롬 7:4). 구원받은 성도들은 더 이상 "죄에게 종 노릇 하지 않고"(롬 6:6) 의의 종이 되어 거룩한 열매(롬 6:19, 22)를 하나님께 바쳐드리는 삶을 살아야 한다. 칼빈(Calvin)은 "그리스도는 그 자신과 함께 우리들을 아버지께 드리는 희생 제물로 바치셨다. 그리고 그는 우리들이 우리들의 새로운 삶으로 하나님께 열매를 바치도록 하기 위해 우리들을 중생시키셨다. 하늘에 계신 우리 아버지께서 우리에게 요구하시는 열매는, 우리가 아는 것과 같이, 거룩함(holiness)과 의로움(righteousness)이다."[314]라고 함으로 성도들이 삶을 통해 하나님께 바쳐야 할 열매가 무엇인지 설명한다.

바울은 이제 로마서 7:5과 7:6을 대조시킨다. 로마서 7:6의 서두

---

313 James Denney, "St. Paul's Epistle to the Romans," *The Expositor's Greek Testament*, Vol. II (1980), pp. 637-638.

314 Calvin, *The Epistles of Paul the Apostle to the Romans and to the Thessalonians*, p. 140.

에 "이제는"(νυνί)을 사용하여 대조시키는 의도를 분명해 밝힌다. 바울은 로마서 7:5에서 "육신으로 있을 때"의 삶의 상태를 설명하고, 로마서 7:6에서는 율법의 지배에서 벗어나 자유의 몸이 된 성도가 어떻게 살아야 할지를 설명한다. 바울은 "우리가 육신에 있을 때에는"(롬 7:5)이라고 표현함으로 "육신"(σάρξ)을 도덕적으로 경멸하는 태도를 담아 사용한다. 바울이 "육신"을 경멸하는 의미로 사용한 것은 "육신"이라는 용어의 의미가 원래 악한 뜻을 함의하고 있기 때문에 사용한 것이 아니요, "육신"이 죄에 의해서 조종되고 인도되는 악한 인간 본성과 연관되었을 경우에 사용하는 것이다.

바울은 로마서에서 "육신"혹은 "육체"를 죄와 상관없이 선한 의미로 자주 사용한다(롬 1:3; 9:3, 5). "육신"은 우리 주님을 묘사할 때도 자주 사용되었다(요 1:14; 6:51, 53; 고후 5:16; 엡 2:14; 5:29; 엡 6:5; 골 1:22; 2:1, 5; 딤전 3:16). "육신"이라는 용어가 주님을 묘사할 때 자주 사용된 점으로 미루어 보아 "육신"이라는 용어 자체에 악한 의미가 함의되지 않았음은 확실하다.[315] 우리는 여기서 "육신"이 바울 서신에서 어떤 의미로 사용되었는지를 살펴 볼 필요를 느낀다. 첫째, 바울은 "육신" 혹은 "육체"(flesh)를 사람의 "몸"(body)과 동일하게 사용했다(고후 4:11; 갈 4:13이하; 골 1:22). 바울은 고린도후서에서 "예수의 생명이 또한 우리 몸에 나타나게 하려 함이라"(고후 4:10)라고 말한 후 "몸"의 자리에 "육체"를 대신 넣어 "예수의 생명이 또한 우리 죽을 육체에 나타나게 하려 함이라"(고후 4:11)라고 "육체"와 "몸"을 교대로 사용한다. 둘째, 바울은 "육체"를 전인(全人)을 묘사하는데 사용한다. "그(하나님)의 앞에 의롭다 하심을 얻을 육체가 없나니"(롬 3:20), "아무 육체도 하나님 앞에서 자랑

315 John Murray, *The Epistle to the Romans* (*NICNT*), Vol. I (1968), pp. 245.

하지 못하게 하려 하심이라"(고전 1:29), "율법의 행위로써는 의롭다 함을 얻을 육체가 없느니라"(갈 2:16) 등의 표현에서 사용된 "육체"는 사람의 전인격을 묘사하고 있다. 셋째, 바울은 "육체"를 인간 존재의 영역을 묘사하는 의미로 사용한다. 바울은 "이 세상이 자기 지혜로 하나님을 알지 못하므로"(고전 1:21)와 "육체를 따라 지혜로운 자가 많지 아니하며"(고전 1:26)를 같은 맥락에서 교대로 사용함으로 "이 세상의 지혜"가 "육체를 따른 지혜임"을 분명히 하고 따라서 "육체"를 "이 세상"과 같은 뜻으로 사용한다. 바울은 "지혜 있는 자"(σοφός)가 "이 세대의 변론가"(συζητητὴς τοῦ αἰῶνος τούτου)이며, "이 세상의 지혜"(τὴν σοφίαν τοῦ κόσμου)를 소유한 사람이라고 설명한다(고전 1:20). 이런 지혜자들이 육체를 따라 지혜로운 자들(σοφοὶ κατὰ σάρκα)임을 가리킨다(고전 1:26).[316] 바울은 "육체"(σάρξ)와 "세상"(κόσμος)을 동의어처럼 사용하고 있다.[317] 따라서 우리는 "육체"가 사람이 사는 세상 질서나 인간이 살고 있는 그 세상 질서 안에 사는 사물들의 총화 상태를 언급한다고 추단(推斷)할 수 있다.[318] 리델보스(Ridderbos)는 말하기를 "육체는 때가 차기 전에 나타난 인간과 세상의 존재 양식이다. 육체는 어두움의 권세 하에 있는 인생과 세상이다."[319]라고 설명한다.

이처럼 "육신"은 그 자체로 악한 뜻을 함의하고 있지는 않지만, 죄와 연관되어 사용될 때 도덕적으로 악한 뜻을 덧입게 된다(롬 7:5; 8:4, 5, 6, 7, 8, 9, 12, 13; 13:14). 바울은 "우리가 육신에 있을 때에는"(롬 7:5)이

---

316 R. B. Gaffin, *Resurrection and Redemption* (1970), p. 161.

317 R. Bultmann, *Theology of the New Testament,* Vol. 1 (New York: Charles Scribner's Sons, 1955), p. 235.

318 Gaffin, *Resurrection and Redemption*, p. 160.

319 H. Ridderbos, *When The Time Had Fully Come* (Grand Rapids: Eerdmans, 1957), p. 52.

라는 표현을 여기서는 악한 도덕적 함의가 포함된 것으로 사용한다. 이 말씀은 우리가 율법의 지배를 받고 있었던 기간을 뜻하는 것이다. 그 기간 동안에 율법은 우리의 마음에 죄의 정욕을 불러일으켜서 사망을 위하여 열매를 맺게 만든다(롬 6:20-21 참조). 칼빈(Calvin)은 "우리의 내적 스승(interior Magister)이신 성령의 부재 가운데 율법의 사역은 더욱 더 우리들의 마음을 자극시켜서 정욕의 마음을 품기 시작하게 만든다."[320]라고 설명한다. 바울은 "우리로 사망을 위하여 열매를 맺게 하였더니"(롬 7:5)라는 표현으로 사망을 의인화시켜 사망을 마치 주인처럼 묘사함으로 육신에 있을 때에는 사망에게 열매를 바치는 것처럼 설명한다. 이는 바로 전 절에서 "우리가 하나님을 위하여 열매를 맺게 하려 함이라"(롬 7:4)라고 표현한 내용과 대칭되는 것이다.

바울은 "우리가 육신으로 있을 때에는"(롬 7:5)이라는 표현과 대칭이 되는 표현으로 "이제는 우리가 얽매였던 것에 대하여 죽었으므로 율법에서 벗어났으니"(롬 7:6)라고 쓴다. 성도들은 그리스도와 연합되었기 때문에 그리스도가 십자가상에서 죽으심으로 성도들은 율법의 지배에서 벗어나게 된 것이다. 바울은 하나님이 그리스도를 희생 제물로 삼아 우리들을 율법의 지배로부터 자유하게 하신 목적을 "영"(πνεύματος)과 "율법"(γράμματος)을 대칭시켜 설명한다. 여기 사용된 "영"은 "율법"과 대칭적으로 사용되었기 때문에 인간의 영혼을 가리킨다고 생각하는 것보다는 "성령"을 가리킨다고 받는 것이 더 타당하다. "율법"과 "인간의 영"의 대칭보다는 "율법"과 "성령"의 대칭이 더 논리적이요 바울의 교훈과 일치하기 때문이다. 바울은 다른 곳에서 "율법 조문은 죽이는 것이요 영은 살리는 것이니라"(고후 3:6)[321]라고 가르친다. 바울은

320 Calvin, *The Epistles of Paul the Apostle to the Romans and to the Thessalonians*, p. 141.

성도들이 율법의 지배에서 벗어났기 때문에 우리의 삶의 방식이 "성령의 새로운 것으로 섬기는 삶"이어야 하고 "율법 조문의 묵은 것으로 섬기는 삶"이 되어서는 안 된다고 가르치고 있다(롬 7:6). 핫지(Hodge)는 "성령의 새로움은 성령이 저자이신 마음의 새로운 상태이다. 율법 조문의 오래된 것은 율법이 근원으로 정죄의 상태와 하나님과 적대관계의 상태에 있는 옛 상태를 가리킨다."[322]라고 해석한다. 성도들은 하나님께서 그의 성령으로 새롭게 만들어주신 신분을 감사하면서 거룩함에 이르는 삶을 이어가야 한다. 성도들은 성령의 조종을 받아야지 율법의 조종을 받아서는 안 된다.

2. 죄를 드러내는 율법의 기능(롬 7:7-13)

**7 그런즉 우리가 무슨 말을 하리요 율법이 죄냐 그럴 수 없느니라 율법으로 말
미암지 않고는 내가 죄를 알지 못하였으니 곧 율법이 탐내지 말라 하지 아니하
였더라면 내가 탐심을 알지 못하였으리라 8 그러나 죄가 기회를 타서 계명으
로 말미암아 내 속에서 온갖 탐심을 이루었나니 이는 율법이 없으면 죄가 죽은
것임이라 9 전에 율법을 깨닫지 못했을 때에는 내가 살았더니 계명이 이르매**

321 고후 3:6의 한글 개역개정은 "영은 살리는 것이니라"라고 번역함으로 "인간의 영"인지 "성령"인지를 분명하게 밝히지 않았다. 하지만 같은 문맥에서 "율법의 조문의 직분"과 "영의 직분"을 대비시켜 설명하고, "율법의 조문의 직분"을 "정죄의 직분"으로, "영의 직분"을 "의의 직분"으로 설명하는 것으로 보아 바울은 고린도후서 3:6-9에서 "영"을 성령을 의미하는 것으로 사용하고 있음이 분명하다. 참고로, 영어 번역들은 "but the Spirit gives life." (NIV, RSV, ESV, NASB, NKJV)라고 "spirit"을 대문자 "Spirit"으로 처리하여 성령임을 분명히 했다.

322 C. Hodge, *A Commentary on Romans* (1975), p. 219.

죄는 살아나고 나는 죽었도다 [10] 생명에 이르게 할 그 계명이 내게 대하여 도리어 사망에 이르게 하는 것이 되었도다 [11] 죄가 기회를 타서 계명으로 말미암아 나를 속이고 그것으로 나를 죽였는지라 [12] 이로 보건대 율법은 거룩하고 계명도 거룩하고 의로우며 선하도다 [13] 그런즉 선한 것이 내게 사망이 되었느냐 그럴 수 없느니라 오직 죄가 죄로 드러나기 위하여 선한 그것으로 말미암아 나를 죽게 만들었으니 이는 계명으로 말미암아 죄로 심히 죄 되게 하려 함이라(롬 7:7-13, 개역개정)

롬 7:7-8 바울은 지금까지 성도들이 율법의 지배에서 벗어났으며 성도들은 율법에 속하지 않았다는 사실을 분명히 했다(롬 7:1-6; 참조 롬 6:14-15). 성도들은 그리스도와 연합되어(롬 6:3-9) 의에게 종이 되었고 하나님께 종이 되었다(롬 6:19, 22). 따라서 바울은 성도들이 율법에서 벗어났다는 생각으로 율법에 대한 잘못된 생각을 가지고 있을 수 있기 때문에 율법에 대해 바른 교훈을 한다(롬 7:7). 바울은 "그런즉 우리가 무슨 말을 하리요 율법이 죄냐 그럴 수 없느니라"(롬 7:7)라고 시작한다. "율법이 죄냐"(ὁ νόμος ἁμαρτία;)라는 질문은 "율법이 악하냐"라는 의미의 질문일수도 있고, "율법이 죄를 짓게 만드느냐"라는 의미의 질문일 수도 있다. 칼빈(Calvin)은 "율법이 죄냐"라는 질문을 "죄의 책임이 율법에 전가되는 그런 방법으로 율법이 죄를 초래하느냐"[323] 라고 정리함으로 상기의 두 질문을 모두 포함시켜 이해하는 듯 보인다. "죄의 책임이 율법에 전가 된다"는 말은 율법이 악하다는 뜻을 함의하고 있고, "율법이 죄를 초래하느냐"라는 말은 율법이 죄를 짓게 만든다는 뜻을 함의하고 있다. 하지만 본 구절의 문맥에 비추어 볼 때

323 John Calvin, *The Epistles of Paul the Apostle to the Romans and to the Thessalonians*, p. 142.: "Does it beget sin in such a way that the blame for sin is to be imputed to the law?"

"율법이 죄냐"(롬 7:7)라는 질문은 "율법이 악하냐"라는 뜻으로 이해하는 것이 더 타당하다. 바울은 이 질문에 대한 답으로 명명백백하게 "그럴 수 없느니라"(μὴ γένοιτο)라고 선언한다. 바울은 이어서 그가 왜 "그럴 수 없느니라"라고 말했는지에 대한 이유를 설명한다. 바울은 "율법으로 말미암지 않고는 내가 죄를 알지 못하였으니"(롬 7:7)라고 말함으로 이미 그가 "율법으로는 죄를 깨달음이니라"(롬 3:20)라고 밝힌 바처럼 율법을 통해 자신이 지은 죄가 무슨 죄인지를 알 수 있게 되었다고 말한다. 물론 율법이 존재하지 않을 때에도 죄를 지을 수 있는 가능성은 항상 존재한다(롬 1:18-20; 2:12, 14, 15). 아담(Adam)이 범한 죄가 바로 그런 예이다. 헨드릭센(Hendriksen)은 "기록된 율법 없이는 극악하고 영혼을 파괴하는 죄의 특성이 드러나지 않는다는 뜻이다."[324]라고 해석한다. 그래서 바울은 좀 더 구체적으로 "율법이 탐내지 말라 하지 아니하였더라면 내가 탐심을 알지 못하였으리라"(롬 7:7)라고 설명한다. 바울은 십계명(the Ten Commandments) 중 열 번째 계명인 "네 이웃의 집을 탐내지 말라"(출 20:17; 신 5:21)라는 계명의 "탐내는 죄"를 예로 설명한다. 일반적으로 "탐심"(ἐπιθυμία)은 도덕적인 관점에서 중립적으로 사용된다.[325] 하지만 "탐심"이 "죄"와 연계되면 자연히 도덕적인 뜻을 갖게 된다. 율법은 외형적으로 드러난 탐심은 물론 우리의 마음속에 자리잡고 있는 보이지 않는 악한 탐심까지도 분명하게 드러내는 역할을 한다.

바울은 이제 "탐심"이 자신의 마음속에서 어떻게 활동하는지 설명

324 Hendriksen, *Exposition of Paul's Epistle to the Romans* (NTC), p. 219.

325 H. Hübner, "ἐπιθυμία," *Exegetical Dictionary of the New Testament*, Vol. 2 (1991), p. 27.; C. Hodge, *A Commentary on Romans* (1975), p. 222.; "탐하다"(ἐπιθυμέω)는 동사가 신약에서 16회 나타나는데 10회(마 13:17; 눅 15:16; 16:21; 17:22; 22:15; 행 20:33; 딤전 3:1; 히 6:11; 벧전 1:12; 계 9:6)는 도덕적인 관점에서 중립적인 의미로 사용되었다.

한다(롬 7:8). 바울은 지금 자신의 경험을 바탕으로 일반적인 원리를 제시하고 있다. 바울은 로마서 7:7-13 사이에서 자신을 가리키는 일인칭 단수인 "나," "내가" 등의 표현을 10회나 사용하고 있다.[326] 바울이 여기서 일인칭을 많이 사용하고 있기 때문에 이 문단에서 언급하는 경험이 바울 자신의 경험이냐 아니면 바울 자신의 경험과는 상관없는 일반적인 원리를 이야기하는 것이냐로 의견이 나누인다. 크랜필드(Cranfield)는 바울이 본 맥락에서 일인칭 단수를 사용하여 바울 자신의 경험을 가리키는 듯 보이나 "우리는 현재의 요약에서 바울이 자기 자신의 경험을 이야기 하고 있는 것이 아니요, 자신을 대표자로 생각하여 먼저는(롬 7:7-13) 인류 전반에 대해 말하는 것이요, 그 후에는(롬 7:14-25) 기독교인들에 대해서 말하는 것이다."[327]라고 바울 자신의 경험이 아니라고 해석한다. 그러나 칼빈(Calvin)은 "그의 목적은 우선 우주적인 명제로 시작하여 그 후에 자신의 경험을 통해 그 주제를 설명하고 있음이 명백하다."[328]라고 바울 자신의 경험을 이야기하고 있음을 지지한다. 머레이(Murray)와 헨드릭센(Hendriksen)도 칼빈의 견해를 지지한다.[329] 바울은 자신의 경험을 근거로 모든 성도들이 경험할 수 있는 원리를 설명하고 있는 것이다.

바울은 "죄가 기회를 타서 계명으로 말미암아 내 속에서 온갖 탐심을 이루었나니"(롬 7:8)라고 말한다. "죄가 기회를 타서"는 "기회는 항상

326 바울이 롬 7:7-13에서 사용한 일인칭은 "내가"(롬 7:7), "내 속에서"(롬 7:8), "내가"(롬 7:9), "나는"(롬 7:9), "내게"(롬 7:10), "나를"(롬 7:11), "내게"(롬 7:13), "나를"(롬 7:13) 등 10회이다.

327 C. E. B. Cranfield, *Romans: A Shorter Commentary* (1992), p. 154.

328 Calvin, *The Epistles of Paul the Apostle to the Romans and to the Thessalonians*, p. 144.

329 Murray, *The Epistle to the Romans* (*NICNT*), Vol. I (1968), p. 250.; Hendriksen, *Exposition of Paul's Epistle to the Romans* (*NTC*), p. 220.

존재하는데 마침 그 기회가 오면"이라는 소극적인 의미가 아니라, "죄가 계명이 제공하는 기회를 열심히 찾아 붙잡아서"라고 적극적인 의미로 이해하는 것이 문맥과 더 일치한다. "죄가 기회를 타서"는 죄의 활동성과 포악성, 그리고 간교함을 함축하고 있는 표현이다. 바울이 여기서 언급하는 "죄"는 실제적인 어떤 죄를 가리키지 않고, 내재적인 죄나 타락한 본성을 가리키고 원리로서의 죄를 뜻하지 실제 행위로 나타난 죄를 가리키지 않는다. 바울은 지금 어떤 특정한 죄 문제를 다루는 것이 아니요 성도 안에서 작용하는 죄의 일반적인 특성을 설명하기 원한 것이다. 그래서 바울은 "죄가 기회를 타서 계명으로 말미암아 내 속에서 온갖 탐심을 이루었나니"(롬 7:8)라고 말하는데 이는 율법이 자기 자신 안에서 어떻게 작용하고 있는지 바울 자신의 경험을 소개하고 있는 것이다. 핫지(Hodge)는 "율법이 바울 자신의 상태와 특성을 깨닫게 했다. 바울은 스스로 죄인 됨을 느끼고, 그리고 죄인이란 뜻은 단순히 범법자의 의미로만 이해되는 것이 아니요, 죄가 그 자신 안에 내재하는 사람을 가리킨다. 죄는 그의 본성의 타락인데 이는 율법의 작용으로 사도에게 드러나게 된 것이다."[330]라고 설명한다. 바울은 계명이 없었으면 깨달을 수 없었을텐데 계명으로 말미암아 자기 자신 속에 "온갖 탐심"이 자리하고 있었음을 깨달은 것이다. 바울이 "율법이 없으면 죄가 죽은 것임이라"(롬 7:8)라고 말한 것은 율법이 없으면 죄가 존재하지 않는다고 말하는 것이 아니요, 율법이 없어도 죄는 존재하지만 율법의 규명이 있어야 죄가 무슨 죄인지 알 수 있는데 율법이 없으면 명시적인 죄의 특성이 드러나지 않기 때문에 죄가 죽은 것이라고 말하는 것이다(롬 5:13-14, 20; 7:5). 바울은 모세(Moses)의 율법이 있기 전

330 C. Hodge, *A Commentary on Romans* (1975), p. 222.

에도 죄는 존재했지만 "죄를 죄로 여기지 아니한"(롬 5:13) 상황을 설명하고 있는 것이다. 바울은 자신 속에 죄는 존재하지만 죄의 원리가 작동하지 않은 관계로 무슨 죄를 짓고 있는지 규명하기 힘들다는 것이다. 바울이 "죄가 죽은 것임이라"(롬 7:8)의 표현에서 "죽은 것"(νεκρά)이라는 의미는 "비활동적이다" 혹은 "효능이 없다"는 뜻으로 사용되었다(약 2:26). 다벨스타인(Dabelstein)은 "바울은 로마서 7:8에서 '율법이 없으면 죄가 죽은 것임이라'라는 신학적인 진술을 한다. 여기서 그는 '효과가 없는'(ineffective), '무력한'(powerless), '활동하지 않는'(dormant) 등의 의미로 '죽은 것임이라'(νεκρά)를 사용한다. 율법이 없으면 죄는 인간을 공격할 기회를 얻지 못하고 인간을 타락하게 만들 수 없다."[331]라고 설명한다. 바울은 "탐내지 말라"(롬 7:7)라는 계명이 그의 양심을 흔들 때 그의 마음속에 내재한 탐심이 드러나게 되고 탐심이 무엇인지 알게 되었다고 고백한다. 계명이 바울의 마음을 일깨워 죄인임을 느끼게 만든 것이다. 따라서 율법은 악한 것이 아닌데 율법이 사람에게 죄의 존재와 능력에 대한 확신을 심어주는 역할을 한다.

롬 7:9-10 바울은 "전에 율법을 깨닫지 못했을 때에는 내가 살았더니 계명이 이르매 죄는 살아나고 나는 죽었도다"(롬 7:9)라고 계속해서 율법과 죄의 관계를 설명한다. 바울은 자신이 "율법을 깨닫지 못했을 때에는" 자신이 안전한 위치에 있었다고 느꼈고 죄의식 없이 살았으며 도덕적으로 영적으로 선한 삶을 살고 있다고 생각했지만, 자신의 양심이 율법 혹은 계명의 온전한 뜻을 깨달았을 때에는 자신이

331 R. Dabelstein, "νεκρός," *Exegetical Dictionary of the New Testament*, Vol. 2 (Grand Rapids: Eerdmans, 1991), p. 461.; Cf. Douglas Moo, *The Epistle to the Romans (NICNT)* (1996), p. 437.

큰 죄인임을 깨달았다고 말하고 있다. 여기 언급된 계명은 "탐내지 말라"(롬 7:7)라는 계명을 가리키며, "계명이 이르매"라는 뜻은 그의 양심이 "탐내지 말라"라는 계명의 깊은 뜻을 깨달았다는 말이다. 바울은 계명의 뜻을 온전히 깨닫고 보니 자신의 속에 죄가 작동하고 있는 것을 깨달았고, 자신의 양심도 이를 인정할 수밖에 없는 상황에 이르렀고, 자신은 율법을 지키지 못한 관계로 죄의 종이 되어 사망에 이르게 되었다고 고백하고 있다(롬 6:16). 바울은 "죄는 살아나고"(롬 7:9)라는 표현을 통해 자신은 율법의 도움으로 죄인임을 알게 되었고, 스스로 만족스럽고 의롭다고 생각하며 살 수 없는 상태에 있다는 사실을 알게 되었으며, "나는 죽었도다"(롬 7:9)라는 표현을 통해 자신은 율법의 원래의 의도가 하나님의 의를 이루는 삶을 살도록 요구하는 것인데 그 율법의 요구대로 순종하지 못한 관계로 율법이 자신에게 죽음을 가져왔다고 고백하는 것이다.[332]

바울은 이어서 계명(율법)의 원래의 목적을 설명한다. 바울은 "생명에 이르게 할 그 계명이 내게 대하여 도리어 사망에 이르게 하는 것이 되었도다"(롬 7:10)라고 말한다. 계명의 원래의 목적은 성도들에게 생명의 길을 보여 줌으로 하나님의 의를 실천할 수 있도록 하는 것이다. 계명은 우리가 하나님의 율법을 실천함으로 영생을 얻을 수 있다고 약속한다. 원래 계명은 우리를 의의 길로 인도하고 생명을 증진시키는 역할을 한다. 그래서 바울은 "생명에 이르게 할 그 계명"(롬 7:10)이라고 묘사하는 것이다. 그런데 우리 성도의 형편은 부활체를 입을 그때까지 우리 속에 자리 잡고 있는 부패와 죄성 때문에 계명이 생명을 소유한 우리에게 "사망에 이르게 되었다"고 선언하는 삶을 살고 있는 것이다.

---

332 Calvin, *The Epistles of Paul the Apostle to the Romans and to the Thessalonians*, pp. 144-145.

같은 율법이 우리의 죄 때문에 사망을 증진시킨다. 왜냐하면 "죄의 삯은 사망"(롬 6:23)이기 때문이다. 칼빈(Calvin)은 "우리가 여기서 율법의 본질과 우리 자신의 사악함을 구별해야 할 필요가 있다."[333]라고 정리한다. 바울은 율법(계명)의 원래의 목적은 우리를 생명에 이르도록 안내하고 증진하는 역할을 하는데 우리 속에 아직도 내재하는 죄악 때문에 같은 율법이 우리가 사망에 이르게 되었다는 것을 선언한다고 가르치는 것이다.

롬 7:11-13 바울은 우리 속에 내재하는 죄의 개념을 다시 설명한다. 바울은 "죄가 기회를 타서 계명으로 말미암아 나를 속이고 그것으로 나를 죽였는지라"(롬 7:11)라고 말한다. 바울은 이전 구절에서는 "죄가 기회를 타서 계명으로 말미암아 내 속에서 온갖 탐심을 이루었나니"(롬 7:8)라고 함으로 죄를 탐심과 연계한 반면, 본 구절에서는 "죄가 기회를 타서 계명으로 말미암아 나를 속이고"(롬 7:11)라고 함으로 죄와 기만을 연계시켜 설명한다. 죄는 간교한 특성을 가지고 있어서 사람을 홀리는데 빠르다. 핫지(Hodge)는 바울이 "죄가 ... 나를 속이고"라고 말한 내용을 해석하면서 "죄는 나를 속였고 나의 기대를 실망시켰다. 어떻게? 죄는 사도에게 한 가지 것을 기대하게 인도하면서 다른 것을 경험하게 했다. 그는 생명을 기대했는데 사망을 발견했다. 그는 행복을 기대했는데 비참함을 발견했다. 그는 거룩함을 바라보았는데 증가되는 부패를 발견했다. 그는 율법에 의해 이 모든 소망하는 목적이 확보될 것을 상상했는데 율법의 작용은 정반대의 효과를 생산하는 것을 발견하게 되었다. 그러므로 죄가 계명으로 말미암아 그를 속였고 계명

333 Calvin, *The Epistles of Paul the Apostle to the Romans and to the Thessalonians*, p. 145.

으로 그에게 거룩함과 복의 근원이 되는 것 대신 계명으로 그를 죽였다."[334]라고 해석한다. 바울은 항상 율법은 거룩하고, 의롭고, 선하다고 가르친다(롬 7:7). 문제는 율법이 우리의 죄를 드러내 보인다는 것이다. 그러므로 "나를 속이고"의 표현 중 "속이고"는 율법 자체가 나를 속이는 것이 아니요, 율법에 대한 우리들의 지식이 나를 속이는 것으로 받아야 한다.[335]

바울은 지금까지 논의되어 온 율법의 목적을 결론적으로 잘 마무리 한다. 바울은 "이로 보건대 율법은 거룩하고 계명도 거룩하고 의로우며 선하도다"(롬 7:12)라고 함으로 율법의 특성을 설명한다. 여기서 바울은 "율법은 거룩하고 계명도 거룩하고"라는 표현으로 율법과 계명을 함께 사용한다. 통상적으로 이해할 때 율법은 전체 율법(the whole law)을 가리키고, 계명은 구체적인 명령(the specific command)을 가리킨다고 생각할 수 있다. 하지만 본 구절에서 두 용어를 날카롭게 대비시킬 필요는 없다. 바울은 율법 자체도 거룩하고 율법 안에서 명령되는 모든 것도 거룩하다고 강조하고 있다. 율법은 모든 면에서 거룩하고 의로우며 선하다. 머레이(Murray)는 "거룩함으로(as holy) 계명은 하나님의 초월성과 순결을 반영하고 우리에게 상응하는 헌신과 순결을 요구한다. 의로움으로(as righteous) 계명은 하나님의 공평하심을 반영하고 계명의 공평한 요구와 지지를 우리에게 요구하신다. 선함으로(as good) 계명은 인간의 최고의 복지를 증진시키고 그렇게 하여 하나님의 선하심을 표현한다."[336]라고 해석한다. 아무도 율법이 거룩하고 의로우며 선하다

334 C. Hodge, *A Commentary on Romans* (1975), p. 225.

335 Calvin, *The Epistles of Paul The Apostle to the Romans and to the Thessalonians*, p. 145.

336 Murray, *The Epistle to the Romans* (*NICNT*), Vol. I (1968), p. 253.

는 긍정적인 말 이외의 다른 부정적인 말로 율법을 정의할 수 없다. 하나님의 성품이 거룩하고 의로우며 선한 것처럼 율법도 거룩하고 의로우며 선할 수밖에 없다.

바울은 "거룩하고 의로우며 선한"(롬 7:12) 율법의 특성을 "선한 것"(τὸ ἀγαθόν)이란 한 단어로 집약시켜 설명한다. "선한 것"은 바로 율법 자체이다. 바울은 다시 한 번 율법에 대한 오해를 불식시키고 율법을 옹호하기 위해 "그런즉 선한 것이 내게 사망이 되었느냐"(롬 7:13)라고 질문하고 "그럴 수 없느니라"(μὴ γένοιτο)라고 강하게 부인하는 것이다. 율법이 사망을 가져오는 것이 아니요 죄가 사망을 가져온다. 그래서 바울은 곧바로 "오직 죄가 죄로 드러나기 위하여 선한 그것으로 말미암아 나를 죽게 만들었으니"(롬 7:13)라고 말함으로 "선한 그것" 즉 율법이 죄를 드러나게 만들었고, 죄 때문에 내가 죽게 되었다고 설명하는 것이다. 헨드릭센(Hendriksen)은 "죄가 죽이는 것이다. 죄는 회개하기 이전의 상태에 있는 바울까지도 속여서 하나님의 율법을 엄격하게 순종하면서 살 수 있다고 생각하게끔 속였다. 죄는 바울이 아무리 노력해도 그는 결코 하나님 앞에서 의의 신분을 얻을 수 없다는 사실을 극적인 방법으로 확실하게 알게 되는 그날까지 바울을 속였다."[337]라고 설명한다. 우리를 시험에 들게 하는 것은 율법이 아니요, 바로 죄이다. 거룩하고 선한 율법은 죄를 드러나게 하는 역할을 한다. 이 말씀은 바로 조금 전에 로마서 7:11에서 설명한 내용을 다시 재확인하고 있는 것이다. 선한 율법의 목적은 "죄가 죄로 드러나게" 하기 위한 것이다. 율법의 구체적인 명령인 계명도 그 자체로는 선하지만 "죄로 심히 죄되게" 드러나게 만든다. 바울은 선한 율법이 있어서 자신이 죄인임을

337 Hendriksen, *Exposition of Paul's Epistle to the Romans (NTC)*, p. 222.

더욱 확실히 깨달을 수 있었고, 율법은 죄를 드러내는 역할을 하기 때문에 율법 자체로는 자신의 죄 문제를 해결하여 자신을 거룩하고 의로운 사람으로 만들 수 없음을 깨달은 것이다.

3. 속사람과 겉사람의 관계(롬 7:14-25)

14 우리가 율법은 신령한 줄 알거니와 나는 육신에 속하여 죄 아래에 팔렸도다
15 내가 행하는 것을 내가 알지 못하노니 곧 내가 원하는 것은 행하지 아니하
고 도리어 미워하는 것을 행함이라 16 만일 내가 원하지 아니하는 그것을 행하
면 내가 이로써 율법이 선한 것을 시인하노니 17 이제는 그것을 행하는 자가 내
가 아니요 내 속에 거하는 죄니라 18 내 속 곧 내 육신에 선한 것이 거하지 아니
하는 줄을 아노니 원함은 내게 있으나 선을 행하는 것은 없노라 19 내가 원하는
바 선은 행하지 아니하고 도리어 원하지 아니하는 바 악을 행하는도다 20 만일
내가 원하지 아니하는 그것을 하면 이를 행하는 자는 내가 아니요 내 속에 거
하는 죄니라 21 그러므로 내가 한 법을 깨달았노니 곧 선을 행하기 원하는 나에
게 악이 함께 있는 것이로다 22 내 속사람으로는 하나님의 법을 즐거워하되 23
내 지체 속에서 한 다른 법이 내 마음의 법과 싸워 내 지체 속에 있는 죄의 법으
로 나를 사로잡는 것을 보는도다 24 오호라 나는 곤고한 사람이로다 이 사망의
몸에서 누가 나를 건져내랴 25 우리 주 예수 그리스도로 말미암아 하나님께 감
사하리로다 그런즉 내 자신이 마음으로는 하나님의 법을 육신으로는 죄의 법
을 섬기노라(롬 7:14-25, 개역개정)

롬 7:14-17 바울은 "우리가 율법은 신령한 줄 알거니와 나는 육신에 속하여 죄 아래에 팔렸도다"(롬 7:14)라고 말함으로 율법은 신령하고 선하지만 나는 죄의 지배아래 있다고 분명히 천명한다. "우리가 율법은 신령한 줄 알거니와"(롬 7:14)라는 표현을 직역하면 "율법은 영적인 것이다"(ὁ νόμος πνευματικός ἐστιν)라고 할 수 있다. 그런데 바울은 "우리가 아는 것"(οἴδαμεν γὰρ)의 내용을 두 가지로 정리한다. 우리가 아는 것 중의 하나는 "율법이 영적인(πνευματικός) 것이라"는 것이요, 우리가 아는 것 중의 또 다른 하나는 "나는 육신에 속하여(σάρκινος) 죄 아래에 팔렸도다"라는 것이다. "영적인 것"(Spiritual)과 대칭되는 "육신에 속하여"(unspiritual)는 도덕적 의미를 함의하고 있음에 틀림없다. 성도들은 구원을 받아 영적인 사람들이지만 육체를 소유하고 있는 동안은 아직도 죄의 영향에서 벗어나지 못한 상태에 있다. 샌드(Sand)는 육신이 죄와 함께 사용될 때 육신은 죄의 능력의 지배를 받는 사람을 가리킨다고 설명한다.[338] 바울은 지금 율법은 거룩하고 선한데 자신은 하나님의 율법을 실천하지 못하는 죄인임을 밝히고 있는 것이다.

바울은 자신이 "육신에 속하여 죄 아래에 팔린 상태"를 로마서 7:15에서 좀 더 구체적으로 설명하고 있다. 그래서 바울은 "내가 행하는 것을 내가 알지 못하노니 곧 내가 원하는 것은 행하지 아니하고 도리어 미워하는 것을 행함이라"(롬 7:15)라고 설명한다. 문맥에 비추어 볼 때 바울이 "내가 알지 못한다"라고 말하는 의미는 자기가 행하는 것을 전혀 인지하지 못한다는 뜻이 아니요, 그가 뜻하고 소망하는 것은 행하지 않고 "미워하는 것은 행하기" 때문에 "내가 왜 이러는지 알지 못한다"라고 말하는 것이다(롬 7:15). 핫지(Hodge)는 "내가 알지 못한다"의 뜻을 "내가 하는 일을 내가 알지 못한다"(I know not what I do.)라는 뜻으로 이해할 수 있고, 또한 마치 노예처럼 내가 하는 일을 주인이 시

338 A. Sand, "σάρξ, σάρκινος," *Exegetical Dictionary of the New Testament,* Vol. 3 (Grand Rapids: Eerdmans, 1993), p. 231.

키는 대로 의식 없이 했기 때문에 내가 알지 못한다는 뜻으로 이해할 수 있다고 설명한다.[339] 바울은 자기가 사랑하고 자기가 원하는 일을 행하지 않고 있는데 자신이 왜 이런 일을 행하는지 알지 못한다는 뜻으로 본문을 이해할 수 있다. 바울은 아직 육신을 입고 있는 자신의 상태를 설명하면서 자신이 사랑하고 자신이 인정하는 일은 자신이 행하지 않고, 자신이 미워하고 인정하지 않는 일은 자신이 행하고 있다고 고백한다(롬 7:15). 우리는 여기서 죄의 위력이 얼마나 큰지를 깨달아야 하고 우리의 육신이 얼마나 연약한지를 시인해야 한다. 육신을 입은 우리의 능력으로는 죄의 영향을 제어할 수 없고, 오로지 성령(the Holy Spirit)의 도우심으로만 가능함을 인정해야 한다.

바울은 로마서 7:16에서 방금 전 로마서 7:15에서 설명한 자신의 논의를 입증하고 있다. 바울은 "만일 내가 원하지 아니하는 그것을 행하면 내가 이로써 율법이 선한 것을 시인하노니"(롬 7:16)라고 말함으로 자신이 율법과 반대되는 행동을 하는 그 자체가 바로 율법이 의롭고 선하다는 것을 증거 한다고 설명한다. 바울은 자신의 잘못된 행동이 율법의 악함을 증거 하는 것이 아니요, 오히려 자신의 잘못된 행동을 율법이 잘못이라고 지적하기 때문에 율법은 의롭고 선하다고 말하는 것이다. 바울은 자신이 원하지 않는 것은 바로 율법이 원하는 것이므로 그 자체가 바로 자신이 율법이 선한 것을 시인한 것이나 다름없다고 말하고 있다. 그래서 바울은 "내가 이로써 율법이 선한 것을 시인하노니"(롬 7:16)라고 말하는 것이다. 바울은 율법이 선하고 의로운 것을 인정한다. 그런데 바울은 자기가 원하지 않는 것을 행한다. 바울은 자기가 행한 것이 자기가 원하지 않는 것이라고 말함으로 율법의 의롭

339 C. Hodge, *A Commentary on Romans* (1975), p. 230.

고 선한 특성을 인정할 뿐만 아니라 성도들은 율법의 선한 명령을 실천해야 할 책임도 있음을 확인하고 있다.

바울은 로마서 7:17을 "이제는"(νυνὶ δὲ)으로 시작함으로 이전 구절과의 관계를 분명히 한다. 본 구절의 "이제는"을 바울 사도가 "예수 믿은 이후로는" 이라는 뜻으로 사용했다고 해석하기도 하지만 그러나 문맥에 비추어 볼 때 로마서 7:15과 7:16의 내용을 서술하고 "이런 형편에서는" 로마서 7:17의 내용이 그 결과라고 설명하는 것이다. 바울은 "내가 미워하는 것"(롬 7:15), "내가 원하지 아니하는 것"(롬 7:16)을 "행하는 자가 내가 아니요 내 속에 거하는 죄니라"(롬 7:17)라고 설명함으로 자신을 자신이 원하지 않는 것을 행하는 죄로부터 구별시킨다. 머레이(Murray)는 "그(바울)는 그 자신과 그 자신 속에 거하는 죄를 구별 한다 그리고 행해진 죄에 대한 책임을 내주하는 죄에게 돌린다."[340]라고 해석한다. 분명한 것은 예수를 믿고 구원을 받은 성도일지라도 부활체를 입기 전까지 아담(Adam)의 질서로 받은 몸체를 입고 있는 동안에는 죄의 영향에서 자유로워질 수 없다는 것이다. 성도가 아무리 노력해도 죄에서부터 완전히 자유로워질 수 없다. 그러므로 성도는 죄에서부터 멀어지기 위해 더 큰 능력을 가지신 성령에 의존하여야 한다.

롬 7:18-23 바울은 계속해서 "내 속 곧 내 육신에 선한 것이 거하지 아니하는 줄을 아노니 원함은 내게 있으나 선을 행하는 것은 없노라"(롬 7:18)라고 고백함으로 이전 구절의 내용을 다시 확인하고 보충설명하고 있다. 바울은 "내 속"(ἐν ἐμοί)과 "내 육신"(ἐν τῇ σαρκί μου)을 동일시한다. "육신"과 "육체"는 같은 뜻으로 사용된다. 바울은 그의 서

340 Murray, *The Epistle to the Romans (NICNT)*, Vol. I (1968), p. 263.

신에서 "육신"(σαρκί)을 세 가지 의미로 사용한다. 첫째, 육신이 물질성 혹은 몸과 동일하게 사용된다(고후 4:11; 갈 4:13-14). 둘째, 육신은 인간 전인(全人)을 묘사하기 위해 사용된다(롬 3:20; 고전 1:29; 갈 2:16). 셋째, 육신은 인간 존재의 영역을 묘사하기 위해 사용된다(고전 1:20, 26, 29).[341] 바울은 로마서 7:18에서 자신의 인격적인 전인(全人)과 육신 혹은 육체(flesh)를 동일시하고 있다. 바울은 자신이 구원을 받은 성도이지만 죄의 영향으로부터 자유할 수 없음을 잘 알고 있었다(롬 7:15, 17 참조). 그래서 바울은 "내가 나 된 것은 하나님의 은혜로 된 것이니"(고전 15:10)라고 자신을 묘사하고, "이제는 내가 사는 것이 아니요 오직 내 안에 그리스도께서 사시는 것이라 이제 내가 육체 가운데 사는 것은 나를 사랑하사 나를 위하여 자기 자신을 버리신 하나님의 아들을 믿는 믿음 안에서 사는 것이라"(갈 2:20)라고 자신을 묘사한다. 바울은 예수님 재림 때에 자신이 부활체를 입을 때까지는 죄의 영향을 받을 수밖에 없는 존재임을 잘 알고 있었다(고전 15:21-24, 48-49; 고후 4:14; 빌 3:21; 살전 4:13-18). 그래서 바울은 자신이 이미와 아직(already and not yet)이라는 구속적 긴장의 기간에 속해 있기 때문에 "원함은 내게 있으나 선을 행하는 것은 없노라"(롬 7:18)라고 자신의 한계를 설명하고 있다. 바울은 이와 비슷한 고백을 로마서 7:15에서도 언급했고, 바로 다음 구절인 로마서 7:19에서도 다시 확인한다. 바울은 "내가 원하는 바 선은 행하지 아니하고 도리어 원하지 아니하는 바 악을 행하는도다"(롬 7:19)라고 설명함으로 죄의 영향을 받을 수밖에 없는 자신의 형편을 탄식한다. 바울은 본 구절에서 로마서 7:15에서 논의한 내용을 다시 진술하면서 한 가지 차이점은 로마서 7:15에서 구체적으로 언급하지 않았던 "자

341 박형용, 『바울신학』, (2016), pp. 78-80.

신이 원하는 바"가 "선"(ἀγαθόν)이라고 확인하고, "원하지 아니하는 바"가 "악"(κακόν)이라고 명백히 한다. 칼빈(Calvin)은 "바울은 경건한 자들이 범하는 소수의 잘못을 다루는 것이 아니요, 일반적으로 그들의 생애의 전 과정을 묘사하고 있다. 그러므로 우리들은 경건한 자들의 가장 좋은 사역들이 항상 죄의 어떤 흔적으로 부패되기 때문에 하나님이 그들을 용서하시는 것 이외에는 아무런 보상도 소망할 수 없다고 결론 내릴 수 있다."[342]라고 설명한다. 성도는 예수를 구주로 받고 예수님의 죽음과 부활을 마음으로 믿고 입으로 시인할 때 완전한 구원을 받는다(롬 10:9-10). 하지만 성도는 예수님의 재림 때에 부활체를 입을 때까지는 항상 죄에 노출되어 있다는 사실도 성경의 교훈이다(고전 15:23-24, 48-54).

바울은 로마서 7:20에서도 지금까지 논의해 온 주제를 계속 확인하고 확증하는 논리를 편다(롬 7:15-17, 19 참조). 로마서 7:20의 말씀은 로마서 7:17의 말씀과 대동소이한 내용이다. 바울은 "만일 내가 원하지 아니하는 그것을 하면 이를 행하는 자는 내가 아니요 내 속에 거하는 죄니라"(롬 7:20)라고 설명한다. 바울은 자기 자신의 성향에 따라 행동을 유발하는 자기 자신과 잘못된 행동에 대한 진정한 책임이 있는 내재하는 죄와의 사이를 명백하게 구별시킨다. 바울은 자기가 원하지 않는 행동을 저지른 것에 대한 책임을 회피하려는 마음이 아니요, 부활체를 입기 전 현재의 몸체를 입고 있는 상태에서 자기에게 죄성이 작용하고 있음을 인정한 것이다. 구원받은 성도일지라도 누구나 부활체를 입기 전까지는 죄에서 자유할 수 없다. 바울은 이렇게 구속적 긴장 속에 살고 있는 성도로서 "내가 한 법을 깨달았노니 곧 선을 행하

342 Calvin, *The Epistles of Paul The Apostle to the Romans and to the Thessalonians*, p. 152.

기 원하는 나에게 악이 함께 있는 것이로다"(롬 7:21)라고 말한다. 여기 바울이 깨달은 "한 법"을 해석하는데 견해가 나누인다. 데니(Denney)는 본 구절에 사용된 바울이 깨달은 법을 모세(Moses)의 율법으로 이해한다.[343] 여기서 논의된 "한 법"을 모세의 율법으로 해석할 경우 바로 다음 절(롬 7:22)에 언급된 일반적인 "하나님의 법"과 연계하여 이해할 수 있다. 바울이 깨달은 법을 "하나님의 법"으로 이해할 경우 본문은 "내가 선을 행하기 위해 적극적으로 율법에 순응하는데 나는 악이 나와 함께 현존하는 것을 발견한다."라는 뜻으로 이해해야 한다. 본문의 바울이 깨달은 "한 법"을 "하나님의 법"으로 이해하여 본문을 읽을 경우 크게 문제될 것은 없지만 로마서 7:21의 논리가 매끄럽지 않다는 것도 부인할 수 없다. 바울이 여기서 "하나님의 율법"을 생각하면서 본 구절을 기록했다면 구태여 "내가 한 법을 깨달았노니"(Εὑρίσκω τὸν νόμον) 라고 표현할 필요가 없었다고 생각된다. 오히려 "내가 율법을 잘 아는데"(οἶδα τὸν νόμον)라고 표현하였다면 그 자체가 "하나님의 법"을 가리키는 것으로 잘 표현되었을 것이다. 반면 헨드릭센(Hendriksen)은 "'그러므로'라는 용어는 사도가 이전 구절들(14-20)의 내용을 요약하고 있음을 보여준다. 그가 여기서 '법'이라는 용어를 사용할 때 그는 십계명을 생각하지 않았음이 즉각적으로 명백해진다. 여기에 사용된 '법'은 운영하는 법칙(*operating rule*) 혹은 지배하는 원리(*governing principle*)와 같은 뜻임에 틀림없다."[344]라고 해석한다. 칼빈(Calvin)도 "성도들이 선한 것을 추구하는 동안 그들은 그들 자신 안에서 폭군적인 법을 발견한다. 왜냐하면 하나님의 법을 반대하고 저항하는 극악한 경향이 그들의 살과 뼈에

---

343 James Denney, "St. Paul's Epistle to the Romans," *The Expositor's Greek Testament*, Vol. II (1980), p. 642.

344 Hendriksen, *Exposition of Paul's Epistle to the Romans (NTC)*, p. 234.

심겨져 있기 때문이다."[345]라고 설명한다. 이처럼 본 구절에서 바울이 깨달은 법이 "선을 행하기 원하는 나에게 악이 함께 있는 것이로다"(롬 7:21)라는 지배적인 원리라고 이해하면 문맥이 더 선명하게 이해된다.

바울은 이제 자기가 깨달은 법이 어떻게 작용하는지 로마서 7:22-23에서 설명한다. 다메섹(Damascus) 도상에서 부활하신 예수님을 만난 바울은 회심을 한 이후에 전폭적으로 하나님과 예수님께 헌신을 하였음에도 불구하고 그는 그가 원하는 선은 행하지 아니하고 원하지 않는 악을 계속 행할 수밖에 없는(롬 7:19) 자신의 정체성에 대한 답을 제공한다. 바울은 여기서 "속사람"(τὸν ἔσω ἄνθρωπον)이라는 표현을 사용한다. 바울은 이 표현을 그의 서신 다른 곳에서도 사용한다(롬 7:22; 고후 4:16; 엡 3:16). 로마서 7:22과 에베소서 3:16에서는 "속사람"만 사용되지만, 고린도후서 4:16에서는 "속사람"(ὁ ἔσω ἄνθρωπος)과 "겉사람"(ὁ ἔξω ἄνθρωπος)을 분명하게 대칭시켜 함께 사용한다. 그러므로 "속사람"에 반대되는 표현은 "겉사람"임에 틀림없다. 바울은 이원론적으로 성도에게 접근하여 "겉사람"과 "속사람"으로 구분하고 있지 않다. "속사람"과 "겉사람"은 같은 한 사람을 다른 관점에서 성도를 묘사하는 표현이다. "'겉사람'과 '속사람'은 구원받은 성도의 전인(the whole person)을 각각 다른 측면에서 묘사하고 있다. 성도를 구원받은 관점에서 볼 때 그는 '속사람'이지만, 몸을 가지고 세상과 접하면서 살고 있는 성도를 볼 때 그는 아직도 '겉사람'이다. 이것이 예수님의 부활과 재림 사이에서 살고 있는 신자들의 삶의 특징이다."[346] 헨드릭센(Hendriksen)은 "속사람은 공중의 관찰로부터는 감추어진 것이요, 겉사람은 공중에게 공개된 것이

345 Calvin, *The Epistles of Paul The Apostle to the Romans and to the Thessalonians*, p. 153.

346 박형용, 『바울신학』, (2016), pp. 105-106.

다. 그것은 새로운 생명의 원리가 성도들의 마음속에 성령에 의해 뿌리박힌 것을 가리킨다(엡 3:17을 보라)."[347]라고 설명한다. 바울은 이와 같은 자신의 정체성을 깨닫고 "내 속사람으로는 하나님의 법을 즐거워하되 내 지체 속에서 한 다른 법이 내 마음의 법과 싸워 내 지체 속에 있는 죄의 법으로 나를 사로잡는 것을 보는도다"(롬 7:22-23)라고 설명한다. 여기서 "속사람"과 "겉사람"의 뜻을 적용하여 본 구절들을 접근해 보도록 한다. 바울은 "하나님의 법"을 즐거워하는 자신을 묘사할 때는 "속사람"으로 묘사하고, 자신의 "속사람"은 자신의 "마음의 법"에 따라 행동하기를 원한다고 설명한다. 반면 "내 지체 속에 한 다른 법"과 "죄의 법"은 내가 몸을 입고 있는 상태에서 나를 조종하여 "내 마음의 법"과 반대되는 방향으로 나를 이끌어 간다. 바울이 "내 지체" 속에 한 다른 법이 있다고 표현한 것을 근거로 "내 지체"와 "바울 자신"을 구별할 필요는 없다. 바울은 곧바로 "죄의 법으로 나를 사로잡는 것"이라고 "나"(me)를 강조해서 표현함으로 자신의 지체와 자기 자신을 동일시한다. 그러므로 바울은 "죄의 법"이 내 지체 속에 거하는 실재(reality)가 아니요, 구원받은 자신에게 죄의 영향이 아직도 작용하여 자신이 진정으로 원하는 것을 행하지 못하고, 오히려 자신이 원하지 아니하는 것을 행하게 된다고 한탄하는 것이다. 라이트푸트(Lightfoot)는 본 구절에서 "이 두 원리가 객관적인 관점과 주관적인 관점에서 고려되고 묘사되었다. 좋은 원리는 객관적으로 '하나님의 법'(22절, τῷ νόμῳ τοῦ θεοῦ)으로 불렸고, 주관적으로 '합리적인 본성의 내 마음의 법'(23절, τῷ νόμῳ τοῦ νοός μου)으로 불렸다. 나쁜 원리는 객관적으로 '죄의 법'(23절, τῷ νόμῳ τῆς ἁμαρτίας)으로 표현되었고, 주관적으로 '내 지체 속에 있는 법'(23절, τῷ

347 William Hendriksen, *Ephesians* (*New Testament Commentary*) (Grand Rapids: Baker, 1967), p. 171.

ὄντι ἐν τοῖς μέλεσίν μου)으로 표현되었다. 이 두 상충되는 법이 내 안에서 지속적으로 상충을 일으키는 내 존재의 법이다."[348]라고 해석한다. 성도들이 구원받으면 영혼만 구원받는 것이 아니요, 영혼과 몸을 포함한 전인(全人)이 구원받는 것이다. 하지만 성도들은 예수님 재림 때까지 현재의 몸체를 입고 있는 동안은 죄의 영향 하에 살고 있기 때문에 의롭고 성결한 삶을 살고자 하는 성도는 이와 같은 한탄을 할 수밖에 없다.

롬 7:24-25 바울은 자신을 괴롭히는 죄의 영향을 "오호라 나는 곤고한 사람이로다 이 사망의 몸에서 누가 나를 건져내랴"(롬 7:24)라는 절규를 통해 모든 성도들도 계속적으로 죄와 싸울 수밖에 없고 하나님을 기쁘게 할 수 없는 똑같은 형편에 처해 있음을 확인해 주고 있다. "나는 곤고한 사람이로다"라는 탄식은 "나는 참으로 비참한 사람이로다"라고 한탄한다는 뜻이다. 이는 자신이 원하는 선을 행하지 못하고, 죄의 영향으로 자신이 원하지 아니하는 악을 행하면서 살아야 하는 성도의 탄식이다(롬 7:14-17, 20). 바울의 탄식은 "이 사망의 몸에서 누가 나를 건져내랴"(롬 7:24)라는 마음 속 깊은 곳에서 용솟음치는 탄식이다. "이 사망의 몸에서"(ἐκ τοῦ σώματος τοῦ θανάτου τούτου)라는 표현에서 사용된 "이"(τούτου)는 지시대명사로 "사망"과 연계시킬 수 있고 또한 "몸"과도 연계시킬 수 있다. 사망과 연계하면 "이 사망의 몸"으로 이해할 수 있고, 몸과 연계하면 "이 몸의 사망"으로 이해할 수 있다. 그러나 "이"를 사망과 연계하나 몸과 연계하나 본 구절의 뜻에는 큰 차이를 나타내지 않는다. 바울은 성도의 몸을 악한 것으로 생각하지 않으나 죽게 되어있는 것만은 틀림없음을 명백히 한다.[349] 바울은 절망적

348 J. B. Lightfoot, *Notes on the Epistles of St. Paul* (1980), p. 304.

인 상태에 머물러 있지 않고 감탄하는 마음으로 하나님께 감사를 올린다. 바울은 "우리 주 예수 그리스도로 말미암아 하나님께 감사하리로다"(롬 7:25)[350]라는 감탄하는 말로 죄 문제가 하나님의 은혜로 해결되었음을 선언하고 있다. 바울은 "우리 주 예수 그리스도로 말미암아"라는 표현을 통해 우리를 죄에서부터 구속할 분은 "주 예수 그리스도"이외에 아무도 없다는 것을 확실하게 한다(행 4:12). 바울은 이제 로마서 7장을 마무리 하면서 몸을 입고 있는 자신의 상태를 "내 자신이 마음으로는 하나님의 법을 육신으로는 죄의 법을 섬기노라"(롬 7:25)라고 간결하게 정리한다. 성도는 아담(Adam)의 질서로 받은 이 몸을 입고 있는 동안에는 아무리 확고한 결심으로 의를 이루고 선을 행하려고 노력할지라도 하나님을 온전하게 기쁘게 할 수 없다. 그러므로 성도는 지상에서 사는 동안 죄의 영향을 받을 수밖에 없다. 바울은 지금까지의 논의를 마무리하면서 "마음으로는 하나님의 법"을 섬기고, "육신 즉 현재의 몸체로는 죄의 법"을 섬기게 된다고 정리한다.

이제 로마서 7:14–25 사이에서 자주 언급되는 "내가"와 "나는"이 어떤 바울을 가리키느냐에 대해 정리를 할 필요가 있다. 로마서 7:14–25의 내용을 해석하는데 두 가지의 견해가 제시된다. 문제가 되는 것은 본 구절에 언급된 "내가"(I: ἐγώ)가 "어떤 나"를 묘사하고 있

---

349 Calvin, *The Epistles of Paul The Apostle to the Romans and to the Thessalonians,* p. 154.; Murray, *The Epistle to the Romans* (*NICNT*), Vol. I (1968), p. 268.; C. Hodge, *A Commentary on Romans* (1975), p. 238.

350 롬 7:25에 나타난 한 가지 사본 상의 문제가 있다. 어떤 사본은 본문을 "εὐχαριστῶ τῷ θεῷ"(I thank God.)로 읽는다. 이 경우 "나는 하나님께 감사한다"(롬 1:8; 고전 1:4; 빌 1:3; 몬 4)라고 해석해야 한다. 다른 사본은 "χάρις τῷ θεῳ'"(Thanks be to God.)로 읽는다. 이 경우는 개역개정처럼 "하나님께 감사하리로다"로 번역하는 것이 좋다. United Bible Societies의 편집위원들은 "χάρις τῷ θεῷ"를 본문으로 택하면서 "εὐχαριστῶ τῷ θεῷ"는 여러 철자를 중복시킴으로 발생할 수 있는 복사자의 오류일 가능성을 지적했다. Cf. Bruce M. Metzger, *A Textual Commentary on the Greek New Testament* (1971), p. 515.

는지를 밝히는 것이다. 본 구절은 "내가," "나에게," "나의"등을 여러 번 사용하여 "내가" 누구를 가리키는지에 대한 궁금증을 갖게 한다.[351] 본 구절을 해석하는 과거의 역사를 살펴보면 상당수의 학자들은 본문의 "내"가 "회심하지 않은 불신 상태의 나"를 묘사하고 있다고 해석한다. 본문의 "내"가 "회심 이전의 불신 상태의 나"를 가리키는 것으로 해석하는 첫 번째 이유는 바울이 "나는 육신에 속하여"(롬 7:14)라고 말했는데 육신에 속한 사람이 구속 받은 성도와 동일시 될 수 없기 때문이라는 것이다. 두 번째 이유는 로마서 7:14–25과 로마서 8:1의 내용이 날카로운 대칭으로 기록된 것으로 보아 이는 로마서 8:1에 묘사된 구속받은 성도의 모습이 로마서 7:14–25에 묘사된 사람과는 관계가 없으므로 로마서 7:14–25에 묘사된 사람은 구원과는 상관없는 회심 이전의 사람을 가리키는 것으로 생각해야 한다는 것이다. 그리고 세 번째 이유는 로마서 7:14–25에 묘사된 "나"의 모습이 바울 사도가 다른 곳에서 묘사한 구원받은 성도들의 삶과는 거리가 멀기 때문에(롬 6:2, 6–7, 11–13, 18, 22) 로마서 7:14–25에 묘사된 "나"는 "구원받기 이전의 불신자 상태의 나"를 가리킬 수밖에 없다는 것이다.[352] 리델보스(Ridderbos)는 로마서 7장과 8장을 구속 역사적(Redemptive–historical)으로 비교하는 관점에서 해석함으로 "나는 곤고한 사람"을 수사학적인

351 한글 개역개정 번역을 참조하면 로마서 7:14-25 사이에 "나"를 가리키는 표현이 24회 등장하며, 헬라어 성경에서는 ἐγώ, ἐμοί, μου와 같은 "나"를 가리키는 표현이 16회 나타나고 또한 동사를 1인칭 단수를 사용하여 역시 "나"를 언급한 구절이 많이 나타나고 있다.

352 Douglas Moo, *The Epistle to the Romans* (*NICNT*) (1996), p. 465.; W.H. Griffith Thomas, *St. Paul's Epistle to the Romans*, p. 196. Jan Lambrecht, *The Wretched "I" and Its Liberation* (Louvain: Peeters Press, 1992), p. 90.: "In Romans 7 Paul has depicted his pre-Christian, not his Christian, situation." F. Godet, *Commentary on Romans* (1979), p. 290. 이 견해를 지지하는 학자들은 J. A. Bengel, R. Bultmann, J. Denney, C. H. Dodd, J. Weiss, W. G. Kümmel, H. N. Ridderbos 등이다.

비유 속의 인물로 해석한다. 다른 표현을 빌리면 "곤고한 사람인 나"(a wretched man I am)는 율법아래 있는 나를 믿음의 관점에서 설명하는 표현이라는 것이다. 리델보스는 곤고한 사람인 나를 "바울이 자신의 자서전적인 의미로 그 자신의 개종 전이나 개종할 때의 개인적인 체험을 서술하는 것으로 받는 것은 의심할 여지없이 잘못된 것이다. 로마서 7장과 8장은 대단히 강력하게 구속역사적 대조 및 범주들에 관해 관심을 가지고 있고, 개인적인 체험에 관해선 관심을 가지고 있지 않다. 동시에 그것은 단순히 수사학적으로 일반화 시키는 그런 진술도 아니다. 그래서 그것은 지금 신앙의 눈으로 본 율법아래 있는 인간 일반에 관계된 것이다."[353]라고 정리한다. 리델보스의 주장은 바울이 "내가" 혹은 "나"를 사용할 때 구원받은 상태에서 구원받기 이전의 자신을 가리키는 것으로 사용하고 있다는 것이다. 그러므로 본문의 "내가" 경험하는 것은 구원받은 바울의 경험이 아니요, 구원받기 이전 바울이 율법 아래에 있을 때의 경험이라는 주장이다. 이한수도 "바울은 본 섹션에서 율법의 지배 아래 있는 아담적 인간을 기독교적 전망에서 묘사한다고 할 수 있다. 이것은 문맥의 흐름을 통해서도 분명하게 확인할 수 있다. 바울은 7:1–6에서 신자가 율법의 얽매인 데서 벗어났다고 선언하고 있고 8:1–4에서도 신자는 죄와 사망의 율법에서 해방을 받았다고 선언하는 반면, 7:7–25에 묘사된 사람은 여전히 죄와 율법과 사망의 지배 아래 고투하는 사람으로 묘사되고 있다. 이 사람을 신자로 동일시한다면 바울은 심각한 논리의 모순에 빠지게 된다."[354]라고 주장한다. 그러나 이한수의 주장에는 약간의 무리가 따른다. 그 이유는

---

353 Herman Ridderbos, *Paul: An Outline of His Theology* (Grand Rapids: Eerdmans, 1975), pp. 129-130.

354 이한수, 『로마서 1』, (서울: 이레서원, 2002), pp. 605-606.

이한수 스스로 인정한 것처럼 로마서 7:1-6과 로마서 8:1-4의 묘사는 구원받은 이후의 성도의 모습을 묘사한다고 했는데 바울이 로마서 7:1-6에서 신자의 모습을 서술하다가 갑자기 논조를 바꾸어 로마서 7:14-25에서는 불신자의 모습을 서술한다고 말할 수 없기 때문이다. 로마서 7:1-6에서 신자의 모습을 찾을 수 있는 것처럼 로마서 7:14-25에서도 "죄를 미워하는 나"(롬 7:15), "선을 행하기를 원하는 나"(롬 7:19, 21), "하나님의 법을 즐거워하는 나"(롬 7:22, 25)의 모습 즉, 성도의 모습을 찾을 수 있다. 그러므로 이한수의 논리에는 무리가 뒤따른다. 우리는 바울이 로마서 7:22에서 "법"(νόμος)의 의미를 조심스럽게 구별해서 사용하고 있음을 주목하여야 한다.

반면 로마서 7:14-25에 묘사된 "내"가 "회심이후의 신자"를 가리킨다고 해석하는 첫 번째 이유는 바울이 "오호라 나는 곤고한 사람이로다"(롬 7:24)라고 자신을 가리켜 설명했는데 바울의 이와 같은 묘사를 다른 곳에서도 발견할 수 있다는 것이다. 바울은 자신을 가리켜 "나는 사도 중에 가장 작은 자라"(고전 15:9)라고 묘사했고, "모든 성도 중에 지극히 작은 자보다 더 작은 나"(엡 3:8)라고 묘사했으며, "죄인 중에 내가 괴수니라"(딤전 1:15)라고 묘사했다. 바울이 자신에 대해 이런 묘사를 할 수 있었다면 얼마든지 예수를 믿은 이후의 자신을 가리켜 "오호라 나는 곤고한 사람이로다"(롬 7:24)라고 말할 수 있었다는 것이다. 두 번째 이유는 로마서 7:14-25에 묘사된 "나"의 마음 상태가 구원받은 성도의 마음 상태와 일치하기 때문이라는 것이다. 바울이 묘사하는 로마서 7:14-25의 "나"는 죄를 미워하고(롬 7:15), 선을 행하기를 간절히 원하고(롬 7:19, 21), 하나님의 법을 즐거워하고(롬 7:22, 25), 구원해 주시는 하나님께 감사하는 사람이다(롬 7:25). 이와 같은 삶의 태도는 불신자의 삶의 태도와는 현격하게 차이가 있다. 불신자의 삶의 태도는 "세상 풍조를 따르고," "공중의 권세 잡은 자를 따르며," "육체의 욕심을 따라 활동하며," "육체와 마음이 가는 데로 행하는"(엡 2:1-3) 삶의 태도이다. 따라서 로마서 7:14-25의 "나"의 삶의 태도는 예수 믿은 이후의 성도들의 삶의 태도와 더 가깝다는 것이다. 세 번째 이유는 바울이 불신자의 상태를 묘사할 때는 과거시상을 사용하였는데 로마서 7:14-25에 묘사된 "나"를 묘사할 때는 현재시상을 사용한 점이 로마서 7:14-25에 묘사된 "내"가 믿은 이후의 신자를 가리키는 것으로 추정할 수 있다는 것이다.[355] 박윤선은 본 구절을 해석하면서 "성령으로 거듭난 자만이 저런 아픈 죄감을 느끼게 된다"[356]라고 말함으로 본 구절의 "나"는 예수 믿는 신자를 가리킨다고 주장한다. 벌코프(Berkhof)는 "바울은 그의 중생된 상태의 자신을 확실하게 가리키는 구절인 로마서 7:7-26에서 이 분투의 놀라운 묘사를 한다."[357]라고 말함으로 로마서 7장의 "내가"의 표현이 바울의 중생 이후의 "나"임을 확실하게 설명한다. 바울은 자신을 서로 다른 두 각도로 설명하고 있다. 바울은 자기 자신에

355 Hendriksen, *Exposition of Paul's Epistle to the Romans,* pp. 227-229. 이 견해를 지지하는 학자들은 H. Bavinck, *Gereformeerde Dogmatiek,* Vol. III (Kampen: Kok, 1910), pp. 67.; F. F. Bruce, *The Letter of Paul to the Romans* (*Tyndale New Testament Commentaries*), (1990), pp. 143-149.; John Calvin, *The Epistles of Paul the Apostle to the Romans and to the Thessalonians,* p. 149.; C. Hodge, *A Commentary on Romans* (1975), p. 238.; A. Kuyper, *The Work of the Holy Spirit* (Grand Rapids: Eerdmans, 1975), p. 638.; R.C.H. Lenski, *The Interpretation of St. Paul's Epistle to the Romans* (1961), pp. 473-492.; M. Luther, *Commentary on the Epistle to the Romans,* p. 99.; John Murray, *The Epistle to the Romans* (*NICNT*), Vol. I, pp. 256-273.; A. Nygren, *Commentary on Romans* (1975), pp. 284-296.; David N. Steele and Curtis C. Thomas, *Romans: An Interpretive Outline* (Philadelphia: The Presbyterian and Reformed Publishing Co., 1974), pp. 126-130.; William G. T. Shedd, *A Critical and Doctrinal Commentary on the Epistle of St. Paul to the Romans* (1967), p. 220.: "This is the utterance of the regenerate, and not of the natural man."

356 박윤선, 『성경주석. 로마서』, (1969), p. 224.

357 L. Berkhof, *Systematic Theology* (Grand Rapids: Eerdmans, 1996), p. 540.

대해 성령의 사역과 관계없이 자신을 말한다면 어떤 선함도 자신 안에 내재하지 않는다고 말한다. 반면 바울은 성령이 자신 안에 새로운 생명을 주신 관점에서 자신을 말한다면 자신 안에 선함이 확실히 내재하고 있다고 주장한다. 바울은 성도가 성령의 역사로 구원을 받았지만 아직도 우리 안에 있는 죄의 능력은 우리 안에 있는 새로운 생명을 대항해서 계속 싸우고 있다고 말하는 것이다. 보스(Vos)는 "이 모든 것은 중생한 성도 안에 있는 생명의 새로운 원리가, 마치 살아있는 영혼이 죽음 곧 썩어져가는 몸에 대항하는 것처럼, 아직도 죄 가운데 있는 그의 본성(영혼과 몸)을 대항하고 있음을 보여주고 있다. 이것이 사도가 로마서 7:24에서 사용한 이미지(image)인 것이다."[358]라고 해석한다. 카이퍼(Kuyper)도 바울이 "오호라 나는 곤고한 사람이로다 이 사망의 몸에서 누가 나를 건져내랴"(롬 7:24)라고 간구할 수 있었던 것은 그가 신자이기 때문에 가능하다고 해석한다. 그는 "만약 우리가 중생함으로 우리가 무엇을 기도해야할지를 아는 완전한 지식과 함께 어떤 연약성도 없이 완전한 거룩을 이루었다면, 이런 간구의 필요가 없게 되는 것이다."[359]라고 말함으로 본 구절의 "나"는 "믿은 이후의 신자"를 가리킨다고 해석한다. 렌스키(Lenski)도 "바울은 보통의 모든 기독교인들이 자신의 실제 상태를 숙고할 때 같은 심정으로 참여할 수밖에 없는 죄에 대한 그의 고백을 한 것이다."[360]라고 말함으로 로마서 7:24의 바울의 죄에 대한 고백이 성도라면 누구나 할 수밖에 없는 고백이라고 설명한다.

니그렌(A. Nygren)은 로마서 7:14-25의 해석을 세 가지로 요약한다.

---

358 G. Vos, *Reformed Dogmatics*, Vol. 4 (Bellingham: Lexham Press, 2015), p. 53.

359 A. Kuyper, *The Work of the Holy Spirit* (1975), p. 638.

360 R.C.H. Lenski, *The Interpretation of St. Paul's Epistle to the Romans*, p. 488.

첫째, 로마서 7:14-25은 그리스도인의 삶에 적용된다. 바울이 로마서 5장-8장 사이에서 논하는 그리스도인의 삶의 내용과 일치한다. 둘째, 로마서 7:14-25은 그리스도인의 삶에 나타난 율법의 위치를 말하고 있다. 성도들은 율법을 통해 의를 얻지 못하고 믿음으로 하나님의 의를 받았다. 하지만 율법은 성도들의 삶에 부정적인 역할을 한다. 셋째, 율법이 무능한 이유는 비록 그리스도인들이 그리스도를 통해 새로운 세대(new aeon)에 속했지만 몸을 가지고 있는 동안 옛 세대(old aeon) 안에서 살고 있기 때문이다.[361]

니그렌은 로마서 7:14-25에 묘사된 "내"가 예수 믿기 전의 불신자의 삶을 묘사하지 않고, 예수 믿은 이후의 신자의 삶을 묘사한다고 정리한다. 많은 학자들이 본문의 "내"가 "회심이후의 신자인 상태의 나"를 가리킨다고 해석한다.[362] 바울은 로마서 7:14-25을 기록하면서 기독교인의 입장에서 기록한 것이지 심리적인 상태를 기록한 것은 아니다. 예수를 믿는 성도일지라도 마음은 하나님의 법을 인정하는데 죄의 유행으로 가득 찬 이 세상을 살고 있는 인간 본성은 죄의 법을 섬기고 있다고 말하는 것이다.[363]

따라서 "곤고한 사람인 나"는 구원받은 자신이 속사람으로는 하나님의 법을 즐거워하지만(롬 7:22) 아담의 질서로 받은 이 몸체를 가지고 있기 때문에 계속해서 죄의 법에서 완전하게 벗어날 수 없는 자신을 생각하면서 말한 것으로(롬 7:23) 받는 것이 더 타당하다. 이렇게 인

361 A. Nygren, *Commentary on Romans*, pp. 296-297.

362 William Hendriksen, *Exposition of Paul's Epistle to the Romans* (NYC) (1981), p. 225-230. Hendriksen은 "불신자인가," "성숙되지 못한 신자인가"라는 소제목으로 이 주제를 잘 정리해 주었다.

363 C. K. Barrett, *The Epistle to the Romans* (1957), p. 151.

접된 맥락에 비추어 볼 때도 "나는 곤고한 사람이로다"라는 한탄을 회심 이후의 바울 자신의 경험으로 해석하는 것이 더 적합하다고 사료된다. 핼대인(Haldane)은 바울이 로마서 7:24에서 사용한 언어 자체가 중생하지 못한 사람은 사용할 수 없는 언어요 오직 중생한 자만 사용할 수 있는 언어라고 주장한다.[364] 뿐만 아니라 로마서 6장, 7장, 그리고 8장의 좀 더 넓은 맥락의 관점에서 볼 때도 바울이 사용한 "내가" 혹은 "나"를 구원받은 이후의 자신을 가리킨 것으로 해석하는 것이 더 타당하다. 바울은 로마서 6장에서 죄인이 어떻게 구원을 받을 수 있는지를 설명한다. 우리는 예수님을 구주로 믿음으로 예수님과 연합되어 예수님이 그의 죽음과 부활을 통해 성취하신 모든 것을 우리의 것으로 인정받음으로 구원을 받게 된다(롬 6:1-14). 그러므로 구원받은 우리는 "죄가 너희 죽을 몸을 지배하지 못하게 하여 몸의 사욕에 순종하지 말고"……."오직 너희 자신을 죽은 자 가운데서 다시 살아난 자 같이 하나님께 드리며 너희 지체를 의의 무기로 하나님께 드리라"(롬 6:12-13)는 말씀처럼 살아야 한다. 그런데 하나님이 우리를 구원하시는 방법은 구속역사의 진행과 무관하지 않다. 우리는 우리가 믿을 때 온전하게 구원을 받았지만(100%), 우리는 역시 우리의 몸의 속량(구원)을 기다리는 삶을 살고 있다(롬 8:11, 23). 우리의 몸의 속량이 완성될 때는 예수님이 재림하심으로 모든 성도들이 예수님의 질서를 따른 부활체를 입을 때이다(고전 15:21-26). 성도들이 부활체를 입을 때는 "사망아 너의 승리가 어디 있느냐 사망아 네가 쏘는 것이 어디 있느냐"(고전 15:55)라고 당당하게 선언할 수 있게 된다. 바울은 성도들의 구원의 상태가 "이미 그러나 아직"(already and not yet)이라는 구도 속에서 진행되고 있는데 구원

364 Robert Haldane, *Exposition of the Epistle to the Romans* (1960), pp. 298-299.; F. L. Godet, *Commentary on Romans* (1979), p. 290.

받은 이후에 하나님을 기쁘게 하는 삶을 살고 싶지만 때로 "죄의 법"에 매여 있는 자신의 형편을 생각하면서 "오호라 나는 곤고한 사람이로다 이 사망의 몸에서 누가 나를 건져내랴"(롬 7:24)라고 한탄할 수밖에 없음을 고백하고 있다. 그러나 하나님의 그를 향한 계획을 잘 알고 있는 바울은 낙심하지 않고 곧 바로 로마서 8장을 시작하면서 "그러므로 이제 그리스도 예수 안에 있는 자에게는 결코 정죄함이 없나니"(롬 8:1, 개역개정)라고 선언하는 것이다. 바울은 로마서 8장 전체에서 성도들의 구원이 확실함을 여러 가지 표현을 사용하여 설명하고 있다. 그러므로 로마서 7장의 "곤고한 사람인 나"는 율법아래 있는 나를 믿음의 눈으로 보는 것이 아니요, 구원받은 성도가 몸을 가진 상태로 때로 범죄할 수밖에 없는 상황을 설명하는 것으로 받는 것이 더 문맥과 바울의 신학에 일치한다.

퍼거슨(Ferguson)은 "곤고한 사람인 나"의 해석을 구원 받은 성도의 체험을 가리키는 것으로 해석하는 견해를 지지하면서 "내가"를 "회심하지 않은 불신 상태의 나"를 가리키는 것으로 해석하는 견해의 약점을 잘 지적해 준다. 퍼거슨은 "이 구절들을 해석함에 있어서 바울이 여기에서 개인적이며 자서전적인 요소들을 전혀 생각하지 않고, 일반적으로 혹은 구속 역사적으로만 말하고 있다는 견해를 채택하는데 대해 확실하게 반대하는 견해가 있다. 바울의 강력하고도 직설적인 진술들은 심리적으로 그러한 견해가 불가능함을 지적한다. 그렇게 해석한다면 바울은 실제로 존재하지도 않은 '나'를 묘사하고 있는 셈이 되기 때문이다. 더구나 율법아래 있는 개인(구약 성경의 유대인)이 율법으로부터 구출된 관점에서 묘사되고 있다는 견해는 로마서 7:14-25의 진술이 개인적이고 실제적인 것이 아니라 허구적이고 수사학적인 내용을 의미한다는 것이다. 그러나 바울이 사용하고 있는 인칭에 대한 강도는(특히 그가 지금까지 비자서전적인 형태로 설명해 온 점을 볼 때) 그러한 해석이 적절하지 않은 해석임을 확인한다."[365]라고 잘 정리하고 있다.

바울이 "내 자신이 마음으로는 하나님의 법을 육신으로는 죄의 법을 섬기노라"(롬 7:25)라고 말한 것은 인간이 그리스도 안에서 구원을 받았을지라도 현재의 몸을 입고 사는 동안에는 그리스도 때문에 의롭다 인정을 받았지만 동시에 죄에 노출되어 있음을 뜻하는 것이다. 루터(Luther)는 "성도는 의인이면서 동시에 죄인이다."[366]라고 설명한다. 루터는 이와 같은 주장이 바르다는 논증으로 바울이 단순히 "내 마음은 하나님의 법을 섬기고, 내 육신은 죄의 법을 섬긴다"라고 말하지 않고, "내 자신이" 즉 그의 전인(全人), 한 인격체인 동일한 사람이 이중적인 섬김을 하고 있다.[367]라고 해석한다. 이 말씀은 우리 전 인격체가 하나님의 법도 섬기고, 죄의 법도 섬긴다는 뜻이다. 우리는 토마스(Thomas)가 그리스도와 성도들의 관계를 "우리들을 위한(for) 그리스도는 우리의 칭의이고, 우리 안에(in) 계신 그리스도는 우리의 성화이다. 그리고 둘 다 믿음에 의해서이다."[368]라고 말한 내용을 음미할 필요가 있다. 성도는 그리스도 때문에 죄 문제를 완전히 해결 받았지만 계속해서 그리스도의 도움으로 죄와 싸우면서 살아야 한다. 성도들은 성령으로 새롭게 되었다. 그러므로 성도들은 육체 안에 있지 않고, 성령 안에 있다. 그러나 성도들은 예수님의 재림 때에 부활체를 입기 전까지

---

365 Sinclair Ferguson, *The Holy Spirit: Contours of Christian Theology* (Downers Grove: InterVarsity Press, 1996), p. 157.

366 Luther, *Commentary on the Epistle to the Romans*, p. 98.

367 Luther, *Commentary on the Epistle to the Romans*, p. 99.

368 W.H. Griffith Thomas, *St. Paul's Epistle to the Romans*, p. 199.: "Christ *for* us is our Justification; Christ *in* us is our Sanctification, and both are by Faith." italics original.

는(고전 15:20-23, 50-52; 살전 4:13-18), 죽음의 몸을 입고 살아가야 한다. 이 육체적인 몸을 입고 있는 동안에는 하나님께 완벽하고 절대적인 순종을 할 수 없도록 방해를 받고 산다. 바울은 이런 긴장된 삶의 과정에서 "오호라 나는 곤고한 사람이로다"(롬 7:24)라고 절규하면서 "내 자신이 마음으로는 하나님의 법을 육신으로는 죄의 법을 섬기노라"(롬 7:25)라고 한탄하는 것이다.

이제 우리는 바울이 사용한 "옛 사람"과 "새 사람"의 대칭의 의미와 "속사람"과 "겉사람"의 대칭의 의미를 바로 이해할 필요가 있다. "옛 사람"과 "새 사람"의 대칭은 구원을 받기 이전과 이후를 구분하는 대칭으로 윤리적인 개념과 함께 사용된다. "옛 사람"은 예수 믿기 전에 이 세상의 법칙에 따라 사는 타락한 삶을 사는 사람을 가리킨다. 그러나 "새 사람"은 예수를 구주로 받은 이후 새롭게 태어난 성도를 가리킨다. 그래서 바울 사도는 "너희는 유혹의 욕심을 따라 썩어져가는 구습을 따르는 옛 사람(τὸν παλαιὸν ἄνθρωπον)을 벗어 버리고 오직 너희의 심령이 새롭게 되어 하나님을 따라 의와 진리의 거룩함으로 지으심을 받은 새 사람(τὸν καινὸν ἄνθρωπον)을 입으라"(엡 4:22-24, 개역개정)라고 권면하고 있다.

반면 "속사람"과 "겉사람"의 대칭은 예수 믿는 성도를 다른 관점에서 묘사하는 것이다. 여기서 "속사람"(τὸν ἔσω ἄνθρωπον)과 "겉사람"(ὁ ἔξω ἄνθρωπος)은 두 사람을 가리키는 것이 아니요 한 성도를 다른 각도에서 설명하는 것이다. "속사람"은 예수를 믿고 영생을 소유한 사람을 가리킬 때 사용하는 표현이고, "겉사람"은 예수를 믿고 영생을 소유한 사람이지만 현재의 몸체를 가지고 세상과 접하면서 살고 있는 성도를 묘사한다. 그러므로 성도는 동시에 "속사람"과 "겉사람"을 소유하고 있으며, 또한 "속사람"과 "겉사람"은 도덕적인 개념과는 무관한 것이다.

그래서 바울은 "우리가 낙심하지 아니하노니 우리의 겉사람은 낡아지나 우리의 속사람은 날로 새로워지도다"(고후 4:16; 참조, 롬 7:22; 엡 3:16)라고 천명하고 있다. 사람이 예수님을 믿고 구원을 받으면 영혼만 구원 받는 것이 아니요, 몸(body)도 구원을 받는다. 성도가 구원을 받는 것은 전인적인 구원이지 영혼만 구원받는 그런 구원이 아니다. 여기서 "겉사람"은 구원받은 성도의 몸을 가리킨다고 생각할 수 있다. 리델보스(Ridderbos)는 "몸은 하나님의 창조물이므로 죄를 위해 만들어진 것이 아니요 주님을 위해 만들어진 것일 뿐만 아니라(고전 12:18, 24; 15:35ff.; 6:13, 15), 또한 바울의 선포에서 몸은 그리스도의 구속하시는 사역에 온전하게 포함된다."[369]라고 설명함으로 몸이 그리스도의 구속의 영향에서 벗어나지 않음을 명시한다.

369 Herman Ridderbos, *Paul: An Outline of His Theology* (1975), p. 125.

로마서 8장
주해

8장 요약

로마서 8장은 바울이 로마서 1장 서두부터 설명한 "하나님의 복음"을 받는 자들이 얼마만큼 복된 존재인지를 확실하게 선언하는 내용을 기록하고 있다. 바울은 현재의 성도들의 상태가 "하나님의 법"과 "죄의 법"을 동시에 섬기는 형편이지만 믿는 성도는 그것을 전혀 걱정하지 않아도 된다고 로마서 8장에서 "대 선언"을 한다. 바울은 "이제 그리스도 예수 안에 있는 자에게는 결코 정죄함이 없다"(롬 8:1, 개역개정)라고 자신 있게 선포한다. 바울은 성도들이 "생명의 성령의 법"(롬 8:2)을 따르는 사람들이요, "영을 따라 행하는"(롬 8:4-5) 사람들이요, "영의 생각"(롬 8:6)을 하는 사람들이기 때문에 생명과 평안을 누리며 하나님을 기쁘시게 하는(롬 8:8) 존재들이라고 분명히 한다.

바울은 성도들이 "그리스도의 영"(롬 8:9)을 소유한 사람들로서 결코 정죄 받지 않을 존재이지만(롬 8:1) 현재의 몸을 입고 있는 동안에는 온전하게 죄의 굴레에서 벗어날 수 없음을 확인한다. 그래서 바울은 구원받은 성도들의 현재 상태(롬 8:10)와 앞으로 성도들이 부활체를 입게 될 미래의 상태(롬 8:11)를 비교하여 설명한다. 바울은 성도 안에 "거하시는 그의 영으로 말미암아" 하나님께서 성도들의 죽을 몸도 살리실 것(롬 8:11)이라고 선언한다. 이런 이유로 바울은 성도들이 "양자의 영"을 받았고, "하나님의 아들들"(롬 8:14-15)이기 때문에 현재의 삶 속에서 당하는 고난은 장차 누릴 영광과 비교될 수 없다고 말한다(롬 8:18-25). 바울은 인간들도 장차 누릴 영광을 고대하지만 피조물들도 "썩어짐의 종노릇 한 데서 해방되어 하나님의 자녀들의 영광의 자유에 이르는 것"(롬 8:21, 개역개정)을 바라고 있다고 설명함으로 창세기 3장의 내용을 상기시킨다. 바울은 인간의 타락한 상태가 완전하게 회복되면 창조된 온 세상도 썩어짐의 종노릇 한데서 해방될 것임을 확인한다(롬 8:21).

그런데 바울은 성도들이 장차 누릴 영광의 실현은 하나님의 구속 계획 속에서 질서 있게 진행되고 있다고 천명한다. 성도들을 향한 하나님의 계획은 하나님이 "미리 정하신 그들을 또한 부르시고 부르신 그들을 또한 의롭다 하시고 의롭다 하신 그들을 또한 영화롭게 하셨느니라"(롬 8:30)의 말씀이 증언한다. 하나님은 성도들의 구원을 위해 알파와 오메가이시고, 처음이요 마지막이시다. 시작도 하나님이 하셨고 완성도 하나님이 하신다. 그래서 바울은 담대하게 "만일 하나님이 우리를 위하시면 누가 우리를 대적하리요"(롬 8:31)라고 선언하고, "우리를 우리 주 그리스도 예수 안에 있는 하나님의 사랑에서 끊을 수 없으리라"(롬 8:39)라고 확신하면서 로마서 8장을 끝맺는다. 바울 사도는 이렇게 로마서 **제1장부터 제8장까지** 아담의 범죄로 훼손된 세상을 예수 그리스도의 순종으로 회복시키실 것을 설명하고, 죄인이 예수 그리스도를 믿음으로 죄의 문제를 해결 받고 구원받게 되었다고 상세하게 설명한다.

1. 그리스도 안에 있는 성도의 정체성(롬 8:1-11)

1 그러므로 이제 그리스도 예수 안에 있는 자에게는 결코 정죄함이 없나니 2 이
는 그리스도 예수 안에 있는 생명의 성령의 법이 죄와 사망의 법에서 너를 해
방하였음이라 3 율법이 육신으로 말미암아 연약하여 할 수 없는 그것을 하나
님은 하시나니 곧 죄로 말미암아 자기 아들을 죄 있는 육신의 모양으로 보내어
육신에 죄를 정하사 4 육신을 따르지 않고 그 영을 따라 행하는 우리에게 율법
의 요구가 이루어지게 하려 하심이니라 5 육신을 따르는 자는 육신의 일을, 영
을 따르는 자는 영의 일을 생각하나니 6 육신의 생각은 사망이요 영의 생각은
생명과 평안이니라 7 육신의 생각은 하나님과 원수가 되나니 이는 하나님의
법에 굴복하지 아니할 뿐 아니라 할 수도 없음이라 8 육신에 있는 자들은 하나
님을 기쁘시게 할 수 없느니라 9 만일 너희 속에 하나님의 영이 거하시면 너희
가 육신에 있지 아니하고 영에 있나니 누구든지 그리스도의 영이 없으면 그리
스도의 사람이 아니라 10 또 그리스도께서 너희 안에 계시면 몸은 죄로 말미암
아 죽은 것이나 영은 의로 말미암아 살아 있는 것이니라 11 예수를 죽은 자 가
운데서 살리신 이의 영이 너희 안에 거하시면 그리스도 예수를 죽은 자 가운데
서 살리신 이가 너희 안에 거하시는 그의 영으로 말미암아 너희 죽을 몸도 살
리시리라(롬 8:1-11, 개역개정)

롬 8:1-4 바울은 바로 이전 구절에서 "내 자신이 마음으로는 하나님의 법을 육신으로는 죄의 법을 섬기노라"(롬 7:25)라고 하며 그의 삶의 모습을 한탄하는 말을 했다. 그리고 바울은 "오호라 나는 곤고한 사람이로다 이 사망의 몸에서 누가 나를 건져내랴"(롬 7:24, 개역개정)라고 하며 하나님을 기쁘시게 하는 삶을 살지 못함을 한탄하고 있다. 그러나 바울은 로마서 8장을 시작하면서 대반전의 선언을 한다. 바울은 "이제 그리스도 예수 안에 있는 자에게는 결코 정죄함이 없다"(롬 8:1)

라고 선언하고 세상의 어떤 것도 우리를 하나님의 사랑에서 끊을 수 없다고 천명한다(롬 8:35-39). 바울은 성도들이 성령을 소유한 존재들이기 때문에 하나님께서 우리 안에 "거하시는 그의 영으로 말미암아" 우리의 죽을 몸도 살리실 것(롬 8:11)이라고 설명함으로 성도들의 부활의 확실성을 가르친다. 이처럼 로마서 8장은 지금까지 논한 구속역사의 성취를 근거로 죄인이 의인으로 인정받고 구원을 받은 사실을 명명백백하게 천명하고 있다.

로마서는 바울서신들 중 보석과 같고 로마서 8장은 그 보석 중 진주와 같다는 말이 있다. 로마서 8장은 기독교인의 신앙생활에 대한 확신을 주는 장이다. 기독교인이 염원하는 최종적인 구원, 완전한 구원을 설명하는 장이다. 바울은 로마서 8장을 시작하면서 그리스도 안에 있는 성도는 율법의 정죄에서 자유하게 된 신분임을 확실하게 선언한다(롬 8:1). 그리고 바울은 로마서 8장을 마치면서 "내가 확신하노니 사망이나 생명이나 천사들이나 권세자들이나 현재 일이나 장래 일이나 능력이나 높음이나 깊음이나 다른 어떤 피조물이라도 우리를 우리 주 그리스도 예수 안에 있는 하나님의 사랑에서 끊을 수 없으리라"(롬 8:38-39, 개역개정)라고 천명한다. 로마서 8장 첫 절과 끝 절이 보여주듯 로마서 8장 전체가 성도들이 소유한 구원의 확신에 대해 설명하고 있다.

바울은 "이제 그리스도 예수 안에 있는 자에게는 결코 정죄함이 없나니"(롬 8:1)라고 함으로 성도들의 정체성이 무엇인지를 밝힌다. 성도들은 정죄함을 받지 않는다. "그리스도 안에 있다"(in Christ)[370]는 말은

370 Deissmann은 "그리스도 안에"라는 표현은 바울의 사상을 잘 드러내는 표현으로 바울 서신 내에서 164회 나타난다고 집계한다. Cf. A. Deissmann, *The Religion of Jesus and the Faith of Paul* (New York: George H. Doran Co., 1926), p. 171.: "The formula 'in Christ' (or 'in the Lord' and so on) occurs one hundred and sixty-six times in Paul's letters; it is really the characteristic expression of his christianity."

하나님의 진노와 죄와 율법과 사망에서부터 자유하게 되었다는 뜻이다. "그리스도 안에" 있는 자는 그리스도께서 성취하신 모든 구속 성취의 축복을 누리는 사람이다. 그러므로 성도는 당연히 하나님의 진노에서부터 자유로운 사람이다. 정죄(κατάκριμα)는 율법의 요구를 이루지 못한 사람들에 대한(롬 1:4) 하나님의 진노의 심판을 뜻한다. 바울이 "그리스도 예수 안에 있는 자에게는 결코 정죄함이 없나니"(롬 8:1) 라고 말한 뜻은 율법의 요구를 실천하지 못한 죄책에서부터 자유하다는 의미일 뿐만 아니라 죄의 포로가 되게 하는 능력에서부터 자유하다는 뜻이다. 바울은 이미 한 사람 아담(Adam)으로 말미암아 우리가 정죄를 받게 되었으나 예수 그리스도를 통해 의롭게 되었고 생명에 이르렀다고 천명한 바 있다(롬 5:15–18). 그러므로 "그리스도 안"에서 사는 사람은 정죄로부터 자유롭고 죽음을 초월하여 영원한 생명을 누리며 살게 되는 것이다. "종말론적 의미의 자유는 그 자체로 도덕적 타락에서부터의 해방을 포함할 뿐만 아니라 구속을 포함하고 또한 사망을 포함한 모든 권세들(all *powers*)로부터의 해방을 포함한다."[371]

그리고 바울은 곧바로 "그리스도 예수 안에 있는 생명의 성령의 법"과 "죄와 사망의 법"(롬 8:2)을 대칭적으로 설명하고 있다. 바울은 이 두 대칭을 특이하게 여러 개의 소유격(genitive)을 사용하여 설명한다. 바울은 "생명의 성령의 법"과 "죄와 사망의 법"을 대칭시킴으로 성도는 더 이상 죄의 법과 사망의 법에 매여 있지 않고, 생명의 법과 성령의 법을 누리고 사는 존재임을 확실히 한다. 우리는 원래 "죄와 사망의 법"을 따라 사는 존재로 죄의 조종을 받고 살았지만, 이제는 예수 그리스도 안에서 "생명의 성령의 법"이 나를 조종함으로 나의 구원이 하나

---

371 K. Niederwimmer, "ἐλευθερία," *Exegetical Dictionary of the New Testament*, Vol. 1(Grand Rapids: Eerdmans, 1990), p. 433. (italics original).

님께 있음을 신뢰하고, 하나님이 제공하시는 평강을 누리며 살 수 있게 되었다. 바울은 성도가 이와 같은 승리의 감격을 누리며 살 수 있게 된 것은 예수님의 성육신(incarnation) 때문에 가능하게 되었다고 설명한다.

바울은 예수님의 성육신을 묘사하면서 하나님이 "자기 아들을 죄 있는 육신의 모양으로 보내어"(롬 8:3)라고 엄격하게 정제된 표현을 사용하고 있다. 우리는 바울이 예수님의 성육신 과정을 설명하면서 "죄 있는 육신으로 보내어"라고 표현하지 않고, "죄 있는 육신의 모양으로 보내어"라고 표현한 사실에 주목하여야 한다. 만약 바울이 "죄 있는 육신으로 보내어"라고 표현했다면 예수님이 죄 있는 육신을 입고 오신 것으로 오해할 수 있다. 그렇게 되면 예수님은 죄 없는 존재가 아니요 다른 인간과 다를 바 없이 죄인이 될 수밖에 없는 것이다. 그러나 바울은 예수님의 무죄함을 분명히 하기 위하여 예수님이 인간의 몸을 입고 태어난 상태를 "죄 있는 육신의 모양으로 보내어"라고 표현하고 있는 것이다. 예수님은 인간들이 입고 있는 육신이 죄 있는 육신임에는 틀림없지만 죄 있는 그런 육신으로 태어나신 것이 아니요, 오직 "죄 있는 육신의 모양"으로 태어나신 것이다. 예수님은 인간이 입고 있는 육체를 입으셨지만 죄는 없는 존재로 오신 것이다. 박윤선은 "'죄 있는 육신의 모양'이란 말은, 예수님에게 죄가 있다는 말씀이 아니다. 이것은, 다만 예수님의 취하신 인성(人性)이, 범죄 전 아담의 영광스러운 인성이 아니고 범죄 후 아담의 영광 잃은 인성이란 뜻이다."[371]라고 설명한다. 바울은 그리스도 밖에 있는 사람을 가리켜 "육신을 따르는 사람"(κατὰ σάρκα)으로 규정하고, 그리스도 안에 있는 성도를 가리켜 "영을 따라 행하는 우리"(κατὰ πνεῦμα)라고 규정함으로 두 부류의 사람들을 대칭적

372 박윤선, 『성경주석. 로마서』 (1969), p. 234.

으로 묘사한 후 "영을 따라 행하는 우리에게 율법의 요구가 이루어지게 하려 하심이니라"(롬 1:4)라고 설명한다. 여기서 사용된 "율법의 요구"(δικαίωμα τοῦ νόμου)는 "율법의 의로운 요구"라고 말할 수 있다. 바울은 그리스도 안에 있는 성도는 율법의 의로운 요구를 이루었다고 확인하고 있다.[373] 바울이 여기서 그리스도를 믿는 성도가 율법의 요구를 이루었다고 말하는 것은 성도가 완전하게 성화되었다는 뜻이 아니요, 그리스도의 순종을 통해 성취된 죄에 대한 용서가 우리에게 전가되었으므로 율법의 요구를 이루게 되었다는 것이다. 그리스도의 의는 오직 성령으로 그리스도와 연합된 사람들에게만 전가된다. 성도는 존재 자체가 의롭게 된 것이 아니요, 그리스도의 죽음과 부활을 통해 성취하신 의가 우리에게 전가되었기 때문에 의롭다고 선언받았을 뿐이다.

롬 8:5–8 바울은 로마서 8:4에 이어서 로마서 8:5–8에서도 "육신을 따르는 자"와 "영을 따르는 자"에 대해 좀 더 구체적인 설명을 한다. 로마서 8:5은 로마서 8:4에서 대칭적으로 설명한 "육신을 따르는 자"와 "영을 따라 행하는 자"의 대칭을 확증하는 것이요, 로마서 8:6은 로마서 8:5의 내용을 더 보충하여 설명하는 것이고, 로마서 8:7은 로마서 8:6에서 설명된 내용의 근거가 무엇인지를 제공하는 것이며, 로마서 8:8은 로마서 8:7에서 설명한 "육신을 따르는 자"가 할 수 없는 일을 확대 설명하는 것이다.[374] 그러면 바울이 여기서 언급한 "육신의 일을 생각한다"(롬 8:5)는 말이 뜻하는 것은 무엇인가? 그 뜻은 세

373 K. Kertelge, "δικαίωμα," *Exegetical Dictionary of the New Testament,* Vol. 1 (Grand Rapids: Eerdmans, 1990), p. 335.: "In relation to mankind the law is and remains the expression of God's 'requirement,' which is fulfilled now only because of the vicarious involvement of Jesus Christ: Rom 8:3f. with 2 Cor 5:21 and Gal 3:13."

374 John Murray, *The Epistle to the Romans* (*NICNT*), Vol. I (1968), p. 284.

상적인 일에 대한 생각과 관심과 애정과 목적에 매료되어 그런 일을 좋게 여기고 삶의 중심이 그런 일에 빠져있는 상태를 말한다. 바울은 "생각한다"(φρονοῦσιν)는 용어의 의미를 도덕적 분야에만 국한하지 않고 넓은 의미로 사용했다. 폴센(Paulsen)은 "로마서 8:5-8은 독특하다(참고, 6절 이하의 φρόνημα와 연관하여). 육신에 의존하는 것 혹은 영에 의존하는 것이 그 사람의 모든 생각과 열망을 포함하여 그 사람 전체의 성품을 결정한다."[375]라고 정리한다. 바울은 "육신을 따르는 자"는 그 삶의 중심이 타락한 세상의 원리에 따라 생각하고, 의도하고, 염원하고, 추구하는 패턴의 삶을 계속한다고 설명하는 것이다. 그래서 바울은 "육신의 생각은 사망이요 영의 생각은 생명과 평안이니라"(롬 8:6)라고 확인하고 있다. "육신을 따르는 자"는 다른 사람을 속여서라도 자기의 유익을 추구하고, 항상 이기적인 생각으로 모든 문제를 처리하며, 타락한 본성에 의지하여 자기중심적인 판단으로 하나님의 존재를 인정하지 않는다. 바울이 "육신의 생각은 사망이요"라고 말하는 것은 "육신의 생각" 자체가 사망을 가져온다는 뜻이 아니요, "육신의 생각"은 하나님으로부터 분리된 삶의 패턴을 가리키는데 이처럼 하나님으로부터 분리된 사람은 결국 세상의 멸망과 함께 사망에 이르게 된다는 뜻이다. 반면에 "영을 따르는 자"(롬 8:5)는 "영의 일을 생각"하는데 "영의 생각은 생명과 평안"(롬 8:6)이라고 설명한다. 바울은 여기서 "생명"을 "사망"과 대칭적으로 사용한다. 사망이 하나님으로부터 분리된 삶의 결과로 온 것이라면 생명은 하나님을 알고 하나님과 교제하면서 사는 삶의 결과로 온 것이다(참조, 요 5:24; 14:6; 17:3; 요일 1:2-3; 3:9). 하나님이 주신 "생명"을 소유한 사람은 평안을 누리면서 산다. 이 말씀은 "영의

375 H. Paulsen, "φρονέω," *Exegetical Dictionary of the New Testament,* Vol. 3 (Grand Rapids: Eerdmans, 1993), p. 439.

생각을 하는 자"가 전혀 고난을 당하지 않으며 불안한 마음을 전혀 느끼지 않고 살 수 있다는 뜻이 아니다. "영을 생각하는 자"는 하나님이 그리스도 안에서 자신의 죄를 용서해 주셨다는 확신을 가지고 그의 앞에 어떤 고난과 어려움이 있을지라도 그런 곤경들은 하나님이 합력하여 선을 이루시게 하실 것을 믿고(롬 8:28) 세상의 어떤 것도 그를 하나님의 사랑에서 끊을 수 없다는 마음의 평안을 누리며 살 수 있다는 뜻이다(롬 8:38-39).[376]

바울은 이제 "육신의 생각"이 왜 사망인지 그 이유를 설명한다. 바울은 "육신의 생각은 하나님과 원수가 되나니 이는 하나님의 법에 굴복하지 아니할 뿐 아니라 할 수도 없음이라"(롬 8:7)라고 설명한다. "하나님의 법"은 하나님의 특성을 반영한 것인데 그 법에 굴복하지 않는 것은 하나님과 원수됨을 드러내는 것이나 다름없다. 바울은 "육신의 생각"이 죄를 짓는 것이요, 죄를 짓는 삶은 하나님과 원수가 될 수밖에 없다고 말하고 있다. "육신의 생각"은 하나님이 미워하는 행위를 하게 되고 결국 하나님을 경멸하는 자리에 나아가게 되어 있다. 그래서 바울은 "하나님과 원수"가 된다는 강한 표현을 사용하여 로마교회 교인들에게 경고하는 것이다. 머레이(Murray)는 "마지막 구절인 '할 수도 없음이라'(neither indeed can it be)는 육신의 생각 안에 존재하는 불가능을 가리킨다. 그리고 '할 수도 없음이라'는 표현은 '육신에 있는' 사람들이 하나님의 법과 관련하여 순종의 기질을 갖는다는 것이 도덕적으로 그리고 심리적으로 불가능하다는 뜻이다."[377]라고 해석한다. 바울은 로마서 8:7의 사상을 이어받아 "육신에 있는 자들은 하나님을 기쁘시게 할

376 Hendriksen, *Exposition of Paul's Epistle to the Romans* (*NYC*) (1981), p. 249.

377 John Murray, *The Epistle to the Romans* (*NICNT*), Vol. I (1968), p. 286.

수 없느니라"(롬 8:8)라고 천명한다. 바울은 인간의 목적이 하나님을 기쁘시게 하면서 사는 것이라고 가르친다(롬 12:1-2; 14:18; 고전 7:32; 고후 5:9; 엡 5:10; 빌 4:18; 살전 4:1). 그런데 바울은 여기서 "육신에 있는 자들은 하나님을 기쁘시게 할 수 없다"고 확인하는 것이다. 왜냐하면 육신의 생각은 하나님과 원수 관계에 있기 때문이다(롬 8:7).

롬 8:9–11 바울은 이제 그의 논조의 방향을 로마교회 교인들을 향해 목회자와 선교사의 심정으로 바꾸어 설명을 이어 나간다. 로마서 8:9-11은 사도 바울이 "육신을 따르는"(κατὰ σάρκα)과 "영을 따르는"(κατὰ πνεῦμα)의 대칭을 다룬 로마서 8:1-8을 종합한 구절이다. 사도 바울은 "육신을 따라"는 이 세상을 대표해서 사용하였고 "영을 따라"는 오는 세상을 대표하여 사용하였다.[378] 바울 자신과 신자들이 속해 있는 "그리스도 안에 있는 세상" 즉, 오는 세상 (cf. 새로운 창조물: καινὴ κτίσις)은 그리스도의 사건들, 즉 그리스도의 죽음과 부활로 말미암아 이미 시작을 보았다. 그리고 성령은 이미 시작된 새로운 세상에서 신자들로 하여금 신자답게 살 수 있도록 도와주는 능력이다. 로마서 8:9-11의 사상은 신자들 안에 거하시는 그리스도의 영이 기독교인들은 육체에 속하지 아니하고 영에 속한다는 결정적인 증명이라고 말한다(롬 8:9; 참고, 고전 3:16; 6:19; 딤후 1:14).[379] 기독교인의 특징적인 표식이 바로 성령의 내주이다. 성령의 내주를 어떻게 확인할 수 있는가? 성경적인 교훈은 예수님을 진정으로 주님(the Lord)으로 고백하고 믿는 성도

378 참조, 엡 1:21; G. Vos, "Eschatology of the New Testament," *The International Standard Bible Encyclopaedia*, Vol. II (Grand Rapids: Eerdmans, 1955), p. 980.

379 G. Smeaton, *The Doctrine of the Holy Spirit* (2nd ed.; Edinburgh: T & T Clark, 1889), p. 80.

안에 성령이 내주한다는 것이다(고전 12:3; 딛 3:5-7).

그래서 바울은 "만일 너희 속에 하나님의 영이 거하시면 너희가 육신에 있지 아니하고 영에 있나니"(롬 8:9)라고 말한다. "너희"(ὑμεῖς)는 강세형으로 사용되었고, "만일"(εἴπερ)은 "사실이 그러한 것같이 만일"의 뜻을 가지고 있다(참조, 롬 3:30; 8:17). 이 말씀은 "하나님의 영" 즉 성령이 로마교회 성도들 안에 거하는 것을 전제하고 하는 말씀이다. 로마교회 성도들은 성령을 소유했고 영에 속한 사람들이다. 바울은 거의 같은 의미로 "누구든지 그리스도의 영이 없으면 그리스도의 사람이 아니라"(롬 8:9)라고 설명한다. "그리스도의 영" 역시 성령을 가리킨다. 바울이 "하나님의 영"인 성령과 "그리스도의 영"을 교대로 사용한 것(롬 8:9)은 성령과 그리스도가 성도들의 구원 경험에 있어서 얼마나 밀접한지를 보여준다. 바울은 신자들의 신앙 경험을 설명할 때에 부활하신 그리스도와 성령의 기능을 동일시하여 사용할 때가 많이 있다(고후 3:17).[380] 그 이유는 바울 사도가 예수 그리스도와 신자들의 관계를 부활 이후의 관점에서 설명하고 있기 때문이다. 성령이 내주하는 성도는 구시대의 세력권 내에 있지 아니하고 오히려 예수님께서 시작하신 새로운 시대로 옮기어진 것이다.[381] 본 구절(롬 8:9-10)이 함축하고 있는 진리는 본 구절이 기독교인 됨의 표식이 무엇인지를 나타내 보여줄 뿐만 아니라 성령의 임재의 범위가 제한적임을 보여주고 있다. 왜냐하면 본 구절은 "그리스도의 영이 있는 자"와 "그리스도의 영이 없는 자"를

380 여기서 이 문제를 깊이 다룰 수는 없고 다른 기회에 이 문제만을 위한 중점적인 연구가 필요한 줄로 생각한다. 다만 다음에 열거하는 성구들은 성령과 그리스도의 기능을 교대로 사용하면서 신자들의 경험을 설명하고 있다. 성구들은 쌍을 이루며 그리스도와 성령의 기능을 설명한다. (롬 8:11/골 3:4; 롬 5:5/고전 15:19; 롬 14:17/빌 3:1; 고전 12:13/갈 5:1; 고전 6:11/갈 2:17; 롬 15:16/고전 1:2; 엡 4:30/엡 1:13)

381 H. Ridderbos, *When The Time Had Fully Come* (1957), p. 52.

확실하게 구분하고 있기 때문이다. 영원 전부터 그리스도에게 속한 자만이 그에 의해 구속함을 받을 수 있다.[382] 이 사상은 무제한적 속죄교리를 용납하지 않으며 제한적 속죄교리(limited atonement)와 일치하고 있다. 속죄가 영생을 기업으로 받은 자 즉 선택된 자들에게만 한정된 것처럼[383] 성령의 내재도 무제한적이 될 수 없는 것이다(롬 8:16, 17, 32, 33).

바울은 "그리스도께서 너희 안에 계시면"(롬 8:10)이라는 표현을 사용함으로 예수 그리스도와 성령을 교대로 사용하고 있다. 바울 서신에서 흔히 찾아볼 수 있는 표현으로 여기에서 사용되지 않은 표현은 "그리스도 안에 있는 우리(ἐν χριστῷ, we in Christ)"라는 표현이지만 그 의미만은 문맥에서 확실하게 나타나고 있다(롬 8:1참조).[384] 바울 사도는 다른

382 Smeaton, *The Doctrine of the Holy Spirit*, p. 80; John Murray, *The Epistle To the Romans*, Vol. I , p. 288.

383 John Murray, *Redemption Accomplished and Applied* (Grand Rapids: Eerdmans,1968), pp. 59-75; cf. J. Murray, *The Atonement* (Grand Rapids: The Baker Book House, 1962), pp. 27-31. 참조, 박형용 (『바울신학』 (수원: 합신대학원출판부, 2016), p. 130.)은 Lenski의 Calvin에 대한 잘못된 평가를 다음과 같이 정리한다. "여기서 유명한 루터교 주석가 R.C.H. Lenski가 제한속죄 교리에 대해서 J. Calvin을 공격한 사실은 언급의 필요가 있는 줄로 생각한다. 베드로후서 2:1의 "자기들을 사신 주를 부인하고" (καὶ τὸν ἀγοράσαντα αὐτοὺς δεσπότην ἀρνούμενοι)를 해석하면서 Lenski [*The Interpretation of the Epistles of St. Peter, St. John and St. Jude* (Columbus: Lutheran Book Concern, 1938), p. 311]는 "Here we have an adequate answer to Calvin's limited atonement: the Sovereign Christ, bought with His Blood not only the elect but also those who go to perdition. Calvin does not accept this epistle as canonical; in his extensive commentary on the New Testament it is not treated. May this clause, perhaps, have been a reason for this omission?"라고 말했다. Lenski의 주장과는 반대로 Calvin은 베드로후서를 정경으로 인정했다. [J. Calvin, *The Epistle of Paul the Apostle to the Hebrews and the First and Second Epistles of St. Peter*, trans. W.B. Johnston (Grand Rapids: Eerdmans, 1974). p. 324: "If it is received as canonical, we must admit that Peter is the author, not only because it bears his name, but also because he testifies that he lived with Christ. It would have been a fiction unworthy of a minister of Christ to pretend to another personality. Therefore I conclude that if the epistle is trustworthy it has come from Peter; not that he wrote it himself, but that one of his disciples composed by his command what the necessity of the times demanded."] 그러나 Calvin이 베드로후서 2:1을 다루면서 속죄에 대한 언급 없이 지나친 것은 약간 섭섭한 사실이다."

곳에서와 마찬가지로 본 문맥에서도 이와 같은 표현들을 교대로 사용하고 있는 것이다(롬 8:1,2; 고전 1:2, 30; 3:16, 6:19; 고후 5:17; 딤후 1:14).

바울이 로마서 8:10에서 사용한 "몸과 영"(σῶμα, πνεῦμα)의 대칭이 인간 구성체 사이의 대칭인 "몸(body)과 영(spirit)"의 대칭인지, 아니면 "인간의 몸"과 "성령"(the Holy Spirit)의 대칭인지에 대한 견해가 나누인다. 통용적인 해석은 본 절의 "몸과 영"의 대칭이 인간의 몸과 영을 가리키는 것이라고 이해하는 견해이다.[385] 그 이유는 본문에서 "몸"을 상징적인 의미로 생각할 수 없고 문자적인 의미로 생각해야 하는데 그렇다면 "몸"과 대칭으로 사용된 "영"(πνεῦμα)은 자연히 인간 영을 가리키는 것으로 생각해야 한다고 주장한다.[386] 그러나 문맥에 비추어 본문을 고찰할 때 본문의 대칭을 "인간의 몸"과 "인간의 영"을 가리키는 것으로 생각하는 것은 자연스럽지 못하다. 머레이(Murray)는[387] 다음의 세 가지 이유를 들어 "영"(πνεῦμα)이 성령(the Holy Spirit)을 가리킨다고 잘 설명하고 있다. 첫째, 인접된 문맥에서 사용된 "영"은 성령을 가리킨다.

---

384 R.B. Gaffin, Jr. *Resurrection and Redemption,* pp. 88f.; A. Deissmann [*The Religion of Jesus and The Faith of Paul* (1926), p. 171]은 "그리스도 안에"(ἐν χριστῷ)라는 용어와 그 병행 구절이 바울 서신 안에서 164회 사용되었다고 주장한다. 비록 그 숫자의 정확성에는 논란의 여지가 있지만 바울 사도가 신자들의 경험을 표현하기 위해 즐겨 사용한 용어가 ἐν χριστῷ 라는 사실은 증명하고도 남음이 있다. cf. L. Smedes, *All Things Made New* (Grand Rapids: Eerdmans, 1970), p. 78.

385 C. Hodge, H.A.W. Meyer, W. Sanday and A.C. Headlam, Robert Haldane, A.M. Hunter 도 이와 같이 해석했고, 번역판의 경우 NASB, RSV, NEB도 같은 입장을 취한다.; Cf. Robert Haldane, *Exposition of the Epistle to the Romans* (1960), p. 341. 참고로, Haldane은 롬 8:16이 "성령"과 "우리의 영"을 명백히 구별하고 있음을 근거로 롬 8:10의 "몸"과 "영"도 인간의 몸과 영을 뜻한다고 해석한다.

386 R.C.H. Lenski, *The Interpretation of Paul's Epistle to the Romans* (1961), p. 512.; 참고로, 문법적으로 볼 때 본문의 "…이나 …이니라"(멘…데", μέν…δέ)의 표현은 인간의 몸과 인간의 영을 대칭시키고 있는 사실을 강력하게 지지하는 것처럼 보인다.

387 Murray, *The Epistle to the Romans*, Vol. I. pp. 289f.

둘째, 로마서 8:11의 부활사상은 로마서 8:10의 "영은 의로 말미암아 살아 있는 것이니라"(롬 8:10)라는 표현에서 "영"(τὸ πνεῦμα)을 성령으로 이해하도록 요구한다. 셋째, 죽음이 단순히 육체에만 영향을 끼친다고 생각할 수는 없다. 죽음은 몸과 영을 분리시키는 것이기 때문에 이 분리로 말미암아 영이 전혀 영향을 받지 않는다고는 생각할 수 없다. 그러므로 바울 사도가 신자들의 몸에 대한 대칭으로 인간 영을 여기에 사용했다고 생각할 수는 없는 것이다. 더 철저한 대칭 즉 구속의 성취로 죽음을 무효화시킨 대칭이 여기서 요구되고 있다.[388] 헨드릭센(Hendriksen)도 로마서 8:10의 "영"(πνεῦμα)이 성령을 가리키는 이유로 세 가지 이유를 든다. 첫째, 로마서 8:1-9에 8회 나타나는 "영"이 성령을 가리키며 로마서 8:11에 2회 나타나는 "영"도 성령을 가리키는데 로마서 8:10에 나타나는 "영"이 다른 뜻을 가졌다면 오히려 이상하기 때문이다. 둘째, 로마서 8:10의 "영"이 로마서 8:11에서 다시 언급되는데 로마서 8:11의 "영"은 성령을 가리킨다. 따라서 로마서 8:10의 "영"도 성령을 가리킴에 틀림없다. 셋째, 로마서 8:2에서 성령을 "생명의 성령"이라 했는데 요한복음 14:6에서 예수님은 자신을 생명이라고 불렀다.[389] 그러므로 로마서 8:10의 "영"은 성령을 가리킴이 틀림없다. 확실히 "몸과 영"의 대칭을 인간론적인 관점(anthropological)에서보다도 구속 역사적인 관점(redemptive-historical)에서 접근하는 것이 본문 이해에 도움을 준다. 로마서 8:10의 "영"을 "성령"으로 이해하면서 접근하면 바울은 로마서 8:10에서 그리스도를 영접한 몸을 가진 성도는 비록 몸은 아담(Adam)의 질서로 받은 몸이기에 죽을 수밖에 없는 몸이지만 그 몸

---

388 Murray, *The Epistle to the Romans*, Vol. I. p. 290.

389 W. Hendriksen, *Exposition of Paul's Epistle to the Romans* (*N.T.C.*) (1981), pp. 252-253.; C.K. Barrett, *A Commentary on the Epistle to the Romans* (1957), p. 159.

안에 내주하는 성령때문에 현재의 삶도 생명(영생)을 누리고 사는 사람들이라는 사실을 설명하고 있는 것이다. 즉, 로마서 8:10은 부활체를 입기 전 성도들의 삶도 생명을 누리는 삶이라고 설명하고 있는 것이다.

바울 사도는 로마서 8:11에서 예수 그리스도의 부활을 근거로 사용하여 미래에 있을 신자들의 부활을 설명한다. 바울은 "예수를 죽은 자 가운데서 살리신 이의 영이 너희 안에 거하시면 그리스도 예수를 죽은 자 가운데서 살리신 이가 너희 안에 거하시는 그의 영으로 말미암아 너희 죽을 몸도 살리시리라"(롬 8:11, 개역개정)라고 천명한다. 바울 사도의 기본적인 사상은 예수를 살리신 이가 하나님 아버지로서 바로 그가 신자들 안에 거주하시는 성령으로 말미암아 신자들의 죽을 몸도 살리시리라는 것이다.[390] 이 위대한 드라마는 하나님의 손에 달려 있다. 하나님께서 예수를 죽은 자들 가운데서 살리신 것처럼 신자들도 역시 죽음에서 살리실 것이다. 하나님 아버지가 예수를 위해 성취하신 것을 역시 신자들을 위해서도 성취하실 것이라는 사상이 명백하다. 다른 말로 표현하면 첫 열매에게 일어났던 사건은 나머지 열매에도 일어나게 될 것이다.[391] 데니(Denney)는 바울이 로마서 8:9에서 "하나님의 영"(πνεῦμα θεοῦ)과 "그리스도의 영"(πνεῦμα Χριστοῦ)을 교대로 사용함으로

---

390 사본 상의 차이는 διά가 속격을 취하느냐(ℵ,A,C) 아니면 대격을 취하느냐(B,D,G,K)에 있다. διά가 속격을 취하면 성령의 직접적인 동인(動因)을 가리킨다. 그러나 διά가 대격을 취한 구절을 택한다 할지라도 성령의 행위를 본문에서 제거시킬 수는 없다. cf. Murray, *Romans*, Ⅰ. 292, Note 14; Gaffin, *Resurrection and Redemption*, p. 89, Note 111; H. Ridderbos, *Aan de Romeinen* (*CNT*, Kampen: J.H. Kok, 1959), p. 178.; Lenski (R.C.H. Lenski, *The Interpretation of St. Paul's Epistle to the Romans*, p. 514.)는 "성령 때문에"(dia +목적격)를 선호하고, Metzger (Bruce M. Metzger, *A Textual Commentary on the Greek New Testament*. 1971, p. 517.)와 United Bible Societies의 다수 편집 위원들은 "성령을 통하여"(dia + 소유격)를 선호한다. 어느 독법이든 사본 상의 비중도 크게 차이가 나지 않고, 본문의 의미에도 큰 영향을 미치지 않는다.

391 G. Vos, *The Pauline Eschatology* (1961), pp.163f.

"그리스도의 영"이 바로 "하나님의 영"임을 확실하게 한다.그리고 바울은 로마서 8:10에서 "그리스도의 영"을 사용하지 않고 "그리스도"만을 사용했는데 이는 "그리스도의 영"이 "그리스도"의 다른 존재(alter ego)이기 때문이라고 해석한다. 그리고 데니는 로마서 8:11에 언급된 "성령의 내주"에 관해 해석하면서 "내주하시는 영은 예수를 죽은 자들 가운데서 부활시킨 그분의 영이시다 그리고 바로 그런 이유 때문에 내주하시는 성령은 우리들의 죽을 몸들을(또한 우리들의 영들도) 영원한 생명에 참여할 수 있게 하는 보증이 되신다."[392]라고 설명한다.

이상의 관찰로 볼 때 우리는 예수님의 부활에서 하나님 아버지가 성령으로 말미암아 아들을 살리셨다는 삼위일체적 성격을 찾을 수 있을 뿐만 아니라 예수 그리스도와 신자 사이의 확고한 연합을 찾을 수 있다.[393] 헨드릭센(Hendriksen)은 로마서 8:11을 해석하면서 성삼위(the Holy Trinity)의 관계를 강조한다. 그는 "더구나 로마서 8:11에서 아버지의 영으로 묘사된 바로 그분이 9절에서는 그리스도의 영으로 불렸다. 실제로, 하나님의 영이 금방 9절에서는 그리스도의 영으로 불렸다. 아버지, 아들, 성령의 관계는 밀접하고, 그 연합은 대단히 친밀하고 분리될 수 없기 때문에 아버지와 성령을 경멸하지 않고 아들을 경멸하는 것은 불가능하다. 참고, 요 5:23."[394]라고 정리한다.

하나님 아버지가 예수님의 부활에서 사용한 도구나 신자들의 부활에서 사용할 도구는 모두 같은 성령이며 그 성령이 현재 신자들 안에

---

392 James Denney, "St. Paul's Epistle to the Romans," *The Expositor's Greek Testament*, Vol. II (1980), p. 647.

393 기독교인들과 부활하신 주님과의 연합의 밀접성 때문에 바울은 둘이 한 영 (ἓν πνεῦμα)을 이룬다고까지 말할 수 있었다(고전 6:17). cf. D.M. Stanley, *Christ's Resurrection in Pauline Soteriology* (Romae: E Pontificio Instituto Biblico, 1961), p.282.

394 Hendriksen, *Exposition of Paul's Epistle to the Romans*, p. 253.

내주하고 있다는 사실은 신자들의 부활의 확실성을 제시해 준다. 내주하는 성령은 신자들의 생애에서 현재와 미래를 연결하는 교량 역할을 하는 것이다. 성령이 현재 신자 안에 거하고 있다는 사실은 예수님의 부활에서 명백해진 부활의 원리가 현재 신자 안에서 역사하고 계신다는 것을 증명한다. 그러므로 신자 안에 거하고 있는 성령이 장차 죽을 몸의 부활을 확실히 보증해 주고 있는 것이다. 바울은 로마서 8:10에서 신자들의 현재 상태가 성령을 모신 영적 존재들임을 밝히고,[395] 로마서 8:11에서 신자들의 미래 상태가 몸의 부활을 확실하게 경험할 존재들임을 밝힌다. 넓은 안목으로 문맥을 관찰할 때 바울 사도는 신자들의 현재 상태(롬 8:10)와 미래에 있을 몸의 영화(롬 8:11)를 다루고 있음이 확실하다.

2. 하나님의 자녀 됨의 특권(롬 8:12-17)

[12] 그러므로 형제들아 우리가 빚진 자로되 육신에게 져서 육신대로 살 것이 아
니니라 [13] 너희가 육신대로 살면 반드시 죽을 것이로되 영으로써 몸의 행실을
죽이면 살리니 [14] 무릇 하나님의 영으로 인도함을 받는 사람은 곧 하나님의 아

395 여기서 우리는 로마서 8:10의 대칭에 주목하여야 한다. 개역개정은 로마서 8:10을 "몸은 죽은 것이나"와 "영은 살아 있는 것이니라"의 대칭으로 번역했고, "죄로 말미암아"와 "의로 말미암아"를 대칭시키고 있다. 그런데 헬라어는 "몸은 죽은 것이나"와 "영은 생명이니라"로 표현되어 엄격한 대칭의 관계를 이루고 있지 않음을 제시한다. "몸은 죽은 것이나" 할 때 "죽은 것"은 네크론(νεκρόν, 형용사)을 사용했고, "영은 생명이니라"의 "생명이니라"는 조에(ζωή, 명사)를 사용했다. 바울이 "몸"과 "영"의 정확한 대칭을 원했다면 "영은 생명이니라"(The Spirit is life.) 대신 "영은 살아 있는 것이니라"(spirit is alive.)를 사용했을 것이다. 그러므로 로마서 8:10의 "영"은 성령을 가리키는 것이며 성도들은 성령을 모신 존재들이다.

들이라 [15] 너희는 다시 무서워하는 종의 영을 받지 아니하고 양자의 영을 받았으므로 우리가 아빠 아버지라고 부르짖느니라 [16] 성령이 친히 우리의 영과 더불어 우리가 하나님의 자녀인 것을 증언하시나니 [17] 자녀이면 또한 상속자 곧 하나님의 상속자요 그리스도와 함께 한 상속자니 우리가 그와 함께 영광을 받기 위하여 고난도 함께 받아야 할 것이니라(롬 8:12-17, 개역개정)

롬 8:12-17 바울은 하나님께서 우리를 위해 실행하고 계신 구속 계획을 설명하고 이제 로마교회 성도들에게 권면의 말씀을 전한다. 그래서 바울은 "그러므로 형제들아 우리가 빚진 자로되 육신에게 져서 육신대로 살 것이 아니니라"(롬 8:12)라고 함으로 로마교회 성도들이 "형제들"임을 밝히고 그 속에 자신도 포함되었음을 "우리"라고 표현함으로 분명히 하고 있다. 바울은 우리 모두가 빚진 자라는 사실을 인정하지만 우리는 육신에게 빚진 자가 아니기 때문에 육신대로(κατὰ σάρκα: 육신을 따라) 살 필요가 없다고 권면한다. "육신대로" 사는 것은 인간의 타락한 본성의 욕구와 정욕과 원리와 목적을 가지고 사는 것을 뜻한다. 성도들이 육신의 원리를 따른 삶을 살 필요가 없는 것은 성도의 삶이 그리스도의 희생과 성령의 역사에 의해 새롭게 시작되었기 때문이다. 그러므로 성도들은 "몸의 행실을 죽이고"(롬 8:13) 성결한 삶을 요구받고 있는 것이다. 성도들이 받은 구원은 육신이 율법의 조문을 지켜서 받은 것이 아니요, 오로지 그리스도의 은혜로만, 성령의 역사로만, 믿음으로만 성취되었기 때문에 처음부터 끝까지 하나님의 선물인 것이다(엡 2:8). 그래서 바울은 "육신대로 살면 죽을 것이로되 영으로써 몸의 행실을 죽이면 살리니"(롬 8:13)라고 단언하는 것이다. 성령을 소유한 사람의 생활은 "시와 찬미와 신령한 노래들로 화답하는"(엡 5:19) 생활을 해야하며 서로 복종하는 생활을 해야한다. 성령을 소유한 사람은 성령의 열매를 맺는 생활을 해야 한다. "사랑과 희락과 화평과 오래 참음과 자비와 양선과 충성과 온유와 절제"(갈 5:22-23)가 성도들의 생활의 열매로 나타나야 한다는 뜻이다.

바울은 성도들이 하나님의 영으로 인도함을 받은 하나님의 아들들이라고 천명한다(롬 8:14). "영으로써 몸의 행실을 죽이며"(롬 8:13) 사는 사람은 "하나님의 영으로 인도함을 받는 사람"(롬 8:14)이요 바로 그런 사람이 "하나님의 아들"(롬 8:14)들이다. 성경은 "영접하는 자 곧 그 이름을 믿는 자들에게는 하나님의 자녀가 되는 권세를 주셨으니"(요 1:12)라고 가르친다. 바울은 로마서 8:15에서 "종의 영"(πνεῦμα δουλείας)과 "양자의 영"(πνεῦμα υἱοθεσίας)을 비교하면서 성도들은 종의 영을 받지 아니하고 양자의 영을 받았다고 확인한다(롬 8:15). 결국 성도들은 하나님의 자녀들이 되었으므로 하나님을 "아빠 아버지"라고 부를 수 있게 되었다(롬 8:15). "양자의 영"이라는 표현에서 "양자"(υἱοθεσία)라는 용어는 오직 바울 서신에만 나타나는 용어이다(롬 8:15, 23; 9:4; 갈 4:5; 엡 1:5).[396] 데니(Denney)는 "양자라는 용어는 하나님의 독생자로부터 나오는 은혜의 행위에 의해 아들들로 만들어진 사람들을 구별하기 위해 사용되었다."[397]라고 설명함으로 그리스도의 은혜가 없으면 성도들이 양자로 입양될 수 없음을 분명히 한다. 바울은 성도들이 언제 하나님의 자녀로 입양되었는지를 동사의 시상을 사용하여 밝히고 있다. 바울은 "받았다"(ἐλάβετε)를 과거시상으로 사용하여[398] 성도들이 예수 그리스도를 처

---

396 J. B. Smith, *Greek-English Concordance to the New Testament* (1974), p. 353 (section 5106).

397 James Denney, "St. Paul's Epistle to the Romans," *The Expositor's Greek Testament*, Vol. II (1980), p. 648.

398 ἐλάβετε는 λαμβάνω의 단순과거, 능동태, 직설법, 2인칭이다.

음으로 믿고 고백할 때가 바로 입양된 때임을 암시하고 있다. 성도들은 예수를 구주로 시인하고 예수님의 죽음과 부활을 마음으로 믿고 입으로 시인하면 구원을 받는다(롬 10:9-10; 엡 1:13). 바로 구원받은 순간이 의롭게 되는 순간이요 하나님의 자녀로 입양되는 순간이다. 바울은 로마서 8:15에서 예수를 구주로 믿는 성도는 스스로 하나님을 "아빠"로 고백할 수 있다고 말한 후 로마서 8:16에서는 성령도 우리가 하나님의 자녀임을 증언한다는 사실을 확인한다. 그래서 바울은 "성령이 친히 우리의 영과 더불어 우리가 하나님의 자녀인 것을 증언하시나니"(롬 8:16)라고 말하는 것이다. 성령의 증언과 성도의 양심이 성도가 진정으로 하나님의 아들이 되었다는 사실에 대해 일치하고 있는 것이다. 머레이(Murray)는 "그러므로 성령의 증언은 우리들이 자식이라고 생각하는 양심의 증언과는 구별되어야 한다. 그 증언은 우리들에 의해(by) 주어진 증언과는 구별된 우리들에게(to) 주어진 증언이다. 그렇게 주어진 증언은 '우리들이 하나님의 자녀들'이라는 효과가 있다."[399]라고 설명한다. 성령의 증언과 성도들의 양심의 증언이 구별되어야 하지만 죄인이 하나님의 아들로 인정받을 수 있는 길은 오로지 성령의 역사가 우선되어야 한다. 성령의 역사를 통해서만 성도는 입양되어 하나님을 "아빠 아버지"로 부를 수 있게 된다.

바울은 우리가 하나님의 자녀로 입양됨으로 "하나님의 상속자"가 되었고, "그리스도와 함께 한 상속자"(롬 8:17)가 되었다고 말한다. 성도가 상속 받을 것은 하나님으로부터 오는 것으로 성도들은 그것을 그리스도와 함께 공유하게 된다. 우리는 여기서 바울의 사상의 진수를 들여다보게 된다. 바울은 예수 그리스도의 하나님 되심을 철저하게 인정

399 Murray, *The Epistle to the Romans*, Vol. I. p. 297.

하면서도(빌 2:6–9) 성도들의 구원과 관계된 문제를 설명할 때에는 그리스도를 성도들과 동일 선상에 두고 그리스도와 성도들의 연합을 강조한다. 바울은 성도들의 부활을 설명할 때에도 하나님이 예수님을 죽은 자 가운데서 살리신 것처럼 성도들 안에 거하시는 성령으로 성도들의 죽을 몸도 살리실 것이라고 확증함으로 예수님과 성도들을 동일 선상에 두고 논리를 전개한다(롬 8:11). 심지어 바울은 성도들의 부활을 논하면서 "만일 죽은 자의 부활이 없으면 그리스도도 다시 살아나지 못하셨으리라"(고전 15:13; 참조, 고전 15:15, 16)라고 함으로 논리의 방향을 그리스도에서 성도에게로 잡는 것이 아니요, 성도로부터 그리스도에게로 잡는다. 그래서 바울은 본 구절 로마서 8:17에서도 성도들이 "그리스도와 함께 한 상속자"가 되었다고 말하는 것이다. 따라서 바울은 성도들이 상속자로서 그리스도의 영광에 참여할 것이 확실하기 때문에 "우리가 그와 함께 영광을 받기 위하여 고난도 함께 받아야 할 것이니라"(롬 8:17)라고 함으로 성도들은 그리스도가 받은 고난도 함께 받아야 할 것이라고 가르치는 것이다. 성도들의 구원은 "이미와 아직"의 패턴으로 이해할 수밖에 없다. 왜냐하면 성도들은 구원받은 후에도 일정 기간 삶을 이어가야 하기 때문이다. 성도들의 구원은 예수 그리스도를 구주로 인정하고 그의 죽음과 부활을 마음으로 믿고 입으로 시인하면 즉시 100%의 효력이 발생한다(롬 10:9–10). 성도가 예수님을 믿는 즉시 성도들의 영과 몸을 포함한 전인(全人)은 완전한 구원을 받은 것이다. 하지만 성도들의 구원에 대한 하나님의 계획은 예수님을 성육신하게 하시어 일정 기간 사신 후에 십자가의 죽음과 부활을 통해 죄 문제를 해결하시고 영생을 제공하시도록 진행하신 것처럼 성도들도 온전하게 구원 받아 하나님의 상속자가 되었지만 성도들의 몸의 완전한 구원은 예수님 재림 때로 미루어 두신 것이다(롬 8:11). 그러므로 성도들은 온전한 구원은 받았지만 몸의 완전한 구원을 받을 때까지, 즉 부활체를 입을 때까지 고난과 고통을 당할 수밖에 없는 것이다. 칼빈(Calvin)은 "그리스도께서 십자가에 의해 그 유업을 받게 되셨다. 그러므로 우리들도 같은 방법으로 그 유업을 받아야만 한다."…"이제 우리에게 인내하도록 권면하면서 바울은 우리들의 구원의 원인에 대해 논의하지 않고 하나님이 그의 백성들을 다스리는 방식을 논의하고 있다."[400]라고 그리스도의 삶의 과정이 성도들의 삶의 과정을 위한 본이 된다고 가르친다. 그리스도는 고난을 통해 유업을 받는 상속자가 되었다. 우리들도 마찬가지로 상속자가 되는 과정에 고난을 통과해야만 한다. 그래서 바울은 "우리가 그와 함께 영광을 받기 위하여 고난도 함께 받아야 할 것이니라"(롬 8:17)라고 말하는 것이다.

3. 현재의 고난과 장차 올 영광(롬 8:18-25)

18 생각하건대 현재의 고난은 장차 우리에게 나타날 영광과 비교할 수 없느니
라 19 피조물이 고대하는 바는 하나님의 아들들이 나타나는 것이니 20 피조물
이 허무한 데 굴복하는 것은 자기 뜻이 아니요 오직 굴복하게 하시는 이로 말
미암음이라 21 그 바라는 것은 피조물도 썩어짐의 종 노릇 한 데서 해방되어 하
나님의 자녀들의 영광의 자유에 이르는 것이라 22 피조물이 다 이제까지 함께
탄식하며 함께 고통을 겪고 있는 것을 우리가 아느니라 23 그뿐 아니라 또한 우
리 곧 성령의 처음 익은 열매를 받은 우리까지도 속으로 탄식하여 양자 될 것

400 Calvin, *The Epistles of Paul the Apostle to the Romans and to the Thessalonians*, p. 171.

곧 우리 몸의 속량을 기다리느니라 [24] 우리가 소망으로 구원을 얻었으매 보이는 소망이 소망이 아니니 보는 것을 누가 바라리요 [25] 만일 우리가 보지 못하는 것을 바라면 참음으로 기다릴지니라(롬 8:18-25, 개역개정)

롬 8:18-25 바울은 바로 이전 구절에서 "그와 함께 영광을 받기 위하여(συνδοξασθῶμεν) 고난도 함께 받아야 될 것(συμπάσχομεν)이니라"(롬 8:17)라고 함으로 성도들의 삶에서 나타나는 하나님의 심오한 구원계획을 설명한 바 있다. 바울은 "함께"를 강조하여 영광도 그리스도와 함께 받지만 "고난" 역시 그리스도와 함께 받는다는 사실을 강조한다. 그런데 성도들이 현재 경험하는 "현재의 고난"과 앞으로 "나타날 영광"은 서로 비교할 수 없을 정도로 그 저울추가 "나타날 영광" 쪽으로 기울어져 있다(롬 8:18). 성도들이 장차 받게 될 영광과 비교할 때 성도들이 경험하고 있는 현재의 고난은 미미한 것이다. 바울은 하나님께서 인간과 세상을 위한 그의 구원의 목적을 이루시고 모든 것을 완성하실 구속역사를 생각하고 있다. 그리스도와 함께 받는 고난은 오는 세상에서 그리스도와 함께 충만히 받을 영광의 교제를 위한 길을 준비하는 것이다. 우리가 이 점에서 주목해야 할 것은 "장차 나타날 영광"은 예수 그리스도의 부활로 인하여 성도들의 생애에 이미 존재한다는 사실이다(롬 8:11, 17). 그러나 그 영광이 아직 공개적으로 표명되지 않은 것뿐이다. 성도들이 소유한 영광의 공개적인 표명(open manifestation)이 미래로 남아있을 뿐이다. 핼대인(Haldane)은 "성도들의 지금의 고난은 단지 잠정적이지만, 나타나게 되어 있는 영광은 영원한 것이다. 비록 영광은 감추어져 있지만 영광은 이미 존재하고 그 드러남이 미래에 있을 뿐이다. 영광이 지금은 우리들로부터 하늘에 감추어져 있지만 얼마 있지 않아 영광은 드러나게 될 것이다."[401]라고 설명한다. 그래서 바울은 영광의 드러남을 고대하면서 피조물까지도 하나님의 아들들의 나타남(revelation)을 고대하고 있다고 강조하고 있다(롬 8:19). 피조물의 진지한 고대(ἀποκαραδοκία)는 그 고대가 반드시 성취될 것임을 증거하는 것이며 만약 성취되지 않는다면 이는 한낱 조소거리에 지나지 않는다.[402] 이 표현은 하나님의 자녀들이 영광을 이미 소유했지만 오직 표명되는 것만을 기대하고 있다는 사상을 확인한다(골 3:4; 요일 3:2).[403]

보스(Vos)는 언급하기를 "하나님의 아들들로서 신자들의 상태는 자유와 후사(後嗣)등과 같은 모든 특권을 이미 받은 상태로 현존하지만 아직 공개적으로 표명되지 않았을 뿐이다."[404]라고 설명한다. 확실히 신자들은 이미 하나님의 아들들이 되었고 그들의 상태는 충만한 영광으로 표명될 것이다(요 1:12 참조). 바울 사도는 "고대하는 바"[405]라는 특이한 용어를 사용함으로써 하나님의 아들들의 나타남이 얼마나 간절히 기대되고 있는가를 강력하게 표현하고 있다. 또한 "간절한 기다림"(ἀπεκδέχομαι)이라는 용어의 사용은 그 간절한 기대의 개념을 더욱 강조하고 있다(참조: 롬 8:23, 25; 고전 1:7, 갈 5:5, 빌 1:20; 3:20).

그러면 누가 하나님의 아들들의 나타남을 간절히 고대하고 있는

---

401 Robert Haldane, *Exposition of the Epistle to the Romans* (1960), p. 368.

402 Shedd, *A Critical and Doctrinal Commentary on the Epistle of St. Paul to the Romans* (1967), p. 250.

403 G. Vos, *The Pauline Eschatology*, p. 175. 참고 "우리 생명이신 그리스도께서 나타나실 그때에 너희도 그와 함께 영광 중에 나타나리라"(골 3:4).

404 Vos, *The Pauline Eschatology*, p. 198.

405 ἀποκαραδοκία는 목을 길게 빼고 주시하는 것을 뜻한다. J.H. Thayer, *A Greek-English Lexicon of the New Testament* (New York: American Book Company, 1889), p. 62.; ἀποκαραδοκία는 아마 바울 자신이 만든 명사일 것이다(참고 빌 1:20).; J.H. Moulton and G. Milligan, *The Vocabulary of the Greek Testament* (London: Hodder and Stoughton, 1930), p. 63.

가? 영광의 표명을 위해 고대하는 것은 바로 창조물(ἡ κτίσις)이다.[406] 여기서 바울 사도는 그리스도의 구속사역의 우주적인 범위를 설명하고 있다. 창조의 개념은 구속개념의 기초가 되며 바울의 위대한 구속적 역사적 전망의 배경을 형성하는 것이다.[407] 구속역사적인 개념은 바울이 아담(Adam)과 그리스도(Christ)를 비교하여 그의 사상을 발전시키는 구절에서도 찾아볼 수 있다(롬 5:12–21, 고전 15:45, 49).

그러면 무엇 때문에 온 창조물이 하나님의 자녀들의 영광의 표명을 간절히 고대하고 있는가? 그 연유(緣由)는 창조물이 허무한데 굴복되었기 때문이며 썩어짐의 종노릇한데서 해방되어야 하기 때문이다(롬 8:20–21, 참고 창 3:17). 바울 사도의 이 표현은 창세기 3:17을 배경으로 생각하고 있음이 분명하다. 이 구절은 창조물이 하나님의 저주로 굴복당한 것은 자체의 성향 때문이 아니라 비참한 인류의 상태(狀態)안에 엉키게 된 연고이다.[408] 인간의 범죄 때문에 땅위에 저주가 선포되었다(창 3:17 이하). 그러나 바울은 이 선에서 머물지 않고 계속해서 말하기를 "소망 가운데서 굴복하게 하시는 이 때문에 창조물이 허무한데 굴복하게 되었다"(롬 8:20 참조)[409]라고 설명하고, 이어서 "피조물도 썩어짐

---

406 창조물 또는 피조물(κτίσις)의 범위를 결정하는 데 있어서 여러 가지 견해가 있다. Luther, Calvin, Meyer, Haldane, Hodge 등은 생물과 무생물을 포함한 물질적 창조물(the material creation) 전체를 가리킨다고 해석한다. 그러나 바울이 여기서 강조하고 있는 것은 창조물의 범위에 있지 아니하고 그리스도의 구속사역의 영향이 우주적인 범위로 미치고 있다는 것이다(cf. 창 3:17; 계 21:1; 롬 5:12 이하). κτίσις의 한글 번역은 피조물보다는 창조물이 더 적합하다고 사료된다. Douglas Moo, *The Epistle to the Romans,* p. 514. "Paul personifies the subhuman creation in order to convey to his readers a sense of the cosmic significance of both humanity's fall into sin and believers' restoration to glory."

407 H. N. Ridderbos, *Paul and Jesus* (Philadelphia: The Presbyterian and Reformed Publ. Com., 1958), p. 121.

408 Vos. *The Pauline Eschatology*, p. 85.

409 한글 개역 번역은 창조물이 굴복된 사실이 소망 가운데서 되었다는 개념이 뚜렷하지 않다. 헬

의 종 노릇 한데서 해방되어 하나님의 자녀들의 영광의 자유에 이르는 것이니라"(롬 8:21)라고 설명함으로 창조물의 소망은 하나님의 자녀들이 영광가운데 나타날 때 성취될 것임을 확증하고 있다. 성도들은 그리스도의 구속의 완성으로 이미 죄와 죽음으로부터 자유함을 누리고 살지만(롬 8:2), 최종적인 완전한 자유는 "하나님의 자녀들의 영광의 자유"가 나타날 그 때에 창조물도 "썩어짐의 종 노릇"으로부터 자유함을 누리게 될 것이다(롬 8:19-21)[410] 창조물은 하나님께 대한 인간의 불순종 때문에 저주를 받았으므로 인간과 함께 썩어짐의 종 노릇 한데서 해방될 수 있는 소망이 있다. 우주적 회복이 신자들의 구속과 분리될 수 없는 것이다.[411]

분명히 바울 사도가 설명하는 로마서 8:19-21의 내용은 창세기 3:17의 기록을 그리스도께서 죽으시고 부활하신 이후의 관점에서 해석하는 내용임에 틀림없다. 바울에게는 모든 것이 완성될 때는 창조물이 썩어짐의 종 노릇 한데서 구출되어 하나님의 아들들의 영광의 자유에 이르는 때요, 모든 적들의 행위가 완전히 소멸될 때이다. 바로 그 때에 하나님의 아들들의 나타남이 충만하게 될 것이다. 보스(Vos)는 "위대한 탁월성은 구속계획의 우주적인 범위에서 나타난다. 그리스도는 하나님에 의해 분리된 개인들의 구세주가 아니라 둘째 아담인 새

라어나 영어 번역에서는 이 개념이 명백히 표현되어 있다. "For the creation was subjected to futility not willingly, but because of him who subjected it, *in hope* that the creation itself will be set free from its bondage to corruption and obtain the freedom of the glory of the children of God." (ESV, 롬 8:20-21).

410 K. Niederwimmer, "ἐλευθερία," *Exegetical Dictionary of the New Testament*, Vol. 1(1990), p. 433.; 홍정길, 『하나님의 이름은 자유입니다』 (서울: 크리스챤서적, 2021), pp. 15-37에서 자유를 "하나님의 형상의 회복"이라는 관점에서 정리했다.

411 O. Cullmann, *Salvation in History* (New York and Evanston: Harper and Row, 1967), p. 146.

로운 인류의 머리로 만들어졌다. 전체 창조의 유기적인 조직체는, 비이성적인 부분을 포함해서, 하나님의 자녀들의 영광의 자유에 다다르게 될 것이다."[412]라고 설명한다. 바울은 이처럼 창조물(피조물)들이 하나님의 자녀들의 영광의 자유를 소망하고 있다는 사실을 우리가 알고 있다고 확인한다(롬 8:22). 창조물들이 "함께 탄식하며 함께 고통을 겪고 있는 것"은 창조물 전체와 그 부분들이 함께 탄식하며 함께 고통을 겪고 있다고 이해하는 것이 더 타당하다. 왜냐하면 바울이 "함께 탄식하며"(συστενάζει)와 "함께 고통을 겪는다"(συνωδίνει)를 표현할 때 "누구"와 함께 라는 의미보다는 "함께 탄식하며 함께 고통을 겪는다"는 동사의 주어를 "모든 창조물"(πᾶσα ἡ κτίσις)로 사용하고 있기 때문이다. "모든 창조물"이 함께 탄식하며 함께 고통을 겪는 것이다. 바울이 "이제까지"라고 표현한 것은 탄식과 고통이 아직도 진행 중이며 탄식과 고통이 필요 없는 새로운 질서가 아직도 완성되지 않았다는 뜻을 함축하고 있다.[413] 하나님의 영광이 실현되는 때는 아직도 미래로 남아 있고 창조물은 아직도 소망 중에 그 때를 바라보고 있는 것이다.

그런데 바울은 창조물만 소망 중에 기다리는 것이 아니요 "우리 곧 성령의 처음 익은 열매를 받은 우리까지도 속으로 탄식하여 양자 될 것 곧 우리 몸의 속량을 기다리느니라"(롬 8:23)라고 말한다. 성도들은 예수를 믿는 순간 하나님의 아들들로 인정받았지만 우리의 현재 몸이 부활체로 덧입는 그 때를 간절히 기다리며 산다. 퍼거슨(Ferguson)은 "신자들은 이미 하나님의 아들들로 입양되었다(참조, 롬 8:12-17). 그러나 다른 관점에서 보면 그들은 이미 경험한 실재를 몸의 부활이 명백히

412 G. Vos, *Redemptive History and Biblical Interpretation,* ed. R. Gaffin, Jr. (Phillipsburg: Presbyterian and Reformed Publishing Co., 1980) p. 449.

413 J. Murray, *The Epistle to the Romans,* Vol. I (*NICNT*), p. 305.

표현하고 완성할 것이라는 의미에서 아들들로 입양됨을 기다리고 있다."[414]라고 설명한다. "성령의 처음 익은 열매를 받은 우리"라는 표현은 성령께서 우리를 도와 예수를 주로 고백하게 하셨으며(고전 12:3) 우리 안에 내주하시기 때문에(롬 8:11; 고전 3:16; 6:19) 성도들을 가리켜 사용하는 말이다. 바울 사도는 로마서 8:23-25에서 왜 "성령의 처음 익은 열매"를 이미 소유한 자들도 탄식하는가를 설명한다. 그 이유는 현재가 성취와 완성의 때가 아니기 때문이다. 현재는 소망의 때로 주님의 재림의 날에 성취될 완성을 고대하는 때이다(롬 8:23). 성도들은 몸의 구속 곧 몸의 부활(고후 5:2)을 기다리고 있다. 그날에 "우리의 겸양(謙讓)의 몸은 그리스도의 영광의 몸과 같이 될 것이고(빌 3:21 참조) 바로 그 완성을 위해 하나님의 아들들이 탄식하는 것이다."[415] 하나님의 아들들이 탄식하며 기다리는 완성은 모든 창조물의 회복과 함께 성취될 것이다(롬 8:23). 이 완성은 우리 속에 거하시는 성령이 현재 확증하시고 있지만(고후 5:5; 롬 8:9-11) 미래에 성취될 것이다.[416] 바울 사도는 "성령의 처음 익은 열매"를 통하여 이미 성도들이 앞으로 나타날 영광에 참여자가 되었으며 오직 미래 사건들은 이 사실을 명백히 표출시키는 것에 지나지 않음을 증언하고 있다.[417] "성령의 처음 익은 열매"(τὴν ἀπαρχὴν τοῦ πνεύματος)를 표현할 때 사용된 소유격은 부분을 표시하는

---

414 Sinclair B. Ferguson, *The Holy Spirit; Contours of Christian Theology* (1996, pp. 178-179.: "Believers are *already* adopted sons of God (cf. Rom. 8:12-17). Yet from another point of view they await the adoption as sons in the sense that the resurrection of the body will express and consummate this already experienced reality." Italics original

415 J. Murray, *The Epistle to the Romans,* Vol. I (*NICNT*), p. 308.

416 E.E. Ellis, *Paul and His Recent Interpreters* (Grand Rapids: Eerdmans, 1968), p. 36.

417 W.D. Davies, *Paul and Rabbinic Judaism* (New York and Evanston: Harper and Row, 1967), p. 319.

소유격(genitive partitive)으로 성령이 첫 열매와 동일시된다.[418] 첫 열매는 신자들에게 주어진 바로 성령 하나님이시며 신자들은 때가 이르면 몸의 부활의 영광을 받을 것이라는 확신을 첫 열매로 받은 것이다. 그러므로 이 성령을 이미 소유한 신자들은 양자로서의 기쁨을 현재 맛보고 있으며(롬 8:15 참조), 앞으로 양자됨의 기쁨이 몸의 부활에서 충만하게 나타날 것이다(롬 8:23). 바울 사도는 성도들이 하나님의 성령으로 인침 받았음을 확인할 뿐만 아니라 성도들이 구속의 날을 위해 인침 받았음도 확인하고 있다. 이 인침은 그리스도와 같은 모형으로 완전하게 변형되는 표시로서 우리들의 복된 부활을 통해 우리에게 주어질 것이라고 설명하고 있다.[419] 이와 같은 이유 때문에 바울은 이어지는 구절에서 "우리가 소망으로 구원을 얻었으매 보이는 소망이 소망이 아니니 보는 것을 누가 바라리요"(롬 8:24)라고 말하는 것이다. 신자들은 이미 구원을 받았다. 그러나 구원은 완성되지 않았다. "지금 소유하고 있는 구원은 완전하지 않다. 이 사실은 몸의 구속 즉, 양자될 소망 안에 살고 있는 신자들의 양심에서 반영되고 있다."[420] 우리는 이 점에서 구원 개념 자체에 있어서 "이미 … 그러나 아직"(already and not yet)이라는 사실을 발견할 수 있다.[421] 그러므로 성도들은 "성령의 처음 익은 열매를 받은"(롬 8:23) 사람들로서 어떤 결과가 기다리고 있다는 것을 확신하기 때문에 참음으로 기다려야만 하는 것이다. 그래서 바울은 "만일 우리가 보지 못하는 것을 바라면 참음으로 기다릴지니라"(롬 8:25)라고 권면

---

418 G. Delling, "ἀπαρχή," *Theological Dictionary of the New Testament*. Vol. I (Grand Rapids: Eerdmans, 1963), p. 486.

419 Robert Haldane, *Exposition of the Epistle to the Romans* (1960), p. 379.

420 J. Murray, *The Epistle to the Romans*, Vol. I (*NICNT*), p. 309.

421 Cullmann, *Salvation in History*, p. 176.

하는 것이다.

본 구절(롬 8:18-25)의 교훈은 바울 서신을 연구할 때 칭의 개념의 관점에서만 연구해야한다는 태도가 정당화될 수 없음을 입증한다. 바울의 교훈에서 칭의의 교리(justification by faith)가 대단히 중요한 요소인 것만은 의심할 여지가 없다. 그러나 칭의의 교리는 구속역사(redemptive history)의 종말론적 전망의 폭넓은 개념에 의해 조정(調整)되어야 한다. 왜냐하면 칭의 자체도 종말론적인 특성을 가지고 있는 교리이기 때문이다.

4. 영화롭게 된 성도의 모습(롬 8:26-30)

> 26 이와 같이 성령도 우리의 연약함을 도우시나니 우리는 마땅히 기도할 바를
> 알지 못하나 오직 성령이 말할 수 없는 탄식으로 우리를 위하여 친히 간구하시
> 느니라 27 마음을 살피시는 이가 성령의 생각을 아시나니 이는 성령이 하나님
> 의 뜻대로 성도를 위하여 간구하심이니라 28 우리가 알거니와 하나님을 사랑
> 하는 자 곧 그의 뜻대로 부르심을 입은 자들에게는 모든 것이 합력하여 선을
> 이루느니라 29 하나님이 미리 아신 자들을 또한 그 아들의 형상을 본받게 하기
> 위하여 미리 정하셨으니 이는 그로 많은 형제 중에서 맏아들이 되게 하려 하심
> 이니라 30 또 미리 정하신 그들을 또한 부르시고 부르신 그들을 또한 의롭다 하
> 시고 의롭다 하신 그들을 또한 영화롭게 하셨느니라(롬 8:26-30, 개역개정)

롬 8:26-30 하나님의 구원계획은 놀라울 정도로 정교하다. 바울은 하나님께서 성도들의 연약함을 아시기 때문에 성령으로 하여금 성

도들을 돕도록 계획하셨다(롬 8:26). 성도는 어떻게 기도해야할지를 알 수 없을 정도로 연약한 존재이다. 바울은 이전 구절에서 창조물이 탄식하고(συστενάζει) 있음을 지적했고(롬 8:19–22), 성령의 처음 익은 열매를 받은 성도들도 탄식하고(στενάζομεν) 있음을 지적했으며(롬 8:23–25), 이제 성령도 성도들의 연약함을 돕기 위하여 탄식함으로(στεναγμοῖς) 간구하고 계심을 밝힌다(롬 8:26–27). 창조물, 성도, 성령 하나님이 모두 탄식할 수밖에 없는 것은 현재 우리가 처한 세대(age)가 "이 세대"(this age)와 "오는 세대"(the age to come)가 병존하는 세대에 살고 있기 때문이다(마 12:32; 엡 1:21). "이 세대"는 예수 그리스도가 그의 죽음과 부활을 통해 구속을 성취하시기 이전의 세대를 가리키며, "오는 세대"는 예수님이 그의 구속 성취와 함께 시작하신 새로운 세대를 가리킨다. 바울은 "오는 세대"를 하나님 나라와 같은 뜻으로 사용한다. 불신자는 이 세상에 속하고 신자는 오는 세상(세대), 즉 하나님 나라에 속한 사람들이다.[422] 바울은 이처럼 하나님 나라에 속해 있으면서도 타락한 이 세상의 질서와 접하면서 살고 있는 성도들을 위해 성령께서 친히 간구하신다고 설명하는 것이다. 바울이 "우리는 마땅히 기도할 바를 알지 못하나"(롬 8:26)라고 말하는 것은 일반적인 기도의 내용을 알지 못한다는 뜻은 아니다. 성도는 용서의 마음을 갖도록 기도해야하고(마 6:12), 교회 성도 상호간에 평강을 위해 기도해야 하며(마 18:15, 21–22, 35; 롬 14:1–3; 엡 4:3; 골 3:15), 하나님 말씀에 대한 지식을 더 많이 터득하기 위해 기도해야 하고(고전 1:18; 딤후 2:15), 다른 사람들에게 유익한 존재가 될 수 있도록 기도해야 하며(마 18:6; 딤후 4:11; 몬 11), 성령의 열매를 맺으면서 살 수 있도록 기도해야 하고(갈 5:22–23), 예수 그리스도를 열

422 박형용, 『바울신학』 (수원: 합신대학원출판부, 2016), pp. 98-102.

심히 전파할 수 있도록(롬 1:15; 15:24, 28; 딤후 4:2) 기도해야 한다.[423] 이처럼 성도들은 이상에 언급한 것 이외에도 겸손을 위해 기도한다든지, 성령 충만한 삶을 위해 기도한다든지 일반적인 기도의 내용은 잘 알 수 있다.

그러므로 바울이 우리가 기도할 바를 알지 못한다고 말하는 것은 성도들의 삶 속에서 발생하는 특별한 기도의 내용을 생각하고 이와 같은 말을 했을 것으로 추론할 수 있다. 바울은 친히 이런 경험을 한 바 있다. 바울은 제2차 전도여행 기간 동안에 그의 일행과 함께 비두니아(Bithynia) 지방에 복음을 전하기를 원했지만 성령과 예수의 영이 허락하지 않아 마게도냐(Macedonia)로 발길을 돌려야 했다(행 16:6-10). 그리고 바울은 "육체의 가시"를 제거해 달라고 자신을 위해 기도했으나 그가 원하는 데로 응답받지 못했다(고후 12:7-10). 성도들은 이처럼 하나님 나라가 완성될 그 날을 바라보면서 사는 동안 여러 가지 기도해야 할 사항들을 접하게 되는데 그때그때마다 어떻게 기도하는 것이 하나님의 뜻에 합당한지를 알 수 없는 것이다.

그래서 바울은 "마음을 살피시는 이가 성령의 생각을 아시나니 이는 성령이 하나님의 뜻대로 성도를 위하여 간구하심이니라"(롬 8:27)라고 설명하는 것이다. 성령 하나님만이 사람의 마음을 살피시고 사람이 무슨 생각을 하는지 아실 수 있다. 성경은 "나 여호와는 심장을 살피며 폐부를 시험하고 각각 그의 행위와 그의 행실대로 보응하나니"(렘 17:10; 참고, 대상 28:9; 시 7:9; 139:23; 고전 4:5; 히 4:13; 계 2:23)라는 말씀처럼 하나님 앞에서 감추어진 것이 없다는 사실을 확인한다. 이렇게 전지(omniscience)하신 성령이 어떻게 기도할지 알지 못하는 우리의 마음을

423 Hendriksen, *Exposition of Paul's Epistle to the Romans*, p. 274.

살펴서 하나님의 뜻대로 성도를 위하여 간구하시는 것이다(롬 8:27). 머레이(Murray)는 "그러므로 이 구절의 사상은 다음과 같다. 하나님이 하나님의 자녀들의 마음을 감찰하셔서 말해지지 않고 말해질 수 없는 탄식들을 찾아내신다. 비록 그 탄식들이 알아들을 수는 없지만 거기에는 하나님의 전지하신 눈으로부터는 피해갈 수 없는 그런 뜻과 의도가 있다. 그 탄식들은 성령께는 전체적으로 명료하게 드러난다."[424]라고 해석한다. 성령은 성도들이 어떤 생각을 하는지 명확하게 아셔서 하나님의 뜻과 일치하게 하시면서 성도들을 위해 간구하신다.

그래서 바울은 "우리가 알거니와 하나님을 사랑하는 자 곧 그의 뜻대로 부르심을 입은 자들에게는 모든 것이 합력하여 선을 이루느니라"(롬 8:28)라고 말할 수 있었다. "하나님을 사랑하는 자 곧 그의 뜻대로 부르심을 입은 자들"은 예수를 구주로 영접한 성도들을 뜻한다. 하나님의 "부르심"(κλητοῖς)은 단순한 초청이 아니요 하나님의 목적에 따른 효과적인 부르심이다. 그 부르심은 예수 그리스도의 필요를 깨닫게 하는 부르심이요 예수님을 구주로 받아들이는 부르심이다(롬 1:7; 8:30; 9:24; 고전 1:2, 24; 유 1). 따라서 하나님의 "부르심"은 "선택받았다"는 뜻과 같은 의미로 사용된다. 바울은 사도로 부르심(κλητός)을 받았다(롬 1:1; 고전 1:1). 부활하신 예수님이 사울(바울)을 만나 "이 사람은 내 이름을 이방인과 임금들과 이스라엘 자손들에게 전하기 위하여 택한(ἐκλογῆς) 나의 그릇이라"(행 9:15)라고 말한 것은 바울이 선택받았음을 증언한다. 바울 스스로 "내가 이 복음을 위하여 선포자와 사도와 교사로 세우심을 입었노라"(딤후 1:11)라고 고백한다. 바울은 자신이 이 복음을 위해 임명 받아(ἐτέθην: appointed) 선포자와 사도와 교사가 되었음

424 J. Murray, *The Epistle to the Romans,* Vol. I (*NICNT*), p. 313.

을 분명히 알고 있었다. 핫지(Hodge)는 "그러므로 하나님을 사랑하는 자들은 하나님이 구속자의 왕국에 참여하도록 그의 은혜로 선택하시고 부르신 자들이다. 이 부르심은 인간의 공로에 의한 것이 아니요, 하나님의 목적에 따른 것이다."[425]라고 설명한다. 그러므로 하나님의 "부르심"은 하나님의 계획에 따라 선택하셨다는 뜻이다. 바울은 부르심을 받은 성도들에게는 "모든 것이 합력하여 선을 이룬다"(롬 8:28)라고 천명한다. 여기 "모든 것"(πάντα)은 본 맥락에 비추어 볼 때 불특정 모든 것을 가리키지 않고, 성도들이 이 세상에서 경험하는 현재의 고난을 가리킨다(롬 8:18).[426] 이 구절의 "모든 것"의 뜻을 이해하는데 도움을 주는 구절이 있다. 바울이 빌립보서에서 자신이 겪은 여러 가지 고난과 고통과 궁핍을 언급하고 난 후에 "내게 능력 주시는 자 안에서 내가 모든 것을 할 수 있느니라"(빌 4:13)라고 고백한다. 바울이 여기서 사용한 "모든 것"(πάντα)도 세상에서 경험할 수 있는 모든 것을 가리키지 않는다. "모든 것"은 바울의 실제의 삶의 여정에서 주님이 바울에게 허락한 책임과 고난이라고 말할 수 있다.[427] 그러므로 바울이 "모든 것이 합력하여 선을 이루느니라"(롬 8:28)라고 말하는 것은 성도들이 겪고 있는 이 세상에서의 고난과 고통도 하나님의 구속계획의 한 부분으로 유

425 C. Hodge, *A Commentary on Romans* (1975), p. 281.

426 C. Hodge, *A Commentary on Romans* (1975), p. 280.

427 H.C.G. Moule (ed.), *The Epistle of Paul the Apostle to the Philippians* (Cambridge: Cambridge University Press, 1923), p. 86.; Cf. Gene A. Getz, *Pressing on When You'd Rather Turn Back: Studies in Philippians* (Ventura: Regal Books, 1983), p. 177.: "The 'everything' does not mean that Paul believed he was some kind of superman-a miracle worker who could 'leap tall buildings with a single bound.' He meant he could face every situation involving material needs and still maintain a positive and victorious attitude toward the circumstances of life."; 박윤선은 "모든 것을 할 수 있다 함은, 자기의 맡은 직책에 관하여 모든 필요한 일을 할 수 있다는 의미이다"라고 해석한다. 참고, 박윤선 『성경주석: 바울서신』 (서울: 영음사, 1967), p. 237.

익하다고 말하는 것이다. 비록 이 세상에서 성도를 괴롭히는 고난일지라도 합력하여 선을 이루게 되어 있다. 왜냐하면 성령께서 성도의 구원 전체 과정을 주관하고 계시기 때문이다.

바울은 이제 로마서 8:29-30에서 "하나님의 뜻대로 부르심을 입은"(롬 8:28) 성도들의 구원과 관련하여 특별한 용어들을 사용한다. 그는 "미리 아셨다"(προέγνω), "미리 정하셨다"(προώρισεν), "부르셨다"(ἐκάλεσεν), "의롭다 하셨다"(ἐδικαίωσεν), 그리고 "영화롭게 하셨다"(ἐδόξασεν)와 같은 용어들을 성도들의 구원의 여러 경험과 연계시켜 사용하고 있다. 바울은 하나님께서 성도들의 구원을 위해 계획하신 5중 신적행위를 연계시키고 있다. 여기 사용된 용어들을 통해 나타난 하나님의 행위는 "미리 아신 자"를 "미리 정하시고," 미리 정하신 자를 "부르시고," 부르신 자를 "의롭다 하시고," 의롭다 하신 자를 "영화롭게 하셨다"는 것이다.[428] "미리 아신"(foreknew) 하나님의 행위는 세상이 창조되기 전에 우리를 알고 계셨다는 뜻이다(렘 1:5; 암 3:2; 엡 1:4; 딤후 1:9). 보스(Vos)는 "하나님이 미리 아신 자들을"....... "미리 정하셨으니"(롬 8:29)의 말씀을 해석하면서 하나님이 그들이 믿을 것을 미리 아시고 그리고 그들이 선행을 할 것을 미리 아시고 그들을 선택했다고 해석하는 것은 바울의 뜻이 아니라고 말한다. 보스는 알미니안 신학(Arminian theology)이 "'하나님의 미리 아심'은 죄인 안에 있는 하나 혹은 다른 특성을 미리 인식하는 것으로 그것이 하나님의 선택을 지도하게 되었다고 항상 주장한다. 예를 들면 하나님은 선택받을 자들이 선행을 고집할 신자들로 미리 아셨다. 이것이 하나님이 그들을 선택한 이유이

---

428 J. Murray, *The Epistle to the Romans*, Vol. I (*NICNT*), p. 320. 본문은 구속을 적용하는 이 모든 요소들이 하나님의 행위임을 강조하고 있다. 바울 사도는 "he called," "he justified," "he glorified"라는 표현을 사용하여 하나님의 행위임을 분명히 하고 있다.

다."[429]라고 설명함으로 알미니안 신학의 오류를 지적한다. 하나님이 우리를 미리 아셨다는 것은 우리의 특성이나 공적에 근거한 것이 아니요 오로지 하나님의 은혜로 우리를 선택해 주셨다는 뜻이다. 바울은 "미리 아신 자들"을 "미리 정하셨다"(롬 8:29-30)라고 설명한다. "미리 정하신"(foreordained) 하나님의 행위는 성도들을 하나님의 택한 백성으로 결정하신 것을 뜻한다(롬 8:29). 예정교리는 이해하기도 힘들뿐만 아니라 잘못 이해하는 경우가 많이 있다. 뵈트너(Boettner)는 "예정교리에 관한 가장 어려운 점은 한 번에 몇 가지의 세부 사항만 이해할 수 있으며 그리고 이 세부 사항의 관계들의 일부분만을 이해하는 우리 마음의 제한된 성격 때문이다. 우리는 시간성 속에 존재하는 피조물들로서 자주 하나님은 우리들처럼 제한받지 않는다는 사실을 심각하게 생각하지 않는 우를 범한다. 우리들에게 '과거,' '현재,' 그리고 '미래'로 나타난 것은 하나님의 생각에는 모두 '현재'이다. 그것은 영원한 '지금'이다. 그는 '지극히 존귀하며 영원히 거하시는'(사 57:15) 분이시다."[430]라고 설명함으로 예정교리를 이해하는 인간의 한계를 지적한다. 바울은 "창세 전에 그리스도 안에서 우리를 택하사 우리로 사랑 안에서 그 앞에 거룩하고 흠이 없게 하시려고 그 기쁘신 뜻대로 우리를 예정하사"(엡 1:4-5)라고 말함으로 미리 정하신 하나님의 행위가 하나님의 예정을 뜻하는 것임을 확실히 한다. 루터(Luther)는 하나님의 예정을 반대하는 것은 어리석은 육체적인 지혜 때문이라고 설명한다. 육체적인 지혜는 자신을 하나님보다 높이면서 하나님의 뜻을 판단하는 것이라고 설명

429 Geerhardus Vos, *Reformed Dogmatics,* Vol. One (Bellingham, WA: Lexham Press, 2014), p. 100.

430 Loraine Boettner, *The Reformed Doctrine of Predestination* (Grand Rapids: Eerdmans, 1932), p. 44.

한다.[431] 바울은 우리를 예정하신 하나님의 목적이 "그 아들의 형상을 본받게 하기 위하여"(롬 8:29)라고 말한다. 하나님은 아담(Adam)과 하와(Eve)를 창조하실 때 "하나님의 형상대로"(창 1:27) 창조하셨다. 그리고 하나님의 창조는 "하나님 보시기에 심히 좋았다"(창 1:31). 이는 에덴 동산에서의 아담과 하와는 죄와 무관하며 하나님을 기쁘시게 하는 삶을 살 수 있었다. 그러나 아담과 하와의 범죄는 인간을 하나님과 불목의 관계에서 살 수 밖에 없도록 만들었다. 그래서 하나님은 메시아이신 예수 그리스도를 인간의 몸을 입혀 성육신하게 하심으로 원래의 하나님의 형상을 회복하시기를 원했다. 예수님은 그의 죽음과 부활을 통해 인간의 죄 문제를 해결하시고 영원한 생명을 제공해 주셨다. 예수님은 부활하실 때 죄를 지을 수 없는 부활체를 입으심으로 성도들에게도 예수님 재림 때에 부활체를 입을 수 있게 하셨다. 그러므로 하나님이 성도들을 예정하신 것은 성도들로 하여금 부활체를 입게 하셔서 그 아들 예수님의 형상을 본받게 하시기 위한 목적이 있고 따라서 예수님은 그의 부활을 통해 "잠자는 자들의 첫 열매"(고전 15:20)가 되심으로 "많은 형제 중에서 맏아들"(롬 8:29)의 칭호를 받게 된 것이다. 커텔지(Kertelge)는 "종말론적으로 구속의 최종 형체는 믿는 자들에게 '많은 형제 중에서 맏아들'(롬 8:29)이신 주 예수 그리스도 안에서 약속된 죽은 자들의 부활과 함께 주어진다. 예수님의 재림 때에 구세주(여기서 σωτήρ는 종말론적인 의미로 구속주와 동의어이다)이신 주 예수 그리스도께서 그의 영광의 몸체와 같도록 우리의 낮은 몸을 변화시키실 것이다(빌 3:20-21)."[432]라고 함으로 성도들의 부활체는 예수님의 영광의 부활체와 같은 몸체일 것

431 Luther, *Commentary on the Epistle to the Romans*, p. 114.

432 K. Kertelge, "ἀπολύτρωσις," *Exegetical Dictionary of the New Testament*, Vol. 1 (Grand Rapids: Eerdmans, 1990), p. 139.

이라고 설명한다.

바울은 하나님이 "미리 정하신 그들을 또한 부르셨다"(롬 8:30)라고 천명한다. "부르신"(calling) 하나님의 행위는 역사 선상에서 성도들에게 적용된 행위이다(롬 8:30). 하나님께서 정하신 자를 부르실 때는 그 부르심이 효과적인 부르심이요, 부르심을 받은 성도는 믿음의 순종으로 반응을 할 수 밖에 없다. 왜냐하면 하나님의 뜻은 반드시 성취되어야 하기 때문이다. 하나님의 부르심을 받은 자는 반드시 회심하기에 이른다. 바울은 계속해서 하나님이 "부르신 그들을 또한 의롭다 하셨다"(롬 8:30)라고 확인한다. "의롭다 하신"(justified) 하나님의 행위는 우리가 죄의 용서함을 받았고, 그리스도의 의가 우리에게 전가되었기 때문에 하나님이 죄인인 우리에게 그리스도의 의 때문에 우리를 의롭다고 선언하시는 법적 행위이다(롬 3:20, 26; 5:1; 8:30; 10:10; 갈 2:16; 3:24). 하나님이 우리를 의롭다고 선언하시는 것은 우리가 존재론적으로 의롭게 되었기 때문이 아니요, 예수님이 성취하신 의가 우리에게 전가되었기 때문이다. 이 말은 예수를 구주로 믿는 성도들도 아담의 질서에 따른 몸을 입고 있는 동안에는 죄에서부터 자유롭지 못하다는 뜻이다. 하지만 사망은 예수 안에 속한 성도들을 좌지우지(左之右之) 하지 못한다(고전 15:55-56). 왜냐하면 하나님이 우리에게 전가된 그리스도의 의를 보시고 우리를 의롭다고 인정하시고 영생을 보장하셨기 때문이다. 바울은 계속해서 "의롭다 하신 그들을 영화롭게 하셨다"(롬 8:30)라고 함으로 하나님의 구속계획의 정점을 찍는다. "영화롭게 하신"(glorified) 하나님의 행위는 그가 세우신 구속계획을 완성하는 단계이다(롬 8:30). 예수님은 그의 부활을 통해 영화롭게 되셨다. 예수님은 친히 "아버지여 때가 이르렀사오니 아들을 영화롭게 하사 아들로 아버지를 영화롭게 하게 하옵소서"(요 17:1)라고 말씀하신다. 성도들이 영화롭게 되는 때는 예수님의 재림 때이다. 예수님이 재림하시면 이미 죽은 성도는 물론 예수님 재림 당시 살아있는 성도들도 모두 부활체를 입게 될 것이다(살전 4:13-18; 고전 15:20-26). 부활체를 입은 성도들은 죄를 지을 수 없는 완전한 상태로 진입하게 될 것이다. 박윤선 박사는 로마서 8:30을 해석하면서 "이 구절의 말씀을 보면, 하나님은, 자초지종(自初至終) 그 예정하신 사람들을 구원하여 주신다. 그러니만큼, 참으로 그리스도를 믿어 순종하는 사람이라면, 누구든지 장래의 구원도 확신할 수 있다. 특히 여기 모든 동사(動詞)들이 과거사로 되었으니, 그것도 택함 받은 자의 장래 구원이 확실할 것을 보여주는 예언적 확신(豫言的 確信)의 표시이다."[433]라고 정리한다.

전통적으로 로마서 8:29-30을 해석할 때 "구원 서정"(ordo salutis)의 관점에서 접근했다. 성도들은 구원받은 후 일정기간 동안 이 세상에서 살아야 하고 앞으로 예수님이 재림하실 때에 영화로운 부활체를 입게 될 것이기 때문에 칭의(justification)와 수양(adoption)과 성화(sanctification)와 영화(glorification)를 다루는 "구원의 서정"(ordo salutis) 문제를 논의하지 않을 수 없다. 그러나 로마서 8:29-30에 사용된 용어들이 모두 과거시상(aorist)인 점은 주목할 필요가 있다. 성도들은 예수님을 구주로 받고 그를 믿음으로 예수님과 연합되어서 예수님이 그의 죽음과 부활을 통해 성취하신 모든 것을 즉각적으로 소유하게 되는 축복의 자리로 옮긴다. 이것이 바로 올바른 성도의 정체성(identity)이다. 그래서 요한 사도는 예수 믿는 성도는 이미 "하나님의 자녀"가 되었다고 말하고(요 1:12), 예수를 믿는 자는 "영생"을 이미 소유했고(요 5:24), "하나님의 씨"를 소유한 존재(요일 3:8)라고 선언한다. 바울도 성도들이 "예수 우리 주 안

433 박윤선, 『성경주석. 로마서』(서울: 영음사, 1969), p. 245.

에 있는 영생"(롬 6:23)을 소유했다고 말하고, 성도들은 하늘의 "시민권"을 이미 소유했다(빌 3:20)고 가르친다. 그러므로 본 구절은 "구원 서정"의 관점에서가 아니요, "구원역사"(historia salutis)의 관점에서 이해되어야 한다. 퍼거슨(Ferguson)은 "'그리스도 안에' 있다는 것은 그리스도가 성취하신 모든 것을 함께 소유하는 것을 뜻한다. 더 구체적으로 말하면 그리스도 안에 있다는 말은, 부활하신 그리스도에게 연합된 자들은 그분의 칭의, 수양(양자됨), 성화, 영화를 함께 소유한다는 뜻이다. 그리스도의 경우에서와 마찬가지로, 이런 것들은 단일한 종말론적인 사건인 그분의 부활의 모든 국면이며, 그분 안에서 이것들이 동시적이며 분리될 수 없는 것처럼 우리에게도 마찬가지이다."[434]라고 바르게 정리한다. 황금 사슬(golden chain)이라 불리는 성령의 사역은 시작이 완전을 배태하고 있는 것이다. 성도의 성화도 죄의 지배로부터 이미 급격한 결별이 이루어졌지만(롬 6:1-14) 점진적으로 계속 완성되고 있는 것이다(살전 5:23). 성도의 영화도 미래에 철저하게 완성될 것이지만 성도들은 그리스도 안에서 이미 영화를 경험하고 있는 것이다(엡 2:6). 성도들이 소유할 영화는 예수 그리스도께서 성육신하시어 그를 믿는 죄인을 그의 죽음, 장사됨, 부활과 연합시키셔서(롬 6:1-14) 율법만으로는 결단코 제공할 수 없는(롬 7:1-25) 다른 방법인 그의 성령으로 능력을 부여하여 하나님을 위해 살 수 있도록 하신(롬 8:1-39) 방법으로 그 시작은 예수 그리스도의 성육신으로부터 시작한다.[435] 여기서 우리는 로마서 6장, 7장, 그리고 8장을 잇는 바울의 사상적 연결을 보게 된다.

---

434 Sinclair B. Ferguson, *The Holy Spirit* (1996), p. 106.

435 Brian C. Wood, "Beholding the Glory of Jesus," *Redeeming the Life of the Mind* (Essays in Honor of Vern Poythress), ed. John M. Frame, Wayne Grudem, John Hughes (Wheaton: Crossway, 2017), p. 277.

5. 성도들의 대변자가 되신 하나님(롬 8:31-39)

31 그런즉 이 일에 대하여 우리가 무슨 말 하리요 만일 하나님이 우리를 위하시
면 누가 우리를 대적하리요 32 자기 아들을 아끼지 아니하시고 우리 모든 사람
을 위하여 내주신 이가 어찌 그 아들과 함께 모든 것을 우리에게 주시지 아니
하겠느냐 33 누가 능히 하나님께서 택하신 자들을 고발하리요 의롭다 하신 이
는 하나님이시니 34 누가 정죄하리요 죽으실 뿐 아니라 다시 살아나신 이는 그
리스도 예수시니 그는 하나님 우편에 계신 자요 우리를 위하여 간구하시는 자
시니라 35 누가 우리를 그리스도의 사랑에서 끊으리요 환난이나 곤고나 박해
나 기근이나 적신이나 위험이나 칼이랴 36 기록된 바 우리가 종일 주를 위하여
죽임을 당하게 되며 도살 당할 양 같이 여김을 받았나이다 함과 같으니라 37 그
러나 이 모든 일에 우리를 사랑하시는 이로 말미암아 우리가 넉넉히 이기느니
라 38 내가 확신하노니 사망이나 생명이나 천사들이나 권세자들이나 현재 일
이나 장래 일이나 능력이나 39 높음이나 깊음이나 다른 어떤 피조물이라도 우
리를 우리 주 그리스도 예수 안에 있는 하나님의 사랑에서 끊을 수 없으리라
(롬 8:31-39, 개역개정)

롬 8:31-34 하나님은 성도들의 구원을 위해 값비싼 대가를 지불하셨다. 그리스도의 십자가는 하나님의 사랑이 얼마나 지극한 사랑인지를 나타낸다(롬 5:8). 하나님은 그의 아들 예수 그리스도를 희생시키셔서 우리를 사랑하신 것이다. 머레이(Murray)는 "희생의 값비싼 대가는 우리에게 사랑의 위대함을 확신시키고 다른 모든 선물들을 값없이 주실 것을 보증해 주신다."[434]라고 함으로 우리를 구원하시기 위한 하나님 편에서의 희생이 얼마나 큰지를 잘 설명해 준다. 그래서 바울은 "그런즉 이 일에 대하여 우리가 무슨 말 하리요 만일 하나님이 우리를 위하시면 누가 우리를 대적하리요"(롬 8:31)라고 감탄의 마음을 표하

고 있다. 바울은 "만일"(εἰ)을 어떤 불확실성을 함축하는 의미의 가정을 말하기 위해 사용하는 것이 아니요, 현재 하나님이 우리를 사랑하고 계신다는 사실을 전제(presupposition)하는 의미로 사용하고 있다. 헨드릭센(Hendriksen)은 "바울이 '만일 하나님이 우리를 위하시면'이라고 말할 때, 그는 하나님의 보호와 사랑과 약속을 의심하고 있는 것은 아니다. 반대로 여기 사용된 '만일'(if)은 '그가 확신한다는 의미의 만일'을 뜻한다."[437]라고 설명한다. 헨드릭센은 "구원의 복은 유대인이나 헬라인이나 하나님의 권능과 은혜에 의해 그의 신뢰를 구세주 안에 위탁하는 모든 사람을 위해 확보되었다. 바로 구세주 그분께서 그의 피를 흘리심으로 그의 백성들을 위해 구원을 확보하셨다. 그들은 그의 대속적 죽음으로, 그의 부활로, 그의 중보로 구원을 받았다(롬 1:4, 5; 3:21-26; 4:25; 5:1, 2, 8-21; 6:23; 7:24; 8:1-4; 그리고 8:34도 보라)."[438]라고 정리한다. 그러므로 바울은 확신을 가지고 "만일 하나님이 우리를 위하시면 누가 우리를 대적하리요"(롬 8:31)라고 천명하는 것이다. 바울은 성도들의 대적이 전혀 없다는 뜻으로 말하는 것이 아니요 대적이 있을지라도 하나님이 우리를 위하시면 대적의 역할은 무기력하게 된다는 뜻으로 말하는 것이다. 왜냐하면 성도들을 위해서 모든 것이 합력하여 선을 이루는 방향으로 움직일 것이기 때문이다(롬 8:28).

바울은 이제 우리를 사랑하신 하나님의 사랑의 극치를 설명한다. 바울은 "자기 아들을 아끼지 아니하시고 우리 모든 사람을 위하여 내

436 John Murray, *Redemption Accomplished and Applied* (1968), p. 17.: "The costliness of the sacrifice assures us of the greatness of the love and guarantees the bestowal of all other free gifts."

437 Hendriksen, *Exposition of Paul's Epistle to the Romans*, p. 287.

438 Hendriksen, *Exposition of Paul's Epistle to the Romans*, p. 286.

주신 이가 어찌 그 아들과 함께 모든 것을 우리에게 주시지 아니하겠느냐"(롬 8:32)라고 함으로 확신에 찬 마음을 표현한다. 우리는 여기서 "하나님이 세상을 이처럼 사랑하사 독생자를 주셨으니 이는 그를 믿는 자마다 멸망하지 않고 영생을 얻게 하려 하심이라"(요 3:16)는 말씀을 기억한다. 바울은 이미 로마서 8장 서두에서 "자기 아들을 죄 있는 육신의 모양으로 보내어"(롬 8:3)라고 함으로 하나님께서 자기 아들을 희생시킨 것을 언급한 바 있다. 바울의 논리는 가장 큰 것을 우리에게 주신 하나님께서 그보다 못한 다른 것들을 주시지 않겠느냐는 것이다. 바울이 사용한 "자기 아들"(τοῦ ἰδίου υἱοῦ)이란 표현은 "입양한 아들"(롬 8:15, 23)에 반대되는 표현으로 오로지 예수 그리스도에게만 적용할 수 있는 용어이다. 하나님은 가장 소중한 "자기 아들"을 우리들의 죄 문제를 해결하시기 위해 갈보리(Calvary) 언덕 위에서 십자가의 형틀에 매달려 죽게 내버려 두신 것이다. 머레이(Murray)는 "아버지의 가장 큰 선물, 우리에게 주신 가장 귀중한 희생은 물건들이 아니었다. 그것은 소명도 아니요, 칭의도 아니요, 영화도 아니었다. 그것은 사도가 그의 결론으로 내린(롬 8:39) 안전도 아니었다. 이런 것들은 하나님의 은혜로운 계획의 성취로 배분된 호의들이었다. 그러나 말로 표현할 수 없고 비교될 수 없는 선물은 그의 자신의 아들을 포기한 것이었다."[437]라고 심금을 울리는 설명을 한다. 십자가의 사건이 바로 하나님이 우리를 위해 가장 귀한 것을 주신 증거이기에 바울은 "자기 아들을 아끼지 아니하시고 우리 모든 사람을 위하여 내주신 이"(롬 8:32)라고 쓰고 있는 것이다.

바울은 하나님의 이런 고귀한 사랑과 희생이 있기에 자신 있게 "누

439 J. Murray, *The Epistle to the Romans*, Vol. I (*NICNT*), p. 326.

가 능히 하나님께서 택하신 자들을 고발하리요 의롭다 하신 이는 하나님이시니 누가 정죄하리요 죽으실 뿐 아니라 다시 살아나신 이는 그리스도 예수시니 그는 하나님 우편에 계신 자요 우리를 위하여 간구하시는 자시니라"(롬 8:33-34)라고 선언하고 있는 것이다. 박윤선 박사는 "신자들이 정죄 받을 수 없는 유일한 이유는, 그들을 의롭다고 하신 이가 하나님이시기 때문이다. 그들이 자신에 있어서는 의롭지 못하나, 하나님께서 그들을 그리스도의 피로 인하여 의롭다고 간주해 주셨다."[440]라고 설명한다. 바울은 하나님의 구속계획의 진행 과정에서 성도들이 확실한 안전을 보장받고 있음을 확인하고 있다. 로마서 8:33-34의 구절에 함축된 바울의 의도를 바로 이해하기 위해서는 "누가 정죄하리요"(롬 8:34)라는 질문이 이전 구절인 로마서 8:32-33과 연계된 표현인지, 아니면 뒤따라오는 로마서 8:34과 연계되어 사용되었는지를 밝히는 것이 필요하다. "누가 정죄하리요"를 로마서 8:32-33과 연계하여 이해하면 바울이 전 구절에서 하나님이 우리를 위해 그의 소중한 아들을 십자가에서 죽게 하셨고(롬 8:32), 우리를 의롭다고 하신 분이 바로 하나님이신데(롬 8:33) "누가 정죄하리요"(롬 8:34)라고 설명함으로 택하심을 받은 자들의 안전을 의문으로 표하는 것이다. 그리고 "누가 정죄하리요"를 뒤따라오는 로마서 8:34과 연계시켜 이해하면 "누가 정죄하리요"는 질문인데 그 질문에 대한 답이 예수님이 죽으시고, 다시 살아나시고, 하나님 우편에 앉아 계시고, 우리를 위해 간구하고 계신다는 말씀으로 제기된 질문에 대한 근거를 마련함으로 답을 하고 있다고 해석하는 것이다. 우리는 여기서 "누가 정죄하리요"를 이전 구절과 연계시키든지 뒤따라오는 구절과 연계시키든지 크게 문제될 것

440 박윤선, 『성경주석. 로마서』 (1969), p. 255.

이 없음을 먼저 밝힌다.

하지만 문맥에 비추어 본 구절을 접근할 때 "누가 정죄하리요"(롬 8:34)를 이전 구절과 연계시키는 것이 바울의 사상에 부합하다고 사료된다. 그 이유를 두 가지로 정리할 수 있다. 첫째, 하나님은 그들을 의롭다 하신 분이다. 만약 최고의 판사이신 하나님이 의롭다고 선언하시면 그 선언은 진실한 것이요 모든 사람은 잠잠해야 한다. 하나님이 의롭다 하셨는데 누가 정죄할 수 있겠는가라는 논리이다. 둘째, "누가 정죄하리요"가 뒤따라오는 로마서 8:34과 연계되면, 질문에 대한 답이 그리스도와 연계되고 결국 예수님이 의롭게 하시는 분(justifier)이라는 결론에 이르게 된다. 그러나 성경은 예수님이 의롭게 하시는 분이 아니요 하나님이 의롭다고 인정하시는 분이며 그리스도는 의롭게 될 수 있는 근거를 마련하신 분이라고 가르친다. 그리스도가 의를 성취하셨기 때문에 우리가 그의 의를 전가 받아 의롭게 된 것이다(롬 3:22; 4:25; 5:18-19).[441] 바울은 하나님께서 택하신 자들을 의롭다고 선언하셨으므로 아무도 택한 자들을 정죄할 수 없다고 확인한 다음 하나님이 택하신 자들을 의롭다고 선언하실 수 있었던 근거를 제시한다. 바울은 구속을 성취하신 그리스도의 생애의 네 가지 사건을 언급함으로 그 근거를 제시한다. 바울은 "예수님의 죽음"(Death), "예수님의 부활"(Resurrection), "예수님의 승귀"(Exaltation), 그리고 "예수님의 중보기도"(Intercession)등 중요한 사역을 요약한다(롬 8:34).

바울은 아무도 택하신 자를 정죄할 수 없는 근거로 먼저 "예수님의 죽음"을 언급한다. 예수님은 우리를 대신해서 반드시 죽으셔야만 한다. 인간은 모두 죄인이다. 죄의 값은 사망이기 때문에(롬 6:23) 사람

441 참조, J. Murray, *The Epistle to the Romans*, Vol. I (*NICNT*), p. 327.

이 죽으면 자신의 죄 때문에 죽는 것이다. 그런데 예수님은 전혀 죄가 없으신 분이어서 죽으실 필요가 없다. 하지만 하나님은 우리를 사랑하셔서(롬 5:8) 우리 대신 예수님을 죽음에 넘기심으로 우리에게 의롭게 되는 길을 열어 주셨다. 하나님은 우리가 예수님을 믿으면 예수님이 성취하신 의를 우리가 전가 받을 수 있도록 허락하신 것이다. 죄인인 우리가 죽어야 할 그 자리에 죄 없으신 예수님이 죽으심으로 하나님의 우리를 향한 사랑과 죄를 심판하셔야 하는 공의가 동시에 빛을 보게 된 것이다. 그래서 바울은 성도들의 구원을 위해 예수님이 죽으셔야만 한다는 교훈을 이미 언급한 바 있다(롬 3:24-25; 4:25; 5:8-11; 6:8-11; 8:3-4). "예수님의 부활"은 "예수님의 죽음"과 떼려야 뗄 수 없는 동전의 양면과 같은 관계이다. 하나님은 예수님을 죽은 자들 가운데서 부활시키심으로 예수님의 죽음이 하나님의 뜻을 성취하신 것임을 확인하셨다(빌 2:8-9). 성도들은 예수님의 죽음이 필요한 것처럼 예수님의 부활 역시 반드시 필요하다. 예수님의 죽음이 없으면 성도들은 의롭게 될 수 없고, 예수님의 부활이 없으면 성도들은 영생을 보장받을 수 없게 된다. 그래서 바울은 "만일 죽은 자가 다시 살아나는 일이 없으면 하나님이 그리스도를 다시 살리지 아니하셨으리라"(고전 15:15; 참조, 고전 15:13, 16)라는 약간 이상한 논리를 사용하여 예수님의 부활을 강조하고 있는 것이다. 우리들은 성도들의 부활을 논할 때 그 방향을 예수님의 부활에서 성도들의 부활로 잡는다. 그런데 바울은 성도들의 부활에서 예수님의 부활로 그의 논리를 전개시킨다. 바울은 특별한 방법을 동원하여 성도들의 부활의 필연성을 강조하고 있는 것이다. 바울은 "그는 하나님 우편에 계신 자요"(롬 8:34)라는 표현으로 "예수님의 승귀"를 설명한다. 예수님의 승귀는 사실상 그의 부활로부터 시작한다. 예수님은 하나님의 아들이시지만 성육신(Incarnation)하심으로 비하의 상태로 들어오셨고(롬 8:3), 부활(Resurrection)하심으로 "살려주는 영"(the Life-giving Spirit)이 되셔서 승귀의 상태로 진입하셨다(고전 15:45; 고후 3:17). 바울이 "하나님 우편"(롬 8:34)을 언급했는데 하나님은 영이시기 때문에(요 4:24) 하나님의 우편은 장소를 가리키지 않는다. 하나님의 우편은 존귀의 자리, 권세의 자리, 영광의 자리, 그리고 심판의 자리를 뜻한다(요 17:1, 5). "예수님의 중보기도"는 예수님이 승천하신 이후에도 그의 택하신 자들을 위해 계속된다(참조, 요 17:1-26; 눅 24:50-53; 행 1:3-5; 딤전 2:5; 히 8:6; 9:15; 12:24). "중보기도"(Intercession)는 한 성도가 다른 성도를 위해서 할 수 있는 기도가 아니다. 성도들을 위한 중보자는 오직 예수 그리스도 한 분 뿐이시다.[442] 예수님은 성육신 기간에도 그에게 속한 백성들 곧 성도들을 위해 중보기도를 하나님께 드리셨을 뿐만 아니라 승천 이후에도 계속해서 성도들을 위해 중보기도를 드리신다. 그래서 히브리서 저자는 "그리스도께서는 참 것의 그림자인 손으로 만든 성소에 들어가지 아니하시고 바로 그 하늘에 들어가사 이제 우리를 위하여 하나님 앞에 나타나시고"(히 9:24)라고 가르친다.

---

442 일반 국어사전에서 "중보"의 정의를 찾아보면 "둘 사이에 들어 일을 주선하는 사람"이라는 설명과 함께 "개신교에서, 사람과 하나님 사이에서의 예수의 직분, 곧 그리스도가 인간에게는 그 죄를 사하고, 하나님에 대하여는 뭇 사람의 죄를 홀로 지고 죽은 일"이라고 정의한다. 참고, 『동아 새국어사전』, 이기문 감수 (서울: 동아출판, 1997), p. 2030. 원래 중보자는 예수님 한 분 뿐이시기에 성도들은 "중보기도"를 할 수 없는 것이 성경의 교훈이지만 현재 목회 현장에서 "중보기도"라는 용어를 자주 사용하는 것을 본다. 그 이유는 바울이 성도들에게 기도를 권하면서 "간구와 기도와 도고와 감사"(딤전 2:1) 기도를 하라고 권고를 했는데 1611년에 출판된 흠정역(AV)이 "도고"(ἐντεύξεις)를 중보의 의미가 있는 intercession으로 번역한데서 크게 영향을 받은 것 같다. 한글 번역 중 개역과 개역개정은 "도고"로 번역했으며, 공동번역과 공동번역개정판은 "간청"으로 번역했고, 바른성경은 "간구"로 번역했으며, 표준새번역과 표준새번역개정, 새번역 신약전서, 표준신약전서는 모두 "중보기도"로 번역했다. 그러므로 목회자들과 성도들이 심각하게 생각하지 않고 다른 사람을 위한 기도를 "중보기도"라는 명칭으로 사용하는 것 같다. 이와 같은 용어 사용에 대해 정죄할 일은 아니지만 우리의 중보자는 예수님 한 분 뿐이라는 성경의 교훈을 잊지 않는 것이 좋다.

롬 8:35-37 바울은 지금까지 아무도 성도들을 정죄할 수 없는 근거로 예수님의 사역의 네 가지 부분을 언급했지만 그것은 사실상 예수님의 사역 전체를 언급한 것이나 다름이 없다. 바울은 아무도 성도들을 정죄할 수 없는 확실한 근거로 예수님의 성육신으로부터 시작하여 승천하시기까지의 예수님의 전체 구속 성취 과정을 제시하는 것이다. 그래서 바울은 우리의 구원을 위해 죽기까지 순종의 삶을 사신 그리스도가 계시는데 "누가 우리를 그리스도의 사랑에서 끊으리요"(롬 8:35)라고 확신 있게 선언하고 있는 것이다. "그리스도의 사랑"(τῆς ἀγάπης τοῦ Χριστοῦ)은 성도들의 그리스도를 향한 사랑을 뜻하지 않고, 성도들을 향한 그리스도의 사랑을 뜻한다. 바울이 본 맥락에서 "우리를 사랑하시는 이"(롬 8:37), "우리 주 그리스도 예수 안에 있는 하나님의 사랑"(롬 8:39)과 같은 표현을 사용한 것은 "그리스도의 사랑"이 성도들을 향한 것임을 확인한다. 바울은 성도들을 구원하시기 위해 자신의 독생자를 희생시키신 하나님의 사랑(롬 5:8)과 성도들을 위해 낮아지시고, 죽으시고, 부활하신 예수님의 사랑(마 16:21-23)을 생각하면서 이 세상의 누구도 또 무엇도 그 사랑에서 성도를 떼어 낼 수 없다고 확신하고 있다. 성도들의 예수님을 향한 사랑은 변할 수 있지만 예수님의 성도들을 향한 사랑은 변할 수 없다. 바로 이런 변할 수 없는 예수 그리스도의 사랑이 성도들의 평강과 소망의 근거가 될 뿐만 아니라 성도들의 구원의 근거도 된다.[443] 그래서 바울은 확신을 가지고 "환난이나 곤고나 박해나 기근이나 적신이나 위험이나 칼"(롬 8:35)도 그리스도의 사랑에서 성도들을 끊어낼 수 없음을 단언하는 것이다. 바울은 이제 자신이 방금 언급한 여러 가지 고통과 고난을 시편 44:22(LXX 43:22)을 인용하여 증

443 C. Hodge, *A Commentary on Romans* (1975), p. 290.; J. Murray, *The Epistle to the Romans,* Vol. I (*NICNT*), p. 330.

명하고 있다. 바울은 "우리가 종일 주를 위하여 죽임을 당하게 되며 도살할 양같이 여김을 받았나이다"(롬 8:36)라고 시편 44:22을 칠십인경(LXX)에서 용어 하나 바꾸지 않고 정확하게 인용한다.[444] 바울은 바로 전 절인 로마서 8:35에서 열거한 여러 가지 고난과 핍박이 모든 시대의 성도들이 한 평생 살면서 겪어야 할 목록 중 일부임을 확인하고 있는 것이다. 구약시대의 하나님의 백성들이 하나님께 순종하기 위해 겪었던 고난과 고통을 신약시대의 성도들도 주님께 순종하기 위해 똑같이 겪게 되는 것이다. 시편에 언급된 "종일"(all the day long)을 바울이 그대로 인용한 것은 구약시대의 하나님의 백성들이나 신약시대의 성도들이 항상 순교 당할 위험에 노출되어 있음을 설명하며, 항상 죽임을 당할 처지에 놓여 있음을 말하는 것이다(롬 8:36). 성도들을 향한 핍박자들의 횡포는 항상 존재하는 것이다.

바울은 이제 성도들 앞에 이런 핍박과 고난이 많이 있지만 성도들은 승리의 깃발을 들게 될 것임을 확신한다. 바울은 성도들의 부정적인 상황에서 긍정적인 상황에로의 반전을 표시하는 "그러나"(ἀλλά)로 본 구절(롬 8:37)을 시작한다.[445] 그래서 바울은 "그러나 이 모든 일에 우리를 사랑하시는 이로 말미암아 우리가 넉넉히 이기느니라"(롬 8:37)라

---

444 바울의 인용은 용어 하나만 철자가 약간 다르나 같은 의미를 가진 용어를 사용했다는 점이다. 바울이 인용한 롬 8:36의 첫 용어가 ἕνεκεν인 반면 LXX 43:22의 첫 용어는 ἕνεκα이다. 그런데 두 용어는 서로 교대로 사용할 수 있는 용어이기에 큰 문제가 없다. 두 용어 모두 "on account of," "for the sake of," "by reason of"의 뜻으로 사용된다(참고, 마 5:10, 11; 10:18, 39; 눅 6:22; 9:24; 고후 7:12).

445 "ἀλλά adversative particle indicating a difference with or contrast to what precedes, in the case of individual clauses as well as whole sentences *but, yet, rather, nevertheless, at least.*" See, W.F. Arndt and F.W. Gingrich, *A Greek-English Lexicon of the New Testament and other Early Christian Literature* (Grand Rapids: Zondervan, 1969), p. 37. 로마서 8:37의 "그러나"는 이전 구절들인 롬 8:35-36에 묘사된 성도들의 부정적인 상황을 긍정적인 상황으로 전환시키는 역할을 한다.

고 선언하는 것이다. 바울은 "이 모든 일에"라는 표현으로 성도들이 겪어야 할 모든 고난과 고통이 계속적으로 존재할 것임을 인정한다. 그러나 바울은 성도들을 "사랑하시는 이"이신 예수 그리스도가 계시기 때문에 성도들은 승리의 삶을 살 수 있다(롬 8:34 참조)라고 말한다. 본문에 사용된 "사랑하시는"(ἀγαπήσαντος)이란 표현을 과거시상으로 사용한 것은 그리스도의 십자가상의 죽음에서 나타난 성도를 향한 사랑을 뜻하는 것으로 이해된다. 십자가상의 죽음으로 보여주신 예수님의 사랑은 "예수 그리스도는 어제나 오늘이나 영원토록 동일하시니라"(히 13:8)라는 말씀처럼 그의 사랑 역시 영원토록 동일하신 것이다. 바울은 성도들의 삶이 순탄하지는 않을 것이지만 우리를 사랑하시는 예수 그리스도 때문에 성도들은 "넉넉히 이기는"(롬 8:37) 승리자들이 될 것임을 확신하고 있다. 바울이 사용한 "넉넉히 이긴다"(ὑπερνικῶμεν)라는 표현은 신약성경에서 본 구절에서만 단 한 번 사용된(hapax legomenon) 용어로 완전하고 철저하게 승리할 것임을 확신하는 의미를 가지고 있다.

롬 8:38-39 바울은 이제 가장 강한 표현으로 그의 확신을 설명한다. 바울은 "내가 확신하노니 사망이나 생명이나 천사들이나 권세자들이나 현재 일이나 장래 일이나 능력이나 높음이나 깊음이나 다른 어떤 피조물이라도 우리를 우리 주 그리스도 예수 안에 있는 하나님의 사랑에서 끊을 수 없으리라"(롬 8:38-39)라고 선포한다. 바울은 이 세상의 어떤 것도 성도들을 예수 그리스도 안에 있는 하나님의 사랑에서 끊을 수 없음을 분명히 한다. 우리는 본 구절에서 "사망과 생명," "천사들과 권세자들," "현재 일과 장래 일," "높음이나 깊음"과 같은 짝으로 형성된 표현을 발견하지만 "능력이나"와 같은 독립적인 표현이 있는 것으로 보아 바울이 여기서 반드시 짝을 만들어 설명했다고 이해할 필요는 없다.[446] 그리고 "다른 어떤 피조물이라도"(롬 8:39)와 같은 표현은 여러 가지 항목을 포함시키는 표현으로 이 세상의 어떤 것일지라도 하나님의 사랑에서 끊을 수 없음을 확인하는 것이다.

"그리스도 안에 있는 하나님의 사랑"은 성도들에게 사망으로부터 승리하게 하셨고(고전 15:55-56), 성도들에게 영생을 확보해 주셨고(요 5:24; 고후 4:10), 천사들까지도 "구원받을 상속자" 즉 성도들을 섬기도록 만들어 주셨고(히 1:14), 성도들의 모임인 교회를 통해 "하늘에 있는 통치자들과 권세자들에게 하나님의 각종 지혜를 알게" 하는 특권을 주셨고(엡 3:10), 성도들을 과거, 현재, 미래의 모든 죄로부터 해방시켜 주셔서 장래의 영광에 참여하게 하셨고(롬 6:22; 8:28), 성도들이 예수님의 부활의 능력에 참여하게 하셨고(롬 6:5; 고전 1:18; 15:45-49), 성도들을 신령한 자로 만들어 주셔서 하나님께서 성도들에게 주신 하나님의 높고 깊은 은혜를 깨달을 수 있게 만들어 주셨고(고전 2:10-16), 성도들을 이 세상의 어떤 피조물보다 더 귀하게 만들어 주셨다(마 6:26; 눅 12:30-32; 엡 2:10; 벧전 2:9). 그래서 바울이 "우리를 우리 주 그리스도 예수 안에 있는 하나님의 사랑에서 끊을 수 없으리라"(롬 8:39)라고 말한 것은 아무도 어떤 것도 예수 그리스도를 통해 성취된 하나님의 사랑으로부터 성도들을 분리시킬 수 없다는 것을 뜻한다.[447]

---

446 헬라어의 구조를 보면 바울이 반드시 항목들을 짝으로 만들어 사용했다고 볼 수 없다. 바울은 "οὔτε"(neither...nor)로 모든 항목을 연결시키고 있다. 참고로, RSV는 "neither death, nor life, nor angels, nor principalities, nor things present, nor things to come, nor powers, nor height, nor depth, nor anything else in all creation"라고 번역했다.

447 Constantine R. Campbell, *Paul and Union with Christ* (2012), p. 130.

로마서 9장
주해

9장 요약

로마서 9:1-11:36

은 그 당시 사회적 문제일 뿐만 아니라 항상 바울의 마음을 괴롭히고 있는 문제였던 자신의 동족 이스라엘 백성의 구원 문제를 다룬다. 바울은 하나님의 언약 백성이요 율법을 책임 맡은 유대인들이 예수 그리스도와 복음을 배척하는 일 때문에 늘 괴로워하고 안타깝게 여기고 있었다. 그래서 바울은 9장부터 11장까지 자신의 "형제 곧 골육의 친척"(롬 9:3)의 구원문제를 구체적으로 다룬다.

로마서 9장은 새로운 주제를 다루기 시작함으로 문법적으로도 이전 구절들과 연결을 짓지 않는다. 하지만 로마서 9장 이하의 내용은 구속역사의 큰 틀에서 볼 때 이전 구절들과 전혀 관계가 없는 것은 아니다. 바울은 인류 전체의 구원 문제를 다룬 이후 자신의 동족인 이스라엘의 구원 문제를 구체적으로 다루기를 원했을 것이다. 바울은 그리스도가 육신으로는 유대인의 계통으로 태어나셨기 때문에 유대인들이 복을 받은 백성들이지만(롬 9:5), "아브라함의 씨가 다 그의 자녀가 아니라 오직 이삭으로부터 난 자라야 네 씨라 불리리라"(롬 9:7)라고 말함으로 진정한 아브라함의 씨는 선택적으로 이루어질 것을 말한다. 그래서 바울은 같은 아브라함의 아들인 사라(Sarah)의 소생인 이삭(Isaac)과 하갈(Hagar)의 소생인 이스마엘(Ishmael)을 구분하여(창 16:11; 17:19) "아브라함의 씨가 다 그의 자녀가 아니라 오직 이삭으로부터 난 자라야 네 씨라 불리리라"(롬 9:7, 개역개정)라고 함으로 약속의 자녀가 하나님의 백성이라고 말한다. 바울은 계속해서 하나님께서 야곱(Jacob)은 사랑하시고, 에서(Esau)는 미워하셨다는 이야기를 통해 하나님께서 선택하신 자가 하나님의 백성이라고 말한다(롬 9:10-13). 이처럼 구원 받은 하나님의 백성이 되는 것은 하나님께서 정해 놓으신 대상이어야만 한다고 말한다(롬 9:27). 그리고 바울은 하나님의 백성이 되는 길은 오직 믿음의 길이라고 천명한다(롬 9:30-32). 바울은 자신의 동족인 이스라엘이 "믿음을 의지하지 않고 행위를 의지함이라 부딪칠 돌에 부딪쳤느니라"(롬 9:32)라고 하며 안타까움을 표한다.

1. 동족에 대한 바울의 심정(롬 9:1-5)

1-2 내가 그리스도 안에서 참말을 하고 거짓말을 아니하노라 나에게 큰 근심이 있는 것과 마음에 그치지 않는 고통이 있는 것을 내 양심이 성령 안에서 나와 더불어 증거하노니 3 나의 형제 곧 골육의 친척을 위하여 내 자신이 저주를 받아 그리스도에게서 끊어질지라도 원하는 바로라 4 그들은 이스라엘 사람이라 그들에게는 양자 됨과 영광과 언약들과 율법을 세우신 것과 예배와 약속들이 있고 5 조상들도 그들의 것이요 육신으로 하면 그리스도가 그들에게서 나셨으니 그는 만물 위에 계셔서 세세에 찬양을 받으실 하나님이시니라 아멘

(롬 9:1-5, 개역개정)

롬 9:1-3 바울은 자신의 동족 이스라엘을 생각하면서 무거운 마음으로 문제를 풀어 나간다. 먼저 그는 자신이 지금 하려고 하는 말은 거짓말이 아니요 참말이라고 천명한다. 바울은 문장의 시작을 "나는 그리스도 안에서 진리를 말하고 있다"(롬 9:1)[448]라고 담대하게 말한다. 바울은 그의 동족을 진정으로 사랑하기 때문에 그들의 구원 문제를 생각할 때마다 큰 근심을 하게 되고 그치지 않는 고통을 느낀다고 고백한다(롬 9:2). 바울의 심정은 출애굽 이후 광야 길에서 이스라엘 백성들이 금 신상을 만드는 죄를 범하자 여호와께서 삼천 명가량을 죽이신 후(출 32:21-31) 모세(Moses)가 여호와께 "이제 그들의 죄를 사하시옵소서 그렇지 아니하시오면 원하건대 주께서 기록하신 책에서 내 이름을 지워 버려 주옵소서"(출 32:32)라고 고백한 모세의 심정과 같은 심정이었을 것이다. 바울의 동족에 대한 사랑은 "사랑은 자기의 유익을 구

448 헬라어는 "Ἀλήθειαν λέγω ἐν Χριστῷ"(롬 9:1)로 "진리"를 맨 앞에 위치시킴으로 "진리"가 강조되어 있다.

하지 아니한다"(고전 13:5)는 말씀과 일치한다.

루터(Luther)는 "사랑은 순수한 기쁨과 즐거움을 가져다줄 뿐만 아니라 마음에 크고 깊은 낙담과 슬픔도 가져다준다. 그러나 사랑은 쓰디쓴 슬픔 가운데서도 기쁨과 달콤함이 충만함을 제공한다. 왜냐하면 사랑은 다른 사람의 비참함과 상처를 자신의 것으로 생각하기 때문이다. 이처럼 그리스도께서도 그의 마지막이고 위대한 고난 속에서 타오르는 사랑을 열광적으로 나타내 보이셨다."[449]라고 설명함으로 바울의 동족에 대한 사랑을 잘 묘사하고 있다. 바울은 동족에 대한 사랑 때문에 기쁨과 함께 고난과 고통을 감내하는 것이다.

우리는 창세기 22장에 기록된 아버지 아브라함(Abraham)이 독자 이삭(Isaac)을 번제로 바치는 이야기를 읽는다. 성경은 하나님이 아브라함을 시험하시기 위해 아브라함에게 "모리아 땅[450]으로 가서 내가 네게 일러 준 한 산 거기서" 네 아들 이삭을 번제로 바치라고 명령하신다(창 22:1-2). 아브라함은 이삭을 죽여서 태워 하나님께 제물로 바치기 위해

---

449 Luther, *Commentary on the Epistle to the Romans*, p. 120.

450 참고로, 아브라함이 그의 아들 이삭을 바친 장소는 "모리아 땅의 한 산"이다(창 22:1-2). 그런데 역대하의 기록은 "솔로몬이 예루살렘 모리아 산에 여호와의 전 건축하기를 시작 했다"(대하 3:1)라고 전하고, 그 곳이 여호와께서 다윗에게 나타나신 "여부스 사람 오르난의 타작 마당"(대하 3:1)이라고 확인한다. 대하 3:1은 "여부스 사람 오르난"(대하 3:1; 참조, 대상 21:18-27; NIV는 두 곳 모두 "아라우나"로 번역함)으로 기록하고, 삼하 24:18-25은 "여부스 사람 아라우나"로 기록한다. 그러므로 오르난(Ornan)과 아라우나(Araunah)는 동일 인물이다. 솔로몬 성전의 위치와 오르난(아라우나)의 타작마당과 아브라함이 이삭을 바친 모리아 산은 같은 장소이다. 모리아의 한 산에서 아브라함이 이삭을 바친 사건은 예수님의 십자가상의 죽음을 모형적으로 예시하는 사건이다. 그리고 다윗이 그의 큰 죄를 용서받기 위해 하나님께 제사를 드린 오르난의 타작마당에 성전이 건축된 사실은 깊은 뜻을 함축하고 있다. 예수님은 구약의 성전기능을 완성하셨다. 예수님이 성전이 되신 것이다(요 2:19-21). 아브라함이 아들을 바친 그 장소에 성전이 세워지고 예수님은 십자가상에서 제물로 바쳐지심으로 성전이 되셨다. 구약 시대의 하나님의 백성은 성전에서 제물을 바침으로 죄 문제를 해결 받았지만, 신약시대의 성도들은 예수님을 통해서 죄 문제를 해결 받는다. 구약에서 신약으로 이어지는 구속역사의 진전 과정에 비추어 볼 때 이와 같은 변화와 일치는 하나님의 구속계획의 성취를 절묘하게 드러낸다.

3일 길을 간다. 이 3일 길은 아브라함에게는 뼈를 깎는 고난의 시간이요 고통의 시간이었다. 그러나 이런 고난과 고통은 하나님을 사랑하는 아브라함의 사랑을 꺾지 못했다. 아브라함은 "그의 아들 이삭을 결박하여 제단 나무 위에 놓고 손을 내밀어 칼을 잡고 그 아들을 잡으려 하니"(창 22:9-10)라는 말씀이 전하는 것처럼 진실된 마음으로 하나님의 명령에 따라 이삭을 죽여 바치려 했다. 바로 이런 행동이 하나님에 대한 아브라함의 사랑이다. 그래서 하나님은 "네가 네 아들 네 독자까지라도 내게 아끼지 아니하였으니 내가 이제야 네가 하나님을 경외하는 줄을 아노라"(창 22:12, 개역개정)라고 칭찬하시는 것이다. 하나님을 경외하고 사랑하는 사람은 그가 삶을 통해 체험하는 고통과 고난을 극복할 수 있다. 드러몬드(Drummond)는 "사랑에는 아무것도 고생될 것이 없고, 아무것도 어렵지 않다. 나는 그리스도의 '멍에'가 쉬운 것이었다고 믿는다. 그리스도의 '멍에'는 바로 그의 삶의 방식이었다. 그리고 나는 그리스도의 멍에가 다른 어떤 방법보다 더 쉬운 길이었다고 믿는다. 나는 그리스도의 멍에가 다른 어떤 것보다 더 행복한 길이었다고 믿는다."[451]라고 말함으로 우리를 향한 사랑 때문에 그리스도의 십자가의 죽음이 쉬운 길이었다고 설명한다. 그리스도의 우리를 향한 사랑은 그만큼 순수하고 고귀했다.

바울은 그의 동족을 사랑하기 때문에 고통을 느끼면서 그의 심중을 "내 자신이 저주를 받아 그리스도에게서 끊어질지라도 원하는 바로라"(롬 9:3)라고 토로하면서 이스라엘에게 많은 특권이 있었음을 확인한다. 바울은 이스라엘 백성이 선택된 하나님의 백성이요, 하나님은 그들에게 약속과 율법을 주셨고, 하나님은 그들의 조상인 아브라함

451 Henry Drummond, *The Greatest Thing in the World* (New York: Grosset and Dunlap, 1981), p. 26.

과 이삭과 야곱의 하나님이시요, 심지어 그들이 고대하던 메시아이신 그리스도까지 그들의 혈통을 통해서 주셨다고 함으로 이스라엘 백성의 특권을 묘사한다(롬 9:4-5). 바울은 "육신으로 하면 그리스도가 그들에게서 나셨으니"(롬 9:5)[452]라고 말함으로 그가 로마서를 시작할 때 하나님의 아들이 "육신으로는 다윗의 혈통에서 나셨고"(롬 1:3)[453]라는 말씀을 상기하게 한다. 바울은 하나님의 아들 예수 그리스도가 유대인의 혈통을 통해 태어났음을 분명히 한다. 바울은 여기서 이스라엘 백성의 특권을 언급함으로 어쩌면 그들이 곡해하고 있을 수 있는 그리스도를 정확히 전하기 원한 것이다. 샌디(Sanday)와 헤드람(Headlam)은 "바울은 이스라엘의 특권을 열거하고, 그리고 가장 고귀하고 가장 마지막 특권으로 그리스도가 그의 인성으로 오신 것이 유대인 혈통으로부터였음을 상기하고, 그런 다음 육신으로는 유대인의 메시아로 오신 이 이신 예수님이 승귀하신 상태로 계속 거하시고 계신 것을 강조하고 있다."[454]라고 정리한다.

롬 9:4-5 바울은 이제 자신의 형제 곧 골육친척의 특권들을 언급한다(롬 9:4). 그들은 이스라엘 사람(Israelites)이라는 특권을 누렸다(창 32:22-28; 롬 9:4). 이 말씀은 그들이 야곱(Jacob)의 후손이라는 뜻이다. 야곱은 얍복(Jabbok) 나루에서 하나님과 씨름을 한 후 하나님으로부터 "네 이름을 다시는 야곱이라 부를 것이 아니요 이스라엘(Israel)이라 부를 것이니 이는 네가 하나님과 및 사람들과 겨루어 이겼음이니라"(창 32:28)

452 롬 9:5의 헬라어 원본은 ἐξ ὧν ὁ Χριστὸς τὸ κατὰ σάρκα 라고 읽는다.

453 롬 1:3의 헬라어 원본은 ἐκ σπέρματος Δαυὶδ κατὰ σάρκα 라고 읽는다.

454 William Sanday and Arthur C. Headlam, *A Critical and Exegetical Commentary on the Epistle to the Romans* (Edinburgh: T & T Clark, 1975), p. 235.

라는 말씀을 받았다. 그러므로 이스라엘이란 명칭은 존귀의 명칭일 수밖에 없다(참조, 요 1:47, 49; 3:10; 12:13). 유대인들은 이스라엘이라는 존귀의 명칭으로 불렸지만 메시아를 받아들이지 않고 십자가에 죽게 하는데 큰 역할을 하였다. 그들의 특권이 그들의 징벌을 더 중하게 만들었다.

그들은 양자(adoption)로 세움을 받은 특권을 누렸다(출 4:22; 신 14:1-2; 시 89:27; 사 43:20; 렘 31:9; 호 11:1). 하나님이 이스라엘을 부르시고 양자로 삼으셔서 세상의 모든 민족들로부터 그들을 구별하시고 하나님 자신의 백성으로 삼으신 것은 이스라엘에게 고귀한 영광일 수밖에 없다. 하지만 구약시대에 이스라엘의 양자됨은 신약시대에 그리스도 안에서 양자됨과 차이가 있다(롬 8:15, 23). 핫지(Hodge)는 "전체 구약의 경륜이 신약의 축복들의 모형이요 그림자였던 것처럼, 이스라엘 백성의 양자됨은 신자들의 양자됨의 예시였다."[455]라고 하여 구약 이스라엘 백성의 양자됨과 신약 성도들의 양자됨의 차이를 잘 설명하고 있다. 머레이(Murray)도 "때가 찼을 때(갈 4:4) 그리스도에 의해 확보된 양자됨은 의식적인 제도(ceremonial institution) 하에서의 이스라엘의 피후견인과 비교할 때 성숙하고 자격이 충분한 양자됨이다. 이 차이는 구약과 신약 사이에 존재하는 특징과 조화를 이룬다. 옛 것은 준비적이요, 새것은 완성적이다."[456]라고 설명함으로 그리스도가 확보하신 양자됨의 탁월성을 천명한다. 바울은 이스라엘 백성의 양자됨이 그리스도의 구속 성취의 경륜 속에서 양자됨과는 비교가 안 되지만 그럼에도 불구하고 이스라엘 백성의 양자됨은 그들에게 특권이요 영광이라고 설명한다(롬

---

455 C. Hodge, *A Commentary on Romans* (1975), p. 299.

456 John Murray, *The Epistle to the Romans,* Vol. 2 (*NICNT*), p. 5.

9:4). 이스라엘 백성은 다른 어느 백성도 누릴 수 없는 양자됨의 특권을 누리면서 살았다.

그들은 하나님의 영광(glory)이 그들에게 임재하시는 특권을 누렸다. 하나님은 시내 산(Mt. Sinai)에서 그의 영광을 드러내 보이셨다(출 24:16-17). 여호와의 영광이 성막에 충만하였다(출 40:34-35). 여호와의 영광이 여호와의 성전에 가득하였다(왕상 8:11; 대하 7:1-2). 여호와의 영광은 이스라엘과 함께 계신 하나님의 임재를 표시하는 것으로 이는 다른 민족에서는 찾을 수 없는 이스라엘의 특권이었다. 그들은 하나님과 언약(covenant)을 맺은 백성이라는 사실을 특권으로 여겼다. 본문은 "언약들"(αἱ διαθῆκαι)로 표현하여 복수형을 사용한다. 문장의 구성이 "양자됨"(단수형), "영광"(단수형), "언약들"(복수형), "율법을 세우신 것"(단수형), "예배"(단수형), "약속들"(복수형)로 "언약들"이 단수형 사이에 위치해 있다. "약속들"의 경우는 하나님께서 구약의 아브라함과 이삭과 야곱에게 주신 약속들이 많이 있기 때문에 복수형으로 사용해도 하등의 문제가 되지 않는다. 하지만 "언약"은 에덴 동산(the garden of Eden)의 시기를 제외하고는 구약시대나 신약시대나 "은혜언약"(The Covenant of Grace) 하나만 존재한다. 그래서 바울이 본 구절에서 복수형 언약을 사용한 이유가 무엇인지 의구심을 가질 수밖에 없고 바울이 복수형을 사용했다면 그 의미는 무엇인지 밝힐 필요가 있다. 우선 본 구절의 "언약"이 단수이어야 하느냐 복수이어야 하느냐에 대한 사본의 문제가 존재한다.[457] 사본학적으로 볼 때 복수형보다는 단수형을 지지하는 사본이 더

457 본 구절의 "언약"을 복수형(αἱ διαθῆκαι)으로 사용한 사본들은 ℵ, C, K, Ψ, 33, 81 등이며, 단수형(ἡ διαθήκη)으로 사용한 사본들은 P^{46}, B, D^{gr}, G^{gr}, Origen, Cyprian, Chrysostom, Jerome 등이다. United Bible Societies 편집위원들은 (1) 서사자들이 "언약들" 앞과 뒤에 나오는 단어들이 모두 단수임으로 "언약들"도 단수로 일치시키기 원하는 유혹을 받았을텐데 복수형인 "언약들"을 그대로 쓴 것은 복수형이 원본이었을 가능성이 있으며, (2) "언약들"을 복

신빙성이 있다. 하지만 본문에서 "복수형"을 택해도 아무런 문제가 없다. "언약"을 단수형으로 받을 경우 본문의 뜻은 바울이 아직 충분히 계시되지 않은 구약적 은혜언약을 가리켰다고 해석할 수 있고, "언약"을 복수형으로 받으면 바울이 아브라함과의 언약, 이삭과의 언약, 야곱과의 언약, 다윗과의 언약을 생각하며 복수형을 사용했을 것으로 해석하는 것이다.

그들은 하나님께서 그들에게 "율법을 주신"(the giving of the law) 사실을 특권으로 생각했다. 하나님은 시내산에서 이스라엘 백성에게 하나님의 법을 계시해 주셨다. 바울은 이스라엘 백성이 시내산에서 하나님의 율법을 받은 사실을 생각하며 이스라엘이 다른 민족과 비교하여 특별한 백성임을 기억했을 것이다. 바울은 이스라엘 백성들에게 "예배"(the worship)와 "약속들"(the promises)이라는 특권이 있었다고 설명한다(롬 9:4). "예배"는 유대인들이 장막과 성전에서 행했던 제사 의식을 가리키고(히 9:1-6), "약속들"은 메시아이신 그리스도와 그의 왕국에 대한 약속들을 가리킴에 틀림없다(갈 3:16, 21; 행 26:6). 바울은 로마서 9:4에 이어서 유대인들의 특권을 언급하면서 "조상들도 그들의 것이요"(롬 9:5)라고 말한다. 유대인들은 아브라함(Abraham)과 이삭(Isaac)과 야곱(Jacob)이 자신들의 조상이라는 사실을 자랑으로 생각했다(롬 4:1, 12, 16, 18; 9:7, 10; 행 3:13, 25). 유대인들은 또한 다윗(David)을 그들의 조상 중에 귀중한 분으로 생각했다. 바울이 "그의 아들에 관하여 말하면 육신으로는 다윗의 혈통에서 나셨고"(롬 1:3; 참조, 마 1:1; 눅 1:32, 69; 요 7:42; 행

수형으로 사용하면 신학적인 문제가 대두될 것이므로 언약을 단수형으로 고치기를 원했을텐데 그대로 둔 것은 "언약들"이 원형이었기 때문이라고 결론을 내린다. 하지만 UBS 편집위원들은 "언약들"(αἱ διαθῆκαι)을 원문으로 택하면서 그들의 평가 기준은 {C}로 매겼다. Cf. Bruce M. Metzger, *A Textual Commentary on the Greek New Testament* (1971), p. 519.

2:29; 13:22-23; 딤후 2:8; 계 22:16)라고 말한 사실이 이를 확인한다. 바울이 여기서 "조상들도 그들의 것이요"(롬 9:5)라고 말하는 것은 몇 명의 조상에 국한시키지 않고 하나님의 구속역사 진행에 탁월한 역할을 한 모든 조상들을 포함시키고 있다고 해석하는 것이 바르다.[458]

바울은 이제 이스라엘 백성들의 마지막 특권으로 "육신으로 하면 그리스도가 그들에게서 나셨으니"(롬 9:5)라고 함으로 다윗의 계통으로 하나님의 아들이 성육신(Incarnation)하신 사실을 언급한다. 우리가 여기서 주목해야 할 사항은 바울이 지금까지 언급한 이스라엘 백성의 특권을 언급할 때는 그 특권이 그들에게 "있고"와 그들의 "것이요"라고 표현한 반면, 마지막 특권인 메시아의 성육신을 언급할 때는 "그들에게서 나셨으니"라고 표현함으로 메시아가 그들로부터 나왔지 그들에게 속하지 않았음을 분명히 한다는 것이다. 예수님은 구속성취의 계획에 따라 그들로부터 나옴으로 그의 인성(human nature)을 입게 되셨다. 바울은 곧바로 "그는 만물 위에 계셔서 세세에 찬양을 받으실 하나님이시니라 아멘"(롬 9:5)이라고 묘사함으로 그리스도가 신성(divine nature)을 가지신 하나님이심을 분명히 밝힌다. 어떤 이는 송영은 일반적으로 하나님께만 드려지는 것으로 표현되는데(고후 1:3; 엡 1:3; 벧전 1:3) 로마서 9:5에서는 송영이 그리스도에게 드려진 것으로 표현된 것은 문제가 있다고 지적한다. 그래서 제안한 이론은 로마서 9:5의 헬라어 본문 중 "육신으로 하면"(κατὰ σάρκα) 다음에 마침표(period)를 찍어 문장을 둘로 나누고, 로마서 9:5 하반절을 독립적인 송영으로 만들어 그리스도가 아니라 하나님이 송영을 받으신 것으로 처리해야 한다는 것이다. 문장을 그렇게 만들면 "육신으로 하면 그리스도가 그들에게서 나셨다.

---

458 John Murray, *The Epistle to the Romans*, Vol. 2 (*NICNT*), p. 6.

만물 위에 계신 하나님이 세세에 찬양을 받으실지어다. 아멘"[457]이라고 번역할 수 있다. 그러나 이와 같은 시도는 본문에 나타난 바울의 의도를 잘 전달하지 못할 뿐만 아니라 어색하기도 하다. 바울은 그의 종족 이스라엘의 구원 문제를 다루면서 그리스도가 어떤 분이요 어떤 일을 하셨는지를 소개하기를 원한다. 그리고 바울은 그의 서신에서 그리스도가 하나님이심을 분명히 한다(빌 2:6; 골 1:14–17; 2:9; 딛 2:13; 벧후 1:1). 따라서 바울이 본 구절에서 송영을 그리스도에게 드리는 것으로 표현했다고 해서 문제될 것이 없는 것이다.[460] 따라서 본 절의 문장을 둘로 나누는 시도를 할 필요가 없다. 바울은 그리스도가 만물을 창조하신 하나님이시요 영존하신 분으로 찬양을 받으시기에 합당한 분이라고 설명하고 '아멘'이라는 말로 그의 마음의 진정성을 표현한다. 핫지(Hodge)는 "바울이 명백하게 자기가 방금 언급한 그리스도가 그의 인성 혹은 사람으로 하면, 이스라엘 백성의 자손이지만, 다른 관점에서 보면, 그는 최고의 주권자이신 하나님이시며, 혹은 만물위에 계신 분으로 영원히 복을 받으실 분이다."[461]라고 말하고 있다고 올바르게 해석한다. 바울의 관심은 이스라엘 백성에게 필요한 의를 제공하실 이는 그리스도임을 강조하기 원하는 것이지, 송영이 하나님께 드려져야 한다는 것이 아니다.

---

459 영어로 번역하면, "From them came Christ, according to the flesh. God who is over all be blessed forever. Amen."으로 처리할 수 있다.

460 J. Murray, *The Epistle to the Romans*, Vol. II (*NICNT*), p. 6 and Appendix A(pp. 245-248); Hendriksen, *Exposition of Paul's Epistle to the Romans* (*N.T.C.*), p. 315.; C.E.B. Cranfield, *Romans: A Shorter Commentary* (1992), pp. 222-224.; A. Nygren, *Commentary on Romans*, trans. C.C. Rasmussen (1975), p. 359.; C. Hodge, *A Commentary on Romans* (1975), p. 300.

461 C. Hodge, *A Commentary on Romans*, p. 300.

2. 하나님의 주권적 선택(롬 9:6-13)

**[6] 그러나 하나님의 말씀이 폐하여진 것 같지 않도다 이스라엘에게서 난 그들
이 다 이스라엘이 아니요 [7] 또한 아브라함의 씨가 다 그의 자녀가 아니라 오직
이삭으로부터 난 자라야 네 씨라 불리리라 하셨으니 [8] 곧 육신의 자녀가 하나
님의 자녀가 아니요 오직 약속의 자녀가 씨로 여기심을 받느니라 [9] 약속의 말
씀은 이것이니 명년 이 때에 내가 이르리니 사라에게 아들이 있으리라 하심이
라 [10] 그뿐 아니라 또한 리브가가 우리 조상 이삭 한 사람으로 말미암아 임신하
였는데 [11] 그 자식들이 아직 나지도 아니하고 무슨 선이나 악을 행하지 아니한
때에 택하심을 따라 되는 하나님의 뜻이 행위로 말미암지 않고 오직 부르시는
이로 말미암아 서게 하려 하사 [12] 리브가에게 이르시되 큰 자가 어린 자를 섬기
리라 하셨나니 [13] 기록된 바 내가 야곱은 사랑하고 에서는 미워하였다 하심과
같으니라**(롬 9:6-13, 개역개정)

롬 9:6-7 바울은 바로 전 구절에서 자신의 마음에 "큰 근심"과 "그치지 않는 고통"(롬 9:2)이 있는 것을 언급하고 자신은 저주를 받을지라도 자신의 골육친척인 이스라엘 백성이 잘 되기를 소원한다고 표현했다(롬 9:3). 그리고 바울은 이스라엘 백성들이 누렸던 특권들을 설명한 후 메시아이신 예수 그리스도의 탄생이 그들을 통해 나셨음을 설명했다(롬 9:4-5). 그런데 이스라엘 백성들의 대다수는 그리스도를 배척하고 멸망의 길로 가고 있다. 이는 마치 하나님께서 아브라함(Abraham)과 맺은 언약이 취소된 것과 같은 느낌을 갖게 한다. 칼빈(Calvin)은 "그의 백성들의 파멸에 대한 그의 애통함은 하나님께서 아브라함과 맺은 언약이 실패했다는 황당한 입장을 제시하는 것처럼 보인다. (왜냐하면 하나님의 호의는 언약을 폐기하지 않고는 이스라엘 백성들을 버릴 수 없기

때문이다). 그러므로 그는 이와 같은 황당한 주장을 예상하면서 기회를 잡아서 그들의 큰 무지에도 불구하고 언약의 진리가 확고하게 서 있도록 하시는 하나님의 은혜가 유대인 백성들 가운데 계속적으로 남아 있음을 보여주고 있다."[462]라고 해석한다. 그래서 바울은 "그러나 하나님의 말씀이 폐하여진 것 같지 않도다 이스라엘에게서 난 그들이 다 이스라엘이 아니요"(롬 9:6)라고 확인하고 있다. 이 말씀은 하나님의 언약이 폐기된 것이 아니요 하나님이 그의 백성을 선택의 방법으로 세우실 것임을 가르치고 있는 것이다.

바울은 이제 이스라엘 백성이 하나님과의 관계에서 특별한 대우를 받았고 심지어 메시아이신 그리스도가 그들의 혈통에서 태어나는 축복을 받았다는 사실을 상기한 후 선택을 통한 하나님의 구속계획을 설명한다. 그래서 바울은 "아브라함의 씨가 다 그의 자녀가 아니라 오직 이삭으로부터 난 자라야 네 씨라 불리리라 하셨다"(롬 9:7)라고 함으로 하나님의 선택의 방법이 참 이스라엘의 후손을 세우는 방법이 될 것임을 확실히 하고 창세기에서 두 가지의 예를 들어 설명한다. 바울은 먼저 이삭(Isaac)과 이스마엘(Ishmael)의 관계를 예로 들어 설명하고(롬 9:7–9), 다음으로 야곱(Jacob)과 에서(Easu)의 관계를 예로 든다(롬 9:10–13). 바울이 이처럼 두 역사적인 사건을 예로 들어 하나님의 선택의 방법을 설명한 이유는 유대인들의 잘못된 논리를 잠재우고 하나님의 선택에 하나님의 주권이 작용했음을 분명히 밝히기 원해서이다.

창세기의 기록을 보면 아브람(Abram)과 사래(Sarai) 사이에는 자녀가 없었다(창 16:1). 아브람은 아들이 없음으로 자신의 상속자는 다메섹 사람 엘리에셀로 생각하고 있었다(창 15:2–3). 그런데 여호와께서 "네 몸

462 Calvin, *The Epistles of Paul the Apostle to the Romans and to the Thessalonians*, p. 196.

에서 날 자가 네 상속자가 되리라"(창 15:4)라고 아들을 약속하신 것이다. 그런데도 아브람과 사래는 아들을 낳지 못했다. 결국 아브람은 86세 때에 사래의 여종 애굽 사람 하갈(Hagar)을 통해 이스마엘(Ishmael)을 얻는다(창 16:4, 11, 16). 하지만 여호와는 이스마엘을 통해 그의 계획을 진행하시지 않을 것임을 확실히 한다. 그래서 여호와는 아브람이 99세 되었을 때 다시 그를 방문하여 아들을 주실 것을 약속하시고 아브람을 아브라함(Abraham)으로 사래를 사라(Sarah)로 이름을 바꾸어 주신다. 그리고 여호와는 아브라함이 100세가 되면 "네 아내 사라가 네게 아들을 낳으리니 너는 그 이름을 이삭이라 하라"(창 17:19)라고 아들을 약속하신다. 아브라함은 100세 때에 여호와 하나님의 약속대로 사라를 통해 아들 이삭을 얻는다(창 21:1-5). 그리고 여호와 하나님은 이스마엘을 통해서가 아니요, 이삭을 통해서 아브라함의 후손이 복을 받게 될 것이라고 말씀하심으로 육신의 자손이 아브라함의 후손이 아니요, 하나님의 선택을 받은 자가 아브라함의 후손이 될 것이라고 분명히 한다.

그래서 바울은 창세기의 역사적 사실을 근거로 "오직 이삭으로부터 난 자라야 네 씨라 불리리라"(롬 9:7)라고 함으로 하나님의 계획을 밝히고 있는 것이다. 바울은 계속해서 창세기의 이삭과 이스마엘의 관계를 근거로 "육신의 자녀"와 "약속의 자녀"를 비교하고 있다(롬 9:8; 갈 4:21-31). 창세기는 분명히 이스마엘은 "육신의 자녀"이고, 이삭은 "약속의 자녀"라고 명시한 바 있다. 바울은 바로 그 약속의 말씀이 "명년 이때에 내가 이르리니 사라에게 아들이 있으리라"(롬 9:9; 참고, 창 18:10)라고 말씀하신 것이라고 밝힌다. 바울은 이렇게 하나님께서 그의 백성을 세우실 때 혈통의 방법을 통해서가 아니요, 선택의 방법으로 세우실 것임을 분명히 한다.

데니(Denney)는 로마서 9:7을 해석하면서 "하나님은 처음부터 여기에 구별을 만드시고 확실하게 하나님의 약속이 실현되어야 할 아브라함의 씨는 비록 이스마엘이 아브라함을 아버지라고 부를 수는 있었지만 이스마엘의 계통을 통해서가 아니요 이삭의 계통을 통해서 나오게 되어 있음을 선포하셨다."[463]라고 설명한다. 하나님의 구속 계획은 빈틈없이 진행되어 간다. 분명한 것은 여호와 하나님이 아브라함에게 이삭을 주시겠다고 약속하실 때에 아브라함이 하나님의 말씀을 믿었다는 것이다(창 15:6). 믿음의 방법이 하나님의 약속의 성취와 깊은 관계가 있음을 보여준다(롬 4:3).

우리는 여기서 유대인들이 바울의 설명을 논박할 가능성이 있음을 본다. 바울이 이스마엘의 후손을 통해서가 아니요 이삭의 후손을 통해서 하나님의 백성이 세워질 것이라고 말하자 유대인들은 그것은 우리도 동의하고 당연한 결과라고 주장할 수도 있다. 유대인들은 이스마엘은 아브라함의 불법적인 아들이요, 이삭이 합법적인 아들이기 때문에 당연히 이삭의 혈통을 통해서 하나님의 백성이 세워져야 한다고 주장하면서 우리도 이삭의 계통을 통한 하나님의 백성이라고 내세울 수 있다.

바울은 이제 야곱(Jacob)과 에서(Esau)의 관계를 통해 하나님의 선택을 설명함으로 유대인들이 전혀 다른 이론을 펼 수 없게 만든다. 창세기의 기록을 보면 에서와 야곱은 이삭(Isaac)을 아버지로, 리브가(Rebekah)를 어머니로 하고 태어난 쌍둥이 형제였다. 그런데 에서와 야곱이 태어나기도 전에 여호와께서 "두 국민이 네 태중에 있구나 두 민족이 네 복중에서부터 나누이리라 이 족속이 저 족속보다 강하겠고 큰 자가 어린 자를 섬기리라"(창 25:23; 참고, 말 1:2)라고 하시며 야곱을 선택하신다. 바울은 창세기의 역사적 기록을 근거로 "그뿐 아니라 또한"(Οὐ

463 James Denney, "St. Paul's Epistle to the Romans," *The Expositor's Greek Testament*, Vol. II (1980), p. 647.

μόνον δέ, ἀλλὰ καί)이란 표현을 사용하여 이삭과 이스마엘의 관계를 통해서 설명하는 것보다 훨씬 더 믿을 만하고 확실한 예를 말하고자 한다고 시작한다(롬 9:10; 참고, 롬 8:23).

롬 9:8–13 바울은 "하나님의 자녀"가 혈통을 통해서 형성되는 것이 아니요 하나님의 약속으로 형성되는 것임을 확실히 한다. 그래서 바울은 "육신의 자녀가 하나님의 자녀가 아니요 오직 약속의 자녀가 씨로 여기심을 받느니라"(롬 9:8)라고 설명한다. 이 사실을 확증하기 위해 바울은 혈통적으로 보아 아브라함의 자녀가 이스마엘도 있고 이삭도 있었지만 하나님의 말씀이 이삭을 선택한 사실을 분명히 한다. 하나님이 이삭을 주실 때는 "명년 이때에 내가 이르리니 사라에게 아들이 있으리라"(롬 9:9; 참고, 창 18:10)라고 하심으로 확실한 하나님의 약속이 함께 한 사실을 천명한다. 하나님은 이스마엘과 이삭 중에서 이삭을 선택하시고 "약속의 자녀"(롬 9:8)로 삼으신 것이다.

바울은 이어서 "그뿐 아니라 또한"이라는 표현을 통해 아브라함(Abraham)과 사라(Sarah)의 관계에 이어 이삭(Isaac)과 리브가(Rebekah)의 관계를 통해 하나님의 약속의 계속성을 설명한다. 바울은 "리브가가 우리 조상 이삭 한 사람으로 말미암아 임신하였는데"(롬 9:10)라고 말함으로 에서와 야곱의 아버지가 동일한 한 사람(ἐξ ἑνὸς κοίτην)이요 어머니도 같은 한 사람임을 확실히 한다. 에서와 야곱의 관계는 이삭과 이스마엘의 경우와는 큰 차이가 있다. 하나님께서 에서 대신 야곱을 선택할 때 그들은 아직 태어나지도 않았다. 그러므로 하나님의 선택은 그들이 아직 태어나기 전이므로 그들의 행위와는 전혀 관계가 없다. 그래서 바울은 "하나님의 뜻이 행위로 말미암지 않고 오직 부르시는 이로 말미암아 서게 하려 하사"(롬 9:11)라고 하심으로 하나님이 주권적으로 선택하셨음을 분명히 한다. 하나님은 그들이 태어나기도 전에 "큰 자가 어린 자를 섬기리라"(롬 9:12; 참고, 창 25:23)라고 리브가에게 약속하셨고, 바울은 "내가 야곱은 사랑하고 에서는 미워하였다"(롬 9:13; 참고, 말 1:2-3)라는 말씀을 인용함으로 하나님의 주권적인 선택을 다시 한 번 확인한다.

머레이(Murray)는 "선택은 영원한 것처럼 주권적이다. 로마서 9:11이 에서와 야곱의 차이를 선택에 따른 하나님의 목적에서 찾게 하고 또한 선택에 따른 하나님의 목적을 옹호하도록 안내하는데 이와 같은 진리를 로마서 9:11 보다 더 명백하게 보여주는 다른 성경 구절은 없다."[464]라고 함으로 선택이 영원하고 주권적이며 하나님의 목적을 성취하는 역할을 한다고 설명한다. 핼대인(Haldane)은 "하나님이 야곱은 선택(選擇)하시고 에서는 유기(遺棄)하심으로 하나님 자신의 목적만 고려했음이 명백하게 입증 된다."[465]라고 설명함으로 하나님의 선택의 방법은 하나님의 목적을 성취하시기 위한 방법이었다고 확인한다. 하나님은 그의 백성을 선택하실 때 영원 전에 그리스도 안에서 선택하셨다. 아버지 하나님이 우리를 선택하실 때 그리스도와 관계없이 우리를 선택하실 수는 없다. 그래서 바울은 "찬송하리로다 하나님 곧 우리 주 예수 그리스도의 아버지께서 그리스도 안에서 하늘에 속한 모든 신령한 복을 우리에게 주시되 곧 창세전에 그리스도 안에서 우리를 택하사"(엡 1:3-4, 개역개정)라고 선언하고 있는 것이다. 박윤선은 "하나님께서 에서를 '미워하셨다' 함은, 여기서 심리적인 증오(憎惡)를 말함이 아

464 John Murray, "Elect, Election," *Baker's Dictionary of Theology* (Grand Rapids: Baker, 1975), p. 179.

465 Robert Haldane, *Exposition of the Epistle to the Romans* (1960), p. 452.: "It was hereby clearly established that, in choosing Jacob and rejecting Esau, God had respect to nothing but His own purpose."

니고, 택하지 않으셨다는 뜻이다."[466]라고 해석한다. 하나님의 구속적 계획은 그의 주권적인 선택을 통해 계속 진행되어 간다.

3. 하나님의 긍휼(롬 9:14-18)

> **[14] 그런즉 우리가 무슨 말을 하리요 하나님께 불의가 있느냐 그럴 수 없느니라**
> **[15] 모세에게 이르시되 내가 긍휼히 여길 자를 긍휼히 여기고 불쌍히 여길 자를**
> **불쌍히 여기리라 하셨으니 [16] 그런즉 원하는 자로 말미암음도 아니요 달음박**
> **질하는 자로 말미암음도 아니요 오직 긍휼히 여기시는 하나님으로 말미암음**
> **이니라 [17] 성경이 바로에게 이르시되 내가 이 일을 위하여 너를 세웠으니 곧 너**
> **로 말미암아 내 능력을 보이고 내 이름이 온 땅에 전파되게 하려 함이라 하셨**
> **으니 [18] 그런즉 하나님께서 하고자 하시는 자를 긍휼히 여기시고 하고자 하시**
> **는 자를 완악하게 하시느니라**(롬 9:14-18, 개역개정)

롬 9:14-16 바울은 하나님이 이삭(Isaac)을 선택하시고 야곱(Jacob)을 선택하신 사실에 대해 우리는 할 말이 없다고 고백한다. 하나님이 이삭과 야곱의 행위도 고려하지 않고 심지어 그들이 태어나기도 전에 그들을 선택하심으로 그들의 믿음까지도 고려하지 않고 선택하신 것은 하나님에게 불의가 있다고 항의할 수 있다. 바울은 이런 항의 질문을 예상하고 "하나님께 불의가 있느냐 그럴 수 없느니라"(롬 9:14)라고 단언하고 있다. 바울은 "그럴 수 없느니라"(μὴ γένοιτο)라는 강력한 표현

466 박윤선,『성경주석. 로마서』(서울: 영음사, 1969), p. 270.

을 통해 하나님께 불의가 있을 수 없다고 말하고 있다. 바울은 "그럴 수 없느니라"라는 같은 표현을 로마서 3:4, 6에서도 사용하는데 로마서 3:4에서는 "하나님의 미쁘심을 폐하겠느냐"라는 질문에 대한 답으로 "그럴 수 없느니라"라고 말하고, 로마서 3:6에서는 로마서 3:5에서 제기된 "진노를 내리시는 하나님이 불의하시냐"라는 질문에 "결코 그렇지 아니하니라"(μὴ γένοιτο)라고 대답하는 것이다. 바울은 하나님이 어떤 행위를 하실지라도 그에게는 신실성(미쁘심)이 있고 불의가 있을 수 없음을 확인하는 것이다. 바울은 같은 심정으로 로마서 9:14에서도 하나님께 결코 불의가 있을 수 없다고 선언하고 있다. 머레이(Murray)는 "하나님이 불의하시다는 생각은 도저히 용납할 수 없는 것이므로 즉각적으로 그리고 확실한 부인(denial)과 함께 폐기되어야만 한다."[467]라고 강조한다.

바울은 이제 인간의 생각으로는 도저히 납득할 수 없는 일을 하나님이 하실지라도 하나님은 의로우시고 신실하시다는 것을 구약을 인용하여 증명한다. 바울은 여호와 하나님이 모세에게 "내가 긍휼히 여길 자를 긍휼히 여기고 불쌍히 여길 자를 불쌍히 여기리라"[468](출 33:19; 롬 9:15)라고 말씀하신 내용을 인용하여 하나님은 그의 주권으로 원하는 자에게 긍휼을 베푸신다고 말한다. 본문의 "긍휼히 여길 자"나 "불쌍히 여길 자"는 같은 뜻을 가진 용어라고 생각하는 것이 타당하다. 이 표현은 하나님이 그의 자비를 베푸실 대상을 가리킨다. 하나님은 그가 원하신 자에게 자비를 베푸신다. 이는 전적으로 하나님의 주권에

467 John Murray, *The Epistle to the Romans*, Vol. II (*NICNT*), p. 25.

468 바울은 롬 9:15에서 출 33:19의 내용을 70인경(LXX)에서 글자 하나도 변경하지 않고 그대로 인용한다. 70인경의 출 33:19은 "καὶ ἐλεήσω, ὃν ἂν ἐλεῶ, καὶ οἰκτειρήσω, ὃν ἂν οἰκτειρῶ"라고 읽는다. 다만 οἰκτίρω와 οἰκτείρω는 교대로 사용할 수 있는 용어인데 70인경은 οἰκτείρω를 사용하고, 바울은 οἰκτίρω를 사용했다.

달려 있다. 바울은 이 사실을 로마서 9:16에서 더욱 분명히 한다. 바울은 긍휼을 받을 자가 원한다고 해서 하나님의 긍휼이 베풀어지는 것이 아니요, 또 긍휼을 받을 자가 열심히 노력한다고 해서 하나님의 긍휼이 베풀어지는 것도 아니라고 말한다(롬 9:16). 그러면 하나님의 긍휼은 어떻게 베풀어지는가? 그것은 오로지 "오직 긍휼히 여기시는 하나님으로 말미암음이니라"(롬 9:16)라고 함으로 하나님의 결정에 달려 있음을 확실히 한다. 바울의 강조는 인간의 의지나 결정이 하나님께서 자비를 행사하시는데 전혀 영향을 미치지 못한다는 것이다. 헨드릭센(Hendriksen)은 "인간의 의지나 그의 노력이 구원을 가져오지 못한다. 하나님만이 하신다. 선택 그리고 구원 역시 하나님의 주권적 의지의 문제이다."[469]라고 올바르게 설명한다. 하나님의 구속역사 진행을 위해 인간의 노력이나 기여는 전혀 용납될 수 없고 오로지 하나님의 주권적 결정만이 작용할 뿐이다. 하나님은 구원역사의 주관자이시고 인간은 구원받을 대상에 지나지 않는다.

롬 9:17-18 바울은 이제 바로(Pharaoh)의 예를 들어 하나님의 주권적 사역을 설명한다(롬 9:17-18). 출애굽기의 기록을 살펴보면 여호와 하나님은 하나님의 백성을 애굽으로부터 구원해 내시기 위해 모세(Moses)를 바로에게 보내시면서 그의 마음을 즉각적으로 굴복시키시지 않고 "내가 그의 마음을 완악하게 한즉 그가 백성을 보내 주지 아니하리니"(출 4:21; 참조, 7:3, 14; 9:12; 11:10; 14:4)라고 말씀하신 것처럼 앞으로 출애굽의 상황이 어떻게 진전될 것인지를 예측하게 하신다. 출애굽 사건은 여호와께서 모세를 통해 수많은 기적과 이적을 행하게 하시

469 Hendriksen, *Exposition of Paul's Epistle to the Romans* (N.T.C.), p. 325.

고 결국 애굽의 모든 장자들이 죽는 이적이 발생하자 바로가 이스라엘 백성을 출애굽하도록 허락하기에 이른다(출 12:29-36). 여호와 하나님이 바로의 마음을 완강하게 하여 출애굽을 더 힘들게 만드신 이유는 하나님의 "표징을 그들 중에 보이기 위함이며 네게 내가 애굽에서 행한 일들 곧 내가 그들 가운데서 행한 표징을 네 아들과 네 자손의 귀에 전하기 위함이라 너희는 내가 여호와인 줄을 알리라"(출 10:1-2)라는 말씀에서 찾을 수 있다. 바울은 출애굽의 역사적 사실을 근거로 여호와 하나님이 그의 주권으로 바로를 사용하신 사실을 확인하고 그렇게 한 것은 여호와께서 "내 능력을 보이고 내 이름이 온 땅에 전파되게 하려 함이라"(롬 9:17)라고 설명한다. 이 말씀은 여호와 하나님께서 누구를 사용하시든지 그것은 전적으로 하나님의 주권에 의한 것이요 하나님의 뜻이라는 사실을 분명히 한다. 바울은 그래서 하나님이 원하시면 누구에게든지 긍휼을 베풀 수 있고, 또 원하시면 누구든지 완악하게 만드셔서 하나님의 뜻을 이룰 수 있다고 말한다(롬 9:18). 바울은 지금 그의 동족 이스라엘의 구원도 하나님의 주권적 선택에 의해 실행될 것임을 밝히고 있는 것이다.

4. 남은 자의 구원(롬 9:19-29)

19 혹 네가 내게 말하기를 그러면 하나님이 어찌하여 허물하시느냐 누가 그 뜻을 대적하느냐 하리니 20 이 사람아 네가 누구이기에 감히 하나님께 반문하느냐 지음을 받은 물건이 지은 자에게 어찌 나를 이같이 만들었느냐 말하겠느냐

21 토기장이가 진흙 한 덩어리로 하나는 귀히 쓸 그릇을, 하나는 천히 쓸 그릇
을 만들 권한이 없느냐 22 만일 하나님이 그의 진노를 보이시고 그의 능력을 알
게 하고자 하사 멸하기로 준비된 진노의 그릇을 오래 참으심으로 관용하시고
23 또한 영광 받기로 예비하신 바 긍휼의 그릇에 대하여 그 영광의 풍성함을 알
게 하고자 하셨을지라도 무슨 말 하리요 24 이 그릇은 우리니 곧 유대인 중에서
뿐 아니라 이방인 중에서도 부르신 자니라 25 호세아의 글에도 이르기를 내가
내 백성 아닌 자를 내 백성이라, 사랑하지 아니한 자를 사랑한 자라 부르리라
26 너희는 내 백성이 아니라 한 그 곳에서 그들이 살아 계신 하나님의 아들이라
일컬음을 받으리라 함과 같으니라 27 또 이사야가 이스라엘에 관하여 외치되
이스라엘 자손들의 수가 비록 바다의 모래 같을지라도 남은 자만 구원을 받으
리니 28 주께서 땅 위에서 그 말씀을 이루고 속히 시행하시리라 하셨느니라 29
또한 이사야가 미리 말한 바 만일 만군의 주께서 우리에게 씨를 남겨 두지 아
니하셨더라면 우리가 소돔과 같이 되고 고모라와 같았으리로다 함과 같으니
라(롬 9:19-29, 개역개정)

롬 9:19-24 바울은 지금까지 하나님은 그가 원하시면 바로(Pharaoh)의 마음도 완악하게 만드시고 무엇이든지 하시고자 뜻을 세우시면 그대로 실행하시는 분임을 분명히 했다. 여기서 제기될 수 있는 당연한 질문은 하나님이 마음을 완악하게 하심으로 마음이 완악하게 된 바로에게 무슨 잘못이 있으며, 책임이 있느냐는 것이다. 다른 말로 표현하면 하나님이 원하시는 뜻대로 실행하시고 왜 인간에게 그 책임을 무를 수 있느냐고 반문할 수 있다는 것이다. 그래서 바울은 혹자가 "그러면 하나님이 어찌하여 허물하시느냐 누가 그 뜻을 대적하느냐"(롬 9:19)라고 질문할 수 있다는 것이다. 사실 그렇다. 하나님이 인간의 잘한 것과 잘못한 것을 근거로 결정하시고 판단하시면 인간은 거기에 대해 할 말이 없다. 그러나 우리는 여기서 이와 같은 인간의 논리의 방향성에 주목하지 않으면 안 된다. 바울의 논리는 인간과 인간 사이의 관계 안에서 논리를 펴는 것이 아니다. 바울의 논리는 같은 피조물 사이의 관계에 머물러 있지 않다. 바울은 지금 창조주 하나님과 피조물인 인간의 관계 안에서 그의 논리를 전개시키고 있는 것이다.

그래서 바울은 "이 사람아 네가 누구이기에 감히 하나님께 반문하느냐"(롬 9:20)라고 선언하는 것이다. 바울은 여기서 "사람"과 "하나님"을 대칭시켜 그의 논리가 사람과 사람 사이의 문제가 아니요, 하나님과 사람 사이의 문제임을 분명히 한다. 그리고 바울은 하나님이 인간을 선택하는 문제와 구원하는 문제는 하나님 편에 모든 특권이 있음을 말하고 있다. 머레이(Murray)는 바울이 말하고 있는 하나님의 뜻은 "그의 교훈을 실천해야 한다는 뜻"과 관계된 것이 아니요, "하나님의 결정적인 목적을 성취하기 위한 뜻"을 말하는 것이라고 정리한다.[470] 바울은 지금 그의 동족 이스라엘 백성의 선택 문제와 구원 문제를 다루고 있다. 그래서 바울은 "지음을 받은 물건이 지은 자에게 어찌 나를 이같이 만들었느냐"(롬 9:20)라고 항의할 수 없다고 말한다. 그래서 바울은 인간의 구원에 대한 하나님의 주권을 토기장이의 예를 들어 설명한다. 바울은 토기장이가 진흙 한 덩이로 귀한 그릇을 만들 수도 있고, 천한 그릇을 만들 수도 있는 권한이 있는데 만들어진 그릇이 이 사실에 대해 아무 말도 할 수 없다고 설명하는 것이다(롬 9:21). 마찬가지로 하나님께서 "멸하기로 준비된 진노의 그릇"(롬 9:22)에 대해 관용을 베푸실 수도 있고, "예비하신바 긍휼의 그릇"(롬 9:23)에 대해 그 "영광의 풍성함을 알게 하고자" 할지라도 우리는 아무 말도 할 수가 없는 것

470 Murray는 "the will of precept"(교훈의 의지)와 "the will of determinate purpose"(결정적인 목적의 의지)라는 표현을 사용했다. See, John Murray, *The Epistle to the Romans*, Vol. II (*NICNT*), p. 31.

이다. 바울은 지금 하나님이 누구를 선택하여 구원하실지라도 그것은 전적으로 하나님의 주권에 속한다고 말하는 것이다. 하나님이 "야곱(Jacob)은 사랑하고 에서(Esau)는 미워하였다"(롬 9:13)라고 말씀하셔도 그것은 하나님의 주권에 속한다.

바울은 이제 하나님이 유대인만을 선택한 것이 아니요 이방인 중에서도 그의 백성을 부르셨다고 말한다(롬 9:24). 이것이 바로 하나님의 주권적 선택이다. 바울은 항상 이스라엘이 국가적으로 하나님의 선택을 받은 것이 아니요, 참 이스라엘(true Israel)이 선택받았음을 강조한 바 있다(롬 2:28-29; 9:6-8, 27; 11:5, 7). 바울은 이제 구약의 호세아(Hosea) 선지자와 이사야(Isaiah) 선지자의 예언을 통해 하나님이 "유대인 중에서 뿐 아니라 이방인 중에서도"(롬 9:24) 그의 원하시는 뜻대로 그들을 부르셔서 그의 백성으로 삼으신 사실을 증거하고 있다. 하나님이 구속역사를 성취해 나가시는 과정에 유대인들만 마음에 품으신 것이 아니요, 유대인들과 이방인들을 모두 품고 계셨다는 사실은 "내가 또 너를 이방의 빛으로 삼아 나의 구원을 베풀어서 땅 끝까지 이르게 하리라"(사 49:6, 참조, 사 42:6)라는 구약의 말씀에서 분명하게 드러난다.

롬 9:25-26 바울은 호세아의 글을 인용하여 하나님이 "내 백성 아닌 자"라고 불리는 그들을 "내 백성"으로 만들고, "사랑하지 아니한 자"라고 취급받는 그들을 "사랑한 자"로 불리도록 만드실 것이라고 말한다(롬 9:25). 그리고 하나님은 "내 백성이 아니라 한" 그들을 "하나님의 아들"로 불릴 수 있도록 만드시겠다는 것이다. 바울이 왜 여기서 호세아의 글을 인용했겠는가? 호세아 선지자는 유다의 왕 웃시야(BC 767-740), 요담(BC 740-732), 아하스(BC 732-716), 그리고 히스기야(BC 716-687)의 통치 기간 동안에 활동했고, 북이스라엘 왕 여로보암 2

세(BC 793-753)의 통치 기간에 활동했었다.[471] 호세아의 활동 기간을 볼 때 호세아는 북이스라엘이 BC 722년 앗수르에 멸망당하기 전부터 활동했고 북이스라엘의 멸망을 목도한 선지자이다. 호세아서의 이야기는 실제 역사적 사건들이지만 호세아서가 전하고자 하는 이야기는 여호와 하나님과 이스라엘의 관계를 상징적으로 묘사하는 것이다. 헨드릭센(Hendriksen)은 호세아(Hosea)가 고멜(Gomer)과 결혼한 것은 여호와 하나님이 이스라엘 백성의 남편 됨을 상징하고, 고멜이 호세아에게 불성실한 것은 이스라엘이 여호와 하나님께 불성실한 것을 상징하고, 호세아가 고멜을 회복시킨 것은 하나님이 이스라엘의 남은 자(remnant)를 회복시킬 것을 상징하며, 호세아가 "은 열다섯 개와 보리 한 호멜 반으로"(호 3:2) 고멜을 속량한 것은 그리스도께서 그의 핏 값으로 그의 백성인 참 이스라엘을 속량한 것을 상징적으로 보여준다고 설명한다.[472]

바울은 호세아의 글을 인용함으로 하나님께서 이방인들이 "내 백성이 아닌 자"(not my people)였고, "사랑하지 아니한 자"(not my loved one)였지만, "내 백성"(my people)으로, "사랑한 자"(my loved one)로 만드실 것임을 천명하고 있는 것이다. 바울이 호세아의 글을 인용하기(롬 9:25-26) 바로 전 절(롬 9:24)에서 유대인과 이방인을 함께 언급한 것으로 보아 유대인들 중에서도 일부를 하나님의 백성으로 삼으실 것을 함축하고 있음이 분명하다. 하지만 호세아의 글은 이방인들도 하나님의 사랑을 받는 백성들 중에 속하게 될 것임을 강조한 것임에는 틀림없다.

롬 9:27-29 바울은 곧바로 이스라엘 백성의 구원 문제를 이사야

---

471 박형용, 『말씀 산책』 (수원: 합신대학원출판부, 2018), p. 214.

472 William Hendriksen, *Survey of the Bible* (Grand Rapids: Baker, 1976), pp. 235-236.

서의 말씀을 인용하여 설명하고 있다(롬 9:27-29). 바울은 이렇게 호세아서와 이사야서를 인용하여 하나님께서 이스라엘 백성의 남은 자들과 이방인들 중 믿음을 행사하는 자들을 그의 사랑하는 백성으로 삼으실 것을 분명하게 설명한다. 바울은 이사야 10:22-23을 인용하여 "이스라엘 자손들의 수가 비록 바다의 모래 같을지라도 남은 자만 구원을 받으리니"(롬 9:27)라고 함으로 하나님의 구원 계획의 일관됨을 분명히 한다. 바울은 칠십인경(LXX)을 약간 수정하여 인용하였으나 큰 차이는 없다. 그런데 바울이 "이사야가 이스라엘에 관하여 말하되"라고 기록하지 않고 "이사야가 이스라엘에 관하여 외치되"(κράζει)라고 기록한 것은 유대인들의 관심을 더욱 증진시키기 위해서라고 볼 수 있다. 바울이 "외치되"를 사용한 것은 그만큼 하나님의 말씀에 대한 바울의 신뢰가 분명함을 드러낸다.

이사야(Isaiah)는 북이스라엘의 멸망(BC 722)이 임박한 상황에서 예언을 했지만(사 10:5) 또한 하나님을 불순종한 유다와 예루살렘의 멸망(BC 586)까지도 멀리 내다보며 예언한 선지자이다(사 1:1; 3:1-12). 이사야의 예언의 말씀은 그 당시 상황으로 판단할 때 이스라엘 자손들의 수가 많지만 그 중에 소수의 남은 자만 포로 생활에서 구원함을 받게 된다는 것이다(사 10:22-23). 바울은 이 말씀이 하나님의 교회의 진정한 회복을 통해서 성취될 것임을 확인하고 있다. 이사야의 예언처럼 많은 유대인 중에서 남은 자만 구원함을 받은 것처럼 하나님의 교회에 속할 성도들은 예수님을 구주로 인정하는 일부 남은 자와 같은 사람들만 속하게 될 것이다. 하나님의 약속은 이스라엘 민족 전체를 통해서가 아니요 남은 자들을 통해서 성취될 것이다. 그리고 바울은 이와 같은 하나님의 말씀이 속히 그리고 확실하게 성취될 것임을 분명히 한다. 그래서 바울은 "주께서 땅 위에서 그 말씀을 이루고 속히 시행하시리라 하셨느니라"(롬 9:28)라고 말하는 것이다. 바울 사도가 "그 말씀을 이루고"라고 말하는 것은 하나님께서 약속하신 것을 이루시고 속히 시행하실 것이라는 뜻이다. 하나님의 말씀과 하나님의 뜻은 결코 폐기될 수 없고 반드시 성취된다. 그래서 이사야 선지자는 "내가 생각한 것이 반드시 되며 내가 경영한 것을 반드시 이루리라"(사 14:24)라고 천명했다. 그리고 이사야서에서 "이스라엘이여 네 백성이 바다의 모래 같을지라도 남은 자만 돌아오리니 넘치는 공의와 파멸이 작정되었음이라 이미 작정된 파멸을 주 만군의 여호와께서 온 세계 중에 끝까지 행하시리라"(사 10:22-23)라고 예언한 것처럼 바울은 이스라엘에 대한 하나님의 공의로운 심판과 남은 자의 구원을 속히 시행하실 것이라고 선포한다. 바울은 이스라엘의 역사가 보여주듯 하나님의 구원 계획은 이스라엘 전체 민족을 구원하는 것이 아니요 이스라엘 백성 중에 남은 자만 구원하시는 것이 하나님의 계획임을 분명히 한다. 바울은 지금 이 하나님의 선택 원리를 그의 동족 이스라엘의 구원 문제와 연계하여 적용하고 있다.

그리고 바울은 "만군의 주께서 우리에게 씨를 남겨 두지 아니하셨더라면 우리가 소돔과 같이 되고 고모라와 같았으리로다"(롬 9:29)라고 이사야 1:9을 자구 변경 없이 칠십인경(LXX)에서 정확하게 인용한다.[471] 그런데 한 가지 주목할 부분은 히브리어 성경은 "우리를 위하여 생존자(שריד)를 조금 남겨 두지 아니하셨더라면"(사 1:9)으로 읽는 반면, 칠십인경은 "우리에게 씨를 남겨 두지 아니하셨더라면"(사 1:9)으로 처리한다는 것이다. 개역개정 번역을 위시해서 대부분의 한글 번역과 영어 번역들이 이사야 1:9의 번역은 "생존자"로 처리하고, 로마서 9:29의 번역은 "씨" 혹은 "자녀들"로 처리했다. 바울은 칠십인경(LXX)에서 인용했기 때문에 "씨"를 본문에서 사용한 것이다. 하지만 "생존자,"

"남은 자," "씨"는 의미상 큰 차이를 보이지 않는다. 하나님은 이스라엘이 멸망하는 가운데서도 "남은 자"를 구원해 주실 것을 약속해 주셨고, 신약시대에는 "하나님의 씨"(요일 3:9)를 소유한 그의 자녀들을 보존해 주실 것이다.

5. 믿음으로 받은 의(롬 9:30-33)

[30] 그런즉 우리가 무슨 말을 하리요 의를 따르지 아니한 이방인들이 의를 얻었
으니 곧 믿음에서 난 의요 [31] 의의 법을 따라간 이스라엘은 율법에 이르지 못하
였으니 [32] 어찌 그러하냐 이는 그들이 믿음을 의지하지 않고 행위를 의지함이
라 부딪칠 돌에 부딪쳤느니라 [33] 기록된 바 보라 내가 걸림돌과 거치는 바위를
시온에 두노니 그를 믿는 자는 부끄러움을 당하지 아니하리라 함과 같으니라
(롬 9:30-33, 개역개정)

롬 9:30-33 바울은 지금까지 유대인들과 이방인 중 일부가 진정한 하나님의 백성이 되고 구원받게 될 것임을 확실히 한 다음 왜 그렇게 되었는지를 설명하기를 원한다. 그래서 바울은 그렇게 된 이유가 하나님께서 "믿음의 방법"으로 구원의 계획을 세웠기 때문이라고 말한다. 유대인들은 이 "믿음의 방법"을 따르지 않고 구원을 얻을 수 없는

473 이사야 1:9의 칠십인경(LXX)은 "Καὶ εἰ μὴ Κύριος σαβαὼθ ἐγκατέλιπεν ἡμῖν σπέρμα, ὡς Σόδομα ἂν ἐγενήθημεν, καὶ ὡς Γομοῤῥα ἂν ὁμοιώθημεν."라고 읽는다. 참고로 NKJV는 "Unless the Lord of hosts Had left to us a very small remnant we would have become like Sodom, we would have been made like Gomorrah."라고 번역한다. 영어 번역은 롬 9:29과 사 1:9을 조화시키기 위해 노력한 흔적을 보인다.

길을 따라갔기 때문에 실패할 수밖에 없었다. 바울은 하나님이 유대인들이나 이방인들이나 똑같은 "믿음의 방법"으로 구원하실 것을 명명백백하게 알렸음에도 불구하고 유대인들이 다른 길을 생각하고 따랐기 때문에 그들의 소망이 물거품이 되게 되었다고 설명한다.

그래서 바울은 "그런즉 우리가 무슨 말을 하리요"(롬 9:30)라고 문장을 시작한다. 이 표현은 바울이 하나님께서 그의 뜻대로 "야곱은 사랑하고 에서는 미워하였다"(롬 9:13)라고 말함으로 하나님이 그의 뜻대로 선택하신다는 사실을 언급하고 "그런즉 우리가 무슨 말을 하리요"(롬 9:14)[472]라고 말한 것과 같은 반응이다. 바울은 유대인들이 하나님의 선택의 방법에 이의를 제기할 수 있지만 하나님께는 불의가 있을 수 없다고 확인하는 것이다(롬 9:14). 같은 관점으로 바울은 로마서 9:30에서도 하나님이 이방인들을 구원하는 똑같은 방법으로 유대인들도 구원하실 것이라고 말한 다음 "그런즉 우리가 무슨 말을 하리요"(롬 9:30)라고 말함으로 하나님의 방법에 우리가 이의를 제기할 수 없음을 분명히 한다. 바울은 지금 유대인들이 생각하는 방법으로 하나님이 행동하시지 않았기 때문에 하나님을 신뢰할 수 없고 불의한 하나님으로 생각할 수 없다고 말하고 있다. 바울은 이방인들이 의를 추구하지 않았는데도 불구하고 그들이 의를 얻었는데 그것은 믿음의 방법으로 얻은 의라고 천명한다(롬 9:30). 반면 이스라엘은 믿음의 방법이 아닌 다른 의의 법을 따라갔지만 율법의 요구를 충족시키지 못했다고 설명한다(롬 9:31). 바울은 인접된 본 구절(롬 9:30-31)에서 "의"(δικαιοσύνη)를 강조하기 위해 네 번이나 언급한다. 바울은 지금 자신이나 유대인이나 의롭게 되는 것에 관심을 가지고 있는데 의를 획득하는 방법이 서로 다르

474 롬 9:14과 30은 Τί οὖν ἐροῦμεν; (What then shall we say?)라는 같은 표현을 사용한다.

다는 것을 강조하기 원한다. 바레트(Barrett)는 "여기 사용된 '의'는 도덕적 의가 아니요, 하나님과 화합적인 관계를 뜻한다. 이런 관계를 통해서만 생명과 구원이 솟아날 수 있다."[475]라고 설명한다. 바울은 유대인들이 "의의 법"(law of righteousness)을 따라갔으나 율법에 이르지 못했다고 말한다(롬 9:31). 헨드릭센(Hendriksen)은 "이스라엘의 문제는 그들이 열심히 그리고 또 열심히 노력만 하면 언젠가는 하나님의 전체 율법을 지킬 수 있어서 그들이 이제는 '성공했다,' '우리가 이루어 냈다'라고 큰 소리를 칠 수 있을 것이라는 거짓된 전제로부터 진행했다는 것이었다. 바울은 전혀 다른 복음을 선포했다. 참조, 롬 3:27, 28; 갈 1:8, 9; 3:10; 5:6."......."이스라엘은 그들 스스로의 능력으로 그리고 그들이 가진 재원을 근거로 율법의 요구를 성취할 수 있을 것으로 당연하게 생각했다. 결과는 계속 노력했지만 이스라엘은 결코 이루어 내지 못했다."[476]라고 정리한다. 이스라엘이 이렇게 실패한 이유는 "그들이 믿음을 의지하지 않고 행위를 의지함"(롬 9:32)이었기 때문이다.

바울은 이제 믿음의 방법을 마련해 주신 그리스도를 돌에 비유하여 설명한다. 베드로(Peter) 사도는 예수님을 가리켜 "사람에게는 버린 바가 되었으나 하나님께는 택하심을 입은 보배로운 산 돌"(벧전 2:4)이시라고 설명한다. 박윤선은 "부딪칠 돌"(롬 9:32)을 설명하면서 여기 "'돌'은 그리스도를 가리키는데(눅 20:17-18; 벧전 2:4), 그리스도의 인격과 진리의 견실성을 가리킨다."[477]라고 해석한다. 사람이 돌에 부딪치면 부정적 효과가 날 수도 있고, 긍정적 효과가 날 수도 있다. 이스라

475 C.K. Barrett, *A Commentary on the Epistle to the Romans* (1957), p. 193.

476 William Hendriksen, *Exposition of Paul's Epistle to the Romans* (Grand Rapids: Baker, 1981), p. 334.

477 박윤선,『성경주석. 로마서』(1969), p. 273.

엘은 돌이신 그리스도가 메시아이시고 하나님의 아들이심을 인정하지 않고 돌에 부딪쳤기 때문에 그들은 의를 얻지 못했지만 이스라엘 자손의 남은 자와 이방인 중에 일부는 그를 믿음으로 부끄러움을 당하지 않고 의를 얻어 구원에 이르게 된 것이다(롬 9:33).

로마서 10장 주해

10장 요약

로마서 10장은 이스라엘 백성들이 "하나님께 열심이 있으나" 그들이 구원을 받지 못하는 것은 "올바른 지식을 따른 것이 아니기"(롬 10:2) 때문이라고 가르친다. 유대인들은 자기의 의를 세우고 하나님이 제공하신 의를 받아들이지 않았다(롬 10:3). 하나님의 방법은 율법의 마침이 되신 그리스도가 성취하신 의를 믿음으로 받아들이는 것이다(롬 10:4, 8). 바울은 그가 로마서 1장에서부터 8장까지 사이에서 진술한 것처럼 유대인이나 이방인이나 할 것 없이 누구든지 예수 그리스도를 구세주로 받고 예수님의 십자가의 죽음과 부활을 통해 이루신 의를 자신의 것으로 믿을 때 구원을 얻을 수 있다고 가르친다. 그래서 바울은 "네가 만일 네 입으로 예수를 주로 시인하며 또 하나님께서 그를 죽은 자 가운데서 살리신 것을 네 마음에 믿으면 구원을 받으리라 사람이 마음으로 믿어 의에 이르고 입으로 시인하여 구원에 이르느니라"(롬 10:9–10, 개역개정)라고 선언한다. 바울은 구원을 얻는 길이 마음으로 믿고 입으로 시인하는 것이라고 요약 정리한다. 믿음은 의의 선물을 얻기 위해 필요한 것이다. 고백은 이 의의 선물을 받았다는 사실을 증명하는데 필요하다. 만약 어떤 사람이 삶의 고통과 고난 속에서 그리스도를 고백하지 못한다면 그는 그리스도를 믿는 믿음이 없는 것이다. 또한 어떤 사람이 그에게 가장 소중한 것과 그리스도를 비교하면서 그리스도를 선택하지 못한다면 그에게는 그리스도를 믿는 믿음이 없는 것이다. 사람이 구원을 받기 위해서는 내적 위탁(inner commitment)과 외적 확신(outer confirmation)이 필요하다. 바울은 자신의 동족 유대인들도 이방인과 마찬가지로 구원을 받기 위해서는 믿음의 길 이외에 다른 길이 없다고 못 박아 말하고 있다. 그러면 믿음은 어떻게 생기는 것인가? 바울은 "믿음은 들음에서 나며 들음은 그리스도의 말씀으로 말미암았느니라"(롬 10:17, 개역개정)라고 가르침으로 복음의 전파를 통해 믿음이 생기게 되고 바로 그 믿음으로 예수를 주로 시인하게 된다고 가르친다. 바울은 이사야서의 말씀(사 53:1; 65:1)과 신명기의 말씀(신 32:21)을 인용하여 하나님께서 이스라엘 백성들에게 자비를 베풀었었노라고 천명한다(롬 10:16-21). 하나님은 구원 문제에 있어서 "유대인이나 헬라인이나 차별"(롬 10:12-13)을 하지 않으신다.

1. 하나님의 의와 자신의 의(롬 10:1-8)

[1] 형제들아 내 마음에 원하는 바와 하나님께 구하는 바는 이스라엘을 위함이
니 곧 그들로 구원을 받게 함이라 [2] 내가 증언하노니 그들이 하나님께 열심히
있으나 올바른 지식을 따른 것이 아니니라 [3] 하나님의 의를 모르고 자기 의를
세우려고 힘써 하나님의 의에 복종하지 아니하였느니라 [4] 그리스도는 모든 믿
는 자에게 의를 이루기 위하여 율법의 마침이 되시니라 [5] 모세가 기록하되 율
법으로 말미암는 의를 행하는 사람은 그 의로 살리라 하였거니와 [6] 믿음으로
말미암는 의는 이같이 말하되 네 마음에 누가 하늘에 올라가겠느냐 하지 말라
하니 올라가겠느냐 함은 그리스도를 모셔 내리려는 것이요 [7] 혹은 누가 무저
갱에 내려가겠느냐 하지 말라 하니 내려가겠느냐 함은 그리스도를 죽은 자 가
운데서 모셔 올리려는 것이라 [8] 그러면 무엇을 말하느냐 말씀이 네게 가까워
네 입에 있으며 네 마음에 있다 하였으니 곧 우리가 전파하는 믿음의 말씀이라
(롬 10:1-8, 개역개정)

롬 10:1-4 바울은 이제 그의 마음의 소원이 그의 동족 이스라엘이 구원을 받는 것이라고 고백한다. 바울은 이스라엘 백성이 구원을 받는 것이 그의 마음에 가득 차 있는 소원이라고 밝힌다(롬 10:1). 이와 같은 바울의 마음은 이미 로마서 9장을 시작할 때 밝힌 바 있다. 바울은 자신이 저주를 받아 그리스도에게서 끊어질지라도 이스라엘 동족이 구원받기를 원했다(롬 9:3). 이와 같은 마음은 그의 동족 이스라엘을 향한 순수한 사랑이 없으면 불가능하다. 바울은 유대인들이 하나님께 대한 열심은 있었지만 잘못된 지식으로 하나님을 찾았다고 지적한다(롬 10:2). 바울은 어쩌면 이 말을 하면서 회개하기 전 자기 자신의 모습을 떠올렸을 수 있다. 바울 자신도 부활하신 그리스도를 만나기 전

유대주의 사상을 철저하게 신봉했다. 그래서 그는 기독교인들을 핍박하고 죽였다(행 8:1; 9:1-2; 빌 3:4-6). 유대인들은 잘못된 지식으로 그리스도를 십자가에 못 박도록 내어주고, 사도들을 야만인 대하듯 핍박하고, 그리스도의 복음을 말살하려고 노력했다. 올바른 지식에 근거하지 않은 하나님께 대한 열심은 일반적으로 잘못된 방향으로 흐르게 된다. 일반적으로 교회 내의 이단적 특성을 가진 그룹들이 이런 경향을 가지고 있다. 그래서 개인과 교회는 하나님의 말씀인 성경을 올바르게 해석할 줄 알아야 한다. 바울은 지금 자신의 동족인 이스라엘이 올바른 지식에 근거하지 않고 하나님께 열심을 나타냈다고 지적하고 있다.

이제 바울은 이스라엘에게 올바른 지식을 제공하기를 원해서 "하나님의 의"를 소개한다(롬 10:3). 본문은 유대인들이 "하나님의 의를 모르고 자기 의를 세우려고 힘써 하나님의 의에 복종하지 아니하였느니라"(롬 10:3)라고 전한다. 바울은 이미 왜 "하나님의 의"가 필요했는지 밝힌 바 있다(롬 1:17; 3:21). 그리고 "하나님의 의"는 오로지 예수 그리스도를 통해서만 성취될 수 있다고 가르쳤다(롬 3:21-24; 5:15, 17). 유대인들의 잘못은 하나님이 구원하시기로 계획하신 "하나님의 의"에 복종하지 않고, 자기 자신들의 의를 세우려고 힘써 노력한 것이다. "하나님의 의"를 배척하고 "자기의 의"를 세우려고 힘써 노력한 결과는 절망의 자리에 빠지는 것이다. 유대인들은 하나님의 의를 반대하고 자기 자신들의 의를 세우려고 노력했다. "하나님의 의"는 하나님이 특별한 방법으로 그리스도를 통해 마련하신 의요, "자기의 의"는 인간의 노력과 행위로 만들어 내는 의이다. 베네마(Venema)는 "예수 그리스도를 통해 성취하신 하나님의 은혜로우신 사역에 나타난 '하나님의 의'는 특별히 하나님께서 믿는 사람들에게 주시는 하나님이 인정한 새로운 신분을 가리킨다. 로마서의 다른 곳에서 나타난 바울의 용법과 완전히 일치된 방법으로 '하나님의 의'는 예수 그리스도 안에서 마련된 하나님의 은혜로우신 준비를 가리키고 또한 행위의 방법으로가 아니라 믿음의 방법으로 그 선물을 받아들인 사람들에게 주신 새로운 신분(칭의)의 선물을 가리킨다."[478]라고 설명한다. 그래서 바울은 이제 "하나님의 의"에 복종하는 것은 그리스도를 믿는 길이라고 가르친다. 바울은 "그리스도는 모든 믿는 자에게 의를 이루기 위하여 율법의 마침이 되시니라"(롬 10:4)라고 말함으로 어떻게 하나님의 의를 얻을 수 있는지 그 방법을 가르치고 있다. 바울은 여기서 "믿음"과 "행위"를 대칭시켜 행위의 방법으로가 아니요, 믿음의 방법으로 하나님의 의를 얻을 수 있다고 확인한다. 왜냐하면 유대인들이 그렇게도 중요하게 생각하는 율법을 그리스도께서 성취하시고 "율법의 마침"이 되셨기 때문이다.

바울은 그리스도가 "율법의 마침"이 되셨다고 표현하면서 텔로스(τέλος)[479]라는 용어를 사용하여 그리스도가 "율법의 텔로스(마침)"가 되셨다고 설명한다. 이 용어는 어떤 관점에서 보느냐에 따라 본문 이해에 약간의 차이가 발생할 수 있다.[480] 로마서 10:4의 "율법의 마침"을 "끝 혹은 마침"(end)으로 이해해야 하느냐, 아니면 "완성"(completion)으로 이해해야 하느냐에 따라 본문 이해에 약간의 차이가 나타난다. 칼

---

478 Cornelis Venema, *The Gospel of Free Acceptance in Christ* (2006), pp. 221-222.

479 신약에 나타난 τέλος의 대표적인 용법은 ① "그가 강림하실 때에 그리스도에게 속한 자요 그 후에는 마지막(τέλος)이니"(고전 15:23-24)의 말씀에 사용된 "마지막," 혹은 "끝"(termination)이라는 뜻과 ② "이 교훈의 목적(τέλος)은 청결한 마음과 선한 양심과 거짓이 없는 믿음에서 나오는 사랑이거늘"(딤전 1:5)의 말씀에 사용된 "목적"(purpose, or goal)이라는 뜻과 ③ "이제는 너희가 그 일을 부끄러워하나니 이는 그 마지막(τέλος)이 사망임이라"(롬 6:21)의 말씀에 사용된 "결과"(result)라는 뜻으로 구분할 수 있다.

480 본문 롬 10:4의 텔로스(τέλος)의 번역을 살펴보자. 우선 개역, 개역개정, 바른성경, 표준신약전서 번역은 "마침"으로 번역했고, 표준새번역과 표준새번역개정은 "끝마침"으로 처리했다. 영어 번역의 경우 AV, NKJV, NASB, NIV, NRSV 모두 일관되게 "the end of the law"로 번역 처리했다.

빈(Calvin)은 "율법의 마침"을 "율법의 완성"(completion)으로 이해하는 것이 본문을 이해하는데 타당한 해석이라고 주장하면서 "완성"을 택하든지 "마침"을 택하든지 그것은 독자들이 선택할 문제요 어느 쪽을 택하든지 큰 문제가 되지 않는다고 해석한다.[481] 칼빈은 유대인들이 율법의 의에 헌신하는 것이 바른 방법인 줄로 생각했을 수 있지만 바울은 그 방법이 잘못되었음을 가르치고 있다고 해석한다. 바울 사도는 지금 유대인들이 그들 자신의 행위로 의롭게 될 수 있다고 생각하는 것은 율법을 잘못 해석한 것이라고 지적한다. 율법은 항상 다른 의를 지목했고 율법의 모든 교리는 항상 그리스도를 가리키고 있다. 칼빈은 바울이 바로 그리스도가 "율법의 완성"을 이루셨다는 의미로 그리스도가 "율법의 마침"이 되셨다고 말하는 것으로 해석한다.[482]

그런데 헨드릭센(Hendriksen)은 좀 더 선명한 입장을 취한다. 헨드릭센은 본 구절의 텔로스(τέλος)를 "마침"이나 "끝"으로 해석하는 것보다는 "목적"(goal, purpose)으로 해석하는 것이 바르다고 강조한다. 왜냐하면 그리스도의 사역 때문에 구약의 율법이 무용지물이 된 것이 아니기 때문에 그리스도가 율법의 끝(마침)이라고 말할 수 없다는 이유에서이다.[483]

물론 칼빈이나 헨드릭센의 해석처럼 "그리스도는 율법의 목적(완성)이시다"(For Christ is the goal of the law.)라고 해석해도 큰 문제는 없다. 바울은 항상 율법의 귀중함과 유용함을 강조해 왔다. 그래서 바울은 "우리

---

481 Calvin, *The Epistles of Paul the Apostle to the Romans and to the Thessalonians,* p. 221.

482 Calvin, *The Epistles of Paul the Apostle to the Romans and to the Thessalonians,* p. 221.

483 Hendriksen, *Exposition of Paul's Epistle to the Romans* (1981), p. 342.: "Accordingly, to avoid ambiguity and misunderstanding, it is probably better, even in the translation, to substitute the term *goal* for *end*." (footnote, 293). italics original

가 믿음으로 말미암아 율법을 파기하느냐 그럴 수 없느니라 도리어 율법을 굳게 세우느니라"(롬 3:31; 7:7)라고 선언하는 것이다. 그러나 로마서 10:4의 경우 텔로스(τέλος)는 "율법의 완성"(goal, completion)이라는 개념보다는 "율법의 마침"(end)으로 바울이 사용했다고 생각하는 것이 더 타당하다. 그 이유는 바울이 "그리스도는 율법의 마침이시다"라고 말하고 곧바로 "모든 믿는 자에게 의를 이루기 위하여"(롬 10:4)라고 말함으로 그리스도께서 율법의 마침이 되는 대상을 믿는 자에게만 한정 시키고 있기 때문이다.[484] 율법은 죄인을 의롭게 하는데 아무런 역할도 할 수가 없다. 믿는 성도가 의를 얻는데 율법은 전혀 역할을 하지 못한다. 성도는 오로지 그리스도를 통해서만 의를 얻을 수 있다. 그러므로 "그리스도가 율법의 마침(end)"이신 것이다. 바로 다음 절의 내용이 이와 같은 해석을 뒷받침 해준다.

롬 10:5-8 바울은 곧 바로 "율법으로 말미암는 의"(롬 10:5)와 "믿음으로 말미암는 의"(롬 10:6)를 날카롭게 대칭시킨다. 로마서 10:5은 로마서 10:4에 대한 답으로 대칭을 시키고 있는 것이다.[485] 바울은 지금 "믿음으로 말미암는 의"의 방법을 강조하기 위해 "율법으로 말미암는 의"를 등장시키고 있다. 바울은 모세(Moses) 오경에서 레위기 18:5 말씀과 신명기 30:12-14 말씀을 인용하여 그리스도 중심적인 생각으로 자신의 논지를 입증하고 있다(참조, 갈 3:12; 눅 10:28). 바울은 자신의 동족들의 구원 문제를 논하면서 자신의 논지를 유대인들에게 익숙한 구약을 의지해서 증명하기 원한다.

---

484 John Murray, *The Epistle to the Romans*, Vol. II (*NICNT*), pp. 50-51.

485 H. Hübner, "τέλος," *Exegetical Dictionary of the New Testament*, Vol. 3 (Grand Rapids: Eerdmans, 1993), p. 348.

바울은 "너희는 내 규례와 법도를 지키라 사람이 이를 행하면 그로 말미암아 살리라"(레 18:5)라는 하나님의 말씀을 온전하게 지킨 분은 그리스도로 그의 생애와 죽음을 통해 하나님의 인정을 받은 유일한 분임을 강조한다. 그리고 그리스도의 완전한 순종은 그리스도 자신을 위해 하나님의 인정을 받았을 뿐만 아니라 그를 추종하는 성도들에게 "영원한 구원의 근원"이 되셨다(히 5:8-9). 인간은 아무도 완전하게 실천할 수 없는 율법의 요구를 예수 그리스도께서 완벽하게 실천하심으로 율법의 마침이 되시고 그의 백성들에게 영원한 생명을 제공하신 것이다.

바울은 그리스도께서 율법의 요구를 실천함으로 성취한 "율법으로 말미암는 의"를 설명하고 나서(롬 10:4-5) 이제 성도들이 그리스도를 믿음으로 얻을 수 있는 "믿음으로 말미암는 의"를 설명한다(롬 10:6). 바울은 신명기에서 모세가 가나안(Canaan) 땅에 들어가는 것을 준비하는 이스라엘 백성들에게 명령한 내용을 인용한다. 그리고 바울은 이스라엘 백성이 가나안 땅에 들어가는 것과 성도들이 믿음으로 그리스도 안으로 들어가는 것을 연계시켜 설명한다. 모세(Moses)는 "내가 오늘 네게 명령한 이 명령은 네게 어려운 것도 아니요 먼 것도 아니라 하늘에 있는 것이 아니니 네가 이르기를 누가 우리를 위하여 하늘에 올라가 그의 명령을 우리에게로 가지고 와서 우리에게 들려 행하게 하랴 할 것이 아니요 이것이 바다 밖에 있는 것이 아니니 네가 이르기를 누가 우리를 위하여 바다를 건너가서 그의 명령을 우리에게로 가지고 와서 우리에게 들려 행하게 하랴 할 것도 아니라"(신 30:11-13)라고 권고한다. 이스라엘 백성들은 모세가 지시한 명령에 순종하면 "생명과 복"을 누릴 것이요, 불순종하면 "사망과 화"를 당할 것이다(신 30:15). 이스라엘 백성들은 여호와를 사랑하고 그의 명령과 규례와 법도를 지키면 생존하고 번성하며 복을 받을 것이요, 다른 신들을 섬기면 반드시 망하게 될 것이다(신 30:16–17). 모세가 강조한 요점은 율법이 은혜의 범주 안에서 이스라엘에게 주어졌으며 이스라엘 백성들이 들어가게 되어 있는 가나안(Canaan)은 하나님께서 그들에게 주신 하나님의 선물이라는 것이다.[486] 이스라엘 백성이 가나안에 들어가는 것은 그들의 노력으로 성취된 것이 아니다(신 9:4–6). 우리는 여기서 이스라엘 백성이 가나안 땅에 들어가는 것과 그리스도 안에서 구원을 얻는 것 사이의 유추를 볼 수 있다.

바울은 "네 마음에 누가 하늘에 올라가겠느냐 하지 말라 하니 올라가겠느냐 함은 그리스도를 모셔 내리려는 것이요 혹은 누가 무저갱에 내려가겠느냐 하지 말라 하니 내려가겠느냐 함은 그리스도를 죽은 자 가운데서 모셔 올리려는 것이라"(롬 10:6–7)라고 설명한다. 바울은 지금 하늘에 속한 그리스도께서 이미 성육신 하셔서 고난을 당하시고 죽으시고 부활하심으로 우리의 구원의 길을 활짝 열어놓으셨는데 우리가 하늘에 올라가 그리스도를 모셔 내릴 필요도 없고, 무저갱에 내려가 그리스도를 모셔 올릴 필요도 없다고 선언하고 있다. 인간의 그런 시도는 하나님의 아들이신 그리스도의 성육신의 가치를 훼손하는 것이요, 예수님의 죽음과 영광스러운 부활을 인정하지 않으려는 의도가 담겨 있는 것이다. 예수 그리스도는 율법의 마침이 되셔서 그의 삶과 죽음과 부활과 승천을 통해 구속의 복음, 평강의 복음, 화목의 복음, 영생의 복음을 우리에게 주신 것이다, 우리가 해야 할 일은 하나님의 은혜의 선물에 감사하면서 이 영생의 복음을 선포해야 한다는 것이 신명기의 교훈이요 하나님의 구속계획이라고 바울은 증언하고 있다. 그래서 바울은 신명기의 "오직 그 말씀이 네게 매우 가까워서 네 입에 있으

486 Hendriksen, *Exposition of Paul's Epistle to the Romans* (1981), p. 343.

며 네 마음에 있은즉 네가 이를 행할 수 있느니라"(신 30:14)라는 말씀을 거의 비슷한 내용으로 로마서에서 인용하고 있는 것이다. 바울은 "그러면 무엇을 말하느냐"(롬 10:8)라고 시작하고 그 말하는 내용이 "우리가 전파하는 믿음의 말씀이라"(롬 10:8)[487]라고 함으로 행위의 방법이 아니라 믿음의 방법으로 영생의 길을 얻을 수 있다고 확인하고 있는 것이다. 바울은 "율법으로 말미암는 의"(롬 10:5)와 "믿음으로 말미암는 의"(롬 10:6)를 비교하면서 구약시대의 구원 방법도 하나님의 은혜 안에서 믿음으로 구원을 받는 것이었고, 신약시대는 당연히 그리스도 안에서 믿음으로 구원을 받는 것이라고 논증하는 것이다. 그러므로 율법은 이제 성도들이 의를 얻는데 아무 기여도 할 수가 없다. 성도들은 오로지 그리스도를 통해서만 의를 얻을 수 있다. 그래서 바울은 믿는 자들을 위해 그리스도가 율법의 마침이 되신다고 정리하는 것이다. 머레이(Murray)는 "바울은 믿는 모든 사람들을 위해 그리스도가 율법의 마침이라고 말하고 있다. 그리고 그의 전체 진술은 모든 믿는 자는 의를 얻는 방법으로 율법과는 전혀 관계가 없다는 뜻이라"[488]고 해석한다. 바울은 여기서 성도가 의롭게 되는 것은 율법을 통해서가 아니요 오직 예수 그리스도를 믿음으로만 가능하다는 사실을 강조하고 있다. 그래서 바울은 이어지는 다음 구절에서 구체적으로 구원의 방법을 제시하고 있다.

---

487 바울은 신 30:14의 전반부를 칠십인경(LXX)에서 어순을 약간 수정하여 인용한다. 그리고 구약 신명기 말씀의 의미가 무엇인지를 "τοῦτ᾽ ἔστιν τὸ ῥῆμα τῆς πίστεως ὃ κηρύσσομεν." (곧 우리가 전파하는 믿음의 말씀이라)(롬 10:8)라고 명명백백하게 증언한다.

488 J. Murray, *The Epistle to the Romans*, Vol. II (*NICNT*), p. 50.

2. 구원받을 수 있는 유일한 길(롬 10:9-15)

9 네가 만일 네 입으로 예수를 주로 시인하며 또 하나님께서 그를 죽은 자 가운
데서 살리신 것을 네 마음에 믿으면 구원을 받으리라 10 사람이 마음으로 믿어
의에 이르고 입으로 시인하여 구원에 이르느니라 11 성경에 이르되 누구든지
그를 믿는 자는 부끄러움을 당하지 아니하리라 하니 12 유대인이나 헬라인이
나 차별이 없음이라 한 분이신 주께서 모든 사람의 주가 되사 그를 부르는 모
든 사람에게 부요하시도다 13 누구든지 주의 이름을 부르는 자는 구원을 받으
리라 14 그런즉 그들이 믿지 아니하는 이를 어찌 부르리요 듣지도 못한 이를 어
찌 믿으리요 전파하는 자가 없이 어찌 들으리요 15 보내심을 받지 아니하였으
면 어찌 전파하리요 기록된 바 아름답도다 좋은 소식을 전하는 자들의 발이여
함과 같으니라(롬 10:9-15, 개역개정)

롬 10:9-10 바울은 본 단락에서 "입의 고백"과 "마음의 믿음"을 대비시켜 하나님의 구원의 방법을 설명한다. 사람이 구원을 받기 위해서는 마음으로 먼저 예수님의 주님 되심과 그가 우리를 위하여 죽으시고 부활하셨음을 믿어야 한다. 그리고 성도는 자신이 마음으로 믿는 내용을 입으로 시인함으로 자신의 믿음이 진실한 것인지를 외적으로 확인해야 한다(롬 10:9).

바울은 구원을 받기 위한 필수적인 요소로 예수님을 주님으로 시인하는 것과 하나님께서 예수님을 죽은 자 가운데서 살리신 것을 믿는 것이라고 정리한다(롬 10:9). 예수님의 주님됨을 시인하는 것은 그의 성육신, 죽음, 부활을 역사적인 사실로 인정하는 것이며 또한 예수님이 온 세상의 권세를 갖고 계신 것을 인정하는 것이다(마 28:18; 롬 11:36).[487] 예수님은 우리들의 죄를 대속하시기 위해 우리를 대신하여 십자가에

서 죽으셨다. 인간은 죄 문제에 관한한 하나님의 공의(justice)를 충족해 드리지 못했다. 그러나 예수님께서 우리 대신 죽으심으로 우리의 죄 문제를 해결해 주신 것이다. 그러므로 예수님의 십자가상의 죽음은 우리의 죄 문제 해결을 위해 절대적으로 필요한 것이다. 우리의 구원 문제는 거기에서 멈추지 않는다. 하나님은 우리의 영원한 생명을 위해 예수님을 죽은 자 가운데서 부활시키신 것이다. 우리들의 구원과 관련하여 예수님의 죽음과 부활은 분리해서 생각할 수 없는 사건들이다. 우리의 구원을 위한 예수님의 죽음과 부활은 동전의 양면과 같다. 예수님의 죽음 없이 그의 부활을 생각할 수 없고 예수님의 부활 없이 그의 죽음의 효과를 기대할 수 없다. 그래서 바울은 "그리스도께서 만일 다시 살아나지 못하셨으면 우리가 전파하는 것도 헛것이요 또 너희 믿음도 헛것이며"(고전 15:14)라고 말하고 계속해서 "그리스도께서 다시 살아나신 일이 없으면 너희의 믿음도 헛되고 너희가 여전히 죄 가운데 있을 것이요"(고전 15:17)라고 설명하는 것이다.

그래서 바울은 우리가 구원을 받기 위해서는 우리의 입으로 예수님을 구주로 시인하고 하나님께서 예수님을 죽은 자 가운데서 살리신 것을 마음으로 믿어야 한다고 가르치는 것이다(롬 10:9). "예수님을 주로 시인"하는 것은 각 종교에 '주'(lord)가 있는데 예수님을 그런 '주' 중에 하나로 고백하는 것이 아니요, 예수님을 모든 '주'의 '주님'(Lord)이 되시고 세상을 창조하시고 구속을 성취하신 주님으로 고백하는 것이다. 바울은 계속해서 "사람이 마음으로 믿어 의에 이르고 입으로 시인하여 구원에 이르느니라"(롬 10:10)라고 함으로 마음과 입을 대비시켜 더 구체적으로 설명한다. 바울은 바로 전 절에서는 입(mouth)으로 예수

489 J. Murray, *The Epistle to the Romans*, Vol. II (*NICNT*), p. 55.

를 주로 시인하는 것과 마음(heart)으로 예수님이 죽은 자 가운데서 부활하신 것을 믿는 것이 우리의 구원의 요건이라고 설명했다. 그런데 바울은 본 절(롬 10:10)에서 "마음으로 믿어 의에 이르고"와 "입으로 시인하여 구원에 이른다"고를 대비시켜 좀 더 구체적으로 설명하고 있다. 바울은 본 절에서 "의"(δικαιοσύνην)와 "구원"(σωτηρίαν)이라는 용어들을 등장시키고 있다. 바울이 로마서 10:10에서 "의"(righteousness)와 "구원"(salvation)을 등장시켜 더 구체적으로 설명하지만 바로 전 절인 로마서 10:9의 내용과 전혀 상충되지 않는다. 왜냐하면 바울은 우리가 구원을 받을 수 있도록 하기 위해 "복음에는 하나님의 의"(롬 1:17)가 나타났고, 또한 "율법 외에 하나님의 한 의가 나타났다"(롬 3:21)라고 설명하고 또한 "예수 그리스도를 믿음으로 말미암아 모든 믿는 자에게 미치는 하나님의 의니 차별이 없느니라"(롬 3:22)라고 설명했기 때문이다. 그러므로 사람이 예수님의 죽음과 부활을 마음에 믿는 것은 예수님이 그의 죽음과 부활을 통해 이루신 의와 생명을 마음으로 믿는 것이다. 그리고 입으로 시인하여 구원에 이르는 것은 바로 예수님이 주님되심(Jesus is the Lord.)을 시인하는 것과 다를 바 없다. 따라서 로마서 10:9과 로마서 10:10은 본질적으로 전혀 상충되지 않고 서로 보완하는 역할을 한다.

박윤선은 "사람이 마음으로 믿어 의에 이르고 입으로 시인하여 구원에 이르느니라"(롬 10:10)를 해석하면서 "'의에 이름'은 영생을 얻는 기본적 계단이고, '구원에 이름'은 그 종말관적(終末觀的) 방면이다. 그러므로 이 둘은 그리스도 신자들의 받는 구원의 종류 상 차이를 말함이 아니고, 누구나 구원 받는 자면 다 같이 받아지는 한 가지 영생을 양면(兩面)으로 말함이다."[488]라고 설명한다. 바울은 지금 구원 받을 수 있는 복음의 핵심 요소를 설명하고 있다. 복음의 핵심요소는 예수님이 하나님의 아들이신 메시아이시며 그가 우리를 위해 죽으시고 삼일 만에 죽은 자들 가운데서 부활하셨다는 진리이다(마 16:16; 눅 24:46; 행 2:22; 롬 1:3-4; 4:25). 루터(Luther)는 로마서 10:9-10을 해석하면서 "우리들은 행위나, 지혜나(이성적인), 노력이나, 재물이나, 명예로 의를 획득하지 않는다. 많은 사람들이 자기가 많이 알고, 많이 읽고, 많이 가르치고, 혹은 교회 내에서 영예를 획득하거나 위대한 봉사를 하기 때문에 의롭다고 인정받기를 원한다. 그러나 이 모든 것은 하나님이 구원을 위해서는 거부하신 세상적인 의에 속한다. 우리는 로마서 4:3에 '아브라함이 하나님을 믿으매 그것이 그에게 의로 여겨진바 되었느니라'라고 기록된 것처럼 하나님의 약속을 신실하게 믿음으로 진정한 의를 획득한 것이다."[491]라고 설명한다. 바울은 구원을 받는 길은 오직 "예수를 주로 시인하며 또 하나님께서 그를 죽은 자 가운데서 살리신 것"(롬 10:9)을 믿는 길 외에 다른 길이 없음을 확인한다. 그런데 이 일을 위해서는 "전파하는 믿음의 말씀"(롬 10:8)이 있어야 가능하다. 바울이 "전파하는 믿음의 말씀"은 예수님이 주님이시며 그가 우리를 위해 죽으시고 부활하심으로 우리의 죄 문제를 해결하시고 우리에게 영생을 확보해 주셨다는 진리이다.

롬 10:11-15 바울은 지금까지 설명한 믿음으로만 구원을 얻을 수 있다(롬 10:9-10)는 교훈을 지지하기 위해 이사야서(Isaiah)의 말씀을 인용한다. 이사야 선지자는 "보라 내가 한 돌을 시온에 두어 기초를 삼았노니 곧 시험한 돌이요 귀하고 견고한 기촛돌이라 그것을 믿는 이는

---

490 박윤선, 『성경주석. 로마서』 (1969), p. 288.

491 Luther, *Commentary on the Epistle to the Romans*, p. 132.

다급하게 되지 아니하리로다"(사 28:16; 참고, 사 49:23; 욜 2:26, 27; 롬 9:33) 라고 예언한 바 있다. 바울은 이 말씀을 예수 그리스도에게 적용시켜 "누구든지 그(그리스도)를 믿는 자는 부끄러움을 당하지 아니하리라"(롬 10:11)라고 함으로 그의 확신을 선언하는 것이다. 구약 이사야서(LXX)의 "다급하게 되지 아니하리로다"(οὐ μὴ καταισχυνθῇ)와 신약 로마서의 "부끄러움을 당하지 아니하리라"(οὐ καταισχυνθήσεται)는 사실상 같은 용어인데 한글 개역개정 번역은 약간 다르게 표현했을 뿐 그 의미는 같다.[492] 바울은 "누구든지"라는 표현을 통해 구원을 받을 수 있는 대상은 유대인들과 이방인들을 포함한 이 세상에서 살고 있는 모든 사람임을 확인한다. 하지만 바울은 이 세상의 모든 사람이 모두 구원을 받는다고 말하고 있지 않다. 왜냐하면 "누구든지"가 "그를 믿는 자"로 한정되기 때문이다. 예수를 믿는 자는 의롭다 인정을 받은 사람이기에 어디에서도 떳떳할 수 있고 당당할 수 있는 것이다.

바울은 로마서 10:11의 "누구든지"와 관련하여 "유대인이나 헬라인이나 차별이 없음이라"(롬 10:12)라고 말함으로 복음은 편파적으로 적용되지 않고 이 세상의 모든 사람들에게 적용된다는 사실을 다시 확인한다. 모든 사람이 죄인이고 그 죄 때문에 정죄 받아 마땅하기 때문에 구원의 기회도 모든 사람에게 공평하게 제공되어야 한다(참조, 롬 1:16; 3:9, 19, 22, 23, 29, 30; 4:11, 12; 9:24; 고전 12:13).[491] 우리가 로마서 10:12을 읽으면서 주목해야 할 부분은 "한 분이신 주께서 모든 사람의 주가

492 A. Horstmann, "καταισχύνω," *Exegetical Dictionary of the New Testament*, Vol. 2 (Grand Rapids: Eerdmans, 1991), p. 258. 대부분의 번역들이 다른 표현으로 처리했다. 예를 들면, NIV는 이사야서는 "the one who trusts will never be dismayed."(Isa. 28:16)로 처리했고, 로마서는 "Anyone who trusts in him will never be put to shame."(Rom. 10:11)으로 처리했다. ESV는 이사야서는 "Whoever believes will not be in haste."(Isa. 28:16)로 번역했고, 로마서는 "Everyone who believes in him will not be put to shame."(Rom. 10:11)으로 번역했다.

되사"의 표현에서 "주"(κύριος)가 여호와 하나님을 가리키느냐 예수 그리스도를 가리키느냐를 밝혀야 하는 문제이다. 바울은 이미 "할례자도 믿음으로 말미암아 또한 무할례자도 믿음으로 말미암아 의롭다 하실 하나님은 한 분이시니라"(롬 3:30)라고 함으로 하나님이 한 분이심을 선언한바 있다. 그러면 바울이 로마서 10:12의 "한 분이신 주께서"라고 표현하면서 "주"를 여호와 하나님으로 생각하면서 "주"를 사용했는가? 그 답은 그렇지 않다는 것이다. 문맥에 비추어 관찰할 때 바울은 이미 "예수를 주"로 표현하고 있다(롬 10:9; 참조, 롬 10:4-7). 그리고 바울은 계속해서 "그를 믿는 자"(롬 10:11)라고 하며 "그"가 예수님을 가리키고 있음을 표현하고 있기 때문에 로마서 10:12의 "주"는 예수 그리스도를 가리킨다고 해석하는 것이 타당하다. 바울은 하나님을 믿는 것이 바로 그리스도를 믿는 것임을 확인하고 있는데 그 이유는 그리스도가 바로 하나님이시기 때문이다.[494] 바울은 바로 주가 되신 그리스도께서 "모든 사람의 주가 되사 그를 부르는 모든 사람에게 부요하시도다"(롬 10:12)라고 설명함으로 주님의 부요하심을 천명한다. 머레이(Murray)는 "모든 사람에게 부요하신다"는 개념은 그리스도 안에 내재하는 풍성함을 뜻하지 않고(참조, 엡 3:8), 그를 부르는 사람들을 준비된 마음과 넉넉한 마음으로 받아들인다는 뜻이라고 해석한다. 본 구절에 언급된 "부요"는 그리스도를 부르는 자들에 대한 그리스도의 태도로 해석하는 것이 더 타당하다고 사료된다. 그래서 바울은 그리스도가 하나님이심을 확인하면서 "모세가 기록하되"의 표현이나(롬 10:5), "성경이 이르되"의

493 John Murray, *The Epistle to the Romans*, Vol. 2 (*NICNT*) (1968), p. 57.

494 C. Hodge, *A Commentary on Romans*, p. 345.: "Faith in God is faith in Christ, for Christ is God. This is the great truth to be acknowledged. The condition of salvation, under the gospel, is the invocation of Christ as God."

표현이나(롬 10:11), "기록된 바"(롬 11:26)와 같은 표현 없이 요엘서 2:32을 "누구든지 주의 이름을 부르는 자는 구원을 받으리라"(롬 10:13; 참조, 행 2:21)라고 인용한다.[495] 바울은 구약의 하나님도 그의 이름을 부르는 자들에게 자비를 베푸신 것처럼 그리스도 역시 그의 이름을 부르는 자들에게 구원을 베푼다는 것을 분명히 하고 있다.

로마서 10:14-15은 이전 구절에서 언급한 구원을 받는 자가 어떤 과정을 거쳐 구원을 받게 되는지 설명하고 그럼에도 불구하고 뒤따라오는 구절이 "그들이 다 복음을 순종하지 아니하였도다"(롬 10:16)라고 말씀한 것처럼 하나님의 배려 깊은 계획에도 불구하고 유대인들이 순종하지 아니한 사실을 밝힌다. 바울은 그리스도와의 관계를 갖는 구원은 하나님의 특별한 계획에 의해 진행된다고 말한다. 하나님의 계획은 하나님이 보내신 전파하는 자를 준비하셨고, 그 전파하는 자가 복음을 선포하게 되고, 복음이 선포되면 들음의 과정이 있고, 들음을 통해 믿음을 행사할 수 있게 된다는 것이다. 그래서 바울은 "그런즉 그들이 믿지 아니하는 이를 어찌 부르리요 듣지도 못한 이를 어찌 믿으리요 전파하는 자가 없이 어찌 들으리요 보내심을 받지 아니하였으면 어찌 전파하리요"(롬 10:14-15)라고 말하는 것이다. 바울은 이 말씀이 유대인들과 이방인들에게 동등하게 적용됨을 확인하고 있다. 하나님께서 유대인들에게 "보내는 이"로 선지자들을 세우셨고, 선지자들은 "전파자"의 역할을 했고, 전파자는 하나님의 말씀을 "선포"했고, 유대인들은 하나님의 말씀을 충분히 "들을 수 있었고," 유대인들은 들음을 통해 하나님을 신뢰하고 하나님을 믿었어야 했고, 그들은 하나님의 이름을 부름으로 구원의 반열에 속할 수 있었어야 했다. 바울은 이와 같은 원리가

495 욜 2:32은 "누구든지 여호와의 이름을 부르는 자는 구원을 얻으리니"(πᾶς ὃς ἂν ἐπικαλέσηται τὸ ὄνομα Κυρίου, σωθήσεται:)로 번역되었다.

유대인들에게 확실하게 적용되었음을 확인하기 위해 이사야서 52:7의 말씀[496]을 해석적으로 인용한다. 바울은 이사야서의 요점을 정리하여 "기록된 바 아름답도다 좋은 소식을 전하는 자들의 발이여 함과 같으니라"(롬 10:15)라고 함으로 신약시대의 교회의 활동에 걸맞게 설명한다. 그런데 유대인들은 "다 복음을 순종하지 아니하였다"(롬 10:16). 바울은 예수님을 주로 인정하고 예수님의 죽음과 부활을 마음으로 믿고 입으로 시인해야 구원을 받을 수 있는데(롬 10:9-10) 많은 유대인들이 이 생명의 복음, 화목의 복음을 받아들이지 못한 고로 이 복음이 이방인들에게도 동일하게 적용됨을 설명함으로 유대인들을 시기나게 만들어 유대인들도 복음에 참여자가 되도록 하기를 원한다(롬 11:11).[497] 바울의 이 말씀은 목회자들과 선교사들에게 엄중한 책임을 제공한다. 하나님의 구속계획은 예수 그리스도를 통해 성취된 용서의 복음, 화목의 복음, 평강의 복음이 예루살렘으로부터 시작하여 땅 끝까지 전파되는 것이다(마 28:18-20; 막 16:15-16; 눅 24:46-49; 행 1:8; 16:6-10; 롬 11:25-26). 하나님은 이 일을 성취하시기 위해 목회자와 선교사를 전파자로 세우셨고, 따라서 목회자들은 하나님의 복음을 선포할 책임이 있으며, 선포가 있으면 들음이 있고, 들음이 있으면 믿음을 행사할 수 있어 예수 그리스도를 부를 수 있게 된다. 그러므로 교회를 섬기는 목회자들과 선교사들은 하나님의 구속역사 성취를 위해 초청을 받은 당당한 사역자들이다.

---

496 이사야서의 말씀은 "좋은 소식을 전하며 평화를 공포하며 복된 소식을 가져오며 구원을 공포하며 시온을 향하여 이르기를 네 하나님이 통치하신다 하는 자의 산을 넘는 발이 어찌 그리 아름다운가"(사 52:7)라고 읽는다.

497 F. F. Bruce, *The Letter of Paul to the Romans* (*Tyndale New Testament Commentaries*) (1990), pp. 195-196.

3. 말씀과 들음과 믿음의 관계(롬 10:16-21)

**16 그러나 그들이 다 복음을 순종하지 아니하였도다 이사야가 이르되 주여 우
리가 전한 것을 누가 믿었나이까 하였으니 17 그러므로 믿음은 들음에서 나며
들음은 그리스도의 말씀으로 말미암았느니라 18 그러나 내가 말하노니 그들이
듣지 아니하였느냐 그렇지 아니하니 그 소리가 온 땅에 퍼졌고 그 말씀이 땅
끝까지 이르렀도다 하였느니라 19 그러나 내가 말하노니 이스라엘이 알지 못
하였느냐 먼저 모세가 이르되 내 백성 아닌 자로써 너희를 시기하게 하며 미련
한 백성으로써 너희를 노엽게 하리라 하였고 20 이사야는 매우 담대하여 내가
나를 찾지 아니한 자들에게 찾은 바 되고 내게 묻지 아니한 자들에게 나타났노
라 말하였고 21 이스라엘에 대하여 이르되 순종하지 아니하고 거슬러 말하는
백성에게 내가 종일 내 손을 벌렸노라 하였느니라**(롬 10:16-21, 개역개정)

롬 10:16-18 바울은 하나님의 백성인 이스라엘의 불순종을 안타깝게 생각하면서 "그들이 다 복음을 순종하지 아니하였도다"(롬 10:16)라고 말한다. 바울은 이스라엘의 불순종을 이사야서의 예언을 인용하여 확인한다. "우리가 전한 것을 누가 믿었느냐"(사 53:1). 대부분의 이스라엘 백성들은 복음을 받아들이지 않았다(롬 9:27). 이사야는 북이스라엘이 앗수르에 의해 멸망되기(BC 722) 이전에 선지자로 활동한 사람이다. 이사야의 예언은 그 당시 이스라엘의 형편을 잘 묘사해 주고 있을 뿐만 아니라 그와 같은 그들의 불순종이 앞으로 있을 그들의 멸망을 예고하고 있었다. 그리고 바울은 이어서 이스라엘 백성이 왜 복음을 받아들이지 못했는지 그 이유를 설명한다. 바울은 이스라엘 백성들이 복음을 받아들이지 못한 것은 믿음이 없었기 때문이라고 말하고 있다. 바울은 "믿음은 들음에서 나며 들음은 그리스도의 말씀으로 말

미암았느니라"(롬 10:17)라고 함으로 믿음이 어떻게 발생하는지를 설명한다. 믿음은 그리스도의 말씀을 들음으로 생겨나게 된다. 그리스도의 말씀이 선포되면 들음이 있고 들음과 함께 성령이 역사하여 믿음이 생기게 된다. 그래서 바울은 "성령으로 아니하고는 누구든지 예수를 주시라 할 수 없느니라"(고전 12:3; 참조, 엡 2:8)라고 함으로 성령의 역할을 설명하는 것이다. 여기서 우리는 성령의 역할, 하나님의 말씀, 들음, 그리고 믿음의 상관관계를 보게 된다. 이것들 중 어느 하나라도 없으면 결국 믿음은 생겨나지 않는다. 벌코프(Berkhof)는 "하나님의 성령은 말씀의 선포를 통해 도덕적으로 설득시키는 방법으로만 작용하신다. 그리고 사람이 하나님의 음성을 들을 수 있도록 그 설득을 효과 있게 만드신다. 이는 말씀이 이해(understanding)와 의지(will)에 작용하는 바로 그 말씀의 본질을 따른 것이다."[498]라고 설명함으로 말씀 선포를 통해 어떻게 믿음이 생기는지를 정리한다. 바울은 분명히 유대인들에게 복음이 전파되었으나 그들이 믿지 않았다는 사실을 확실히 한다. 바울은 "그러나 내가 말하노니 그들이 듣지 아니하였느냐 그렇지 아니하니 그 소리가 온 땅에 퍼졌고 그 말씀이 땅 끝까지 이르렀도다"(롬 10:18)라고 시편 19:4의 말씀을 인용하여 유대인들이 그 말씀을 들었음을 분명히 한다. 그러나 유대인들은 믿음이 없어서 그 말씀을 받아들이지 못했다.

바울은 로마서 10:19을 바로 전 절인 로마서 10:18의 표현 형식과 같은 "그러나 내가 말하노니"(ἀλλὰ λέγω)라는 표현을 사용하여 시작한다. 바울은 "그러나 내가 말하노니 이스라엘이 알지 못하였느냐"(롬 10:19)라고 본 절을 시작한다. 로마서 10:18과 로마서 10:19의 차이는

498 Louis Berkhof, *Systematic Theology* (Grand Rapids: Eerdmans, 1996), p. 470.

로마서 10:18은 "그들이 듣지 아니하였느냐"라고 묻고, 그 답은 그 말씀이 땅 끝까지 퍼져있어서 그들이 들었다는 것인 반면, 로마서 10:19은 "이스라엘이 알지 못하였느냐"라고 묻고, 그 답은 알면서도 그 말씀을 받아들이지 않으므로 "백성 아닌 자"를 사용하여 그들이 시기하도록 하였다는 것이다. 이스라엘 백성은 하나님의 말씀을 분명히 들었지만 그 말씀을 알지 못하고 받아들이지 않았지만 하나님은 그들을 완전히 버리지 않으셨음을 분명히 한다(롬 10:19).

우리는 바울이 말한 "믿음은 들음에서 나며 들음은 그리스도의 말씀으로 말미암았느니라"(롬 10:17)라는 말씀에서 성경말씀의 중요성과 목회자들의 역할의 중요성을 발견하게 된다. 바울은 성경말씀이 정확무오하게 기록된 하나님의 말씀이라는 사실을 증거하고 있다. 바울이 예수님이 오시기 전 대략 800년 전에 이사야 선지자가 말한 "우리가 전한 것을 누가 믿었느냐"(사 53:1)라는 이 말씀을 인용하여 지금 로마서를 기록하면서 믿음은 그리스도의 말씀을 들음으로 생긴다고 주장하고 있다. 만약 성경이 유오하고 믿을 수 없는 기록이라면 바울은 이렇게 말할 수 없었을 것이다. 어쩌면 그리스도께서 살아계실 때 직접 말씀하신 것을 들음으로 믿음이 생겨난다고 주장할 수는 있다. 그러나 바울은 그리스도께서 직접 하신 말씀에만 국한시키지 않고 기록된 성경말씀이 진리이기 때문에 언제든지 그리스도의 말씀이 선포되면 들음이 있고 들음과 함께 믿음이 생겨나게 된다고 말하는 것이다. 그래서 바울은 "계시로 내게 비밀을 알게 하신 것은 내가 먼저 간단히 기록함과 같으니 그것을 읽으면 내가 그리스도의 비밀을 깨달은 것을 너희가 알 수 있으리라"(엡 3:3-4)라고 가르친 바 있다. 바울이 받은 하나님의 계시를 그가 말씀으로 기록했는데 바울이 기록한 말씀을 읽으면 바울이 받은 계시의 비밀을 읽는 자도 깨달을 수 있다는 말씀이다.

그러면 목회자들의 역할의 중요성은 이 말씀과 무슨 관계가 있는가? 사람들이 구원을 받기 위해서는 믿음이 있어야 하고 믿음은 그리스도의 말씀의 선포를 통해 얻을 수 있다. 그렇다면 목회자는 성경에 기록된 하나님의 말씀을 정확하게 풀어서 전하고 설교해야 할 책임이 있다. 우리는 예수 그리스도 자신이 선포한 말씀을 통해 예수 그리스도가 하나님의 아들이요 구세주이심을 믿고 인정함으로 구원을 받게 된다는 사실을 잘 알고 있다. 그런데 이 원리는 사도들에게나 현대의 목회자들에게나 동일하게 적용된다. 성경을 기록한 사도들도 그들이 선포한 말씀에서 예수 그리스도가 메시아로 오셨고 구세주요 죄 문제를 해결하시고 영생을 마련하신 분임을 믿음으로 구원을 받게 된다. 마찬가지로 현대의 목회자들의 말씀 사역과 설교 활동을 통해 구원의 길이 열리는 것이다. 따라서 바울이 "믿음은 들음에서 나며 들음은 그리스도의 말씀으로 말미암았느니라"(롬 10:17)라고 말한 이 짧은 한 마디의 말씀은 오늘날의 목회자들에게 자긍심을 제공해 주는 귀한 말씀이기도 하다.

롬 10:19-21 바울은 여기서 "모세의 노래"의 일부분을 인용하여 유대인들에 대한 하나님의 관심을 확인하다. 신명기의 "모세의 노래"(신 32:1-43)는 이스라엘 백성에 대한 하나님의 계획과 사랑을 비교적 자세하게 설명한다. "모세의 노래" 중에서 하나님은 이스라엘 백성이 하나님이 아닌 것을 하나님으로 여김으로 하나님이 질투하고 진노하게 되셨다고 말씀하신다. 이스라엘 백성들은 인간이 만든 우상을 하나님처럼 숭배함으로 하나님을 격노하게 만들었다. 그런데 바울은 "내가 백성 아닌 자로써 너희를 시기하게 하며 미련한 백성으로써 너희를 노엽게 하리라"(롬 10:19)라는 "모세의 노래"의 한 구절(신 32:21)[497]을 인용하여 하나님께서 이방인들에게 호의를 베푸심으로 유대인들을 시기하게 만들 것임을 분명히 한다. 이 말씀은 하나님께서 이방인들을 사용하셔서 유대인들을 시기하게 만드시고 그들에게 관심이 있으심을 강조한 것이지만 결국 구속의 복음은 유대인에게만 국한되지 않고 모든 민족에게 전파될 것임을 함축하고 있다(사 42:6; 49:6). 바울은 이와 같은 하나님의 계획을 유대인들이 알고 있었다고 확인하는 것이다(롬 10:19). 바울은 유대인들이 아직도 하나님의 구속 계획의 관심 안에 있다는 사실을 분명히 한다.

바울은 이제 이사야서 65:1의 말씀을 상반절과 하반절을 전환시켜 인용한다. 이사야서의 상반절은 바울의 인용의 하반절이 되고, 이사야서의 하반절은 바울의 인용의 상반절이 되었다. 하지만 전체 내용에는 전혀 변화가 없다. 바울은 이사야서의 말씀을 통해 하나님께서 "내가 나를 찾지 아니한 자들에게 찾은 바 되고 내게 묻지 아니한 자들에게 나타났노라"(롬 10:20)라고 하심으로 이방민족에 대한 관심을 나타내신 사실을 밝힌다. 하나님은 선지자들을 사용하셔서 그의 호의를 이방민족에게 나타내셨다. 바울은 하나님이 이방민족에게 그의 호의를 베푸신 것처럼(롬 10:20) 이스라엘 백성에 대해서도 그의 호의를 베푸시고 계심을 확실히 한다. 그래서 바울은 "이스라엘에 대하여 이르되 순종하지 아니하고 거슬러 말하는 백성에게 내가 종일 내 손을 벌렸노라 하였느니라"(롬 10:21)라고 설명한다. 이 말씀은 이스라엘 백성의 불순종과 배척과 비교되는 하나님의 오래 참으심과 일관되심을 잘 표현하

---

499 바울이 인용한 신명기의 "모세의 노래"는 "κἀγὼ παραζηλώσω αὐτοὺς ἐπ᾽ οὐκ ἔθνει, ἐπὶ ἔθνει ἀσυνέτῳ παροργιῶ αὐτούς."(LXX) (나도 백성이 아닌 자로 그들에게 시기가 나게 하며 어리석은 민족으로 그들의 분노를 일으키리로다(신 32:21)로 읽는다. 바울은 "그들"(αὐτούς) 대신 "너희"(ὑμᾶς)로 바꾸었을 뿐 모세의 노래를 그대로 인용했다.

고 있다. 비록 이스라엘 백성이 하나님에 대해 거슬러 말하고 불순종하는 죄를 범할지라도 하나님의 사랑의 품은 그들을 감싸 안을 수 있을 만큼 넓고 높고 깊다고 선언하시는 것이다. 바울은 이스라엘 백성의 불순종과 용서받을 수 없는 잘못을 그들이 받아들이는 구약의 말씀을 인용하여 환기시키고 동시에 소망을 제시하고 있는 것이다.

로마서 11장 주해

11장 요약

로마서 11장은 이스라엘 백성이 하나님의 언약 백성이요, 하나님께서 선택하신 백성인데 메시아이신 예수 그리스도를 배척함으로 하나님께서 이스라엘 백성을 버리셨는가라는 질문에 대한 답을 제시한다. 이 질문에 대해 바울은 하나님이 자기 백성을 버리시지 않으셨다고 말한다(롬 11:1). 그리고 바울은 이스라엘 백성에 대한 하나님의 계획을 설명한다. 하나님은 이스라엘 백성을 모두 버리신 것이 아니요 이스라엘 백성 중에 "은혜로 택하심을 따라 남은 자"(롬 11:5)를 구원하실 것이다. 바울은 이스라엘 백성의 실족은 이방인들의 구원을 내다보게 하고, 이방인의 구원은 이스라엘로 시기하게 하시기 위함이라고 설명한다(롬 11:11–12). 그래서 바울은 하나님이 이방인을 구원하신 것은 "자신의 골육으로 하여금 시기하게 하여 그들 중에서 얼마를 구원하려"(롬 11:14)는 의도가 있었다고 설명한다. 바울은 이스라엘 백성의 실족과 이방인의 구원을 연계하여 하나님의 구원 계획이 넓고 깊고 높다는 사실을 밝히고 있다. 바울은 이와 같은 하나님의 구원 계획은 "신비"(mystery)이며, "이 신비는 이방인의 충만한 수가 들어오기까지 이스라엘의 더러는 우둔하게 된 것이라"(롬 11:25)라고 함으로 하나님의 지혜와 지식의 풍성함을 밝힌다(롬 11:33–34). 바울은 개혁주의자들이 즐겨 인용하는 "이는 만물이 주에게서 나오고 주로 말미암고 주에게로 돌아감이라 그에게 영광이 세세에 있을지어다 아멘"(롬 11:36, 개역개정)이라는 말씀으로 하나님께서 구속역사의 알파와 오메가 되심을 언급하고 로마서 9장에서 시작하여 로마서 11장에 이르기까지 자신의 골육 이스라엘 백성의 구원 문제를 다루고 끝을 맺는다.

1. 구원받을 이스라엘 백성의 남은 자(롬 11:1-12)

1 그러므로 내가 말하노니 하나님이 자기 백성을 버리셨느냐 그럴 수 없느니
라 나도 이스라엘인이요 아브라함의 씨에서 난 자요 베냐민 지파라 2 하나님
이 그 미리 아신 자기 백성을 버리지 아니 하셨나니 너희가 성경이 엘리야를
가리켜 말한 것을 알지 못하느냐 그가 이스라엘을 하나님께 고발하되 3 주여
그들이 주의 선지자들을 죽였으며 주의 제단들을 헐어버렸고 나만 남았는데
내 목숨도 찾나이다 하니 4 그에게 하신 대답이 무엇이냐 내가 나를 위하여 바
알에게 무릎을 꿇지 아니한 사람 칠천 명을 남겨 두었다 하셨으니 5 그런즉 이
와 같이 지금도 은혜로 택하심을 따라 남은 자가 있느니라 6 만일 은혜로 된 것
이면 행위로 말미암지 않음이니 그렇지 않으면 은혜가 은혜되지 못하느니라 7
그런즉 어떠하냐 이스라엘이 구하는 그것을 얻지 못하고 오직 택하심을 입은
자가 얻었고 그 남은 자들은 우둔하여졌느니라 8 기록된 바 하나님이 오늘까
지 그들에게 혼미한 심령과 보지 못할 눈과 듣지 못할 귀를 주셨다 함과 같으
니라 9 또 다윗이 이르되 그들의 밥상이 올무와 덫과 거치는 것과 보응이 되게
하시옵고 10 그들의 눈은 흐려 보지 못하고 그들의 등은 항상 굽게 하옵소서 하
였느니라 11 그러므로 내가 말하노니 그들이 넘어지기까지 실족하였느냐 그럴
수 없느니라 그들이 넘어짐으로 구원이 이방인에게 이르러 이스라엘로 시기
나게 함이니라 12 그들의 넘어짐이 세상의 풍성함이 되며 그들의 실패가 이방
인의 풍성함이 되거든 하물며 그들의 충만함이리요(롬 11:1-12, 개역개정)

롬 11:1-5 바울은 하나님이 이스라엘 백성을 모두 버리신 것이 아니요, 그들 중에 남은 자들을 구원하실 것임을 천명한다. 바울은 "하나님이 자기 백성을 버리셨느냐"(롬 11:1)라는 질문에 항상 "그럴 수 없느니라"(μὴ γένοιτο)라고 대답한다(참조, 롬 3:4, 6, 31; 6:2, 15; 7:7, 13; 9:14). 바울이 "그럴 수 없느니라"라고 말한 맥락을 조사하면 바울은 하

나님의 방법이 인간의 눈으로 볼 때 잘못되게 진행되는 것처럼 보일 수 있음을 예견하고, 확실한 태도로 하나님의 방법이 잘못되었다고 생각하는 인간의 오만한 사고를 "그럴 수 없느니라"라는 표현으로 교정시켜준다. 예를 들면 "진노를 내리시는 하나님이 불의하시냐"라는 질문에 바울은 "그럴 수 없느니라"(롬 3:5–6)라고 확인한다. 그리고 바울은 죄를 많이 지은 사람이 용서함을 받으면 많은 은혜를 받게 되는 것처럼 보인다(롬 5:20)고 설명하면서 그렇다고 "은혜를 더하게 하려고 죄에 거하겠느냐"라고 반문하고 그 답으로 역시 "그럴 수 없느니라"(롬 6:1–2)라고 대답한다. 바울은 로마서 11:1에 당도하기 전에 로마서 9장과 10장에서 하나님이 이스라엘 백성을 믿음의 방법으로 구원하실 것이라고 가르쳤는데 그렇다면 이스라엘 백성을 구원하시는 하나님이 "자기 백성을 버리셨느냐 그럴 수 없느니라"라고 강하게 답을 하는 것이다. 하나님이 자기 백성을 버리지 아니하실 것이라는 교훈은 이미 구약에서도 확인된 교훈이다(삼상 12:22; 시 94:14). 문제는 이스라엘 백성이 잘못된 지식으로 하나님의 의를 얻으려 한 것뿐이다(롬 10:2–3). 그리고 바울은 하나님이 자기 백성을 버리지 아니하신 사실을 자기 자신을 예로 들어 설명하고 있다. 바울은 "나도 이스라엘인이요 아브라함의 씨에서 난 자요 베냐민 지파라"(롬 11:1)라고 함으로 자신의 출생적 진실을 밝힌다. 바울이 여기서 자신의 과거 혈통을 언급한 것은 자기가 살아 있는 증인으로 하나님이 자기 백성을 버리지 않았음을 확인하는 것이라고 천명하는 것이다. 바울은 회개하기 전 자신도 철저한 유대주의 교훈에 빠져 있었는데 하나님이 유대인인 자신을 구원해 주신 사실은 하나님이 유대인 모두를 버리시지 않은 예가 된다고 말하고 있는 것이다. 결국 바울 스스로 "그럴 수 없느니라"의 답이 될 뿐만 아니라 하나님이 자기 백성을 구원하신다는 긍정적인 제시도 되는 것이다.

바울은 "하나님이 그 미리 아신 자기 백성을 버리지 아니하셨나니"(롬 11:2)라고 말하고 이 사실을 엘리야(Elijah)의 말을 인용하여 확인한다. 그런데 바울이 언급한 "하나님이 그 미리 아신 자기 백성"이 전체 이스라엘 백성을 가리키느냐 아니면 이스라엘 백성 중에 선택된 자들만 가리키느냐라는 질문이 제기된다. 왜냐하면 하나님은 이스라엘 백성 전체를 미리 알고 계셨기 때문이다. 하지만 "하나님이 그 미리 아신 자기 백성"이 전체 이스라엘 백성을 가리킨다고 생각하는 것은 문맥의 뜻에 비추어 볼 때 합당한 해석이 아니다. 왜냐하면 바울은 지금 엘리야의 말을 통해 하나님이 전체 이스라엘 백성을 구하신 것이 아니요, 바알(Baal)에게 무릎 꿇지 아니한 칠천 명(7,000)을 구원하신 사실을 말하기 위해 표현한 말씀이기 때문이다. 그러므로 "하나님이 그 미리 아신 자기 백성"은 선택받은 백성, 참 이스라엘를 가리킨다고 이해하는 것이 더 합당하다. 핫지(Hodge)는 "하나님은 진정으로 그의 외형적인 백성인 유대인 국가는 거절하셨지만 그가 알고 있는 그의 백성은 버리지 않으셨다. 이 견해에 따르면 그의 백성은 선택받은 자들, 그의 영적인 백성, 혹은 참 이스라엘을 뜻한다. 이 해석이 결정적으로 더 좋게 여겨진다."[500]라고 설명한다. 칼빈(Calvin)도 "비록 하나님은 아무런 구별 없이 모든 백성을 그에게로 초청하지만 그는 내적으로 그 자신의 것으로 아는 사람들, 그리고 그의 아들에게 준 사람들, 그리고 그가 끝까지 신실하게 지키실 사람들만 끌어내시지 아무나 끌어내시지 않는다."[501]라고 함으로 그가 아신 자기 백성이 선택받은 백성을 가리킨다고 확실하게 설명한다.

---

500 C. Hodge, *A Commentary on Romans,* p. 354.; 참조, John Murray, *The Epistle to the Romans* (1968), pp. 67-68.

501 John Calvin, *The Epistles of Paul the Apostle to the Romans and to the Thessalonians,* p. 240.

바울은 하나님이 미리 아신 자기 백성을 버리지 않으신다고 말 한 후 엘리야의 이야기를 설명한다. 엘리야의 이야기는 구약 열왕기상 19:1–18에 기록되어 있다. 갈멜산(Mount Carmel) 사건(왕상 18:20–40) 이후에 아합(Ahab)과 이세벨(Jezebel)이 엘리야의 생명을 취하려 하자 엘리야는 "오직 나만 남았거늘 그들이 내 생명을 찾아 빼앗으려 하나이다"(왕상 19:10, 14)라고 고백할 정도로 곤궁에 빠져 있었다. 이때 여호와께서 엘리야에게 하사엘(Hazael)에게 기름을 부어 다메섹 왕이 되게 하고, 예후(Jehu)에게 기름을 부어 이스라엘의 왕이 되게 하고, 엘리사(Elisha)에게 기름을 부어 그의 후계 선지자가 되게 하라고 명하신다(왕상 19:15–16). 그리고 여호와 하나님은 "내가 이스라엘 가운데서 칠천 명을 남기리니 다 바알에게 무릎을 꿇지 아니하고 다 바알에게 입 맞추지 아니한 자니라"(왕상 19:18)라고 말씀하신다. 바울은 구약의 이 역사적 사실을 근거로 하나님을 대적하는 무리들이 주의 선지자를 죽이고 주의 제단을 헐고 이제 자기만 남았는데 자기 목숨도 찾는다고(롬 11:3) 불평 섞인 호소를 한 엘리야의 이야기를 전한다. 바울은 엘리야의 절망적인 탄식을 들으신 하나님이 "내가 나를 위하여 바알에게 무릎을 꿇지 아니한 사람 칠천 명을 남겨 두었다 하셨으니 그런즉 이와 같이 지금도 은혜로 택하심을 따라 남은 자가 있느니라"(롬 11:4–5)라고 답을 하신 사실을 통해 하나님이 이스라엘 백성을 전체 국가적으로 구원하시지는 않지만 은혜로 선택된 미리 아신 자기 백성 즉 남은 자를 구하실 것임을 확실하게 설명한다. 바울은 하나님이 엘리야가 생각하지 않은 다른 방법으로 그의 백성 남은 자를 구원하신 것처럼 유대인들의 남은 자의 구원도 하나님 자신의 방법으로 이루실 것임을 확실히 하고 있다.

롬 11:6-10 바울은 하나님의 선택이 은혜로 된 것이지 행위로 된 것이 아님을 분명히 한다(롬 11:6). 박윤선은 로마서 11:6을 해석하면서 "'은혜로 됨'과 '행위로 됨'의 두 가지 원리가 현저하게 대조된다. 은혜로 된다는 것은, 하나님께서 임의(任意)대로 인간에게 구원을 주심이고, 행위로 말미암는다고 함은 인간이 자력(自力)으로 구원 얻으려고 애쓰는 것을 가리킨다."[502]라고 바르게 설명한다. 하나님은 은혜의 방법으로 이스라엘의 남은 자를 구원하실 것이다(롬 11:5). 바울은 지금 남은 자들이 하나님의 은혜로운 선택의 방법으로 하나님의 백성으로 남게 될 것이라고 설명하고 있다. 하나님의 이와 같은 선택의 방법은 오로지 무조건적인 하나님의 사랑에 근거하고 있다. 이 말씀은 하나님이 이스마엘(Ishmael) 대신 이삭(Isaac)을 선택하시고, 에서(Esau) 대신 야곱(Jacob)을 선택하셨다(롬 9:7-13)는 말씀과 맥을 같이 한다. 선택의 교리를 반대하는 사람들은 사람이 선택받은 것은 그가 선한 행위를 할 것으로 예견되었기 때문이라고 주장한다. 하지만 이런 주장은 하나님이 에서와 야곱이 태어나기도 전에 "내가 야곱은 사랑하고 에서는 미워하였다"(롬 9:13; 참조, 창 25:23)라고 말씀하신 사실에 의해 바로 논박된다. 하나님의 선택은 은혜로 된 것이지 행위로 된 것이 아니다. 그래서 바울은 "우리가 아직 죄인 되었을 때에"(롬 5:8) 하나님이 그의 독생자 예수 그리스도를 희생시킴으로 그의 사랑을 확증하셨다고 가르친 것이다.

바울은 이제 "남은 자"(λεῖμμα)들이 은혜의 방법으로 구원받은 것이지 행위의 방법으로 구원받은 것이 아님을 분명히 한다. 이스라엘 백성들은 열심히 노력하면 "율법의 의"(righteousness of law)를 얻을 수 있을 것으로 생각하고 잘못된 지식을 따라 자기의 의를 구하려고 했다(롬

502 박윤선, 『성경주석. 로마서』 (1969), p. 304.

10:2-3). 그러나 하나님의 구원 방법은 전적으로 은혜의 방법이었다. 그래서 바울은 "그렇지 않으면 은혜가 은혜 되지 못하느니라"(롬 11:6)라고 이스라엘의 잘못을 지적하고 있다. 바울은 이처럼 이스라엘 백성이 잘못된 방법으로 그들의 의를 구했기 때문에 "이스라엘이 구하는 그것을 얻지 못했다"(롬 11:7)라고 그들의 잘못을 확실하게 밝힌다. 그리고 바울은 구원받은 "남은 자"(remnant)들은 하나님의 자비로운 선택의 방법으로 구원을 받게 되었음을 분명히 한다(롬 11:5-6). 바울은 구원받은 "남은 자"(remnant)들이 있는 반면 구원을 받지 못한 "그 남은 자(the others)들은 우둔하여졌느니라"(롬 11:7)라고 하나님의 선택의 은혜를 제공받지 못한 사람들의 상태를 묘사한다. 하나님의 선택의 은혜를 받지 못한 사람들의 마음은 완악해지고 우둔하게 되었다. 마치 여호와께서 바로(Pharaoh)의 마음을 완악하게 만드셔서 바른길을 택하지 못하게 만드신 것과 비슷하다(출 4:21; 7:3; 9:12; 10:1; 14:8). 바울은 로마서 11:7에서 "택하심을 입은 자"와 "택하심을 입지 못한 다른 사람들(남은 자)"을 대칭시켜 이스라엘 중에서도 택하심을 입은 자만이 하나님의 은혜와 사랑으로 "남은 자"(remnant)의 대열에 포함될 수 있었다고 가르치는 것이다.

우리는 로마서 11:7의 "그 남은 자들은 우둔하여졌느니라"의 말씀 중 "남은 자"(the others)가 마치 로마서 11:5의 "남은 자"(remnant)와 같은 의미일 것으로 착각할 수 있다. 같은 "남은 자"라는 용어가 인접된 문맥에서 사용되었기 때문에 그렇게 잘못 이해할 가능성이 크다. 하지만 로마서 11:7의 "남은 자"는 로마서 11:5의 "남은 자"와는 전혀 다른 의미를 가지고 있다. 로마서 11:5의 "남은 자"는 "바알에게 무릎을 꿇지 아니한 칠천 명"(롬 11:4)처럼 하나님이 특별하게 선택하여 남겨 둔 백성들을 가리키나, 로마서 11:7의 "남은 자"는 택하심을 입지 못한 "다른 사람들"을 가리킨다. 로마서 11:5이 사용한 용어는 "남은 자"(λεῖμμα)이며, 로마서 11:7이 사용한 용어는 "남은 자"(οἱ λοιποί)이다. 두 구절에 사용된 "남은 자"는 용어 자체가 다르며 따라서 그 의미도 다르다.[503]

우리는 본 구절 로마서 11:7-10을 해석하면서 선택(election)과 유기(reprobation)의 교리를 떠올릴 수밖에 없다. 지금 바울은 하나님이 이스라엘 전체 국가를 선택한 것은 아니지만 그 중에 일부를 선택하여 구원하셨음을 밝히고 있다. 그런데 헨드릭센(Hendriksen)은 이 구절이 유기를 지지하지 않는다고 주장한다. 그는 "마음이 우둔해진 자들에게까지도 만약 그들이 회개한다면 소망이 있다. 그러면 그들도 선택된 자들 중에 포함될 것이 확실하게 될 것이다. 놀라운 방법으로 하나님은 우둔해진 다수로부터 남은 자를 그에게 모으신다."[504]라고 해석한다. 헨드릭센은 "그 남은 자들(다른 사람들)은 우둔하여졌느니라"(롬 11:7)의 그 "남은 자들" 가운데서도 선택받은 자들이 있다고 주장하는 것이다. 물론 헨드릭센은 "만약 그들이 회개한다면"이라는 조건을 붙이고 있어서 크게 문제가 된다고 생각되지 않는다.

우리는 바울이 로마서 11:7에서 "이스라엘이 구하는 그것을 얻지 못하고 오직 택하심을 입은 자가 얻었고 그 남은 자들(다른 사람들)은 우둔해졌느니라"(개역개정)라고 말함으로 "택하심을 입은 자"와 "다른 사

---

503 영어의 번역은 용어의 의미를 명쾌하게 구분해 준다. 롬 11:5은 "there is a remnant chosen by grace."이지만 롬 11:7은 "The others were hardened."로 번역되었다. 한글 개역개정 번역도 롬 11:5은 "남은 자"로 처리하고, 롬 11:7은 "다른 사람들은," 혹은 "나머지 사람들은" 등으로 처리했으면 좋았을 것이다.

504 Hendriksen, *Exposition of Paul's Epistle to the Romans* (1981), p. 365. "Even for the hardened ones there is hope; that is, if they repent. It will then become clear that they too belong to the elect. In a marvelous manner, God gathers to himself a remnant even from the hardened majority."

람들" 즉, "택하심을 입은 자"와 "택하심을 입지 못한 자"를 대칭시키고 있음에 주목하여야 한다. 이 말씀은 "그런즉 하나님께서 하고자 하시는 자를 긍휼히 여기시고 하고자 하시는 자를 완악하게 하시느니라"(롬 9:18)라는 말씀과 같은 의미이다.[505] 로마서 9:18은 "완악하게 하시는 이"가 하나님이심을 밝히고 있으나, 로마서 11:7은 우둔하게 하시는 행동의 주어가 없다. 하지만 전체의 맥락으로 볼 때 로마서 11:7의 우둔하게 하시는 행동의 주인도 하나님이심이 확실하다.[506] 바레트(Barrett)는 이 구절의 난해성을 인정하면서 "그 남은 자들"(다른 사람들)이 우둔하게 된 것이 "불순종하여서 우둔하게 된 것"인지 "우둔하게 되어서 불순종하게 된 것"인지 구분하기 불가능하다고 고백한다.[507] 그러나 문맥은 하나님이 그들을 우둔하게 만드셔서 그들이 우둔하게 되었고 불순종하게 되었음을 지지한다. 긍휼을 베풀어 선택하신 이도 하나님이시요 완악하게 하여 버리신 이도 하나님이시다. 바울은 지금 "하나님이 미리 아신 자기 백성"(롬 11:2)이 있는데 바로 그들이 "바알에게 무릎을 꿇지 아니한 사람 칠천 명"(롬 11:4)이요, 그들이 바로 "은혜로 택

---

505 롬 9:18의 "완악하게 하다"(σκληρύνω)와 롬 11:7의 "우둔하여졌다"(πωρόω)는 비슷한 의미를 가지고 있다. 영어는 become stubborn, unyielding 등으로 번역된다. 두 경우 모두 이방인과 이스라엘의 일부를 구원하시기 위한 하나님의 목적이 근거를 이루고 있다. Cf. W. Schenk, "πωρόω," *Exegetical Dictionary of the New Testament*, Vol. 3 (Grand Rapids: Eerdmans, 1993), p. 202.; W. Hackenberg, "σκληρύνω," *Exegetical Dictionary of the New Testament*, Vol. 3, p. 254.; Ceslas Spicq, "σκληρύνω," *Theological Lexicon of the New Testament*, Vol. 3. Peabody: Hendrickson Publishers, 1996, pp. 258-262.

506 John Murray, *The Epistle to the Romans,* Vol. II (*NICNT*) (1968), p. 72. 반면 Wright는 본문의 "우둔하게 된 것"이 인간이 하나님의 은혜와 인내를 거절해서 발생한 것이라고 함으로 인간의 행위 쪽에 무게를 둔다. Cf. N.T. Wright, *The Climax of the Covenant* (Minneapolis: Fortress Press, 1992), p. 247.; Cf. Daniel J-S Chae, *Paul as Apostle to the Gentiles* (Carlisle: Paternoster Press, 1997), p. 253.

507 C. K. Barrett, *A Commentary on the Epistle to the Romans* (1957), p. 210.: "It is impossible here to distinguish between 'hardened because disobedient' and 'disobedient because hardened'; the two processes are concurrent."

하심을 따라 남은 자(remnant)"(롬 11:5)임을 확실하게 한다.

바울은 이제 구약의 말씀을 인용하여 다른 사람들의 마음이 완악하게 된 사실을 증명하기 원한다. 바울은 구약의 신명기 29:4과 이사야 29:10의 말씀을 요약 인용하여 하나님이 "다른 사람들"의 마음을 완악하게 하셨다고 증언한다. 바울은 모세(Moses)가 이스라엘 백성들을 모아 놓고 그들이 출애굽의 기적을 보고 큰 이적과 기사를 보았지만 "그러나 깨닫는 마음과 보는 눈과 듣는 귀는 오늘 여호와께서 너희에게 주지 아니하셨느니라"(신 29:4)라고 말한 것처럼, 지금 로마서를 쓰고 있는 이 시간도 유대인들이 그리스도와 구세주 안에서만 얻을 수 있는 하나님의 의를 배척하고 자신들의 의를 세우기 위해 계속 노력하고 있다고 말하고 있다.[508] 유대인들은 그들의 마음이 완악해져서 믿음의 방법, 은혜의 방법을 배척하고 자기중심적인 생각에 빠져 있는 것이다.

그리고 바울은 역시 다윗(David)의 시를 인용하여(시 69:22-23) 자신의 논지를 확증하고 있다. 바울은 "하나님이 오늘까지 그들에게 혼미한 심령과 보지 못할 눈과 듣지 못할 귀를 주셨다 함과 같이"(롬 11:8) 다른 사람들(The others)이 우둔해졌다고 말하고 있다. 바울은 다른 사람들이 우둔해지고 완악하게 된 것은 하나님께서 그들을 우둔하게 만들었기 때문에 그렇게 되었다고 강조하고 있는 것이다. 다윗의 시는 다윗 자신이 하나님과의 바른 관계를 유지하고 있는데도 불구하고 대적자들이 자신을 향해서 별다른 이유 없이 미워하고, 비방하고, 핍박하고 있다고 적시하고 하나님께서 보복해 주시라고 간구하는 내용이다. 바울은 다윗의 기도 요청으로 하나님께서 핍박자들에게 여러 가지 좋지 않은 제약들을 내리신 것처럼 복음과 그리스도를 받아들이지 아니

508 Hendriksen, *Exposition of Paul's Epistle to the Romans* (1981), pp. 364-365.

하는 유대인들에게도 완악한 마음을 허락하셨음을 설명하기 원한 것이다(롬 11:9-10). 바울은 시편 69:22-23을 인용하여 "다른 사람들"(남은 자)이 우둔해진 이유를 설명하고 있다. 하나님은 "남은 자"(remnant)는 은혜로 선택해 주시고, "남은 자"(The others)는 버리신 것이다. 바울은 여기서 하나님의 구속행위의 주권(sovereignty)을 강조하고 있다. 다윗의 기도에 대한 하나님의 응답이 복음을 거절하는 유대인들에게 적용된 셈이다. 바울은 선택을 받지 못한 사람들이 우둔하게 된 것은(롬 11:7) 하나님께서 그들의 마음을 우둔하게 만들었기 때문이라고 천명하고 있는 것이다(롬 11:8-10).

롬 11:11-12 바울은 로마서 11:11-12에서 지금까지의 논지를 근거로 하나님이 이방인들을 구원하신 것은 이스라엘로 시기나게 하려는 뜻이 있었음을 밝힌다. 하나님은 그의 구속의 완전한 성취를 위해 어떤 이는 넘어지게도 하시고 어떤 이는 일으켜 세우시기도 하신다. 하나님은 원하시면 이스라엘도 우둔하게 하시고, 이방인들도 구원의 반열에 올려놓으신다. 바울은 하나님께서 율법의 의를 구하고 하나님의 뜻을 따르지 않고 불순종한 이스라엘의 일부를 우둔하게 하시고 이방인들을 구원하심으로 이스라엘이 시기하여 돌아오게 하려는 뜻을 가지고 계셨다고 전한다. 하나님의 구원 계획은 구약의 이스라엘 백성에게만 국한되지 않는다. 바울은 인간의 행위로 하나님의 의에 이를 수 없음에도 불구하고 바울 시대의 유대인들은 아직도 이방인들의 구원에 대해 마음을 닫고 자신들만 옳다고 생각하고 있는 형편이라고 전한다. 이런 유대인들에게 바울은 그리스도께서 성취하신 의의 복음이 땅 끝에 이르기까지 이방인들에게도 전파될 것이며 이런 사실로 인해 유대인들이 넘어지게 되지만 바울 자신이 경험한 것처럼 이스라엘 백성 중에 일부가 구원을 받아 하나님이 원하시는 충만함을 이루게 될 것임을 확인하고 있다(롬 11:12). 이 모든 것이 하나님의 구속 계획과 하나님의 뜻에 따라 진행되고 있으며 하나님은 이 구속의 진행을 은혜의 방법으로, 믿음의 방법으로 이루고 계심을 천명하는 것이다.

2. 이방인을 향한 하나님의 구원 계획(롬 11:13-24)

**[13] 내가 이방인인 너희에게 말하노라 내가 이방인의 사도인 만큼 내 직분을 영
광스럽게 여기노니 [14] 이는 혹 내 골육을 아무쪼록 시기하게 하여 그들 중에서
얼마를 구원하려 함이라 [15] 그들을 버리는 것이 세상의 화목이 되거든 그 받아
들이는 것이 죽은 자 가운데서 살아나는 것이 아니면 무엇이리요 [16] 제사하는
처음 익은 곡식 가루가 거룩한즉 떡덩이도 그러하고 뿌리가 거룩한즉 가지도
그러하니라 [17] 또한 가지 얼마가 꺾이었는데 돌감람나무인 네가 그들 중에 접
붙임이 되어 참감람나무 뿌리의 진액을 함께 받는 자가 되었은즉 [18] 그 가지들
을 향하여 자랑하지 말라 자랑할지라도 네가 뿌리를 보전하는 것이 아니요 뿌
리가 너를 보전하는 것이니라 [19] 그러면 네 말이 가지들이 꺾인 것은 나로 접붙
임을 받게 하려 함이라 하리니 [20] 옳도다 그들은 믿지 아니하므로 꺾이고 너는
믿으므로 섰느니라 높은 마음을 품지 말고 도리어 두려워하라 [21] 하나님이 원
가지들도 아끼지 아니하셨은즉 너도 아끼지 아니하시리라 [22] 그러므로 하나님
의 인자하심과 준엄하심을 보라 넘어지는 자들에게는 준엄하심이 있으니 너
희가 만일 하나님의 인자하심에 머물러 있으면 그 인자가 너희에게 있으리라
그렇지 않으면 너도 찍히는 바 되리라 [23] 그들도 믿지 아니하는 데 머무르지 아
니하면 접붙임을 받으리니 이는 그들을 접붙이실 능력이 하나님께 있음이라
[24] 네가 원 돌감람나무에서 찍힘을 받고 본성을 거슬러 좋은 감람나무에 접붙**

임을 받았으니 원 가지인 이 사람들이야 얼마나 더 자기 감람나무에 접붙이심을 받으랴(롬 11:13-24, 개역개정)

롬 11:13-15 바울은 이전 구절(롬 11:1-12)에서 이스라엘 백성들 중 "남은 자"의 구원을 설명했다. 하나님은 아브라함의 씨라고 해서 그들 모두를 구원할 것이 아니요 이삭으로부터 난 자라야 하나님의 씨가 될 것이라고 말씀하신다(롬 9:7). 하나님의 은혜로 선택받은 자만이 하나님의 백성이 될 수 있는 것이다. 바울은 로마서 11:1-12에서 은혜로 택하심을 받은 자들만이 구원의 반열에 합류할 것임을 분명히 했다. 이제 바울은 유대인의 남은 자의 구원과 이방인의 구원을 연계시켜 설명한다. 하나님의 구원 계획은 유대인과 이방인을 차별하지 않고 공평하게 진행된다. 하나님은 이방인들을 구원하심으로 이스라엘이 그것을 보고 시기하여 그들도 하나님의 구원의 반열에 참여할 수 있게 되기를 원하신 것이다(롬 11:11).

그래서 바울은 자신의 이방인들을 위한 사도직을 영광스럽게 생각하고 이 사실을 이방인들에게 공표하는 것이다. 바울은 "내가 이방인의 사도인 만큼 내 직분을 영광스럽게 여기노니"(롬 11:13)라고 선언하고 있다. 바울은 "내 직분을 영광스럽게 여긴다"라는 말씀에서 "영광스럽게 여긴다"(δοξάζω)라는 표현에 특별한 의미를 부여해서 표현하고 있다. 왜냐하면 신약에서 이 용어가 사용될 때 대부분의 경우 "하나님께 영광을 돌린다"(δοξάζω τὸν θεόν)라는 의미로 사용되었기 때문이다(마 9:8; 눅 2:20; 5:25, 26; 7:16: 13:13: 17:15; 18:43; 23:47; 요 21:19; 롬 15:6, 9; 벧전 2:12).[509] 이렇게 바울은 하나님께 영광을 돌리는데 주로 사용하는 용

509 H. Hegermann, "δοξάζω," *Exegetical Dictionary of the New Testament*, Vol. 1 (Grand Rapids: Eerdmans, 1990), p. 348.

어를 사용하여 자신의 직분을 영광스럽게 생각한다고 강조하고 있다. 이는 바울이 자신의 직분이 하나님으로부터 왔음을 확인하는 말이다. 바울의 회심 장면을 살펴보면 왜 바울이 자신의 직분을 영광스럽게 생각하는지 짐작할 수 있다. 부활하신 예수 그리스도는 바울을 회심시킬 때 "이 사람은 내 이름을 이방인과 임금들과 이스라엘 자손들에게 전하기 위하여 택한 나의 그릇이라"(행 9:15, 개역개정)라고 말씀하셨다. 바울은 자신이 이방인의 사도된 것을 영광스럽게 생각한다고 말하면서 그 이유는 자신의 사역을 통해 자신의 골육 중 얼마를 구원하려는 목적이 있기 때문이라고 말한다. 바울은 "이방인과 임금들과 이스라엘 자손들"에게 그리스도의 복음을 전하도록 선택받은 하나님의 그릇(행 9:15)이다. 바울은 선택받은 그릇으로 이방인들에게 복음을 전함으로 그의 골육을 시기하게 하여 그들 중 얼마를 구원하게 하는 역할을 하는 것이다. 바울은 다시 한 번 이스라엘 백성 전체가 구원 받게 될 것이 아니요, "그들 중에서 얼마"(τινὰς ἐξ αὐτῶν)가 구원받게 될 것임을 확실히 한다(롬 11:14).

바울은 로마서 11:13-14의 말씀을 근거로[510] 계속해서 이스라엘을 버리는 것이 세상의 화목을 위한 것이라고 설명한다(롬 11:15). 그 이유는 이방인들도 하나님의 구원 계획에 참여할 수 있게 되었기 때문이다. 이스라엘의 실족은 이방인들에게 구원의 문을 열어준 셈이고, 이방인들의 구원은 이스라엘을 시기하게 하여 다시 구원의 반열에 초대될 수 있는 기회를 갖게 하신 것이다. 그런데 바울은 이스라엘을 "받아들이는 것이 죽은 자 가운데서 살아나는 것"(롬 11:15)이라고 설명한다. "죽은 자 가운데서 살아나는 것"(ζωὴ ἐκ νεκρῶν)은 "죽은 자들로부터 생

510 개역개정 성경에는 생략되었으나 로마서 11:15의 시작은 "왜냐하면 만약"(εἰ γάρ)으로 시작하여 이전 구절들과의 연계를 분명히 한다.

명"이라고 번역할 수 있다. 그러면 "죽은 자 가운데서 살아나는 것"이란 말의 의미는 무엇인가? 이 구절의 의미를 이해하는데 견해가 두 가지로 나누인다. 첫째 견해는 "죽은 자 가운데서 살아나는 것"이 예수님 재림 때에 일어날 부활을 가리킨다고 이해하는 것이요, 둘째 견해는 "죽은 자 가운데서 살아나는 것"이 예수를 믿고 새로운 생명을 소유하는 것을 뜻한다고 생각하는 것이다.

첫째 견해를 지지하는 학자는 "죽은 자 가운데서 살아나는 것"은 이스라엘 백성이 예수님의 재림 때에 부활하는 것을 뜻한다고 해석한다. 성도들의 부활 이외에 다른 어떤 사건도 "죽은 자 가운데서 살아나는 것"(죽은 자들로부터의 생명)이란 표현의 특성을 만족시킬 수 있는 사건이 없기 때문이다. 본 구절의 뜻은 구원받아야 할 이방인들이 구원의 반열에 참여하게 되고 종국적으로 이스라엘 백성의 남은 자들이 예수님 재림 때에 부활함으로 구원받은 자의 충만함(롬 11:12 참조)이 이루어지게 될 것이라는 뜻이다. 박윤선은 "후일에 이스라엘 사람들이 회개하여 하나님의 받아들임이 될 때에는, 죽은 자의 부활 시기(그리스도의 재림 시기)가 임할 것이다"[511]라고 해석하여 본 구절의 "죽은 자 가운데서 살아나는 것"을 예수님 재림 때의 일반 부활의 사건과 일치 시킨다. 보스(Vos)도 로마서 11:15에서 "프로스렘프쉬스(πρόσλημψις, 받아들임) 즉, 믿지 않는 유대인들의 대다수를 호의에로 다시 받아들이는 것의 결과가 '죽은 자들로부터의 생명'(죽은 자 가운데서 살아나는 것)으로 불려졌다"라고 설명한 후 "'죽은 자들로부터의 생명'은 특별히 그렇게 언급된 것처럼 부활을 가리킴에 틀림없다"[512]라고 해석한다. 물론 바울은 예수님의

511 박윤선,『성경주석. 로마서』(1969), p. 306.

512 G. Vos, *The Pauline Eschatology* (1961), pp. 87-88.; Cf. Douglas J. Moo, *The Epistle to the Romans* (*NICNT*) (1996), pp. 694-696.; C.E.B. Cranfield, *A Critical and Exegetical*

재림 때에 이방인과 유대인을 포함한 모든 믿는 자의 일반 부활이 있을 것을 확실하게 알고 있다(고전 15:23-24, 50-54).

둘째 견해를 지지하는 학자들은 로마서 11:15에 사용된 "죽은 자 가운데서 살아나는 것"이라는 표현이 부활을 가리키지 않는다고 주장한다. 우선 이 견해를 지지하는 학자들은 "죽은 자 가운데서 살아나는 것"이라는 표현이 나타나는 맥락이 예수님의 재림과 연관시킬 수 있는 언급을 하고 있지 않다고 말한다. 머레이(Murray)는 만약 바울이 이 구절을 기록할 때 부활을 가리키는 것으로 사용했다면 그 뜻을 명확하게 하기 위해서라도 "부활"이라는 용어를 여기에 사용했을 것이라고 정리한다.[513] 핫지(Hodge)도 "바울이 만약 부활을 가리키는 것으로 의도했다면 그가 잘 정리되고 친숙한 표현인 '죽은 자들로부터의 부활'(ἀνάστασις ἐκ νεκρῶν)이라는 말을 사용하지 않았을 아무런 이유도 없다. 만약 그가 부활을 뜻했다면 왜 그렇게 말하지 않았을까? 왜 다른 곳에서는 다른 개념을 표현하는데 사용되기도 한 일반적인 구절을 여기서 사용했을까?"[514]라고 말하면서 본 구절이 부활을 가리키지 않는다고 주장한다.

바울은 구속역사의 진행 중 종말론적 완성을 친숙하게 알고 있으면서도 로마서 11:15이 발견된 문맥에서 종말의 분위기를 상기할 수 있는 어떤 표현도 사용하고 있지 않다. 그리고 바울은 그가 즐겨 사용하는 부활(ἀνάστασις)이라는 용어(행 17:18, 32; 23:6, 8; 24:15, 21; 26:23; 롬

Commentary on the Epistle to the Romans, Vol. II (Edinburgh: T & T Clark, 1979), p. 563.: "Paul's meaning is that the πρόσλημψις of the mass of Israel can signify nothing less than the final consummation of all things."

513 John Murray, *The Epistle to the Romans,* Vol. II (*NICNT*) (1968), p. 83.; James Denney, "St. Paul's Epistle to the Romans," *The Expositor's Greek Testament*, Vol II (1980), p. 679.: "It seems better to leave it undefined, and to regard it as an ordinary English reader regards 'life from the dead,' as a description of unimaginable blessing."

514 C. Hodge, *A Commentary on Romans,* p. 366.

1:4; 6:5; 고전 15:12, 13, 21, 42; 빌 3:10; 딤후 2:18)를 여기에서는 사용하지 않았다. 그러므로 본 구절의 "죽은 자 가운데서 살아나는 것"을 재림 때에 있을 일반 부활을 가리킨다고 이해하는 것보다 상징적인 의미로 받아들여 예수 믿고 죽은 자 가운데서 새 생명을 얻는다는 의미로 이해하는 것이 더 합당하다. 바울은 "죽은 자 가운데서 살아나는 것"이라는 표현을 사용하면서 자신이 이방인의 사도로 부름을 받아 복음을 전함으로 이방인들이 구원을 얻고 또 유대인들의 남은 자들이 구원을 얻어 새로운 생명을 누린다는 뜻으로 사용했을 것이다.[515]

롬 11:16–22 이제 바울은 이스라엘 백성과 이방인들의 관계를 계속해서 설명하고 있다(롬 11:16–17). 바울은 "처음 익은 곡식 가루"와 "떡덩이"를 비교하고 또한 "뿌리"와 "가지"를 비교하여 "처음 익은 곡식 가루"와 "뿌리"가 거룩하기 때문에 "떡덩이"도 거룩하고 "가지"도 거룩하다고 말한다(롬 11:16). 바울은 비유적 표현을 통해 이스라엘 백성과 이방인의 관계를 설명하고 있다. 바울이 본 구절에서 사용한 "처음 익은 곡식 가루"와 "뿌리"는 누구를 가리킨다고 이해해야 하는가? "처음 익은 곡식 가루"와 "뿌리"가 바울 당시 예수를 구주로 영접한 믿는 유대인들 즉 남은 자들(remnants)을 가리키는가? 아니면 하나님께서 아브라함을 통해 부르신 구약의 이스라엘 백성을 가리키는가? 바울의 논리 전개를 따라가면 "뿌리"는 족장들을 대표로 하는 구약의 이스라엘 조상들을 가리킨다고 이해해야 한다. 왜냐하면 바울은 곧바로 "가지 얼마가 꺾이었는데"(롬 11:17)라고 표현했는데 이는 구약의 이스라

---

515 John Murray, *The Epistle to the Romans,* Vol. II (*NICNT*) (1968), p. 84.; John Calvin, *The Epistles of Paul to the Romans and Thessalonians,* p. 248.; Frederic Louis Godet, *Commentary on Romans* (Grand Rapids: Kregel Publications, 1977), p. 404.

엘 백성 중 일부가 하나님께 반역했음을 뜻하고, 또한 접붙임의 원리로 볼 때 돌 감람나무인 이방인들이 접붙임 된 것은 유대인 중에 남은 자들에게 접붙임 된 것이 아니요, 원 뿌리인 족장들을 대표로 하는 이스라엘 백성에게 접붙임 되었기 때문이다. 그렇게 이해할 때 이방인들이 "참 감람나무 뿌리의 진액을 함께 받는 자"(롬 11:17)가 되었다고 말한 바울의 말이 적절한 표현으로 나타나는 것이다. 바울은 친히 예수 믿기 이전의 이스라엘 백성들을 가리켜 "조상들로 말미암아 사랑을 입은 자"(롬 11:28)라고 말함으로 여기서 사용한 "뿌리"는 이스라엘 백성의 조상들을 가리킨다고 볼 수 있다. 핫지(Hodge)는 "이방인 기독교인들은 회심한 유대인들의 뿌리에 접붙임 되었다고 언급되지 않았고(17절) 회심한 유대인들과 함께 그들은 가지로서 같은 뿌리에 연합되게 되었다."[516]라고 해석한다.

바울이 여기서 "뿌리"인 이스라엘 백성들에게 이방인들이 "가지"로서 접붙임 되었다고 강조하는 이유는 무엇인가? 바울은 여기서 로마교회 내의 이방인 기독교인들에게 교만하지 말고 거만한 태도를 보여서는 안 된다고 권면하고 있는 것이다. 그래서 바울은 "자랑하지 말라"(롬 11:18), "높은 마음을 품지 말고 도리어 두려워하라"(롬 11:20), "하나님이 원 가지들도 아끼지 아니하셨은즉 너도 아끼지 아니하시리라"(롬 11:21), "너희가 만일 하나님의 인자하심에 머물러 있으면 그 인자가 너희에게 있으리라 그렇지 않으면 너도 찍히는바 되리라"(롬 11:22)라는 엄중한 말로 이방인들을 경고하고 있는 것이다. 이와 같은 경고의 배경에는 예수를 믿는 이방인들이 교회 밖에 있는 믿지 않는 유대인들을 경멸하고 오만한 정신을 가지고 있었기 때문이라고 할 수

516 C. Hodge, *A Commentary on Romans*, p. 367.

있다.[517] 하나님의 구속계획 진행에 유대인이나 이방인이나 누구든지 자랑하고 교만할 이유가 전혀 없다. 왜냐하면 하나님이 우리를 구속하신 것은 우리의 공로가 아니요 하나님의 사랑과 자비에 근거하고 있기 때문이다.

롬 11:23-24 바울은 유대인이나 이방인이나 믿음을 통해서만 접붙임 받을 수 있다고 말한다. 유대인이나 이방인이나 교회 안에서 구성원으로 남을 수 있느냐 아니면 교회로부터 제외되느냐는 오직 믿음의 문제이다. 그래서 바울은 "그들도 믿지 아니하는 데 머무르지 아니하면 접붙임을 받으리니"(롬 11:23)라고 함으로 유대인들도 얼마든지 믿음으로 교회 안으로 접붙임 받을 수 있다고 선언하다. 바울은 하나님이 이방인들을 교회 안으로 부르시는 것 보다 유대인들이 믿을 때에 그들을 교회 안으로 접붙임 받게 하는 것이 오히려 더 당연한 것이라고 말한다. 왜냐하면 하나님께서 그들과 은혜의 언약을 맺으셨고 또 하나님에게 그렇게 할 능력이 있기 때문이다(롬 11:23). 바울은 계속해서 이방인들이 원 돌 감람나무에서 찍힘을 받고 좋은 감람나무에 접붙임을 받은 상태인데 좋은 감람나무의 가지인 이스라엘 백성이 본래 좋은 감람나무에 접붙임 되는 것은 너무도 당연한 것 아닌가라고 반문하고 있다(롬 11:24). 바울은 지금 로마교회 내의 전형적인 이방인 성도들이 거만한 마음을 갖게 되자 "너희들은 밖에서부터 들어와 유대인들 가운데 영적으로 접붙임을 받아 참 감람나무 뿌리의 진액을 함께 받는 자가 되었으므로 너희들이 유대인들에게 빚진 사실을 기억하라"(참조, 롬 11:17-18)라고 권고하고 있다.[516] 유대인이나 이방인이나 오로지

517 Hendriksen, *Exposition of Paul's Epistle to the Romans* (1981), p. 371.

믿음의 원리로 구원의 반열에 들어갈 수 있다. 그렇다면 이방인들은 교만한 마음이나 자기 자랑을 할 수가 없다. 왜냐하면 믿음의 원리에는 교만과 자만과 자기자랑이 설 자리가 없기 때문이다. 믿음은 오로지 하나님을 향한 경건한 두려움을 갖게 할 뿐이다. 핫지(Hodge)는 "유대인들은 자연적인 가지들이었다. 그러므로 그 자체를 생각할 때 그들이 그들의 본래의 뿌리와 다시 연합하는 것은 이방인들을 접붙임시키는 것보다 더 그럴 듯한 일인 것이다."[519]라고 함으로 유대인들이 교회의 구성원이 되는 것은 당연하다고 설명한다. 그러므로 이방인 기독교인들이 자만할 것이 아니요 오히려 유대인들에게 감사해야 하고 하나님께 감사해야 한다. 바울은 접붙임의 원리를 사용하여 돌 감람나무(wild olive tree)였던 이방인들이 참 감람나무(cultivated olive tree)에 접붙임 되는 것보다 원래 참 감람나무였지만 떨어져 나간 이스라엘 백성들이 다시 참 감람나무에 접붙임 되는 것이 더 자연스럽지 않느냐고 반문하는 것이다. 여기서 중요한 것은 이방인이나 유대인이나 누구에게든지 믿음의 원리가 작용한다는 사실이다.

3. 이스라엘을 향한 하나님의 구원계획(롬 11:25-29)

25 형제들아 너희가 스스로 지혜 있다 하면서 이 신비를 너희가 모르기를 내가 원하지 아니하노니 이 신비는 이방인의 충만한 수가 들어오기까지 이스라엘

518 Hendriksen, *Exposition of Paul's Epistle to the Romans* (1981), p. 373 참조.

519 C. Hodge, *A Commentary on Romans*, p. 370.

의 더러는 우둔하게 된 것이라 [26] 그리하여 온 이스라엘이 구원을 받으리라 기록된 바 구원자가 시온에서 오사 야곱에게서 경건하지 않은 것을 돌이키시겠고 [27] 내가 그들의 죄를 없이 할 때에 그들에게 이루어질 내 언약이 이것이라 함과 같으니라 [28] 복음으로 하면 그들이 너희로 말미암아 원수 된 자요 택하심으로 하면 조상들로 말미암아 사랑을 입은 자라 [29] 하나님의 은사와 부르심에는 후회하심이 없느니라(롬 11:25-29, 개역개정)

롬 11:25-27 바울은 그의 동족 이스라엘을 향해 "형제들아"(ἀδελφοί)라고 부름으로 친근감을 표시한다. 그리고 바울은 "이 신비를 너희가 모르기를 내가 원하지 아니하노니"(롬 11:25)라고 말함으로 앞으로 이야기 할 신비(μυστήριον)의 중요성과 필요성을 강조하고 있다. 바울은 중요한 문제를 기록하기 원할 때마다 "너희가 모르기를 원하지 않는다"라는 표현을 사용했다(롬 1:13; 고전 10:1; 12:1; 고후 1:8; 살전 4:13). 이스라엘 백성들이 알아야 할 신비는 "이방인의 충만한 수가 들어오기까지 이스라엘의 더러는 우둔하게 된 것이다"(롬 11:25). 성경에서 말하는 "신비"는 그동안 감추어진 진리가 이제는 모든 사람에게 밝히 드러난 것을 뜻한다. 바울은 이미 이스라엘 백성의 일부가 우둔하게 된 사실을 언급한 바 있다(롬 11:7). 이스라엘이 부분적으로 우둔하게 된 것은 끝이 있을 것이다. 그 끝은 "이방인의 충만한 수가 들어오는 때"이다.[518] 바울은 이방인의 충만한 수가 교회 안으로 들어올 때까지 이스라엘의 더러는 우둔하게 된 것이 옛날에는 감추어져 있었지만 이제는 밝히 드러난 신비라고 설명하고 있다.

바울은 "그리하여"(καὶ οὕτως)를 로마서 11:26 서두에서 사용함으

520 John Murray, *The Epistle to the Romans*, Vol. II (*NICNT*) (1968), p. 93.

로 본 절의 내용이 바로 전 절의 내용과 연계되어 있음을 분명히 한다. "그리하여"를 "이런 방법으로"(in this way or in this manner)라고 번역하면 본문 이해에 도움이 된다. 바울은 바로 전 절에서 이방인의 충만한 수가 차기까지 이스라엘의 일부가 우둔하게 된 것이라고 말한 직후 "그리하여 온 이스라엘이 구원을 받으리라"(롬 11:26)라고 말한다. 바울이 여기서 언급한 "온 이스라엘"(πᾶς Ἰσραήλ)을 이해하는데 견해가 나누인다. 대표적인 견해들은 "온 이스라엘"이 첫째, 유대인과 헬라인을 합친 모든 선택받은 자, 둘째, 모든 개인을 포함한 이스라엘 민족 전체, 셋째, 이스라엘 백성 중 선택받은 모든 자, 넷째, 모든 개인을 포함하지 않은 전체 이스라엘 민족이다.

첫째 견해는 "온 이스라엘"이 유대인과 이방인을 포함한 전체 역사를 통해서 선택받은 자의 전체수(the total number)를 가리키는데 그들 모두가 궁극적으로 구원을 받게 될 것이라는 주장이다. 칼빈(Calvin)은 "그리하여 온 이스라엘이 구원을 받으리라"(롬 11:26)를 해석하면서 "많은 사람들이 이 구절을 마치 바울이 (이스라엘의) 종교가 이전처럼 그들에게 다시 회복되는 것을 말하는 것처럼 유대 백성(the Jewish people)을 가리키는 것으로 이해한다. 그러나 나는 '이방인들이 들어올 때 유대인들도 동시에 변절한 상태에서 믿음의 순종에로 돌아오게 될 것이다. 유대인과 이방인 양쪽으로부터 들어 와야만 할 하나님의 전체 이스라엘의 구원은 그렇게 완성되게 될 것이고, 그리고 하나님의 가족의 초태생으로서의 유대인들은 처음 자리를 획득하게 될 수 있다'는 의미로 이스라엘(Israel)이란 용어가 하나님의 모든 백성을 포함하는 것으로 이해한다. 나는 이 해석이 더 합당하다고 생각해 왔다. 왜냐하면 바울은 그리스도의 왕국의 완성을 가리키기를 원하는데 그것은 유대인들에게만 해당되는 것이 아니요 전 세계를 포함하고 있기 때문이다."[521]라고 정리한다. 바레트(Barrett)는 바울은 용어를 대표적으로 사용하여 먼저는 이스라엘의 남은 자, 그리고 이방인들 그리고 전체로서의 이스라엘이라는 뜻으로 "온 이스라엘"을 사용한 것으로 사료된다.[522]라고 정리한다. 이처럼 첫째 견해는 로마서 11:26의 "온 이스라엘"이 유대인과 헬라인을 합친 선택받은 모든 자를 가리키는 것으로 받아들인다.

둘째 견해는 로마서 11:26의 "모든 이스라엘"이 모든 개인을 포함한 이스라엘 민족 전체를 뜻한다고 주장하는 견해이다. 핫지(Hodge)는 바울이 로마서 11:26에서 사용한 "온 이스라엘"은 이스라엘 민족 전체를 가리킨다는 견해를 지지한다. 핫지는 로마서 11:26을 해석하면서 "그러므로 온 이스라엘(πᾶς' Ισραήλ)은 어거스틴(Augustine)이나 칼빈(Calvin)이나 많은 다른 사람들이 설명하는 것처럼 하나님의 진정한 모든 백성을 뜻하는 것으로 이해될 수 없을 뿐만 아니라 온 이스라엘은 '은혜의 선택에 따라서 남은 자'를 구성하는 이스라엘 민족의 한 부분인 선택받은 모든 유대인들을 가리키지도 않는다. 그러나 온 이스라엘은 한 민족으로서의 전체 국가를 가리킨다."[523]라고 주장한다. 머레이(Murray)도 "'온 이스라엘'을 로마서 9:6에서 제시한 구별에 따라 육체를 따른 이스라엘과 대칭이 되는 참 이스라엘, 즉 이스라엘의 선택받은 자를 뜻하는 것으로 받는 해석은 여러 가지 이유로 유지될 수 없다."[524]라고 설명하고 그 이유를 몇 가지 제시한다. 머레이는 본 문맥에서 "온 이스라엘"이 선택받은 이스라엘 백성만을 가리킬 수 없다는 이유를 다음과

---

521 Calvin, *The Epistles of Paul the Apostle to the Romans and to the Thessalonians*, p. 255.

522 C. K. Barrett, *The Epistle to the Romans* (1957), p. 224.

523 C. Hodge, *A Commentary on Romans*, p. 374.; William G. T. Shedd, *A Critical and Doctrinal Commentary on the Epistle of St. Paul to the Romans* (1967), p. 348.

524 John Murray, *The Epistle to the Romans*, Vol. II (*NICNT*) (1968), p. 97.

같이 설명한다. 첫째, 바울은 선택받은 이스라엘 백성만이 최종적으로 구원을 받을 것임은 확실하지만 본 구절의 "온 이스라엘"은 전 절(롬 11:25)의 신비(mystery)와 연계되어 이해해야 하는데 전 절의 신비 개념 속에는 전체 이스라엘이 함축되어 있다. 그러므로 로마서 11:26의 "온 이스라엘"은 이스라엘 백성 전체를 가리키는 것으로 이해해야 한다. 둘째, 하나님이 이스라엘 백성 전체를 택하시고 그들 중 일부가 실족하게 되지만 그들과 함께 이방인들이 구원의 반열에 참여하여 구원받은 자의 충만한 수가 차게 될 것이라는 것이 하나님의 계획임으로 그 신비 개념 속에는 전체 이스라엘이 포함되어 있는 것이다. 본 절에서의 바울의 관심은 하나님의 구원계획이 역사 안에서 펼쳐지는 것에 있기 때문에 바울의 사고 속에는 구약의 이스라엘 백성 전체와 이방인들의 구원을 연계할 수밖에 없어서 "온 이스라엘"이 이스라엘 백성 전체를 가리키는 것으로 보는 것이 타당하다. 셋째, 바울은 이미 로마서 11:23-24에서 이방인들이 좋은 감람나무 즉 본래 이스라엘 백성에게 접붙임 받았다고 언급함으로 이미 전체 이스라엘 백성을 염두에 두었기 때문에 로마서 11:26의 "온 이스라엘"은 단지 구원받은 이스라엘 백성 즉 남은 자(remnant)만을 가리키지 않고, 이스라엘 백성 전체(the whole nation of Israel)를 가리키는 것으로 받는 것이 더 타당하다.

셋째 견해는 로마서 11:26의 "모든 이스라엘"이 선택받은 이스라엘 백성 중 전체 숫자를 뜻한다고 주장하는 견해이다. 이 견해를 주장하는 학자들은 "온 이스라엘"(롬 11:26)이 "이방인의 충만한 수"(롬 11:25)와 병행으로 사용되었는데 이는 하나님이 이 두 그룹을 구원해 오셨고, 구원하고 계시고, 구원하실 것을 명백히 하고 있기 때문이라고 주장한다.[525] 예수님의 재림 때에 "이방인의 충만한 수"가 모두 구원을 받게 될 것인 것처럼, 선택받은 이스라엘 백성 중 한 사람도 빠지지 않고 "모든 이스라엘"이 구원을 받게 될 것이라는 뜻이다. 벌코프(Berkhof)는 "'모든 이스라엘'은 전체 민족을 가리키는 것으로 이해되어서는 안 되고, 고대 언약 백성 중에 선택받은 전체 숫자로 이해해야 한다."[526] 라고 정리한다. 박윤선은 "'구원을 얻으리라'(롬 11:26)는 말은, 이스라엘 나라의 국가로서의 광복(光復)을 의미하지 않고, 그 민족이 복음으로 돌아 올 것을 의미한다. '온 이스라엘'이란 말은 개인적으로 빠짐없는 전수(全數)를 가리키지 않고, 이스라엘 민족 중 구원 얻는 자들의 총수(總數)를 가리킨다."[527]라고 국가로서의 이스라엘의 구원을 뜻하지 않고, 예수를 믿어 구원을 받는 자들의 전체의 수를 가리키는 것으로 해석한다. 김진옥도 "그러므로 온 이스라엘은 단순히 혈통을 따른 야곱의 후손들인 유대인만을 의미하지 않는다. 온 이스라엘 속에는 이스라엘이 완악하여서 누락된 자리를 보충하고 있는 이방인들도 자연스럽게 포함된다. 오히려 로마서의 논증은 혈통적인 이스라엘 가운데 오직 '남은 자들'만이 구원을 얻을 것임을 말하고 있다."[528]라고 주장한다.

넷째 견해는 "모든 이스라엘"이 이스라엘 백성의 모든 개인 개인을 포함하지는 않지만 많은 무리의 이스라엘 백성 전체를 뜻한다고 이

525 Hendriksen, *Exposition of Paul's Epistle to the Romans* (1981), p. 381 참조.

526 L. Berkhof, *Systematic Theology* (Grand Rapids: Eerdmans, 1996), pp. 699-700.; Cf. Herman Ridderbos, *Paul: An Outline of His Theology* (1975), pp. 358, 433, 511.; R.C.H. Lenski, *The Interpretation of St. Paul's Epistle to the Romans* (1961), p. 726.: "That 'all Israel' here means one thing, and only one, namely *totus coetus eletorum ex Israele* (ἡ ἐκλογή in v. 7 furnishing this designation) is demonstrated."

527 박윤선, 『성경주석. 로마서』 (1969), p. 310.

528 김진옥, 『함께 오르는 로마서』 (서울: 킹덤북스, 2015), pp. 230-231.

해하는 것이다. 데니(Denney)는 "온 이스라엘은 전체로서의 이스라엘을 뜻한다. 바울은 이방인들과 대칭을 나타내는 역사적 백성을 생각하고 있다. 그러나 바울은 그들을 개인 개인으로 각각 한 사람씩 생각하고 있는 것은 아니다. 기독교 민족으로서의 이스라엘, 메시아 왕국의 한 부분으로서의 국가인 이스라엘이 그의 사상의 내용이다. 온 이스라엘(πᾶς Ἰσραήλ)을 '영적인' 이스라엘을 가리키는 것으로 보거나 혹은 선택자들을 가리키는 것으로 보는 것은 표적을 맞추지 못한 것이다."[529] 라고 주장함으로 본 구절의 "온 이스라엘"을 개인 개인을 의식하지 않은 이스라엘 민족의 많은 무리를 가리키는 것으로 해석한다. 보스(Vos)도 "로마서 11장은 민족적인 회심, 대부분의 회심을 말하고 있다. 대부분이 회심한다는 뜻은 자연적으로 그 대부분의 모든 개인 개인들이 구원을 받을 것이라고 말하는 것은 아니다. 그러나 로마서 11장이 의미하는 것은 전체적인 어떤 것, 민족적인 어떤 것을 뜻한다. 바울은 명백하게 '은혜로 택하심 따라 남은 자'(롬 11:5)의 회심을 '모든 이스라엘의 구원'(롬 11:26)으로부터 구별한다."[530]라고 함으로 이스라엘의 전체 민족이 구원 받는다는 견해를 받아들이지 않으면서 "온 이스라엘"이 이스라엘 백성의 대부분의 회심을 가리키는 것으로 해석한다. 보스는 "물론 '모든 이스라엘'(πᾶς Ἰσραήλ)이란 표현은 그 자체로서는 인종적으로 유대인이나 이방인으로 구성된 하나님의 백성의 공통의 몸체(참 하나님의 백성)를 의미할 수도 있다. 그러나 주변의 문맥을 볼 때 이런 의미를 가질 수 있는가 하는 것은 다른 문제인 것이다. 우리의 느낌은 문

529 James Denney, "St. Paul's Epistle to the Romans," *The Expositor's Greek Testament*, Vol. II (1980), p. 683.

530 G. Vos, *Reformed Dogmatics*, Vol. 5 (Bellingham, WA: Lexham Press, 2016), p. 279.

맥상 그럴 수 없다는 것이다."[531]라고 함으로 "온 이스라엘"이 어떤 그룹의 사람들을 가리키는지 밝히지는 않지만 "온 이스라엘"이 유대인과 이방인이 포함된 참 하나님의 백성을 가리키지 않음을 분명히 한다. 보스(Vos)는 결국 "온 이스라엘"을 이방인이 포함되지 않은 종말의 때에 이 땅 위에서 살고 있는 유대인의 전체 무리를 가리키는 것으로 해석한다. 알렌(Allen)은 "모든 이스라엘은 유대인들의 모든 개인 전체의 숫자적인 전체수(the total number)를 가리키지 않고 집합적인 전체(collective whole) 유대인을 뜻한다. 이 구절은 명백하게 이스라엘의 부분(part)과 비교되고 있으며 그리고 이스라엘은 일관되게 로마서 9장-11장에 언급된 유대인을 가리킨다."[532]라고 설명한다.

지금까지 로마서 11:26에서 사용된 "온 이스라엘"이 어떤 그룹을 가리키는지 네 가지 견해를 설명했다. 그러면 이상의 네 가지 견해 중 "온 이스라엘"의 의미를 가장 적절하게 해석한 견해는 어느 견해인가? 바울이 로마서 11:26에서 "온 이스라엘"이라고 말했을 때 소수의 이스라엘 백성을 가리키지 않고 많은 사람의 이스라엘 백성을 가리키는 것은 확실하다. 그렇다고 "모든 이스라엘"이 이스라엘 민족 전체가 구원을 받을 것이라는 뜻을 가진 것은 아니다. 바울이 "이방인의 충만한 수"(롬 11:25)와 "온 이스라엘"을 병행적으로 사용했기 때문에 "온 이스라엘" 속에 이방인들을 포함시킬 수는 없다. 하지만 "온 이스라엘이 구원을 받으리라"(롬 11:26)라는 말씀은 "온 이스라엘"이 선택받은 자들임을 분명히 한다. 구원의 방법에는 이방인에게나 유대인에게나 차별

531 G. Vos, *The Pauline Eschatology* (1961), p. 89.

532 Leslie C. Allen, "Romans," *New International Bible Commentary*, Ed. F. F. Bruce (Grand Rapids: Zondervan, 1979), p. 1338.: "All Israel means the Jews as a collective whole, not the arithmetical sum of all individual Jews."

이 없다. 이방인의 충만한 수도 믿음으로 구원을 받을 것이며 "온 이스라엘"도 믿음으로 구원을 받을 것이다. 그러므로 "온 이스라엘"이 선택받은 유대인과 이방인을 모두 포함한 하나님의 전체 백성을 가리킨다고 주장하는 첫 번째 견해와는 거리가 있다. 그리고 "온 이스라엘"이 모든 개인을 포함한 전체 국가로서의 이스라엘 민족 전체를 가리킨다고 주장하는 둘째 견해와도 거리가 있다. 왜냐하면 바울 당시 예수를 배척한 유대인들이 많이 있었고 그 후에도 많이 있었는데 바울이 국가로서의 이스라엘 민족 전체를 가리켜 "온 이스라엘이 구원을 받으리라"(롬 11:26)라고 말할 수는 없었기 때문이다. 셋째 견해는 "온 이스라엘"이 고대 언약 백성 중에 선택받은 이스라엘 백성의 전체 숫자를 뜻하는 것으로 이해하며, 넷째 견해는 이방인을 포함시키지 않은 유대인들로 종말의 때에 이 땅 위에서 살고 있는 유대인의 무리를 가리키는 것으로 이해한다. 셋째 견해와 넷째 견해의 공통점은 두 견해 모두 "온 이스라엘" 속에 이방인을 포함시키지 않는다는 점이며 또한 두 견해 모두 "온 이스라엘"이 구원을 받게 될 대상이라는 점이다. 셋째 견해와 넷째 견해의 차이점은 셋째 견해가 "온 이스라엘"을 구원받은 자의 관점에서 그 숫자를 생각함으로 결국 "온 이스라엘"은 "이스라엘의 남은 자"와 동일한 그룹으로 생각하는 반면, 넷째 견해는 "온 이스라엘"을 이방인들과 대칭적인 위치에 두고 이스라엘 백성의 쪽에서도 많은 무리의 이스라엘 백성이 구원을 받게 될 것이라고 보는 것이다.

따라서 로마서 11:26의 "온 이스라엘"은 로마서 11:25의 구원받은 "이스라엘 백성"과 같은 그룹으로 인정할 수밖에 없고, 또한 바울이 이스라엘을 이방인과 병행적으로 사용하고 있기 때문에 "온 이스라엘"은 유대 백성만으로 구성된 구원을 받기에 합당한 유대인의 많은 무리를 가리킨다고 결론을 내릴 수 있다. 그러므로 로마서 11:26의 "온 이스라엘"은 세 번째 견해나 네 번째 견해를 택하는 것이 본문의 의도에 더 적합하다고 사료된다.

바울은 "온 이스라엘이 구원을 받으리라"(롬 11:26)라고 말한 후 구약의 말씀을 인용하여 "온 이스라엘"이 구원을 받게 될 것을 증명하고자 한다. 바울은 이사야 59:20-21에 기록된 예언을 해석적으로 인용한다. 바울은 "구원자가 시온에서 오사 야곱에게서 경건하지 않은 것을 돌이키시겠고 내가 그들의 죄를 없이 할 때에 그들에게 이루어질 내 언약이 이것이라"(롬 11:26-27)라고 기록한다. 우리는 여기서 구원자가 예수 그리스도이시라는 사실을 금방 알 수 있으며 예수님께서 "경건하지 않은 것"을 돌이키시겠다는 구약 예언의 성취를 말하고 있다. 바울은 그리스도 안에서 성취될 구속역사의 진행을 통해 "온 이스라엘"로 대표되는 수많은 하나님의 백성이 하나님의 은혜로운 방법으로 구원을 받게 될 것임을 설명하고 있다. 칼빈(Calvin)은 로마서 11:27을 해석하면서 "사람들의 회심에 관한 그의 진술은 놀라울 수밖에 없다. 왜냐하면 그 백성들은 대단히 고집이 센 백성이요 완고했기 때문이다. 그러므로 그는 죄를 무상으로 용서할 수 있도록 되어있는 새로운 언약을 선포함으로 이 장애를 제거시킨다. 우리는 선지자의 말을 통해서 하나님께서 그들의 배반의 죄와 다른 모든 죄들은 용서할 것이라는 것 이외에는 그의 배역한 백성들과 아무것도 하지 않으실 것이라는 사실을 알 수 있다."[533]라고 해석한다. 하나님이 그의 백성의 죄 문제를 해결하심으로 그들과 맺은 언약을 성취하실 것이다(롬 11:27). 바울은 하나님의 구속 계획 진행이 하나님의 뜻에 따라 흔들림 없이 성취되고 있음을 확인하고 있다.

533 Calvin, *The Epistles of Paul the Apostle to the Romans and to the Thessalonians*, p. 256.

롬 11:28-29 바울은 이제 유대인들이 그리스도 안에서 성취된 복음을 반대했기 때문에 "복음으로 하면" 그들이 "원수된 자들"(롬 11:28)이라고 설명한다. 바울이 로마서를 쓸 당시 많은 유대인들은 예수 그리스도가 구약에서 예언된 메시아임을 받아들이지 못했다. 따라서 그리스도가 그의 십자가의 죽음과 부활을 통해서 성취하신 복음을 진실되게 받아들이지 못한 것이다. 바울은 "그들의 죄," "그들에게 이루어질"(롬 11:27), "그들이 너희로 말미암아"(롬 11:28)라는 표현에서 "그들"은 유대인들을 묘사하기 위해 사용한 표현이다.[534] 그리고 바울은 유대인들이 "택하심으로 하면 조상들로 말미암아 사랑을 입은 자"(롬 11:28)라고 설명한다. 하나님은 구약 족장들을 선택하셔서 그의 백성으로 삼으셨다. 그런데 바울 당시의 유대인들은 인종적으로 선택적으로 그들의 구약 족장과 연계되어 하나님의 백성으로 인정받은 것이다. 하나님은 "내가 아브라함과 이삭과 야곱의 하나님이라"(참조, 출 3:6)라고 하심으로 당신의 특별한 사랑을 베푸셨다. 그래서 유대인들은 선택으로 말하면 하나님의 사랑을 입은 자임에 틀림없다. 이제 바울은 하나님이 하시는 모든 일에는 후회하심이 없다고 천명하면서 하나님이 베푸시는 은사와 구원에로의 부르심에 후회가 있을 수 없다고 마무리하고 있다.

루터(Luther)는 "하나님의 은사와 부르심에는 후회하심이 없느니라"(롬 11:29)를 해석하면서 "이 말씀은 탁월한 진술이다. 선택과 구원에 대한 하나님의 계획은 인간의 공로와 단점에 의해 변경되지 않는다. 하나님은 선택받은 자들은 칭찬받을 가치가 없다고 생각하고, 너희들(교만하고 스스로 의롭다 하는 유대인들)은 자신들의 눈의 기준으로 칭찬

534 한글 개역개정은 "그들이 너희로 말미암아 원수 된 자요"로 번역했으나 롬 11:28의 헬라어에는 구체적으로 "그들"이 나타나지 않고 "ἐχθροὶ δι' ὑμᾶς"라고 표현되어 있다. 하지만 헬라어가 복수이기 때문에 그 표현 속에 "그들"이 함축되어 있는 것은 틀림없다.

받을 가치가 있다고 생각하기 때문에, 그가 약속하신 은사와 부르심에 대해 결코 후회하시지 않는다. 하나님은 그의 마음을 바꾸시지 않는다. 그래서 그들(선택받은 자들)은 확실하게 회심할 것이며 믿음의 진리(공로로 얻지 않은 구원)에로 나아 올 것이다."[535]라고 설명한다. 인간은 하나님의 부르심을 거절할 수 없으며 하나님은 그의 권능으로 부르신 자를 끝까지 책임져 주신다. 보스(Vos)도 같은 관점에서 바울은 부르심(calling)을 성도들을 위한 위로의 근거로 설명하는데 그 이유는 부름을 받는 인간의 연약성과 불성실함에도 불구하고 부르시는 하나님의 신실하심에 의존할 수 있기 때문이라고 설명한다. 그는 "하나님은 부르심으로 자신을 성도들에게 얽매이게 하시고, 언약의 결속을 확립하셨으므로 이제부터는 성도들이 목적에 다다를 것이라는 데 대해서는 전혀 의심의 여지가 없다."[536]라고 함으로 "하나님의 은사와 부르심에는 후회하심이 없음"(롬 11:29)을 명확하게 해석한다.

4. 세상을 향한 하나님의 목적(롬 11:30-36)

30 너희가 전에는 하나님께 순종하지 아니하더니 이스라엘이 순종하지 아니함
으로 이제 긍휼을 입었는지라 31 이와 같이 이 사람들이 순종하지 아니하니 이
는 너희에게 베푸시는 긍휼로 이제 그들도 긍휼을 얻게 하려 하심이라 32 하나
님이 모든 사람을 순종하지 아니하는 가운데 가두어 두심은 모든 사람에게 긍

535 Luther, *Commentary on the Epistle to the Romans*, p. 147.

536 G. Vos, *Reformed Dogmatics*, Vol. 4 (Bellingham: Lexham Press, 2015), p. 38.

휼을 베풀려 하심이로다 [33] 깊도다 하나님의 지혜와 지식의 풍성함이여, 그의 판단은 헤아리지 못할 것이며 그의 길은 찾지 못할 것이로다 [34] 누가 주의 마음을 알았느냐 누가 그의 모사가 되었느냐 [35] 누가 주께 먼저 드려서 갚으심을 받겠느냐 [36] 이는 만물이 주에게서 나오고 주로 말미암아 주에게로 돌아감이라 그에게 영광이 세세에 있을지어다 아멘(롬 11:30-36, 개역개정)

롬 11:30-33 바울은 이방인들과 유대인들의 관계를 통해 복음이 어떻게 확장되게 되었는지를 설명한다. 사실상 로마서 11:30은 이미 이전에 언급한 내용의 반복이라고 할 수 있다(롬 11:11, 12, 15, 28). 로마서 11:30의 "너희가"는 마땅히 이방인들을 가리키고, "전에는"이라는 표현은 그리스도가 오시기 이전의 시기를 가리킨다. 그러므로 바울은 그리스도가 오시기 전에 이방인들은 하나님께 순종하지 아니했는데 유대인들의 불신이 계기가 되어 하나님의 긍휼을 입게 되었다고 말한다(롬 11:30). 복음이 유대인들로부터 이방인들에게 전해지게 되었는데 이제는 이방인들로부터 유대인들에게 되돌려지게 되었다. 원래 유대인들은 하나님과 은혜의 언약 관계 가운데 있었고 그들의 종족으로부터 그리스도가 태어나기까지 하였는데 그럼에도 불구하고 유대인들은 하나님께 순종하지 않았다. "순종"하지 않았다는 뜻은 믿지 않았다는 뜻이다. 그러므로 믿음은 순종의 행위하고 할 수 있다. 그리고 불순종은 불신의 행위이다. 이렇게 유대인들의 일부가 우둔하게 됨으로 이방인들이 구원의 반열에 들어올 수 있게 되었고(롬 11:25), 이방인의 구원은 이스라엘로 하여금 시기나게 하여 결국 유대인들도 다시 하나님의 긍휼을 받게 되는 자리로 돌아오게 되었다. 우리는 여기서 인간 구원을 위한 하나님의 깊고 높으신 지혜를 주목하게 된다.

바울은 로마서 11:31에서도 같은 논리를 전개한다. 유대인들의 불순종은 이방인들에게 복음의 길이 열리게 하였고, 이방인들이 받은 긍휼은 유대인들로 시기나게 하였는데, 결국 그것은 그들로 하여금 긍휼을 얻게 하기 위해서였다. 핫지(Hodge)는 "이전에 이방인들은 믿지 않았었다. 그러나 유대인들의 불신은 이방인들이 긍휼을 받을 수 있는 계기가 되었다. 그래서 이제는 비록 유대인들이 불순종하지만 이방인들에게 나타난 긍휼은 유대인들이 긍휼을 얻는 수단이 된 것이다."[537] 라고 설명한다. 이처럼 바울은 이방인들의 구원과 유대인들의 구원을 하나님의 구속역사의 진행을 근거로 설명한다. 이제 바울은 이와 같은 방법으로 구속역사를 진행하는 것은 하나님의 계획이요 뜻임을 다음 구절에서 분명히 밝힌다. 바울은 "하나님이 모든 사람을 순종하지 아니하는 가운데 가두어 두심은 모든 사람에게 긍휼을 베풀려 하심이로다"(롬 11:32, 개역개정)라고 말한다. 바울은 이스라엘 백성이 우둔하게 된 것도, 이방인들이 믿게 된 것도, 그리고 결국 많은 수의 이스라엘 백성이 하나님의 긍휼을 받게 된 것도 모두 하나님의 섭리에 의한 것임을 분명히 하고 있다. 데니(Denney)는 "바울은 그가 그의 앞에 있는 세상을 바라보면서 구원이 값없는 은혜의 방법으로 똑같이 유대인과 이방인에게 이르게 되었음을 본다. 그리고 그는 이와 같은 사실에 대해 하나님의 섭리 안에서 유대인과 이방인이 똑같이 불순종 아래 갇히게 됨으로 은혜의 필요를 느끼도록 만들어졌다고 대답한다. 바울의 사상 안에서는 그가 복음을 전파했던 유대인과 이방인들의 죄 문제가 하나님의 조종 밖에 있다거나 혹은 하나님의 구속의 목적 밖에 있지 않았다는 것이다."[538]라고 정확하게 정리한다.

537 C. Hodge, *A Commentary on Romans*, p. 376.

538 James Denney, "St. Paul's Epistle to the Romans," *The Expositor's Greek Testament*, vol II (1980), p. 685.

하나님의 구속 계획의 신비를 깨달은 바울은 그래서 "깊도다 하나님의 지혜와 지식의 풍성함이여, 그의 판단은 헤아리지 못할 것이며 그의 길은 찾지 못할 것이로다"(롬 11:33)라고 감탄하고 있는 것이다. 인간의 지혜와 지식으로는 도저히 이해할 수 없고 납득할 수 없는 방법이지만 하나님은 원래 그런 방법으로 인간의 죄 문제를 해결 하신다. 사실상 하나님의 아들이 인간의 몸을 입은 것도 인간의 지혜와 지식으로는 이해할 수 없고, 죄 없는 하나님의 아들 예수 그리스도가 십자가상에서 죽으심으로 인간의 죄로 인한 사망의 문제를 사망의 방법으로 해결하신 것도 인간의 지혜는 따라 갈 수 없는 영역인 것이다. 하나님은 인간의 지혜와 지식을 초월하는 방법으로 심지어 일반적 상식을 뛰어 넘는 방식으로 인간의 죄 문제를 해결하시고 인간에게 영생을 제공하신 것이다. 그래서 바울은 인간은 하나님의 지혜와 지식을 이해할 수 없지만 하나님의 그 지혜와 지식은 말로 표현할 수 없을 정도로 풍성함을 확인하고 있는 것이다(롬 11:33). 칼빈(Calvin)은 "바울이 주님의 말씀과 성령으로 말을 한 후 그리고 그렇게 위대한 신비에 압도되어 그는 하나님의 지혜의 풍성함이 우리들의 이성으로는 도저히 통찰할 수 없을 정도로 깊다는 사실에 놀라고 감탄하는 일 외에 아무것도 할 수가 없었을 것이다."[537]라고 함으로 바울의 마음을 들여다본다. 인간은 하나님의 판단을 이해하지 못하고 하나님의 길을 깨달아 찾을 수 없다(롬 11:33).

롬 11:34-36 바울은 이제 이사야 40:13을 인용하여 "누가 주의 마

539 Calvin, *The Epistles of Paul the Apostle to the Romans and to the Thessalonians*, p. 259.

음을 알았느냐 누가 그의 모사가 되었느냐"[540](롬 11:34; 사 40:13)라고 말함으로 하나님의 깊은 뜻을 이해하는데 인간의 한계가 있음을 인정한다. 영(Young)은 "선지자는 선언하기를 하나님은 전지하시기 때문에 아무도 하나님의 모사로서 하나님이 무엇을 필요로 하는지 알도록 하는 봉사를 할 수가 없다."[541]라고 해석한다. 인간이 어떻게 하나님의 심중을 헤아릴 수 있는가. 하나님의 마음을 알 수 있는 사람은 어디에도 없다. 그리고 바울이 여기서 사용한 "모사"(σύμβουλος)라는 용어는 신약에서 이곳에서만 사용된(hapax legomenon) 용어로 변호사, 고문(counselor)의 뜻을 가지고 있다. 누가 하나님의 고문 역할을 할 사람이 있겠는가! 그 답은 아무도 없다는 것이다. 따라서 우리는 특별 계시인 성경에 기록된 하나님의 뜻은 이해할 수 있지만 하나님의 모든 뜻을 다 이해할 수 있다고 말할 수 없다. 바울은 계속해서 욥기 41:11의 말씀을 인용하여 "누가 주께 먼저 드려서 갚으심을 받겠느냐"(롬 11:35; 욥 41:11)라고 함으로 인간의 한계를 지적한다. 하나님은 인간의 타락과 부패한 성격에 대해 인간에게 빚지신 것이 없다. 인간은 아무것도 하나님께 드릴 것이 없다. 왜냐하면 하나님은 창조주이시요 인간은 피조물에 지나지 않기 때문이다. 데니(Denney)는 "종교에 있어서 우선권은 하나님께 속해 있다. 혹은 그가 다른 곳에서 언급한 것처럼 우리는 받지 않은 것이 아무것도 없으므로 자랑할 이유가 전혀 없다."[542]라고 함으로 아무도 주께 먼저 드려 갚으심을 받을 수 없다고 설명한다. 바울은 "누가 주께

---

540 사 40:13 (LXX)은 "Τίς ἔγνω νοῦν Κυρίου; καὶ τίς αὐτοῦ σύμβουλος ἐγένετο, ὃς συμβιβᾷ αὐτόν;"라고 읽는다.

541 Edward J. Young, *The Book of Isaiah* (*NICOT*), Vol. III (Grand Rapids: Eerdmans, 1974), p. 45.

542 James Denney, "St. Paul's Epistle to the Romans," *The Expositor's Greek Testament*, Vol II (1980), p. 686.

먼저 드려서 갚으심을 받겠느냐"(롬 11:35)라는 질문에 "아무도 없다" 라고 답을 할 수 밖에 없다고 결론짓는다. 바울은 명백하게 인간의 형편은 하나님께 찬송과 영광을 돌리는 일 외에는 아무것도 할 수 없다고 진술한다. 그래서 바울은 "이는 만물이 주에게서 나오고 주로 말미암고 주에게로 돌아감이라 그에게 영광이 세세에 있을지어다 아멘"(롬 11:36)이라고 함으로 로마서 11장을 마무리 한다.

바울은 에베소서(Ephesians)에서도 성부, 성자, 성령 하나님의 구속 사역을 언급하고 말미에 "그의 은혜의 영광을 찬송하게 하려는 것이라"(엡 1:6, 12, 14)라고 쓴 바 있다. 하나님은 인간의 죄 문제에 대한 책임이 없고, 인간의 죄 문제를 해결하시는 방법에 관해서도 비록 인간의 이성으로 이해할 수 없는 부분이 있을지라도 그 부분에 있어서 하나님은 자유하시고 오로지 찬송을 받으실 분이시다. 왜냐하면 하나님은 창조주이시기 때문이다. 바울은 로마서 11:36에서 하나님이 모든 창조 세계의 중심임을 선언하고 있다. 모든 창조 세계가 "주에게서 나왔다"(ἐξ αὐτοῦ)는 말의 뜻은 모든 창조세계의 근원이 주님임을 밝히는 것이요, 모든 창조세계가 "주로 말미암고"(δι' αὐτοῦ)는 주님이 모든 창조세계의 보존자요, 유지자임을 뜻하고, 모든 창조세계가 "주에게로 돌아감"(εἰς αὐτόν)이란 말의 뜻은 모든 창조세계의 목표가 주에게 있음을 증거한다는 것이다.[543] 바울은 이렇게 모든 창조세계에서의 하나님의 주권과 중심성을 강조하고 구원받은 성도들의 하나님께 대한 반응은 영광을 돌리는 것이라고 말한다. 칼빈은 "하나님이 형체를 주시고 유

543 James Denney, "St. Paul's Epistle to the Romans," *The Expositor's Greek Testament*, Vol II (1980), p. 686: "ἐξ αὐτοῦ: from Him, as their source: δι' αὐτοῦ: through Him, as the power by whose continuous energy the world is sustained and ruled; εἰς αὐτὸν: unto Him, as their goal, for whose glory they exist."

지시켜주시는 피조물들이 하나님께 영광을 돌이는 것 이외에 다른 목적을 가진다는 것이 얼마나 우스꽝스러운 일인가!"[544]라고 함으로 인간의 존재 목적이 하나님께 영광을 돌리는 것이라고 분명히 한다.

바울은 로마서에서 "아멘"(ἀμήν)이라는 용어를 하나님께 찬송을 드리는 표현을 한 후나(롬 1:25; 9:5; 11:36; 16:27) 하나님의 자비와 평강이 성도들에게 임하기를 원하는 표현을 한 후 사용한다(롬 15:33). 바울은 로마서의 시작부터 지금까지 하나님의 구원 계획이 유대인이 믿었던 방법도 아니요 이방인들이 소망하는 방법도 아닌 하나님의 방법으로 진행되고 있음을 확실히 한다. 하나님의 방법은 율법을 지켜서 구원을 얻거나 선한 행위를 실천함으로 구원을 얻는 그런 방법이 아니요, 오직 하나님의 은혜와 사랑의 방법으로 가능하며 인간은 하나님의 방법을 인정하고 믿음으로 구원을 얻게 되는 것이다. 이와 같은 방법은 이방인이나 유대인이나 모든 사람에게 적용되는 하나님의 자비로운 방법이요 공평한 방법이다. 그래서 바울은 "그에게 영광이 세세에 있을지어다 아멘"(롬 11:36)이라는 말로 그의 서신의 주요 부분을 마무리하고 로마서 12장부터 구원받은 성도가 이 세상에서 어떤 삶을 이어나가야 할 것인지를 설명한다.

544 Calvin, *The Epistles of Paul the Apostle to the Romans and to the Thessalonians*, p. 261.

로마서 12장
주해

12장 요약

로마서 12:1부터 15:13까지 바울은 지금까지 진술한 구원의 교리적인 교훈을 근거로 성도들이 실제적으로 삶의 현장에서 어떻게 살아야 할 것인지 일상생활에 관한 내용을 다룬다. 성도들의 윤리적 삶은 기독교의 교리와 무관할 수 없다. 그리스도를 구주로 믿는 성도들은 여러 방면의 사회적 관계 가운데서 올바른 책임을 감당해야 한다. 그래서 바울은 성도들이 이 세상에서 어떻게 살아가는 것이 하나님을 기쁘시게 하는 삶인지를 설명한다.

로마서 12장은 세 구분으로 나눌 수 있는데, 첫째는 바울이 기독교인 생활 전반에 관한 권면을 서론의 말씀처럼 설명하고(롬 12:1–2), 둘째는 믿음의 공동체 내에서 한 지체로서 자신의 은사를 사랑으로 실천할 것을 설명하고(롬 12:3–13), 그리고 셋째는 사회 전반의 삶에서 박해하는 자를 축복하고(롬 12:14), 악을 악으로 갚지 말고(롬 12:17), 모든 사람과 더불어 화목하는 삶을 살아야 한다(롬 12:18)고 권면한다.

바울은 서론적인 부분에서 성도들의 전반적인 삶이 “하나님이 기뻐하시는 거룩한 산 제물”(a living sacrifice, holy, acceptable to God)로 드리는 삶이어야 한다고 권면한다(롬 12:1). 성도들의 삶은 첫째 “하나님이 기뻐하시는 삶”이 되어야 하며, 둘째, “거룩한 삶이 되어야 하고,” 셋째, “살아 있으면서 제물”이 되어야 한다. 바울은 이렇게 사는 삶이 바로 “영적 예배”(롬 12:1)라고 설명한다. 바울은 두 번째 부분에서 성도들은, 사람의 몸의 한 지체가 몸 전체를 위해 활동하는 것처럼, 믿음의 공동체의 한 지체로서 전체 공동체의 유익을 위해 활동해야 한다고 말한다. 하나님이 각 지체에게 은사를 주신 것은 그 은사의 다양함으로 몸 전체를 세우기 위한 것이다(롬 12:6–8). 몸에 속한 모든 지체는 몸이 몸 역할을 제대로 할 수 있도록 서로 돕는 위치에 있다. 바울은 세 번째 부분에서 구원받은 성도들의 삶은 죄 자체는 미워하되 죄지은 인간은 긍휼히 여기면서 살아야 한다고 가르친다. 성도들은 어떤 고난과 고통이 있을지라도 “모든 사람 앞에서 선한 일을 도모”(롬 12:17)하고 “모든 사람과 더불어 화목”(롬 12:18)하면서 사랑을 실천해야 한다. 그리고 성도들은 궁극적인 심판자는 하나님이심을 굳게 믿고(롬 12:19) “악에게 지지 말고 선으로 악을”(롬 12:21) 이기면서 살아야 한다고 권면한다.

1. 성도들이 드릴 영적 예배(롬 12:1-2)

[1] 그러므로 형제들아 내가 하나님의 모든 자비하심으로 너희를 권하노니 너희 몸을 하나님이 기뻐하시는 거룩한 산 제물로 드리라 이는 너희가 드릴 영적 예배니라 [2] 너희는 이 세대를 본받지 말고 오직 마음을 새롭게 함으로 변화를 받아 하나님의 선하시고 기뻐하시고 온전하신 뜻이 무엇인지 분별하도록 하라
(롬 12:1-2, 개역개정)

롬 12:1-2 바울은 로마서 12장을 "그러므로"(οὖν)로 시작한다. 이 말씀은 바울의 생각이 지금까지 기술한 내용을 근거로 로마서 12장을 이어가기 원한다는 것을 증거해 준다. 바울은 로마서 1장부터 11장까지 죄로 멸망할 수밖에 없는 세상을 위해 마련하신 하나님의 구원 계획을 비교적 상세하게 기록했다. 그리고 바울은 로마서 12장을 기록하기 바로 전에 "이는 만물이 주에게서 나오고 주로 말미암고 주에게로 돌아감이라 영광이 그에게 세세에 있으리로다 아멘"(롬 11:36)이라고 함으로 하나님의 구원 계획의 궁극적 목적과 구원받은 성도들이 해야 할 일을 설명한다. 바울은 하나님이 모든 창조 세계의 중심임을 여기서 선언하고 있다.

바울은 이제 로마서 12:1-15:13까지 삭막하고 불확실한 세상 속에서 구원받은 성도들의 삶이 어떤 삶이 되어야 할 것을 설명한다. 그리고 바울은 로마서 12:1-2에서 마치 뒤따라오는 구절의 서문처럼 성도들의 삶을 요약정리하고 있다. 바울은 "형제들아 내가 하나님의 모든 자비하심으로 너희를 권하노니"(롬 12:1)라고 말한 다음 그리스도 안에서 베풀어 주신 하나님의 은혜에 대한 성도들의 반응을 요약 정리해

준다.[545]

바울은 제의적 언어(cultic language)를 사용하여 성도들의 삶을 묘사한다. "너희 몸을 하나님이 기뻐하시는 거룩한 산 제사로 드리라 이는 너희의 드릴 영적 예배니라"(롬 12:1, 개역개정). 바울은 우리의 몸으로 드릴 제물을 세 개의 형용사로 수식하여 성도가 드릴 제물이 어떤 제물이 되어야 할 것을 설명하고 있다. 그 세 개의 형용사는 "산," "거룩한," 그리고 "하나님이 기뻐하시는"[546]이다. 바울은 여기서 구약과 유대주의의 제사 의식이 그리스도를 통해 획기적으로 변화되었음을 설명한다. 구약과 유대주의에서는 제사 의식이 하나님의 백성들의 삶에서 가장 중심적인 역할을 했다. 그들은 피 흘린 제물을 제단에 바쳐 하나님께 접근할 수 있었다. 그런데 바울은 그리스도 안에서 기독교가 구약과 유대주의의 제사 의식의 성취라고 말하고 있다. 기독교인들은 제단에 피 흘린 희생제물을 더 이상 바칠 필요가 없다. 그 이유는 그리스도께서 "단번에 자기를 드려"(히 7:27) 모든 제사 제도를 완성시키셨기 때문이다. 우리는 그리스도께서 단번에 바치신 참 희생을 통해 하나님과 화목하게 되었다. 성도들이 하나님과 화목하기 위해 희생제물을 더 이상 바칠 필요가 없다. 만약 성도들이 그런 희생제물을 바친다면 그것은 우리를 위해 십자가에 못 박히신 그리스도에게 크게 불명예를 끼치는 것이 된다.[547] 이제 신자들은 자신의 몸을 산 제사로 바쳐야 한다. 바울은 이렇게 하는 것이 신자들이 하나님께 드릴 영적 예배라고 말한다. 신자들은 "영적 제사"(벧전 2:5) 즉, 하나님께 찬양의 제사 곧 그의

545 Douglas Moo, *The Epistle to the Romans* (*NICNT*) (1996), p. 748.

546 θυσίαν ζῶσαν ἁγίαν εὐάρεστον τῷ θεῷ.

547 John Calvin, *The Epistles of Paul to the Romans and to the Thessalonians*, Trans, R. Mackenzie (1973), p. 264.

이름을 인정하는 입술의 열매(히 13:15)를 하나님께 바쳐야 한다.

바울은 하나님께서 성도들에게 요구하시는 것은 죽은 제물이 아니라 우리의 몸을 산 제물로 바치는 것이라고 말한다. 하나님은 성도들이 바칠 수 있는 어떤 제물만을 요구하시지 않고 바치는 자기자신을 요구하고 계신다.[548] 성도들은 몸의 활동을 통해 하나님께 헌신하는 것이다. 바울은 여기서 몸이 사람의 전체 인격을 가리키며 특히 성도는 그 전체 인격으로 세상과 접하는 모든 부분에서 헌신하는 것이 영적 예배라고 강조하고 있다. 우리는 여기서 예수 그리스도의 비하 기간의 삶과 성도들의 삶의 유추를 볼 수 있다. 예수님은 우리와 같은 몸체를 입으셨으나(롬 8:3) 죄와는 무관하게 사시면서 하나님을 기쁘시게 하는 삶을 사셨다. 다만 예수님은 우리의 죄를 속량하시기 위해 죽으셔야만 했다. 이제 성도는 예수님이 대신 죽으셨기 때문에 죄 문제를 해결 받고 새로운 생명을 소유하게 되었다. 그래서 바울은 예수님이 우리의 몸과 같은 몸체를 입으시고 하나님이 기뻐하시는 거룩한 삶을 사시고 우리를 위해 제물이 되신 것처럼 우리들도 같은 몸체를 입고 사는 동안 하나님이 기뻐하시는 거룩한 산 제물이 되는 삶을 살도록 권면하고 있는 것이다(롬 12:1). 이처럼 성도들은 예수님이 성육신 기간에 보여주신 삶을 본받아 사는 것이 하나님을 기쁘시게 하는 삶이다.

바울은 우리의 몸으로 드릴 제사를 세 개의 형용사로 수식하여 성도가 드릴 제사가 어떤 제사가 될 것인지를 설명하고 있다. 그 세 개의 형용사는 "산," "거룩한," 그리고 "하나님께 기쁨이 되는"이다. 바울은 "산 제사"라는 표현을 통해 구약시대에 동물을 죽여서 제사하는 것과 대칭을 이루는 산 제사를 강조하고 있다. "산 제사"는 제의적인 용어

548 Moo, *The Epistle to the Romans* (*NICNT*), p. 750.

로 구약의 제사와 비교되고 있다. 성도들은 매일 살아서 하나님께 헌신하는 것이다.[549] 던(Dunn)은 "희생의 사상은 이중선(線)을 따라 전환된다. 제사 의식에서 매일의 삶으로, 매일 동물을 바치는 것으로 특징지어진 이전 세대에서 전 인격이 매일의 삶을 헌신하는 것으로 특징지어진 (새로운)세대로 전환된 것이다"[550]라고 설명한다. 성도들이 드리는 영적 예배는 어떤 경우에 처하든지 살아있는 몸으로 하나님께 헌신하는 삶이다.

바울은 "거룩한 제물"이라는 표현을 통해 제사가 구별된 제사여야 함을 강조하고 있다. "거룩"도 제의적인 의미를 포함하고 있다. 하나님께 바치는 제물은 거룩해야만 한다. 구약의 제사는 "여호와께 향기로운 냄새"(레 2:9; 3:5, 16; 6:15, 21; 8:28)가 되어야 할 뿐만 아니라 거룩한 제사여야 한다(레 6:25; 7:6; 8:12, 30). "거룩"은 하나님의 속성이기 때문에 성도가 드려야 할 제사 역시 거룩하지 않으면 안 된다. 그래서 거룩한 제사만이 하나님을 기쁘시게 할 수 있다. 거룩은 세상으로부터 떠나 하나님께로 구별되었다는 뜻을 가지고 있다. 이 말씀은 성도들의 삶이 세상적인 기준으로 사는 삶이 아니요, 하나님이 정하신 기준으로 살아야 한다는 뜻을 포함하고 있다.

바울은 계속해서 "하나님이 기뻐하시는 제사"라는 표현을 통해 성도들이 드리는 제사가 성도들 자신의 종교적 욕구나 감정적 욕구를 충족시키는 것이 아니요 하나님을 기쁘시게 하는 것임을 분명히 한다. 하나님을 기쁘시게 하는 제사는 하나님의 뜻에 합당할 때 가능하다.

549 John Murray, *The Epistle to the Romans*, Vol. II (*NICNT*, Grand Rapids: Eerdmans, 1968), p. 111: "It is possible that the word 'living' also reflects on the permanence of this offering, that it must be a constant dedication."

550 James D. G. Dunn, *Romans 9-16: Word Biblical Commentary*, Vol. 38B (Dallas: Word Books, 1988), p. 710.

바울은 여기서 구약 예언에 나타난 하나님이 받으실 수 없는 희생 제사를 생각했을 수 있다(호 8:13; 암 5:22; 미 6:7; 말 1:8, 10, 13).[551] 구약 예언은 하나님의 백성이 하나님의 뜻은 제쳐 놓고 의식적인 행위만 일삼고 있기 때문에 하나님께서 그들의 제사를 받으실 수 없다고 질책한다. 메탁사스(Eric Metaxas)는[552] 미국 국가 조찬 기도회(National Prayer Breakfast)에서 하나님의 말씀대로 살지 않으면서 신앙생활 하는 것은 마치 마귀가 성경을 사용하여 예수님을 시험하고 공격하는 것처럼(마 4:1–11; 막 1:12–13; 눅 4:1–13) 가짜 종교 생활을 하는 것과 같다고 말했다.

이제 바울은 "너희 몸을 하나님이 기뻐하시는 거룩한 산 제사로 드리는 것"(롬 12:1)이 성도들이 하나님께 드릴 영적 예배라고 말한다. 바울이 사용한 "너희의 영적 예배"(τὴν λογικὴν λατρείαν ὑμῶν)는 해석하기 어려운 표현이다. "로기켄"은 70인경(LXX)에 나타나지 않고 신약에서도 베드로전서 2:2과 본 절에서만 사용된다. 베드로전서 2:2은 "순전하고 신령한 젖"(τὸ λογικὸν ἄδολον γάλα)으로 표현하여 로기콘(λογικὸν)을 "신령한"(spiritual)의 의미로 사용했다.[553] "로기켄"은 "내적이라는 의미로서 영적"이라고 해석할 수 있다. 이 경우 "로기켄 라트레이안"(롬 12:1)은 마음과 뜻을 모아서 드리는 예배를 가리킨다. 그리고 "로기켄"은 "하나님의 합리적이고 영적인 피조물로서 인간에게 적당한"이란 의미로 해석할 수 있다. 이 경우 예배는 죄의 권세 아래 있는 인간들이

---

551 James Dunn, *Romans 9-16*, p. 711.

552 Eric Metaxas는 *Amazing Grace: William Wilberforce*와 *Bonhoeffer: Pastor, Martyr, Prophet, Spy*라는 책을 통해 널리 알려진 미국의 작가이다. 그는 지난 2012년 2월 2일에 미국 Washington에서 있었던 국가조찬기도회에서 설교한 바 있다.

553 Wayne Grudem, *I Peter* (*Tyndale New Testament Commentaries*, Grand Rapids: Eerdmans, 1988), p. 95. Grudem은 벧전 2:2의 λογικὸν을 "figurative, not literal"(문자적이 아니요 비유적인)로 해석한다. 대부분의 영어 번역은 λογικὸν을 "spiritual," "rational," "reasonable," "intellectual"등의 용어로 번역했다.

드리는 예배가 아니라 하나님께서 진정으로 원하는 것을 드림으로 하나님을 영화롭게 하는 예배가 된다. 이상의 두 의미를 종합해 보면 "로기켄 라트레이안"은 구속받은 성도들이 마음과 뜻을 모아 하나님께서 진정으로 원하는 것을 드림으로 하나님을 높이는 "참 예배"라고 생각할 수 있다.[554] 바울은 이제 로마서 12:2에서 참 예배를 드릴 수 있는 방법을 제시한다. 성도들은 참 예배를 드릴 수 있기 위해 "이 세대를 본받지 말고 오직 마음을 새롭게 함으로 변화"(롬 12:2)를 받아야 한다. 그리고 성도들은 "하나님의 선하시고 기뻐하시고 온전하신 뜻이 무엇인지 분별"(롬 12:2) 하도록 해야 한다. 이 말씀은 성도들이 타락하고 변질된 이 세상을 본받지 말고 계속해서 마음을 새롭게 하여 하나님의 뜻에 합당한 삶을 살 때 참 예배를 드리는 것임을 증거한다.

바울은 성도들의 삶의 표현이 하나님을 기쁘시게 하는 것이라고 구체적으로 설명한다. 로마의 감옥 속에 있는 자신을 위해 빌립보 교회가 에바브로디도 편에 쓸 것을 보내왔다. 이 선물을 받은 바울은 빌립보 교회에 답을 하면서 "에바브로디도 편에 너희의 준 것을 받으므로 내가 풍족하니 이는 받으실만한 향기로운 제물이요 하나님을 기쁘시게 한 것이라"(빌 4:18)라고 쓴다. 피(Fee)는 바울이 빌립보 성도들의 선물에 대한 감사를 이런 표현 이상으로 더 아름답게 표현할 수는 없다고 설명한다.[555] 빌립보 성도들의 행위는 아벨의 제사와 같고(창 4:3-4), 노아의 제사와 같고(창 8:20-21), 그리고 이삭을 바친 아브라함의 제사와 같다(창 22:1-14).[556] 바울은 빌립보 성도들의 헌신적인 행위

---

554 Moo, *The Epistle to the Romans*, pp. 752-753.

555 Gordon D. Fee, *Paul's Letter to the Philippians* (*NICNT*, Grand Rapids: Eerdmans, 1995), p. 451.

556 박형용, 『빌립보서 주해』, pp. 244-245.

를 가리켜 "향기로운 제물"(ὀσμὴν εὐωδίας), "받으실만한 희생제물"(θυσίαν δεκτήν), "하나님을 기쁘시게 한 것"(εὐάρεστον τῷ θεῷ)이라고 강조해서 설명하고 있다. 그런데 바울은 본 절에서도 "너희 몸을 하나님이 기뻐하시는 거룩한 산 제사로 드리라"(롬 12:1)라고 말하면서 "희생제물"(θυσίαν), "하나님이 기뻐하시는 것"(εὐάρεστον τῷ θεῷ) 등의 표현을 사용했다. 우리는 몸을 드리는 예배를 묘사하면서 사용한 용어(롬 12:1-2)와 빌립보 성도들의 물질적 헌신을 묘사하는 용어(빌 4:18)가 같은 사실에 주목해야 한다. 바울은 성도들의 합당한 삶이 하나님을 기쁘시게 하고 하나님을 높이는 예배의 한 부분임을 강조하고 있다.

그런데 바울은 로마서 12:1에서도 "너희 몸을 하나님이 기뻐하시는 거룩한 산 제물로 드리라"라고 말하면서 "희생제물," "하나님이 기뻐하시는 것"등의 표현을 사용했다. 우리는 몸을 드리는 예배를 묘사하면서 사용한 용어(롬 12:1-2)와 빌립보 성도들의 물질적 헌신을 묘사하는 용어(빌 4:18)가 같은 사실에 주목해야 한다. 바울은 성도들의 합당한 삶이 하나님을 기쁘시게 하고 하나님을 높이는 예배의 한 부분임을 강조하고 있다. 부활생명을 살고 있는 성도들은 삶 자체가 하나님이 기뻐 받으시는 예배가 되어야 한다. 그래서 바울은 성도들은 "이 세대를 본받지 말라"(롬 12:2)라고 권면하고 있다. 헨드릭센(Hendriksen)은 "바울이 '너희는 이 (악)한 세대를 본받지 말고'(고전 2:6, 8; 갈 1:4)라고 말함으로 그는 그때나 지금이나 교회의 성도들이 그들을 계속적으로 둘러싸고 있는 세속적인 것들의 여러 가지 명시적인 행태에 굴복하지 않도록 경고하고 있다. 즉, 더러운 말이나 불쾌한 언어를 사용하는 일, 품위 없는 노래를 부르는 일, 음란한 책을 읽는 일, 유혹적인 옷을 입는 일, 문제가 되는 오락에 참여하는 일, 친밀한 의미로 세상적인 동료와 교제하는 일, 등. 이런 목록은 끝이 있을 수 없다."[555]라고 함으로 성도들은 이 세상의 규범과는 다른 구별된 삶을 사는 것이 "너희 몸을 하나님이 기뻐하시는 거룩한 산 제물로 드리는 것"(롬 12:1)이라고 설명한다. 이 세대 혹은 이 세상은 악한 세상으로 사탄의 영향 하에 있으며(엡 2:1-3) 성도들이 속해야 할 하나님 나라와는 정반대되는 개념이다. 그러므로 성도들은 세상을 본받지 말고 "하나님의 선하시고 기뻐하시고 온전하신 뜻"(롬 12:2)을 분별하여 그 뜻을 실천하도록 노력하여야 한다. 루터(Luther)는 "하나님의 선하신 뜻은 우리들이 마땅히 선한 일을 실천해야 하는 것이다. 하나님이 받으실만한 뜻은 우리가 정숙해야 하고 순수해야만 하는 것이다. 하나님의 완전한 뜻은 우리가 하나님만을 기쁘시게 하도록 소망하는 것이다."[558]라고 설명한다. 성도들은 성경에 계시된 하나님의 뜻을 우리들의 삶의 완전한 표준으로 삼고 그 요구를 실제적인 삶의 경험을 통해 실천해야 한다.

2. 교회 공동체 안에서의 순종의 삶(롬 12:3-8)

3 내게 주신 은혜로 말미암아 너희 각 사람에게 말하노니 마땅히 생각할 그 이상의 생각을 품지 말고 오직 하나님께서 각 사람에게 나누어 주신 믿음의 분량대로 지혜롭게 생각하라 4 우리가 한 몸에 많은 지체를 가졌으나 모든 지체가 같은 기능을 가진 것이 아니니 5 이와 같이 우리 많은 사람이 그리스도 안에서 한 몸이 되어 서로 지체가 되었느니라 6 우리에게 주신 은혜대로 받은 은사가

557 Hendriksen, *Exposition of Paul's Epistle to the Romans* (1981), p. 404.

558 Luther, *Commentary on the Epistle to the Romans*, p. 152.

각각 다르니 혹 예언이면 믿음의 분수대로, [7] 혹 섬기는 일이면 섬기는 일로, 혹 가르치는 자면 가르치는 일로, [8] 혹 위로하는 자면 위로하는 일로, 구제하는 자는 성실함으로, 다스리는 자는 부지런함으로, 긍휼을 베푸는 자는 즐거움으로 할 것이니라(롬 12:3-8, 개역개정)

롬 12:3–5 바울은 몸으로 비유한 교회 공동체의 유익을 위해 주신 성령의 은사를 언급하기 전 몸과 지체의 관계를 설명한다. 그 이유는 성령의 은사를 주신 것은 몸을 세우는 일과 직결되어 있음을 강조하기 위해서이다. 바울은 이제 좀 더 구체적으로 각 지체들이 받은 은사가 다르다는 사실을 밝힌다. 각 지체가 받은 은사는 강요해서 받은 것도 아니요, 공로를 세워서 받은 것도 아니요 오직 성령 하나님께서 그의 뜻대로 주신 것이다(고전 12:11, 18). 성령의 은사들은 목사와 장로 그리고 집사들만 받은 것이 아니요 은사들의 특징으로 볼 때 교회 내의 모든 성도들이 하나 이상 받은 것이다. 성령의 은사는 은혜로 받은 것이지 노력의 대가로 획득한 것이 아니다. 그래서 바울은 "우리에게 주신 은혜대로 받은 은사가 각각 다르니"(롬 12:3, 6)라고 함으로 성령 하나님의 전적인 뜻에 따라 은사가 주어졌음을 분명히 한다.[557]

바울은 이제 교회 공동체 안에서 지체들의 믿음의 분량이 다름을 인정하고 서로 간 어떻게 대해야 할 것을 가르친다. 바울은 같은 믿음의 공동체 안에 속해 있는 성도일지라도 받은 성령의 은사가 다르고 믿음의 분량이 다름을 인식하고 공동체에 속한 사람들은 공동체의 유익을 위해 활동하라고 권면하고 있다. 바울은 여기서 "내게 주신 은혜"(롬 12:3)를 언급한다. 이 말씀은 자신의 이방인을 위한 사도됨을 포함한 그리스도 안에서의 자신의 구원을 생각하고 말한 것이다. 바울은 하나님의 은혜를 많이 받은 사람이다. 그래서 그는 자신이 하나님의 교회를 박해한 사실을 고백하고 "내가 나 된 것은 하나님의 은혜로 된 것이니"(고전 15:10)라고 말한 바 있다. 바울은 자신이 받은 하나님의 은혜가 자신의 노력으로 얻은 것이 아니요 값없이 주어진 것이기 때문에 항상 겸손한 삶을 살았다. 그래서 바울은 자신을 가리켜 "나는 사도 중에 가장 작은 자라"(고전 15:9)라고 말했고, "모든 성도 중에 지극히 작은 자보다 더 작은 나에게"(엡 3:8)라고 겸손을 표현했고, "죄인 중에 내가 괴수니라"(딤전 1:15)라고 하나님의 은혜의 크심을 고백했다. 이와 같은 바울의 마음은 "마땅히 생각할 그 이상의 생각을 품지 말고"(롬 12:3)라는 표현에서도 나타난다. 바울은 성도들이 교회 공동체 안에서 어떻게 처신해야 할 것을 말하기 원한다. 그래서 바울은 성도들은 "믿음의 분량"(μέτρον πίστεως)대로 지혜롭게 생각하고 행동할 것을 권면하고 있다.

바울이 여기서 "믿음의 분량"이라는 표현을 했을 때 그 믿음이 구원받는 믿음을 가리키는지, 아니면 어떤 사건을 판단할 때 행사하는 믿음을 가리키는지 분별할 필요가 있다. 본 구절의 맥락에 비추어 관찰할 때 본 절의 "믿음"은 복음의 진리를 믿는 그런 믿음의 의미로 받을 수는 없다. 성도가 믿음으로 구원을 받을 때 그 믿음의 분량을 나누어 생각할 수 없다(갈 2:16; 3:14; 엡 2:8). 본 구절의 "믿음의 분량"의 표현에서 "믿음"은 교회 안에 존재하는 여러 가지 기능의 다양성을 대할 때 어떤 방식으로 "믿음"을 행사하느냐는 문제이다.[560] "믿

---

559 D. A. Carson, *Showing The Spirit: A Theological Exposition of I Corinthians 12~14* (Grand Rapids: Baker, 1987), p. 41: "These gifts, we are further reminded, are distributed to each man: no one is giftless, for the Spirit works with individuals. But a new thought is articulated: not only does the Spirit distribute these gifts to each individual, he does so 'just as he determines.'"

560 John Murray, *The Epistle to the Romans*, Vol. II (*NICNT*) (1968), p. 118.

음의 분량"이란 표현에서 "믿음"은 하나님의 계시된 진리를 가리키는 객관적 의미의 믿음이 아니요, 하나님을 철저히 신뢰(trust)하는 주관적 의미의 믿음을 가리킨다. 박윤선은 "'믿음의 분량'이란 말(μέτρον πίστεως)은, 신앙의 강약(强弱)을 말함이 아니고, 은사의 성질을 가리킨다(Greijdanus). 다시 말하면, 각 개인이 받은 직능(職能)의 차이를 말함이다(H. Ridderbos)."[561]라고 정리한다.

바울은 성도들이 "믿음의 분량"대로 생각하고 행동해야할 이유로 성도들이 한 몸에 속한 지체들이기 때문이라고 설명한다(롬 12:4). 바울은 교회를 몸에 비유하여 설명하는 것을 즐겨한다. 바울은 고린도 교회에 보내는 편지에서도 교회를 몸에 비유하여 설명한 바 있다(고전 12:12-27). 바울은 몸이 하나임을 강조하고(고전 12:12, 13, 20) 지체들은 몸을 세우기 위해 그 기능과 직임을 다해야 함을 강조한다(고전 12:15, 16, 21-26). 하나님이 각 지체들에게 부여하신 기능들은 지체 자체를 위해서 주신 것이 아니요 몸을 세우고 몸이 제대로 활동할 수 있도록 하시기 위해 주신 것이다. 바울은 심지어 "너희는 그리스도의 몸이요"(고전 12:27)라고 말함으로 그리스도의 교회가 그리스도의 몸의 역할을 한다고 가르친다. 인간의 몸이 인격체인 인간을 외적으로 대표하는 것처럼, 보이는 교회는 보이지 않는 그리스도를 세상을 향해 대표하는 믿음의 공동체라는 말이다. 이 비유는 대단히 의미가 심장하다. 왜냐하면 교회가 세상을 향해 잘못된 일을 하면 교회의 행동 때문에 그리스도가 욕을 먹게 되어 있다는 말이기 때문이다. 반대로 교회가 세상을 향해 좋은 일, 공의로운 일을 하면 그리스도가 칭찬을 받는다는 뜻이기도 하다. 그러므로 성도들은 한 몸의 지체들로서 몸을 바로 세우고

561 박윤선, 『성경주석. 로마서』 (1969), p. 325.

건강하게 하는데 심혈을 기울여야 한다.

바울은 같은 생각으로 "우리가 한 몸에 많은 지체를 가졌으나 모든 지체가 같은 기능을 가진 것이 아니니"(롬 12:4)라고 말함으로 교회 안에서 지체들은 "믿음의 분량"대로 생각하고 행동해야 할 것을 분명히 한다. "모든 지체가 같은 기능을 가진 것이 아니니"는 각 지체들이 받은 분량이 각각 다르다는 뜻이다. 바울은 성도들이 받은 은사가 다양한 이유는 몸의 완전성과 유용성을 위한 것임을 분명히 한다. 하지만 분명한 것은 지체가 몸을 위해 존재하지만 지체 자체의 가치와 유용성은 그대로 유지되는 것이다. 바로 그런 지체의 다양한 기능 때문에 몸이 더 풍요하게 되는 것이다. 그런데 이것이 가능한 것은 모든 성도들 안에 성령이 내주하시기 때문이다(고전 3:16; 6:19; 12:13). 그리고 이 말씀은 교회 안에서 성도들 상호간의 교제가 얼마나 중요하며 한 몸의 기능을 분열시키는 행위가 얼마나 죄악된 일인지를 극명하게 보여준다. 성도들 상호간의 관계는 세상의 어떤 단체에 속한 사람들의 상호관계보다도 훨씬 더 친밀하고 떼려야 뗄 수 없는 관계인 것이다. 바울은 많은 사람이 그리스도 안에서 한 몸을 이루되 서로 지체가 되었다(롬 12:5)라고 함으로 그 중요성을 확인하고 있다.

성령의 은사를 각 성도들에게 나눠주신 목적은 그리스도의 몸된 교회를 세우기 위해서이다. 우리가 주목해야 할 것은 성령의 은사들이 언급된 구절들이 교회를 강조하는 서신들에 나타나고 그리고 그 구절들이 언급된 맥락은 교회를 세우기 위해 성령의 은사들이 필요함을 역설한 부분이라는 점이다. 마찬가지로 로마서의 경우도 성령의 은사들이 집중적으로 언급된 구절은 성도들의 활동과 삶을 강조하는 부분 중 특히 몸과 지체의 관계를 설명하는 부분에서 나타난다.[560] 그러므로 의 은사는 몸된 교회를 세우기 위해 주신 것이다.

어떤 이는 바울이 언급한 은사들을 두 부류로 나누어 예언하는 것과 관리하는 것으로 나눈다. 그리고 예언하는 일은 예언하는 것, 가르치는 것, 권고하는 것을 포함하고, 관리하는 일은 봉사하고, 나누어 주고, 다스리고, 자비를 베푸는 것을 포함한다고 말한다(De Brais and Koppe).[563] 하지만 이와 같은 구분은 본 절의 구조로 볼 때 자연스럽지 못하다. 바울은 로마서 12장 5절과 6절의 연결을 매끄럽지 않게 만드는데 이는 그가 생략 용법을 사용하고 있기 때문이라고 할 수 있다. 바울은 한 몸 안에 여러 지체가 있는 것은(롬 12:5) 교회 안에 서로 다른 은사가 있는 것으로도 확인된다고 말하고 있다(롬 12:6).

롬 12:6-8 바울 서신에서 성령의 은사를 구체적으로 열거한 구절들은 본 구절인 로마서 12:6-8을 위시해서 고린도전서 12:8-10과 12:28-30[562] 그리고 에베소서 4:11이라고 할 수 있다. 물론 다른 구절에서도 성령의 은사가 언급되긴 했지만 이상에 언급한 구절들처럼 은사들의 목록을 잘 정리한 다른 구절은 없다.[565] 바울은 로마서 12:6-8에서 교회를 위한 성령의 은사들 일곱을 언급한다. 그 은사들은 "예언," "섬기는 일," "가르치는 일," "위로하는 일," "구제하는 일," "다스

---

562 박형용, 『교회와 성령』(2012), pp. 164-166.

563 C. Hodge, *A Commentary on Romans,* p. 390 참조.

564 성령의 선물을 구체적으로 언급한 고전 12:8-10 이전의 구절인 고전 12:4-7에서 우리는 삼위일체 하나님의 역사를 본다. 바울은 성령(τὸ αὐτὸ πνεῦμα)과 주(ὁ αὐτὸς κύριος)와 하나님(ὁ αὐτὸς θεός)을 언급함으로 삼위일체 하나님을 의식하면서 이 구절을 쓰고 있다. cf. Michael Green, *I Believe in the Holy Spirit* (Grand Rapids: Eerdmans, 1977), pp. 52, 116～117.

565 네 성경구절에 언급된 성령의 은사들을 중복된 것을 피하고 정리하면 사도, 선지자, 복음 전하는 자, 목사와 교사, 예언, 방언, 방언의 통역, 믿음, 이적 행하는 은사, 병 고치는 은사, 지혜의 말씀, 지식의 말씀, 영들 분별하는 은사, 다스리는 은사, 서로 돕는 은사, 섬기는 은사, 가르치는 은사, 권면의 은사, 구제, 긍휼을 베푸는 은사 등 20가지 정도로 정리할 수 있다. 참고, 박형용, 『교회와 성령』(수원: 합신대학원출판부, 2012), p. 161.

리는 일," "긍휼을 베푸는 일" 등이다. 우리가 여기서 주목해야 할 부분은 열거된 은사들이 이적과 기사를 연상하게 하는 것들보다 교회 공동체를 건강하게 세우고 교회의 원활한 활동에 필요한 것들이 더 많이 언급되었다는 사실이다.

바울은 이제 성령의 은사의 종류를 열거하면서 "예언"을 제일 먼저 언급함으로 예언을 강조하고 있다. 우리는 로마서 12:6의 "예언"을 해석할 때 본 구절에 사용된 "예언"(προφητεία)이 미래의 사실을 내다보는 은사(foretelling)의 의미로 사용되었는지 아니면 하나님의 뜻을 풀어 설명하는 은사(forth-telling)의 의미로 사용되었는지 분별할 필요가 있다. 성경에서 사용된 "예언"이라는 용어는 두 가지 의미를 전달하는데 자유롭게 사용되지만 단어가 나타난 문맥에 따라 그 의미가 달라진다. 예언이라는 용어는 일반적으로 구약에서는 미래의 사실을 내다보는 의미로 사용되었고 신약에서도 같은 의미로 사용되기도 한다(마 11:13; 15:7; 막 7:6; 눅 1:67; 고전 14:29-32; 벧전 1:10). 그리고 예언이라는 용어는 동시에 하나님의 계시의 말씀을 해석하여 교회를 격려하고 위로하고 책망하는 의미로도 사용된다(고전 14:3, 31). 그러면 바울은 로마서 12:6에서 "예언"을 어떤 의미로 사용했는가? 예언은 하나님의 계시를 예언자가 받아 그 내용을 선포하는 것이다. 따라서 예언된 내용은 그것이 명시적으로 표현되었든지 함축적으로 표현되었든지 하나님의 뜻이기에 정확무오한 것이다. 이와 같은 하나님의 계시는 성경에 기록되었고 따라서 성경을 하나님의 말씀으로 정확무오하다고 할 수 있다. 그러므로 "예언"은 성경 기록과 깊은 연관을 가지고 있다. 성경 66권이 기록되는 과정에서는 미래를 내다보는 의미의 예언은 당연히 존재하지만 이미 기록된 말씀을 풀어 해석하는 기능도 존재한다. 구약성경 39권 중 비교적 후기에 기록된 선지서들은 이미 기록된 다른 구약성경을 해석한 경우가 많이 있고, 바울도 그의 서신을 기록할 때 구속역사를 해석하는 일에 강조를 두었다.[566] 그래서 바울은 "계시로 내게 비밀을 알게 하신 것은 내가 먼저 간단히 기록함과 같으니 그것을 읽으면 내가 그리스도의 비밀을 깨달은 것을 너희가 알 수 있으리라"(엡 3:3-4, 개역개정)라고 말한 것이다.

이런 관점에서 로마서 12장을 읽을 때 바울이 교회를 세우고 풍성하게 하는데 필요한 성령의 은사를 언급하면서 "예언"을 언급한 것으로 보아 "예언"을 미래를 예견하는 의미(foretelling)로 사용했다고 보기보다는 하나님의 계시의 말씀을 풀어 설명하는 의미(forth-telling)를 더 강조했다고 볼 수 있다. 그리고 바울이 "예언이면 믿음의 분수대로"(롬 12:6)라고 표현한 사실도 이와 같은 해석을 뒷받침해 준다. 왜냐하면 여기에 사용된 "믿음"은 객관적인 진리를 가리키는 것으로 받을 수 없고, 하나님의 말씀인 진리에 대한 내적 확신과 신앙으로 받는 것이 맥락에 더 적합하기 때문이다. 그러므로 바울은 지금 예언자들이 예언을 할 때는 교회의 유익을 위해 하나님의 말씀인 진리의 기준에 어긋나지 않는 믿음의 규칙에 따라 행해져야 한다고 권고하고 있다.[567] 칼빈(Calvin)은 예언이 미래의 사실을 예견하는 능력의 뜻도 있음을 인정하면서 "그러나 나는 예언이라는 용어를 더 넓은 의미로 이해하여 사람이 해석자의 직무를 노련함과 기민함으로 실행하여 하나님의 뜻을 풀어내는 독특한 계시(드러냄)의 은사를 뜻하는 것으로 이해하는 사람들

566 박형용, 『바울신학』 (수원: 합신대학원출판부, 2013), pp. 24-26, 185-196.

567 C. Hodge, *A Commentary on Romans*, p. 390.; John Murray, *The Epistle to the Romans*, Vol. II (*NICNT*) (1968), pp. 122-123.; Robert Haldane, *Exposition of the Epistle to the Romans* (1960), p. 561.: "Prophecy, therefore, at this period, is nothing else in the Christian Church than the proper understanding of Scripture, and a peculiar faculty of explaining the same."

의 의견을 따르는 것을 더 좋게 생각한다."[568]라고 함으로 로마서 12:6의 예언을 "하나님의 뜻을 풀어내는 은사"로 이해한다.

바울은 이제 그리스도의 몸인 교회를 세우는데 필요한 적절한 은사들을 언급한다. 특히 바울은 "섬기는 일"을 표현할 때 실제적인 사역과 봉사를 의미하는 디아코니아(διακονία)라는 용어를 사용했다. 집사(deacon)로 불리는 직분이 이 용어에서 기인되었다(참조, 행 6:2, 4; 고전 12:5; 엡 4:12). "섬기는 일"(롬 12:7)은 다양한 종류의 봉사를 포함한다. 고아와 과부를 보살피는 일도 교회를 섬기는 일이요(딤전 5:1-3), 가난한 사람을 돌보는 일도 섬기는 일이요(행 24:17), 교회의 화목을 위해 노력하는 것도 섬기는 일이다(고후 5:18). "가르치는 자"(롬 12:7)는 말씀에 충실하고 성실한 태도로 겸손하게 가르쳐야 한다. 그리스도의 교회가 세워지고 튼실하게 되는 지름길은 하나님의 말씀으로 양육 받는 길 외에 다른 길이 없다. "위로하는 자"(롬 12:8)는 사람을 세우는 일을 하고 다른 성도들을 교화하고 격려하는 일을 통해 교회에 유익을 끼치는 일을 한다. 바울이 성실한 그리스도의 사도가 될 수 있었던 것은 물론 하나님의 은혜이지만 또한 "위로의 아들"(υἱὸς παρακλήσεως: son of encouragement)이었던 바나바(Barnabas)의 역할이 컸다. 바나바는 바울이 다메섹 도상에서 회심 후에 예루살렘에 있는 예수님의 제자들을 만나기를 원했을 때 제자들은 두려워하여 만나기를 원하지 않았지만 바나바가 중재역할을 잘 하여 바울이 제자들과 교제할 수 있게 되었고(행 9:26-27), 바나바가 안디옥 교회를 섬길 때 다소(Tarsus)에 머물고 있는 바울(사울)을 찾아 함께 안디옥 교회를 섬길 수 있도록 배려했고(행 11:24-26), 또한 바나바는 1차 전도여행 기간에 바울의 멘토 역할을 함

568 John Calvin, *The Epistles of Paul to the Romans and to the Thessalonians*, Trans, R. Mackenzie (1973), p. 269.

으로 바울이 독자적으로 전도여행을 할 수 있도록 큰 희생을 했다(행 13:1-14:28). 바울은 바나바와의 관계를 통해서 친히 위로의 일이 어떤 것인지를 체험했을 것이다. 바울은 교회 내의 성도들 상호간에 "믿음의 분량"(롬 12:3)이 서로 다르고, "믿음의 분수"(롬 12:6)가 각각 다르기 때문에 서로 서로 격려와 배려가 필요하다고 말하고 있다. "구제하는 자"(롬 12:8)는 성실함으로 교회를 섬겨야 한다. 교회 내에 구제가 필요한 것은 그리스도의 복음이 공산주의를 제창하지 않기 때문에 항상 존재할 수밖에 없다. 그런데 바울은 구제할 때에 "성실함"(ἐν ἁπλότητι)으로 하라고 권면한다. "성실함"이란 "관대하게," "순수하게," "한 마음으로," "숨겨둔 의도 없이," "올바르게"의 의미를 가지고 있다. 그러므로 구제하는 자는 다른 생각하지 않고 교회의 유익만을 위해 구제를 실천해야 한다. 구제하는 자는 예수님이 "너는 구제할 때에 오른손이 하는 것을 왼손이 모르게 하여 네 구제함을 은밀하게 하라 은밀한 중에 보시는 너의 아버지께서 갚으시리라"(마 6:3-4)라고 가르치신 말씀처럼 순수한 마음으로 해야 한다. "다스리는 자"(롬 12:8)는 "지도자의 직책을 가진 자"의 의미로 사용되었다. 바울은 교회의 관리를 책임 맡은 지도자를 생각하면서 말하고 있다. 교회를 다스리고 관리하고 보살피는 지도자들은 열심을 다해 교회를 세워 나가야 한다. 다스리는 자는 항상 겸손으로 옷 입고 다스리는 직무를 실천해야 한다(고전 15:9). "긍휼을 베푸는 자"(롬 12:8)는 교회 내에 있을 수 있는 환우들이나, 갑자기 슬픔을 당한 사람들이나, 치명적인 병으로 소망을 잃고 있는 사람들에게 긍휼을 베풀어야 한다. 바울은 이런 어려운 형편에 있는 성도들에게 긍휼을 베풀 때 "즐거움"으로 하라고 권면한다. 어려움에 처한 사람들은 비관적이고 소극적인 위로를 통해서 보다 더 적극적이고 긍정적인 태도를 통해서 더 많은 격려와 위로를 받게 된다. 우리는 여기 언급된 성령의 은사들이 특별한 능력을 행사하는 그런 은사들이 아니요 교회 공동체를 세우고 서로 격려하며 돕는 은사들임을 주목하여야 한다. 바울은 교회 내에 속해 있는 지체들이 받은 은사가 각각 다르고 믿음의 분량이 다르지만 그리스도의 몸인 교회를 유익하게 하고 세우기 위해 맡은 바 직책을 성실하게 감당해야 한다고 가르친다.

3. 최고의 선인 사랑(롬 12:9-13)

> **[9] 사랑에는 거짓이 없나니 악을 미워하고 선에 속하라 [10] 형제를 사랑하며 서로 우애하고 존경하기를 서로 먼저 하며 [11] 부지런하여 게으르지 말고 열심을 품고 주를 섬기라 [12] 소망 중에 즐거워하며 환난 중에 참으며 기도에 항상 힘쓰며 [13] 성도들의 쓸 것을 공급하며 손 대접하기를 힘쓰라**(롬 12:9-13, 개역개정)

롬 12:9-13 바울은 성도들이 각각 받은 다양한 은사로 교회 공동체를 세워야 한다고 가르친 후에 사랑의 방법이 가장 좋은 길임을 분명히 한다. 그래서 바울은 "사랑에는 거짓이 없나니 악을 미워하고 선에 속하라"(롬 12:9)라고 권면하고 있다. 우리가 주목해야 할 바울의 논리의 발전은 고린도전서 12:18-26에서 몸과 지체의 관계를 설명하고 마치 결론처럼 교회가 "그리스도의 몸"(고전 12:27)이라고 설명한다. 그리고 바울은 교회의 유익을 위해 필요한 성령의 은사를 열거한 후(고전 12:28-30) "가장 좋은 길"(고전 12:31)을 보여주겠다고 제시하면서 사랑장을 소개한다(고전 13:1-13). 그리고 바울은 고린도전서 13장에서 사랑에 관해 구체적으로 설명한다. 마찬가지로 로마서 12장에서도 몸과 지체의 관계를 설명하고 교회를 세우는 데 필요한 성령의 은사를 언급한(롬 12:6–8) 후 곧바로 사랑에 관해 설명하고 있다(롬 12:9–13). 이와 같은 바울의 논리의 발전은 교회를 세우고 교회를 유익하게 하는 데 가장 중요한 것은 바로 사랑임을 강조하는 것이다. 바울은 고린도전서 13장에서 사랑의 특성을 인내, 친절, 관용, 겸손, 예의범절, 무사욕, 온순, 정직, 진실성 등 아홉 가지를 제시한다(고전 13:4–6). 이 아홉 가지의 사랑의 특성의 실천이 교회 공동체를 위한 "가장 좋은 길"인 것이다.

바울은 로마서 12:9–13에서 고린도전서 13장에 열거된 사랑의 특성과 비슷한 특성을 언급하기도 하지만 또 다른 특성을 첨가하기도 한다. 바울이 "사랑에는 거짓이 없나니"(롬 12:9)라고 말한 것은 단순히 형제간의 사랑에 국한하지 않고 사랑의 일반적인 특성을 강조하기 원한 것이다. 바울은 사랑의 특성으로 "불의를 기뻐하지 아니하며 진리와 함께 기뻐하고"(고전 13:6)라고 가르친 바 있다. 바울은 로마서 12:9에서 아가페(ἀγάπη) 사랑을 언급하고 있다. 진실한 사랑에는 거짓이 끼어들 틈이 없다. 진실한 사랑은 위선이 없고, 신실하며, 가식이 없는 말과 행동으로 나타난다. 진실한 사랑은 악을 미워하고 선을 택할 수밖에 없다. 바울은 먼저 사랑의 일반적인 특성을 언급하고(롬 12:10) 다음으로 성도 상호 간의 제한적인 사랑의 특성을 언급한다(롬 12:11).[569] 그래서 바울은 형제를 사랑할 때는 "서로 우애하고"(롬 12:10)라고 가르친다. 바울이 사용한 "우애"(φιλόστοργος)라는 용어는 신약에서 유일하게

569 바울은 로마서에서 아가페(ἀγάπη)라는 단어를 9회 사용한다(롬 5:5, 8; 8:35, 39; 12:9; 13:10(2회); 14:15; 15:30). 바울이 로마서에서 사용한 사랑의 특성을 분석하면 사랑이 하나님의 사랑(롬 5:5, 8), 그리스도의 사랑(롬 8:35, 39), 성령의 사랑(롬 15:30), 형제 사랑(롬 14:15), 이웃 사랑(롬 13:10, 10; 12:9)으로 설명할 수 있다. 바울은 성 삼위 하나님의 사랑을 특별히 강조하고 있음을 볼 수 있다.

이곳에서만 사용된 용어로(hapax legomenon)[570] 어머니의 자녀들을 향한 내재적이고 헌신적인 사랑을 뜻하고, 남편이 아내를 위해 헌신하는 사랑이며, 아내가 남편을 위해 헌신하는 사랑이고, 부모의 자녀들을 위한 희생적인 사랑을 뜻한다.[571] 그러므로 성도는 서로 한 가족이라는 예수 그리스도의 교훈에 근거하여(마 11:37; 막 3:31-35; 눅 14:26) 서로 진실한 마음과 사랑으로 대하여야 한다. 성도들은 하나님을 같은 아버지로 모시고 사는 사람들이다(갈 4:5-6). 그러므로 성도들은 서로 우애하면서 "존경하기를 서로 먼저"(롬 12:10)해야 한다. 성도가 다른 성도를 먼저 존경하는 것은 상대방을 나보다 낫게 여기는 겸손한 마음으로 대하는 것이다(빌 2:3).

바울은 계속해서 성도들에게 "부지런하여 게으르지 말고 열심을 품고 주를 섬기라"(롬 12:11, 개역개정)라고 권면한다. 본문 중 "열심을 품고"(τῷ πνεύματι ζέοντες)[570]의 경우 프뉴마티를 사람의 영으로 받느냐 아니면 성령으로 받느냐의 문제가 대두된다. 비록 여러 번역들이 "사람의 영"을 가리키는 것으로 처리했으나, 본문의 프뉴마티를 "성령"으로 받는 것이 더 타당하다고 사료된다. 바울은 바로 다음(롬 12:11)에 나

---

570 J. B. Smith, *Greek-English Concordance to the New Testament* (1974), p. 366 (section 5287).

571 Ceslas Spicq, "φιλόστοργος," *Theological Lexicon of the New Testament*, Vol. 3 (Peabody: Hendrickson Publishers, 1996), pp. 462-463.

572 롬 12:11의 번역에 주목할 필요가 있다. "Never be lacking in zeal, but keep your spiritual fervor, serving the Lord." (NIV), "not lagging behind in diligence, fervent in spirit, serving the Lord." (NASB), "Do not be slothful in zeal, be fervent in spirit, serve the Lord." (ESV), "Not slothful in business; fervent in spirit; serving the Lord." (AV), "not lagging in diligence, fervent in spirit, serving the Lord." (NKJV), "Do not lag in zeal, be ardent in spirit, serve the Lord." (NRSV). 대부분의 영어 번역은 소문자 spirit로 처리했고, 한글 개역과 개역개정도 "열심을 품고"로 번역하여 소문자 spirit의 정신을 따랐다. 그러나 표준새번역과 표준새번역개정은 "성령으로 뜨거워진 마음을 가지고"로 번역하여 대문자 성령으로 처리했다.

오는 "주님"(κύριος)과 대비시켜 "성령"(πνεῦμα)을 사용했을 것으로 사료된다. 이런 관점에서 볼 때 본 절은 "성령으로 뜨거워진 마음을 가지고 주를 섬기라"(롬 12:11)로 해석할 수 있다. 우선 로마서 12:11과 비슷한 표현이 사도행전 18:25에서도 발견된다. 사도행전의 경우는 아볼로를 소개할 때 표현된 것이다. 아볼로(Apollos)가 "주의 도를 배워 열심으로 예수에 관한 것을 자세히 말하며 가르치나"(행 18:25)라는 표현에서 "열심으로"(ζέων τῷ πνεύματι)가 그 것이다. 이 두 경우 모두 프뉴마티와 함께 제오(ζέω) 동사를 사용했다. 그런데 제오 동사의 의미는 "불꽃이 되어," "뜨거워져서" 등의 뜻을 가지고 있다. 욥케(Oepke)는 "열심을 품고"(τῷ πνεύματι ζέοντες)라는 표현을 바울이 직접 만들었을 것으로 추정하고 본 구절의 뜻은 성령이 강요하는 열심을 말한다고 정리한다.[573] 칼빈은 "열심을 품고"는 "우리들의 나태함을 교정하는 성령만의 열심이다. 그러므로 좋은 일을 하는데 부지런함은 하나님의 성령이 우리 마음속에 불을 점화하는 열심을 필요로 한다."[572]라고 함으로 본문의 프뉴마티를 성령으로 해석한다. 머레이(Murray), 헨드릭센(Hendriksen), 데니(Denney)는 로마서 12:11의 프뉴마티를 성령으로 받으며, 핫지(Hodge)는 소문자로 받아 마음으로 처리한다.[575] 그러므로 "열심을 품고"는 표준새번역 성경의 번역처럼 "성령으로 뜨거워진 마음을 가지고"라는 뜻으로 받는 것이 더 타당하다고 사료된다.

---

573 A. Oepke, "ζέω," *Theological Dictionary of the New Testament*, Vol. II (Grand Rapids: Eerdmans, 1971), pp. 875-877.

574 John Calvin, *The Epistles of Paul to the Romans and to the Thessalonians*, Trans, R. Mackenzie (1973), p. 272.

575 John Murray, *The Epistle to the Romans*, Vol. II (*NICNT*) (1968), p. 130.; Hendriksen, *Exposition of Paul's Epistle to the Romans* (1981), p. 415.; James Denney, "St. Paul's Epistle to the Romans," *The Expositor's Greek Testament*, Vol II (1980), p. 692.; C. Hodge, *A Commentary on Romans*, p. 396.

바울은 로마서 12:11에서 성도들에게 세 가지 권면을 한다. 첫째는 성도들은 "부지런하여 게으르지" 말아야 하고, 둘째는 성도들은 "열심을 품어"야 하며, 셋째는 성도들은 "주를 섬겨야" 한다.

첫째, 하나님께서 성도들을 세우신 것은 이 세상에서 적극적이고 능동적인 삶을 살도록 하시기 위해서이다. 성도들은 세상을 향해 소금과 빛의 역할을 열심히 해야 한다(마 5:13-16). 소금은 자신의 형체를 희생하지 않으면 음식을 부패에서 보호할 수도 없고 맛을 낼 수도 없다. 촛불은 타서 없어지지 않으면 어두움을 밝게 할 수도 없다. 소금과 빛은 적극적으로 희생하고 해야 할 책임을 감당할 때 그 존재 가치가 있다. 성도들은 성령의 도움으로 열심을 다해 그리스도의 몸인 교회를 세우고(엡 4:12-13) 화목하게 하는 직분을 받은 이상 화목하게 하는 말씀을 땅 끝까지 전파하는데 열심을 다해야 한다(롬 15:19; 고후 5:18-19; 마 28:18-20; 눅 24:46-49).

둘째, 이미 언급한 것처럼 "열심을 품고"는 "성령으로 뜨거워진 마음을 가지고"로 이해하는 것이 문맥에 더 합당하다고 생각된다. 성도는 성령에 의존할 때에 올바른 열심을 낼 수 있다. 성도는 우선 성령을 근심하게 해서는 안 된다(엡 4:30). 성도는 성령께서 제공해 주시는 열심과 열정이 없으면 성도의 의무를 올바로 감당할 수 없다. 그래서 바울은 "성령을 소멸하지 말라"(살전 5:19)라고 권면하고 있다.

셋째, 성도가 성령의 도움을 받는 목적은 바로 "주님을 섬기는 것"이다. 성도가 주님을 섬기는 것은 성도의 삶의 전 영역에 관계된다는 사실을 알아야 한다. 바울은 성도들의 삶을 설명하면서 아내들과 남편들의 관계, 자녀들과 아비들의 관계, 종들과 상전들의 관계 가운데서 설명한 바 있다(엡 5:22-6:9; 골 3:18-4:1). 그런데 바울이 성도들이 어떻게 살아야 할 것을 설명하면서 "주 안에서"(엡 6:1; 골 3:18, 20), "주를 두려워하여"(골 3:22), "주께 하듯 하고"(엡 5:22; 6:5, 7; 골 3:23)와 같은 표현을 사용한다. 이 말씀은 성도가 주님을 섬기는 것은 성도의 삶의 전 영역에서 주님을 사랑하고 섬기는 것처럼 모든 관계된 사람들에게 그리스도의 모습을 보이는 삶을 살아야 한다고 가르친다.

바울은 이제 이어지는 구절에서 성도가 지켜야 할 다섯 가지의 덕목을 제시한다. 성도는 "소망 중에 즐거워하며 환난 중에 참으며 기도에 항상 힘쓰며 성도들의 쓸 것을 공급하며 손 대접하기를 힘써야 한다"(롬 12:12–13).

첫째, 성도는 소망 중에 즐거워할 수 있는 존재이다(롬 12:12). 소망은 미래에 있을 것을 바라보는 것이다. 그런데 성도의 미래는 성도 자신의 구원이 확실한 만큼 확실하다. 바울은 "우리가 소망으로 구원을 얻었으매"(롬 8:24)라고 말하고, "누가 우리를 그리스도의 사랑에서 끊으리요"(롬 8:35)라고 말하며, "우리를 우리 주 그리스도 예수 안에 있는 하나님의 사랑에서 끊을 수 없으리라"(롬 8:39)라고 당당하게 말했다. 머레이(Murray)는 "실현된 소망은 구름이 없는 아침이 될 것이요. 선과 악의 혼합이 없고 기쁨과 슬픔의 혼합이 없게 될 것이다. 그래서 소망 중에 지금 즐거워할 수 있다."[576]라고 설명한다.

둘째, 성도는 "환난 중에 참아야" 한다(롬 12:12). 성도들은 다가오는 고난을 소극적으로 참는 것이 아니요 적극적으로 참아야 한다. 왜냐하면 성도들의 삶은 나그네의 삶이기 때문이다. 성도들이 아담(Adam)의 질서로 받은 몸을 가지고 사는 동안은 환난과 곤고가 뒤따를 수밖에 없다(롬 8:35; 고후 1:4; 4:17; 8:2; 살전 1:6; 살후 1:4). 그리고 나그네의 삶을 경건하게 살려고 하면 고난이 뒤따르게 되어 있다. 왜냐하면 이 세상

576 John Murray, *The Epistle to the Romans*, Vol. II (*NICNT*) (1968), p. 131.

이 아직도 악의 세력에 의해 지배를 받고 있기 때문이다(고후 12:10; 엡 2:1-3; 빌 1:29; 골 1:24; 딤후 3:11-12). 바울은 명시적으로 "무릇 그리스도 예수 안에서 경건하게 살고자 하는 자는 박해를 받으리라"(딤후 3:12)라고 가르친다. 이 세상에서 믿음의 충실한 삶을 살고자 하는 성도는 어디를 가든지 고난을 받을 수밖에 없다.

셋째, 성도들은 "기도에 항상 힘써야" 한다(롬 12:12). 기도는 하나님이 성도들에게 주신 특권이다. 기도는 하나님과 소통하는 통로이며 하나님의 은혜를 받을 수 있는 수단이기도 하다. 그러므로 성도는 열심히 기도해야 한다. 하나님은 모든 성도들의 기도를 들으시지만 기도의 응답은 하나님의 지혜로 결정해 주신다. 성도들에게서 기도를 빼앗아 가면 성도들은 무장 해제를 받은 것과 같다. 그래서 바울은 "쉬지 말고 기도하라"(살전 5:17)라고 권고하고 있다.

넷째, 성도들은 "성도들의 쓸 것"에 관심을 가져야 한다(롬 12:13). 초대교회 성도들의 삶의 모습은 "모든 물건을 서로 통용하고 또 재산과 소유를 팔아 각 사람의 필요를 따라 나눠 주며"(행 2:44-45, 참조 행 4:34-35)라는 표현에서 분명하게 드러난다. 초대교회 성도들은 형제들의 필요에 따라 물건을 자유롭게 분배했다. 이는 자발적이고 자유스러운 행위였지 결코 강요된 공산주의가 아니었다. 초대교회가 재산을 공동으로 사용하는 것은 성령으로 하나 되는 탁월한 일체감에서 나온 행위였다.[577] 성도가 다른 성도들의 필요를 채워주는 것은 성도들의 사랑의 의무를 실천하는 것이다.

다섯째, 성도들은 "손님 대접하기를 힘써야" 한다(롬 12:13). 초대교회 성도들은 그들의 믿음 때문에 박해를 받는 형편에 있었다. 그러므

577 박형용, 『사도행전 주해』 (수원: 합신대학원출판부, 2017), pp. 82-83.

로 성도가 여행을 할 때는 그들의 필요를 채우는 일이 그렇게 쉽지 않은 형편이었다. 그러므로 손님을 대접하는 일은 성도의 사랑을 펼치는 중요한 덕목이다. 바울은 감독의 자격으로 "오직 나그네를 대접하며"(딛 1:8)라고 구체적으로 나그네를 보살피는 것이 중요함을 지적했다. 데니(Denney)는 "신약의 의미로 손님을 대접하는 일은(히 13:2; 벧전 4:9) 친해지는 것이나 혹은 집을 개방하는 것과는 다르다. 손님을 대접하는 일은 여행을 하는 기독교인이나, 추방을 받은 기독교인이나, 핍박을 받고 있는 기독교인에게 꼭 필요한 자선의 형태이다."[578]라고 설명한다. 여기서 언급한 자선의 형태는 주릴 때 먹을 것을 주고 목마를 때 마시게 하고 나그네 되었을 때 영접을 하고 헐벗었을 때 입히고 병들었을 때 돌보고 옥에 갇혔을 때 옥바라지를 하는 것을 뜻한다(마 25:34-36). 그러므로 자선을 베푸는 것은 사랑의 귀한 덕목 중의 하나이다.

4. 모든 사람으로 더불어 화목하는 삶(롬 12:14-21)

> [14] 너희를 박해하는 자를 축복하라 축복하고 저주하지 말라 [15] 즐거워하는 자들과 함께 즐거워하고 우는 자들과 함께 울라 [16] 서로 마음을 같이하며 높은 데 마음을 두지 말고 도리어 낮은 데 처하며 스스로 지혜 있는 체 하지 말라 [17] 아무에게도 악을 악으로 갚지 말고 모든 사람 앞에서 선한 일을 도모하라 [18] 할

578 James Denney, "St. Paul's Epistle to the Romans," *The Expositor's Greek Testament*, Vol. II (1980), p. 693.

수 있거든 너희로서는 모든 사람과 더불어 화목하라 [19] 내 사랑하는 자들아 너희가 친히 원수를 갚지 말고 하나님의 진노하심에 맡기라 기록되었으되 원수 갚는 것이 내게 있으니 내가 갚으리라고 주께서 말씀하시니라 [20] 네 원수가 주리거든 먹이고 목마르거든 마시게 하라 그리함으로 네가 숯불을 그 머리에 쌓아 놓으리라 [21] 악에게 지지 말고 선으로 악을 이기라(롬 12:14-21, 개역개정)

롬 12:14-18 하나님의 구원 계획은 궁극적으로 하나님과 사람 사이(고후 5:20), 사람과 사람 사이(고후 5:17-19), 심지어 사람과 자연과의 사이(롬 8:18-25)에 화목을 이루는 것이다. 그런데 그 완성된 화목의 세계가 이루어지기 전까지는 하나님과 사람 사이의 관계가 불목의 관계로 남아 있을 뿐만 아니라 사람과 사람 사이의 관계도 불목의 관계로 지속된다. 바울은 이와 같이 삐걱거리고 고장난 세상에서 살고 있는 성도들에게 성도의 삶의 규범을 조목조목 제시하고 있다. 바울이 제시하는 성도의 덕목은 예수님의 교훈에 뿌리를 내리고 있다.

바울이 "너희를 박해하는 자를 축복하라 축복하고 저주하지 말라"(롬 12:14)라고 성도들에게 명령한다. 바울은 "축복하라," "저주하지 말라"를 모두 명령형으로 사용한다. 성경에서 명령으로 처리하는 경우 어떤 것들은 대단히 어려운 요구이기는 하지만 실천 가능한 것들이다. 본문의 "박해하는 자를 축복하라"라는 명령도 실천하기가 심히 어려운 명령이다. 그러나 성도는 자신에게 해를 끼치고 불의하게 대하는 상대방을 오히려 축복해야 한다. 그렇게 하는 것이 서로 간의 문제를 해결하는 기본적인 해답이기 때문이다. 바울이 "박해하는 자를 축복하라"라고 권면하는 것은 예수님께서 "나는 너희에게 이르노니 너희 원수를 사랑하며 너희를 박해하는 자를 위하여 기도하라"(마 5:44, 참고, 눅 6:27-28)라고 말씀하신 산상수훈(the Sermon on the Mount)에 근거하고 있다. 인간은 누구든지 자신에게 불의를 행한 사람에 대해 보복하기를 원한다. 하지만 성도는 하나님의 축복이 박해하는 자에게 임하기를 위해 기도해야 한다. 이와 같은 삶이 성도의 거룩한 삶의 모습인 것이다. 칼빈(Calvin)은 박해하는 자를 축복하라는 명령은 인간의 성정으로 실천하기 대단히 어려운 일이지만 하나님의 능력으로 극복할 수 있다고 설명한다.[579] 머레이(Murray)도 하나님의 자애하심이 성도들이 실천해야 할 표준이 되고 그리스도 안에 있는 전능한 은혜만이 박해하는 자를 축복할 수 있는 힘을 제공한다고 설명한다.[580] 성도는 박해하는 자들에게 악한 일이 발생하고 그들이 고통을 경험하게 되기를 소망할 것이 아니요 진정으로 그들의 행복을 위해 기도해야 한다. 그렇게 할 때 성도 자신 안에 자리 잡고 있는 악한 감정이나 복수하려는 마음이 사라지게 된다.

바울은 계속해서 "즐거워하는 자들과 함께 즐거워하고 우는 자들과 함께 울라"(롬 12:15)라고 권면한다. 바울은 여기서 동료 성도들이 교회 공동체 안에서 귀한 존재임을 분명히 한다. 예수님은 "누구든지 하나님의 뜻대로 행하는 자가 내 형제요 자매요 어머니이니라"(막 3:35)라고 가르치신다. 성도는 동료가 즐거워하는 형편에 처하면 시기와 질투를 할 수 있다. "사돈이 논을 사면 배가 아프다"는 옛말과 같은 뜻이다. 이것이 바로 우리의 본성이나 다름없다(딛 3:3). 그러나 바울은 형제의 즐거움은 바로 나의 즐거움이나 다름없다고 생각하고 함께 즐거워하라고 명령하고 있다. 이런 마음의 자세는 상대방을 사랑할 때 가능하다. 핫지(Hodge)는 "사랑은 원수들을 용서하는 것을 가능하게 할 뿐만 아니라 동료들 특히 우리들의 동료 기독교인들의 기쁨과 슬픔을

579 Calvin, *The Epistles of Paul the Apostle to the Romans and to the Thessalonians*, p. 272.

580 John Murray, *The Epistle to the Romans*, Vol. II (*NICNT*) (1968), p. 135.

공유하는 일반적인 동정심을 생산한다."[581]라고 해석한다. 예수님께서 탕자의 비유를 설명하시고 큰 아들이 돌아 온 동생을 맞이하는 아버지와 동생에 대해 시기와 질투의 마음을 나타낼 때(눅 15:28-30) "이 네 동생은 죽었다가 살아났으며 내가 잃었다가 얻었기로 우리가 즐거워하고 기뻐하는 것이 마땅하다"(눅 15:32)라고 말씀한 내용이 로마서 12:15의 말씀을 잘 설명해 준다.

예수님의 율법에 대한 질문을 받은 한 율법 교사가 "주 너의 하나님을 사랑하고 또한 네 이웃을 네 자신같이 사랑하라"(눅 10:27, 참고, 마 22:37-40)라고 율법의 대강령을 말하자 예수님은 강도 만난 사람에게 자비를 베푼 사마리아 사람의 이야기를 하신다. 예수님은 강도 만난 사람에게 이웃은 그를 보살핀 사마리아 사람임을 분명히 하신다. 사마리아 사람은 강도 만난 사람의 형편을 공감하고 강도 만난 사람의 입장에서 행동을 했다. 사마리아 사람은 그의 형제를 진정으로 사랑한 사람이었다. 사마리아 사람은 우는 자들과 함께 운 것이나 다름없다(눅 10:25-37). 예수님은 많은 빚을 진 종이 주인으로부터 탕감을 받고도 자신에게 적은 빚을 진 동료를 옥졸에게 넘긴 종을 향해 주인이 "내가 너를 불쌍히 여김과 같이 너도 네 동료를 불쌍히 여김이 마땅하지 아니하냐"(마 18:33)라고 강하게 책망한 내용을 비유로 가르치신다. 예수님은 성도들이 동료 성도들의 형편을 서로 이해하고 공감할 줄 알아야 한다고 가르치신다.

바울은 성도들의 귀한 덕목이 연합과 일치와 겸손이라는 사실을 가르친다(롬 12:16). 우선 성도들은 "서로 마음을 같이 해야 한다." 바울은 서로 같은 마음을 갖는 것은 느낌과 관심과 목적이 같아서 서로 간

581 C. Hodge, *A Commentary on Romans*, p. 398.

불화와 불일치가 없어야 한다고 가르친다(롬 15:5; 고후 13:11; 엡 4:3; 빌 2:2; 참조, 갈 5:15). 성도들은 자신이 예수 그리스도와 연합된 것처럼 다른 성도들도 똑같은 방법으로 예수 그리스도와 연합된 사실을 기억하고 성도들 상호 간에 떼려야 뗄 수 없는 결속(bond)이 형성되어 있음을 깨달아야 한다. 바울은 성도들이 마음의 일치를 이루기 위해서는 서로 "높은 데 마음을 두지 말고 도리어 낮은 데 처하여야"(롬 12:16)한다고 권면한다. 바로 높은 데 마음을 두지 않고 낮은 데 처하는 것이 성도들 상호 간의 결속을 더 튼실하게 하는 길이다. 바울은 성도들이 자만심을 버려야 한다고 가르치고 있다. 바울은 예수님께서 "나는 마음이 온유하고 겸손하니 나의 멍에를 메고 내게 배우라"(마 11:29)라고 가르치신 것처럼 성도들은 "높은데 마음을 두지 말고 도리어 낮은 데 처하여야"(롬 12:16)한다. 예수님은 친히 높은 하늘에서 낮은 땅으로 오셔서 죄인들을 대신하여 십자가를 지셨다(빌 2:5-8).

바울은 같은 맥락에서 "지혜있는 체 하지 말라"(롬 12:16)라고 권면한다. 이는 바로 전에 권면한 자만심을 버리라는 권면과 궤를 같이 하고 있다. 다른 사람을 경멸하고 자신을 높이 평가하는 것은 교회의 일치와 결속을 파괴하는 것이며 주님의 교훈에 반하는 것이다. 칼빈(Calvin)은 "우리 자신의 지혜를 높이 평가하는 것보다 우리 마음을 더 우쭐하게 만드는 것은 아무것도 없다. 그러므로 그(바울)는 우리들이 이런 생각을 제쳐놓고, 다른 사람들에게 귀를 기울이며, 그들의 자문을 듣기를 원한다."[582]라고 해석한다. 하나님은 겸손한 자를 귀하게 쓰시고 교만한 자를 버리신다(잠 3:7; 15:33; 16:18; 18:12; 29:23; 사 5:21).

바울은 이제 성도가 지켜야 할 덕목을 소극적인 방법과 적극적인

582 Calvin, *The Epistles of Paul the Apostle to the Romans and to the Thessalonians*, p. 275.

방법으로 설명한다. 성도는 “아무에게도 악을 악으로 갚지 말고 모든 사람 앞에서 선한 일을 도모”(롬 12:17)해야 한다. 바울은 성도들의 기본적인 덕목은 악을 악으로 갚지 않는 것이라고 권면한다. 바울은 “갚지 말라”라는 부정사를 문장의 맨 처음에 위치시킴으로 악을 악으로 갚는 것은 결코 성도가 해서는 안 될 일이라고 강조하고 있다. 신자이거나 불신자이거나 상대방이 누구이든지 복수를 하는 것은 잘못이라고 강조하고 있다. 그리고 성도는 모든 사람 앞에서 선한 일을 도모해야 한다(롬 12:21 참조). 바울은 이미 박해하는 상대방을 축복하고 저주하지 말라(롬 12:14)라고 명령한바 있다. “악을 악으로 갚지 말고”는 비록 소극적인 표현이지만 긍정적인 결과를 내다보고 하는 권면이다. 성도는 자신에게 악을 행하는 사람에게 악으로 되갚지 않고 선한 일을 도모하는 것을 덕목으로 지켜야 한다(롬 12:17). 바울은 선을 도모하되 “모든 사람 앞에서” 도모하라고 권면한다. 여기 “모든 사람”은 불신자를 포함한 모든 사람을 가리킨다. 이는 바울이 “우리가 주 앞에서 뿐 아니라 사람 앞에서도 선한 일에 조심하려 함이라”(고후 8:21)라고 가르친 말씀과 맥을 같이 한다. 성도는 자신이 자신의 행동을 바르다고 인정하면 그 행동이 바르게 되는 것이 아니요, 성도의 행동을 목격한 사람들, 특히 불신자들이 그 행동을 바르다고 인정할 때 바르게 된다는 사실을 깨달아야 한다. 바울은 불신자들이 성도들의 정직함과 진실함과 깨끗한 양심의 행동을 보고 감명을 받고 성도들을 존경할 수 있는 그런 삶을 성도들이 영위해야 한다고 가르치고 있다. 물론 인간은 모두 죄에 물들어 있기 때문에 최종적인 판단 기준은 하나님의 말씀에서 찾아야 한다. 그래서 바울은 성도들에게 “모든 사람 앞에서 선한 일을 도모하라”(롬 12:17)라고 권면하고 있는 것이다.

그리고 바울은 계속해서 “할 수 있거든 너희로서는 모든 사람과 더불어 화목하라"(롬 12:18)라고 하면서 "모든 사람"을 다시 언급하고 있다. 여기 모든 사람도 신자들만 국한하지 않고 불신자들을 포함한 모든 사람을 가리킨다고 사료된다. 본 절을 한글 개역개정이 번역할 때 사용한 "화목하라"(εἰρηνεύοντες)는 원래 "평화롭게 살아라"라는 뜻을 가지고 있다.[583] 물론 "화목하라"라는 개념 속에 "평강"의 개념이 없는 것은 아니나 좀 더 정확한 원문의 뜻은 평화롭게 사는 것이다. 그리고 바울이 본 절에서 "할 수 있거든"(εἰ δυνατόν)이라는 제한의 말을 사용한 것은 평화롭게 살 수 없는 경우 즉 화목할 수 없는 경우도 있을 것임을 생각하고 쓴 표현이다. 성도는 개인적인 경우나 공동체 안에서의 경우나 자신이 희생하고 양보하면 상대방과 화평할 수 있고 그리고 공동체의 화평을 유지할 수 있다면 얼마든지 희생하고 양보할 수 있다. 하지만 성도가 자신이 믿는 진리에 대해 도전을 받는다면 성도는 희생하고 양보할 수 없다. 바울은 이런 경우도 있기 때문에 "할 수 있거든"이라는 제한적인 표현을 사용하고 있다. 바울 자신이 이런 경우를 경험한 사실을 우리에게 전한다. 바울이 복음 때문에 로마(Rome) 감옥에 1차로 갇혀 있을 때 어떤 이들은 투기와 분쟁으로 바울의 감옥 생활에 괴로움을 더하게 하기 위하여 열심히 그리스도를 전파하고, 또 어떤 이들은 진실한 마음으로 복음을 변증하기 위하여 착한 뜻으로 그리스도를 전파했다(빌 1:14-17). 그런데 바울은 어떤 이들의 투기와 분쟁으로 복음을 전파하는 것이 자신의 감옥 생활에 더 고통을 가져올지라도 그것은 큰 문제가 아니요 어떤 방도로 하든지 "전파되는 것은 그리스도니

583 본 구절의 번역본들을 참고하면, "live at peace with everyone." (NIV); "live peaceably with all men." (AV, NKJV); "be at peace with all men." (NASB); "live peaceably with all." (ESV); "모든 사람과 더불어 화평하게 지내십시오." (표준새번역, 표준새번역개정); "모든 사람과 더불어 평화롭게 지내라" (바른성경) 등이 "화평"으로 번역했다.

이로써 나는 기뻐하고 또한 기뻐하리라"(빌 1:18)라고 천명한다. 바울은 자신이 손해를 보는 것은 개의치 않고 그리스도가 전파되는 것만 중요하다는 고백이다. "모든 사람과 더불어 화목하는 것"도 진리가 훼손되지 않는 경우에 화목하고 화평을 유지할 수 있다는 말씀이다.

바울은 이제 그의 논의의 방향을 약간 바꾸어 성도가 실천해야 할 덕목을 계속 권면한다. 바울은 조금 전까지 "모든 사람"(롬 12:17-18)을 강조했는데 이제는 "내 사랑하는 자들아"(롬 12:19)라는 표현으로 로마서 12:19을 시작한다.

롬 12:19-21 바울은 로마서 12장을 시작할 때도 "형제들아"(롬 12:1)라고 표현했는데 로마서 12:19에서 다시 "내 사랑하는 자들아"를 사용함으로 그의 논의의 방향을 성도들에게 집중하고 있다. 바울은 "친히 원수를 갚지 말고 하나님의 진노하심에 맡기라"(롬 12:19)라고 권면한다. 이 말씀은 약간의 강조의 차이는 있지만 이미 언급한 로마서 12:14, 17, 18과 비슷한 권면이다. 그런데 대부분의 번역본들이 진노를 "하나님의 진노"로 표현했지만 헬라어 원본에는 "하나님의" 없이 그냥 "진노"(τῇ ὀργῇ)만 나온다. 그래서 어떤 학자는 "진노"를 "상대방의 진노"로 받아 "상대방이 왜 진노하는지 배려해야 한다"라는 뜻으로 해석하기도 하고, 또 어떤 이는 "진노" 앞에 "너희들의"를 붙여 해석하여 감정이 실린 진노는 폭발하기 쉬우니 "너희들의 진노"가 사라질 때까지 시간을 두라는 뜻으로 해석하기도 하고, 또 다른 이는 바로 이어지는 로마서 13장에 언급된 권세자들의 진노(롬 13:4-5)를 뜻한다고 해석하기도 한다.[584] 하지만 이상의 모든 주장은 본문의 뜻에 적합하지 않

584 참조, John Murray, *The Epistle to the Romans*, Vol. II (*NICNT*) (1968), p. 140.; Hendriksen, *Exposition of Paul's Epistle to the Romans* (1981), p. 421.; C. Hodge, *A*

다. 왜냐하면 성경에서 "진노"라는 단어가 나타날 때 그 용어가 정관사와 함께 나타나든 정관사 없이 나타나든 거의 다 "하나님의 진노"를 가리키고 있기 때문이다(롬 1:18; 2:5, 8; 3:5; 5:9; 9:22; 엡 2:3; 5:6; 골 3:6; 살전 1:10; 2:16; 5:9). 그리고 바울은 구약을 70인경(LXX)에서 인용하여[585] 진노가 하나님의 진노임을 밝힌다(신 32:35, 참고, 시 94:1). 바울은 "원수 갚는 것이 내게 있으니 내가 갚으리라고 주께서 말씀하시니라"(롬 12:19)라고 말함으로 방금 사용한 "진노"가 주님의 진노 즉 하나님의 진노임을 분명히 한다.[586] 칼빈(Calvin)은 "바울은 우리가 우리 손으로 복수하는 것을 금지할 뿐만 아니라 우리들의 마음이 그런 열망에 의해 시험받도록 허용하는 것도 금지한다. 그러므로 여기서 공적인 복수와 사적인 복수를 구별하는 것은 불필요하다."[587]라고 설명한다. 성도는 불의한 대우를 받을지라도 스스로 복수할 생각을 하지 말고 모든 판단과 심판을 주님께 맡겨야 한다(고전 4:3-4). 왜냐하면 인간의 판단은 편파적일 수 있고 오로지 주님만이 공의롭고 올바른 판단을 하실 수 있기 때문이다.

바울은 성도가 불의한 대우를 받았을 때 원수 갚는 것은 하나님께 맡겨야 한다고 권면하고 성도가 적극적으로 해야 할 일로 "네 원수가 주리거든 먹이고 목마르거든 마시게 하라 그리함으로 네가 숯불을 그 머리에 쌓아 놓으리라"(롬 12:20)라고 권면한다. 바울은 이 말씀을 잠언

Commentary on Romans, pp. 400-401.

585 신명기 32:35(LXX)은 "Ἐν ἡμέρα ἐκδικήσεως ἀνταποδώσω," (In the day of vengeance I will recompense.)로 읽는다.

586 John Murray, *The Epistle to the Romans*, Vol. II (*NICNT*) (1968), p. 141.; Douglas Moo, *The Epistle to the Romans* (*NICNT*) (1996), p. 786.

587 Calvin, *The Epistles of Paul the Apostle to the Romans and to the Thessalonians*, p. 277.

25:21-22에서 전혀 변화를 주지 않고 그대로 인용한다. 잠언의 말씀은 "네 원수가 배고파하거든 음식을 먹이고 목말라하거든 물을 마시게 하라 그리하는 것은 핀 숯을 그의 머리에 놓는 것과 일반이요 여호와께서 네게 갚아 주시리라"(잠 25:21-22)[588]라고 읽는다. 바울은 잠언 25:22의 후반절인 "여호와께서 네게 갚아 주시리라" 부분을 생략하고 70인경(LXX)에서 자구 하나도 틀리지 않게 로마서 12:20에 그대로 인용한다. 예수님이 친히 양과 염소를 구분하시고 오른편에 있는 의인들에게 "내가 주릴 때에 너희가 먹을 것을 주었고 목마를 때에 마시게 하였고 나그네 되었을 때에 영접하였고 헐벗었을 때에 옷을 입혔고 병들었을 때에 돌보았고 옥에 갇혔을 때에 와서 보았느니라"(마 25:35-36)라고 가르치셨다. 이 말씀은 성도들의 삶이 어떤 종류의 삶이 되어야 하는지를 가르치시는 것이다. 바울은 지금 성도가 불의하게 취급을 받을지라도 스스로 원수를 갚을 것이 아니요 오히려 원수가 배가 고프면 먹을 것을 주고 갈증을 느끼면 음료수를 제공하라고 명령한다. 그렇게 하면 "네가 숯불을 그 머리에 쌓아 놓으리라"(롬 12:21)라고 권면하는 것이다. 숯불을 머리에 쌓아 놓는다는 뜻이 무엇인가? 이 말씀의 뜻은 불의하게 박해를 받는 사람이 진정한 사랑으로 핍박자를 대하면 핍박자가 자신의 잘못에 대해 부끄럽게 생각하고 후회하는 고통을 느끼게 된다는 뜻이다. 데니(Denney)는 "그것은 사람이 자신의 적개심이 사랑으로 보응을 받게 됨으로 수치와 죄책감의 불타오르는 고통을 느끼게 되는 것을 가리킴에 틀림없다. 이것이 기독교인이 자유롭게 생각할 수 있는 유일한 종류의 복수이다."[589]라고 해석한다. 이 말씀은 이미 언급

588 잠언 25:21-22(LXX)은 "'Εὰν πεινᾷ ὁ ἐχθρός σου, ψώμιζε αὐτὸν, ἐὰν διψᾷ, πότιζε αὐτόν· Τοῦτο γὰρ ποιῶν ἄνθρακας πυρὸς σωρεύσεις ἐπὶ τὴν κεφαλὴν αὐτοῦ, ὁ δὲ Κύριος ἀνταποδώσει σοι ἀγαθά."로 읽는다.

한 로마서 12:14, 17, 19의 말씀과 같은 교훈을 내포하고 있다. 바울은 로마서 12장을 마무리하면서 "악에게 지지 말고 선으로 악을 이기라"(롬 12:21)라고 현재 명령형을 사용하여 명령하고 권면한다. 바울이 "지지 말라," "악을 이기라"를 표현할 때 현재 명령형을 사용한 것은 성도들이 선으로 악을 이기는 일을 계속적으로 해야할 것임을 강조하고 있다. 머레이(Murray)는 "선한 일을 행함으로 우리를 핍박하고 학대하는 사람들의 적개심과 악한 행동을 억제하는 도구가 된다. 성도들의 고귀하고 거룩한 소명에 얼마나 적적한 일인가! 복수와 보복은 투쟁을 선동하고 분노의 불길에 부채질하는 것이다."[590]라고 해석한다.

성도들은 하나님의 걸작품들이며(엡 2:10) 그리스도를 닮는 삶을 살아가야 한다(빌 2:5). 성도들은 새로운 생명을 사는 사람들이요 부활생명을 사는 사람들이다. 그래서 루터(Luther)는 새로운 생명을 소유한 성도는 반드시 선한 행위를 실천해야 한다고 강조하면서 "새로운 존재(생명)는 선한 행위를 선행한다. 그러나 선한 존재가 있기 전에 '경험'(회심)이 먼저 온다. 이렇게 한 단계는 다른 단계를 뒤따른다: '되는 단계가 있고'(becoming), '존재하는 단계가 있고'(being), 그리고 (선한 행위의) '사역을 하는 단계가 뒤 따른다'(working)"[591]라고 함으로 회심이 있어야 새로운 사람이 될 수 있고, 새로운 사람이 되어야 선한 행위를 할 수 있다고 분명히 가르친다. 구원받은 성도만이 악에게 지지 않고 선으로 악을 이길 수 있다(롬 12:21).

589 James Denney, "St. Paul's Epistle to the Romans," *The Expositor's Greek Testament*, Vol. II (1980), p. 694.

590 John Murray, *The Epistle to the Romans*, Vol. II (*NICNT*) (1968), p. 144.

591 Luther, *Commentary on the Epistle to the Romans*, p. 150.

로마서 13장
주해

13장 요약

로마서 13장은 성도들이 합법적인 정부 관리들과의 관계에 대해 어떤 책임을 실천해야 하는지 설명하는 내용(롬 13:1-7)과 율법의 완성인 사랑으로 이웃과의 관계를 유지시켜 나가야 한다는 내용(롬 13:8-10)과 그리고 예수님의 재림의 때가 더 가까워졌으니 성결한 생활을 이어 나가야 한다는 내용(롬 13:11-14)을 담고 있다.

바울은 첫 번째 단락(롬 13:1-7)에서 성도들이 "위에 있는 권세들에게 복종"해야 한다고 권면하고, 그 이유로 권세는 하나님으로부터 나왔기 때문이라고 설명한다(롬 13:1). 성도들은 예수님을 믿음으로 하나님 나라의 시민권을 소유한 사람들이지만 아담의 질서를 따른 몸을 가지고 이 세상에서 사는 동안 이 세상의 권세자들에게 순종해야 할 책임이 있다. 그 이유는 하나님께서 권세자들을 세우신 것은 선한 일을 하는 자들을 격려하시고, 악한 일을 하는 자들을 심판하시기 위해서이기 때문이다(롬 13:3). 그러므로 성도들은 양심을 따라 선을 행하면서 살면 권세를 가진 자들을 두려워할 필요가 없게 된다(롬 13:3-4). 성도들은 합법적으로 세워진 정부에 대해 조세를 바치는 등 국민의 책임을 감당해야 한다. 바울은 두 번째 단락(롬 13:8-10)에서 성도들의 이웃에 대한 의무는 사랑의 방법 밖에 다른 길이 없다고 권면한다. 바울은 성도 상호 간에 사랑의 빚은 좀 있어도 좋다는 뜻으로 "피차 사랑의 빚 외에는 아무에게든지 아무 빚도 지지 말라"(롬 13:8)라고 권면한다. 사랑의 빚은 빨리 갚을수록 그리고 더 많이 갚을수록 그 효과가 좋다. 바울은 사랑이 "간음하지 말라, 살인하지 말라, 도둑질하지 말라, 탐내지 말라"(롬 13:9-10)와 같은 율법의 완성이라고 확증한다. 바울은 세 번째 단락(롬 13:11-14)에서 주님의 재림이 점점 더 가까이 오고 있기 때문에(롬 13:11) 성도들은 빛의 갑옷을 입고(롬 13:12) 그리고 "주 예수 그리스도로 옷 입고"(롬 13:14) 성결한 삶을 이어나가야 한다고 권면한다. 그리스도의 의로 옷 입은 성도들은 "빛의 갑옷"을 입고 세상을 밝히며 세상에 온기를 제공해야 한다. 성도들은 옷깃을 단정히 하고 그리스도의 재림을 고대하면서 성결하고 정결한 삶을 이어가야 한다(롬 13:13-14).

1. 성도들의 국가에 대한 책임(롬 13:1-7)

1 각 사람은 위에 있는 권세들에게 복종하라 권세는 하나님으로부터 나지 않
음이 없나니 모든 권세는 다 하나님께서 정하신 바라 2 그러므로 권세를 거스
르는 자는 하나님의 명을 거스름이니 거스르는 자들은 심판을 자취하리라 3
다스리는 자들은 선한 일에 대하여 두려움이 되지 않고 악한 일에 대하여 되나
니 네가 권세를 두려워하지 아니하려느냐 선을 행하라 그리하면 그에게 칭찬
을 받으리라 4 그는 하나님의 사역자가 되어 네게 선을 베푸는 자니라 그러나
네가 악을 행하거든 두려워하라 그가 공연히 칼을 가지지 아니하였으니 곧 하
나님의 사역자가 되어 악을 행하는 자에게 진노하심을 따라 보응하는 자니라
5 그러므로 복종하지 아니할 수 없으니 진노 때문에 할 것이 아니라 양심을 따
라 할 것이라 6 너희가 조세를 바치는 것도 이로 말미암음이라 그들이 하나님
의 일꾼이 되어 바로 이 일에 항상 힘쓰느니라 7 모든 자에게 줄 것을 주되 조
세를 받을 자에게 조세를 바치고 관세를 받을 자에게 관세를 바치고 두려워할
자를 두려워하며 존경할 자를 존경하라(롬 13:1-7, 개역개정)

롬 13:1-4 문법적으로 고찰할 때 로마서 12장과 13장을 연결하는 연결고리가 전혀 없다. 물론 로마서 12장에서 성도들이 개인적인 원수들에게 불의와 박해를 받을 때 어떻게 처신해야 하는지를 교훈했다면 로마서 13장에서 성도들이 합법적인 권세자들에게 불의한 대우를 받을 때 어떻게 행동해야 된다는 것을 배우는 차원에서 공통점을 찾을 수 있다. 그러나 이와 같은 연결고리를 만들기에는 로마서 12장과 13장의 내용에 현격한 차이가 있기 때문에 그 정당성을 찾기 힘들다. 그러면 왜 바울이 로마서 13장에서 합법적인 권세자들에 대한 성도들의 의무와 책임을 언급했는가?

가능한 추정은 성도들이 이 세상에서 나그네의 삶을 이어나갈 때 반드시 부딪쳐야 할 일이 합법적인 권세자들 즉 나라를 다스리는 권세자들과의 관계가 존재하기 때문이다. 성도들도 나라의 보호를 받으며 살고, 나라에 대한 책임과 의무를 행하면서 살 수밖에 없다. 그러므로 바울은 성도가 여러 관계 가운데서 사는 중 피할 수 없는 합법적인 정부 관료들과의 관계를 어떻게 하는 것이 하나님의 뜻에 합당한 것인지를 가르치기 원한 것이다.

그리고 좀 더 구체적인 상황은 바울이 로마서를 쓸 당시 기독교인들과 로마 정부와의 관계가 친밀한 상황은 아니었지만 로마 정부가 어느 정도 법의 질서가 유지되고 있었다는 사실이다. 성도라면 누구나 예수님이 주님이시라(Christ is the Lord.)라고 고백하는데 당연히 로마교회의 성도들도 예수님을 주님으로 고백하는 교인들이었다. 그러므로 로마교회에 속한 유대인들이나 이방인들이 로마 황제를 경배의 대상으로 삼고 있는 로마 정부에 대해 좋은 감정을 가지고 있을 수는 없었다.[592] 이런 상황에서 바울은 성도들과 합법적인 정부의 관료들과의 기본적인 관계가 어떤 것인지를 가르칠 필요가 있었다. 어떤 권세이든지 하나님으로부터 나지 않는 권세는 없다(롬 13:1). 왜냐하면 하나님이 그의 섭리로 권세 잡은 자에게 권세를 주셨기 때문이다. 어떤 폭군도 하나님께서 허락하시지 않으시면 권세를 행사할 수 없다. 기독교인들은 자주 세상의 권세자들에 의해 박해를 받곤 한다. 그리스도에 대해 전적으로 충성해야할 기독교인들은 때로 권세자들에게 불순종해야만 하는 상황에 처할 수도 있다(참고, 행 4:19, 20; 5:29). 이와 같은 결과는 세상의 권세자들이 그들의 권한 밖의 잘못된 것을 기독교인들에게 요구하

592 James Denney, "St. Paul's Epistle to the Romans," *The Expositor's Greek Testament*, Vol. II (1980), p. 695.; Murray, *The Epistle to the Romans*, Vol. II (*NICNT*) (1968), p. 146.

기 때문이다. 기독교인들은 말씀에 의지하여 권세자들에게 순종하는 것을 결정할 수밖에 없다.

그러면 바울이 가르친 합법적인 정부 관료들과의 바른 관계는 어떤 것인가? 바울은 "각 사람은 위에 있는 권세들에게 복종하라 권세는 하나님으로부터 나지 않음이 없나니 모든 권세는 다 하나님께서 정하신 바라"(롬 13:1)라고 말한다. "각 사람"은 모든 사람을 뜻한다. "위에 있는 권세들"은 합법적으로 백성들을 다스릴 수 있는 권한을 부여받은 정부의 관료들을 가리킨다. 물론 바울은 로마 정부의 관료들이 모두 선한 지도자들이라고 생각할 만큼 순진한 사도는 아니다. 그러나 성도가 이 세상에서 나그네의 삶을 살아가는데 피할 수 없는 정부 관료와의 관계가 존재함은 어쩔 수 없는 형편이다. 그래서 바울은 자신이 처한 역사적인 상황 속에서 성도가 위에 있는 권세들에게 어떻게 처신할 것을 가르치고 있는 것이다. 성도들이 정부 관료들에게 "복종"한다는 것은 정부 관료들의 합법적인 통치 전반에 걸쳐 성도들이 순종하고 그들의 권세를 인정한다는 것을 뜻한다.

바울 사도는 그의 제 3차 선교여행 기간 중 고린도에서 AD 58년경 로마서를 기록했다(행 20:2-3). 이 기간은 로마의 네로(Nero) 황제가 로마 제국을 통치하는 기간(AD 54-68)이었다.[593] 바울이 로마서를 기록할 당시는 네로 황제가 선한 통치를 했다고는 말할 수 없지만 그래도 법의 질서에 따라 로마를 다스렸고 부패와 폭군의 통치를 한 것은 아니

593 네로(Nero)가 A.D. 54년에 로마 황제가 될 때 그의 나이는 17세였고 그의 어머니 아그립피나(Agrippinna)의 강력한 영향 하에 있었다. 특히 궁정의 일에 있어서는 더욱 그랬다. 네로가 그의 어머니의 영향을 벗어난 해는 5년 후인 A.D. 59년에 그의 어머니가 암살당한 후 부터이다. 아그립피나는 네로의 선생(Tutor)이자 자유인이 된 아니케투스(Anicetus)에 의해 암살되었다. 아그립피나가 암살된 것은 적어도 네로의 음모에 의해서 이거나, 네로의 허락 하에 성사된 일이었다.

었다. 그러나 AD 64년 7월 로마 시에 큰 화재가 발생함으로 법질서의 통치는 크게 후퇴할 수밖에 없었다. 네로 황제의 통치기간인 AD 64년 7월 19일부터 28일까지 9일 동안 로마 시에 큰 불이 나서 로마 시를 거의 태우는 불상사가 발생했다. 네로는 로마 시의 화재의 원인을 기독교인들에게 전가하여 AD 64년 후반기부터 기독교를 핍박하기 시작했다. 이 때부터 네로는 이전 시기와는 다르게 더 악랄하게 로마를 비정상적으로 통치를 한 것이다. 네로는 자신의 어머니와 부인 그리고 다른 친척들을 무자비하게 죽이기도 했다. 결국 네로는 AD 68년 6월 9일 자살함으로 그의 14년의 통치를 마감한다.[594]

그런데 바울은 로마 시의 화재 전에 로마의 감옥에 1차로 2년 동안 감금되었고(about AD 62–64) 또 풀려날 수 있었다. 바울이 풀려날 수 있었던 것은 화재가 발생하기 전에는 로마의 법질서가 어느 정도 가동되고 있었음을 방증한다(행 28:30–31). 스타인(Stein)은 그 당시 "로마 정부는 물론 완벽함에는 많이 미치지 못했지만 그럼에도 불구하고 혼돈 대신 평화와 공의를 지지하는 하나님의 도구였다."[595]라고 그 당시의 로마 제국의 상황을 설명한다. 이 당시 로마의 정부는 세네카(Annaeus Seneca)와 버루스(Afranius Burrus)에 의해 비교적 효과적으로 운영되고 있었다.[596] 바울이 로마서 13:1–7을 쓴 것은 그 당시의 로마의 집권 정

594 Jerome Murphy-O'Connor, *Paul: A Critical Life* (Oxford and New York: Oxford University Press, 1997), pp. 368-371.; P. Eusebius, *Ecclesiastical History* (Grand Rapids: Baker, 1977), p. 79 (Book 2, Chapter 25).: "His own mother and wife, with many others that were his near relatives, he killed like strangers and enemies, with various kinds of deaths."; *The New Encyclopaedia Britannica*, Vol. 8 (Micropaedia) (Chicago: Encyclopaedia Britannica, Inc., 1994), p. 606.; (Ed) Derek Williams, *New Concise Bible Dictionary* (Leicester: Inter-Varsity Press, 1990), p. 377.

595 Robert H. Stein, *Difficult Passages in the Epistles* (Leicester: Inter-Varsity Press, 1989), p. 80.

596 Merrill G. Tenney, *New Testament Survey* (1974), pp. 7-8.

부를 의식하면서 "하나님이 정한 정부"라고 한 것이다(롬 13:1). 바울은 로마 정부 조직 전체를 두고 "하나님이 정한 정부"라고 말한 것은 아니다. 바울이 만약 네로가 폭군 정치를 시작한 이후인 A.D. 67년경에 로마서를 썼다면 본문의 내용과 같은 표현을 쓸 수 없었을 것이다.

모든 권세는 하나님으로부터 왔다. 다른 사람 위에서 행사할 정당한 권세는 하나님으로부터 오지 않은 것이 없다. 부모가 자녀들 위에서 행사하는 권세나 행정 관료들이 백성 위에서 행사하는 권세나 교회 직원들이 성도들 위에서 행사하는 권세나 모두 하나님으로부터 왔다. 루터(Luther)는 세상의 모든 정부가 하나님으로부터 난 정부라고 말한다. 그래서 루터는 로마서 13:1을 해석하면서 어떤 이는 이중적인 권세를 말하고 하나는 신적으로 세워진 것이요 다른 하나는 신적으로 세워지지 않은 권세가 있다고 해석을 하지만 나는 이 해석을 선호하지 않는다고 설명하고 루터는 "어떤 정부도 하나님으로부터 나오지 않은 정부가 없다"[597]라고 주장한다. 루터의 설명은 바울이 로마서를 쓸 당시의 로마 제국의 통치 관행을 비추어 볼 때 이해가 가능하다. 루터의 주장처럼 모든 정부가 하나님의 인정이나 허용에 의해서 존립하지만 어떤 정부는 하나님의 뜻을 거스르는 정부도 있는 것은 사실이다. 하지만 로마교회가 바울의 로마서를 받을 당시 로마 제국은 완벽하지는 않았지만 하나님의 세움을 입었다고 말할 수 있을 정도의 통치관행을 유지하고 있었다.

바울은 이런 상황에서 로마서를 쓰면서 "각 사람은 위에 있는 권세들에게 복종하라"(롬 13:1)라고 쓸 수 있었다. 바울은 우선 하나님이 역사의 주인이심을 확인하고 지상의 모든 국가들은 하나님의 섭리를 떠

597 Luther, *Commentary on the Epistle to the Romans*, p. 165.: "There is no government that is not (*divinely*) instituted." Italics original.

나서는 그 존재 이유를 밝힐 수 없다는 사실을 확실히 한다. 그래서 바울은 "권세는 하나님으로부터 나지 않음이 없나니 모든 권세는 다 하나님께서 정하신 바라"(롬 13:1)라고 쓴다. 하나님은 세상의 국가를 운영할 때 행정장관들을 임명하셔서 그들로 하여금 국가를 다스리게 하셨다. 칼빈(Calvin)은 "만약 하나님의 뜻이 이런 방법으로 세상을 통치하는 것이라면 그의 권한을 경멸하는 사람은 누구든지 하나님의 질서를 전복시키려고 노력하는 것이요, 그러므로 하나님 자신을 저항하는 것이다. 왜냐하면 시민들의 정부의 저자(*iuris politici*)이신 분의 섭리를 경멸하는 것은 그를 대항해서 전쟁을 하는 것이기 때문이다."[598]라고 설명한다. 바울이 로마서를 쓸 당시 로마 시의 형편은 기독교인들을 아무런 이유 없이 박해하거나 고통을 가하지 않았고 오리려 사도들을 폭도들로부터 보호하는 역할을 했다(행 21:30-34; 22:24-29; 23:21-30; 26:30-32). 그래서 바울은 "권세를 거스르는 자는 하나님의 명을 거스름이니 거스르는 자들은 심판을 자취하리라"(롬 13:2)라고 확신 있게 말하고 있다. 이 말씀은 "위에 있는 권세들에게 복종하라"(롬 13:1)라는 말씀의 결론과 같은 말씀이라고 할 수 있다. 바울은 하나님께서 각 국가의 통치자들을 세우셨고 그들에게 나라를 다스리는 권세를 주셨기 때문에 그들을 거스르는 것은 곧 하나님의 명령을 거스르는 것과 같고 따라서 심판이 거스르는 자들을 기다리고 있다고 가르치는 것이다.

바울은 이제 하나님이 왜 일반 정부를 위해 통치자들을 세우셨는지 설명한다. 바울이 설명하는 로마서 13:3-4의 말씀은 그 당시 로마 제국의 실제적인 상황에 대한 논평으로 받아들일 수 있다. 하나님이 국가의 통치자들을 세우신 것은 "선한 일"을 진작시키고 "악한 일"

598 Calvin, *The Epistles of Paul the Apostle to the Romans and to the Thessalonians*, p. 281.

을 억제시키도록 하시기 위함이었다(롬 13:3). 그러므로 성도들이 "선한 일"을 계속하면 통치자들을 두려워 할 필요가 전혀 없음으로 바울은 성도들에게 "다스리는 자들은 선한 일에 대하여 두려움이 되지 않고" 라고 말하고 "선을 행하라 그리하면 그에게 칭찬을 받으리라"(롬 13:3) 라고 설명하는 것이다. "두려움"은 악한 일을 행할 때 뒤 따르는 결과를 말한다. 만약 국가의 통치자가 "선한 일"을 하는 사람을 억압하고 핍박하면 그 통치자는 하나님이 세우신 통치자가 아님을 증거 하는 것이다. 바울은 좀 더 나아가 하나님이 세우신 통치자는 "하나님의 사역자가 되어 네게 선을 베푸는 자니라"(롬 13:4)라고 함으로 하나님이 그런 통치자를 "하나님의 사역자"(θεοῦ διάκονος)로 사용하고 계신다고 밝힌다. 머레이(Murray)는 "'하나님의 사역자'라는 용어는 권세가 하나님으로부터임을 말하고, 그 권세는 하나님이 정하신 권세요, 그리고 그 권세는 하나님의 법령이라고 말하는 로마서 13:1과 2절로 되돌아간다."[599]라고 설명한다.

바울은 "사역자"라는 용어를 사도, 선지자, 복음 전하는 자, 목사와 교사의 직분을 묘사하면서 사용했다(엡 4:11-12). 바울은 이 용어를 교회내의 지도자를 가리킬 때(골 4:17), 자신의 사도의 직분을 묘사할 때(딤전 1:12), 디모데가 복음 사역의 일꾼임을 설명할 때(딤전 4:6; 딤후 4:5) 사용했다.[600] 이처럼 "사역자"는 좋은 의미의 일꾼임을 뜻한다. 그러므로 통치자들은 좋은 일을 시행하도록 하기 위해 하나님께서 권세를 부여하여 세우신 것이다. 반대로 하나님은 성도들이 "악한 일"을 행하면 국가의 통치자를 사용하시어 "악을 행하는 자에게 진노하심을 따라 보

599 John Murray, *The Epistle to the Romans*, Vol. II (*NICNT*) (1968), p. 152.

600 A. Weiser, "διάκονος," *Exegetical Dictionary of the New Testament*, Vol. 1 (Grand Rapids: Eerdmans, 1990), p. 304.

응하는 자니라"(롬 13:4)라고 함으로 악을 응징하는데 그들을 사용하신다고 말한다. 바울은 국가의 통치자들이 "하나님의 사역자가 되어 악을 행하는 자에게 진노하심을 따라 보응하는 자"(롬 13:4)라고 규정한다. 여기서 사용된 "진노하심을 따라"의 진노가 국가 통치자의 진노인지 하나님의 진노인지 분명하지 않다. 이미 로마서 12:19의 해석에서도 밝힌 바처럼 로마서 13:4의 진노는 하나님의 진노를 가리킨다.[601] 하나님은 악을 행하는 자에게 통치자들을 사용하여 그의 진노를 나타내신다. 이 말씀도 통치자들이 "선한 일"을 위하여 세우심을 받은 것을 확인한다. 통치자들은 "악한 일"을 행한 자를 응징할 권한을 하나님으로부터 부여받은 것이다. 그래서 바울은 통치자가 "칼을 가진 사실" 즉, 징계할 도구를 가진 사실과 "하나님의 사역자"를 연계하여 설명하고 있는 것이다. 보이스(Boice)는 통치자가 칼을 가진 것은 악을 징치하고 선을 권장해야 할 책임이 있다는 사실을 지적하고 우리 성도들에게도 일정의 책임이 있다고 말한다. 보이스는 "우리는 말해야 할 책임이 있지만 칼을 사용할 권리를 가지고 있지는 않다. 그것은 바울이 로마서 13:4에서 말하는 것처럼 정사(政事)를 맡은 당사자들에게 있다. 우리의 무기는 진리이며 우리는 진리의 왕국에 속했다. 진리는 칼보다 더 강하다. 만일 우리가 진리의 칼을 강력하게 휘두르지 않으면 우리에게 화가 있을 것이다."[602]라고 설명한다.

롬 13:5-7 바울은 성도들이 통치자들에게 복종하는 것은 하나님께서 그들에게 권세를 부여하셨고 그들은 하나님을 대리해서 그들

---

601 John Murray, *The Epistle to the Romans*, Vol. II (*NICNT*) (1968), p. 153.

602 제임스 몽고메리 보이스, 『로마서 IV』 (새로운 인간성) (서울: 줄과 추, 1999), pp. 244-245.

의 권세를 집행하고 있기 때문이라고 설명하고 그래서 바울은 성도들이 통치자들에게 "복종하지 아니할 수 없으니"(롬 13:5)라고 말한다. 성도들의 복종은 인간 통치자들에게 복종하는 것이 아니요, 하나님께 복종하는 것이다. 바울이 계속해서 "진노 때문에 할 것이 아니라 양심을 따라 할 것이라"(롬 13:5)라고 말한 이유도 바로 성도들의 복종이 하나님을 향한 것임을 밝힌다. 바울이 여기서 사용한 "진노"(ὀργή)는 통치자들의 진노를 뜻하지 않고 하나님의 진노를 가리킨다(롬 12:19 참조). 또한 성도가 양심을 따라 복종해야 한다는 말씀의 뜻도 하나님을 향한 복종임을 확인한다. 왜냐하면 인간에게는 다른 사람의 양심을 분별할 수 있는 능력이 없지만, 하나님은 모든 사람의 양심과 생각을 알고 계시기 때문이다. 하나님이 사무엘(Samuel)에게 "사람은 외모를 보거니와 나 여호와는 중심을 보느니라"(삼상 16:7)라고 하신 말씀이 이를 증거한다. 머레이(Murray)는 "하나님만이 양심의 주님이시다. 그러므로 양심적으로 혹은 양심에 따라 어떤 것을 행하는 것은 하나님에 대한 의무의 감정으로 행하는 것이다."[603]라고 해석한다. 성도들은 통치자들이 하나님의 임명을 받은 사람들인 것을 인정하고 그들에게 복종하되 양심에 따라 복종해야 한다.

바울은 이제 성도들이 통치자들에게 복종해야 하는 구체적인 예를 들어 설명한다. 성도들은 통치자들에게 조세를 바치는 일도 양심적으로 해야 한다. 성도들은 통치를 받는 백성으로서 통치자들에게 정직하게 조세를 바쳐야 한다. 이렇게 하는 것이 성도들이 통치자들에게 복종하는 것이다. 그래서 바울은 "너희가 조세를 바치는 것도 이로 말미암음이라 그들이 하나님의 일꾼이 되어 바로 이 일에 항상 힘쓰느니

603 John Murray, *The Epistle to the Romans*, Vol. II (*NICNT*) (1968), p. 154.

라"(롬 13:6)라고 설명한다. 통치자들이 조세를 받을 수밖에 없는 것은 하나님께서 그들에게 명령한 사명을 성취하기 위해서는 물질적인 필요가 있기 때문이다. 바울은 성도들이 세금을 바치고 통치자들에게 복종하는 일이 세상의 질서를 유지하는데 반드시 필요한 일이기 때문에 통치자들이 "하나님의 일꾼"으로 이 일을 위해 항상 노력하고 있다고 설명한다. 바울은 조세를 거두어들이는 사역을 설명하면서 그 일을 하는 사람을 "하나님의 일꾼"(λειτουργοὶ θεοῦ)으로 묘사한다.[604] 여기서 사용된 "하나님의 일꾼"은 성례의 기능을 위해 세움을 받은 사역자가 아니요 세금을 거두는 일이나 질서를 유지하는 일과 같은 일반적인 사역을 위해 하나님의 세움을 받은 사역자들이다.[605] 로마서 13:6의 "하나님의 일꾼"은 바울이 이미 로마서 13:4에서 사용한 "하나님의 사역자"(θεοῦ διάκονος)와는 다른 용어이다. 하지만 두 용어는 그 용법에 있어서 큰 차이를 드러내지 않는다. 칼빈(Calvin)은 통치자들이 하나님의 일꾼이기 때문에 그들은 자신의 욕망이나 사적인 이익을 위해서 권세를 사용해서는 안 된다고 설명한다. 칼빈은 "그러나 통치자들은 백성들로부터 받은 모든 것은 공적인 재산이지 사적인 욕망이나 사치를 위한 수단이 아님을 기억해야만 한다."[606]라고 지적한다.

바울은 성도들이 "위에 있는 권세들"에게 복종해야 하는 부분을 확대하여 설명한다. 성도들은 "조세를 받을 자에게 조세를," "관세를 받

604 "일꾼"(λειτουργός)이란 용어는 신약에서 5회 사용된다(롬 13:6; 15:16; 빌 2:25; 히 1:7; 8:2). "일꾼"이 나타난 용례를 살펴보면 "일꾼"(λειτουργός)은 "사역자"(διάκονος)와 거의 비슷한 의미로 일반적인 봉사를 하는 사람을 가리킨다. Cf. K. Hess, "Serve/λειτουργός," *The New International Dictionary of New Testament Theology,* Vol. 3 (Grand Rapids: Zondervan, 1979), p. 553.

605 H. Balz, "λειτουργός," *Exegetical Dictionary of the New Testament,* Vol. 2 (Grand Rapids: Eerdmans, 1991), p. 349.

606 Calvin, *The Epistles of Paul the Apostle to the Romans and to the Thessalonians,* p. 284.

을 자에게 관세를"(롬 13:7) 바치고, "두려워할 자를 두려워하고 존경할 자를 존경하라"(롬 13:7)라고 명령한다. 여기서 바울 사도가 "명령형"을 사용한 것은 강조의 의미가 함축되어 있음을 의미한다. 바울이 사용한 "조세"(φόρος)는 "재산세"(property tax), "인두세"(head-tax) 등을 가리키고, "관세"(τέλος)는 "교통세"(transport taxes), "거래세"(sales taxes) 등을 가리킨다.[607] 바울은 성도들이 국가를 유지하기 위해 필요한 일반적인 여러 가지 종목의 세금을 국가에 바쳐야 한다고 강조하고 있는 것이다. 그러므로 바울은 "두려워할 자를 두려워하며 존경할 자를 존경하라"(롬 13:7)라고 말할 수 있었다. 하나님의 세움을 입은 통치자들은 선의 편에 서서 악을 징치하여야 하기 때문에 악한 일을 행한 자는 당연히 두려워하게 되고 반대로 선한 일을 행하는 사람은 평안한 마음으로 생활할 수 있는 것이다. 그러므로 올바른 통치자들은 당연히 성도들이 존경해야 할 대상이 되는 것이다.

2. 율법의 완성인 사랑(롬 13:8-10)

[8] 피차 사랑의 빚 외에는 아무에게든지 아무 빚도 지지 말라 남을 사랑하는 자는 율법을 다 이루었느니라 [9] 간음하지 말라, 살인하지 말라, 도둑질하지 말라, 탐내지 말라 한 것과 그 외에 다른 계명이 있을지라도 네 이웃을 네 자신과 같이 사랑하라 하신 그 말씀 가운데 다 들었느니라 [10] 사랑은 이웃에게 악을 행하

607 W. Rebell, "φόρος," *Exegetical Dictionary of the New Testament,* Vol. 3 (Grand Rapids: Eerdmans, 1993), p. 436.; K. Weiss, "φόρος," *Theological Dictionary of the New Testament,* Vol. IX (Grand Rapids: Eerdmans, 1974), pp. 82-83.

지 아니하나니 그러므로 사랑은 율법의 완성이니라(롬 13:8-10, 개역개정)

롬 13:8-10 바울은 지금까지 로마서 13:1-7사이에서 다룬 주제와는 다른 사랑의 주제를 로마서 13:8-10 사이에서 다룬다. 물론 성도들이 통치자들을 사랑하고 존경하고 성도의 책임을 다해야 한다는 점과 또 모든 사람들에게 사랑의 책임을 감당해야 한다는 점에서는 공통점이 있다고 생각할 수 있다. 하지만 지금까지의 논의는 성도들과 통치자들과의 관계를 다루는 것이지만 사랑의 명령은 모든 사람과의 관계를 다루는 것임으로 명백한 구별이 있는 것도 사실이다. 바울은 로마서 13:7 서두에서 "지불하라 혹은 바치라"(ἀπόδοτε, ἀποδίδωμι의 과거형)라는 명령형을 사용하고, 역시 로마서 13:8 서두에서 "빚을 진다"(ὀφείλετε, ὀφείλω의 현재형)의 명령형은 부정사와 함께 사용한다.[608] 바울은 "피차 사랑의 빚 외에는 아무에게든지 아무 빚도 지지 말라"(롬 13:8)라고 함으로 성도들이 계속적으로 행해야 할 덕목을 강조하고 있다. 여기서 "사랑의 빚"과 "다른 빚"을 비교하는 것은 "사랑의 빚"을 강조하기 위한 것이지 성도가 살아가면서 "돈을 빌린다든지 혹은 돈을 빌려준다든지"와 같은 상부상조를 금하는 것은 아니다. 보이스(Boice)는 "성경은 돈을 꾸는 것을 금하지 않는다. 예수님께서 마태복음 5:42에서 '네게 구하는 자에게 주며 네게 꾸고자 하는 자에게 거절하지 말라'고 말씀하실 때 돈을 꿀 수 있는 권리를 당연하게 생각하며 다른 곳에서도 같은 내용이 기록되어 있다(출 22:25; 시 37:26; 눅 6:35 참조). 그리스도인들은 결코 꾸지 않아야 한다는 것이 아니라 꾼 돈을 갚지 않은 상

608 바울이 롬 13:7에서 명령형을 과거시상으로 사용한 것은 성도들이 조세와 관세를 바치고 통치자를 존경하는 일을 단호한 태도로 강조하기 위한 것이요, 롬 13:8에서 명령형을 현재시상으로 사용한 것은 행동의 계속성을 강조하기 위해서이다.

태로 놓아두면 안 된다는 것이 로마서 13:8의 요점이다."[609]라고 적절하게 설명한다.

그리고 사랑의 빚은 그 성격상 받는 사람이 많이 지면 질수록 더 좋은 빚이다. 성도들은 항상 사랑의 빚을 지고 사는 사람들이다. 성도들은 하나님의 사랑을 받고 하나님께 사랑의 빚을 지고 사는 사람들이다. 바울은 본 서에서 "우리가 아직 죄인 되었을 때에 그리스도께서 우리를 위하여 죽으심으로 하나님께서 우리에 대한 자기의 사랑을 확증하셨느니라"(롬 5:8)라고 확인한 바 있다. 하나님의 사랑은 조건 없는 사랑이었다. 하나님은 "우리가 아직 죄인으로 있을 때에" 우리를 사랑하신 것이다. 하나님은 우리가 어떤 공로를 세워서 그 공로를 근거로 우리를 사랑하신 것이 아니다. 그러므로 성도들은 항상 하나님께 사랑의 빚을 지고 사는 사람들이다. 하나님이 조건 없이 우리를 사랑하신 것처럼 우리도 조건 없이 모든 사람을 사랑해야 한다. 성도들은 하나님으로부터 사랑하는 방법을 배운다. 어떤 이는 바울이 본 절에서 사용한 사랑은 성도들 상호 간에만 해당되는 사랑이라고 해석하지만 바로 이어서 나오는 "남을 사랑하는 자"(롬 13:8)라는 표현이 지지하는 것처럼 바울은 모든 사람을 생각하고 이 말씀을 쓰고 있다. 머레이(Murray)는 바울 사도가 여기서 언급한 사랑은 믿는 성도들의 서클(circle)에만 국한시킬 수 없다고 설명한다. 그는 "사도는 곧바로 사랑과 하나님의 율법과의 관계를 보여주기 위해 진행한다. 그리고 그가 말하고 있는 하나님의 율법은 우리들의 모든 사람과의 사회적 관계에서 행동을 규정하는 율법을 말한다. 만약 그가 말하는 사랑이 율법의 완성이라면 그 사랑은 율법 자체처럼 광범위하고 그 율법은 우리들의 모든

609 보이스, 『로마서 IV』. (새로운 인간성) (1999), p. 292.

사람들과의 관계를 고려한 것이다."[610]라고 설명함으로 사랑의 범위가 모든 사람임을 확실히 한다.

바울은 "남을 사랑하는 자는 율법을 다 이루었느니라"(롬 13:8)라고 말하고 계속해서 "간음하지 말라, 살인하지 말라, 도둑질하지 말라, 탐내지 말라"(롬 13:9; 출 20:13-17; 참고, 신 5:17-21)라고 율법에서 사람과의 관계를 설명하는 계명을 언급한다. 사랑하는 자가 어떻게 율법을 다 이루게 되는가. 사람이 아내를 사랑하고 상대를 사랑하면 "간음할 수 없는 것이다." 사람이 상대를 사랑하면 상대방의 생명을 끊는 살인 행위를 할 수가 없다. 사람이 상대방을 사랑하면 그의 물건을 도둑질 할 수 없다. 사람이 상대방을 사랑하는데 상대방의 물건을 탐낼 수 있는가? 사랑하는 사람에게 "간음하지 말라, 살인하지 말라, 도둑질 하지 말라, 탐내지 말라"라고 명령하는 것은 사랑하는 사람을 모독하는 것이나 다름없다. 드러몬드(Drummond)는 "만약 그가 사람을 사랑하면 당신은 그에게 부모를 공경하라고 말할 이유가 결단코 없다. 그는 부모를 공경하는 일 외에 다른 일을 할 수 없기 때문이다. 그에게 살인하지 말라고 말하는 것은 상식에 벗어난 것이다. 만약 당신이 그에게 도둑질하지 말라고 말하는 것은 그를 모독하는 것이다. 자기가 사랑하는 사람으로부터 어떻게 도둑질을 할 수 있는가? 그에게 이웃에 대하여 거짓 증거하지 말라고 간청하는 것은 쓸데없는 일이나 다름없다. 만약 그가 이웃을 사랑하면 이웃에 대하여 거짓 증거하는 일은 있을 수 없는 일이다. 당신이 그에게 이웃의 물건을 탐내지 말라고 말하는 것은 꿈에도 생각할 수 없는 일이다. 그는 오히려 자신이 소유하기보다 그의 이웃이 소유하기를 바랄 것이다. 이처럼 '사랑은 율법의 완성이

---

610 John Murray, *The Epistle to the Romans*, Vol. II (*NICNT*) (1968), p. 160.

다."'[611]라고 적절하게 설명한다. 사랑은 단순히 사랑의 특성에 반대되는 것을 추구하지 않을 뿐만 아니라, 사랑하는 사람이 누릴 수 있는 것까지도 다른 사람들을 위해서 포기하게 하는 특성이 있다. 사랑은 상대방을 존귀하게 여기고, 상대방을 보호하며, 상대방이 잘 되기를 바라고, 자기 자신은 희생하게 만든다.

바울이 로마서 13:8-10에서 가르친 사랑에 대한 교훈은 예수님께서 한 율법사의 질문에 대해 답을 하시면서 "네 마음을 다하고 목숨을 다하고 뜻을 다하여 주 너의 하나님을 사랑하라 하셨으니 이것이 크고 첫째 되는 계명이요 둘째도 그와 같으니 네 이웃을 네 자신같이 사랑하라 하셨으니 이 두 계명이 온 율법과 선지자의 강령이니라"(마 22:37-40; 참조, 막 12:29-31)라고 가르치신 말씀과 맥을 같이 하고 있다. 어떤 이는 바울이 생전에 예수님을 만나지도 못했고 마태복음이 로마서보다 더 늦게 기록되었는데 어떻게 예수님의 사랑에 대한 교훈과 바울의 사랑에 대한 교훈을 연계시킬 수 있느냐고 의구심을 표한다. 물론 성경기록의 연대로 보아서는 로마서가 먼저 기록되었고(AD 58) 마태복음이 나중에 기록되었지만(AD 63-67) 바울이 예수님의 사도들과 충분한 기간 동안 교제하면서 예수님의 교훈을 전해들을 수 있었기 때문에 서로 연계시킬 가능성은 충분하다. 성경이 성령의 감동으로 기록되었다는 사실을 믿을 때 예수님의 교훈과 바울의 교훈을 연계시키는 데는 큰 문제가 없다. 바울은 예수님이 구약에서 예언된 메시아로 구약의 율법을 완성하신 하나님의 아들로 믿기 때문에(롬 1:1-4) 구약의 내용은 물론 예수님의 교훈과도 일치하는 교훈을 그의 서신에 기록하였다.

그래서 바울은 "간음하지 말라, 살인하지 말라, 도둑질하지 말라,

611 Henry Drummond, *The Greatest Thing in the World* (1981), p. 12.

탐내지 말라"라는 계명 외에 다른 계명도 있지만 "네 이웃을 네 자신과 같이 사랑하라 하신 그 말씀 가운데 다 들었느니라"(롬 13:8)라고 천명하는 것이다. 바울은 구약의 10계명 전체를 인정하면서 여기서 인간과의 관계를 설명하는 어떤 계명도 "이웃을 자신과 같이 사랑"하면 모두 성취하게 된다고 가르치고 있다. "자신과 같이 사랑"한다는 뜻은 "나는 내 생명을 귀하게 여기고, 내 건강을 중요하게 생각하며, 내 소유를 보호받기 원하고, 내 평안을 누리기 원한다"는 뜻이다. 마찬가지로 "이웃을 자신과 같이 사랑"한다는 것은 자신이 자신을 위해 성취되기를 원하는 모든 것이 이웃에게 성취되기를 원한다는 뜻이다. 그래서 바울은 계속해서 "사랑은 이웃에게 악을 행하지 아니하나니 그러므로 사랑은 율법의 완성이니라"(롬 13:10)라고 가르치는 것이다. 바울은 곡언법(litotes)을 사용하여 사랑을 강조하고 "사랑"이라는 단어를 문장의 맨 처음과 맨 마지막에 위치시킴으로 역시 사랑을 강조하고 있다.[612] 사랑은 이웃에게 악을 행하지 않을 뿐만 아니라 이웃의 죄를 덮기까지 한다. 그래서 베드로 사도는 "무엇보다도 뜨겁게 서로 사랑할지니 사랑은 허다한 죄를 덮느니라"(벧전 4:8)라고 가르친다. 이웃을 사랑하는 사람은 꿈에서도 이웃을 해치거나 손해를 끼치게 하는 일을 할 수 없다. 그것이 바로 사랑의 특성이기 때문이다. 예수님은 "너희 원수를 사랑하며 너희를 미워하는 자를 선대하며 너희를 저주하는 자를 위하여 축복하며 너희를 모욕하는 자를 위하여 기도하라"(눅 6:27-28)라고 교훈하심으로 사랑이 최고의 선이요 가장 좋은 길(고전 12:31)임을 확

---

612 롬 13:10의 헬라어 원문은 "ἡ ἀγάπη τῷ πλησίον κακὸν οὐκ ἐργάζεται· πλήρωμα οὖν νόμου ἡ ἀγάπη."이다. 곡언법(litotes or meiosis)은 "부정적인 진술을 사용하여 긍정적인 진리를 표현하기 위해 사용하는 방법이다." 참조, 박형용, 『성경해석의 원리』 (수원: 합동신학대학원출판부, 2014), p. 276.

인하신다.

바울은 "사랑은 율법의 완성"이라는 표현에서 "완성"(πλήρωμα)을 명사형으로 처리함으로 사랑이 율법의 완성을 향해 진행 중임을 설명하려는 것이 아니요, 사랑은 이미 율법의 완성을 성취한 사실을 강조하기 원한 것이다. 바울은 로마서 13:8에서도 "율법을 다 이루었느니라"라는 표현에서 "이루었느니라"(πεπλήρωκεν)를 완료시상으로 처리함으로 같은 의미를 전달하고 있다. 머레이(Murray)는 "무엇인가로 채워지기를 바라보는 율법이 사랑에 의해서 가득 채워졌다. 사랑 이외에 어떤 것이 채우는 일에 참여하고 사랑이 채우는 과정을 완성하는 것이 아니요, 사랑이 채우는 모든 일을 한다. 처음부터 끝까지 사랑이 채우는 일을 하고 이런 의미에서 사랑과 함께 그리고 사랑에 의해 율법이 채워진다."[613]라고 설명한다. 바울은 로마교회 성도들에게 무엇보다도 사랑으로 하나님과의 관계는 물론 사람들과의 관계를 유지해 나가라고 명령하고 있다.

3. 종말론적 의식을 갖고 사는 성도의 삶(롬 13:11-14)

[11] 또한 너희가 이 시기를 알거니와 자다가 깰 때가 벌써 되었으니 이는 이제
우리의 구원이 처음 믿을 때보다 가까웠음이라 [12] 밤이 깊고 낮이 가까웠으니
그러므로 우리가 어둠의 일을 벗고 빛의 갑옷을 입자 [13] 낮에와 같이 단정히 행
하고 방탕하거나 술 취하지 말며 음란하거나 호색하지 말며 다투거나 시기하

613 John Murray, *The Epistle to the Romans*, Vol. II (*NICNT*) (1968), p. 164.

지 말고 [14] 오직 주 예수 그리스도로 옷 입고 정욕을 위하여 육신의 일을 도모 하지 말라(롬 13:11-14, 개역개정)

롬 13:11–14 바울은 로마서 13:11을 시작하면서 "또한"(καὶ τοῦτο)을[614] 사용하여 본 구절이 이전 구절과 관계가 있음을 밝힌다. 바울이 다른 곳에서 사용한 이 표현의 용례를 보면 이 표현이 앞과 뒤의 내용과 사상적 연결을 하고 있음을 볼 수 있다(참고, 고전 6:6, 8; 엡 2:8; 빌 1:28). 바울은 지금 이전 구절에서 "네 이웃을 네 자신과 같이 사랑하라"(롬 13:9)라고 명령한 말씀을 실천해야할 다른 이유가 있다고 밝히는 것이다. 그 이유는 성도들이 그리스도의 은혜로 온전하게 구원은 받았으나 아담의 질서로 받은 이 몸을 입고 있는 동안은 고난과 박해가 있을 수 있으므로 부활체를 입게 될 온전한 구원을 받을 때(롬 8:23; 고전 15:23–26; 요일 3:2) 까지는 빛의 갑옷을 입고 성실하게 살아야 할 시기라고 말하는 것이다. 바울은 "이미와 아직"(already and not yet)의 전망으로 구원받은 성도들의 삶을 설명하고 있다. 바울은 "너희가 이 시기를 알거니와 자다가 깰 때가 벌써 되었으니"(롬 13:11)라고 함으로 지금은 잘 때가 아니요 깨어 있을 때라고 말한다. 바울이 여기서 사용한 "시기"(καιρός)는 일반적인 시간을 가리키지 않고 특별한 의미를 함축한 시간을 가리킨다. "이 시기"는 성도들이 앞으로 있을 완성된 구원을 갈망하면서 현재의 삶을 올바르고 의롭게 살아가야 할 시간을 가리

614 개역개정의 번역은 원래의 의미가 약화된 번역이다. 원문대로 번역하면 "그리고 이것은, 혹은 그리고 이는"으로 번역했어야 원문에 더 가까운 것이다. 개역개정이 "또한"으로 번역했다고 하여 잘못된 번역이라고 말할 수는 없다. 참고로, NIV는 "And do this,"로 번역했고, NASB는 "And this *do*"로 번역했고, NKJV는 "And *do* this"로 번역했으며(italics original), ESV는 "Besides this"로 처리했다. 영어 번역들이 이렇게 번역한 것은 로마서 13:11이 바로 이전 구절들과 사상적으로 연계되어 있음을 설명하기 원한 것이요, 헬라어의 경우에도 그런 의미가 포함되어 있다.

킨다. 성도들이 정신 차리고 깨어 있어야 하는 이유는 "이제 우리의 구원이 처음 믿을 때보다 가까워졌기"(롬 13:11) 때문이다. 바울이 여기서 "우리의 구원"이라고 표현할 때 사용한 "구원"(ἡ σωτηρία)이라는 용어는 다른 곳에서 어떤 상황에서의 "구출"을 의미할 때 사용하기도 한다(참조, 빌 1:19). 하지만 이 "구원"이라는 용어가 미래의 사건과 연계하여 사용될 때는 예수님의 재림 때에 발생할 "완전한 구원," "완성된 구원"을 가리킨다. 머레이(Murray)는 "그러나 신약의 용법은 이 용어가 미래를 가리키는 것으로 사용될 때 그것은 그리스도의 강림으로 실현될 구원의 완성을 뜻하는 결론을 가리키고 있다(참고, 빌 2:12; 살전 5:8, 9; 히 1:14; 9:28; 벧전 1:5; 2:2). 그래서 그것은 우리가 믿을 때 보다 더 가까워졌다고 말하는 구원 진행의 완성이다."[615]라고 바르게 설명한다. 같은 관점에서 데니(Denney)도 "여기 구원(ἡ σωτηρία)은 초월적인 종말론적인 의미를 가지고 있다. 그것은 죄와 죽음으로부터 최종적이요 완전한 구원이고 우리 주 예수 그리스도의 하늘나라로 영입되는 것이다."[614]라고 설명한다. 성도들의 구원이 완성될 예수님의 재림은 그 때가 이미 정해져 있다. 단지 우리가 그 정확한 때를 알지 못할 뿐이다. 예수님의 재림을 고대하며 사는 성도들은 항상 깨어있는 삶을 살아야 한다. 그래서 바울은 "자다가 깰 때가 벌써 되었으니 이는 이제 우리의 구원이 처음 믿을 때보다 가까웠음이라"(롬 13:11)라고 가르치는 것이다. 성도들

615 John Murray, *The Epistle to the Romans*, Vol. II (*NICNT*) (1968), p. 165.; 박윤선, 『성경주석. 로마서』 (1969), p. 363.: 박윤선은 "우리의 구원이 처음 믿을 때보다 가까웠음이라"(롬 13:11)를 해석하면서 "신자들이 어느 순간에 별세하여 주님을 만나게 될지 모르므로, 그들이 믿기 시작한 후 시간이 흐른 그만큼 구원(주님을 만나게 될 것)이 더욱 가까워졌다는 뜻이다." 라고 설명한다.

616 James Denney, "St. Paul's Epistle to the Romans," *The Expositor's Greek Testament*, Vol. II (1980), p. 699.

은 구원이 완성될 그리스도의 재림을 간절히 고대하면서 사는 사람들이다(살전 1:10). 핫지(Hodge)도 "그러므로 여기 구원은 현재의 악한 세상으로부터 그들을 구출하는 그리스도의 사역의 완성이며 하늘의 정결과 복됨 속으로 영입하는 것이다. 영원이 바로 가까이에 있다는 사실이 바울로 하여금 그의 독자들이 경건하고 열심히 살아야 할 동기라고 설득하는 엄숙한 생각인 것이다."[617]라고 바르게 설명한다.

이제 바울은 성도들의 현재의 삶이 어둠 속에서 사는 삶이 아니요 빛 가운데서 사는 삶이라고 말한다. 바울은 "밤이 깊고 낮이 가까웠으니 그러므로 우리가 어둠의 일을 벗고 빛의 갑옷을 입자"(롬 13:12)라고 권면한다. 본문은 "밤"과 "낮" 그리고 "어둠의 일"과 "빛의 갑옷"을 대칭시켜 성도들의 현주소가 어디인지를 가르쳐준다. "밤이 깊고"는 밤이 거의 다 끝나간다는 뜻이다. 그리고 "낮이 가까웠다"는 종말론적인 의미로 예수님의 재림을 내다보고 하는 표현이다. 성도들은 예수님의 재림이 가까이 오고 있음을 생각하면서 "빛의 갑옷"을 입고 살아야 한다. 예수님은 산상보훈에서 "너희는 세상의 빛이라 산 위에 있는 동네가 숨겨지지 못할 것이요"(마 5:14)라고 함으로 성도들이 세상을 밝히고 따뜻하게 해야 한다고 가르치신다. 성도들은 세상의 빛 역할을 해야 한다. 그러므로 성도들은 "빛의 갑옷"을 입고 세상의 어두움을 밝히고 냉랭한 세상을 따스하게 만들어야 한다. 핫지(Hodge)는 "어둠의 일들은 사람들이 밤에 저지르기에 익숙한 그런 일들이거나 밤에 적합한 그런 일들이다; 그리고 빛의 갑옷은 그것들이 보여 지게 되어 있음으로 사람들이 부끄러워하지 않는 그런 덕목이거나 선한 행위를 뜻한다."[618]라

617 C. Hodge, *A Commentary on Romans,* p. 412.

618 C. Hodge, *A Commentary on Romans,* p. 412.

고 해석한다.

바울이 사용한 "갑옷"(ὅπλον)은 신약에서 항상 복수로 사용되었다. 그리고 성도들은 하나님과 사탄의 세력 사이의 초월적인 상충에서 항상 수동적으로나 능동적으로 하나님 편에 서서 투쟁할 수밖에 없다.[619] 바울은 이제 "빛의 갑옷"을 입은 성도들은 "낮에와 같이 단정히 행하여야"(롬 13:13) 한다고 권면하고 계속해서 세 가지 종류의 악덕을 버려야 한다고 권면한다(롬 13:13). "낮에와 같이 단정히 행하는"이란 표현은 "낮에 알맞은 혹은 낮에 적합한"이란 뜻이다. "단정히 행하는"(εὐσχημόνως)이란 용어가 고린도전서 14:40에서도 사용되는데 거기에서는 "품위 있게 하고"(개역개정)로 번역되었다. 성도들은 외모만 단정해야 하는 것이 아니요 정직하고 겸손하면서도 품위 있는 삶의 모습을 드러내야 한다.

그리고 바울은 성도들이 버려야 할 세 가지 종류의 악덕을 말한다. 첫째 종류는 "방탕하거나 술 취하는 것"(롬 13:13)이다. "방탕함과 술 취함"이란 용어가 바울의 다른 서신에서도 나란히 사용되는데 그와 같은 행위는 하나님의 나라(the Kingdom of God)를 유업으로 받을 수 없게 만들기 때문이다(갈 5:21). 둘째 종류는 "음란하거나 호색하는 것"(롬 13:13)이다. 본문에서 "음란과 호색"은 잘못된 성적 행위를 가리킨다. 그러나 "음란"(κοίτη)이란 용어는 신약에서 여러 가지 의미로 사용되고 있다.[620] 호색은 "방탕한 것 혹은 성적으로 음탕한 것"을 뜻한다. 그러므로 성도들은 음란과 호색을 가까이 하지 말아야 한다. 셋째 종류는 "다투

619 A. Oepke, "ὅπλον," *Theological Dictionary of the New Testament*, Vol. V (Grand Rapids: Eerdmans, 1973), p. 294.

620 "음란"(κοίτη)은 침대(눅 11:7)로, 결혼관계 혹은 침소(히 13:4)로, 성적관계(LXX: 레 15:24)로, 설정하는 것(LXX: 레 15:16)으로, 그리고 κοίτη가 ἔχουσα와 함께 표현되어 "임신한 것"(롬 9:10)이란 뜻으로 사용된다.

는 것과 시기하는 것"(롬 13:13)이다. "다툼과 시기"는 바울의 다른 서신에서도 함께 등장한다(고전 3:3; 갈 5:20). 바울은 다툼(분쟁)과 시기는 하나님 나라를 유업으로 받을 수 없게 하는 악덕이라고 설명하고(갈 5:20) 또한 다툼과 시기는 육신에 속한 사람이 행하는 악덕이라고 설명한다(고전 3:3). 바울은 이 용어들을 사용하여 성도라면 반드시 버려야 할 악덕들이라고 규정하고 있다.

바울은 이제 로마서 13장의 마무리를 아름다운 표현으로 결론짓는다. "오직 주 예수 그리스도로 옷 입고 정욕을 위하여 육신의 일을 도모하지 말라"(롬 13:14). "주 예수 그리스도로 옷을 입는 것"은 예수 그리스도와 연합된 사람처럼 사는 것이다. 바울은 "내가 그리스도와 함께 십자가에 못 박혔나니 그런즉 이제는 내가 사는 것이 아니요 오직 내 안에 그리스도께서 사시는 것이라"(갈 2:20)라고 고백한다. 바울의 삶은 그리스도가 원하는 삶이다. 마찬가지로 성도들이 "그리스도로 옷 입고" 사는 것은 우리들의 삶 속에서 그리스도가 사는 것처럼 그리스도가 나타나는 삶이다. "그리스도로 옷 입고" 사는 삶은 "하나님의 성령을 근심하게 하지 않는 삶"(엡 4:30)이요, "그리스도를 경외함으로 피차 복종"(엡 5:21)하는 삶이요, "위의 것을 생각하고 땅의 것을 생각하지 않는 삶"(골 3:2)이요, "진리의 말씀을 옳게 분별하며 부끄러울 것이 없는 일꾼"(딤후 2:15)으로 사는 삶이요, 예수님 재림 때에 부활체를 입게 될 것을 소망하면서 "사망아 너의 승리가 어디 있느냐 사망아 네가 쏘는 것이 어디 있느냐"(고전 15:55)라고 당당하게 말할 수 있을 뿐만 아니라 "우리에게 승리를 주시는 하나님께 감사하면서"(고전 15:57; 참고, 살전 5:18) 열심히 사는 삶이다.

그리고 "정욕을 위하여 육신의 일을 도모"(롬 13:14)하는 것은 대표적으로 방금 전에 언급한 단정히 행하지 않고, 방탕하고, 술 취하고,

음란하고, 호색하고, 서로 다투고, 시기하는 것으로 정리할 수 있다. 물론 이상에 언급된 악덕들 이외에도 "육신의 일"에 속하는 다른 악덕들이 있을 것임은 분명하다. 한 마디로 성 삼위 하나님의 뜻에 반하는 악덕들은 모두 "육신의 일"에 속한다고 정리할 수 있다. 그리스도로 옷 입고 빛의 갑옷을 입은 성도들은 육신의 일을 도모해서는 안 된다. 헨드릭센(Hendriksen)은 "그리스도가 여러분의 빛의 빛(the Light)이 되도록, 여러분의 생명의 생명(the Life)이 되도록, 여러분의 기쁨의 기쁨(the Joy)이 되도록, 그리고 여러분의 힘의 힘(the Strength)이 되도록 더욱더 영적으로 그리스도와 연합되도록 하라."[621]라고 설명한다.

이제 로마서 13장의 주해를 마무리 하면서 초대교회의 위대한 지도자요 성자로 인정받은 어거스틴(Augustine)의 회심의 이야기를 언급하지 않을 수 없다. 어거스틴은 AD 354년 11월 13일 태어나 AD 430년 8월 28일에 사망했다. 어거스틴은 AD 386년 기독교로 회심했고 AD 387년 암브로스(Ambrose)에 의해 세례를 받았다. 어거스틴이 AD 386년 이탈리아 북쪽 밀란(Milan)에 위치한 한 저택 정원에 있는 의자에 앉아 있었는데 그 의자에 바울 서신의 한 사본이 놓여 있었다. 어거스틴은 정신적으로 많은 혼란과 고뇌 속에 빠져 있었으므로 로마서의 사본에 대해서 별로 관심이 없었다. 어거스틴은 의자에서 일어나 그 옆에 있는 무화과나무 아래 잔디에 누웠다.

무화과나무 아래 누워 있을 때 그는 소년인지 소녀인지 알 수 없는 한 아이의 음성을 듣게 되었다. 그 음성은 반복해서 "톨레 레게; 톨레 레게"(일어나 읽어라; 일어나 읽어라)라는 말이었다. 그래서 어거스틴은 일어나 바울서신의 사본을 들고 그의 눈길이 가는 한 페이지를 읽었

621 Hendriksen, *Exposition of Paul's Epistle to the Romans* (1981), p. 444.

는데 그가 읽은 구절이 바로 로마서 13:13-14의 라틴어 사본이었다. "방탕하거나 술 취하지 말며 음란하거나 호색하지 말며 다투거나 시기하지 말고 오직 주 예수 그리스도로 옷 입고 정욕을 위하여 육신의 일을 도모하지 말라"(롬 13:13-14). 어거스틴은 경건한 그의 어머니 모니카(Monica)의 끊임없는 기도와 사랑이 있었을 뿐만 아니라 또한 로마서 13:13-14을 읽음으로 인해 기독교로 회심하기에 이르게 된 것이다. 하나님은 그의 어머니와 로마서를 통해 어거스틴을 부르시고 그의 피로 값 주고 사신 몸 된 교회를 위해 어거스틴을 귀하게 사용하셨다.[622]

622 참조, St. Augustine, *Confessions* (New York: Penguin Books, 1961), pp. 177-178.; St. Augustine, *Confessions* (New York: Mentor, 1963), p. 182-183. (고백론, VIII, xii. 28-29 참조).; Paul J. Park, "Augustine's *The City of God*: Reasons for a *Magnum Opus*," *Hapshin Theological Review*, Vol. 8 (December 2020), pp. 235, 250, 253-255.

로마서 14장
주해

14장 요약

로마서 14장에서 바울은 교회 내에 존재하는 "믿음이 약한 자"와 "믿음이 강한 자"가 어떤 관계를 가지고 살아야할지를 설명한다. 바울은 이미 로마서 12장과 13장에서 성도들 사이의 가장 중요한 특징은 상대방을 이해하고 배려하는 사랑이라고 권면한 바 있다(롬 12:9–10; 13:8–10). 바울은 로마서 14:1부터 로마서 15:13까지 "믿음이 연약한 자"와 "믿음이 강한 자"가 일상생활에서 어떤 태도로 살아야 하는지를 권면하고 있다. 바울은 로마서 14장에서 특별히 "믿음이 연약한 자"가 율법의 규례를 의식하고 어떤 음식에 대해서는 먹기를 주저하고 또 "이 날을 저 날보다 낫게 여기는"(롬 14:5) 등 복음 안에서 그리스도인의 자유를 누리지 못하는 사람이 있다고 말하고, 성도들은 이런 "믿음이 연약한 자"들을 대할 때 비판하거나(롬 14:3) 업신여겨서는 안 된다(롬 14:10)라고 권면한다. 바울은 일반적으로 사람들은 상대방을 먼저 비판부터 하는 기질을 가지고 있는데 성도들은 상대방을 배려하고 세워주는 역할을 해야 한다고 가르친다(롬 14:3–5). 바울은 성도들이 주님께 속해있는 자들이기에 사랑의 실천을 통해서 형제들을 보살펴야 한다고 가르친다(롬 14:8, 13–15). 그리고 바울은 "하나님의 나라는 먹는 것과 마시는 것이 아니요 오직 성령 안에 있는 의와 평강과 희락이라"(롬 14:17, 개역개정)라고 정의하고, 그리스도를 믿는 성도들은 사랑을 실천함으로 "하나님을 기쁘시게 하며 사람에게도 칭찬을 받는"(롬 14:18) 삶을 살아야 한다고 권면한다. 바울은 성도들이 교회 공동체 안에서 항상 "화평의 일"과 "덕을 세우는 일"(롬 14:19)을 열심히 하되 하나님이 만물을 깨끗하게 하셨으므로 하나님을 믿는 믿음을 가지고 당면한 일을 처리하면 올바른 길을 가는 것이라고 가르친다(롬 14:20–23).

1. 믿음이 강한 자의 배려(롬 14:1-12)

1 믿음이 연약한 자를 너희가 받되 그의 의견을 비판하지 말라 2 어떤 사람은 모든 것을 먹을 만한 믿음이 있고 믿음이 연약한 자는 채소만 먹느니라 3 먹는 자는 먹지 않는 자를 업신여기지 말고 먹지 않는 자는 먹는 자를 비판하지 말라 이는 하나님이 그를 받으셨음이라 4 남의 하인을 비판하는 너는 누구냐 그가 서 있는 것이나 넘어지는 것이 자기 주인에게 있으매 그가 세움을 받으리니 이는 그를 세우시는 권능이 주께 있음이라 5 어떤 사람은 이 날을 저 날보다 낫게 여기고 어떤 사람은 모든 날을 같게 여기나니 각각 자기 마음으로 확정할지니라 6 날을 중히 여기는 자도 주를 위하여 중히 여기고 먹는 자도 주를 위하여 먹으니 이는 하나님께 감사함이요 먹지 않는 자도 주를 위하여 먹지 아니하며 하나님께 감사하느니라 7 우리 중에 누구든지 자기를 위하여 사는 자가 없고 자기를 위하여 죽는 자도 없도다 8 우리가 살아도 주를 위하여 살고 죽어도 주를 위하여 죽나니 그러므로 사나 죽으나 우리가 주의 것이로다 9 이를 위하여 그리스도께서 죽었다가 다시 살아나셨으니 곧 죽은 자와 산 자의 주가 되려 하심이라 10 네가 어찌하여 네 형제를 비판하느냐 어찌하여 네 형제를 업신여기느냐 우리가 다 하나님의 심판대 앞에 서리라 11 기록되었으되 주께서 이르시되 내가 살았노니 모든 무릎이 내게 꿇을 것이요 모든 혀가 하나님께 자백하리라 하였느니라 12 이러므로 우리 각 사람이 자기 일을 하나님께 직고하리라(롬 14:1-12, 개역개정)

롬 14:1-3 바울은 로마서 14장을 시작하면서 "믿음이 연약한 자를 너희가 받되"(롬 14:1)라고 말함으로 교회 공동체 내의 믿음의 형제들 상호 간의 문제를 다루고 있음을 밝힌다. 바울은 로마서 14장이 끝날 때까지 "믿음이 연약한 자"의 대칭이 되는 "믿음이 강한 자"를 언급하지 않는다. 바울은 로마서 15:1에 가서야 "믿음이 강한 우리"를 언급하고 그 대칭으로 "믿음이 약한 자"를 언급한다.[623] 비록 로마서 15:1의 헬라어 원문에는 "믿음"(πίστις)이라는 용어는 나타나지 않지만 바울의 의도는 로마서 14장의 "믿음이 연약한 자"에 대한 교훈과 연계하여 로마서 15장에서 "믿음이 강한 자"에 대한 교훈을 설명하기 원하는 것이므로(롬 15:1–13) 로마서 15:1에서 "믿음"을 넣어 "믿음이 강한 우리"라고 번역하여도 큰 잘못은 없다고 사료된다.

바울이 언급하고 있는 "믿음이 연약한 자"(롬 14:1–2)는 누구이며, "믿음이 강한 자"(롬 15:1)는 누구인가? "믿음이 강한 자"는 그리스도의 죽음과 부활이 성도들의 매일의 삶에 어떤 의미를 가지는지 분명하게 이해하는 성도들이요, "믿음이 약한 자"는 구약 율법의 의식들과 그리스도의 사건들과의 관계를 확실하게 정리하지 못하고 생활하는 성도들을 가리킨다. 바울은 로마서 14장에서 "믿음이 약한 자"이거나 "믿음이 강한 자"이거나를 막론하고 모두 진정한 성도임을 분명히 한다(롬 14:1–4, 6, 10, 13; 15:1–6). 바울은 이 단락의 결론과 같은 부분인 로마서 15:7–13을 설명하면서 교회 안에서 유대인들과 이방인들의 연합과 일치의 문제를 다룬다. 그래서 바울은 그리스도께서 "할례의 추종자가 되신"(롬 15:8)것은 먼저는 "조상들에게 주신 약속들을 견고하게 하고"(롬 15:8) 또한 "이방인들도 하나님께 영광을 돌리게 하려 하심이라"(롬 15:9)라고 언급한다. 바울은 구약 시편을 인용하여(시 18:49; 참조, 삼하 22:50) "그러므로 내가 열방 중에서 주께 감사하고 주의 이름을 찬송하리로다"(롬 15:9)라고 권면하고, 신명기를 인용하여(신 32:43) "열방

623 바울은 롬 15:1에서 "믿음이 강한 우리"라는 표현과 "믿음이 약한 자"라는 표현을 사용하지만 헬라어 원문에는 "믿음"(πίστις)이라는 용어가 등장하지 않는다. 그래서 영어 번역본들은 "We who are strong," "the weak" (NIV, ESV)와 "Now we who are strong," "the weaknesses of those" (NASB)로 처리했다. 하지만 개역개정이 "믿음"을 첨가하여 번역했으므로 잘못된 번역이라고 할 수 없다.

들아 주의 백성과 함께 즐거워하라"(롬 15:10)라고 권면하며, 시편을 인용하여(시 117:1) "모든 열방들아 주를 찬양하며 모든 백성들아 그를 찬송하라"(롬 15:11)라고 권면하고, 이사야서를 인용하여(사 11:1, 10) "이새의 뿌리 곧 열방을 다스리기 위하여 일어나시는 이가 있으리니 열방이 그에게 소망을 두리라"(롬 15:12)라고 계속적으로 권면한다. 그런데 바울이 여기서 인용한 구약의 모든 구절들이 유대인들과 이방인들을 포함한 모든 열방이 주께 감사하고 주를 찬양하며 주님에게 소망을 둔다는 내용이다. 바울은 유대인들과 이방인들이 모두 연합하고 일치하여 주님을 찬양하는 것을 강조한다. 그러므로 바울이 본 단락에서 언급한 "믿음이 연약한 자"와 "믿음이 강한 자"(롬 15:1)는 유대인 성도들과 이방인 성도들을 구별하기 위한 목적이 있는 것이 아니요, 오히려 유대인 성도들과 이방인 성도들의 화합과 일치를 염두에 두고 말한 것으로 해석할 수 있다. 물론 그 당시의 로마교회의 상황으로 보아 "믿음이 강한 자"의 그룹에 이방인들의 숫자가 더 많고, "믿음이 연약한 자"의 그룹에 율법의 규례들을 중요하게 생각하는 유대인들이 더 많이 포함되어 있었을 것이다. "믿음이 연약한 자"는 율법으로 교육받고 율법의 전통을 이어받고 살아온 유대인들이 구원받은 이후에도 율법의 규례를 따라 음식을 가려먹고(롬 14:2-3, 14-17, 21-23), 어떤 특정한 날을 다른 날보다 귀하게 여기는(롬 14:5) 등 그리스도인의 자유를 충분히 누리지 못하고 주저함이나 양심의 가책을 가진 유대인들과 그런 믿음을 가진 다른 성도들을 포함한 그룹을 가리킨다고 사료된다. "믿음이 강한 자"는 바울이 "믿음이 강한 우리"(롬 15:1)라고 언급함으로 그 속에 유대인도 포함되어 있고 이방인도 포함되어 있음을 확인한다. "믿음이 강한 자"는 율법의 조목에 매이지 않고 복음 안에서 자유롭게 생활하는 성도로 "무엇이든지 스스로 속된 것이 없으되 다만 속되게 여기는 그 사람에게는 속되니라"(롬 14:14)라는 믿음으로 최대의 자유를 누리고 사는 이방인들과 유대인들이 포함된 성도들의 그룹을 가리킨다고 생각할 수 있다.

데니(Denney)는 "연약한 자는 유대인들이거나 혹은 유대주의의 영향하에 살아가는 사람들을 가리키며, 강한 자는 이방인들이거나 혹은 적어도 바울이 이방인들에게 전파한 복음을 바로 이해한 사람들이라고 할 수 있다."[624]라고 해석한다. 우리가 주목해야 할 부분은 바울이 "믿음이 연약한 자"는 율법에 익숙한 유대인들을 가리키고, "믿음이 강한 자"는 율법과 상관없이 믿음으로만 구원을 받는다는 믿음을 가진 이방인들을 가리킨다고 "유대인"과 "이방인"을 대칭시켜 말하고 있지 않다는 것이다. 바울은 유대인 성도들과 이방인 성도들을 생각하고 있는 것은 사실이지만 그들을 구별하려는 목적이 있는 것이 아니요, 유대인 성도나 이방인 성도 할 것 없이 믿음이 강한 자들이 믿음이 연약한 자들을 배려하고 그들을 받아들임으로 교회 공동체가 건강한 공동체가 되어야 한다고 강조하고 있다. 핫지(Hodge)는 "믿음이 연약한 자"를 설명하면서 "가장 그럴듯한 견해는 그들이 견실한 유대인 기독교인의 일부였다는 것이다. 그들은 아마 모세의 의식(ceremony)들이 요구하는 것 이상으로 더 엄격하고 절제하는 에세네파(the school of Essenes)였을 것이다."[625]라고 설명하고, 계속해서 "초기 기독교인들 중 어떤 사람들은 의심할 것 없이 예수님이 메시아이심을 충분히 확신하고 있었지만 그럼에도 불구하고 그들은 깨끗한 고기와 불결한 고기의 구분이 완전하게 철폐되었는지에 대한 심각한 의심을 가지고 있었다."[624]라고 해석

624 James Denney, "St. Paul's Epistle to the Romans," *The Expositor's Greek Testament,* Vol. II (1980),p. 701.

625 C. Hodge, *A Commentary on Romans,* p. 417.

한다. 핫지의 해석은 "믿음이 연약한 자"가 유대인 기독교인들만을 가리키지 않음을 확실히 한다.

바울은 "믿음이 강한 자"는 자기 앞에 놓인 모든 음식을 감사함으로 먹을 수 있는 성도들이요, "믿음이 연약한 자"는 오로지 채소만 먹어야 한다고 생각하는 성도라고 설명한다(롬 14:2). 바울은 고린도교회에 보낸 편지에서는 우상에 바쳐진 제물을 먹을 수 있느냐의 문제를 다루는 반면(고전 8:1-13), 로마서 14장에서는 우상에 바쳐진 음식인지 아닌지에 대해서는 밝히지 않는다(롬 14:1-3). 바울은 "믿음이 강한 자들"과 "믿음이 연약한 자들"이 함께 모여 사는 믿음의 공동체 내에서 사람들은 서로 다른 견해를 가질 수 있지만 공동체의 구성원들이 어떻게 서로 일치와 협력을 하면서 살 수 있는지에 대한 방법을 제시한다. 그것은 "믿음이 강한 자"가 "믿음이 연약한 자"를 "업신여기지 말고," "비판하지 않는 것"(롬 14:3)이라고 말한다. 바울은 "믿음이 강한 자"가 "믿음이 약한 자"를 배려하고 격려하고 도와주어야 할 이유는 바로 하나님이 믿음이 연약한 자를 받으셨기 때문이라고 설명한다(롬 14:3). 칼빈(Calvin)은 "만약 하나님이 우리를 다른 사람보다 더 강하게 만들어 주셨다면, 하나님은 연약한 자들을 억압하게 하시기 위해 우리에게 강함을 주시지 않았다. 또한 대단히 교만하여지고 다른 사람들을 경멸하는 것이 기독교인의 지혜의 한 부분이 아니다."[627]라고 설명한다. 교회 공동체 안에는 삶의 배경, 경험, 교육, 그리고 믿음 생활의 길고 짧음의 차이 때문에 어떤 문제에 대해 확신과 견해의 차이가 있을 수 있다. 그러나 이런 차이는 극복할 수 없는 문제가 아니요, 얼마든지 극복할 수

626 C. Hodge, *A Commentary on Romans*, p. 417.

627 Calvin, *The Epistles of Paul the Apostle to the Romans and to the Thessalonians*, p. 289.

있는데 먼저 "강한 자"의 배려가 있어야 하고 특히 "약한 자"도 하나님의 사랑을 받고 그리스도와 함께 한 상속자임을 명확히 인정할 때 가능한 것이다.

롬 14:4-6 바울은 이제 특별한 논리로 믿음의 공동체 내의 어떤 사람도 다른 사람을 비판하고 경멸할 수 없다고 설명한다. 바울은 비판하는 사람에게 "남의 하인을 비판하는 너는 누구냐"(롬 14:4)라고 질문을 던진다. 바울은 자기에게 속하지 않은 하인에 대해 비판하고 판단하는 것은 그가 할 일이 아니라고 설명하면서 그가 비판하는 하인이 "서 있는 것이나 넘어지는 것이 자기 주인에게 있으매"(롬 14:4)라고 함으로 남의 하인을 비판할 수 없다는 논리를 전개한다. 바울은 로마서 14:4에서 특이한 표현인 "남의 하인"(ἀλλότριον οἰκέτην)이란 표현을 한 번 사용하고 "주"(κύριος)라는 표현을 두 번 사용하여 "남의 하인"이 세상의 주인에게도 속했지만 또한 모든 믿는 자의 주님이신 예수 그리스도에게도 속한 사람임을 확인한다. 결국 바울은 "믿음이 강한 자"가 "믿음이 연약한 자"를 비판하고 경멸할 수 없는 이유는 그 하인이 바로 믿음의 공동체의 주인이신 예수 그리스도에게 속해있기 때문이라고 논리를 전개한다. "믿음이 강한 자"나 "믿음이 약한 자"나 그들의 행동에 대해 주님의 판단을 받아야 한다. 그래서 바울은 하인이 "서 있는 것"이나 "넘어지는 것"(롬 14:4)을 판단할 권한은 자기 주인에게 있다고 말한 후 하인의 부정적인 행위는 언급하지 않고 오히려 긍정적인 면인 "그가 세움을 받으리니"(롬 14:4)라고 확신의 말을 하고 있는 것이다. 왜냐하면 "그를 세우시는 권능이 주께 있음"(롬 14:4)이기 때문이다. 그러므로 교회 공동체 내에서 "믿음이 강한 자"이거나 "믿음이 약한 자"이거나 믿는 자를 판단하실 수 있는 분은 오직 공동체의 주인이신 예수 그리스도뿐이시라는 교훈이다. 그래서 바울은 "남의 하인을 비판하는 너는 누구냐"(롬 14:4)라고 강한 질문을 하는 것이다.

바울은 조금 전에 먹는 문제와 연계하여 "믿음이 강한 자"는 "믿음이 연약한 자"를 업신여기거나 비판하지 말라고 권면한 바 있다(롬 14:2-3). 바울은 이제 한 날을 다른 날보다 더 거룩하게 여기는 문제에 대해 다룬다(롬 14:5).[628] 바울은 "어떤 사람은 이 날을 저 날보다 낫게 여기고 어떤 사람은 모든 날을 같게 여기나니"(롬 14:5)라고 함으로 교회 공동체에 속한 성도들 사이에도 날(ἡμέρα)에 대한 견해의 차이가 있음을 지적하고 견해가 다른 성도들끼리 이 문제에 대해 서로 비판하거나 멸시해서는 안 된다고 가르친다. 그러면 로마교회의 성도들이 날과 날의 차이를 어떻게 구별했는가? 캐제만(Käsemann)은 "기독교인들이 어떤 날들은 행운의 별들 아래 있고, 어떤 날들은 불운의 별들 아래 있는 것으로 확신하는 견해를 가진 것으로 보인다. 바울은 이 신앙을 정당화하지도 않고, 정죄하지도 않는다. 공동체에 미치는 효과들이 바울의 마음의 평안을 어지럽게 하는 유일한 것들이다."[629]라고 해석한다. 캐제만의 해석은 로마교회 성도들이 어떤 날은 행운의 별과 연관된 날이고 어떤 날은 불운의 별과 연관된 날이라고 생각했다고 설명한다. 그리고 캐제만은 바울이 그런 생각들의 차이가 교회 공동체에 미치는 효과에만 관심이 있었다고 설명한다. 캐제만의 해석은 본문을 왜곡시키는 잘못된 해석으로 받아들일 수 없는 견해이다. 만약 로마교회의 성

628 롬 14:5의 "κρίνει"와 "παρά"를 함께 사용한 것은 한 날을 다른 날과 비교하여 한 날을 다른 날보다 더 귀중하게 여긴다는 뜻이 담겨 있다.

629 Ernst Käsemann, *Commentary on Romans* (1980), p. 370.: "It appears, then, that Christians are in view who are convinced that days stand under lucky or unlucky stars (cf. Billerbeck: Lagrange). Paul neither justifies nor condemns this belief. Its effects on the community are the only things which disturb him."

도들이 창조원리에 역행해서 날을 구분하는 견해 때문에 서로 간 반목이 있었다면 바울은 분명한 어조로 그들의 잘못을 지적하고 경고했을 것이다. 창조원리는 하나님이 창조한 모든 날이 동등하고 귀중한 날이라고 가르친다.

우리는 바울이 로마서를 쓸 당시 로마교회의 형편을 참고할 필요가 있다. 로마교회의 구성원들은 예수를 믿는 유대인들과 이방인들로 구성되어 있었다. 물론 그 구성원들의 비율을 정확하게 말할 수는 없지만 로마교회의 구성원들이 구약의 배경을 가진 유대인들과 복음을 받아들여 예수를 구주로 영접한 이방인들이 함께 신앙생활을 하고 있는 것은 확실하다. 그래서 바울은 "남을 사랑하는 자는 율법을 다 이루었느니라"(롬 13:8)라고 말하고 유대인들에게 익숙한 십계명의 일부를 언급한 것이다(롬 13:9). 그러므로 바울이 "어떤 사람은 이 날을 저 날보다 낫게 여기고 어떤 사람은 모든 날을 같게 여기나니"(롬 14:6)라고 말한 것은 그들의 오랜 삶의 배경에서 생겨난 차이라고 볼 수 있다. 핫지(Hodge)는 "모세의 율법이 먹는 고기를 깨끗하고 불결하게 구별할 뿐만 아니라 어떤 날들은 종교적 축제일로 지키도록 요구한다. 유대인 회심자들은 전자(음식 문제)와 마찬가지로 이 후자(날의 문제)에 관해서도 성실했었다. 그러므로 어떤 기독교인들은 그들이 이 날들을 지켜야 할 의무가 있는 것으로 생각했고, 다른 사람들은 그와는 반대로 생각했다. 두 그룹 다 용납되어야 한다. 이런 날들을 숭배하는 것은 연약한 것이다. 그러나 그것은 심각한 문제가 아니므로 기독교 교제와 교회의 평강을 어지럽히도록 내버려 두어서는 안 된다."[628]라고 바르게 해석한다. 바울은 "믿음이 강한 자"는 이 문제로 "믿음이 연약한 자"를 멸시하거나 비판해서는 안 되고, 반대로 "믿음이 연약한 자"는 역시 이 문제로 "믿음이 강한 자"를 정죄해서는 안 된다고 가르친다. 그러므로 바울은 "각각 자기 마음으로 확정할지니라"(롬 14:5)라고 함으로 각각 마음에 옳은 대로 행하라고 권면하고 있는 것이다. 바울은 날을 구별하는 일이 복음의 내용이나 구속의 교리에 치명적인 손상을 입힐 수 있는 것이었다면 이렇게 권면하지 않았을 것이다. 바울은 날을 구별하는 것은 심각한 문제가 아니므로 서로 간에 비방과 비판을 자제하고 교회 공동체의 연합과 일치를 위해 노력해야 한다고 가르치고 있다.

그래서 바울은 다음 절에서 "날을 중히 여기는 자"나 음식을 자유롭게 "먹는 자"도 모두 주를 위하여 먹는다고 설명한다. 여기 "날을 중히 여기는 자"는 "믿음이 연약한 자"를 가리키고, "먹는 자"는 "믿음이 강한 자"를 가리킨다. 바울은 강한 자도 주를 위하여 행동하고, 약한 자도 주를 위하여 행동한다고 말한다. 그리고 "먹지 않는 자"는 먹는 문제에 관해 "약한 자"를 가리키는데 그도 역시 주를 위하여 먹지 않는다. 바울은 "먹는 자" 즉 "믿음이 강한 자"도 "주를 위하여 먹으니 이는 하나님께 감사함이요"(롬 14:6)라고 하면서 "이는"(γάρ)을 사용하여 감사하는 이유가 바로 먹을 수 있기 때문이라고 밝히고 있고, "먹지 않는 자" 즉 "믿음이 약한 자"는 "주를 위하여 먹지 아니하며 하나님께 감사하느니라"(롬 14:6)라고 하면서 "먹지 아니한 것"과 "하나님께 감사하는 것"을 그리고(καί)로 연결하여 먹지 않지만 그럼에도 불구하고 하나님께 감사한다는 것을 강조하고 있다. 바울은 "강한 자"이든 "약한 자"이든 그들의 감사는 그들이 모든 것을 하나님께 빚을 지고 있기 때문이라는 것을 강조하고 있다.

본문 로마서 14:6에서 "주를 위하여"(κυρίῳ)를 세 번 사용하고 "하나님께"(τῷ θεῷ)를 두 번 사용한 것은 "강한 자"나 "약한 자"가 주님과 하

630 C. Hodge, *A Commentary on Romans,* p. 420.

나님께 그들의 양심에 따라 행동하고 있음을 강조한다. 그래서 바울은 먹는 자나 먹지 않는 자나 그들은 "하나님께 감사하면서"(롬 14:6) 행동한다고 전한다. 성도들은 "강한 자"의 양심의 확신도 높이 평가해야 하지만 "약한 자"의 양심에 따른 확신도 동시에 높이 평가해야 한다. 그래서 바울은 성도들의 삶은 자기 자신을 위한 삶이 아님을 분명히 한다. 바울은 "우리 중에 누구든지 자기를 위하여 사는 자가 없고 자기를 위하여 죽는 자도 없도다"(롬 14:7)라고 함으로 바로 전절의 내용을 확인하고 있다. 진정한 성도라면 자신을 자신의 주인으로 생각하지 않고 자기의 뜻에 따라 모든 행동을 하지 않는다. 진정한 성도는 예수 그리스도의 일꾼이요 종이다(고전 4:1–2). 그러므로 진정한 성도는 자기 자신의 영광을 위해 살지 않고 그리스도의 영광을 위해 산다.

롬 14:7–12 바울은 로마서 14:7에서 진정한 성도라면 자신의 의지대로 살지 않고 자신의 쾌락을 위해 살지 않는다(롬 14:7 참조)라고 부정적인 표현으로 설명하고, 이제 바로 이어서 진정한 성도는 그리스도의 뜻에 따라 살고 그리스도의 영광을 위해 산다(롬 14:8 참조)라고 긍정적인 표현으로 설명한다. 이처럼 "믿음이 강한 자"이거나 "믿음이 연약한 자"이거나 진정한 성도는 그리스도의 뜻에 따라 살고 그의 영광을 위해 살기 때문에 바울은 "우리가 주의 것이로다"(롬 14:8)라고 말하는 것이다.[631] 성도들은 자신의 것이 아니요 그리스도를 주인으로 모시고 사는 종이다(고전 4:1–2; 6:19).

---

631 바울은 롬 14:8에서 "주를 위하여 살고"(τῷ κυρίῳ ζῶμεν)라는 표현에서 "주를 위하여"를 여격(dative)으로 사용하여 성도의 주님에 대한 헌신을 묘사하고, "주의 것이로다"(τοῦ κυρίου ἐσμέν)라는 표현에서 "주의"를 속격(genitive)으로 사용하여 성도가 주님의 소유임을 확실히 한다.

바울은 이제 우리 모두가 왜 주님의 것인지를 설명한다. 바울은 "이를 위하여"(εἰς τοῦτο)라는 표현으로 로마서 14:9을 시작한다. 우리가 주의 뜻에 따라 살고 그의 영광을 위해 사는 이유는 "그리스도께서 죽었다가 다시 살아나셨으니 곧 죽은 자와 산 자의 주"(롬 14:9)이시기 때문이다. 주님은 그의 죽음과 부활을 통해 우리의 주님이 되셨다. 머레이(Murray)는 몇 가지로 예수님이 우리의 주님이 되신 사실을 잘 설명한다. 머레이는 첫째, 그리스도가 우리의 주님이 되신 것은 본체론적으로 그가 하나님의 아들이기에 가능한 것이 아니었다. 주님의 주님 되심은 주님 자신이 확보해야만 하는 사항이었다. 그리스도가 우리의 구속을 성취하셨기 때문에 구속적 관계 안에서 우리의 주님이 되셨다. 둘째, 그리스도는 우리의 주님이 되시고 주님으로 행사하시기 위하여 "죽으시고 살아나셨다." 바울이 "사시고 죽으셨다"라고 쓰지 않고 "죽으시고 살아나셨다"로 그 순서를 정한 것은 "살아나셨다"의 표현을 통해 그리스도가 그의 부활을 통해 사셨음을 강조한 것이다. 셋째, 그리스도가 우리를 통치하는 권한을 확보한 것은 한 편만이 아니요 "죽은 자와 산 자" 모두의 주가 되시기 위한 것이다. 죽은 자와 산 자라는 표현은 그리스도가 두 영역 모두에서 그의 주권을 동등하게 행사하신다는 뜻이다. 넷째, 그리스도의 통치권은 불신자로 죽은 자이거나 불신자로 산 자이거나 모두를 포함하는 것은 당연하지만(참조, 요 5:26-29), "우리가 주의 것이로다"(롬 14:8)라는 말씀은 로마서 14:9이 설명하는 것처럼 신자에게만 해당되는 것으로 이해하는 것이 바르다. 그 이유는 "우리가 주의 것이로다"(롬 14:8)를 불신자에게 적용할 수 없기 때문이다.[632] 예수 그리스도는 그의 죽음으로 우리들의 죄 문제를 해결해 주

632 John Murray, *The Epistle to the Romans*, Vol. II (*NICNT*) (1968), pp. 182-183.

셨고, 그의 부활을 통해 우리에게 영원한 생명을 누릴 수 있게 해 주셨다. 그래서 예수님의 죽음과 부활은 우리의 구원을 위해 동전의 양면과 같이 반드시 필요한 사건이었다. 죽음 없는 부활은 죄에 대한 하나님의 공의가 서지 않고, 부활 없는 죽음은 하나님의 구속 성취를 미완으로 남게 만드는 것이다. 그래서 바울은 "그리스도께서 만일 다시 살아나지 못하셨으면 우리가 전파하는 것도 헛것이요 또 너희 믿음도 헛것"(고전 15:14)이라고 천명하는 것이다. 죄인들을 구원하시고 영원한 생명을 주시기 위해서는 반드시 예수님의 죽음과 부활이 동시에 필요하다.

바울은 그리스도의 죽음과 부활로 죄 문제를 해결 받고 영생을 소유하게 된 성도들은 형제를 귀하게 여겨야 한다고 가르친다(롬 14:10-13). 바울은 교회 공동체 안의 성도는 예수님이 그를 위해 죽으실 만큼 사랑한 자요(롬 14:9) 하나님이 그를 받아들이고 인정하셨는데 "네가 어찌하여 네 형제를 비판하느냐 어찌하여 네 형제를 업신여기느냐"(롬 14:10)라고 함으로 교회 안의 형제를 비판하는 것은 잘못된 것이라고 지적한다. "믿음이 강한 자"이거나 "믿음이 약한 자"이거나 예수님은 그들 모두를 위해 죽으시고 부활하셨기 때문에 서로 믿음의 형제자매들이요 예수님과 함께한 상속자들이다(롬 8:17). 그러므로 교회 안의 성도들은 자신의 견해와 조금 다르다고 상대방을 비판하거나 판단해서는 안 된다. 바울은 곧바로 "우리가 다"라는 표현을 사용하여 "믿음이 강한 자"와 "믿음이 약한 자" 모두가 "하나님의 심판대 앞에 서리라"(롬 14:10)[633]라고 권면하고 있는 것이다. 우리 모두를 심판하실 분은 예수

633 "하나님의 심판대"(τῷ βήματι τοῦ θεοῦ)에 관한 사본 상의 문제가 제기된다. Marcion, Polycarp, Tertullian, Origen, Chrysostom 등이 고후 5:10에서 사용된 "그리스도의 심판대"(τοῦ βήματος τοῦ Χριστοῦ)라는 표현을 근거로 본 구절에서도 "그리스도의 심판대"를

님 한 분 뿐이시다. 그런데 예수님이 심판하시기도 전에 우리가 다른 성도를 심판하면 우리는 예수님의 특권을 빼앗는 잘못을 범하는 것이다(참조, 고전 4:4; 살후 1:5-9).

이제 바울은 이사야 45:23을 인용하여 주님이 유일하고 최종적인 심판자이심을 분명하게 밝힌다. 바울은 "기록되었으되 주께서 이르시되 내가 살았노니 모든 무릎이 내게 꿇을 것이요 모든 혀가 하나님께 자백하리라 하였느니라"(롬 14:11)라고 설명한다. 그런데 이사야서는 "내가 나를 두고 맹세하기를 내 입에서 공의로운 말이 나갔은즉 돌아오지 아니하나니 내게 모든 무릎이 꿇겠고 모든 혀가 맹세하리라 하였노라"(사 45:23)라고 읽는다. 이 말씀은 빌립보서 2:10-11에서도 인용된 말씀이다. 이사야서의 내용과 바울이 인용한 로마서의 내용을 비교하면 바울이 이사야서를 자구에 충실하게 인용하지 않고 이사야서의 내용을 충실히 전달하는 방식으로 인용하였다. 신약의 저자들이 구약을 인용할 때 자구를 고치지 않고 인용하거나 해석적으로 인용하거나 어순을 바꾸어 인용하거나 구약의 내용을 첨삭(添削)하여[634] 인용하는 것은 잘못된 방법이 아니다.[635] 베드로(Peter)는 사도행전 2:17-21에서 요엘(Joel) 2:28-32의 내용을 인용한다. 베드로는 요엘서의 "그 후에"(And afterward)를 "말세에"(In the last days)로 바꾸어 인용하는데 이는 구속역사의 성취의 관점에서 보면 당연한 변화인 것이다. 왜냐하면 베드

본문으로 받아야 한다고 주장한다. 물론 하나님과 그리스도가 우리를 심판하시는 심판대에 함께 앉아 계실 것이기에 큰 문제는 없지만 본 구절인 롬 14:10의 경우는 중요한 사본들(א*, A, B, C*, D, G, Augustine 등)의 지지를 고려할 때 "하나님의 심판대"를 본문으로 받는 것이 타당하다. United Bible Societies의 편집위원회도 롬 14:10의 "하나님의 심판대"에 대한 약간의 의심이 있음을 지적하지만 B 등급으로 처리했다. Cf. Bruce M. Metzger, *A Textual Commentary on the Greek New Testament* (1971), p. 531.

634 첨삭의 뜻은 내용을 보충하거나 삭제하여 고치는 것을 말한다

635 박형용, 『성경해석의 원리』 (수원: 합동신학대학원출판부, 2014), pp. 66-68.

로가 오순절 사건을 설명하면서 요엘서의 "그 후에"를 다시 쓸 수 없었기 때문이다. 심지어 베드로는 요엘서에 없는 "그들이 예언할 것이요"(행 2:18)라는 구절을 첨가하기까지 한다. 또한 마태복음(Matthew)에 보면 예수님께서 태어나시자마자 예수님과 가족이 헤롯 대왕의 박해를 피해 애굽으로 피난 갔다가 헤롯 대왕이 죽은 후 주의 사자의 지시에 따라 다시 이스라엘 땅으로 돌아올 때 예루살렘을 포함한 유대지역을 헤롯 아켈라오(Herod Archelaus)가 통치하고(BC 4–AD 6) 있었다. 이 사실을 안 요셉과 마리아 그리고 예수님이 갈릴리 지방으로 가서 나사렛(Nazareth) 동네에 정착한다(마 2:19–23). 그런데 마태는 "이는 선지자로 하신 말씀에 나사렛 사람이라 칭하리라 하심을 이루려 함이러라"(마 2:23)라고 함으로 예수님이 나사렛에 정착한 것이 구약에 예언된 것처럼 설명한다. 하지만 구약의 어느 책에서도 예수님이 나사렛 사람이라 칭하리라고 예언한 내용을 찾을 수 없다. 그러면 마태가 잘못 인용하였고 성경에 오류가 발생하게 되었는가? 그것은 그렇지 않다. 마태는 그 당시 나사렛 동네의 실상과 예수님의 비하의 모습을 비교하여 그렇게 설명한 것이다. 우리는 "나사렛에서 무슨 선한 것이 날 수 있느냐"(요 1:46)라는 말씀을 통해 그 당시 나사렛이 어떻게 평가되었는지를 알 수 있다. 그리고 예수님은 하나님의 아들이시면서도 인간의 몸을 입으시고 낮아지셨다(빌 2:6–8). 마태는 바로 이런 특징들을 비교하여 예수님이 예언된 대로 나사렛 사람이라 칭함을 받게 되었다고 설명한 것이다. 우리는 신약성경에서 이와 같은 인용 관행을 자주 접하게 된다.

바울은 로마서 14:11에서 이사야 45:23을 인용하면서 그 당시의 방법에 따라 이사야서의 내용을 왜곡시키지 않으면서 자유롭게 인용한 것이다. 핫지(Hodge)는 "'내가 살았노니'(로마서)는 맹세의 한 형식으로, '내가 나를 두고 맹세하기를'(이사야서)의 의미를 정확하게 전달한 것이다. 그리고 어떤 존재(being)로 맹세하는 것은 우리들에 대한 그의 능력과 권위를 인정하는 것으로 '모든 혀가 하나님께 자백하리라'(로마서)라는 표현은 '모든 혀가 맹세하리라'(이사야서)라는 표현과 비슷한 의미를 가지고 있다. 진정으로 두 표현 모두 '모든 무릎이 내게 꿇을 것이요'라는 구절에 병행적으로 나타난다. 그리고 모든 사람이 하나님께 복종할 것이라는 일반적인 개념을 다르게 표현하는 형식으로 하나님을 최고의 통치자요 심판자로 그의 권위를 인정하는 것이다."[636]라고 바울의 인용 방법을 설명한다. 박윤선도 "'내가 살았노니'란 말은, 맹세하는 의미를 가진 문구로서 그 아래 따르는 말씀의 진실성을 확보한다."[637]라고 해석한다. 바울은 예수님의 죽음과 부활 이후의 구속 역사적 관점에서 이사야서를 필요적절하게 인용한 것이다. 우리는 바울의 인용에서 한 가지 중요한 강조를 발견한다. 그것은 바울이 "주"(κύριος)와 "하나님"(τῷ θεῷ)을 동등하게 표현함으로 주님이신 예수님이 하나님이심을 확인해 주고 있는 것이다.

바울은 우리 모두가 "하나님의 심판대"(롬 14:10) 앞에 서게 될 것이요, 공평하시고 의로우신 심판장 앞에서 우리의 행위들을 자백하게 될 것(롬 14:11)이라고 말한다. 그래서 바울은 "이러므로 우리 각 사람이 자기 일을 하나님께 직고하리라"(롬 14:12)라고 가르치고 있다. 우리 각자는 사람에게 직고하는 것이 아니요 오직 하나님께 직고하게 될 것이다. 우리는 다른 사람을 판단하는 자리에 앉아 있지 않고, 하나님의 판

---

636 C. Hodge, *A Commentary on Romans*, p 422.; Cf. John Calvin, *The Epistles of Paul the Apostle to the Romans and Thessalonians*, p. 296.: 칼빈은 이사야 45:23의 "내가 나를 두고 맹세하기를"이란 표현은 바울이 로마서 14:11에서 사용한 "자백하리라"와 같은 의미라고 해석한다. 그 이유는 맹세는 하나님을 예배하는 한 형식이기 때문이라고 설명한다.

637 박윤선,『성경주석. 로마서』(1969), p. 378.

단을 받는 자리에 앉아 있게 될 것이다. 그러므로 교회 내의 성도들은 "믿음이 강한 자"이거나 "믿음이 약한 자"이거나 다른 사람을 판단하는 자리에 서 있지 말고 예수 그리스도의 판단을 받는 자리에 서 있게 될 것을 기억해야 한다. 모든 성도들은 형제자매를 사랑하고 세워주는 일을 해야지 비판하거나 정죄하는 일을 해서는 안 된다.

2. 하나님 나라 안에서의 행동수칙(롬 14:13-23)

> 13 그런즉 우리가 다시는 서로 비판하지 말고 도리어 부딪칠 것이나 거칠 것을
> 형제 앞에 두지 아니하도록 주의하라 14 내가 주 예수 안에서 알고 확신하노니
> 무엇이든지 스스로 속된 것이 없으되 다만 속되게 여기는 그 사람에게는 속되
> 니라 15 만일 음식으로 말미암아 네 형제가 근심하게 되면 이는 네가 사랑으로
> 행하지 아니함이라 그리스도께서 대신하여 죽으신 형제를 네 음식으로 망하
> 게 하지 말라 16 그러므로 너희의 선한 것이 비방을 받지 않게 하라 17 하나님의
> 나라는 먹는 것과 마시는 것이 아니요 오직 성령 안에 있는 의와 평강과 희락
> 이라 18 이로써 그리스도를 섬기는 자는 하나님을 기쁘시게 하며 사람에게도
> 칭찬을 받느니라 19 그러므로 우리가 화평의 일과 서로 덕을 세우는 일을 힘쓰
> 나니 20 음식으로 말미암아 하나님의 사업을 무너지게 하지 말라 만물이 다 깨
> 끗하되 거리낌으로 먹는 사람에게는 악한 것이라 21 고기도 먹지 아니하고 포
> 도주도 마시지 아니하고 무엇이든지 네 형제로 거리끼게 하는 일을 아니함이
> 아름다우니라 22 네게 있는 믿음을 하나님 앞에서 스스로 가지고 있으라 자기
> 가 옳다 하는 바로 자기를 정죄하지 아니하는 자는 복이 있도다 23 의심하고 먹
> 는 자는 정죄되었나니 이는 믿음을 따라 하지 아니하였기 때문이라 믿음을 따
> 라 하지 아니하는 것은 다 죄니라(롬 14:13-23, 개역개정)

롬 14:13-15 바울은 이제 우리들이 모두 하나님의 심판대 앞에 서서(롬 14:10) 우리의 행한 일을 낱낱이 직고해야 할 사람들임을 깨닫고(롬 14:12) "우리가 다시는 서로 비판하지 말고 도리어 부딪칠 것이나 거칠 것을 형제 앞에 두지 아니하도록 주의하라"(롬 14:13)라고 권면한다. 바울은 바로 전에 언급한 형제를 비판하지 말아야 한다(롬 14:1-3, 10)는 교훈을 계속해서 상기시킨다. 바울이 형제자매를 비판하지 말고 형제를 넘어뜨리기 위해 부딪칠 것이나 거칠 것을 형제 앞에 두지 말라고 권면하는 교훈은 예수님의 교훈과 일치 한다. 물론 바울이 자신의 생각을 자신의 기록 형편에 맞게 발전시켰을지라도 바울의 교훈은 예수님이 마태복음 18장에서 가르치신 교훈에 근거를 두고 있다.

예수님은 "삼가 이 작은 자 중의 하나도 업신여기지 말라"(마 18:10)라고 말씀하시고, "누구든지 나를 믿는 이 작은 자 중 하나를 실족하게 하면 차라리 연자 맷돌이 그 목에 달려서 깊은 바다에 빠뜨려지는 것이 나으니라"(마 18:6)라고 가르치신다. 예수님의 교훈은 대단히 엄중하다. 하나님 나라 안에서 작은 자를 실족시키면 차라리 연자 맷돌을 목에 달고 깊은 바다에 빠지는 것이 낫다고 말씀하시는 것은 목숨을 걸고 그 일을 하지 말라는 뜻이다. 리델보스(Ridderbos)는 마태복음 18:6을 해석하면서 "'누구든지 나를 믿는'이라는 말씀은 예수님이 일반적인 약자나 무력한 자를 말하는 것이 아니요, 그들의 신뢰를 주님에게 바치는 사람들만을 말하고 있음을 가리킨다. 다른 말로 표현하면 그는 교회 안에서의 관계들에 대하여 말하고 있다. 교회에 속한 그런 연약한 자나 무력한 구성원으로 하여금, 경멸하는 태도를 통해서나 빈약한 모범을 통해서나 혹은 다른 어떤 수단을 통해서, 죄를 짓게 하거나 불신을 갖게 하는 사람은 누구든지 하나님에 의해 대단히 엄중하게 처리될 것이기 때문에 그는 이 지상에서 사라지는 것이 더 나을 것이다."[636]라고 함으로 교회 내에서 약자를 실족하게 하면 그 책임이 대단히 엄중함을 강조한다.

그래서 바울은 "우리가 다시는 서로 비판하지 말고"(롬 14:13)라고 강조하고 있다. 교회 공동체 내에서는 서로 비판하여 교회의 연합과 일치를 파괴해서는 안 된다. 그리고 성도들은 다른 성도가 넘어져 실족하도록 그의 앞에 "부딪칠 것"(πρόσκομμα, stumbling block)이나[639] "거칠 것"(σκάνδαλον, obstacle)을 두지 않도록 주의해야 한다. 발즈(Balz)는 "강한 자의 자유는 약한 자에게 범죄행위가 될 수 있고, 약한 자들을 용납되지 않는 인간의 편견에 빠지게 만든다. 그러므로 교회의 기준은 어떤 사람의 견해가 옳으냐 그르냐가 되어서는 안 되고, '도리어 부딪힐 것이나 거칠 것을 형제 앞에 두지 아니하도록 주의 하는 것'"(롬 14:13)이다."[640]라고 정리한다.

바울은 이제 "믿음이 강한 자"의 관점에서 문제를 풀어나간다. 바울은 "내가 주 예수 안에서 알고 확신하노니"(롬 14:14)라는 말을 통해 앞으로 말하고자 하는 내용이 확실한 것임을 분명히 한다. 이 세상의 어떤 음식도 속된 음식과 거룩한 음식으로 구별되어 있지 않다. 바울은 지금 "주님 안에서" 속된 음식이 전혀 없기 때문에 성도가 먹지 못할 음식이 전혀 없다고 확언한다. 바울이 여기서 "주님 안에서"를 사용한 것은 모든 피조물들이 아담(Adam)의 범죄로 말미암아 저주를 받

---

638 H. N. Ridderbos, *Matthew* (*Bible Student's Commentary*) (Grand Rapids: Zondervan, 1987), p. 334.

639 롬 14:13의 "부딪칠 것"(πρόσκομμα)이라는 용어는 신약성경에 6회 등장하는데(롬 9:32, 33; 14:13, 20; 고전 8:9; 벧전 2:8) 그 중 5회가 바울이 사용한 예이다.

640 H. Balz, "πρόσκομμα," *Exegetical Dictionary of the New Testament*, Vol. 3 (Grand Rapids: Eerdmans, 1993), p. 173.; Cf. G. Stählin, "πρόσκομμα," *Theological Dictionary of the New Testament*, Vol. VI (Grand Rapids: Eerdmans, 1971), pp. 745-758.

았지만 하나님의 은혜와 호의로 "주님 안에서" 하나님에 의해 복을 받았음을 밝히기 원한 것이다. 루터(Luther)는 세상의 어떤 것도 그 자체로 부정하거나 속된 것이 아닌데 사람이 그의 편견이나 양심으로 속되다고 판단하기 때문에 그렇게 보일 뿐이라고 말한다. 루터는 성경이 분명히 "다만 속되게 여기는 그 사람에게는 속되니라"(롬 14:14)라고 말함으로 이를 증언한다고 설명한다.[641] 바울은 음식을 속되게 생각하는 것은 음식이 속된 음식이기 때문이 아니요 그 음식을 속되게 생각하는 그 사람에게 문제가 있다고 지적한다(롬 14:14). 그래서 바울은 "다만 속되게 여기는 그 사람에게는 속되니라"(롬 14:14)라고 설명한다. 음식 자체에 문제가 있는 것이 아니요, 음식을 대하는 사람에게 문제가 있는 것이다. 바울은 지금 나는 모든 음식이 깨끗함을 알고 있고 그러므로 그들이 자유롭게 사용할 수 있기를 원한다고 권면하고 있다. 그는 그들의 양심이 모든 주저함에서부터 자유하기를 원하고, 그가 또 바라는 것은 음식에 대한 모든 생각을 제쳐놓고 교회 안의 이웃 형제를 소홀하게 대하지 않는 것이라고 말하고 있다.

바울은 음식으로 형제를 근심하게 만들면 그것은 사랑으로 형제를 대하지 않았기 때문에 엄중한 잘못이라고 설명한다(롬 14:15). 바울이 "만일 음식으로 말미암아 네 형제가 근심하게 되면"(롬 14:15)을 조건절로 삼고, "그리스도께서 대신하여 죽으신 형제를 네 음식으로 망하게 한 것"(롬 14:15)이라고 결과절로 설명한 것은 "믿음이 강한 자"의 행동 때문에 "믿음이 약한 자"가 받은 "근심"이 심각한 것임을 드러내고 있다. 칼빈의 요약이 이 부분 이해에 도움이 된다. 칼빈(Calvin)은 음식을 먹는 문제와 같은 선한 일을 행함으로 형제를 실족하게 할 수 있는

641 Luther, *Commentary on the Epistle to the Romans*, p. 186.

몇 가지를 소개한다. 첫째, 형제가 그런 사소한 일로 비탄에 잠기게 되면 그것은 사랑의 법칙을 범하는 것이다. 사랑은 형제를 비탄에 빠지게 하지 않는다. 둘째, "믿음이 연약한 형제"의 양심이 상처를 입게 되면 그것은 그리스도께서 그를 위해 흘리신 피의 값을 낭비하는 것이다. 예수님은 가장 하잘것없는 성도일지라도 그의 피로 구속해 주셨다. 셋째, 하나님께서 우리를 위해 획득해 주신 자유(liberty)가 선한 것이라면 우리가 하나님의 은사를 남용할 때 사람들이 그 은사를 비방하거나 그 명성을 손상시킬 수 있다는 사실을 알아야 한다. 우리들의 자유 때문에 이런 범죄가 발생하지 않도록 해야 하는 것이 성도들의 책임이다.[642] 바울은 "그리스도께서 대신하여 죽으신 형제를 네 음식으로 망하게 하지 말라"(롬 14:15)라고 말함으로 예수님의 죽으심과 음식을 대칭적으로 비교하여 형제를 실족하게 하는 것이 얼마나 엄중한 범죄인지를 밝히고 있다.

롬 14:16-17 바울은 이제 지금까지의 논의를 요약하는 것처럼 "그러므로 너희의 선한 것이 비방을 받지 않게 하라"(롬 14:16)라고 명령한다. 바울은 "믿음이 강한 자"에게 그리스도께서 그의 죽음과 부활을 통한 구속 성취로 획득하여 값없이 성도들에게 제공해 주신 기독교인의 양심의 자유를 사랑하지 않는 마음과 배려하지 않는 마음으로 사용함으로 사람들의 비방을 받지 않게 하라고 명령하는 것이다. 바울은 모든 음식을 포함하여 이 세상의 모든 피조물들은 하나님이 창조하셨기 때문에 모두 선한 것임을 확실히 한다(골 1:15-17). 따라서 모든 성도는 그의 앞에 놓인 음식이 선한 것으로 확신하고 자유롭게 먹을 수 있

642 Calvin, *The Epistles of Paul the Apostle to the Romans and to the Thessalonians*, p. 298.

다. 그리스도께서 이런 양심의 자유를 성도들에게 제공해 주신 것이다. 바울은 다른 곳에서 심지어 우상에게 바쳐진 음식도 음식 자체는 깨끗하고 우상은 이 세상에 존재하지 않기 때문에 믿음이 강한 자는 먹을 수 있다고 천명한 바 있다(고전 8:1-13). 하지만 바울은 "만일 음식이 내 형제를 실족하게 한다면 나는 영원히 고기를 먹지 아니하여 내 형제를 실족하지 않게 하리라"(고전 8:13)라는 각오의 말을 통해 "믿음이 강한 자"의 양심의 자유를 활용하는 것보다 형제를 실족하지 않게 하는 것이 더 중요하다고 강조한다. 바울은 로마서 14장에서 우상과 관계없는 음식일지라도 양심의 자유를 행사하여 음식을 먹는 것 때문에 형제를 실족하게 하면 양심의 자유 자체가 나쁜 이름을 얻게 되고 사랑의 원리에 반하는 행동이 된다고 권면한다.

바울은 지금까지 다룬 음식의 문제와 하나님의 나라(the Kingdom of God)를 연계하여 성도들이 어떻게 행동해야 할 것인지를 가르치고 있다. 바울은 "믿음이 강한 자"가 음식을 먹는 자유의 문제로 "믿음이 약한 자"를 실족시키지 말아야 할 새로운 이유로 성도들이 하나님 나라에 속한 사람들임을 밝히고 있다. 하나님 나라는 초월적인 나라로 예수님의 초림으로 시작되었고 예수님의 재림으로 완성될 나라이다. 하나님의 나라는 구약에서 예언된 나라로 예수님의 초림으로 시작되었고 예수님의 승천 이후 교회를 통해 확장하고 계신 나라로 예수님 재림 때에 온전하게 완성될 것이다.[643] 바울은 "하나님의 나라는 먹는 것과 마시는 것이 아니요 오직 성령 안에 있는 의와 평강과 희락이라"(롬 14:17)라고 가르친다. 박윤선은 "누구든지 문제되는 음식물을 먹어도 심령상 거리낌이 되지 않으면 먹어도 좋다. 그러나 그가 먹음으로 인

643 박형용, 『신약성경신학』 (수원: 합동신학대학원출판부, 2005), pp. 211-288 참조.

하여 교회가 건덕 상 손해를 본다면, 먹지 않음이 좋다. 먹는 것이 중요한 것이 아니고, 거기에 의(義)가 있고 평강이 있고 희락이 있음이 중요하다. 교회 안에서 개인적 양심 자유가 맹목적으로 사용될 때에, 거기 혼란이 생기며 따라서 의가 없고 평강도 없고 희락도 없을 것이다."[644]라고 설명한다.

바울은 하나님 나라의 특징이 "성령 안에 있는 의와 평강과 희락이라"(롬 14:17)라고 가르친다. 성령을 떠나서는 하나님 나라를 생각할 수 없다. 성령은 예수님의 구속 사역을 도우셔서 하나님 나라를 설립하게 하셨고(마 3:16; 12:28; 눅 3:21-22; 4:1; 요 14:26; 15:26; 16:13; 20:22), 성도들을 도우셔서 예수를 구주로 믿게 하셨고(고전 12:3), 하나님 나라의 생활 방식을 성도들에게 가르쳐 주신 하나님이시다(고전 13:1-13; 갈 5:22-23). 하나님 나라는 성령의 사역이 필수적이다. 그러므로 바울은 "성령 안에 있는"을 강조하고 있는 것이다. 다른 말로 표현하면 성령 밖에서는 "의와 평강과 희락"이 존재할 수 없는 것이다. "의와 평강과 희락"은 하나님 나라를 통치하시는 하나님의 통치 방법이기도 하다.

그러면 바울이 여기서 말하는 "의"(δικαιοσύνη)는 어떤 뜻을 가지고 있는가? 신학적으로 "의"라는 용어는 두 가지 관점에서 해석할 수 있다. 하나는 하나님께서 의롭다고 선언하시는 "법정적 의"로 이해하는 것이며, 다른 하나는 생활 속에서 의롭다고 인정받는 "도덕적 의"로 이해하는 것이다. 우선 "의"는 칭의라는 의미의 법정적인 뜻으로 이해하여 사람이 하나님과 바른 관계를 유지할 수 있게 하는 뜻으로 이해할 수 있다. 하나님은 우리가 예수님을 구주로 믿을 때 예수 그리스도께서 그의 죽음과 부활을 통해 성취하신 의를 우리의 의로 인정해 주

644 박윤선, 『성경주석. 로마서』(1969), pp. 379-380.

신다. 핫지(Hodge)는 "여기 의도된 의와 평강과 기쁨(희락)은 성령이 저자이시다. 의는 율법의 요구를 만족시키기 때문에 우리를 하나님 앞에 설 수 있도록 만든다. 믿음의 의는 객관적이기도 하고 주관적이기도 하다. 평강은 하나님과 영혼 사이, 이성과 양심 사이, 마음과 동료들 사이의 일치이다. 그리고 기쁨은 구원의 기쁨이다. 기쁨은 성령과의 교제 관계에 있는 사람만이 경험할 수 있는 기쁨이다."[645]라고 해석하므로 본 구절의 의를 법정적 의미를 강조한 의로 해석한다. 칼빈(Calvin)도 "그러나 그는 복음서가 뜻하는 모든 것을 몇 마디의 말로 요약한다, 즉, 도덕적으로 선한 양심, 하나님과의 평강, 그리고 우리 안에 거하시는 성령을 통한 양심의 진정한 기쁨을 소유하는 것이 그것이다."[646] 라고 해석하므로 약간은 확실하지 않지만 핫지의 견해와 일치한다. 박윤선도 "'성령 안에서 의'란 말은, 성령님의 구원 실시로 말미암아 오는 신앙으로 얻어지는 칭의(稱義)와 및 성화(聖化)를 말함이다. '평강과 희락'은, 신자가 칭의된 결과로 누리는 것이다."라고 함으로 본 구절의 의를 법정적 관점에서 해석하고 평강과 희락은 그 결과로 얻어지는 것으로 해석한다. 이처럼 본 구절의 "의"를 "법정적 의"로 해석해도 큰 잘못은 없다고 사료된다. 왜냐하면 "법정적 의"를 소유하지 않은 사람이 올바른 "도덕적 의"를 이룰 수 없기 때문이다.

물론 성경에서의 "의"를 다룰 때 법정적 의미의 의를 전제하지 않

645 C. Hodge, *A Commentary on Romans,* p. 425.; W.G.T. Shedd, *A Critical and Doctrinal Commentary on the Epistle of St. Paul to the Romans* (1967), p. 399.; "δικαιοσύνη, εἰρήνη and χαρά are employed, not in the ethical sense of uprightness, peace with men, and enjoyment of life as the consequence (Chrysostom, Grotius, Fritzsche, Meyer), but in the dogmatic sense of justification, reconciliation with God, and spiritual joy (Calvin, Pareus, Calovius, Rückert, De Wette, Tholuck, Philippi, Hodge)."

646 Calvin, *The Epistles of Paul the Apostle to the Romans and to the Thessalonians,* p. 298.

고는 그 뜻을 온전히 이해할 수 없다. 우리가 의로운 행동을 할 수 있는 것은 우리가 그리스도로 인하여 의롭게 된 새 사람이기 때문에 가능하다. 이와 같은 전제를 인정하지만 바울이 로마서 14:17에서 언급한 "의"가 반드시 법정적인 의라고 결론짓는 것은 성급한 결론일 수 있다. 왜냐하면 로마서 14장은 사람과 사람 사이의 관계를 중점적으로 다루었기 때문이다. 인접된 문맥을 보더라도 바울은 로마서 14:17의 앞 구절에서도 다른 사람을 비판하지 말고 형제를 넘어지게 하지 말며(롬 14:13), 형제를 근심하게 하지 말고 형제를 음식 먹는 것 때문에 망하게 하지 말라(롬 14:15)라고 권면했고, 로마서 14:17의 뒤를 따르는 구절에서도 "사람에게도 칭찬을 받느니라"(롬 14:18)라고 말하고, "우리가 화평의 일과 서로 덕을 세우는 일을 힘쓴다"(롬 14:19)라고 말하며, "네 형제로 거리끼게 하는 일을 아니함이 아름다우니라"(롬 14:21)라고 가르친다. 그러므로 로마서 14:17의 "의"는 의로운 바른 행동의 의미로 받는 것이 본 구절의 의미로 더 적합하다고 사료된다. 그리고 로마서 14:17의 말씀은 이미 법정적으로 의롭다고 선언 받은 성도를 향해서 하나님 나라를 설명하는 것임으로 법정적인 의미를 강조할 필요가 없었다고 이해할 수 있다. 본 구절의 "의"는 도덕적 의미가 강조된 것으로 이해된다.[647]

성령 안에 있는 "의"를 성도들의 행동을 강조한 도덕적 의미로 이

647 John Murray, *The Epistle to the Romans*, Vol. II (*NICNT*) (1968), pp. 193-194.; Robert Haldane, *Exposition of the Epistle to the Romans* (1960), p. 604.; Douglas Moo, *The Epistle to the Romans* (*NICNT*) (1996), p. 857.: "But the context focuses on relations among believers. Probably, then, the main reference here is to 'ethical' righteousness--right behavior within the community of believers."; Godet, *Commentary on Romans* (1979), pp. 461-462.; "The three terms: *righteousness, peace, joy,* ought, according to the context, to be taken in the social sense, which is only an application of their religious sense."(italics original)

해했기 때문에 본 구절의 "평강"(εἰρήνη)은 성도들의 마음속에 자리 잡은 평강을 가리키는 것으로 이해할 수 있다. 하지만 "평강"도 하나님의 은혜로 구원 받은 성도만이 진정한 평강을 누릴 수 있기 때문에 법정적 의미와 전혀 무관할 수 없다. 데니(Denney)는 법정적 의미와 도덕적 의미를 구별해서 생각할 수 없다고 강조하면서 "진정한 답은 바울이 도덕적인 의미와 종교적인 의미를 구별하지 않았다는 것이다. 용어들은 일차적으로 종교적이지만 도덕적인 의미가 종교적인 의미에 의해 배제되지 않았으므로 도덕적인 의미는 종교적인 의미에 의해서만 오로지 확보되었다."[648]라고 함으로 "법정적 의"와 "도덕적 의"를 구별시킬 이유가 없다고 정리한다. "평강"도 마찬가지다. 하나님과의 관계에서 평강을 누리지 못하는 사람이 사람과의 관계에서 진정한 평강을 누릴 수 없다. 그러므로 도덕적 의미의 "평강"은 법정적 의미를 근거로 성립할 수 있다. 그러나 본 구절에서 바울은 하나님의 나라 안에서 사는 성도들은 성도 상호간 화평을 유지할 수 있도록 힘쓰지 아니하면 안 된다(롬 14:19)라고 권면한다.

성령 안에서의 "희락"(χαρά)은 우선 기쁨이란 용어와 같은 뜻이다. "성령 안에서의 기쁨"이란 성도들의 마음속에 자리 잡은 주관적인 기쁨을 가리키는 것으로 이해된다. 물론 이 기쁨은 자신이 하나님의 자녀가 되었다는 것을 인지하고 기뻐하는 것이지만 그 기쁨은 성도가 체험적으로 느끼는 것이다. 본 구절과 연계하여 설명하면 성도는 자신이 하나님 나라에 속해 있다는 감격 때문에 기뻐하는 것이다(롬 14:17). 성도들은 예수님을 구주로 받으면 기뻐할 수밖에 없다. 예수님께서 그의 대제사장적인 기도에서 "내 기쁨을 그들 안에 충만히 가지게 하려

648 James Denney, "St. Paul's Epistle to the Romans," *The Expositor's Greek Testament* (1980), p. 705.

함이니이다"(요 17:13)라고 약속하신 말씀이 실현된 것이다. 초대 예루살렘 교회는 "기쁨과 순전한 마음으로 음식을 먹고 하나님을 찬미했다"(행 2:46–47). 주목할 사항은 요한복음 17:13에서 사용된 "기쁨"은 "카라"(χαρά)로 표현했는데, 초대교회 성도들이 체험한 "기쁨"은 "아갈리아시스"(ἀγαλλίασις)로 표현했다는 것이다. 예수님이 요한복음 17:13에서 사용하신 "기쁨"(χαρά)과 바울이 로마서 14:17에서 사용한 "기쁨"(χαρά)은 기쁨(joy)이라는 감정을 모두 포괄하는 전형적인 용어라고 할 수 있는 반면, 예루살렘 교회 성도들이 체험한 "기쁨"(ἀγαλλίασις)은 "즐거움"(gladness) 또는 "희열"(exultation)의 뜻을 함축하고 있는 것으로 해석할 수 있다. 바이서(Weiser)는 "더구나 사도행전은 초대 기독교 공동체가 즐거운 기쁨을 불러일으키는 경험을 한 사실을 증언하고 있다. 성만찬 축하와 연관된 공동체의 식사는 용어적으로는 성만찬과 구별되지만 즐겁고 관대한 마음으로 먹는 식사였다."[649]라고 설명함으로 초대 교회 성도들이 마음에 즐거움과 희열을 느끼면서 함께 식사했음을 확인하고 있다. 물론 성도들이 누리는 "기쁨"은 구원 받은 감격과 연계될 수밖에 없지만 로마서 14:17의 "희락"은 성도들 마음속에 내재하는 주관적인 의미의 기쁨을 뜻한다고 생각된다. 바울은 하나님 나라의 특징은 먹는 것과 마시는 것으로 특징지어지지 않고 의와 평강과 희락으로 특징지어진다고 가르치고 있다(롬 14:17).

롬 14:18–20 바울은 로마서 14:18에서 이전 구절에서 언급한 내용을 확인하고 있다. 그는 "이로써 그리스도를 섬기는 자는 하나님을 기쁘시게 하며 사람에게도 칭찬을 받느니라"(롬 14:18)라고 확인한

649 A. Weiser, "ἀγαλλίασις," *Exegetical Dictionary of the New Testament,* Vol. 1 (Grand Rapids: Eerdmans, 1990), p. 8.

다. 바울은 여기서 언급한 "이로써"(ἐν τούτῳ)는 바로 전절에서 언급한 "성령 안에 있는 의와 평강과 희락"(롬 14:17)을 가리킨다. 바울은 "그리스도를 섬기는 자" 즉 성도가 "의로운 바른 행동"을 하고, "성도 상호 간에 화평"을 유지하고, "구원받은 감격과 기쁨"을 누리면서 살면 그것이 하나님을 기쁘시게 하는 일이라고 설명한다. 하나님은 먹는 것이나 마시는 것과 같은 본질적인 것이 아닌 것 때문에 성도들이 서로 불화하는 것을 원하지 않으신다. 예수님은 "우리가 하나가 된 것같이 그들도 하나가 되게 하려 함이니이다"(요 17:22)라는 말씀과 같이 교회가 연합하고 일치하는 것을 원하신다. 바울은 이와 같은 삶의 패턴(pattern)은 하나님을 기쁘시게 할 뿐만 하니라 "사람에게도 칭찬을 받느니라"(롬 14:18)라고 가르친다. 여기 "칭찬을 받느니라"의 표현은 헬라어로 "도키모스"(δόκιμος)인데, 이것은 일차적으로 "인정함을 받는다"(approved),[650] "받아들여진다"(acceptable), "시련을 받다"(tried) 등의 뜻으로 사용된다. 스피크(Spicq)는 "성령 안에 있는 의와 평강과 희락으로 그리스도를 섬기는 자는 하나님을 기쁘시게 할 뿐만 아니라 다른 사람들에 의해 진실하고 가치있는 제자로 인식되어 '사람들의 인정을 받는다'(롬 14:18). 분명하게 이런 칭찬들은 예비적인 시련을 전제로 한다: 시련을 받은 자들(*hoi dokimoi*)은 그들의 말을 통해서가 아니라 그들의 행위들을 드러냄으로 적격한 기독교인들이다(고후 10:18; 13:7). 이처럼 시련을 통해 그들은 삶의 면류관을 받는다."[651]라고 설명한다. 하나님 나라에 속한 성도들은 다른 성도들뿐만 아니라 불신자들의 인정과 칭찬

650 대부분의 영어 번역본은 "인정함을 받는다"(approved)로 처리했다(NIV, RSV, NASB, ESV, NKJV).

651 Ceslas Spicq, "δοκιμάζω, δόκιμος," *Theological Lexicon of the New Testament*, Vol. 1 (Peabody: Hendrickson Publishers, 1996), pp. 359-360.

을 받아야 한다. 그래서 바울은 "그러므로 우리가 화평의 일과 서로 덕을 세우는 일을 힘쓰나니"(롬 14:19)라고 말한다. 성도가 화평의 일과 덕을 세우는 일을 힘쓰는 것은 하나님을 기쁘시게 하고 사람에게도 칭찬을 받기 위해서이다. 성도들의 이런 노력을 통해 하나님과 그리스도는 영광과 존귀를 받으시고 교회는 평강을 유지하고 또한 평강을 누리게 되는 것이다. 성도가 화평을 실천하고 덕을 세우는 일을 하면 세상에 그리스도의 모습을 드러내 보이는 역할을 하게 된다. 바울은 교회의 성도들을 가리켜 "너희는 그리스도의 몸이요 지체의 각 부분이라"(고전 12:27)라고 가르쳤다. 몸의 역할이 무엇인가? 인격체인 한 사람이 그의 몸으로 좋은 일을 하거나 악한 일을 할 때 그의 몸의 활동을 통해 그 인격체가 판단을 받게 된다. 그가 그의 몸으로 선한 일을 하면 그 사람은 선하고 좋은 사람으로 판단 받을 것이요, 그가 악한 일을 하면 악한 사람으로 판단 받게 될 것이다. 마찬가지로 교회는 그리스도의 몸이기 때문에 성도들의 활동을 통해 그리스도가 세상 사람들의 판단을 받게 되는 것이다. 그래서 바울은 "믿음이 강한 자"와 "믿음이 연약한 자"를 모두 포함한 "우리가"를 사용하여 성도들 모두는 "화평의 일과 덕을 세우는 일을 힘써야"(롬 14:19)한다고 권면하는 것이다. 본문 원본에 사용된 "힘쓰나니"를 직설법(indicative)으로 받느냐 아니면 가정법(subjunctive)으로 받느냐에 따라 본문 이해에 약간의 차이가 나타난다. "힘쓰나니"를 직설법(διώκομεν)으로 본문을 읽으면 한글 개역이나 개역개정처럼 "힘쓴다"로 이해해야 하지만, 가정법(διώκωμεν)으로 본문을 읽으면 대부분의 영어 번역처럼 "힘쓰자"로 이해해야 한다.[652] 로마

652 "힘쓰나니"(롬 14:19)의 용어를 한글 번역은 "힘쓰나니"로 번역하여 직설법(διώκομεν)을 선택한 번역(개역, 개역개정)과 "힘씁시다"로 번역하여 가정법(διώκωμεν)을 선택한 번역(표준새번역, 표준새번역개정)으로 나누인 반면, 대부분의 영어 번역은 "Let us pursue"로 번역하

서 14:19의 “힘쓰나니”를 직설법을 택하여 “힘쓴다”로 번역하거나, 가정법을 택하여 “힘쓰자”로 번역하거나 본문의 뜻을 이해하는데 큰 차이가 없다. 한글 번역인 개역개정처럼 더 우월한 사본의 지지를 받는 직설법을 택하여 “힘쓴다”로 번역하는 것이 더 타당하다고 사료된다.

바울은 이제 “음식으로 말미암아 하나님의 사업을 무너지게 하지 말라 만물이 다 깨끗하되 거리낌으로 먹는 사람에게는 악한 것이라”(롬 14:20)라고 말함으로 앞에서 언급한 권면의 내용을 반복적으로 강조한다(롬 14:14-15). 바울은 “믿음이 강한 자”가 음식을 먹는 문제로 “믿음이 약한 자”를 근심하게 하거나 망하게 해서는 안 된다고 말한다. 왜냐하면 “믿음이 약한 자”도 그리스도께서 그들을 대신하여 죽으셨고(롬 14:15) 따라서 그들도 하나님이 만드신 작품(God's workmanship)이기 때문이다(엡 2:10 참조). “믿음이 강한 자”는 그리스도께서 죽기까지 우리를 사랑하신(롬 5:8; 빌 2:8) 그 사랑의 원리로 “믿음이 약한 자”를 배려하고 교회 공동체를 세워나가야 한다. 칼빈(Calvin)은 “그러므로 음식을 먹는 문제에 있어서 사랑의 원리를 위반하면 순수한 음식을 즐겁게 먹는 것을 망치게 된다.”[653]라고 함으로 교회 공동체의 건강한 존립을 위해 사랑의 원리가 실천되어야 함을 강조한다. 본문의 “하나님의 사업”(τὸ

여 본문을 가정법(διώκωμεν)으로 생각하고 번역했다(KJV, NKJV, NIV, RSV, NRSV, NASB, ESV). NASB는 난하 주에 “we pursue”라고 함으로 직설법의 가능성을 소개하고 있다. 사본학 상으로 판단하면 직설법(διώκομεν)이 더 좋은 사본들(ℵ, A, B, G^{gr}, P 등)의 지지를 받는 반면, 가정법(διώκωμεν)을 지지하는 사본(C, D, Ψ 등)은 비교적 열등한 사본들이다. 영어 번역본들이 가정법(διώκωμεν)을 택하여 “Let us pursue” 혹은 “Let us make”등으로 번역한 것은 헬라어 성경을 펴낸 United Bible Societies의 판단에 영향을 받은 것으로 사료된다. UBS 위원회는 직설법이 더 우월한 사본의 지지를 받고, 본 구절에서처럼 로마서 여러 곳에서 ἄρα οὖν과 함께 직설법의 표현이 나타나는 것(롬 5:18; 7:3, 25; 8:12; 9:16, 18)을 인정하면서도 본 문맥이 권면적 가정법을 요구하는 것으로 판단하여 가정법(διώκωμεν)을 본문으로 택했다. Cf. Bruce M. Metzger, *A Textual Commentary on the Greek New Testament* (London: New York: United Bible Societies, 1971), p. 532.

653 Calvin, *The Epistles of Paul the Apostle to the Romans and to the Thessalonians*, p. 300.

ἔργον τοῦ θεοῦ)은 하나님의 일을 뜻하는데 이는 "믿음이 약한 자"를 세우는 일이요, "화평의 일"과 "덕을 세우는 일"을 통해(롬 14:19) 하나님의 나라가 튼실하게 확장되도록 노력하는 것이다. 바울은 먹는 문제와 연관하여 "만물이 다 깨끗하되 거리낌으로 먹는 사람에게는 악한 것이라"(롬 14:20)라고 말함으로 일차적으로 "믿음이 강한 자"에게 자신의 양심의 자유를 활용하여 먹는 문제로 형제를 넘어지게 하는 것은 악한 것이요 죄가 된다고 권면한다.

롬 14:21-23 바울은 계속해서 "믿음이 강한 자"를 향해서 "고기도 먹지 아니하고 포도주도 마시지 아니하고 무엇이든지 네 형제로 거리끼게 하는 일을 아니함이 아름다우니라"(롬 14:21)라고 권면한다. 이 말씀은 먹는 문제로 실족한 성도들이 있었음을 증거하는 것이다. 교회는 세상을 향해서 연합과 일치됨을 보여주어야 한다. 초대 예루살렘 교회는 "믿는 사람이 다 함께 있어 모든 물건을 서로 통용하고"(행 2:44), "날마다 마음을 같이 하여 성전에 모이기를 힘쓰고 집에서 떡을 떼며 기쁨과 순전한 마음으로 음식을 먹는"(행 2:46) 아름다운 교제의 관계가 실현되었기 때문에 "온 백성에게 칭송을"(행 2:47) 받았다. 교회 내의 "믿음이 강한 자"이거나 "믿음이 연약한 자"이거나를 막론하고 모든 성도들은 함께 성만찬에 참여할 때 "믿음이 강한 자"가 그리스도의 몸을 상징하는 떡을 먹고 그리스도의 피를 상징하는 잔을 마시는 것처럼 바로 옆에 앉아 있는 "믿음이 연약한 자"도 똑같은 의미로 떡과 잔을 먹고 마신다는 사실을 기억해야 한다. 성도 상호 간의 관계가 그리스도를 중심으로 이렇게 밀접한데 음식 먹는 사소한 문제로 상대방을 넘어지게 하는 것은 용납될 수 없는 일인 것이다. 그래서 바울은 "네 형제로 거리끼게 하는 일을 아니함이 아름다우니라"(롬 14:21)라고 권면하고 있다. 본문의 "아름다우니라"(καλόν)의 뜻은 "더 나으니라"(It is better) 혹은 "바르니라"(It is right)라고 번역하는 것이 원문에 더 가깝다. 바울은 형제가 넘어지지 않게 하는 것이 먹는 것과 마시는 것보다 더 중요함을 강조하고 있다.

바울은 계속해서 "믿음이 강한 자"에게 "네게 있는 믿음을 하나님 앞에서 스스로 가지고 있으라 자기가 옳다 하는 바로 자기를 정죄하지 아니하는 자는 복이 있도다"(롬 14:22, 개역개정)라고 말한다. 본 구절의 번역은 약간 난해하다. 표준새번역 번역이 더 이해하기 쉽다. "여러분 각자가 지니고 있는 신념을 하나님 앞에서 스스로 간직하십시오. 자기가 옳다고 생각하는 일을 하면서 스스로를 정죄하지 않는 이는 복이 있습니다."(롬 14:22, 표준새번역).[654] 로마서 14:22에서 "믿음이 강한 자"가 항의하는 듯한 태도로 "나는 내 자유를 주장한다. 나는 제한 없는 나의 자유를 아무도 방해하지 못하게 할 것이다. 나는 내 자유를 행사할 것이다."라고 항변할 때 바울은 "너는 네가 가진 확신을 네 자신과 하나님 사이에서만 지키라."고 권면하고 있다. 바울은 기독교인이 누리는 자유의 유익이 어떻게 구성되는지를 설명하면서 비록 죄와 관계없는 양심의 자유일지라도 그것을 행사함으로 교회 공동체에 불협화음을 가져온다면 그것은 금해야 할 것이라고 가르친다. 바울은 "믿음이 강한 자"가 무리하게 자신의 자유를 행사함으로 결국 하나님의 심판을 받게 되는데 이런 일이 발생하지 않도록 하는 것이 행복하고 복되다고 가르치는 것이다(롬 14:22).[653] 칼빈(Calvin)은 "그러므로 그(바울)는 우리들의 자유의 지식이 믿음으로부터 생성되었기 때문에 그것은 당

654 참고로 영어 역본은 "The faith that you have, keep between yourself and God; happy is he who has no reason to judge himself for what he approves."(RSV)라고 번역한다.

연히 하나님을 바라본다고 말한다. 그러므로 이런 종류의 확신을 가진 사람들은 하나님 앞에서 양심의 평강으로 만족해야만 한다. 그들이 그것을 소유했다는 사실을 사람에게 증명할 필요는 없다. 그러므로 만약 우리가 음식을 먹는 것으로 우리의 약한 형제들에게 상처를 입혔다면 그것은 우리가 그 일을 행해야만 할 어떤 필요성에 의해 강요받은 것이 아니므로 우리는 악한 충동으로 그렇게 행한 것이다."[656]라고 함으로 양심의 자유로 형제를 실족하게 하는 것도 잘못된 것임을 분명히 한다. 본문은 성도가 어떤 어리석은 일을 행할지라도 하나님 앞에서 양심만 순수하게 지키면 아무 문제가 없다는 견해를 지지하지 않는다. 성도는 자신이 누리는 영적인 자유를 행사하면서 스스로는 행복을 느낄지라도 형제의 양심에 상처를 주는 그런 행동은 삼가야 한다.[657] 성도는 예수님을 믿음으로 얻은 자유를 교회를 세우고 형제를 성장시키는 일에 사용하고 세상을 향해 그리스도의 모습을 드러내야 한다. 이것이 바로 "자기가 옳다 하는 바로 자기를 정죄하지 아니하는"(롬 14:22) 길인 것이다.

바울은 로마서 14장의 마지막 절에서 "의심하고 먹는 자는 정죄되었나니 이는 믿음을 따라 하지 아니하였기 때문이라 믿음을 따라 하지 아니하는 것은 다 죄니라"(롬 14:23)라고 "믿음이 연약한 자"에게 권면을 한다. "믿음이 강한 자"는 의심하지 않고 먹지만, "믿음이 연약한 자"는 의심하면서 먹는다(롬 14:2 참조). 그래서 바울은 "믿음이 연약한 자"는 먹는 일을 믿음을 따라 하지 아니하고 의심을 가지고 먹었기 때

655 Hendriksen, *Exposition of Paul's Epistle to the Romans* (1981), pp. 467-468 참조.

656 John Calvin, *The Epistles of Paul the Apostle to the Romans and Thessalonians,* p. 300.

657 James Denney, "St. Paul's Epistle to the Romans," *The Expositor's Greek Testament* (1980), p. 707.

문에 그런 행동은 죄를 짓는 것이라고 말한다. 성도들이 믿음과 확신 없이 어떤 일을 행하면 그것은 죄를 짓는 것이다. 머레이(Murray)는 "강한 성도가 하나님 앞에서 그의 양심의 자유를 확신하면서(롬 14:22a) 하나님 앞에서 복을 받을 수 있는 것처럼(롬 14:22b), 믿음이 약한 자도 그가 확신을 침해할 때 하나님 앞에서 정죄를 받는다(롬 14:14b, 15)"[658]라고 해석한다. 루터(Luther)는 "믿음을 따라 하지 아니하는 것은 다 죄니라"(롬 14:23)를 해석하면서 "믿음으로 하지 않는 모든 것은 죄이다. 왜냐하면 그것은 믿음과 양심에 역행하기 때문이다. 그러므로 우리들은 모든 가능한 열심을 발휘해서 우리들의 양심을 거스르지 않도록 조심해야만 한다."[659]라고 정리한다. 핫지(Hodge)는 "이 구절은 사도의 구상에 대한 분명한 의미를 가지고 있다. 그(바울)는 믿음이 약한 형제들이 그들의 믿음에 따라 행동하리라고 믿음이 강한 기독교인들이 기대하는 것은 비합리적이라는 사실을 확신시키기 원한 것이다. 그래서 믿음이 강한 자들이 그들의 자유를 사용하여 이 양심적인 기독교인들(믿음이 약한 자들)을 권유하여 그들 자신의 양심을 배반하게 만드는 것은 강한 자들에게 죄악 된 일이다."[660]라고 설명한다. 바울은 믿음이 강한 자이거나 믿음이 약한 자이거나 먹는 것 자체는 큰 문제가 되지 않지만 누구든지 자신이 바른 일을 한다는 믿음 없이 먹는 것은 하나님의 정죄를 받는 행위라고 말하고 있다. 그러므로 믿음이 강한 자가 자신의 믿음의 기준에 따라 믿음이 약한 자를 유도하여 그의 믿음에 역행하는 행위를 하게 하는 것은 믿음이 강한 자가 죄를 짓는 것이라고 강

658 John Murray, *The Epistle to the Romans*, Vol. II (*NICNT*) (1968), p. 196.

659 Luther, *Commentary on the Epistle to the Romans*, p. 190.

660 C. Hodge, *A Commentary on Romans*, p. 428.

조하고 있는 것이다. 이렇게 하는 것은 믿음의 공동체의 연합과 일치를 깨뜨리는 것이다. 성도들은 자신이 강한 믿음의 소유자이건 약한 믿음의 소유자이건 하나님께서 주신 믿음에 따라(엡 2:8) 서로 서로를 세워주면서 교회 공동체의 연합과 일치가 깨어지지 않도록 노력해야 한다. 어떤 일이든지 믿음을 따라 하지 아니하는 것은 죄이기 때문이다(롬 14:23).

로마서 15장
주해

15장 요약

로마서 15장에서 바울은 세 가지 주제를 설명한다. 첫째, 바울은 로마서 15:1-13에서 로마서 14장의 연속으로 "믿음이 강한 자"가 취해야할 삶의 태도는 "믿음이 약한 자의 약점을 담당"(롬 15:1)**하는 것이라고 권면한다. 바울은 그리스도께서 "할례의 추종자가 되신 것"**(롬 15:8)**은 유대인과 이방인을 함께 품으신 하나님의 넓으신 구속 계획의 일환이라고 설명한다. 그래서 바울은 구약의 여러 구절**(시 18:49; 삼하 22:50; 신 32:43; 시 117:1; 사 11:1, 10)**들을 인용하여 하나님이 유대인들뿐만 아니라 열방에 관심이 있었음을 확실하게 한다. 바울은 "믿음이 연약한 자들"과 "믿음이 강한 자들"의 연합과 일치가 있어야 한다고 권면한다. 바울은 그리스도의 몸인 믿음의 공동체 안에는 어려 다른 지체들이 있어 서로 협력하고 연합하여 몸을 건강한 상태로 유지해야 하는 것처럼**(고전 12:13-27)**, 교회 안에서는 "믿음이 연약한 자들"과 "믿음이 강한 자들"도 서로 협력하고 도와서 몸의 기능이 정상적이 되도록 해야 한다고 가르친다. 둘째, 바울은 로마서 15:14-21에서 하나님께서 이방인들을 부르시기 위하여 자신을 "예수의 일꾼"**(롬 15:16)**으로 부르셨다고 말하고, "이방인들을 순종하게 하기 위하여"**(롬 15:18) **그리스도께서 자신을 사용하셨다고 말한다. 바울은 그리스도의 복음을 단순히 말로만이 아니라 "말과 행위"**(λόγῳ καὶ ἔργῳ)**로 전파했음을 강조한다**(롬 15:18)**. 그리고 바울은 맡은 사명을 다 하기 위해 "예루살렘으로부터 두루 행하여 일루리곤**(Illyricum)**까지 그리스도의 복음을 편만하게 전하였노라"**(롬 15:19)**라고 고백한다. 셋째, 바울은 로마서 15:22-33까지 자신이 마음속에 품고 있는 선교의 포부를 분명하게 설명한다. 바울은 그리스도가 성육신하셔서 구속을**

성취하신 것은 유대인뿐만 아니라 이방인들도 "하나님께 영광"을 돌리게 하시기 위한 것이라고 설명한다(롬 15:7–12). 바울은 "너희에게 들렀다가 서바나(Spain)로 가리라"(롬 15:28)라고 말함으로 자신의 선교 열망이 로마에 그치지 않고 더 광범위한 지역을 염두에 두고 있다고 밝힌다. 원래 하나님의 계획은 "땅 끝까지" 복음이 전파되어야 한다고 가르친다(행 1:8). 하나님은 바울을 "내 이름을 이방인과 임금들과 이스라엘 자손들에게 전하기 위하여 택한 나의 그릇"(행 9:15)으로 부르셔서 로마와 그 너머의 지역에 복음을 전하게 하시기 원한 것이다(행 28:23–31). 바울은 그리스도의 복음을 편만하게 전함으로 이방인의 사도의 역할을 감당했음을 밝힌다(롬 15:19–20). 바울은 "평강의 하나님께서 너희 모든 사람과 함께 계실지어다 아멘"(롬 15:33)이라는 축복의 말씀과 함께 로마서 15장을 끝맺는다.

1. 선을 이루고 덕을 세우는 삶(롬 15:1-13)

> 1 믿음이 강한 우리는 마땅히 믿음이 약한 자의 약점을 담당하고 자기를 기쁘
> 게 하지 아니할 것이라 2 우리 각 사람이 이웃을 기쁘게 하되 선을 이루고 덕을
> 세우도록 할지니라 3 그리스도께서도 자기를 기쁘게 하지 아니하셨나니 기록
> 된 바 주를 비방하는 자들의 비방이 내게 미쳤나이다 함과 같으니라 4 무엇이
> 든지 전에 기록된 바는 우리의 교훈을 위하여 기록된 것이니 우리로 하여금 인
> 내로 또는 성경의 위로로 소망을 가지게 함이니라 5 이제 인내와 위로의 하나
> 님이 너희로 그리스도 예수를 본받아 서로 뜻이 같게 하여 주사 6 한마음과 한
> 입으로 하나님 곧 우리 주 예수 그리스도의 아버지께 영광을 돌리게 하려 하노
> 라 7 그러므로 그리스도께서 우리를 받아 하나님께 영광을 돌리심과 같이 너
> 희도 서로 받으라 8 내가 말하노니 그리스도께서 하나님의 진실하심을 위하여
> 할례의 추종자가 되셨으니 이는 조상들에게 주신 약속을 견고하게 하시고 9 이
> 방인들도 그 긍휼하심으로 말미암아 하나님께 영광을 돌리게 하려 하심이라
> 기록된바 그러므로 내가 열방 중에서 주께 감사하고 주의 이름을 찬송하리로
> 다 함과 같으니라 10 또 이르되 열방들아 주의 백성과 함께 즐거워하라 하였으
> 며 11 또 모든 열방들아 주를 찬양하며 모든 백성들아 그를 찬송하라 하였으며
> 12 또 이사야가 이르되 이새의 뿌리 곧 열방을 다스리기 위하여 일어나시는 이
> 가 있으리니 열방이 그에게 소망을 두리라 하였느니라 13 소망의 하나님이 모
> 든 기쁨과 평강을 믿음 안에서 너희에게 충만하게 하사 성령의 능력으로 소망
> 이 넘치게 하시기를 원하노라(롬 15:1-13, 개역개정)

롬 15:1-3 로마서 15:1-13의 내용은 로마서 14장의 교훈과 맥을 같이 한다. 그러므로 로마서 15:1-13을 새로운 장으로 시작하는 것은 약간 어색한 연결이다. 하지만 우리가 사용하는 성경의 장과 절은 후대에 만들어진 것임을 인지하면 성경 내용을 이해하는 데는 큰

문제가 없다.[661] 바울은 계속해서 로마서 14장의 논의를 유지하면서 "믿음이 강한 자"와 "믿음이 약한 자"의 관계를 설명하고 있다(롬 15:1). 바울은 "믿음이 강한 우리"라고 표현함으로 자신을 "믿음이 강한 자"의 반열에 포함시킨다. 바울은 "믿음이 강한 자"는 자신이 믿음이 강하기 때문에 누릴 수 있는 만족만 생각하고 행동할 것이 아니요 믿음이 약한 형제들의 복지를 생각하고 그들의 약점을 담당해야 한다고 가르친다. 바울은 자기가 믿음이 강한 것 때문에 기뻐할 수 있는 것을 양보하면서까지 믿음이 약한 형제들을 배려하고 그들의 약점을 담당하므로 교회 공동체를 튼튼하게 하는데 기여해야 한다고 가르친다. 칼빈(Calvin)은 "바울은 강한 자들을 다른 사람들보다 더 탁월하게 만든 능력은 연약한 자들을 격려하도록 하게 하는 목적과 연약한 자들을 넘어짐에서부터 지키게 하기 위한 목적을 이루도록 그들에게 주어졌다. 하나님께서 그들에게 뛰어난 지식을 주셔서 무지한 자들을 가르치도록 임명하신 것처럼, 하나님은 그가 강하게 만든 그들에게 그들의 능력으로 약한 자들을 지원하는 의무도 부여하셨다."[662]라고 설명한다. 우리는 바울이 "유대인들에게 내가 유대인과 같이 된 것은 유대인들을 얻고자 함이요 율법 아래에 있는 자들에게는 내가 율법 아래에 있지 아니하나 율법 아래에 있는 자같이 된 것은 율법 아래에 있는 자들을 얻고자 함이요"(고전 9:20)라고 말하고 계속해서 "약한 자들에게 내가 약한 자와 같이 된 것은 약한 자들을 얻고자 함이요 내가 여러 사람에게 여러 모습이 된 것은 아무쪼록 몇 사람이라도 구원하고자 함이니"(고전 9:22)라고 말한 바울의 성도로서의 삶의 태도를 배워야 한다. 바울은 성도들

661 박형용, 『성경해석의 원리』, (수원: 합동신학대학원출판부, 2014), p. 96 참조.

662 Calvin, *The Epistles of Paul the Apostle to the Romans and to the Thessalonians*, p. 303.

의 삶은 서로 배려하고 선을 행하고 믿음이 약한 자를 도우면서 사는 것이라고 가르친다(롬 15:1).

바울은 로마서 15:1에서 "믿음이 강한 자"가 "믿음이 약한 자"를 위해 어떻게 행동해야 하는지를 "자기를 기쁘게 하지 아니할 것이라"(롬 15:1)라고 부정적인 표현으로 설명한 반면, 같은 주제의 논의를 로마서 15:2에서는 긍정적인 표현으로 설명을 시작한다. 그래서 바울은 "우리 각 사람이 이웃을 기쁘게 하되 선을 이루고 덕을 세우도록 할지니라"(롬 15:2)라고 긍정적인 표현을 사용한다. 바울은 "자기를 기쁘게 하지 아니할 것"(μὴ ἑαυτοῖς ἀρέσκειν)이라는 부정적인 표현(롬 15:1)과 "이웃을 기쁘게 하되"(τῷ πλησίον ἀρεσκέτω)라는 긍정적인 표현(롬 15:2)을 대칭적으로 사용하여 "믿음이 강한 자"가 교회 공동체를 위해 어떤 모습의 삶을 살아야 할지를 강조한다. 바울은 "믿음이 강한 우리"(롬 15:1)라는 표현에 이어 "우리 각 사람"(롬 15:2)이라는 표현을 사용함으로 그의 권면이 "믿음이 강한 성도"를 향하고 있음을 나타낸다.

성도들은 자신의 기쁨에만 매몰되어 있을 것이 아니요, 다른 사람들의 기쁨을 엄중하게 생각하여야 한다. "믿음이 약한 자"는 결점이나 우유부단한 면을 가지고 있는 것은 확실하다. 이와 같은 사정을 알고 있는 바울은 "너희가 짐을 서로 지라 그리하여 그리스도의 법을 성취하라"(갈 6:2)라고 믿음의 공동체의 유익을 위해 사랑의 원리를 실천하도록 권면하고 있다. 바울이 "각 사람이 이웃을 기쁘게 하되"(롬 15:2)라고 말한 것은 자신보다 다른 형제를 먼저 생각하라는 교훈이다. 사랑의 법은 외향적이어서 자신보다 다른 사람을 먼저 생각한다. 사랑은 "자기의 유익을 구하지 아니한다"(고전 13:5). 바울은 자신이 옳다고 생각한다고 다 옳은 것이 아니요 자신의 생각과 행동이 형제들의 복지를 위해 유익하고 형제들을 기쁘게 하는 것이 옳은 삶의 태도라고 가르친다. 바울은 교회 공동체의 유익을 위해 "덕을 세우도록 할지니라"(롬 15:2)라고 권면을 계속한다. 바울이 로마서 15:2에서 사용한 "덕"(οἰκοδομήν)은 특별한 용어이다. 이 용어는 바울이 다른 곳에서 "무슨 덕이 있든지"(빌 4:8)라고 말할 때의 "덕"(ἀρετή)이라는 용어와는 차이가 있다. 빌립보서에 사용된 "덕"은 선한 행동으로 자애하고 친절하고 온순하고 오래 참는 등의 성도가 행해야 할 아름다운 행동을 가리킨다. 그러나 로마서 15:2에서 사용한 "덕"은 "세우는 것," "교화하는 것"을 뜻하는 용어로 건물을 세우는데 사용되지 않고 항상 교회(ἐκκλησία)를 세운다는 의미로 사용되었다. 바울 서신에 사용된(롬 14:19; 15:2; 고전 14:3, 5, 12, 26; 고후 10:8; 12:19; 13:10) "덕"(οἰκοδομήν)이라는 용어는 신학적인 특별한 의미를 함축하고 있다. 하나님이 사도들에게 주신 권세는 교회를 파괴하는 것이 아니요 교회를 교화(教化)하고 고양시키는 것이다.[663] 이 말씀은 바울이 그리스도의 몸인 교회를 세우고 교회가 그리스도의 장성한 분량이 충만한 데까지 이르도록 하는데(엡 4:12-15 참조) 모든 성도들이 믿음이 강하거나 믿음이 약하거나 서로 협력하고 세워주는 일을 통해 교회를 건강하게 만들어야 한다고 가르친다.

바울은 "이웃을 기쁘게 하되"(롬 15:2)라는 말씀을 더 강조하여 설명하기 위해 그리스도를 모델로 제시한다. 그래서 바울은 "그리스도께서도 자기를 기쁘게 하지 아니하셨나니 기록된 바 주를 비방하는 자들의 비방이 내게 미쳤나이다 함과 같으니라"(롬 15:3)라고 말한다. 바울은 지금 그리스도의 구속적 성취를 예로 들어 믿음이 강한 자가 믿음

---

663 J. Pfammatter, "οἰκοδομή," *Exegetical Dictionary of the New Testament*, Vol. 2 (Grand Rapids: Eerdmans, 1991), p. 496. 참고로 NIV 번역은 롬 14:19 (mutual edification), 롬 15:2 (to build up), 고전 14:3, 26; 고후 12:19 (strengthening), 고전 14:5 (edified), 고전 14:12 (build up), 고후 10:8; 13:10 (building up) 등으로 번역하였다. "οἰκοδομή"의 영어 번역은 이 용어가 교회를 세우고 교화하는 뜻을 함축하고 있음을 더 분명하게 전달한다.

이 약한 자의 약점을 담당하고 배려해야 한다는 것을 양자를 비교하며 설명하고 있다(참조, 고후 8:9; 빌 2:5-8). 그리스도가 성육신 하시고 십자가의 길을 가신 것은 자신을 위한 것이 아니요 죄인들을 구원하시기 위한 것이었다. 예수 그리스도는 자신의 기쁨이나 유익을 구하지 아니했다. 바울은 그리스도의 열심을 예언하는 시편 69:9을 인용하여 그리스도가 자신을 기쁘게 하지 않고 다른 사람을 기쁘게 하기 위한 열심을 품으셨다고 설명한다. 시편 69편은 신약에서 자주 인용되는 시편이다.[664] 그래서 시편 69편을 가리켜 메시아적 특성을 나타내는 시편(Messianic Psalm)이라고 부른다. 시편 69:9은 "주의 집을 위하는 열성이 나를 삼키고 주를 비방하는 비방이 내게 미쳤나이다"라고 읽는다. 스펄전(Spurgeon)은 본 시편 구절이 주님의 거룩한 질투를 잘 묘사하고 있기 때문에 주님에게 잘 적용되는 시편이라고 설명한다.[665] 시편 기자가 "주의 집을 위하는 열성이 나를 삼키고"(시 69:9)라고 표현한 내용을 류폴드(Leupold)는 "이 열심이 대단히 강렬하여서 그는 열심이 그를 삼켰다고 주장할 수 있었다. 이런 특징은 다른 어느 곳에서보다도 예수님의 생애와 사역에서 더 완벽한 좋은 예로 증거되었다(요 2:17)."[666]라고 해석한다. 최종태도 "'주의 집'은 주님의 진리, 주님의 이름, 주님의 영광 등으로 대체해서 이해할 수 있을 것이다. 그리스도는 문자적으로 이 말씀을 이루셨다(요 2:12-18 참조)."[665]라고 설명함으로 시편 69:9이

664 시 69편은 시 22편과 시 110편 다음으로 신약에서 자주 인용되는 시편이다. 시 69:9은 요 2:17과 롬 15:3에서 인용되었고, 시 69:4은 요 15:25에서 인용되었고, 시 69:21은 마 27:34에서 인용되었고, 시 69:22-23은 롬 11:9-10에서 인용되었으며, 시 69:25은 행 1:20과 마 23:38에서 인용되었다.

665 C. H. Spurgeon, *The Treasury of David: An Expository and Devotional Commentary on the Psalms* (Welwyn: Evangelical Press, 1978), p. 262.

666 H. C. Leupold, *Exposition of the Psalms* (Welwyn: Evangelical Press, 1977), p. 503.

메시아적인 시편이며 주님에 의해 성취되었음을 분명히 한다. 바울은 교회 공동체의 화합과 일치를 위해 각 사람이 자신보다 이웃을 기쁘게 해야 하고 선을 이루고 덕을 세워야 한다고 말하면서 그 최고의 모델인 그리스도를 제시하기 위해 시편 69편을 인용한다. 칼빈(Calvin)은 그리스도께서 시편 69:9의 말씀을 성취했음을 확인하면서 "이로써 그는 그가 하나님의 영광을 위해 그런 열정을 불태우고 있었으며, 그의 왕국을 진작시키는 그런 열망으로 붙들려 있었기 때문에 그는 그 자신을 잊은 상태로 이 한 가지 생각에만 몰두되어 있었다는 뜻이다. 그는 자신을 주님에게만 헌신한 상태였기에 언제든지 그가 하나님의 거룩한 이름이 불경건한 사람들의 중상에 노출되는 것을 목격할 때마다 그의 마음이 괴로웠다."[668]라고 해석한다. 예수님은 그의 성육신 기간에 하나님의 아들이면서도 불경건한 사람들에 의해 수많은 비방을 받았다.

롬 15:4-6 바울이 의도한 로마서 15:4은 바로 전절에서 인용된 시편 69:9이 어떻게 그리스도에게 적용되었는지를 더 설명하기 원한 것이 아니요, 전절에서 시편 69:9을 인용하여 그리스도에게 적용한 목적이 바로 성도들을 교육하고 교화시키기 위한 것이라는 사실을 밝힌다. 그래서 바울은 "무엇이든지 전에 기록된 바는 우리의 교훈을 위하여 기록된 것이니 우리로 하여금 인내로 또는 성경의 위로로 소망을 가지게 함이니라"(롬 15:4)라고 기록한다. "무엇이든지 전에 기록된 바"의 표현 중 "전에 기록된"(προεγράφη)이라는 용어는 "전에"(πρό)라는 용어와 "기록하다"(γράφω)라는 용어의 합성어로 바울은 구체적인 시간을

667 최종태, 『시편주석 II』, (서울: 도서출판 햇불, 2006), p. 424.

668 Calvin, *The Epistles of Paul the Apostle to the Romans and to the Thessalonians*, p. 304.

생각하면서 이 용어를 사용했다. 따라서 "전에 기록된 바"는 구약성경을 가리킴이 분명하다. 바울은 구약성경이 성령의 감동으로 기록된 하나님의 말씀이라는 사실을 확증하고 있는 것이다.[669] 그러므로 구약성경은 우리들을 교훈하기에 유익한 하나님의 말씀인 것이다. 어떤 이는 구약성경이 더 이상 효력이 없고 따라서 현시대의 성도들에게 적용되지 않는다고 주장하기도 한다. 그러나 로마서 15:4의 말씀은 그와 같은 견해가 근거가 없고 잘못된 견해임을 확실하게 지적한다. 무엇이든지 구약성경에 기록된 것은 하나님의 구속역사 진행을 드러낼 뿐만 아니라 우리의 교훈을 위한 것이다.

바울은 구약성경은 우리의 교훈을 위하여 기록되었다고 말하고 "히나"(ἵνα)라는 접속사를 사용함으로 구약성경을 인용한 목적(purpose 혹은 aim)이 무엇인지를 밝힌다. 그 목적은 "우리로 하여금 인내로 또는 성경의 위로로 소망을 가지게 함이니라"(롬 15:4)라고 밝힌다. 바울이 가르치기 원하는 것은 성도들(우리들)이 소망을 갖게 하는 것인데 그것은 "인내를 통해서"와 "성경의 위로를 통해서"라고 가르친다.[670] 그러면 인내를 통해서 그리고 성경의 위로를 통해서 얻을 수 있는 소망이 무엇인가? 우리는 여기서 바울이 로마서 8장에서 가르친 "현재의 고난"과 "장차 우리에게 나타날 영광"을 비교한 사실을 기억한다(롬 8:18). 성령의 처음 익은 열매를 받은 성도들도 현재는 고통을 겪고 탄식하며 몸의 속량을 고대하면서 산다(롬 8:22-23). 그리고 바울은 "우리가 소망으로 구원을 얻었으매 보이는 소망이 소망이 아니니 보는 것을 누가 바라리요 만일 우리가 보지 못하는 것을 바라면 참음으로 기다릴지

669 C. Hodge, *A Commentary on Romans*, p. 433.

670 바울은 "인내를 통해서 그리고 성경의 위로를 통해서"(διὰ τῆς ὑπομονῆς καὶ διὰ τῆς παρακλήσεως τῶν γραφῶν) (διὰ + 소유격)라고 표현하여 소망을 갖는 방법을 밝히고 있다.

니라"(롬 8:24-25)라고 결론을 짓는다. 이 말씀은 로마서 15:4의 내용을 이해하는 데 도움을 주는 말씀이다. 성도들의 소망은 현재의 몸의 속량을 받아 영원한 생명을 누리며 하나님께 영광과 찬송을 올리면서 사는 것이다. 그런데 그 소망의 성취는 미래로 남아 있다. 소망이 성취되기까지는 인내가 필요하고 성경의 위로가 필요한 기간이다(롬 15:4). 바울은 이 기간 동안에 인내와 성경의 위로를 통해서 믿음이 강한 자이거나 믿음이 약한 자이거나를 막론하고 모든 실망을 극복하고 현재 당할 수밖에 없는 모든 고통과 시련에서 승리하게 될 것을 소망하고 있는 것이다. 그렇게 할 때 종국에는 영원한 생명을 유산으로 받게 될 것이다.

바울은 이제 로마서 15:5-6에서 지금까지의 논의를 근거로 희구법 혹은 기원법(optative)을 사용하여 자신의 소원을 말한다. 바울은 "이제 인내와 위로의 하나님이 너희로 그리스도 예수를 본받아 서로 뜻이 같게 하여 주사 한마음과 한 입으로 하나님 곧 우리 주 예수 그리스도의 아버지께 영광을 돌리게 하려 하노라"(롬 15:5-6)라고 그의 마음의 소원을 밝힌다. 바울은 바로 전절인 로마서 15:4에서 언급한 "인내와 성경의 위로"의 근원이 어디인지를 밝히는 것이다. 바울은 "인내와 위로의 하나님"(롬 15:5)이라고 표현함으로 하나님이 인내와 위로를 주시는 분임을 분명히 한다. 하나님은 그의 성령을 통해 우리 마음에 인내와 위로를 심어 주신다(골 1:11). 우리가 여기서 주목할 것은 바울이 "인내와 성경의 위로"를 언급하고 하나님이 "인내와 위로"의 저자이시라고 말한 것은 성경이 하나님의 말씀임을 간접적으로 밝히고 있는 것이다. 희구법을 사용한 바울의 소원은 하나님만이 그의 성령을 통해 성도들의 마음을 변화시킬 수 있다는 확신에 기인한다. 머레이(Murray)는 로마서 15:5-6을 해석하면서 다음의 몇 가지를 주목해야 한다고 정리한다. 그는 첫째, "인내와 위로의 하나님"은 바로 전절인 로마서 15:4의 "인내와 위로"를 가리킴에 틀림없고 따라서 하나님이 인내와 위로의 근원이시고 저자이시다. 둘째, 하나님과 성경과의 관계가 밀접하게 연계되어 있다. 인내와 위로는 성경으로부터 기인하고(롬 15:4) 동시에 그것들은 하나님으로부터 기인한다. 셋째, "서로 뜻이 같게 하여 주사"(참조, 빌 2:2, 5)는 서로 간 존경하고 관용하라는 호소인데 이는 본 단락의 처음 시작의 호소와 같다(롬 14:1). 이 호소는 믿음이 강한 자와 믿음이 약한 자 모두에게 적용된다. 넷째, "한마음과 한 입으로" 영광을 돌릴 대상은 "하나님 곧 우리 주 예수 그리스도의 아버지"이시다. "한마음과 한 입으로" 연합한다는 뜻은 내적·외적으로 연합되어 영광을 돌리는 것이라고 정리한다.[671]

바울은 로마교회의 성도들이 믿음이 강한 자이거나 혹은 믿음이 약한 자이거나를 막론하고 모두 예수 그리스도를 본받아 마음의 일치를 갖게 되기를 원한다. 왜냐하면 예수 그리스도는 "믿음이 강한 자"와 "믿음이 약한 자"를 구별 없이 받아들이셨기 때문이다. "서로 뜻이 같게 하여 주사"라는 말씀은 어떤 견해의 일치를 원하는 것이 아니요, 서로 세워주고 배려하는 마음의 조화를 뜻하는 것이다. 그래서 바울은 성도들이 "한마음과 한 입으로 하나님 곧 우리 주 예수 그리스도의 아버지께 영광을 돌리게"(롬 15:6) 되기를 원하는 것이다. 하나님은 성도들의 불화와 분쟁 가운데서 그들의 영광을 받으시기를 원하시지 않는다. 초대 예루살렘 교회는 "날마다 마음을 같이하여 성전에 모이기를 힘쓰고," "기쁨과 순전한 마음으로 음식을 먹고 하나님을 찬미"(행 2:46-47) 했다. 믿음의 공동체의 이런 모습이 바울의 기도에 나타난 소

671 John Murray, *The Epistle to the Romans*, Vol. II (*NICNT*) (1968), pp. 200-201.

원처럼 한마음과 한 입으로 하나님께 영광을 돌리는 로마교회의 모습이다(롬 15:6).

바울은 "한마음과 한 입으로"(롬 15:6) 영광을 돌려야 할 대상을 "하나님 곧 우리 주 예수 그리스도의 아버지께"(τὸν θεὸν καὶ πατέρα τοῦ κυρίου ἡμῶν Ἰησοῦ Χριστοῦ)라고 표현한다. 본문의 내용을 "하나님과 우리 주 예수 그리스도의 아버지께"라고도 이해할 수 있으나 어느 쪽도 큰 문제가 없다. 바울은 하나님과 아버지를 "그리고"로 연결해서 표현하기도 하고 "우리 주님의 하나님"과 같은 표현도 쓰기 때문이다(참조, 고전 15:24; 엡 5:20; 엡 1:17).[672]

롬 15:7-8 바울은 이제 그리스도를 예로 들어 서로 용납하며 받아들이라고 권면한다. 그래서 바울은 "그러므로 그리스도께서 우리를 받아 하나님께 영광을 돌리심과 같이 너희도 서로 받으라"(롬 15:7)라고 권면한다. 바울은 그리스도께서 모든 사람을 차별 없이 받으시고 그들 모두를 위해 십자가에서 죽으셨고, 예수님의 십자가상의 죽으심은 예수님 자신이 영화롭게 되는 사건이요 하나님께 영광을 돌리는 사건이며(요 17:1, 24), 그리스도의 사랑은 편파적이지 않다고 한다. 바울은 이와 같은 그리스도를 본으로 삼아 서로 서로 용납하고 받아들이라고 권면한다. 데니(Denney)는 "그리스도가 유대인들을 받아들이는 것은 그의 신실하심 때문에 하나님이 영광을 받으시도록 하는 것이요, 그리스도가 이방인들을 받아들이는 것은 그의 자비하심 때문에 하나님이 영광

672 롬 15:6을 "하나님 곧 우리 주 예수 그리스도의 아버지께"(τὸν θεὸν καὶ πατέρα τοῦ κυρίου ἡμῶν Ἰησοῦ Χριστοῦ)로 번역한 한글 번역본들은 개역, 개역개정, 표준새번역, 표준새번역개정, 바른성경 등이며, 영어성경의 경우는 "the God and Father of our Lord Jesus Christ"로 번역한 성경이 NIV, RSV, NRSV, NASB, NKJV, ESV 등이며, AV가 "God, even the Father of our Lord Jesus Christ"로 번역했다. 한글 번역은 대부분 AV 번역과 일치하는 번역이다.

을 받으시도록 하는 것이다."[673]라고 함으로 그리스도가 유대인들과 이방인들을 차별 없이 받아들이신 사실을 구약의 역사에 근거하여 설명한다. 칼빈(Calvin)은 "그리스도께서 우리가 그의 자비를 필요로 할 때 우리 모두를 그의 은혜 안으로 받아들이심으로 아버지의 영광을 드러내 보이신 것처럼, 우리들도 우리가 그리스도 안에서 소유한 이 연합을 유지하고 확증함으로 하나님의 영광을 드러내 보여야 한다."[674]라고 해석한다. 교회 안에 속한 모든 성도들이 서로를 껴안고 상대방을 세워주고 배려함으로 교회의 연합을 유지하는 것은 그리스도를 본받는 것이요 하나님께 영광을 돌리는 것이다.

바울은 이제 로마서 15:8-9에서 그리스도께서 어떻게 우리 모두를 받아들이셨는지를 설명한다. 예수님은 먼저 구약에서 유대인들에게 메시아로 약속된 구세주이시다. 그리고 예수님의 구속성취는 나중에 이방인들에게 나타내 보인 바 되었다. 사실상 바울 자신이 영생의 복음을 이방인들에게 전파하도록 "이방인을 위한 사도"로 선택받은 것이다(행 9:15). 이처럼 예수님은 유대인과 이방인 사이를 차별하시지 않고 그들 모두를 아버지의 나라로 영접해 주셨다. 그래서 바울은 그리스도께서 할례의 추종자가 되신 것은 하나님의 진실하심을 증거하고 조상들에게 주신 약속을 확고히 하기 위해서라고 설명한다(롬 15:8). 하나님의 거룩하심에 흠결이 있거나 진실성에 조금이라도 의심의 요소가 있다면 하나님은 하나님 됨의 본질을 상실하게 되는 것이다. 바울은 하나님이 유대인 조상들에게 약속하신 것처럼 예수님께서 "할례의 추종자"(διάκονον περιτομῆς)가 되셨다고 말한다. "할례의 추종자"라는 표

673 James Denney, "St. Paul's Epistle to the Romans," *The Expositor's Greek Testament* (1980), p. 709.

674 Calvin, *The Epistles of Paul the Apostle to the Romans and to the Thessalonians,* p. 306.

현은 할례 받은 백성들 즉 유대인(Jews)을 위한 사역자라는 뜻이다. 예수님이 "할례의 추종자"가 되신 것은 "하나님의 진리"(ἀληθείας θεοῦ)를[675] 세우기 위해서였다. 이 말씀은 예수님께서 "할례의 추종자"가 되신 것은 구약의 예언에 따라 오신 것임을 확인한다. 구약의 말씀은 하나님의 진리이다(참조, 요 17:17-19). 본 구절을 한글 번역들처럼 "하나님의 진실하심을 위하여"(롬 15:8)라고 번역하기보다는 "하나님의 진리를 위하여"라고 번역하는 것이 더 낫다고 사료된다. 핫지(Hodge)는 "하나님의 진리는 그의 진실성과 성실성이다. 그리스도는 주와 통치자로서가 아니라, 하나님의 은혜로운 약속을 성취하시기 위해 유대인들을 위한 겸손한 사역자로 오심으로 최고의 비하와 친절을 나타내 보여주셨다. 이 친절은 그들에게만 국한되지 않았고 이방인들 역시 그의 왕국 안으로 받아들여지고 그리고 똑같은 자격으로 유대인들과 연합되도록 하였다. 그리스도의 이와 같은 모본은 상호간의 애정과 일치를 진작시키는 강렬한 동기를 제공한다."[676]라고 정리한다.

예수님이 "할례의 추종자"가 되신 것은 결국 하나님의 원대한 구속 계획을 성취하시기 위해서였다. 예수님의 구속 성취의 혜택을 받을 대상은 유대인만 해당되는 것이 아니요 하나님의 긍휼하심의 울타리 안에 이방인들도 포함되는 것이다. 이와 같은 하나님의 목적은 이미 구약도 분명히 밝히고 있다. 이사야(Isaiah) 선지자는 "나 여호와가 의로 너를 불렀은즉 내가 네 손을 잡아 너를 보호하며 너를 세워 백성의 언

---

675 "하나님의 진리"(ἀληθείας θεοῦ)를 대부분의 한글 번역(개역, 개역개정, 표준새번역, 표준새번역개정, 바른성경, 쉬운성경)은 "하나님의 진실하심"으로 번역했고, 영어 번역의 경우 NIV는 "God's truth"로, AV, NKJV, NASB는 "the truth of God"로, RSV, ESV는 "God's truthfulness"로 번역했다. 어느 쪽으로 번역해도 의미상 큰 차이는 없으나 "하나님의 진리"로 번역하는 것이 원문의 뜻을 더 잘 전달한다고 사료된다.

676 C. Hodge, *A Commentary on Romans,* p. 435.

약과 이방의 빛이 되게 하리니"(사 42:6)라고 말함으로 이스라엘 백성을 하나님의 백성으로 삼으신 것은 이방의 빛이 되게 하시기 위한 목적이 있었음을 분명히 한다. 그리고 이사야는 여호와께서 "네가 나의 종이 되어 야곱의 지파들을 일으키며 이스라엘 중에 보전된 자를 돌아오게 할 것은 매우 쉬운 일이라 내가 또 너를 이방의 빛으로 삼아 나의 구원을 베풀어서 땅 끝까지 이르게 하리라"(사 49:6)라는 말씀을 통해 하나님이 이스라엘 백성을 구원하신 목적은 그들을 통해 하나님의 구원을 땅 끝까지 전파하도록 하는 것임을 밝힌다. 바울은 지금 하나님의 긍휼하심으로 이방인들도 하나님의 원대한 구속계획 안에 포함되어 있음을 확인하고 있는 것이다(롬 15:9). 하나님이 유대인뿐만 아니라 이방인들도 그의 구속계획 속에 포함시키신 이유는 바로 "하나님께 영광을 돌리게 하려"(롬 15:9)는 것이었다. 인간의 가장 중요하고 가장 고귀한 목적은 하나님께 영광을 돌리며 그를 영원히 즐거워하는 것이다.[677] 바울은 에베소서에서 삼위일체 하나님의 구원계획을 설명하면서 성부 하나님(God the Father)의 사역을 설명하고 그 목적을 "그의 은혜의 영광을 찬송하게 하려는 것이라"(엡 1:6)라고 말하고, 성자 하나님(God the Son)의 사역을 설명한 후 "그의 영광의 찬송이 되게 하려 하심이라"(엡 1:12)라고 설명하며, 성령 하나님(God the Holy Spirit)의 사역을 설명한 다음 역시 "그의 영광을 찬송하게 하려 하심이라"(엡 1:14)라고 가르친다. 이는 하나님의 구속계획의 목적은 하나님이 그의 구속받은 백성들로부터 영광을 받으시는 것임을 가르친다.

677 The Westminster Larger Catechism question number 1: "What is the chief and highest end of man?" Answer: "Man's chief and highest end is to glory God, and fully to enjoy him forever." Cf. James B. Green, *A Harmony of the Westminster Presbyterian Standards* (Collins + World, 1976), p. 15.

롬 15:9–13 바울은 이제 구약 성경의 말씀 중에서 몇 구절을 인용하여 자신의 논의를 확증하고 있다. 바울이 인용한 모든 구약의 구절들은 예수님이 "할례의 추종자"로 오셔서 하나님의 구속계획을 성취하심으로 유대인은 물론 이방인들도 주님께 감사하고 찬송하게 될 것임을 확증하는 구절들이다. 바울은 먼저 사무엘하 22:50(LXX)과 시편 18:49(LXX: 17:49)의 내용이 똑같은데 그 내용 중 "주여"(Κύριε)를 생략하고 있는 그대로의 내용을 로마서 15:9에서 인용한다. 사무엘하 22:50은 "이러므로 여호와여 내가 모든 민족 중에서 주께 감사하며 주의 이름을 찬양하리이다"(삼하 22:50)라고 읽고, 시편 18:49은"여호와여 이러므로 내가 이방 나라들 중에서 주께 감사하며 주의 이름을 찬송하리이다"(시 18:49)[678]라고 읽는다. 바울은 "그러므로 내가 열방 중에서 주께 감사하고 주의 이름을 찬송하리로다"(롬 15:9)[679]라고 구약의 내용을 있는 그대로 인용한다. 바울이 사무엘하 22:50(시 18:49)을 인용한 목적은 예수님이 "할례의 추종자"가 되셔서 유대인과 이방인 모두가 하나님께 감사하고 주님의 이름을 찬송하게 하려는 데 있었음을 천명하고 있는 것이다.

바울은 계속해서 신명기 32:43의 말씀을 로마서 15:10에서 인용하고, 시편 117:1의 말씀을 로마서 15:11에서 인용한다. 신명기 32:43은 "너희 민족들아 주의 백성과 즐거워하라 주께서 그 종들의 피를 갚으사 그 대적들에게 복수하시고 자기 땅과 자기 백성을 위하여 속죄하시리로다"(신 32:43)라고 읽고, 시편 117:1의 말씀은 "너희 모든 나

678 시 18:49(LXX: 17:49)은 "Διὰ τοῦτο ἐξομολογήσομαί σοι ἐν ἔθνεσι, Κύριε, καὶ τῷ ὀνόματί σου ψαλῶ."라고 읽는다. 삼하 22:50의 경우 Κύριε의 위치만 바뀔 뿐 내용은 똑같다.

679 비교를 위해 헬라어 성경 롬 15:9을 인용하면 "Διὰ τοῦτο ἐξομολογήσομαί σοι ἐν ἔθνεσιν καὶ τῷ ὀνόματί σου ψαλῶ."라고 읽는다. 바울은 구약의 내용을 문자 그대로 인용했다.

라들아 여호와를 찬양하며 너희 모든 백성들아 그를 찬송할지어다"(시 117:1)라고 읽는다. 바울은 신명기 32:43의 일부분인 "너희 민족들아 주의 백성과 즐거워하라"를 자구 변경 없이 로마서 15:10에서 인용한다. 여기 "너희 민족들"은 이방인들을 가리킨다. 바울은 그리스도의 구속의 은혜로 하나님의 백성들이 된 이방인들이 주의 백성과 함께 즐거워하고 하나님께 영광을 돌려야 한다고 가르치고 있다. 바울은 같은 어조로 시편 117:1을 약간의 변화를 주어 로마서 15:11에서 인용한다. 바울은 같은 관점에서 "모든 열방들아 주를 찬양하며 모든 백성들아 그를 찬송하라"(롬 15:11)[680]라고 말한다. 로마서 15:11의 말씀도 이방인들과 유대인들이 함께 감사와 찬송을 하나님께 올려드려야 한다고 강조하고 있다. 바울은 이제 이사야 11:10을 일부 수정하여 로마서 15:12에서 인용한다.[681] 바울이 이사야서(Isaiah)를 인용한 것은 하나님의 구속계획 속에 정해진 것처럼 구약에서 예언된 메시아이신 예수님이 "할례의 추종자"(롬 15:8)로 오셔서 구속을 성취하심으로 모든 열방이 예수님에게 소망을 둘 것임을 확실히 하는 것이다. 유대인이든지 이방인이든지를 막론하고 그들의 소망은 오로지 예수 그리스도이시다. 머레이(Murray)는 "로마서 15:9에서 명백하게 나타나듯이 바로 이 관심이 이 구절들을 선택하도록 인도했다. 그 구절들은 모두 그리스도께서 할례의 추종자가 되신 계획 중의 하나는 이방인들의 구원이었고 그리고 그 구절들은 사도의 평가의 관점에서 볼 때 아브라함(Abraham) 언약의 중심에 놓여있는 모든 민족이 누릴 그 축복의 전파를 구약성경

680 롬 15:11은 "Αἰνεῖτε, πάντα τὰ ἔθνη, τὸν κύριον καὶ ἐπαινεσάτωσαν αὐτὸν πάντες οἱ λαοί." 시편 117:1은 ἐπαινεσάτωσαν 대신 ἐπαινέσατε를 사용했다.

681 이사야 11:10의 말씀은 "그날에 이새의 뿌리에서 한 싹이 나서 만민의 기치로 설 것이요 열방이 그에게로 돌아오리니 그가 거한 곳이 영화로우리라"(사 11:10)이다.

이 제시하고 있다는 이 주장을 지원하기 위해 인용되었다."[682]라고 해석한다. 바울은 구약에서 여러 구절들을(삼하 22:50; 시 18:49; 신 32:43; 시 117:1; 사 11:10) 인용하여 유대인들과 이방인들이 예수 그리스도를 통해 구원을 받았으므로 하나님께 영광을 돌리고 주의 이름을 찬송해야 할 것이라고 증언하기 원한다. 바울은 로마서 15:9-12에서 이방인들을 뜻하는 "열방"(τὰ ἔθνη)이라는 용어를 여섯(6)번이나 사용하여 주님께 감사하고 찬송해야 할 백성이 유대인뿐만 아니라 이방인들도 포함됨을 강조하고 있다. 핫지(Hodge)는 "이 예언의 성취로 그리스도께서 오셨고, 먼데 있는 사람들에게나 가까운데 있는 사람들에게 구원을 선포하셨다. 두 부류의 사람들이 겸손하게 되신 구세주에 의해 친절하게 받아들여졌고 한 공동체로 연합되어졌으므로 그들은 모든 비판과 경멸을 제쳐놓고 서로를 형제로 인정하고 사랑해야 한다."[683]라고 설명한다. 바울은 그리스도 안에서 같은 소망을 가진 유대인이나 이방인이나 서로 서로 격려하고 배려하여 믿음의 공동체가 일치하고 연합하게 되기를 원한다.

바울은 이제 로마서 14:1부터 지금까지 논의해 온 주제를 마무리하기 원한다. 바울은 "소망의 하나님이 모든 기쁨과 평강을 믿음 안에서 너희에게 충만하게 하사 성령의 능력으로 소망이 넘치게 하시기를 원하노라"(롬 15:13)라고 기도한다. 바울은 바로 전절인 로마서 15:12에서 그리스도가 소망의 대상임을 밝혔는데 바로 그 "소망의 하나님"이 모든 기쁨과 평강을 로마교회 성도들에게 충만하게 주실 것을 기도한다. 하나님은 소망의 하나님으로 성도들에게 소망을 주시는 분이시다.

682 John Murray, *The Epistle to the Romans*, Vol. II (*NICNT*) (1968), p. 206.

683 C. Hodge, *A Commentary on Romans*, p. 436.

"소망의 하나님"은 성도들의 소망의 근원도 되시지만 또한 그를 의지하는 사람들에게 소망을 심어주시는 분도 되신다. 하나님은 성도들의 소망의 제공자도 되시지만 동시에 성도들의 소망의 대상도 되신다. 소망의 하나님만이 성도들에게 기쁨과 평강을 충만히 주실 수 있다. 바울은 "믿음 안에서"를 함께 사용함으로 여기서 언급하고 있는 기쁨과 평강은 예수님을 믿는 사람들만 누리는 기쁨과 평강임을 분명히 한다. 바울은 "믿음이 강한 자"이거나 "믿음이 약한 자"이거나를 막론하고 그리스도를 믿는 모든 성도들이 성령의 능력으로 넘치는 소망을 갖게 되기를 원한다(롬 15:13).

2. 바울의 복음 전도 계획(롬 15:14-21)

**[14] 내 형제들아 너희가 스스로 선함이 가득하고 모든 지식이 차서 능히 서로 권
하는 자임을 나도 확신하노라 [15] 그러나 내가 너희로 다시 생각나게 하려고 하
나님께서 내게 주신 은혜로 말미암아 더욱 담대히 대략 너희에게 썼노니 [16] 이
은혜는 곧 나로 이방인을 위하여 그리스도 예수의 일꾼이 되어 하나님의 복음
의 제사장 직분을 하게 하사 이방인을 제물로 드리는 것이 성령 안에서 거룩하
게 되어 받으실 만하게 하려 하심이라 [17] 그러므로 내가 그리스도 예수 안에서
하나님의 일에 대하여 자랑하는 것이 있거니와 [18] 그리스도께서 이방인들을
순종하게 하기 위하여 나를 통하여 역사하신 것 외에는 내가 감히 말하지 아니
하노라 그 일은 말과 행위로 [19] 표적과 기사의 능력으로 성령의 능력으로 이루
어졌으며 그리하여 내가 예루살렘으로부터 두루 행하여 일루리곤까지 그리스
도의 복음을 편만하게 전하였노라 [20] 또 내가 그리스도의 이름을 부르는 곳에**

는 복음을 전하지 않기를 힘썼노니 이는 남의 터 위에 건축하지 아니하려 함이 라 [21] 기록된 바 주의 소식을 받지 못한 자들이 볼 것이요 듣지 못한 자들이 깨 달으리라 함과 같으니라(롬 15:14-21, 개역개정)

롬 15:14-16 바울은 지금까지 믿음의 공동체의 유익을 위해 권면했던 일을 로마교회가 잘 이행할 것을 확신하고 있다(롬 15:14). 그래서 바울은 "내 형제들아 너희가 스스로 선함이 가득하고 모든 지식이 차서 능히 서로 권하는 자임을 나도 확신하노라"(롬 15:14)라고 천명하고 있다. 바울은 로마교회 성도들이 "선함이 가득한 사실," "모든 지식으로 충만한 사실," 그리고 "서로 권면할 수 있는 능력이 있는 사실"을 명확히 알고 있다고 말한다. 이 말씀은 바울 사도가 로마교회 형편을 비교적 상세하게 잘 알고 있었음을 증거하는 것이다. 바울이 로마서 16장에서 언급한 로마교회 성도들의 이름들이 바로 바울이 로마교회의 상황을 잘 알고 있었음을 증거한다. 칼빈(Calvin)은 "권하는 자" 즉 상담자에게는 두 가지 자질이 있어야 하는데 하나는 그의 형제들을 도울 마음을 가지고 말과 태도에서 친절(kindness)을 베풀 수 있어야하고, 또 다른 하나는 상담을 받는 사람에게 유익을 끼칠 수 있도록 하기 위해 권위를 가지고 상담할 수 있는 지혜 혹은 뛰어난 능력(skill)을 가지고 있어야 한다고 설명한다.[684] 로마교회 성도들은 이 두 가지 덕목을 가지고 있었다고 바울은 확신한다(롬 15:14).

바울은 지금까지 "믿음이 강한 자"가 "믿음이 약한 자"를 보살피고 배려할 것을 강조했는데(롬 14:1-8; 15:1-13) 로마교회 성도들은 선함(goodness)이 가득하고 지식(knowledge)이 풍부하여 이와 같은 믿음의 공동

684 Calvin, *The Epistles of Paul the Apostle to the Romans and to the Thessalonians*, p. 310.

체를 세우는데 큰 역할을 한다고 확신한다. 머레이(Murray)는 선함은 모든 추하고 악한 것의 반대되는 것으로 올곧음과 친절과 마음과 삶에서 나오는 자애를 뜻하는 덕목이라고 설명하면서 "선함은 '강한 자'가 '약한 자'에게 상처를 주는 일을 자제할 수 있게 하는 특성이며, 지식은 믿음이 약한자를 교정할 수 있는 학식을 뜻한다."[685]라고 설명한다. 바울은 자신이 로마교회 성도들에게 상당히 강한 어조로 믿음의 공동체의 화합과 유익을 위해 권면한 것은 자신의 사도직을 실행하는 일이었기 때문에 "내가 너희로 다시 생각나게 하려고 하나님께서 내게 주신 은혜로 말미암아 더욱 담대히 대략 너희에게 썼노니"(롬 15:15)라고 확인하고 있다. 바울은 하나님이 자신을 이방인의 사도로 부르시고 세우신 사실을 잊지 않는다(행 9:15; 22:21; 갈 1:16). 오브라이엔(O'Brien)은 "바울은 그의 회심의 시간으로부터 계속해서 선교사 사도로서 그의 사역이 하나님의 자비에만 의존됨을 알고 있었다."[686]라고 설명한다. 바울은 신약성경에서 단 한 번 이 구절(롬 15:15)에서만 사용된 이중 복합동사인 "다시 생각나게 하려고"(ἐπαναμιμνήσκων)를 사용하여 자신이 지금까지 로마교회를 향해 담대하게 쓴 것은 하나님께서 은혜로 그에게 주신 직분 때문이라고 설명한다.[687] 왜냐하면 로마교회를 세우는 것이 하나님께서 그를 이방인의 사도로 세우신 목적을 성취하는 것이기 때문이다. 이처럼 복음을 전파해야 할 책임을 자신의 직분 때문이라고 말하는 바울에 대해 칼빈(Calvin)은 "그는 이처럼 스스로 겸비해짐으로 자신의 직분의 탁월성을 높인다. 바울은 그를 그 높은 영광에로 높여준

685 John Murray, *The Epistle to the Romans*, Vol. II (*NICNT*) (1968), p. 209.

686 P.T. O'Brien, *Gospel and Mission in the Writings of Paul* (Grand Rapids: Baker, 1995), p. 30.

687 C. E. B. Cranfield, *A Critical and Exegetical Commentary on the Epistle to the Romans*, Vol. II (ICC) (Edinburgh: T. & T. Clark, 1979), p. 754.

하나님의 은혜를 가리킴으로 그의 사도직의 권한으로 행해진 것들이 경멸받는 것을 용납하지 않는 것이다."[688]라고 설명한다. 바울은 다메섹 도상에서 예수님을 만난 후 자신은 항상 겸손한 삶을 살았지만(고전 15:9; 엡 3:8; 딤전 1:15) 자신이 하나님으로부터 받은 사도직은 고귀한 직분으로 생각하고 살았다. 우리는 겸손한 자를 들어 쓰시는 하나님의 원리(잠 15:33; 16:18; 18:12)가 바울의 삶을 통해 실행되고 있음을 본다.

그래서 바울은 자신이 이방인을 위한 사도로 부르심을 받은 사실을 밝히고 계속해서 "그리스도 예수의 일꾼이 되어 하나님의 복음의 제사장 직분을 하게 하사 이방인을 제물로 드리는 것이 성령 안에서 거룩하게 되어 받으실 만하게 하려하심이라"(롬 15:16)라고 자신이 맡은 직분을 밝히고 있다. 바울이 여기서 왜 "하나님의 복음의 제사장 직분"이라는 표현을 썼는가? 구약 레위기(Leviticus)의 제사의식을 관찰하면 제사장이 하나님께 제사를 드릴 때 하나님이 정하신 정확한 방법으로 제사를 드리지 않으면 하나님이 그 제사를 받으시지 않는다. 이 말씀은 제사를 드릴 때 제사장의 신실성이 요구됨을 가르친다. 바울이 여기서 자신이 "하나님의 복음의 제사장 직분"을 행했다고 언급한 것은 이방인들에게 복음을 전할 때 하나님이 기쁘게 받으실 만큼 신실하게 복음을 전했다고 전하는 것이다.[689] 바울이 "이방인을 제물로 드리는 것"이라고 표현한 이유는 이미 이사야서에서 "그들이 너희 모든 형제를 뭇 나라에서 나의 성산 예루살렘으로 말과 수레와 교자와 노새와 낙타에 태워다가 여호와께 예물로 드릴 것이요"(사 66:20)라고 하면서 "모든 형제"를 "여호와께 예물"로 드린다고 말씀한 것처럼 이방인의

---

688 Calvin, *The Epistles of Paul the Apostle to the Romans and to the Thessalonians,* p. 310.

689 Denney, "St. Paul's Epistle to the Romans," *The Expositor's Greek Testament,* p. 712.

사도인 자신의 복음 전파 사역을 통해 이방인이 예수 그리스도를 그들의 주님으로 받아들이면 그것 자체가 하나님께 바쳐진 예물과 같기 때문이다. 그런데 바울은 "성령 안에서 거룩하게 되어"(롬 15:16)라는 구약의 구절에는 없는 내용을 첨가한다. 그 이유는 이방인을 구원할 수 있는 분은 성령 하나님이시기 때문이다. "성령으로 아니하고는 누구든지 예수를 주시라 할 수 없기"(고전 12:3; 고후 3:3; 갈 3:2-3; 엡 1:13) 때문이다. 바울은 항상 복음에 빚진 자처럼 열심히 그의 이방인을 위한 사도 직분을 감당했다(롬 1:14-17).

롬 15:17-21 바울이 여기서 자신의 사역에 대해 자랑할 것이 있다(롬 15:17)고 말하는 것은 약간 의아심을 불러일으킨다. 하지만 바울은 자신의 공적을 내세우기 위해 자랑한다고 말하고 있는 것은 아니다. 겸손을 항상 강조하고, 그리스도를 얻고 그 안에서 발견되는 것 이외에 다른 것은 "배설물"[690]로 여길 만큼(빌 3:8-9) 철저한 바울이 자신의 공적을 자랑한다고 생각할 수 없다. 바로 문맥이 이를 증명해 준다. 바울은 자신이 자랑하는 모든 것을 하나님께 돌린다. 바울은 "이방인을 위하여 그리스도 예수의 일꾼이 되어 하나님의 복음의 제사장 직분"(롬 15:16)을 하게 하신 분도 하나님이요, 그가 자랑하는 것도 "하나님의 일에 대하여"(롬 15:17) 자랑하는 것이요, 또한 "그리스도께서 이방인들을 순종하게 하기 위하여 나를 통하여 역사하신 것 외에는 내가 감히 말하지 아니하노라"(롬 15:18)라는 말로 그의 자랑이 하나님과 그리스도를 자랑하는 것임을 분명히 한다. 바울은 자신이 이방인의 사도로 부르심

690 빌 3:8의 "배설물"(σκύβαλα)을 AV는 "dung"으로, NIV, NASB, ESV와 NKJV는 "rubbish"로, RSV는 "refuse"로 번역한다. 여기 사용된 의미 이외에도 σκύβαλα는 garbage, dirt, leavings 등의 뜻을 가지고 있다.

을 받은 것을 부끄러워하지 아니했다(롬 1:16). 바울은 이방인들을 순종하게 하기 위하여 그리스도께서 자기를 사용하신 것을 분명히 한다(롬 15:18). 바울은 이제 그리스도께서 자기를 통해 사역하신 방법은 "말과 행위"(롬 15:18)로 하셨음을 밝힌다. 그리스도께서 바울의 복음 전파 사역이 성공적인 사역이 될 수 있도록 하시기 위해 "표적과 기사의 능력으로 성령의 능력으로 이루어졌음"(롬 15:19)을 분명히 한다. 바울은 도구로 쓰였을 뿐 복음 전파의 효력은 성령의 능력으로 말미암는 것을 확실히 한다. 바울은 "내 말과 전도함이 설득력 있는 지혜의 말로 하지 아니하고 다만 성령의 나타나심과 능력으로 하여 너희 믿음이 사람의 지혜에 있지 아니하고 다만 하나님의 능력에 있게 하려 하였노라"(고전 2:4-5)라고 천명한바 있다.

바울은 자신이 로마에 가기 전에 성령의 도움으로 얼마만큼 열심히 복음을 전파하였는지를 "예루살렘으로부터 두루 행하여 일루리곤까지 그리스도의 복음을 편만하게 전하였노라"(롬 15:19)라고 설명한다. 바울은 "예루살렘으로부터 두루 행하여 일루리곤까지"(롬 15:19) 복음을 편만하게 전했다고 말한다. 이 말씀은 예루살렘을 중심으로 하고 지역을 점점 확대해 가면서 결국 일루리곤까지 복음을 전했다는 뜻이다. 일루리곤(Illyricum)은 아드리아 해(Adriatic Sea)의 동쪽에 위치한 지역으로 마게도냐와 아가야의 서북쪽의 경계에 인접되어있다. 그러므로 바울이 "예루살렘으로부터 두루 행하여 일루리곤까지" 복음을 전했다는 뜻은 일루리곤의 경계까지 복음을 전했다는 뜻으로 받는 것이 타당하다. 왜냐하면 성경 어느 곳에서도 바울이 일루리곤 중심부까지 복음을 전한 증거를 찾을 수 없기 때문이다.[691] 물론 이 견해를 단정적으

691 John Murray, *The Epistle to the Romans*, Vol. II (*NICNT*) (1968), p. 214.

로 결론지을 수는 없다. 스토트(Stott)는 "바울의 의도적인 정책은 전략적인 목적을 가지고 한 도시에서 다른 도시로 움직였던 것 같다. 바울이 도시들을 방문하게 된 이유는 아마 도시에는 유대인의 회당이 있었고, 많은 인구가 살고 있었으며, 영향력 있는 지도자들이 있었기 때문이었을 것이다."..."그는 제 3차 전도여행의 대부분의 기간 동안 에베소(Ephesus)에서 복음을 전했다. 참으로 누가는 사방으로 연결된 도로를 가지고 있는 영향력 있는 중심도시에 교회의 설립을 점진적으로 실행함으로 로마 제국의 더 넓은 지역에 복음이 확산된 사실을 묘사하고 있다."[692]라고 설명한다. 바울은 제 1차, 2차, 3차 전도여행을 통해 로마 제국 여러 도시에 복음을 선포하고 교회를 설립했다.

바울이 "예루살렘으로부터 두루 행하여 일루리곤까지 그리스도의 복음을 편만하게 전하였노라"(롬 15:19)라고 선언한 말씀은 구속 역사적인 전망으로 이해해야 한다. 왜냐하면 바울은 회심 직후 복음 전파를 다메섹으로부터 시작했고(행 9:20–22), 그의 선교여행의 시작은 안디옥(Antioch)으로부터 시작했으며(행 13:2–3), 예루살렘으로부터 시작하지 않았기 때문이다. 그런데 바울은 "예루살렘으로부터 두루 행하여"라고 함으로 그의 복음 전파의 시작이 마치 예루살렘인 것처럼 설명한다. 예루살렘은 기독교 선교의 시작점이다(눅 24:47–49; 행 1:4, 8). 왜냐하면 복음이 예루살렘으로부터 전파되어 확장되었기 때문이다. 예루살렘은 예수님의 제자들이 복음을 전파하기 시작한 첫 도시이다. "예루살렘으로부터"는 복음전파가 시작된 장소를 가리키는 것이지 바울의 복음 전파의 사역이 시작된 장소를 뜻하는 것은 아니다. 부활하신 예수님이 "오직 성령이 너희에게 임하시면 너희가 권능을 받고 예루살렘과 온

692 John Stott, *The Spirit, the Church and the World* (The Message of Acts) (Downers Grove: InterVarsity Press, 1990), p. 293.

유대와 사마리아와 땅 끝까지 이르러 내 증인이 되리라"(행 1:8)라고 말씀하신 것과 그 맥을 같이하고 있다. 던(Dunn)은 "근래에 가장 인기 있는 견해는 예루살렘을 전체 기독교 선교의 시작점으로 보는 구속역사의 전망으로 바울이 말했다는 것이다."[693]라고 설명한다.

그리스도의 복음은 힘있게 전파되어야 한다. 복음 전파의 사명이 성도들에게 부여되었다. 누가는 "너희는 이 모든 일의 증인이라"(눅 24:48)라고 함으로 성도들에게 복음전도의 책임이 있음을 분명히 한다. 리챠드 백스터(Richard Baxter)는 성도들이 그리스도의 복음을 열심히 전해야 할 것을 천명하면서 다음의 의미심장한 말을 한다. 곧 백스터는 "우리들은 우리들이 둔해지고 부주의해지는 것을 느낄 때는 언제든지 그리스도께서 하신 이 논의를 듣도록 하자. '나는 이 영혼들을 위해 피 흘려죽었는데 너희들은 그들을 돌보지 아니하느냐? 그들이 내가 피를 흘릴만한 가치가 있는 사람들인데 그들이 너희들의 노력을 받을만한 가치도 없단 말인가? 나는 잃어버린 그들을 찾아서 구원하기 위해 하늘에서부터 땅에까지 내려 왔는데 너희들은 그들을 찾기 위해 다음 문전, 다음 거리, 다음 마을로 갈 수 없단 말인가? 너희들의 겸손과 노력이 나의 것에 비해 얼마나 적은가.'"[694]라고 성도들에게 깊은 감동을 주는 말을 한다. 오브라이엔(O'Brien)은 "내가 예루살렘으로부터 두루 행하여 일루리곤까지 그리스도의 복음을 편만하게 전하였노라"(롬 15:19)라는 말씀을 선교활동의 범위의 관점에서 해석하면서 바울의 뜻은 자신이 먼저 복음을 전했고, 생성하는 교회를 양육하고, 그리고 교회 공

693 James Dunn, *Romans 9-16*, p. 863.

694 Richard Baxter, *The Reformed Pastor* (Carlisle: The Banner of Truth Trust, 1974), pp. 131-132.; 참조, 리차드 백스터, 『참목자상』, 박형용 역 (서울: 생명의말씀사, 1970), p. 80. 참고로 번역본 『참목자상』은 다른 영어 원본에서 번역한 것이므로 용어 사용과 문장 구성에 약간의 차이가 있음을 밝혀둔다.

동체로서 확고하게 설립되는 것을 포함하는 것으로 이해하는 것이 바르다고 생각한다. 그는 "이 제안은 '이방인들의 순종'으로 묘사된 바울의 사역의 목적이 그들의 회심을 생각할 뿐만 아니라 기독교인의 성숙이 완전에로 성장하는 초기의 결론과 잘 어울리기 때문이다."[695]라고 해석한다. 오브라이엔(O'Brien)은 "바울에게 있어서 복음을 선포하는 것은 단순히 복음을 처음으로 전파하는 것이나 회심자들을 모으는 것만을 뜻하지 않는다. 복음 선포는 또한 교회 공동체를 든든하게 설립하도록 인도하는 양육의 전 범위와 건강하게 하는 활동을 포함한다."[696] 라고 설명함으로 복음 선포가 단순히 복음의 말씀을 선포하는 것에 국한되지 않음을 지적한다. 우리는 사도행전(The Acts)이 전하는 바울의 선교활동과 목회활동을 점검하면 이 사실이 진실함을 확인할 수 있다. 바울은 빌립보 감옥 안에서 당당하게 "주 예수를 믿으라 그리하면 너와 네 집이 구원을 받으리라"(행 16:31)라고 복음을 전했고, 베뢰아에서는 "날마다 성경을 상고"(행 17:11)하도록 교회를 성숙시켰고, 고린도에서는 "아굴라와 브리스길라"(행 18:2-4, 24-28)와 같은 유능하고 훌륭한 복음의 사역자를 훈련시켰으며, 에베소에서는 "삼년이나 밤낮 쉬지 않고 눈물로 각 사람을 훈계하던 것을 기억하라"(행 20:31)라고 말할 정도로 심혈을 기울여 교회를 섬겼다. 그러므로 바울은 복음을 선포했을 뿐만 아니라 그리스도의 교회의 성장을 위해 최선을 다한 복음의 사도였다.

바울은 구속의 복음, 화목의 복음, 기쁨의 복음, 영생의 복음을 어찌하든지 땅 끝까지 전파하기 위해 그리스도의 이름을 모르는 곳을

695 P.T. O'Brien, *Gospel and Mission in the Writings of Paul* (1995), p. 43.

696 P.T. O'Brien, *Gospel and Mission in the Writings of Paul* (1995), p. 43.

찾아서 열심히 사도의 사명을 감당했다. “그리스도의 이름을 부르는 곳”(롬 15:20)이라는 표현은 단순히 그리스도의 이름이 알려진 곳이라는 뜻이 아니요, 그리스도를 주로 고백하고 믿는 사람들이 살고 있는 장소를 뜻한다. 바울은 그리스도의 복음을 받아들여 그리스도가 주님으로 인정받는 교회가 설립된 장소에는 복음을 전하지 않겠다는 고백을 한 것이다. 그래서 바울은 “내가 그리스도의 이름을 부르는 곳에는 복음을 전하지 않기를 힘썼노니 이는 남의 터 위에 건축하지 아니하려 함이라”(롬 15:20)라고 고백하는 것이다. 바울의 이와 같은 고백은 그의 제 1차, 2차, 3차 선교여행을 통해(행 13:1–14:28; 15:36–21:16) 실현한 바 있다. 샌디와 헤드람(Sanday and Headlam)은 “사도의 책임에 대한 그의 개념은 그가 교회들을 개척하고 그리고 이미 놓인 기초 위에서 다른 사람이 교회를 세워나갈 수 있도록 남겨두는 것이다(고전 3:7, 10).”[694]라고 설명한다. 바울이 “남의 터 위에 건축하지 아니하려 함이라”(롬 15:20)라고 고백하는 것은 그가 이미 존재하는 교회를 가르치거나 양육하는 일을 전혀 하지 아니하겠다는 뜻이 아니다. 만약 그런 뜻이라면 로마서를 로마교회에 쓰는 것 자체가 모순일 수밖에 없다. 바울의 의도는 다른 사도에 의해 교회가 이미 세워진 곳에 새로운 교회를 세우지 않겠다는 뜻이다.[698] 바울은 이와 같은 자신의 사명을 이사야서를 인용함으로 확인하고 있다. 바울은 이사야 52:15(LXX)에서 “주의 소식을 받지 못한 자들이 볼 것이요 듣지 못한 자들이 깨달으리라”(롬 15:21)라는 말씀을 변경하지 않고 정확하게 인용한다.[699] 바울이 “그리스도의 이름

697 W. Sanday and A. C. Headlam, *A Critical and Exegetical Commentary on The Epistle to the Romans* (1975), p. 409.

698 W.G.T. Shedd, *A Critical and Doctrinal Commentary on the Epistle of St. Paul to the Romans* (1967), p. 416.

을 부르는 곳에는 복음을 전하지 않기를 힘썼노니"(롬 15:20)라고 말한 직후 왜 이사야 52:15의 말씀을 인용했는지를 이해할 필요가 있다. 이사야 선지자는 이사야 52:13부터 시작하여 이사야 53:12까지 이사야 52장 일부와 이사야 53장 전체를 할애하여 앞으로 오실 메시아와 그가 수난 받으실 것을 예언하고 있다. 우리는 "그는 실로 우리의 질고를 지고 우리의 슬픔을 당하였거늘 우리는 생각하기를 그는 징벌을 받아 하나님께 맞으며 고난을 당한다 하였노라 그가 찔림은 우리의 허물 때문이요 그가 상함은 우리의 죄악 때문이라 그가 징계를 받으므로 우리는 평화를 누리고 그가 채찍에 맞으므로 우리는 나음을 받았도다 우리는 다 양 같아서 그릇 행하여 각기 제 길로 갔거늘 여호와께서는 우리 모두의 죄악을 그에게 담당시키셨도다(사 53:4-6)라는 이사야서의 말씀이 예수 그리스도에게 적용됨을 확실하게 알고 있다. 바울은 이사야서의 말씀을 인용하여 자신이 선포하고 있는 예수 그리스도가 우리를 대신해서 죽으시고 부활하심으로 구속을 성취하신 메시아이심을 확인한다. 그리고 바울은 이방인의 사도로서 바로 이 예수 그리스도를 구주로 받아들이지 않은 장소를 찾아서 복음을 편만하게 전했음을 확증하기 원한 것이다(롬 15:19-20).

---

699 이사야 52:15(LXX)은 "οἷς οὐκ ἀνηγγέλη περὶ αὐτοῦ, ὄψονται, καὶ οἳ οὐκ ἀκηκόασι, συνήσουσι."(이는 그들이 아직 그들에게 전파되지 아니한 것을 볼 것이요 아직 듣지 못한 것을 깨달을 것임이라: 개역개정)라는 말씀이다. 바울은 용어나 순서를 바꾸지 않고 그대로 인용한다.

3. 바울의 로마 여행 계획(롬 15:22-33)

[22] 그러므로 또한 내가 너희에게 가려 하던 것이 여러 번 막혔더니 [23] 이제는 이
지방에 일할 곳이 없고 또 여러 해 전부터 언제든지 서바나로 갈 때에 너희에
게 가기를 바라고 있었으니 [24] 이는 지나가는 길에 너희를 보고 먼저 너희와 사
귐으로 얼마간 기쁨을 가진 후에 너희가 그리로 보내주기를 바람이라 [25] 그러
나 이제는 내가 성도를 섬기는 일로 예루살렘에 가노니 [26] 이는 마게도냐와 아
가야 사람들이 예루살렘 성도 중 가난한 자들을 위하여 기쁘게 얼마를 연보 하
였음이라 [27] 저희가 기뻐서 하였거니와 또한 저희는 그들에게 빚진 자니 만일
이방인들이 그들의 영적인 것을 나눠 가졌으면 육적인 것으로 그들을 섬기는
것이 마땅하니라 [28] 그러므로 내가 이 일을 마치고 이 열매를 그들에게 확증한
후에 너희에게 들렀다가 서바나로 가리라 [29] 내가 너희에게 나아갈 때에 그리
스도의 충만한 복을 가지고 갈 줄을 아노라 [30] 형제들아 내가 우리 주 예수 그
리스도와 성령의 사랑으로 말미암아 너희를 권하노니 너희 기도에 나와 힘을
같이하여 나를 위하여 하나님께 빌어 [31] 나로 유대에서 순종하지 아니하는 자
들로부터 건짐을 받게 하고 또 예루살렘에 대하여 내가 섬기는 일을 성도들이
받을 만하게 하고 [32] 나로 하나님의 뜻을 따라 기쁨으로 너희에게 나아가 너희
와 함께 편히 쉬게 하라 [33] 평강의 하나님께서 너희 모든 사람과 함께 계실지어
다 아멘(롬 15:22-33, 개역개정)

롬 15:22-29 바울은 이미 로마서 1:13에서 언급한 것처럼 로마교회를 방문할 계획을 여러 번 세웠으나 성사되지 않았음을 로마서 15장에서 "또한 내가 너희에게 가려하던 것이 여러 번 막혔더니"(롬 15:22)라고 씀으로 다시 한 번 확인한다. 한 가지 차이는 로마서 1장에서는 언급되지 않은 로마로의 여행을 곧바로 할 수 없었던 이유를 밝힌 점이다. 바울은 "이제는 이 지방에 일할 곳이 없고"(롬 15:23)라는 표현으로

로마서를 쓰기 이전에는 아시아 지역을 중심으로 여러 곳에 복음을 전해야 할 책임이 있었음을 밝히고 있다. 바울은 제 1차, 2차, 3차 선교여행 기간에 여러 곳에서 이방인의 사도로서 복음을 전파했고, 특히 에베소에서 3년 동안 머물면서(행 19:1-41; 20:17-38) 에베소를 중심으로 그 지역 여러 곳에서 복음을 전파했고(참조, 계 1:11; 2:1-3:22),[700] 에베소에서 고린도전서를 기록하기도 했고(AD 57), 비록 골로새교회를 개척하지는 않았지만 골로새교회의 기둥과 같은 인물인 빌레몬(Philemon)에게 복음을 전했고(몬 1, 17-19), 빌립보(행 16:12-40)와 데살로니가(행 17:1-9), 그리고 베뢰아(행 17:10-15)에서 복음을 전했으며, "예루살렘으로부터 두루 행하여 일루리곤까지 그리스도의 복음을 편만하게 전하였"(롬 15:19)기 때문에 "이 지방에 일할 곳이 없고"(롬 15:23)라고 말할 수 있었다. 물론 이 말씀은 바울이 아시아 모든 지역에 복음을 전했다는 뜻은 아니다. 바울은 제 3차 선교여행 중 고린도(Corinth)에 석 달 동안 머물면서(행 20:3) 더 멀리 로마(Rome)와 서바나(Spain)를 마음에 품고 로마서를 쓰면서(AD 58) "여러 해 전부터 언제든지 서바나로 갈 때에 너희에게 가기를 바라고 있었으니"(롬 15:23)라고 그의 로마 방문 소망을 밝히고 있는 것이다. 바울은 자신이 방문하기를 원하는 궁극적 목적이 로마가 아니요 서바나임을 분명히 한다. 어쩌면 바울의 마음속에 로마에는 이미 로마교회가 설립되었고 복음이 정착되었기 때문에 로마교회를 방문하기 원하지만 그 너머에 위치한 서바나를 생각했을 수 있다.

바울은 로마서 15:24에서 로마교회를 방문하기 원하는 이유를 밝

700 계 1:11의 일곱 교회(에베소, 서머나, 버가모, 두아디라, 사데, 빌라델비아, 라오디게아)는 바울이 모두 개척했다고 말할 수는 없지만 에베소의 위치로 보아 바울이 에베소 교회를 섬길 때 어떤 모양으로든지 영향을 미쳤을 것으로 추정된다.

힌다. 그는 "이는 지나가는 길에 너희를 보고 먼저 너희와 사귐으로 얼마간 기쁨을 가진 후에 너희가 그리로 보내주기를 바람이라"(롬 15:24)라고 쓴다. 바울이 로마교회를 방문하기 원하는 이유를 세 가지로 정리할 수 있다. 첫째, 서바나로 가는 길에 로마교회 성도들을 만나 신령한 은사들을 나누면서 교제하기를 원하는 것이요(참조, 롬 1:11), 둘째, 얼마 동안 머물면서 휴식도 취하고 피차 안위하며 기쁨도 누리고 또한 로마에서 복음도 전하기 원하는 것이고(참조, 롬 1:12, 15), 셋째, 로마교회의 지도하에 안내를 받아 서바나로 가는데 필요한 것들을 지원받기 원하는 것이다(롬 15:24, 28).[701] 이처럼 바울은 서바나로 가는 것이 그의 종국적 목적이지만 로마에서 로마교회 성도들과 깊은 교제를 나누며 이방인의 사도로서의 사명을 확신하면서 파송받기를 원한 것이다.

바울의 간절한 소망에도 불구하고 로마로의 여행은 당장 이루어질 수 없다. 그 이유는 "그러나 이제는 내가 성도를 섬기는 일로 예루살렘에 가노니"(롬 15:25)라는 말씀이 증언한다. 바울은 지금 고린도에서 로마서를 쓰면서 서쪽 방향에 위치한 로마를 향해 갈 수 있는 상황이 아니라 오히려 동쪽 방향에 위치한 예루살렘을 향해 그의 길을 떠나야 한다. 바울은 예루살렘에 있는 성도들을 섬기기 위해 예루살렘 방향으로 가야만 한다.[702] 바울이 예루살렘으로 먼저 가야 하는 이유는 "마게도냐와 아가야 사람들이 예루살렘 성도 중 가난한 자들을 위하여 기쁘게 얼마를 연보하였음이라"(롬 15:26)의 말씀에서 드러난다. 우리가 이

701 W. Hendriksen, *Exposition of Paul's Epistle to the Romans* (1981), p. 493.: Hendriksen은 바울이 서바나로 가는 "여행을 위해 정보와 안내와 준비물들과 돈을 제공받는 것"을 원했다고 해석한다.

702 바울이 로마서 15:25에서 "섬기는 일로"(διακονῶν)라는 표현을 현재시상, 분사형을 사용한 것은 예루살렘으로의 여행 자체가 "섬기는 일"의 한 부분임을 함축하고 있다. Cf. C. Hodge, *A Commentary on Romans*, p. 442.

구절에서 주목해야 할 부분은 첫째로, 바울이 "연보"라는 용어를 일반적으로 "교제"(fellowship)라는 의미로 사용되는(행 2:42; 고전 1:9; 고후 8:4; 갈 2:9; 엡 3:9; 빌 1:5; 2:1; 3:10) 코이노니아(κοινωνία)를 사용했다는 점이다. 물론 "코이노니아"의 개념 속에 "연보" 혹은 "헌금"이라는 뜻이 있기 때문에 본 구절에서 "연보"의 의미로 사용된 것은 타당하나 그리스도의 교회 내에서 다른 성도들을 위해 "연보"하는 것은 성도들 상호 간의 "교제"의 의미가 함축되어 있음을 확증하는 것이다. 초대 예루살렘 교회는 물질로 성도들 상호 간에 깊은 교제를 나누었다(행 2:42-47). 둘째로, 우리의 주목의 대상이 되는 또 한 가지는 주로 이방인들로 구성된 마게도냐와 아가야에 있는 성도들이 유대인들로 구성된 예루살렘에 있는 성도들을 위해 연보를 통한 교제를 나누었다는 사실이다. 이방인들은 유대인들로부터 영적인 선물인 구속의 복음을 전해 받은 사실을 기억하고 기쁜 마음으로 유대인들이 물질적으로 어려운 형편에 있을 때 그들을 도울 수 있게 된 것이다. 바울은 "믿음이 강한 자"와 "믿음이 약한 자"의 관계를 설명할 때도 믿음의 공동체의 연합과 배려와 일치를 강조했는데(롬 14:1-12; 15:1-2), 여기서도 믿음의 공동체 안에서 이방인이나 유대인이나 차별이 없음으로 서로서로 돕고 교제하고 배려해야 함을 로마교회에 알리기를 원한 것이다.

바울은 계속해서 마게도냐와 아가야에 있는 성도들이 자발적으로 기쁜 마음으로 연보했음을 강조한다(롬 15:27). 바울은 마게도냐와 아가야의 이방인들이 예루살렘에 거주하는 유대인들에게 "영적인 것"을 받았으므로 그들에게 빚진 자라고 말한다(롬 15:27). 이방인들은 유대인들로부터 그리고 예루살렘으로부터 시작된 "영적인 일"의 참여자가 되었다. 이 "영적인 일"은 죄 문제를 해결 받고 영생을 소유할 수 있는 가장 고귀한 선물이다. 그러므로 이방인들이 물질로 유대인들을 "섬기는 것은 마땅하니라"(롬 15:27)라고 바울이 강조하는 것이다.

이제 바울은 예루살렘에서 성도를 섬기는 이 일을 마친 후에 로마에 들렀다가 서바나로 갈 것이라고 확인하고 있다(롬 15:28). 그런데 바울은 "이 열매를 그들에게 확증한 후에"[703]라는 약간 특이한 표현을 사용한다. 바울은 왜 "연보"를 "열매"라는 표현으로 설명했을까? 바울은 이미 마게도냐와 아가야의 이방인들이 유대인들로부터 "영적인 것"을 받았다고 확인한 바 있다(롬 15:27). 마게도냐와 아가야의 이방인들이 연보를 한 것은 그들의 믿음과 사랑의 열매라고 할 수 있다.[704] 그래서 바울은 "이 열매를 그들에게 확증한 후에"(롬 15:28)라고 표현하고 있는 것이다. "확증한 후에"라는 표현은 "이방인들의 이 귀한 믿음과 사랑의 열매를 예루살렘 성도들에게 확실하게 전달한 후에"라는 뜻이다. 바울은 구속의 복음을 전하는 것이 그가 맡은 고귀한 사명이지만 물질로 성도들을 섬기는 것도 대단히 중요하게 생각했다. 바울은 이 귀한 물질로 예루살렘 성도들을 섬기는 일을 한 후에 서바나로 향하면서 너희들에게 갈 것이라고 전달하고 있다. 그리고 바울은 너희에게 나아갈 때에 "그리스도의 충만한 복을 가지고 갈 줄을"(롬 15:29) 알고 있다고 말한다. 바울이 로마교회를 방문할 때에 "그리스도의 충만한 복"을 가지고 간다는 말의 뜻은 그가 이미 밝힌 대로 "어떤 신령한 은사를 너희에게 나누어 주어 너희를 견고하게 하려 함"(롬 1:11)이라는 목적이 성취될 것임을 확신하고 있다는 것이다. 바울은 그가 로마교회를 방문하면 그리스도께서 성취하신 영생의 복음, 화목의 복음, 평강의 복음을

703 롬 15:28의 특이한 헬라어 표현은 "καὶ σφραγισάμενος αὐτοῖς τὸν καρπὸν τοῦτον"이다.

704 John Murray, *The Epistle to the Romans*, Vol. II (*NICNT*) (1968), p. 219.; James Denney, "St. Paul's Epistle to the Romans," *The Expositor's Greek Testament*, p. 715.; W. Hendriksen, *Exposition of Paul's Epistle to the Romans* (1981), p. 495.

나누게 될 것을 확신하고, 성도 상호 간의 사랑과 소망의 교제를 나누게 될 것을 확신하며, 하나님이 지금까지 바울 자신을 하나님 나라 확장을 위해 어떻게 사용하셨는지를 직접 듣게 될 것임을 분명히 하고 있다. 그래서 바울은 "내가 너희에게 나아갈 때에 그리스도의 충만한 복을 가지고 갈 줄을 아노라"(롬 15:29)라고 확신에 찬 마음의 표현을 한 것이다.

롬 15:30-33 바울은 스스로도 기도의 사도였지만 그는 성도들의 기도를 중요하게 생각했다. 바울은 로마로 갈 목적과 계획은 확실하지만 당장 실현될 수 없는 상황이기 때문에 로마교회 성도들에게 기도를 부탁한다. 성도들에게 기도를 부탁하는 것은 바울의 특성이며 겸손이다(고후 1:11; 빌 1:19; 골 4:3; 살전 5:25; 살후 3:1; 몬 22). 그래서 바울은 "형제들아 내가 우리 주 예수 그리스도와 성령의 사랑으로 말미암아 너희를 권하노니 너희 기도에 나와 힘을 같이하여 나를 위하여 하나님께 빌어"(롬 15:30)라고 로마교회 성도들의 기도를 요청하는 것이다. 바울이 "성령의 사랑"이라고 말한 것은 성도들의 성령을 향한 사랑을 뜻하지 않고, 성령께서 성도 안에 심어주신 사랑을 가리키는 것이다. 바울은 성도들이 "주 예수 그리스도"를 통하지 않고는 기도할 수 없음을 알고 있었고 또한 성도 안에 성령이 주신 사랑이 없으면 다른 사람을 위해 기도할 수 없음을 알고 있었다. 바울은 이제 로마서 15:31-32에서 구체적으로 세 가지 기도 제목을 제공한다. 첫째 기도 제목은 "나로 유대에서 순종하지 아니하는 자들로부터 건짐을 받게 하고"(롬 15:31)라는 표현이 의미하는 것처럼 바울 자신의 안전을 위해 기도해 달라고 부탁하는 것이다. 누가(Luke)는 실제적으로 바울이 예루살렘에 올라가서 많은 고난과 생명의 위험을 당했다고 기록한다(행 21:27-40; 23:12-

30). 둘째 기도 제목은 "예루살렘에 대하여 내가 섬기는 일을 성도들이 받을 만하게 하고"(롬 15:31)라는 표현이 의미하는 것처럼 예루살렘 성도들을 섬기는 일로 이방인들의 연보를 가지고 예루살렘으로 가는데 이 일이 아름답게 마무리되게 해 달라는 기도의 부탁이다. 바울은 예루살렘에서 위험을 당할 것을 예상하면서도 예루살렘 기독교인들을 "성도들"이라고 표현함으로 매우 존경하는 태도를 보인다. 셋째 기도 제목은 "나로 하나님의 뜻을 따라 기쁨으로 너희에게 나아가 너희와 함께 편히 쉬게 하라"(롬 15:32)라는 말씀이 뜻하는 것처럼 바울 자신이 로마교회를 방문할 때 기쁨의 교제가 있게 하고 잠시 동안 휴식을 취할 수 있도록 기도해 달라는 부탁이다.

바울의 이와 같은 기도 부탁에도 불구하고 바울의 기도 요청은 원하는 데로 실현되지 않았다. 바울은 예루살렘에서 많은 고난과 고통을 겪었으며 그의 생명이 위험에 처하는 상황에까지 이르렀고 로마교회를 방문하는 일은 전혀 다른 모양으로 실현되었다. 바울은 로마서를 쓸 당시 그가 죄수의 몸으로 로마교회를 방문하게 될지에 대해서는 알고 있지 못했다. 이제 바울은 "평강의 하나님께서 너희 모든 사람과 함께 계실지어다 아멘"(롬 15:33)이라고 로마교회 성도들을 위해 축복의 기도를 한다. "하나님의 평강"은 하나님께서 주시는 평강을 뜻한다. 헨드릭센(Hendriksen)은 "평강의 기본은 하나님의 아들의 죽음을 통한 하나님과의 화목이다. 그 결과 이처럼 화목하게 된 사람은 과거의 죄가 용서되었고, 현재의 사건들이 합력하여 선을 이루고, 미래에는 아무것도 그리스도 안에 있는 하나님의 사랑으로부터 그를 분리시킬 수 없다는 내적 확신을 갖는다."[702]라고 평강의 상태를 설명한다. 바울의 축복의 기도는 빌립보서에 나타난 축복의 기도와 거의 일치한다(빌 4:9; 참조, 빌 4:7; 골 3:15). "은혜와 평강"은 바울의 축복 기도에 등장하는 내용이다. "은혜"(grace)는 인간이 죄로 인해 멸망 받아 마땅하지만 하나님께서 용서하시고 그리스도 안에서 구원해 주시는 호의를 뜻한다. "은혜"는 아무것도 따지지 않고 거저 주시는 하나님의 사랑의 결과이다. "평강"(peace)은 하나님의 이런 호의로 인해 하나님과 화목함으로 얻는 마음의 안정과 확신과 편안함을 뜻한다. 바울은 하나님의 은혜의 결과로 얻어진 평강이 로마교회 모든 성도들과 함께 하기를 기원하고 있다. 그리고 그렇게 될 것을 진지하게 확인하는 뜻으로 "아멘"(Amen)을 덧붙이고 로마서 15장을 마무리한다.

---

705 W. Hendriksen, *Exposition of Paul's Epistle to the Romans* (1981), p. 498.

로마서 16장
주해

16장 요약

로마서 16장은 전반적으로 서로에게 안부를 전하는 내용과 편지의 마지막 결론으로 복음에 대한 요약된 내용과 송영이 포함되어 있다. 하지만 로마서 16장을 좀 더 자세히 분석하면 다섯 부분으로 나누어 정리할 수 있다. 첫째, 바울이 뵈뵈를 추천하는 내용(롬 16:1–2), 둘째, 많은 성도들에게 바울 자신이 안부를 묻는 인사(롬 16:3–16), 셋째, 거짓 교사들에 대한 경고와 권면(롬 16:17–20), 넷째, 바울의 동역자가 보내는 안부와 문안(롬 16:21–23), 그리고 복음의 내용의 요약과 송영(롬 16:25–27) 등이다.

바울은 로마서 16장에서 대략 28명의 성도의 이름을 일일이 언급한다. 이는 교회를 사랑하는 사도의 심장의 표현이요, 교회를 섬기는 목사들이 가져야 할 태도이다. 바울은 그들에게 "문안하라"고 일일이 안부를 부탁한다. 바울이 특히 뵈뵈(Phoebe), 브리스가와 아굴라(Priscilla and Aquila), 루포(Rufus) 등을 언급한 것은 주목의 대상이 된다. 바울은 뵈뵈가 "겐그리아(Cenchreae) 교회의 일꾼"(롬 16:1)이라고 말한다. 겐그리아는 고린도에서 동쪽으로 약 14km 떨어진 항구 도시로 바울이 서원이 있어 머리를 깎은 곳이다(행 18:18). 바울이 로마서를 고린도에서 기록한 것으로 보아 뵈뵈가 로마서를 로마교회에 전달했을 가능성이 매우 크다. 바울이 "예수 안에서 나의 동역자들인 브리스가와 아굴라"(롬 16:3)라고 언급한 브리스가(브리스길라)와 아굴라 부부는 로마 황제 글라우디오(Claudius, AD 41–54)에 의해 로마에서 추방되어 고린도로 쫓겨가서 바울을 만나게 되고, 그들의 생업이 바울처럼 천막을 만드는 일이었기 때문에 바울과 함께 일하며 고린도교회를 섬긴 사역자들이다(행 18:1–4). 바울이 일년 육개월 후에(행 18:11) 고린도를 떠날 때 브리스가와 아굴라도 함께 떠났고, 바울은 브리스가와 아굴라를 에베소에 정착하게 한다(행 18:18–19). 브리스가와 아굴라는 에베소에 머물면서 유명한 구약학자인 아볼로(Apollos)에게 하나님의 도를 더 정확하게 풀어 설명하기도 했다(행 18:24–26).

루포에 관해서 마가복음은 알렉산더와 루포의 아버지인 구레네 사람 시몬이 예수님의 십자가를 대신 졌다고 전한다(막 15:21). 그런데 바울이 "루포와 그의 어머니에게 문안하라 그의 어머니는 곧 내 어머니니라"(롬 16:13)라고 기록한 것으로 보아 시몬의 아내이며 루포의 어머니인 그녀가 바울을 위해 봉사한 것이 확실하다.

바울은 디모데를 포함한 자신의 동역자들이 로마교회에 안부를 전한다고 기록한다(롬 16:21, 23). 특히 로마서를 대필한 것으로 보이는 더디오(Tertius)도 로마교회에 안부를 전한다(롬 16:22). 그런 다음 바울은 영세 전부터 감추어진 신비의 계시인 복음이 예수 그리스도 안에서 나타났다(롬 16:25–26)고 다시 한 번 확인한 후 송영으로 편지를 끝낸다.

1. 뵈뵈를 추천함(롬 16:1-2)

[1] 내가 겐그레아 교회의 일꾼으로 있는 우리 자매 뵈뵈를 너희에게 추천하노니 [2] 너희는 주 안에서 성도들의 합당한 예절로 그를 영접하고 무엇이든지 그에게 소용되는 바를 도와줄지니 이는 그가 여러 사람과 나의 보호자가 되었음이라(롬 16:1-2, 개역개정)

롬 16:1-2 바울은 주로 안부를 전하는 로마서 16장을 시작하면서 먼저 뵈뵈(Phoebe)를 추천하는 것으로 시작한다. 고대 사회에서는 여행자가 도착지에서의 편의를 위해 추천서가 필요했다. 많은 학자들이 뵈뵈가 로마서를 로마교회에 전달하는 역할을 맡은 사람이라는 견해에 동의한다.[706] 바울은 뵈뵈를 추천하는 근거로 두 가지를 든다. 첫째는 뵈뵈가 겐그레아(Cenchreae) 교회의 일꾼이라는 사실이며(롬 16:1), 둘째는 뵈뵈가 여러 사람과 바울의 보호자 역할을 한 것이다(롬 16:2). 우리는 여기서 "교회의 일꾼"이라는 용어와 "보호자 역할"이라는 두 표현에 주목할 필요가 있다. 바울이 본 구절에서 사용한 "일꾼"(διάκονος)과 "보호자"(προστάτις)를 어떤 의미로 사용했는지를 밝히면 본문 이해

---

706 Calvin, *The Epistles of Paul the Apostle to the Romans and to the Thessalonians*, p. 320.; John Murray, *The Epistle to the Romans*, Vol. 2, p. 226.; Hendriksen, *Exposition of Paul's Epistle to the Romans* (1981), p. 499.; Douglas Moo, *The Epistle to the Romans*, p. 913.; Leon Morris, *The Epistle to the Romans*, p. 528.; Geoffrey Wilson, *Romans*, p. 243.; Anders Nygren, *Commentary on Romans*, p. 456.; C.E.B. Cranfield, *Romans: A Shorter Commentary*, p. 374.; R.C.H. Lenski, *The Interpretation of Paul's Epistle to the Romans* (1961), p. 898.; 박윤선, 『성경주석: 로마서』, p. 398.; F. Godet, *Commentary on Romans* (1979), p. 488.; C. E. B. Cranfield, *A Critical and Exegetical Commentary on the Epistle to the Romans*, Vol. II (ICC) (1979), p. 780.: "It is highly probable that Phoebe was to be the bearer of Paul's letter to Rome."

에 큰 도움이 된다.

많은 학자들이 "일꾼"으로 번역된 "디아코노스"가 성경에서 집사를 가리키는 의미로 사용되었고(빌 1:1; 딤전 3:8, 12), 영어의 집사(deacon)라는 뜻을 가지고 있으므로 본 구절에서는 뵈뵈가 여인임으로 겐그레아 교회의 "여집사"(deaconess)라고 해석한다.[707] 물론 뵈뵈를 "여집사"로 인정한다 하여 신학적으로 크게 문제될 것은 없지만 장로교 임직자의 직제와 관련된 문제이므로 주목할 필요는 있다. 신약교회가 설립된(행 2:41-47) 이후 전문적인 사역자의 제도는 일시에 만들어진 것이 아니요, 점진적으로 교회의 필요에 따라 만들어졌다. 그 구체적인 예가 초대교회가 필요에 의해 일곱 일꾼을 선택한 경우이다(행 6:1-6). 그리고 신약교회 장로에게 적용될 수 있는 "장로"(πρεσβύτερος)라는 용어는 사도행전 11:30에서 처음으로 나타나고 그 이후 점점 확대되어 사용된다(행 14:23; 15:2, 4, 6, 22, 23; 16:4; 20:17; 21:18). 이처럼 신약교회의 사역자의 제도는 점진적으로 정착되어 갔다.

그러므로 "일꾼"(διάκονος)을 여인에게 적용하여 바울이 로마서를 기록할 당시 "여집사" 제도가 정착되었는지에 대해서는 의구심을 떨칠 수 없다.[708] "일꾼"으로 번역된 디아코노스(διάκονος)는 사도행전에는 나

---

707 A. Weiser, "διάκονος," *Exegetical Dictionary of the New Testament*, Vol. 1 (1990), p. 303. "In addition, the servant office of the feminine διάκονος, *deaconess*, is found at an initial stage in the Pauline churches (Rom 16:1)." Italics original.; Nygren, *Commentary on Romans*, p. 456.; 박윤선, 『성경주석: 로마서』, p. 398.; 박윤선 박사는 "우리는 칼빈(Calvin)과 같이, 우리 본문(롬 16:1)의 '일꾼'이란 말이 집사를 의미한다고 생각한다."라고 정리하고 있으나, 칼빈은 그의 주석(*The Epistles of Paul to the Romans and to the Thessalonians*)에서 "일꾼"(διάκονος)이 "여집사"(deaconess)라는 의미로 사용되었다는 사실을 구체적으로 밝히지 않는다. 칼빈은 다만 "It is fitting that we should not only embrace with affection all members of Christ, but also respect and bestow particular love and honour upon those who exercise any public office in the Church."(pp. 320-321)라고 약간 애매하게 정리한다.

708 C. K. Barrett, *A Commentary on the Epistle to the Romans* (New York, Evanston, and London: Harper and Row, 1957), p. 282.

타나지 않는다.우리는 사도행전 6:1-6에 묘사된 일꾼 선택을 "일곱 집사"를 선택한 것으로 생각한다. 하지만 누가(Luke)는 거기에서 디아코노스(διάκονος)를 사용하지 않고 "봉사한다"라는 동사의 부정사인 디아코네인(διακονεῖν)을 사용한다. 물론 이들 일곱 일꾼을 일곱 집사라고 칭하는 데는 큰 문제가 없다. 하지만 우리는 그 당시 집사 제도가 있었기 때문에 일곱 사람을 집사로 세운 것은 아니라는 점에 주목해야 한다. 이와 같은 초대교회의 상황에 비추어서 로마서의 경우도 관찰할 필요가 있다. 로마서에서는 디아코노스(διάκονος)가 4회 나타나는데(롬 13:4, (4; 15:8; 16:1), 로마서 13:4의 경우는 세상의 권세 있는 자들이 하나님의 사역자 역할을 한다는 뜻으로 디아코노스를 사용하고 있고, 로마서 15:8의 경우는 예수님께서 할례를 받은 사람들의 종 역할을 한다는 뜻으로 "종"으로 처리했으며,[709] 로마서 16:1의 경우는 일꾼, 사역자, 봉사자, 집사의 뜻으로 해석해도 큰 문제가 되지 않도록 처리했다. 그러므로 로마서 16:1의 경우 뵈뵈를 "겐그레아 교회의 집사"로 해석하는 것 보다는 "겐그레아 교회의 일꾼"으로 해석하는 것이 본문의 뜻을 살린다고 사료된다. 겐그레아는 고린도(Corinth)의 동쪽에 위치한 항구로 가난한 자, 병든 자, 과부들, 고아들, 오고 가는 여행자들이 많은 도시였다. 뵈뵈는 겐그레아 교회의 일꾼으로 이런 사람들을 정성스럽

---

709 로마서 15:8의 διάκονος를 개역개정은 "추종자"로 번역하여 그리스도가 "할례의 추종자"가 되셨다고 처리했고, 한글개역은 "수종자"로 번역하여 그리스도가 "할례의 수종자"가 되셨다고 처리했으며, 표준새번역과 표준새번역개정은 "종"으로 번역하여 그리스도가 "할례를 받은 사람의 종"이 되셨다고 처리했다. 그리고 바른성경은 "종"으로 번역하여 그리스도가 "할례자의 종"이 되셨다고 처리했고, 공동번역은 "종"으로 번역하여 그리스도께서 "할례 받은 사람들의 종"이 되셨다고 처리했다. 이상에 언급된 번역 중에 한글개역, 표준새번역, 바른성경, 공동번역이 개역개정 번역보다 본문을 더 쉽게 이해하도록 도움을 준다. 참고로 영어 번역은 "a servant to the circumcised"(RSV, ESV), "a servant of the Jews"(NIV), "a minister of the circumcision"(AV), "a servant to the circumcision"(NASB)으로 번역하여 서로 간 큰 차이를 나타내지 않는다.

게 도운 사람이었다. 바울은 디아코노스를 전문적인 집사직으로 처리한 디모데전서(딤전 3:8, 12)에서도 같은 단어를 일꾼으로 처리했다(딤전 4:6)는 것을 기억할 필요가 있다.

바울이 본 구절에서 전하기 원하는 뜻은 뵈뵈가 전문적인 의미의 집사는 아닐지라도 그가 집사 직분을 맡은 사람이 마땅히 실천해야 할 행실들을 실천에 옮긴 일꾼이라는 것이다. 그리고 바울은 후에 디모데에게 집사들이 실천해야 할 내용을 가르쳤는데(딤전 3:8-10) 뵈뵈가 집사가 해야 할 똑같은 일을 겐그레아 교회에서 실천했다고 로마교회에 전하기를 원했고 따라서 로마교회는 뵈뵈에게 필요한 것들을 제공해 주고 그리스도 안에서 한 자매처럼 대해달라고 부탁하는 것이다.

바울은 또 뵈뵈가 "여러 사람과 나의 보호자가 되었다"(롬 16:2)라고 뵈뵈를 추천한다. "보호자"로 번역된 프로스타티스(προστάτις)는 신약성경 가운데서 유일하게 본 구절(롬 16:2)에서만 사용된 용어이다(hapax legomenon). 프로스타티스는 원래 라틴어의 패트로나(patrona)와 같은 뜻으로 사용되었고 영어의 패트로네스(patroness)와 동의어이다. 그런데 프로스타티스의 전문적인 의미는 "해방된 노예의 보호자로서의 옛 주인"을 가리킬 때 사용하는 용어이다. 그런데 본 구절에서는 바울이 태어날 때부터 로마의 시민권을 소유한 사람이기 때문에(행 22:28) 뵈뵈가 전문적인 의미로 바울의 패트로네스가 될 수는 없다.[710] 그러므로 뵈뵈는 바울의 복음 사역에 크게 도움이 되는 돕는 자(helper)였다고 받는 것이 더 타당하다. 뵈뵈는 빌립보에서 바울에게 큰 격려와 도움을 주었던 루디아(Lydia)처럼(행 16:14-15) 겐그레아 교회의 일꾼으로 바울을 보호하고 도와준 유익한 사람이었다. 바울은 뵈뵈가 그렇게 여러 사람과

---

710 Ernst Käsemann, *Commentary on Romans* (Grand Rapids: Eerdmans, 1980), p. 411.

바울 자신에게 친절을 베풀고 도움을 준 것처럼 로마교회도 뵈뵈가 도착하면 “주 안에서 성도들의 합당한 예절”(롬 16:2)로 그를 환영하고 필요한 것을 채워주라고 추천하고 있는 것이다.

2. 바울의 배려 깊은 인사(롬 16:3-16)

> 3 너희는 그리스도 예수 안에서 나의 동역자들인 브리스가와 아굴라에게 문안하라 4 그들은 내 목숨을 위하여 자기들의 목까지도 내놓았나니 나뿐 아니라 이방인의 모든 교회도 그들에게 감사하느니라 5 또 저의 집에 있는 교회에도 문안하라 내가 사랑하는 에배네도에게 문안하라 그는 아시아에서 그리스도께 처음 맺은 열매니라 6 너희를 위하여 많이 수고한 마리아에게 문안하라 7 내 친척이요 나와 함께 갇혔던 안드로니고와 유니아에게 문안하라 그들은 사도들에게 존중히 여겨지고 또한 나보다 먼저 그리스도 안에 있는 자라 8 또 주 안에서 내 사랑하는 암블리아에게 문안하라 9 그리스도 안에서 우리의 동역자인 우르바노와 나의 사랑하는 스다구에게 문안하라 10 그리스도 안에서 인정함을 받은 아벨레에게 문안하라 아리스도불로의 권속에게 문안하라 11 내 친척 헤로디온에게 문안하라 나깃수의 가족 중 주 안에 있는 자들에게 문안하라 12 주 안에서 수고한 드루배나와 드루보사에게 문안하라 주 안에서 많이 수고하고 사랑하는 버시에게 문안하라 13 주 안에서 택하심을 입은 루포와 그의 어머니에게 문안하라 그의 어머니는 곧 내 어머니니라 14 아순그리도와 블레곤과 허메와 바드로바와 허마와 및 그들과 함께 있는 형제들에게 문안하라 15 빌롤로고와 율리아와 또 네레오와 그의 자매와 올름바와 그들과 함께 있는 모든 성도에게 문안하라 16 너희가 거룩하게 입맞춤으로 서로 문안하라 그리스도의 모든 교회가 다 너희에게 문안하느니라(롬 16:3-16, 개역개정)

롬 16:3-16 바울은 로마서 16:3-16 사이에서 28명의 로마교회의 성도들의 이름을 구체적으로 언급하면서 그들에게 문안하라고 부탁한다. 하지만 문안의 대상은 "저의 집에 있는 교회에도 문안하라"(롬 16:5)와 "그들과 함께 있는 형제들에게 문안하라"(롬 16:14), 그리고 "그들과 함께 있는 모든 성도에게 문안하라"(롬 16:15)를 포함시키면 그 숫자가 더 많아진다. 바울은 문안을 전하는 28명의 사역자들 중 브리스가(Priscilla)와 아굴라(Aquila)를 제일 먼저 언급한다(롬 16:3). 브리스가와 아굴라 부부는 성경에 6회(행 18:2, 18, 26; 롬 16:3; 고전 16:19; 딤후 4:19)등장하는데, 남편인 아굴라는 6회 모두 같은 이름으로 등장하지만 아내인 브리스가는 3회(롬 16:3; 고전 16:19; 딤후 4:19)는 브리스가(Πρίσκα)로 나타나고, 3회(행 18:2, 18, 26)는 브리스길라(Πρίσκιλλα)로 나타난다. 하지만 브리스가나 브리스길라나 본도(Pontus) 사람 아굴라의 아내로 같은 사람임에 틀림없다(행 18:2). 바울은 브리스가와 아굴라를 "그리스도 예수 안에서 나의 동역자"(롬 16:3)라고 부른다. 바울이 제 2차 전도여행을 하는 도중 고린도에 이르렀을 때(행 18:1) 바울은 글라우디오(Claudius: AD 41-54) 로마 황제에 의해 로마에서 축출된 브리스가와 아굴라를 고린도에서 처음 만난다.[711] 브리스가와 아굴라는 그들의 생업이 천막 만드는 일이었으므로 바울의 생업과 같아 함께 살며 일을 했다(행 18:3). 브리스가와 아굴라 부부는 바울로부터 예수 그리스도의 복음에 관해 철저한 교육을 받았기 때문에 후에 그 당시 유명한 학자였던 아볼로(Apollos)에게 "하나님의 도"를 더 정확하게 가르치기도 했다(행 18:24-26). 이들 부부는 유대인들을 로마에서 축출한 칙령을 발동한

711 Claudius 황제는 집권 초기에는 유대인들에게 융화정책을 폈으나 통치 9년째 쯤 되었을 때 유대인을 로마에서 좇아내는 칙령을 발표한 것으로 사료된다. Cf. Josephus, *Antiquities of the Jews*, 19, 5, 2f.; F. F. Bruce, *The Book of the Acts* (*NICNT*) (1970), p. 368.

글라우디오 황제가 AD 54년에 사망하였고 본 로마서는 AD 58년경에 기록된 것으로 볼 때 AD 54년-58년 사이 어느 시점에 다시 로마(Rome)로 돌아간 듯하다. 바울은 이와 같은 신실한 부부를 가리켜 "나의 동역자"라고 부르고 그들에게 안부를 전하는 것이다. 바울은 브리스가와 아굴라 부부가 "내 목숨을 위하여 자신들의 목까지도 내놓았나니"(롬 16:4)라고 함으로 이들 부부가 바울 사도를 위해 그리고 복음을 위해 얼마나 헌신적이었음을 밝힌다. 바울이 이들 부부를 가리켜 "나의 동역자"라고 칭하였는데 같은 표현을 우르바노(Urbanus)에게도 사용했고(롬 16:9), 디모데(Timothy)에게도 사용한 것으로(롬 16:21) 보아 바울과 이들 부부는 그리스도 안에서 친밀한 교제를 나누며 복음을 위해 함께 봉사한 것으로 사료된다. 브리스가와 아굴라의 헌신은 널리 알려져서 "이방인의 모든 교회"가 그들에게 감사의 마음을 가지고 있다고 바울은 확인하고 있다(롬 16:4). 그리고 바울은 브리스가와 아굴라의 집에서 모이는 교회(ἐκκλησία)가 있었음을 밝힌다(롬 16:5; 고전 16:19). 초대교회 당시 개인의 집에서 모이는 교회가 있었다는 사실은 성경이 이를 증거 한다(몬 2). 칼빈(Calvin)은 바울이 이들 부부의 집에서 교회로 모이는 공동체가 있었다는 사실을 언급한 것은 존경의 표시로 그렇게 했다고 해석한다.[712] 브리스가와 아굴라의 집에 교회로 모이는 믿음의 공동체가 있었다는 사실은 그들이 예수 그리스도와 복음에 대해 철저하게 헌신했다는 것을 증거 한다.

바울은 이제 에배네도(Epenetus)에게 문안을 전하면서 "그는 아시아에서 그리스도께 처음 맺은 열매니라"(롬 16:5)라고 소개한다. 이 말씀은 "형제들아 스데바나(Stephanas)의 집은 곧 아가야(Achaia)의 첫 열매

712 Calvin, *The Epistles of Paul the Apostle to the Romans and to the Thessalonians*, p. 322

요"(고전 16:15)라는 말씀과 상충되는 듯 보인다. 하지만 아가야는 헬라의 남쪽지역을 가리키기 때문에 아시아라고 할 수 없으므로 두 구절은 전혀 상충되지 않는다.[713] 바울은 에배네도를 가리켜 "내가 사랑하는"이란 수식어를 사용하고 "그가 아시아에서 그리스도께 처음 맺은 열매"(롬 16:5)라고 강조한다. 바울은 "사랑하는"이란 표현을 스다구(Stachys)에게도 적용했고(롬 16:9), 버시(Persis)에게도 적용했다(롬 16:12).[714] 그러므로 "사랑하는"이란 뜻은 그리스도 안에서 형제자매가 된 사람으로 깊은 애정을 가지고 있는 대상을 가리킨다고 생각할 수 있다. 그리고 에배네도를 가리켜 "그리스도께 처음 맺은 열매"라고 한 것은 에배네도가 아시아에서 처음으로 회심한 성도임을 밝히는 것이다.

바울은 "마리아(Mary)에게 문안하라"라고 전하면서 "너희를 위하여 많이 수고한"(롬 16:6)이란 수식어를 붙인다. 이와 같은 수식어는 마리아가 비교적 이른 시기에 로마교회의 성도가 되었고 마리아의 헌신과 봉사로 로마교회가 큰 영향을 받았다는 사실을 추정하게 한다. 우리는 여기서 그 당시 로마교회를 위해 여인들이 상당히 큰 역할을 했음을 확인할 수 있다. 브리스가는 물론 마리아도 여인이었지만 로마교회를 위해 중요한 역할을 했다.

바울은 안드로니고(Andronicus)와 유니아(Junias)에게 문안하라고 전하면서 네 가지의 특별한 언급을 첨부한다. 첫째는 그들이 바울의 친척(relative)이라는 사실이다. 바울은 친척(συγγενής)이라는 같은 용어를 누기오(Lucius), 야손(Jason), 그리고 소시바더(Sosipater)에게도 사용한다(롬

713 어떤 사본(D^1, Ψ 등)은 로마서 16:5을 "에배네도에게 문안하라 그는 아가야('Αχαΐας)에서 그리스도께 처음 맺은 열매니라"라고 읽는다. 하지만 아가야를 지지하는 사본들보다 아시아('Ασίας)로 본문을 읽는 사본(p46, ℵ, A, B, C, D* 등)이 월등하다.

714 NIV는 롬 16:5, 9, 12 모두를 "my dear friend"로 번역한 반면, RSV는 "beloved"로 번역했다. RSV번역이 헬라 원문(τὸν ἀγαπητόν μου)에 더 가까운 번역이다.

16:21). 그러므로 여기 사용된 "친척"은 피로 연결된 가족이라는 뜻이라기보다 같은 종족인 이스라엘 사람이라는 의미로 이해하는 것이 더 타당하다.[715] 둘째는 그들이 바울과 함께 갇혔던 사람들이라는 것이다. 사도행전의 기록을 보면 바울은 빌립보 감옥(행 16:19–34), 가이사랴 감옥(행 24:24–27), 제 1차 로마 감옥(행 28:30–31), 그리고 제 2차 로마 감옥(딤후 1:8; 4:9–13; 참조, 고후 6:5; 11:23)에 갇힌 경험이 있다. 안드로니고와 유니아가 언제 바울과 함께 감옥에 갇혔는지는 확실하지 않다. 셋째는 그들은 사도들에게 존중히 여김을 받았다. 바울이 여기서 사용한 "사도들"은 넓은 의미의 사도들을 가리킨다. 성경은 좁은 의미로 사도라는 용어를 예수님의 12사도와 바울 사도에게 적용한다. 바울이 안드로니고와 유니아가 사도들에게 존중히 여김을 받았다는 뜻은 그들 스스로가 사도라는 뜻이 아니요, 예수님의 제자들에 의해서 존중히 여김을 받았다는 뜻이다. 넷째는 그들은 바울보다 먼저 그리스도를 믿은 사람들이었다. 그들은 상당히 이른 시기에 예수님을 믿게 되었는데 바울은 이 사실을 확인함으로 그들을 칭찬하고 있는 것이다.

바울은 암블리아(Ampliatus)에게 문안하라고 전하면서 그를 가리켜 "주 안에서 내 사랑하는"이라는 설명을 붙인다(롬 16:8). 암블리아는 그 당시 자유의 몸이 된 노예의 이름으로 흔히 사용된 이름이다. "주 안에서"라는 표현은 그리스도의 사랑의 매는 줄로 하나가 된 성도들 상호간의 긴밀한 관계를 설명한다. 바울이 "주 안에서"라는 표현을 뒤따

715 E. Larsson, "συγγενής," *Exegetical Dictionary of the New Testament*, Vol. 3 (Grand Rapids: Eerdmans, 1993), p. 282.; Ceslas Spicq, "συγγενής," *Theological Lexicon of the New Testament*, Vol. 3 (Peabody, MA: Hendrickson Publishers, 1996), p. 310.: "We understand that St. Paul refers to the Israelites as brothers and *syngeneis* 'according to the flesh' (*kata sarka*, Rom. 9:23); they are not only his compatriots, they share the same blood."

라오는 구절에서 계속적으로 사용한 이유는(롬 16:8, 9, 10, 11, 12, 13) 주님이 성도들의 관계를 사랑의 관계로 만들어 준 것임을 강조하기 위한 것이다.

바울은 우르바노(Urbanus)와 스다구(Stachys)에게 문안하라고 전하면서 우르바노에게는 "그리스도 안에서 우리의 동역자"라는 표현을 사용하고, 스다구에게는 "나의 사랑하는"이라는 수식어를 사용한다(롬 16:9). 우르바노라는 이름은 암블리아처럼 자유롭게 된 노예의 이름에서 흔히 찾아 볼 수 있다. 바울이 우르바노를 언급할 때 "나의 동역자"(롬 16:3, 21)대신 "우리의 동역자"라는 표현을 사용한 것은 비록 친밀감의 관계에서는 바울과 우르바노의 관계가 바울과 브리스가와 아굴라와의 관계(롬 16:3)나 바울과 디모데와의 관계(롬 16:21) 보다 약간 거리감이 있는 것으로 이해되지만, 사역적인 관계에서는 많은 사람들이 바울을 포함해서 우르바노와 함께 복음사역을 위해 동참했음을 밝히는 것이다. 바울은 브리스가와 아굴라와는 함께 살면서 일을 하기도 했고(행 18:2-3), 디모데와는 "참 아들"로 생각할 정도로 긴밀한 관계였다(딤전 1:2; 딤후 1:2; 2:1). 하지만 바울과 우르바노와는 그만큼 친밀한 개인적인 관계는 아니었지만 복음을 위해 헌신 봉사한 동역자였다. 바울은 스다구를 가리켜 "나의 사랑하는"이라고 소개하는데 이는 바울이 그리스도 안에서 사랑의 매는 줄로 연합된 성도임을 나타내는 표현으로 이해할 수 있다(참고, 롬 16:5, 8).

이제 바울은 아벨레(Apelles)와 아리스도불로(Aristobulus)의 권속에게 문안하라고 전한다(롬 16:10). 바울은 아벨레를 소개할 때 "그리스도 안에서 인정함을 받은"이라는 표현을 쓴다. "인정함을 받는"(τὸν δόκιμον)이란 용어는 시련과 고통의 과정을 통해서 합격점을 받았다는 뜻이다. 바울은 디모데에게 "진리의 말씀을 옳게 분별하며 부끄러울 것이 없는 일꾼으로 인정된 자로 자신을 하나님 앞에 드리기를 힘쓰라"(딤후 2:15)라고 권면할 때 사용한 "인정된"이라는 같은 용어를 아벨레에게도 사용했다. 이 말씀은 아벨레가 여러 가지 어려운 상황 속에서도 말씀에 충실하고 실족하지 않았음을 증거하는 것이다(고후 10:18). 바울이 언급한 "아리스도불로의 권속"은 아리스도불로의 가정에 속한 노예로 그리스도를 영접한 기독교인일 가능성이 크다. 라이트푸트(Lightfoot)는 아리스도불로(Aristobulus)가 헤롯 대왕(Herod the Great)의 손자라고 주장한다.[716] 하지만 바울이 여기서 언급한 아리스도불로가 헤롯 대왕의 손자인지는 확실하지 않다.[717]

바울은 헤로디온(Herodion)과 나깃수(Narcissus)에게 문안하라고 전하면서 헤로디온에게는 "내 친척"이라는 수식어를 사용하고, 나깃수의 경우는 그의 "가족 중 주 안에 있는 자들에게" 문안하라(롬 16:11)라고 전한다. 헤로디온은 그 이름으로 보아 헤롯(Herod) 가족에 속한 사람으로 간주되므로 당연히 유대인(Jew)일 것이다. 그러므로 바울은 안드로니고와 유니아에게 "내 친척이요"(롬 16:7)라고 말하고, 누기오와

---

716 J. B. Lightfoot, *Philippians* (*The Crossway Classic Commentaries*) (Wheaton: Crossway Books, 1994), p. 189: "Aristobulus (Romans 16:10), surnamed the Younger, a grandson of Herod the Great, was educated in Rome together with his brothers Agrippa and Herod." ---"Now it seems not improbable, considering the intimate relationship between Claudius and Aristobulus, that at the death of the latter, his servants, wholly or in part, should be transferred to the palace. In this case they would be called *Aristobuliani*, for which I suppose St. Paul's 'the household of Aristobulus' (Romans 16:10) to be an equivalent." Cf. Flavius Josephus, *The Works of Flavius Josephus*, trans. William Whiston, Vol. IV (Grand Rapids: Baker, 1974), p. 22 (*Antiquities of the Jews*, Book. 18, Chapter 5, Verse 4).

717 Hendriksen, *Exposition of Paul's Epistle to the Romans* (1981), p. 506.; Cf. F. F. Bruce, "Herod," *The New Bible Dictionary*, ed. J. D. Douglas (Grand Rapids: Eerdmans, 1975), pp. 521-523.; James Denney, "St. Paul's Epistle to the Romans," *The Expositor's Greek Testament*, p. 720.;

야손과 소시바더에게 "나의 친척"(롬 16:21)이라고 말한 것처럼 헤로디온에게도 "내 친척"(συγγενής)이라고 소개하는 것이다. 바울은 나깃수(Narcissus)를 소개할 때는 특별한 문구를 사용한다. 바울은 "나깃수의 가족 중 주 안에 있는 자들에게 문안하라"(롬 16:11)라고 하며 여러 사람의 가족 중에서 예수를 믿는 성도들, 즉 주 안에 있는 자들에게 문안하라고 전한다. 이는 나깃수의 가족 모두가 성도들이 아니요 그 중에 일부가 신자임을 밝히는 것이다. 라이트푸트(Lightfoot)는 본 구절의 나깃수가 노예에서 풀려난 자유인으로 많은 부를 축적하여 글라우디오 황제(Caesar Claudius: AD 41–54)와 함께 큰 영향을 미친 사람인데 네로 황제(Nero: AD 54–68)가 등극하자 네로 황제의 어머니 아그립피나(Agrippina)에 의해 사형에 처해진 사람으로 바울이 로마서 16:11에서 바로 이 사람을 언급하고 있다고 주장한다.[718] 하지만 바울이 로마서 16:11에서 지금 소개한 나깃수를 생각했는지는 증명할 길이 없다. 분명한 것은 나깃수의 가족 중 예수 믿는 성도들이 있었고 바울은 그들에게 안부를 전하고 있는 것이다.

바울은 계속해서 드루배나(Tryphena)와 드루보사(Tryphosa)와 버시(Persis)에게 문안하라고 전한다(롬 16:12). 드루배나와 드루보사는 마치 마리아(Mary)와 마르다(Martha)가 자매인 것처럼(요 11:1) 자매 관계인 것이 확실하다. 바울은 이들이 "주 안에서 수고"하고 있다고 설명을 붙여 안부를 전한다. 그리고 바울은 버시에게는 "주 안에서 많이 수고하고 사랑하는"(롬 16:12)이라는 설명을 붙인다. 그런데 주목의 대상이 되는 내용은 바울이 같은 절에서 드루배나와 드루보사의 수고를 설명할 때는 현재시상(κοπιώσας, 현재, 분사)을 사용하고, 버시의 수고를 언급할

718 J. B. Lightfoot, *Philippians* (Wheaton: Crossway Books, 1994), p. 190.

때는 과거시상(ἐκοπίασεν)을 사용했다는 점이다. 머레이(Murray)는 "드루배나와 드루보사의 경우 현재시상을 사용하고 버시의 경우 과거시상을 사용한 사실을 너무 강조해서는 안 된다."[719]라고 해석한다. 반면 헨드릭센(Hendriksen)은 바울이 드루배나와 드루보사에게는 그들이 현재 주님을 위해 수고하고 있는 점을 기억하고 그들에게 안부를 전하는 것이며, 버시에게는 그녀가 이제 나이들어 더 이상 수고할 수 없지만 과거에 충실하게 주 안에서 수고했던 사실을 잊지 않고 문안을 전한다고 해석하면서 우리 모두가 기억해야할 교훈이라고 권고한다.[720] "수고하다"라는 용어를 과거시상으로 사용했느냐 현재시상으로 사용했느냐가 큰 차이는 없지만 바울이 한 절에서 구체적으로 차이를 두어 설명한 것으로 보아 헨드릭센의 견해가 바울의 마음을 잘 읽는 것으로 이해된다. 바울은 버시에게 "사랑하는"이라는 수식어를 사용하는데 이 표현은 바울이 이미 에배네도(롬 16:5)와 암블리아(롬 16:8)와 스다구(롬 16:9)에게 사용한 수식어로 그 의미는 거의 같다고 할 수 있다.

바울은 루포(Rufus)와 그의 어머니에게 문안하라고 전한다(롬 16:13). 루포는 "주 안에서 택하심을 입은"이라는 표현으로 묘사된다. 본문의 "택하심을 입은"이라는 표현은 단순히 선택받아 구원받은 사람이라는 뜻 이상의 의미를 가지고 있다. 이 말은 루포의 탁월성을 인정하는 표현으로 이해되어야 한다. 루포의 이름이 마가복음 15:21에 등장하는데 로마서 16:13의 루포와 동일인으로 생각된다. 루포의 아버지는 구레네 사람 시몬으로 예수님의 십자가를 억지로 메고 가도록 강요받은 사람이다(막 15:21). 바울은 루포의 어머니를 가리켜 "내 어머니니라"(롬

719 John Murray, *The Epistle to the Romans*, Vol. II (*NICNT*) (1968), p. 231.

720 Hendriksen, *Exposition of Paul's Epistle to the Romans* (1981), p. 507.

16:13)라고 묘사하는데 이는 혈족관계의 어머니를 뜻하지 않고 그리스도 안에서 맺어진 어머니란 뜻이다(참조, 마 12:47-50). 루포의 어머니는 바울에게 어머니 역할을 한 것으로 볼 수 있다.

바울은 이제 아순그리도(Asyncritus), 블레곤(Phlegon), 허메(Hermes), 바드로바(Patrobas), 허마(Hermas)와 그들과 함께 있는 모든 성도에게 문안을 전하고(롬 16:14) 계속해서 빌롤로고(Philologus), 율리아(Julia), 네레오(Nereus)와 그의 자매, 그리고 올름바(Olympas)와 그들과 함께 있는 모든 성도에게 문안을 전한다(롬 16:15). 로마서 16:14에 언급된 다섯 명은 남자일 가능성이 크다. 허마의 경우 그 이름 때문에 오리겐(Origen)이후 종종 "목양자"(The Shepherds)의 저자로 동일시되기도 하지만 그것은 잘못이다. 왜냐하면 "허마의 목양자"(Shepherd of Hermas)는 2세기 초에 기록되었고, 로마서는 AD 58년에 기록되었기 때문에 "목양자"의 저자인 허마가 로마서 16장에 기록될 수는 없다. 빌롤로고와 율리아는 남편과 아내일 가능성이 크다(롬 16:15).[721]

바울은 많은 성도들에게 문안을 전하면서 "너희가 거룩하게 입맞춤으로 서로 문안하라"(롬 16:16)라는 말로 이 문단을 마무리하기 원한다. 입 맞추는 관행은 성경에 자주 언급되었으며(고전 16:20; 살전 5:26; 벧전 5:14) 이와 같은 관행은 동양적이요 특히 유대적인 것이다. 칼빈(Calvin)은 "그러나 초기의 기독교인들이 친구 됨을 인증하는 의미로 성만찬에 참여하기 전에 서로 서로 입을 맞추는 행위가 관행으로 자리를 잡았다."[722]라고 해석한다. 성경은 성도 서로 간 "입맞춤"으로 문안하

721 James Denney, "St. Paul's Epistle to the Romans," *The Expositor's Greek Testament*, p. 721.; Hendriksen, *Exposition of Paul's Epistle to the Romans* (1981), p. 508.; John Murray, *The Epistle to the Romans*, Vol. II (*NICNT*) (1968), p. 232.

722 Calvin, *The Epistles of Paul the Apostle to the Romans and to the Thessalonians*, p. 323.

는 것을 소개하면서 항상 "거룩하게,"(롬 16:16; 고전 16:20; 살전 5:26)를 첨부하거나 "사랑의"(벧전 5:14)를 수식어로 사용한다. 바울이 "거룩하게 입맞춤으로 문안하라"(롬 16:16)고 한 것은 정욕적인 감정이나 육체적인 욕망을 가지고 입을 맞추라는 뜻이 아니요, 성도 상호 간의 입맞춤은 거룩해야 하고 그리스도의 사랑을 상징하는 순수한 애정을 나타내는 것이어야 한다는 것을 뜻한다. 바울은 "그리스도의 모든 교회가 다 너희에게 문안하느니라"(롬 16:16)라고 말함으로 기독교 공동체의 연합과 일치를 나타내고 있다. 바울이 선교여행을 하면서 교회를 설립하고 그 교회를 섬길 때 그 교회 성도들이 바울에게 다른 교회에게 안부를 물어 달라고 부탁했을 것임은 확실하다. 바울은 여러 교회들의 문안을 로마교회에 전하고 있는 것이다. 이는 그리스도 안에서 모든 성도들이 연합된 믿음의 공동체임을 분명히 하는 것이다.

3. 바울의 마지막 권면(롬 16:17-20)

17 형제들아 내가 너희를 권하노니 너희가 배운 교훈을 거슬러 분쟁을 일으키
거나 거치게 하는 자들을 살피고 그들에게서 떠나라 18 이같은 자들은 우리 주
그리스도를 섬기지 아니하고 다만 자기들의 배만 섬기나니 교활한 말과 아첨
하는 말로 순진한 자들의 마음을 미혹하느니라 19 너희의 순종함이 모든 사람
에게 들리는지라 그러므로 내가 너희로 말미암아 기뻐하노니 너희가 선한 데
지혜롭고 악한 데 미련하기를 원하노라 20 평강의 하나님께서 속히 사탄을 너
희 발 아래에서 상하게 하시리라 우리 주 예수의 은혜가 너희에게 있을지어다
(롬 16:17-20, 개역개정)

롬 16:17-18 바울은 이제 믿음의 공동체의 연합과 일치에 역행하는 행위를 하는 사람들을 어떻게 다루어야 할 것인지, 그리고 성도라면 그리스도의 왕국을 세우기 위해 어떤 삶을 살아야 할 것인지에 대해 권면한다(롬 16:17-20). 우선 바울은 그리스도의 교회를 건강하게 하고 세우는 데 필요한 근거를 언급한다. 그것은 "너희가 배운 교훈"이다. 로마교회 성도들이 배운 교훈은 순수한 복음의 진리이며 예수 그리스도를 믿음으로만 구원을 받을 수 있다는 은혜의 복음인 것이다. 바울은 이와 같은 순수한 복음을 "거슬러 분쟁을 일으키거나 거치게 하는 자들"(롬 16:17)에게서 떠나라고 권면하고 있다. "분쟁을 일으키고 거치게 하는 자들"에 대한 견해가 나누인다. 어떤 이는 이들이 반율법주의자(Antinomian libertines)라고 주장하고, 다른 이는 유대주의 열심분자(Judaizing zealots)들을 가리킨다고 주장한다. 이들의 주장과 목적은 서로 다르지만 이들은 결국 순수한 복음의 진리를 받아들이지 못하는 공통점을 가지고 있다. 그리고 이들은 그리스도의 교회 내에 분란을 일으키고 분열을 조장하기에 이른다. 이들의 행동은 결국 불신자들에게 교회를 비판하고 모독하게 하는 원인을 제공한다. 그래서 바울은 로마교회 성도들에게 이런 자들을 "살피고 그들에게서 떠나라"(롬 16:17)라고 권면하고 있는 것이다. 바울은 다른 곳에서 "만일 서로 물고 먹으면 피차 멸망할까 조심하라"(갈 5:15)라고 함으로 교회가 서로 일치하고 사랑해야 한다고 강조해서 권면한 바 있다. 칼빈(Calvin)은 "사람들은 하나님의 진리가 인간이 창안한 교리에 의해 파괴될 때 진리의 불변성에 대해 혼란스러움을 느낀다. 그들은 진리가 여러 가지 수단에 의해 증오의 대상이 되거나 혹은 경멸의 대상이 될 때 복음의 사랑으로부터 멀어지게 된다. 그러므로 바울은 이런 일들에 책임이 있는 모든 사람들을 경계함으로 성도들을 속이는 일을 방지하고, 경계하고 있지 않은 그들을 붙잡을 수 있도록 우리들에게 명령하고 있다. 바울은 그들이 해를 유발하기 때문에 우리가 그들을 피해야 한다고 말한다."[723]라고 설명한다.

바울은 분쟁을 일삼고 거치게 하는 자들의 특징을 소개한다(롬 16:18). 바울은 로마서 16:17에서 언급한 사람들을 가리켜 "이 같은 자들은"(οἱ τοιοῦτοι)이란 표현을 사용한다(롬 16:18). 분 문맥에서 이런 표현이 사용된 것은 경멸의 의미가 담긴 표현으로 "이런 종류의 사람들"은 이라는 의미로 이해할 수 있다.[724] 바울은 "이 같은 자들"이 범한 잘못과 위험성을 세 가지로 지적한다. 첫째, 이 같은 자들은 "우리 주 그리스도를 섬기지 아니"(롬 16:18)한다. 이 같은 자들 즉 거짓 선생들은 그리스도의 영광에는 별로 관심이 없는 사람들이다. 그러므로 바울은 이미 그런 자들을 살피고 그들에게서 떠나라고 권면한 바 있다(롬 16:17). 인생의 가장 중요한 목적은 주 예수 그리스도를 섬기고 그에게 영광을 돌리는 것이다. 사람이 하나님의 자리에 다른 것을 두거나 하나님과 다른 것을 동시에 섬길 수 없다. 둘째, 이 같은 자들은 "자기들의 배만 섬기는"(롬 16:18) 자들이다. 하나님은 "너는 나 외에는 다른 신들을 네게 두지 말라"(출 20:3: 참고, 신 5:7)라고 명령하시고, "너희는 하나님과 재물을 겸하여 섬길 수 없느니라"(눅 16:13)라고 말씀하신다. 그런데 거짓 교사들은 하나님의 자리에 자신의 배를 모신 것이다. 바울은 "그리스도의 십자가의 원수"(빌 3:18)를 묘사하면서 "그들의 마침은 멸망이요 그들의 신은 배요"(빌 3:19)라고 가르친 바 있다. 결국 "자기들의 배만 섬기는"(롬 16:18) 자들은 그리스도의 십자가의 원수들이다. 셋째, 이 같

723 Calvin, *The Epistles of Paul the Apostle to the Romans and to the Thessalonians*, p. 324.

724 Hendriksen, *Exposition of Paul's Epistle to the Romans* (1981), p. 510.

은 자들은 "교활한 말과 아첨하는 말로 순진한 자들의 마음을 미혹"(롬 16:18) 하는 자들이다. 거짓 교사들은 말과 행동이 일치하지 않는다. 머레이(Murray)는 "이런 교사들은 복음의 순수성과 단순성을 파괴하는 그들의 일반적인 방법인 '부드럽고 교활한 말'의 교묘한 방법에 익숙해 있었다. 현혹하는 것이 가장 위험한 것이다: '그들은 순결한 사람들의 마음을 기만한다.' '순결'이라는 용어는 기만성이 없다는 뜻이며, 속임수와 교묘함의 간계에 순응되어 있지 않아서 다른 사람에게서 같은 것(기만성)을 의심하지 않는 그런 사람을 가리킨다."[725]라고 정리한다. 이처럼 순결한 사람들은 다른 사람들도 자신과 같을 것으로 생각하여 상대방이 교활한 방법으로 접근할지라도 상대방의 기만성을 의심하지 않으므로 속임을 당하게 되는 것이다. 그래서 바울은 로마교회 성도들에게 이 같은 거짓 교사들이 "교활한 말과 아첨하는 말로 순진한 자들의 마음을 미혹"(롬 16:18)한다는 것을 알리고 조심하라고 권면하는 것이다.

롬 16:19-20 바울은 로마교회 성도들의 순종을 치하한다(롬 16:19). 바울은 로마교회 성도들의 순종함이 모든 사람에게 들리므로(롬 16:19) 그들 때문에 기뻐한다고 전한다. 바울은 로마서의 서두에서 하나님께 감사하는 이유를 "너희 믿음이 온 세상에 전파됨이로다"(롬 1:8)라고 밝힌 바 있다. "순종"(ὑπακοή)[726]이라는 용어는 로마서에 비교적 자주 등장하는 용어이다(롬 1:5; 6:16; 15:18; 16:19, 26). 바울은 믿음과 연계하여 순종이라는 용어를 즐겨 사용했다. 슈나이더(Schneider)는 "바울에게 있어

725 John Murray, *The Epistle to the Romans*, Vol. II (*NICNT*) (1968), p. 236.

726 순종(ὑπακοή)은 "듣는다"(ἀκούω)라는 동사에 그 기원을 둔 용어이다. 순종하기 위해서는 먼저 하나님의 말씀을 들어야 한다.

서 마치 믿음의 결여가 하나님과 그의 메시지에 대한 불순종으로 이해되는 것처럼, 믿음 자체가 본질적으로 순종의 문제이다. 이 믿음의 전령(messenger)은 그의 복음을 전달받는 사람들이 '믿음의 순종' 즉 신적인 메시지에 복종하기를 원한다. 믿음의 행위는, 로마서 1:8과 로마서 16:19의 비교에서 분명하게 드러나듯, 순종의 행위이다."[727]라고 설명한다. 로마교회 성도들은 그리스도의 복음의 가르침에 따라 살았을 뿐만 아니라 복음이 가르친 대로 복음의 메시지를 전파한 것이다. 그래서 바울은 로마교회 성도들이 그런 삶을 계속하기를 원하는 마음으로 "너희가 선한 데 지혜롭고 악한 데 미련하기를 원하노라"(롬 16:19)라고 권면하는 것이다. 이 권면은 바울이 다른 곳에서 "형제들아 지혜에는 아이가 되지 말고 악에는 어린아이가 되라 지혜에는 장성한 사람이 되라"(고전 14:20)라고 말한 지혜에 대한 권면과 비슷하며(참조, 빌 2:15; 살전 5:21, 22), 예수님께서 "너희는 뱀같이 지혜롭고 비둘기같이 순결하라"(마 10:16)라고 권면하신 내용과 그 맥을 같이 한다. 성도들은 항상 바른 일을 행하고 진작시키며 하나님 보시기에 악한 것으로 판단될 수 있는 것은 피해야 한다.

바울은 "평강의 하나님께서 속히 사탄을 너희 발 아래에서 상하게 하시리라"(롬 16:20)라고 소원의 기도를 드린다. 하나님은 평강을 제공하시는 분이시지만 사탄은 평강을 훼손하는 파괴자이다. 바울은 성도들이 "주 안에서 항상 기뻐하고"(빌 4:4), 관용을 다른 사람에게 베풀고(빌 4:5), 아무것도 염려하지 않고 필요한 것을 감사함으로 하나님께 구하면(빌 4:6), "모든 지각에 뛰어난 하나님의 평강이 그리스도 예수 안에서 너희 마음과 생각을 지키시리라"(빌 4:7)라고 가르쳤다. 그리고 바

727 G. Schneider, "ὑπακοή, ὑπακούω," *Exegetical Dictionary of the New Testament,* Vol. 3 (Grand Rapids: Eerdmans, 1993), p. 394.

울은 계속해서 "너희는 내게 배우고 받고 듣고 본 바를 행하라 그리하면 평강의 하나님이 너희와 함께 계시리라"(빌 4:9)라고 함으로 "평강의 하나님"이 성도들과 함께 계실 것을 약속하신다고 가르친다. 성도들이 현재의 삶에서 평강을 누릴 수 있는 것은 예수님께서 십자가상의 죽음을 통해 사탄의 머리를 상하게 하셨기 때문이다(창 3:15; 고전 15:24-25). 예수님은 갈보리에서 이미 사탄을 정복하셨다. 예수님이 승리자시요, 사탄은 패배자이다. 성도들은 예수님과 함께 한 상속자이기 때문에 예수님의 은혜로 모두 승리자들이다(롬 8:17; 참조, 롬 6:3-8; 엡 2:5-6). 사탄이 성도들의 발 아래에서 상하게 될 때는 바로 예수님의 재림 때에 발생할 종말론적인 사건이다(고전 15:26-27, 55-56). 에덴(Eden) 동산에서 아담과 하와의 범죄로 파괴된 평강이 예수님의 재림 때에 다시 회복이 될 것이다. 바울은 이제 그의 편지를 시작할 때나 마칠 때 흔히 사용하는 말씀으로 이 단락을 마무리 한다. "우리 주 예수의 은혜가 너희에게 있을지어다"(롬 16:20). 은혜는 하나님께서 우리 편에서의 어떤 조건도 생각하시지 않고 무조건적으로 우리를 향해 하나님의 호의를 베풀어 주신 것을 뜻한다. 바울은 이런 하나님의 은혜가 로마교회 성도들에게 있게 되기를 비는 것이다.

4. 마지막 송영과 하나님의 구속역사 요약(롬 16:21-27)

21 나의 동역자 디모데와 나의 친척 누기오와 야손과 소시바더가 너희에게 문
안하느니라 22 이 편지를 기록하는 나 더디오도 주 안에서 너희에게 문안하노

라 23 나와 온 교회를 돌보아 주는 가이오도 너희에게 문안하고 이 성의 재무관
에라스도와 형제 구아도도 너희에게 문안하느니라 24 (없음) **25 나의 복음과 예**
수 그리스도를 전파함은 영세 전부터 감추어졌다가 26 이제는 나타내신 바 되
었으며 영원하신 하나님의 명을 따라 선지자들의 글로 말미암아 모든 민족이
믿어 순종하게 하시려고 알게 하신 바 그 신비의 계시를 따라 된 것이니 이 복
음으로 너희를 능히 견고하게 하실 27 지혜로우신 하나님께 예수 그리스도로
말미암아 영광이 세세무궁하도록 있을지어다 아멘(롬 16:21-27, 개역개정)

롬 16:21-24 바울은 편지를 마무리 하면서 다른 서신들에서는 사용하지 않은 특별한 방법을 사용한다. 바울은 로마서 16장에서 수많은 로마교회 성도들에게 "문안하라"라고 말한 다음 이제는 자신의 동역자 디모데(Timothy)와 자신의 친척 누기오(Lucius), 야손(Jason), 소시바더(Sosipater)가 로마교회 성도들에게 문안한다는 사실을 전한다. 디모데는 바울의 제 2차 전도여행부터 바울과 함께 동역했던 바울의 믿음의 아들이다(행 16:1-3; 딤전 1:2; 딤후 1:2). 바울은 항상 동역자들을 배려하여 그들을 대신하여 문안 전하는 것을 잊지 않는다(롬 16:21; 고전 16:19; 빌 4:21-22; 몬 23-24). 바울은 "친척"(συγγενῆ μου: my relative)이라는 용어를 로마서 16장에서 세 번 사용한다(롬 16:7, 11, 21). 바울이 언급한 그의 친척은 여섯 명으로 안드로니고, 유니아, 헤로디온, 누기오, 야손, 소시바더라고 할 수 있다. "친척"은 "피로 맺어진 가족"이라는 뜻이 아니요, 같은 종족 이스라엘 백성이라는 뜻이다.

그리고 바울은 편지를 쓸 때 대필자를 사용하곤 했다. 일반적으로 대필자를 사용한 사실을 나타낼 때 "내 손으로 너희에게 이렇게 큰 글자로 쓴 것을 보라"(갈 6:11)라는 표현을 사용하거나, "나 바울은 친필로 문안하노니"(고전 16:21; 골 4:18; 살후 3:17)와 같은 표현을 사용한다. 그런데 바울은 로마서에서 특이하게 "이 편지를 기록하는 나 더디오(Tertius)도 주 안에서 너희에게 문안하노라"(롬 16:22)라고 함으로 대필자의 이름을 밝히고 있다. 더디오는 바울의 비서 역할을 했다. 대필자 더디오의 이름이 여기에서 언급된 것은 이제 편지가 곧 끝나게 될 것임을 암시하고 있다.

바울은 로마교회에 문안을 전하는 사람의 이름으로 가이오(Gaius), 에라스도(Erastus), 그리고 구아도(Quartus)를 언급한다(롬 16:23). 바울이 로마서를 고린도(Corinth)에서 기록하였고, 고린도교회를 설립할 때 가이오에게 세례 베푼 사실을 확인하고 있는 것으로 보아(고전 1:14) 로마교회에 문안을 전하는 가이오는 바로 바울이 고린도교회에서 세례를 베푼 그 가이오라고 할 수 있다. 바울이 가이오를 가리켜 "온 교회를 돌보아 주는"이라는 표현으로 묘사한 것은 가이오가 고린도교회를 위해 큰 역할을 하고 있음을 증거하고 있다. 그리고 에라스도를 "이 성의 재무관"이라고 표현함으로 에라스도가 고린도에서 사회적인 큰 영향력을 가지고 있었음을 증거하고 있다. 바울이 구아도를 언급할 때는 "형제"라고 묘사한다. 그런데 여기에서 사용한 "형제"의 의미는 구아도가 에라스도와 피를 나눈 형제라는 의미가 아니요, 그리스도 안에서의 "형제"라는 뜻으로 받는 것이 타당하다. 본 단락의 마지막 구절인 로마서 16:24은 "우리 주 예수 그리스도의 은혜가 너희 모두에게 있기를 원하노라"[725]인데 가장 좋은 사본들이 생략한 관계로 한글 번역 성경에는 "없음"으로 나와 있다.

롬 16:25-27 이제 바울은 로마서를 마무리하기 전에 송영과 함께

728 롬 16:24을 본문에 포함시킨 사본은 D, ψ, 88, 181 등이며, 생략한 사본은 p^{46}, ℵ, A, B, C 등으로 생략한 사본들이 월등하게 우월한 사본들이다. 그 본문은 "ἡ χάρις τοῦ κυρίου ἡμῶν

그가 전파한 복음을 간략하게 요약함으로 편지를 끝낸다. 바울은 "나의 복음과 예수 그리스도를 전파함"(롬 16:25)이 영세 전부터 감추어졌다가 이제는 나타내신 바 되었다고 설명한다. 바울의 복음과 바울이 전파한 예수 그리스도는 구약에서 이미 심도 있게 예언된 바 있으나 풍부하게 계시되지 않은 상태였다. 하나님께서 구약의 예언대로 독생자 예수 그리스도를 역사상에 보내심으로 신비의 계시가 분명하게 드러난 것이다(마 1:18-23; 눅 2:10-11). 하나님은 인간 자신이 죄 문제를 스스로 해결할 수 없음을 아시고 예수 그리스도를 통해 죄 문제를 해결하게 하시고 사람이 예수 그리스도를 믿음으로 죄 문제를 해결 받을 수 있는 길을 마련해 주셨다. 그래서 바울은 "모든 민족이 믿어 순종하게 하시려고"(롬 16:26)라고 말한다. 이처럼 하나님이 계획하신 구원의 방법은 "신비의 계시"로서 인간의 지혜를 초월한 것이다. 성령으로 아니하고는 어떤 인간도 이와 같은 심오한 하나님의 신비의 계시를 이해할 수 없다. 바울은 이 복음이 로마교회의 성도들을 견고하게 하고 흔들리지 않게 할 것을 확신하면서 이 일을 예수 그리스도 안에서 처음부터 완성될 때까지 주관하신 하나님께 찬송함으로 편지를 끝낸다. "지혜로우신 하나님께 예수 그리스도로 말미암아 영광이 세세 무궁하도록 있을지어다. 아멘"(롬 16:27).

Ἰησοῦ Χριστοῦ μετὰ πάντων ὑμῶν. ἀμήν."으로 되어 있으며, 영어는 "The grace of our Lord Jesus Christ be with you all. Amen."으로 번역할 수 있다.

참고문헌

Aalders, G. Ch. *Genesis: Bible Student's Commentary*, Vol. 1. Grand Rapids: Zondervan, 1981.

Allen, Leslie C. "Romans," *New International Bible Commentary*, Ed. F. F. Bruce. Grand Rapids: Zondervan, 1979.

Arndt, W.F. and F.W. Gingrich, *A Greek-English Lexicon of the New Testament and other Early Christian Literature*. Grand Rapids: Zondervan, 1969.

Arnold, Albert N. *Commentary on the Epistle to the Romans*. Valley Forge: Judson Press, 1889.

Augustine, (St.) *Confessions*. New York: Penguin Books, 1961.

Augustine, (St.). *On the Spirit and the Letter*, 11, 18.

Balz, H. "ἅγιος, ἁγιασμός," *Exegetical Dictionary of the New Testament*, Vol. 1. Grand Rapids: Eerdmans, 1990, pp. 16-20.

Balz, H. "λειτουργός," *Exegetical Dictionary of the New Testament*, Vol. 2. Grand Rapids: Eerdmans, 1991, pp. 347-349.

Balz, H. "πρόσκομμα," *Exegetical Dictionary of the New Testament*, Vol. 3. Grand Rapids: Eerdmans, 1993), p. 173.

Barrett, C. K. *A Commentary on The Epistle to the Romans*. New York: Harper and Row, 1957.

Baumgarten, J. "καινός, ἀνακαινόω, καινότης," *Exegetical Dictionary of the New Testament*, Vol. 2. Grand Rapids: Eerdmans, 1991, pp. 229-232.

Bavinck, H. *Gereformeerde Dogmatiek*, Vol. III. Kampen: Kok, 1910.

Baxter, Richard. *The Reformed Pastor*. Carlisle: The Banner of Truth Trust, 1974.

Bengel, John A. *Bengel's New Testament Commentary*, Vol. 2. Grand Rapids: Kregel Publications, 1981.

Berger, K. "χάρις," *Exegetical Dictionary of the New Testament*, Vol. 3. Grand Rapids: Eerdmans, 1993, pp. 457-460.

Berkhof, L. *Systematic Theology*. Grand Rapids: Eerdmans, 1996.

Betz, O. "περιτομή," *Exegetical Dictionary of the New Testament*, Vol. 3. Grand Rapids: Eerdmans, 1993, pp. 79-80.

Beutler, J. "μάρτυς," *Exegetical Dictionary of the New Testament*, Vol. 2. Grand Rapids: Eerdmans, 1991, pp. 393-395.

Bieder, W. "θλῖψις," *Exegetical Dictionary of the New Testament*, Vol. 2. Grand Rapids: Eerdmans, 1991, pp. 151-153.

Bietenhard, H. "Name/ὄνομα, ἐπονομάζω," *The International Dictionary of New Testament Theology*, Vol. 2. Grand Rapids: Zondervan, 1977, pp. 648-655.

Blass F. and A. Debrunner, *A Greek Grammar of the New Testament and other Early Christian Literature*. Chicago and London: The University of Chicago Press, 1970.

Boettner, Loraine. *The Reformed Doctrine of Predestination*. Grand Rapids: Eerdmans, 1932.

Bray, Gerald. *Biblical Interpretation: Past and Present*. Downers Grove: IVP, 1996.

Brown, C. "λύτρον; ἀπολύτρωσις," *The New International Dictionary of New Testament Theology*, Vol. 3. Grand Rapids: Zondervan, 1979, pp. 189-200.

Bruce, F.F. *The Letter of Paul to the Romans* (*The Tyndale New Testament Commentaries*). Grand Rapids: Eerdmans, 1990.

Bruce, F.F. *The Book of the Acts* (*NICNT*). Grand Rapids: Eerdmans, 1970.

Bruce, F.F. "Herod," *The New Bible Dictionary*, ed. J. D. Douglas. Grand Rapids: Eerdmans, 1975, pp. 521-523.

Bultmann, R. *Theology of the New Testament*, Vol. I. New York: Charles Scribner's Sons, 1951.

Burton, Ernest De Witt. *Syntax of the Moods and Tenses in New Testament Greek*. Edinburgh: T. and T. Clark, 1966.

Calvin, John. *Institutes of the Christian Religion*, Vol. 1. Philadelphia: The Westminster Press, 1967.

Calvin, John. *Institutes of the Christian Religion*, Vol. 2. Philadelphia: The Westminster Press, 1967.

Calvin, John. *The Epistles of Paul the Apostle to the Romans and to the Thessalonians*. Grand Rapids: Eerdmans, 1973.

Calvin, John. *The Epistle of Paul the Apostle to the Hebrews and the First and Second Epistles of St. Peter*, trans. W.B. Johnston. Grand Rapids: Eerdmans, 1974.

Calvin, John. *The Epistles of Paul the Apostle to the Galatians, Ephesians, Philippians and Colossians*. Grand Rapids: Eerdmans, 1974.

Campbell, Constantine R. *Paul and Union with Christ*. Grand Rapids: Zondervan, 2012.

Carson, D. A. *Showing The Spirit: A Theological Exposition of* Ⅰ *Corinthians 12～14*. Grand Rapids: Baker, 1987.

Chae, Daniel J-S. *Paul as Apostle to the Gentiles*. Carlisle: Paternoster Press, 1997.

Cranfield, C.E.B. *A Critical and Exegetical Commentary on the Epistle to the Romans*, Vol. II (ICC). Edinburgh: T. & T. Clark, 1979.

Cranfield, C.E.B. *Romans: A Shorter Commentary*. Grand Rapids: Eerdmans, 1992.

Cullmann, O. *Salvation in History*. New York and Evanston: Harper and Row, 1967.

Dabelstein, R. "νεκρός," *Exegetical Dictionary of the New Testament*, Vol. 2. Grand Rapids: Eerdmans, 1991, pp. 459-461.

Davies, W. D. *Paul and Rabbinic Judaism*. New York and Evanston: Harper and Row, 1967.

Deissmann, A. *The Religion of Jesus and The Faith of Paul*. New York: George H. Doran Co, 1926.

Delling, G. "ἀπαρχή," *Theological Dictionary of the New Testament*. Vol. Ⅰ. Grand Rapids: Eerdmans, 1963, pp. 484-486.

Denney, James. *St. Paul's Epistle to the Romans* (*The Expositor's Greek Testament*). Vol. II , Grand Rapids: Eerdmans, 1980.

Drummond, Henry. *The Greatest Thing in the World.* New York: Grosset and Dunlap, 1981.

Dunn, James D. F. *Romans 9-16: Word Biblical Commentary*, Vol. 38B. Dallas: Word Books, 1988.

Ellis, E. E. *Paul and His Recent Interpreters.* Grand Rapids: Eerdmans, 1968.

Eusebius, P. *Ecclesiastical History*, Book 2, Chapter 25. Grand Rapids: Baker, 1977.

Fee, Gordon D. *Paul's Letter to the Philippians* (*NICNT*). Grand Rapids: Eerdmans, 1995.

Ferguson, Sinclair B. *The Holy Spirit: Contours of Christian Theology.* Downers Grove: InterVarsity Press, 1996.

Fitzmyer, J. A. "κύκλῳ," *Exegetical Dictionary of the New Testament*, Vol. 2. Grand Rapids: Eerdmans, 1991, p. 327.

Friedrich, J. H. "κληρονόμος," *Exegetical Dictionary of the New Testament*, Vol. 2. Grand Rapids: Eerdmans, 1991, pp. 298-299.

Gaffin, R.B. Jr. *Resurrection and Redemption* (*A Study in Pauline Soteriology*). Ann Arbor: University Microfilms, 1970.

Getz Gene A., *Pressing on When You'd Rather Turn Back: Studies in Philippians.* Ventura: Regal Books, 1983.

Godet, Frederic Louis. *Commentary on Romans.* Grand Rapids: Kregel Publications, 1979.

Green, James Benjamin. *A Harmony of the Westminster Presbyterian Standards.* Collins World, 1976.

Green, Michael. *I Believe in the Holy Spirit.* Grand Rapids: Eerdmans, 1977.

Grudem, Wayne. *1 Peter* (*Tyndale New Testament Commentaries*). Grand Rapids: Eerdmans, 1988.

Grudem, Wayne. *Systematic Theology: An Introduction to Biblical Doctrine.* Grand Rapids: Zondervan, 1994.

Grundmann, Walter. "δόκιμος, ἀδόκιμος," *Theological Dictionary of the New Testament*, Vol. II. Grand Rapids: Eerdmans, 1971, pp. 255-260.

Günther, W. "Sin/ἁμαρτία," *The New International Dictionary of New Testament Theology*, Vol. 3. Grand Rapids: Zondervan, 1979, pp. 573-583.

Hackenberg, W. "σκληρύνω," *Exegetical Dictionary of the New Testament*, Vol. 3, Grand Rapids: Eerdmans, 1993, pp. 254-255.

Haldane, R. *Exposition of the Epistle to the Romans*. London: The Banner of Truth Trust, 1960.

Harris, Murray J. *Colossians and Philemon*. Grand Rapids: Eerdmans, 1991.

Hegermann, H. "δοξάζω," *Exegetical Dictionary of the New Testament*, Vol. 1. Grand Rapids: Eerdmans, 1990, pp. 348-349.

Hendriksen, William. *Exposition of Paul's Epistle to the Romans* (New Testament Commentary). Grand Rapids: Baker, 1981.

Hendriksen, William. *Ephesians* (*New Testament Commentary*). Grand Rapids: Baker, 1967.

Hendriksen, William. *I-II Timothy and Titus* (*NTC*). Grand Rapids: Baker, 1974.

Hendriksen, William. *Survey of the Bible*. Grand Rapids: Baker, 1976.

Hensel H. and C. Brown, "Rest/ἀνάπαυσις, ἐπαναπαύομαι," *The New International Dictionary of New Testament Theology*, Vol. 3. Grand Rapids: Zondervan, 1979, pp. 254-258.

Hess, K. "Serve/λειτουργός," *The New International Dictionary of New Testament Theology*, Vol. 3. Grand Rapids: Zondervan, 1979, pp. 551-553.

Hodge, Charles. *A Commentary on Romans*. Carlisle: The Banner of Truth Trust, 1975.

Hollander, H. W. "θυμός," *Exegetical Dictionary of the New Testament*, Vol. 2. Grand Rapids: Eerdmans, 1991, pp. 159-160.

Horstmann, A. "καταισχύνω," *Exegetical Dictionary of the New Testament*, Vol. 2. Grand Rapids: Eerdmans, 1991, pp. 257-258.

Hübner, H. "ἐπιθυμία," *Exegetical Dictionary of the New Testament*, Vol. 2. Grand Rapids: Eerdmans, 1991, pp. 27-28.

Hübner, H. "τέλος," *Exegetical Dictionary of the New Testament*, Vol. 3. Grand Rapids: Eerdmans, 1993, pp. 347-348.

Johnson, Dennis E. "The Function of Romans 7:13-25 in Paul's Argument for the Law's Impotence and the Spirit's Power, and Its Bearing on the Identity of the Schizophrenic 'I,'" *Resurrection and Eschatology* (Essays in Honor of Richard B. Gaffin, Jr.). Phillipsburg: P & R Publishing, 2008, pp. 3-59.

Josephus, Flavius. *The Works of Flavius Josephus*, Vol. II. Grand Rapids: Baker, 1974.

Josephus, Flavius. *The Works of Flavius Josephus*, Vol. IV. Grand Rapids: Baker, 1974.

Josephus, Flavius. *Antiquities of the Jews*. Book XIX. Chap. 5. Verse 2f.

Käsemann, E. *Commentary on Romans*. Grand Rapids: Eerdmans, 1980.

Kennedy, H.A.A. "The Epistle to the Philippians," *The Expositor's Greek Testament*, Vol. III. Grand Rapids: Eerdmans, 1980.

Kertelge, K. "ἀπολύτρωσις," *Exegetical Dictionary of the New Testament*, Vol. 1. Grand Rapids: Eerdmans, 1990, pp. 138-140.

Kertelge, K. "δικαιόω," *Exegetical Dictionary of the New Testament*, Vol. 1. Grand Rapids: Eerdmans, 1990, pp. 330-334.

Kertelge, K. "δικαίωμα," *Exegetical Dictionary of the New Testament*, Vol. 1. Grand Rapids: Eerdmans, 1990, pp. 334-335.

Knox, David B. "Pelagianism," *Baker's Dictionary of Theology*. Grand Rapids: Baker, 1975, pp. 399-400.

Kruse, Colin G. *Paul's Letter to the Romans* (*The Pillar New Testament Commentary*). Grand Rapids: Eerdmans, 2012.

Kuyper, A. *The Work of the Holy Spirit*. Grand Rapids: Eerdmans, 1975.

Lambrecht, Jan. *The Wretched "I" and Its Liberation*. Louvain: Peters Press, 1992.

Larsson, E. "συγγενής," *Exegetical Dictionary of the New Testament*, Vol. 3.

Grand Rapids: Eerdmans, 1993, p. 282.

Lenski, R.C.H. *The Interpretation of St. Paul's Epistle to the Romans.* Minneapolis: Augsburg Publishing House, 1961.

Lenski, R.C.H. *The Interpretation of the Epistles of St. Peter, St. John and St. Jude.* Columbus: Lutheran Book Concern, 1938.

Leupold, H. C. *Exposition of Genesis*, Vol. I. Grand Rapids: Baker, 1977.

Leupold, H. C. *Exposition of the Psalms.* Welwyn: Evangelical Press, 1977.

Lightfoot, J. B. *Notes on the Epistles of St. Paul.* Grand Rapids: Baker, 1980.

Lightfoot, J. B. *Philippians (The Crossway Classic Commentaries).* Wheaton: Crossway Books, 1994.

Lightfoot, J. B. *St. Paul's Epistles to the Colossians and to Philemon.* Lynn, MA: Hendrickson Publishers, Inc., 1981.

Luther, Martin. *Commentary on the Epistle to the Romans.* Grand Rapids: Zondervan, 1962.

Manson, W. "Notes on the Argument of Romans," *New Testament Essays in memory of T.W. Manson*, ed. A.J.B. Higgins. Manchester: The University Press, 1959.

Metzger, Bruce M. *A Textual Commentary on the Greek New Testament.* London. New York: United Bible Societies, 1971.

Meyer, H.A.W. *Critical and Exegetical Handbook to the Epistle to the Romans.* New York: Funk and Wagnalls, 1884.

Moo, Douglas. *The Epistle to the Romans (NICNT).* Grand Rapids: Eerdmans, Eerdmans, 1996.

Morris, Leon. "Propitiation," *Baker's Dictionary of Theology*, ed. Everett F. Harrison. Grand Rapids: Baker Book House, 1975), pp. 424-425.

Morris, Leon. *The Epistle to the Romans.* Leicester: Inter-Varsity Press, 1988.

Moule, C.F.D. *An Idiom-Book of New Testament Greek.* Cambridge: Cambridge University Press, 1968.

Moule (ed.), H.C.G. *The Epistle of Paul the Apostle to the Philippians.* Cambridge: Cambridge University Press, 1923.

Moulton J. H. and G. Milligan, *The Vocabulary of the Greek Testament*. London: Hodder and Stoughton, 1930.

Müller, C. "ἐπιμένω," *Exegetical Dictionary of the New Testament*, Vol. 2. Grand Rapids: Eerdmans, 1991, pp. 31-32.

Müller, Paul-Gerd. "φανερός," *Exegetical Dictionary of the New Testament*, Vol. 3. Grand Rapids: Eerdmans, 1993, pp. 412-413.

Muller, Richard A. *Dictionary of Latin and Greek Theological Terms*. Grand Rapids: Baker, 1986.

Murphy-O'Connor, Jerome. *Paul: A Critical Life*. Oxford and New York: Oxford University Press, 1997.

Murray, John. *The Atonement*. Grand Rapids: The Baker Book House, 1962.

Murray, John. *The Epistle to the Romans*, Vol. 1 (*NICNT*). Grand Rapids: Eerdmans, 1968.

Murray, John. *The Epistle to the Romans*, Vol. 2 (*NICNT*). Grand Rapids: Eerdmans, 1968.

Murray, John. *Redemption Accomplished and Applied*. Grand Rapids: Eerdmans, 1968.

Murray, John. *Principles of Conduct*. Grand Rapids: Eerdmans, 1968.

Murray, John. *The Imputation of Adam's Sin*. Grand Rapids: Eerdmans, 1959.

Murray, John. "Elect, Election," *Baker's Dictionary of Theology*. Grand Rapids: Baker, 1975, pp. 179-180.

Nygren, A. *Commentary on Romans*, trans. C.C. Rasmussen. Philadelphia: Fortress Press, 1975.

O'Brien, P. T. *Gospel and Mission in the Writings of Paul*. Grand Rapids: Baker, 1995.

Oepke, A. "ζέω," *Theological Dictionary of the New Testament*. Vol. II. Grand Rapids: Eerdmans, 1971, pp. 875-877.

Oepke, A. "ὅπλον," *Theological Dictionary of the New Testament*, Vol. V. Grand Rapids: Eerdmans, 1973, pp. 292-294.

Park, Paul Joseph. "Augustine's *The City of God*: Reasons for a *Magnum*

Opus," *Hapshin Theological Review*, Vol. 8 (December 2020), pp. 235-256.

Paulsen, H. "φρονέω," *Exegetical Dictionary of the New Testament*, Vol. 3. Grand Rapids: Eerdmans, 1993, pp. 438-439.

Pesch, W. "ὀργή," *Exegetical Dictionary of the New Testament*, Vol. 2. Grand Rapids: Eerdmans, 1991, pp. 529-530.

Petzke, G. "διαλογισμός," *Exegetical Dictionary of the New Testament*, Vol. 1. Grand Rapids: Eerdmans, 1990, p. 308.

Pfammatter, J. "οἰκοδομή," *Exegetical Dictionary of the New Testament*, Vol. 2. Grand Rapids: Eerdmans, 1991, pp. 495-498.

Philippi, A. *Commentary on St. Paul's Epistle to the Romans*, Ⅰ. Edinburgh: T & T Clark, 1878.

Radl, Walter. "ὑπομονη," *Exegetical Dictionary of the New Testament*, Vol. 3. Grand Rapids: Eerdmans, 1993, pp. 405-406.

Ramsay, W. M. *Pauline and Other Studies*, 3rd ed. London: Hodden and Stoughton, n.d.

Rebell, W. "φόρος," *Exegetical Dictionary of the New Testament*, Vol. 3. Grand Rapids: Eerdmans, 1993, pp. 436-437.

Ridderbos, H. *Aan de Romeinen* (*Commentaar op het Nieuwe Testament*). Kampen: J.H. Kok, 1959.

Ridderbos, H. *When The Time Had Fully Come* (Pathway Books). Grand Rapids: Eerdmans, 1957.

Ridderbos, H. *Paul and Jesus*. Philadelphia: The Presbyterian and Reformed Publ. Com., 1958.

Ridderbos, H. *Paul: An Outline of His Theology*. Grand Rapids: Eerdmans, 1975.

Ridderbos, H. *Matthew* (*Bible Student's Commentary*). Grand Rapids: Zondervan, 1987.

Ridderbos, H. *The Epistle of Paul to the Churches of Galatia* (NICNT). Grand Rapids: Eerdmans, 1970.

Ritz, Hans-Joachim. "κρυπτός," *Exegetical Dictionary of the New Testament*,

Vol. 2. Grand Rapids: Eerdmans, 1991, pp. 323-324.

Roloff, J. "ἱλαστήριον," *Exegetical Dictionary of the New Testament*, Vol. 2. Grand Rapids: Eerdmans, 1991, pp. 185-186.

Sand, A. "ἀνοχή," *Exegetical Dictionary of the New Testament*, Vol. 1. Grand Rapids: Eerdmans, 1990, p. 107.

Sand, A. "σάρξ, σάρκινος," *Exegetical Dictionary of the New Testament*, Vol. 3. Grand Rapids: Eerdmans, 1993, pp. 230-233.

Sanday W, and A.C. Headlam, *A Critical and Exegetical Commentary on the Epistle to the Romans* (*ICC*). Edinburgh: T & T Clark, 1975.

Schenk, W. "πωρόω," *Exegetical Dictionary of the New Testament*, Vol. 3. Grand Rapids: Eerdmans, 1993, p. 202.

Schmidt, K.L. "ὁρίζω," *Theological Dictionary of the New Testament*. Vol. V. Grand Rapids: Eerdmans, 1973, pp.452-453.

Schneider, G. "ὑπακοή, ὑπακούω," *Exegetical Dictionary of the New Testament*, Vol. 3. Grand Rapids: Eerdmans, 1993, pp. 394-395.

Schneider, G. "νέος, ἀνανεόω, νεότης," *Exegetical Dictionary of the New Testament*, Vol. 2. Grand Rapids: Eerdmans, 1991, pp. 462-463.

Schneider, G. "παλαιός," *Exegetical Dictionary of the New Testament*, Vol. 3. Grand Rapids: Eerdmans, 1993, pp. 7-8.

Schönweiss, H. "ἐπιθυμία," *The International Dictionary of New Testament Theology*, Vol. 1. Grand Rapids: Zondervan, 1975, pp. 456-458.

Shedd, W.G.T. *A Critical and Doctrinal Commentary on the Epistle of St. Paul to the Romans*. Grand Rapids: Zondervan, 1967.

Smeaton, G. *The Doctrine of the Holy Spirit*, 2nd ed. Edinburgh: T & T Clark, 1889.

Smedes, L. *All Things Made New*. Grand Rapids: Eerdmans, 1970.

Smith, J. B. *Greek-English Concordance to the New Testament*. Scottdale: Herald Press, 1974.

Sparrow-Simpson, W. J. *The Resurrection and Modern Thought*. London: Longmans, Green & Co., 1911.

Spicq, Ceslas. "δοῦλος," *Theological Lexicon of the New Testament*, Vol. 1. Peabody: Hendrickson Publishers, 1994, pp. 380-386.

Spicq, Ceslas. "δοκιμάζω, δόκιμος," *Theological Lexicon of the New Testament*, Vol. 1. Peabody: Hendrickson Publishers, 1996, pp. 353-361.

Spicq, Ceslas. "σκληρύνω," *Theological Lexicon of the New Testament*, Vol. 3. Peabody: Hendrickson Publishers, 1996, pp. 258-262.

Spicq, Ceslas. "συγγενής," *Theological Lexicon of the New Testament*, Vol. 3. Peabody, MA: Hendrickson Publishers, 1996, pp. 308-311.

Spicq, Ceslas. "φιλόστοργος," *Theological Lexicon of the New Testament*, Vol. 3. Peabody: Hendrickson Publishers, 1996, pp. 462-463.

Spicq, Ceslas. "ἀπόστολος," *Theological Lexicon of the New Testament*, Vol. 1. Peabody: Hendrickson Publishers, 1996, pp. 186-194.

Spurgeon, C. H. *The Treasury of David: An Expository and Devotional Commentary on the Psalms*. Welwyn: Evangelical Press, 1978.

Stählin, G. "πρόσκομμα," *Theological Dictionary of the New Testament*, Vol. VI. Grand Rapids: Eerdmans, 1971, pp. 745-758.

Stanley, D. M. *Christ's Resurrection in Pauline Soteriology*. Romae: E Pontificio Instituto Biblico, 1961.

Steele, David N. and Curtis C. Thomas, *Romans, An Interpretive Outline*. Philadelphia: The Presbyterian and Reformed Publishing Co., 1974, pp. 126-130.

Stein, Robert H. *Difficult Passages in the Epistles*. Leicester: Inter-Varsity Press, 1989.

Stott, John. *The Spirit, the Church and the World* (The Message of Acts). Downers Grove: InterVarsity Press, 1990.

Suetonius. *Life of Claudius*, XXV. 4.

Tenney, Merrill G. *New Testament Survey*. Grand Rapids: Eerdmans, 1974.

Thayer, J. H. *A Greek-English Lexicon of the New Testament*. New York: American Book Company, 1889.

The *New Encyclopaedia Britannica*, Vol. 3. (Micropaedia). Chicago:

Encyclopaedia Britannica, Inc., 1994.

The *New Encyclopaedia Britannica*, Vol. 6 (Micropaedia). Chicago: Encyclopaedia Britannica, Inc., 1994.

The *New Encyclopaedia Britannica*, Vol. 8 (Micropaedia). Chicago: Encyclopaedia Britannica, Inc., 1994.

The *Septuagint Version of the Old Testament and Apocrypha with an English Translation*. Grand Rapids: Zondervan, 1972.

Thomas, W.H. Griffith. *St Paul's Epistle to the Romans: A Devotional Commentary*. Grand Rapids: Eerdmans, 1974.

Venema, Cornelis P. *The Gospel of Free Acceptance in Christ*. Carlisle, PA: The Banner of Truth Trust, 2006.

Vos, G. "The Eschatological Aspect of the Pauline Conception of the Spirit," *Biblical and Theological Studies* (by the members of the faculty of Princeton Theological Seminary). New York: Scribner's Sons, 1927.

Vos, G. "Eschatology of the New Testament," *The International Standard Bible Encyclopaedia*, Vol. II . Grand Rapids: Eerdmans, 1955, pp. 979-993.

Vos, G. *The Pauline Eschatology*. Grand Rapids: Eerdmans, 1966.

Vos, G. *Redemptive History and Biblical Interpretation*, ed. R. Gaffin, Jr. Phillipsburg: Presbyterian and Reformed Publishing Co., 1980.

Vos, G. *Reformed Dogmatics*, Vol. 1-5. Bellingham, WA: Lexham Press, 2012-2016.

Weiser, A. "δοῦλος," *Exegetical Dictionary of the New Testament*, Vol. I. Grand Rapids: Eerdmans, 1990, pp. 349-352.

Weiser, A. "διάκονος," *Exegetical Dictionary of the New Testament*, Vol. 1. Grand Rapids: Eerdmans, 1990, pp. 302-304.

Weiser, A. "ἀγαλλίασις," *Exegetical Dictionary of the New Testament*, Vol. 1. Grand Rapids: Eerdmans, 1990, pp. 7-8.

Weiss, K. "φόρος," *Theological Dictionary of the New Testament*, Vol. IX. Grand Rapids: Eerdmans, 1974, pp. 78-87.

White, Newport J. D. "The First and Second Epistles to Timothy and the Epistle to Titus," *The Expositor's Greek Testament*, Vol. IV. Grand

Rapids: Eerdmans, 1980.

Williams, Derek (Ed.) *New Concise Bible Dictionary*. Wheaton: Tyndale House Publishers, 1990.

Wilson, Geoffrey B. *Romans, A Digest of Reformed Comment*. London: The Banner of Truth Trust, 1969.

Wood, Brian C. "Beholding the Glory of Jesus," *Redeeming the Life of the Mind* (Essays in Honor of Vern Poythress), ed. John M. Frame, Wayne Grudem, John Hughes. Wheaton: Crossway, 2017, pp. 269-287.

Wright, N.T. *The Climax of the Covenant*. Minneapolis: Fortress Press, 1992.

Wright, N.T. *What Saint Paul Really Said. Was Paul of Tarsus the Real Founder of Christianity?* Grand Rapids: Eerdmans, 1997.

Young, Edward J. *The Book of Isaiah* (*NICOT*). Grand Rapids: Eerdmans, 1974.

Zmijewski, J. "καυχάομαι," *Exegetical Dictionary of the New Testament*, Vol. 2. Grand Rapids: Eerdmans, 1991, pp. 276-279.

김진옥,『함께 오르는 로마서』, 서울: 킹덤북스, 2015.

박윤선,『성경주석. 바울서신』, 서울: 영음사, 1964.

박윤선,『성경주석. 로마서』, 서울: 영음사, 1969.

박형용,『신약성경신학』, 수원: 합신대학원출판부, 2005.

박형용,『바울신학』, 수원: 합신대학원출판부, 2016.

박형용,『말씀산책』, 수원: 합신대학원출판부, 2018.

박형용,『빌립보서 주해』, 수원: 합신대학원출판부, 2011.

박형용,『교회와 성령』, 수원: 합신대학원출판부, 2012.

박형용,『성경해석의 원리』, 수원: 합신대학원출판부, 2014.

박형용,『사도행전 주해』, 수원: 합신대학원출판부, 2017.

박형용,『골로새서. 빌레몬서 주해』, 수원: 합신대학원출판부, 2020.

백스터, 리차드.『참목자상』, 박형용 역. 서울: 생명의말씀사, 1970.

보이스, 제임스 몽고메리.『로마서 IV』(새로운 인간성). 서울: 줄과 추, 1999.
이기문(감수),「동아 새국어사전」 서울: 동아출판, 1997.
이한수,『로마서 주석』 Vol. 1(1-8장). 서울: 이레서원, 2002.
조병수,『신약성경신학』 수원: 합신대학원출판부, 2020.
최종태,『시편주석 II』 서울: 도서출판 횃불, 2006.
홍정길,『하나님의 이름은 자유입니다』 서울: 크리스챤서적, 2021.

인명색인

주제색인

[ㄱ]

[ㅂ]

[ㅅ]

[ㅇ]

[ㅊ]

성구색인

-구약-

창세기

출애굽기

레위기

잠언

이사야

예레미야

다니엘서

에스겔

호세아

요엘

아모스

미가

요한복음

사도행전

로마서

고린도전서

고린도후서

갈라디아서

에베소서

빌립보서

골로새서

데살로니가전서

데살로니가후서

디모데전서

디모데후서

디도서

빌레몬서

히브리서